GROSSE GESTALTEN DES GLAUBENS

GROSSE GESTALTEN DES GLAUBENS

Leben, Werk und Wirkung

Herausgegeben
von
Bruno Moser

SÜDWEST VERLAG MÜNCHEN

Autorenverzeichnis

Beaugrand, Günter, Chefredakteur, Hamm;
Ben-Chorin, Schalom, Publizist, Jerusalem;
Blüm, Dr. Norbert, Bundesminister, Königswinter;
Dirks, Walter, Professor, Wittnau;
Flügel, Heinz, Evangelische Akademie, Tutzing;
Gelmi, Dr. Josef, Hochschulprofessor, Brixen;
Glazik, Dr. Josef, Universitätsprofessor, Bernried;
Gritschneder, Dr. jur. Otto, Rechtsanwalt, München;
Heer, Dr. Friedrich, Professor und Dramaturg, Wien;
Lehmann, Reinhold, Pax-Christi-Bewegung, Frankfurt/M.;
Moser, Bruno, Chefredakteur, München;
Pahlen, Professor Dr. Kurt, Musikhistoriker, Männedorf/Schweiz;
Plate, Manfred, Chefredakteur, Freiburg i. Br.;
Reinisch, Leonhard, Bayerischer Rundfunk, München;
Renner, P. Frumentius OSB, St. Ottilien;
Rintelen, Jürgen, Stadtpfarrer, Lochham;
Rosenberg, Alfons, Schriftsteller, Zürich;
von Rüden, Wilfried, Publizist, Hamm;
Schütte, Professor Dr. Heinz, Paderborn;
Schwaiger, Dr. Georg, Universitätsprofessor, München;
von Schwarzkopf, Margarete, Publizistin, Bonn;
Stahl, Dr. Norbert, Leiter der KNA-Landesredaktion Bayern, München;
Strauss, Wolfgang, Publizist, Cham;
Trutwin, Werner, Oberstudiendirektor, Bonn;
Wehr, Gerhard, Schriftsteller, Schwarzenbruck;
Winterhalter, Curt †, Lektor, Freiburg i. Br.;
Wollasch, Dr. Hans-Josef, Deutscher Caritasverband, Freiburg i. Br.;
Wurm, Friedel, Publizistin, München;
Zühlsdorff, Dr. Volkmar, Diplomat und Publizist, Bad Godesberg.

Redaktion: Helmut Gajić, München

5. Auflage 1987. 45. Tausend

ISBN: 3 517 00774 9

Satz: fertigsatz gmbh, München
Schutzumschlag: Manfred Metzger, München (Fotos: KNA, Frankfurt/M.)
Layout: Carlo Melchers, München
Technische Herstellung: May & Co., Darmstadt

INHALT

PROMINENZ UND LEITBILDER

Unter den Prominenten hat es immer auch Leitbilder gegeben, die zur Elite gehörten, doch das waren Glücksfälle; denn die Prominenz untersteht anderen Lebensgesetzen. Ihr Werdebild ist hoch oben angesiedelt: am Ort der Würde und Macht, im Glanz der Öffentlichkeit, auf dem Präsidenten-, dem Direktorsplatz, wo es auch zu repräsentieren gilt. Menschen, die zu Leitbildern aufgerückt sind, bedürfen dieser Position nicht; mitunter könnte sie ihnen sogar schaden, weil sie ihrer Freiheit Fesseln anlegt. Viele von ihnen gewannen ihre Höhe sogar erst nach dem Tode, wie Paracelsus oder Jakob Böhme. Andererseits waren Vinzenz von Paul oder Papst Johannes XXIII., Goethe oder Beethoven, als sie starben, schon hochgerühmte Leitfiguren, und Prominente dazu.
Das hindert jedoch nicht, daß sich beide Gruppen unterschiedliche Maßstäbe anlegen und dabei eine jeweils andere Empfindlichkeit zeigen. Weil Prominente – besonders Politiker oder kirchliche Würdenträger – genau wissen, daß sie nicht nur auf dem Podest, sondern mit jeder offenkundig gewordenen Schwäche zugleich am Pranger stehn, legen sie Wert darauf, als rundherum bedeutend zu gelten und lassen ihren »Eckermann« sofort dementieren, wenn ihre mißglückten Ausflüge in fremde Denkbereiche gerügt werden. Dagegen bekennen sich Menschen von erwiesener Größe ungeniert zu ihren Schwächen. Johann Vianney von Ars, ein wahrhaft durchgeistigter Seelenführer, hörte nicht auf, seine mangelhafte intellektuelle Ausstattung zu beklagen, und wenn man im Nachhinein die Dorfpfarrer Sebastian Kneipp und Eduard Mörike nach ihren Sonntagspredigten oder die Schulräte Joseph von Eichendorff und Adalbert Stifter nach dem Rang ihrer Visitationsberichte fragen könnte, sie würden, wie einst Freunden gegenüber, aus deren Mittelmäßigkeit kein Hehl machen.
Unter den Leitbildern, die in diesem Buch als »Große Gestalten des Glaubens« vorgeführt werden, gibt es nur wenige, die zu ihren Lebzeiten schon prominent waren, sei es, daß sie der Zeit zu weit vorauseilten oder daß ihr Niveau einfach nicht erkannt wurde. Die meisten rangen sich, angefochten von ihrer Umwelt und Obrigkeit, vom Zeitgeist oder offenen Feinden, nur schwer zu ihrer Größe durch. Sie mußten, nach einem

Gedanken Friedrich Hebbels, durch die Feuer des Lebens hindurch, an denen sich die anderen nur davorsitzend wärmten. »Die Schurken stehen nicht im Gericht«, heißt es im 1. Psalm. Sie kommen meist glatt voran, während der »Gerechte« leiden muß. Ein Gesetz steht allerdings hinter diesen Erfahrungen nicht. Auch der Edle kann zeitlebens Glück haben, wie die Verbrecher oft dort anlangen, wo sie hingehören. Schließlich hingen auf dem Kalvarienberg auch zwei echte Wegelagerer am Kreuz.

Alle Männer und Frauen, denen wir hier begegnen, waren oder sind von tiefem Gottvertrauen erfüllt. Die einen zeigten es offen, indem sie geistliche Berufe erwählten, um ihren Glauben freimütig verkünden zu können. Andere hielten sich mit Bekenntnissen scheu zurück. Als man den alten Haydn an seinem 80. Geburtstag öffentlich feierte, wußte der demütige Mann nur das eine Sätzchen zu erwidern: »Alles kam von oben.« Und der fromme Bruckner widmete seine 9. Symphonie direkt »dem lieben Gott«. Mit weiteren Erklärungen wäre das Bekenntnis nicht tiefer geworden. Noch mehr verhüllten sich Mozart oder Saint-Exupéry, die ihren Glauben gleich zwischen die Zeilen und Noten versteckten. Aber alle mußten sie ihre seelischen Durststrecken allein durchhalten, bis schließlich das Lebenswerk als Übersetzung ihrer Glaubenskraft davon Zeugnis gab. Dort, im Alleindurchstehen, gewannen sie ihre Größe, die Höhe ihrer Existenz. Daß manche schließlich noch prominent wurden, wie der zur Kardinalswürde erhobene Newman, der zum Bischof geweihte Las Casas, die mit dem Friedensnobelpreis ausgezeichneten Albert Schweitzer und Mutter Teresa, das waren dann nur rituelle Folgeerscheinungen. Den exemplarischen Rang hatten sie schon vorher erreicht. Deshalb ging auch keiner der Autoren dieses Buches von der jeweiligen Krönung des von ihnen dargestellten Lebens durch berufliche Erhebung oder Prämie aus; vielmehr wählten sie den Abschnitt des schweren Alleingangs zur entscheidenden Mitte ihrer Kurzbiographien.

Prominente brauchen nicht Leitfigur zu sein

Von würdevollen Professoren verhöhnt, saß Jakob Böhme noch immer in seiner Schusterwerkstatt, als die »Morgenröte im Aufgang« schon bekannt, die »Christosophia« schon gedruckt war. – Während der KZ-Kommandant Höss im Glanz makabrer Prominenz seines Amtes waltete, gab der Franziskanerpater Maximilian Kolbe, sein geschundener Häftling, freiwillig das Leben hin, um dafür das eines andern zu retten. Seine Würdigung steht hier für viele, die sich in Krieg und Frieden um anderer willen geopfert haben, ohne den geringsten Nachruhm zu gewinnen. – Als über Sokrates der Todesspruch verhängt wurde, applaudierten die Massen in blinder, von oben geschürter Verachtung, während sich sein Ankläger im Ruhm eines Staatsmannes sonnen durfte, der für das religiöse Herkommen wacker zu kämpfen verstand. – Und jener persönlich gewichtslose kaiserliche Statthalter Pontius Pilatus kam nur deshalb »ins Credo« und in die Geschichte, weil er seinen Namen an die Hoheit des durch ihn Verurteilten hängen konnte.

Dennoch: Prominenz muß sein, weil Staat und Gesellschaft ihrer bedürfen, um ein verbindlich aufgebautes, auch verantwortetes Ordnungsgefüge in Gang zu halten. Die Kirchen brauchen die gestaffelten Ämter und Würden ebenso wie der Staat und die Wirtschaft; denn Prominenz gewährt anschauliche Beständigkeit, wie immer auch ihre Posten besetzt sind. Doch käme eine Gesellschaft auf geistige Anspruchslosigkeit herunter, wenn sie außer ihr nicht auch unabhängige Gestalten von wegweisender Kraft besäße.

Prominenz ist machbar, bei Fürsten sogar erblich; sie pflanzt sich automatisch fort, von oben durch Gunst und Ernennung, von unten durch Fleiß, Ehrgeiz, Tüchtigkeit und manchmal auch durch pures Glück. Ihre Bestände können nicht nur jederzeit aufgefüllt werden, sie lassen sich sogar austauschen, wie alle Kabinettsumbildungen und Wechsel im Management der Wirtschaft zeigen. Demgegenüber vermag niemand über das Vorhandensein und die Geltung bedeutender Menschen zu verfügen. Entweder sie gibt es oder ihr Platz bleibt unbesetzt. Daher obliegt es jeder Generation, soviel Zeitgenossen von persönlicher Größe, eigenem Urteil und erwiesener Tatkraft wie möglich in prominente Stellungen zu berufen. Denn nur mit öffentlichen Personen von Rang und Namen entgeht eine Kulturperiode der Anonymität. Ob eine Barockkirche von Dominikus Zimmermann, ein Hochaltar, ein Schloß von Balthasar Neumann errichtet wurde oder von einem ebenso fähigen, aber unbekannt gebliebenen Künstler, ob ein Gesetz noch vom Freiherrn vom Stein entworfen worden ist, ein Dogma auf eine Formulierung des Thomas von Aquin zurückgeht, macht später nahezu alles aus. Indem ein Jahrhundert seinen großen Männern ein Echo gewährt, erhöht es sich selbst, wie sich eine Zeit auch immer ihren Verruf aus jenen Namen zu holen hatte, die sie unterdrückte. Dostojewski in Sibirien, Einstein, Thomas Mann, Solschenyzin in Amerika, Pawel Kohut in Wien . . . wir könnten auch schon bei dem nach Chalkis geflohenen Aristoteles anfangen, mit Dante in der Verbannung, Giordano Bruno auf dem Scheiterhaufen, Galilei im Hausarrest fortfahren, immer schadete die Verfemung großer Menschen einer Generation nachhaltiger als ihre sonstigen Untaten.

Da es Prominenz als Stand sowohl in Blüte- wie in Niedergangszeiten, ja sogar in barbarischen Epochen gibt, da eine Gesellschaft erwiesenermaßen des Geistes völlig ermangeln kann, ohne daß die Zahl ihrer Minister, auch Kultusminister und Präsidentschaften, der festlichen Jubiläen und hochangesehener Katheder, der Generaldirektoren, Kommandanten und Sonderbeauftragten im geringsten zurückginge, verbürgt ihr Gerüst, so respektabel es sich auch darstelle, schlechthin gar nichts. Das Protokoll verlangt, daß der rote Teppich, der vor einem Idi Amin ausgerollt wird, nicht kürzer ist als der bei einem Papstbesuch. »Vor der bloßen Fürstlichkeit«, ließ Goethe seinen Sekretär notieren, »wenn nicht eine tüchtige Menschennatur und ein tüchtiger Menschenwert dahinter steckte, hatte ich nie viel Respekt.«

Doch sei, bevor wir auf die entscheidenden Merkmale exemplarischer Größe eingehen, der Hinweis eingefügt, daß manche Gestalten, die in diesem Buch als maßgeblich herausgestellt werden, zur Prominenz schlechthin untauglich gewesen wären. Schon Jesus selbst ist auf dem Papstthron seiner eigenen Kirche undenkbar, wie auch Franziskus zwar eine spirituelle Bewegung entfachen und seine Orden gründen konnte, deren Leitung aber alsbald an einen rigoroseren Generaloberen abtreten mußte. Die wenigen fromm-asketischen Mönche, die als »Engelspapst« oder nur wegen ihres heiligmäßigen Lebens auf den Stuhl Petri erhoben wurden, machten nach dem Urteil der katholischen Kirchenhistoriker keine gute Figur. Wer prominent ist, muß die Erwartungsrolle, die ihm die Gesellschaft zuweist, auch wahrnehmbar ausfüllen. Ein Kommandeur muß kommandieren; ob er das gut oder schlecht macht, wird erst später gefragt. Die Geschichte zeigt, daß mancher Prominente in Zivil oder Uniform sich nur als das erwies, was man im Volksmund eine »Flasche« nennt. Mancher »zweite Mann« verzehrte sich damit, die Mißgriffe des »Ersten« auszubügeln. Das focht freilich dessen Stellung keineswegs an, sofern er die ihm anstehende Form wahrte. Oft genügte zum historischen Erfolg schon ein gutes Gespür für die Wahl der wichtigsten Mitarbeiter. Auch der Ruf, fromm zu sein, hat schon manchen Staatsoberhäuptern über ihre sonst leeren Jahrzehnte hinweggeholfen. »Fehlt einem Fürsten die persönliche Größe«, so bemerkt der 80jährige Goethe, »und weiß er nicht, durch gute Taten sich bei den Seinen in Liebe zu setzen, so muß er auf andere Vereinigungsmittel denken, und da gibt es kein besseres und wirksameres als die Religion.«

Die Merkmale maßgeblicher Menschen

Wo ein Maß gesetzt wird, das von andern übernommen werden kann, muß es aus einem Lebenskonzept kommen, das ein reicheres Menschentum und fülligeres Weltbild anzeigt. Dem steht nicht im Weg, daß es von einem leiblich Kranken oder Schwachen ausgehen kann. Gottfried Benn hat uns darüber belehrt, welche Daseinshöhe, wieviel heroische, ja zeitenwendende Kulturleistungen von gesundheitlich anfälligen Naturen repräsentiert werden. Viele bedeutende Gestalten, von Paulus über Franz von Assisi bis Pascal waren zeitlebens kränklich, ohne daß dadurch ihre existentielle Gesundheit beeinträchtigt wurde, weil diese auf einer andern Stufe angesiedelt war. Auch soll es uns nicht hindern, selbst dort von Maßgeblichkeit zu sprechen, wo nur ein kleiner Kreis oder eine kurze

Zeitspanne angerührt war, wenngleich die zuerst von Karl Jaspers gebrauchte Formulierung der »maßgebenden Menschen« auf große Religionsstifter eingeschränkt blieb, die über Äonen und Erdteile hinweg zu Leitfiguren wurden. Einen Leitfaden, der klipp und klar abzulesen erlaubt, wann wir es mit Größe zu tun haben, gibt es ohnedies nicht. Immerhin können wir drei unerläßliche Merkmale herausgreifen; jedes von ihnen legt, falls es fehlt, ein entscheidendes Veto ein. Doch bedarf es zuerst einer begrifflichen Säuberung.

So wie es Prominente von unantastbarem Rang gibt und zugleich solche von banalem, ja verachtungswürdigem Format, muß auch die Elite, wenn wir das Wort weiterhin gebrauchen wollen, von Scheingrößen befreit werden. Schon wer sich für Elite ausgibt, zählt nicht mehr dazu. Das gilt sowohl bei den islamischen Sufis als eisernes Gesetz, wie es auch jeden Kanonisierungsprozeß sofort beenden würde, wenn sich herausstellte, daß sich der »Kandidat« schon selbst als Heiligen bezeichnet hätte. Das Wort »Elite«, am besten mit »hervorragender Auswahl« verdeutscht, wurde schon so oft mißbraucht, daß man sofort stutzt, wenn es genannt wird. Über »Elitetrupps«, von den Janitscharen bis zu den NKWD-Kadern und SS-Sonderkommandos, sprechen wir später. Auch sei hier gleich vorweggenommen, daß es Elite als standardisierte Gruppe gar nicht geben kann, weder als Adels- noch als Kriegerkaste, weil sie keinen gesellschaftlichen Ort besitzt, sondern sich *erweist*, und zwar im Individuum, da nur die Person ein Gewissen hat. Alles andere sind Variationen von Prominenz, so arrogant man auch immer nach dem wehrlosen Wort griff. Jene Massakriertrupps, die ihr persönliches Gewissen gelöscht haben, um blind und ungerührt auch den brutalsten Befehl vollstrecken zu können, haben mit der Elite, die den Adel der Menschheit bildet, nichts gemein.

Auch sonst wird mit dem Wort allzu leichtfertig umgegangen. Wenn bei säkularen Machtablösungen eine ganze Garnitur politisch Prominenter in ein Lager gebracht wird, klagt man betroffen, der böse Feind wolle die Nation von ihrer Elite trennen. Als das Massengrab von Katyn entdeckt und darin die Leichen von 2000 Offizieren gefunden wurden, zögerten die Berichterstatter keinen Augenblick mit der Erklärung, durch die Greueltat sei das polnische Volk um seine Elite gebracht worden. Natürlich kann man nicht jeden Tölpel zum Offizier machen. Aber jenes Glasperlenspiel des wirklichen Elitetums, von dem Hermann Hesse sagt, daß es beim Niedergang eines Volkes zuerst verstumme, findet in Offizierskasinos üblicherweise kein Heimrecht.

Elite bedarf keines erlesenen, keines »elitären« Milieus. Sie tritt in strukturlosen Zeiten, bei politischer Auflösung, im Lager- und Flüchtlingsleben, in Katastrophen und allgemeinen Wertumstürzen ebenso hervor wie in Perioden unangefochtener Stabilität. Deshalb müssen wir sie auch gegen die Anmaßungen aus angeblich eigenen Reihen in Schutz nehmen.

Zählt schon die »feine Seele«, die ohne Bezug zur Umwelt bleibt, nicht zu ihr, so müssen erst recht jene verklemmten Eigenbrötler ausgeschlossen werden, die sich wie Märtyrer der stumpfen Welt ausgeben und wie unbestellte »Miesmacher vom Dienst« rings um sich her Verfall und Niedergang beklagen. Privatiers des Geistes, die nur mit sich selbst beschäftigt sind, ohne sich mit den Händeln des Zeitgeschehens zu beschmutzen – gerade um sie zu entlarven, haben wir eine ganze Gruppe beispielhafter Menschen zusammengestellt, die dem immer aktuellen Verfall der Welt die Tapferkeit ihres Herzens entgegenwarfen. Wichern und Bodelschwingh, Don Bosco und Albert Schweitzer gingen auf den Markt des Elends, um wenigstens für ihren Teil etwas Schöpferisches entgegenzustellen. Mutter Teresa, die noch unter uns weilt, setzte mit ihrem heroischen Werk der Barmherzigkeit an der untersten Stufe an, indem sie persönlich die Siechen und Sterbenden von der Straße auflas. Wer nur dauernd den Allgemeinplatz, daß es schlimm um Zeit und Welt steht, im Munde führt, statt Verantwortung auf sich zu nehmen, muß in Wahrheit als zeitgenössischer Ballast mitgeschleppt werden.
Nun brauchen wir die drei Merkmale, an denen sich maßgebliche Menschen als echte Elite erkennen lassen, nur noch aufzulisten. Es sind

1. die Souveränität des Gewissens,
2. eine schöpferische Leistung und
3. die Welthaftigkeit des Lebensentwurfs.

Mit diesem »Steckbrief« lassen sich alle Gestalten unseres Buches als Elite identifizieren. Wir konnten sie aus allen Jahrhunderten und Ländern herausgreifen.

1. Die Souveränität des Gewissens

Als Herzog Ernst von Bayern die Bernauerin vom Leben zum Tod zu bringen gedachte und dazu die Farce einer offiziellen Gerichtsverhandlung wählte, durfte er keine Juristen aussuchen, die bei der Rechtsfindung ihr Gewissen ins Spiel brachten. Sie hätten sonst die arglose Baderstochter, deren einzige Schuld darin bestand, eine unstandesgemäße Liebe erwidert zu haben, freigesprochen oder höchstens aus Gründen der Staatsräson in ein Kloster gesteckt. Vielmehr brauchte er prominente Freisler-Naturen, die nur auf das obrigkeitliche Stichwort hörten und also das Todesurteil schon gefällt hatten, bevor sie den Gerichtssaal betraten. Prominenz kann sich später, wenn der politische Wind umschlägt, immer auf Befehlsnotstand berufen und sich entschuldigend die Hände waschen, daß sie persönlich »keine Schuld an ihm« fand.
Leute, deren Gewissensentscheidung man in Rechnung stellen muß, zeigen damit allerdings auch die Grenzen ihrer öffentlichen Verwendbarkeit an. Obgleich von der Prominenz hochumworben, bleibt es immer offen,

ob sie dort mitziehen, wo es gewünscht wird, oder ob sie aus der Reihe tanzen. Wenn Reinhold Schneider im Widerspruch zur politischen Tagesstimmung ein Friedensmanifest unterschreibt, Carl Friedrich von Weizsäcker gegen die Errichtung atomarer Anlagen votiert, Heinrich Böll auf »suspekten« Kundgebungen das Wort ergreift, kann man sie zwar lautstark diffamieren, aber habhaft wird man damit ihrer Stimme nicht. Schon mancher Mächtige, der seine Untergebenen zu manipulieren versuchte, ist über den leicht übersehbaren Unterschied gestolpert, ob deren Gewissen nur über Vergangenes *schlägt* oder ob es auch für die Zukunft *befiehlt* und verbietet. Ein schlechtes Gewissen kann schnell einer haben und nichts macht willfähriger; ein Gewissen als Richtschnur des Handelns erfordert dagegen moralische Eigenständigkeit und die muß lebenslang sorgfältig aufgebaut werden. Mit dem »sanften Ruhekissen des Bravseins und Jawohlsagens« ist noch nicht viel ausgerichtet. In jedem wachen Gewissen steckt Kraft.

Nicht umsonst ist in totalitären Systemen das befehlende Gewissen als Erzfeind gebrandmarkt. Wer sich auf diese Stimme beruft, wird von der Prominenz für staatsfeindlich oder verrückt erklärt. Seine Stimme gegen öffentliches Unrecht zu erheben, während alle andern ängstlich schweigen, auch das zählt zu jenen Privilegien der Elite, die nach aller Erfahrung mit hohem Tribut, oft genug sogar mit Lebensgefahr, befrachtet sind. Ob der Lordkanzler Thomas Morus dafür geköpft wird, der Erzbischof Helder Camara als Kommunist verschrien, der »Dissident« Sacharow in die Provinz verbannt, ob in der jüngeren Vergangenheit Bischof Galen von Münster für das KZ vorgemerkt, der Jesuitenpater Delp als Kapitalverbrecher gehenkt werden, im Grunde geschieht immer dasselbe: der große einzelne, das Schreckgespenst aller Potentaten, klagt aus der Ermächtigung seines eigenen Gewissens an, und alle wissen, daß er recht hat.

Man schließe daraus nicht, daß Elite, weil sie für viele ein Maß setzt, dazu verpflichtet sei, den humorlosen Tugendbold zu spielen, um in asketischer Eingleisigkeit immer nur Hehres und Ewiggültiges von sich zu geben. Das Gegenteil ist der Fall: weil sie gegenüber den prominenten »Wächtern der Ordnung« die Freiheit des Menschen und seinen Lebensspielraum verteidigen, zeigen sie auch persönlich eine unbenommenere, freiere und heiterere Gemütsverfassung als die im Bann ihrer Würde stehende Prominenz. Was ihr freilich nicht erlaubt, zu kneifen, wo sie um ihre Meinung gefragt wird.

Ein vom Ausland zurückkehrender Minister, der auf präzise Fragen nur mit Allgemeinplätzen über die angebliche Wichtigkeit seiner Reise antwortet, hat sich immerhin der Öffentlichkeit gestellt und gewinnt deren Huldigung dadurch, daß er mit Tonfall und Geste das Air einer historischen Stunde um sich verbreitet. Obwohl niemand erwartet, daß er schon am Flugplatz irgendwelche delikaten Abmachungen preisgibt, wird er interviewt, weil er prominent ist, und er erweist sich erneut als prominent, weil er interviewt wurde. Ob er wirklich etwas mitteilt, bleibt völlig gleichgültig. Das weiß er natürlich auch selbst und hält sich daran. Keineswegs würden wir aber einer zur Elite gerechneten Persönlichkeit ein inhaltsloses Wortgeplätscher nachsehen. Sie hat entweder Wesenhaftes mitzuteilen oder zu schweigen.

Noch zwei weitere Schranken

Nach dem Wort »Elite« kann jeder greifen, ob er sich selbst meint oder einem andern Komplimente machen will. Doch die Sache, die dahinter steht, gibt sich nicht ohne Widerstand preis. Ihrer wird nur habhaft, wer noch zwei weitere Hürden nimmt, die beide im Gewissensbereich eingebaut sind. Hier nämlich liegt der Schlüssel zur herausgehobenen Person; wo ihr Gewissen außer acht gelassen wird, kann es mit »Elite« bestenfalls Zufallstreffer geben. Hohe Publizität zum Beispiel wird leicht zum ersten Stolperdraht. Wenn alle Welt von einem erfolgreichen Torschützen spricht, von den Unsummen, die einem Maler für seine Bilder gezahlt werden, von einem Großunternehmer, der einen Konkurrenten nach dem andern zu Fall bringt, von einem Politiker, der von der Gunst der Wähler zu immer höheren Positionen getragen wird, schlägt man sie unbedenklich der Elite zu. Gleichwohl kann immer nur von Prominenz die Rede sein. Denn wo die Frage nach dem Adel des Gewissens so dezent unterdrückt wird, als rühre man an einen Bereich, der niemand etwas angeht, da wird auch verbindliche Beispielhaftigkeit ausgespart. Keinesfalls sei damit bestritten, daß hervorragende Mittelstürmer, Popsänger, Fernsehstars, Stierkämpfer, Eisläufer, Parteiführer wundervoll ausgeschlagene Menschen sein können. Was aber durch einen Meniskusriß, ein Zerwürfnis mit dem Intendanten, eine Wahlniederlage oder schon durch das fortschreitende Alter verlorengeht, gibt noch nicht Zeugnis von jenem Sonderstatus der Person, den das Elitetum voraussetzt. Ein gefeierter Torwart, der vor den Augen der Zuschauer allmählich schwerfälliger wird, ein Politiker, der wegen irgendwelcher Machenschaften nicht mehr öffentlich auftreten kann, ein militanter Kirchenmann, der seine Konfession verläßt, das sind Leute, die mit dem Erlöschen ihrer Prominenz in die Reihe der Namenlosen zurücktreten. Der alternde, dem Trunk ergebene Rembrandt oder der verbitterte, nach Friedrichsruh abgestellte Bismarck, der ins Verlies geworfene Tilman Riemenschneider, sie blieben bis zum Ende ihrer Lebenstage, was sie immer gewesen waren: leuchtende Elite.

Wegen ihrer herrlichen Anschaulichkeit, die deutlicher als alle theoretischen Bestätigungen zeigt, was es mit der flüchtigen Prominenz auf sich hat, führen wir beiläufig an, was Christoph Martin Wieland über den Kult der »Sportelite« im alten Griechenland sagt: »Müßte ein Perser oder

Skythe«, so fragt er, »der ahnungslos zu den Wettspielen nach Olympia käme und dort Zeuge würde, wie ein Mensch, der öffentlich dargetan hat, daß er den stiermäßigsten Nacken, die stärksten Brustknochen, die derbste Faust seiner Zeit besitzt oder mit jedem Hasen um die Wette laufen kann, für die höchste Zierde seiner Vaterstadt gehalten, im Triumph eingeholt, über alle seine Mitbürger hinaufgesetzt wird, wiewohl die Stärke seiner Muskeln und Knochen oder die Behendigkeit seiner Beine vielleicht das einzige ist, was ihn von dem rohesten und verdienstlosesten seiner Mitbürger unterscheidet . . . müßte dieser Perser oder Skythe nicht glauben, daß die ganze Nation entweder von einem Wahnsinn befallen oder zu ewiger Kindheit der Vernunft verdammt sei? Angesichts einer solchen Ehru.g wäre doch zu erwarten, daß der Held nichts Geringeres getan hätte, als ganz Griechenland durch einen marathonischen oder salaminischen Sieg vom Untergang gerettet zu haben.« Wir verstünden den klassischen Schimpfer falsch, wenn wir seine Kritik am sportlichen Elitekult für seinen Angriff auf den Sport selbst hielten. Ihm geht es nur um die Verwischung des Unterschieds zwischen maßgeblicher Größe und vorübergehender prominenter Leistung.

Neben der rauschenden Verherrlichung, die jedem Showmaster des Fernsehens, jedem guten Torschützen, Rennfahrer und Wahlgewinner zuteil wird, haben wir noch eine zweite Hürde zu nennen, die den Blick auf echte Elite verstellen kann. Wir meinen die sogenannten Sekundärtugenden, denen sowohl die bürgerliche wie die proletarische Welt so hohen Respekt zollt, daß sie geflissentlich in alle Erziehungsprogramme eingepackt werden, als ob die Zukunft mit ihnen stehe und falle. In Wahrheit verbürgen sie gegen die Heraufkunft der Barbarei nicht das mindeste. Wenn sie auch auf ein geordnetes Leben verzichten, so wissen wir doch, daß auch Gangster und Terroristen pünktlich, treu und zuverlässig sind, einen geschulten Kopf, geschärfte Intelligenz, Sorgfalt, Geduld und eine wohleingeübte Kombinationsgabe besitzen müssen, um ihre kriminellen Meisterstücke ins Werk zu setzen. Nach der ihm widerfahrenen Behandlung gefragt, erklärte der amerikanische General Dozier, als er von der Polizei befreit war, seine Entführer und Bewacher seien – bei aller Brutalität der Vorgänge – intelligente und, mit einer Ausnahme, gebildete und taktvolle junge Männer gewesen. Das Bild des primitiven, stiernackigen Verbrechers mit niederer Stirn, lauerndem Blick und brutalem stoppelbärtigen Kinn gehört einer infantilen Vorstellungswelt an. Der heutige Attentäter oder Mafiaboß, Wirtschaftskriminelle oder politische Mörder tarnt sich, sofern er einen bezahlten Schläger vorschicken kann, hinter einem gepflegten Äußeren, guten Manieren, sprachkundiger Gewandtheit; oft genug besitzt er sogar ein legitimes akademisches Diplom. Falls es sich um die südamerikanische Variante handelt, trägt er unter dem Hemd sicher noch ein goldenes Kreuz oder eine Marienmedaille und zeigt sich als häufiger Gast an der Kommunionbank. Oft genug kennt ihn seine Familie nur als zärtlichen Gatten und rührend besorgten Vater. Hat man nicht Ähnliches auch von Goebbels gelesen?

Das ganze eindrucksvolle Tugendgehäuse gibt nicht bekannt, welchen Kern es umschließt; wie auch umgekehrt der wohlstilisierte Habitus gänzlich fehlen kann, ohne daß man daraus eine niedere Person ableiten darf. Manche Heiligen waren äußerlich verwahrlost, andern fehlte es an Intelligenz, gutem Benehmen und oft an der geringsten Weltkenntnis. Von den Gestalten dieses Buches zeichnen sich einige durch exemplarische Tapsigkeit aus als Leute, die keinen Nagel gerade einschlagen konnten. Andere erwiesen sich als Allroundgenies, wie etwa der russische Missionar Veniaminov, der von der Architektur bis zur Sprachengrammatik, von musikalischen Schöpfungen bis zur Abfassung eines Katechismus für Walfischfänger erwiesener Fachmann blieb. Es gibt notorische Schlamper unter ihnen wie auch schwer erträgliche Ordnungsfanatiker. Joh. Sebastian Bach arbeitete am konzentriertesten, wenn ihn der Wirbel seiner zahlreichen Kinder umgab, andere brauchten die »Eremitage«, um einen schöpferischen Gedanken formulieren zu können. Einige galten als jähzornig, andere fielen durch phlegmatischen Gleichmut auf. Wie immer es jedoch um das Charakter- und Bildungskostüm bestellt war, von dort her ließ sich nie ein Schluß auf ihren Rang als Elite folgern; denn dieser baut sich zuerst und entscheidend im Gewissen auf. Irgendwann oder mit ihrem ganzen Leben gibt Elite Zeugnis dafür, daß sie einem höchsten Wert verpflichtet ist, dem kein Befehl eines Potentaten vorangesetzt werden kann. Hier im Gewissen stecken die Grenzmarken für Gehorsam und Pflicht. Da Elite gegenüber aller Prominenz die Wahrung der menschlichen Würde und Freiheit verantwortet, was immer etwas anderes war als »law and order«, findet sie im Christentum die vielfältigsten Wege zur Selbstentfaltung. Doch davon später.

Hier wäre nur noch anzumerken, daß natürlich auch nichtchristliche Religionen, wie die jüdische, oder nicht-monotheistische wie der Buddhismus oder Hinduismus, eine Elite ihrer Art vorweisen, vor der wir uns ebenso verneigen wie vor der christlichen. Wie immer dort der aller Menschensatzung übergeordnete Höchstwert angesprochen wird, er besitzt die Kraft, das Gewissen zu lenken. Kulturbereiche jedoch, in denen der »Führer« oder die Partei zum Nonplusultra alles Lebens erhoben wird, können auf legalem Weg nur Prominenz hervorbringen. Dort bürdet man der Elite, soweit sie nicht ausgemerzt ist, die volle Last ihrer ohnedies schweren Berufung auf. Mag der Spielraum noch für Untadeligkeit und persönliche Herzensgüte ausreichen, so lauern doch für jene, die nach der Fahne der Freiheit greifen, im Dunkeln die Häscher.

Noch ein Letztes muß hier zur Sprache kommen. Der Atheist, soweit er kein primitiver Jawohlsager ist, durchläuft eine Lebensphase, die keineswegs endgültig zu sein braucht. In vielen existentiell ernst und redlich angesetzten Entwicklungen – wir brauchen nur an Edith Stein oder Martin Buber zu denken – sprüht einmal der Feuerzauber Nietzsches auf, oder ihr Träger gerät in das klare, intellektuell mitreißende Kielwasser Sigmund Freuds oder auch unter die suggestive Gewalt der Argumente von Karl Marx. Das verhindert jedoch nicht, daß jener geheimnisvolle Unbekannte, der auch die geistigen Geschicke lenkt, in ihm arbeitet, oder daß der vermeintliche Atheist eines Tages vor der Hoheit des Jesus von Nazareth in die Knie geht. Es steht keinem von uns an, ihm ein sensibles Gewissen mit mühsam errungenem Höchstwert abzusprechen. Im Urteil Gottes ist er vielleicht unterwegs zu ihm, ohne daß er es weiß oder es auf den Mäandern seiner Entwicklung noch selbst mitbekommt.

2. *Die schöpferische Leistung*

Elite muß hervortreten; mit edler Gesinnung und vornehmem Charakter allein schafft sie ihren Status noch nicht. – Die byzantinische Kaiserin Theodora, Gattin und Mitregentin Justinians I., eine Frau, zwielichtig nach Herkunft und Vergangenheit, im Urteil ihrer Gegner ein »Geschöpf aus Dreck und Feuer«, erwies sich während des Nika-Aufstandes als der einzige Mensch, der ohne Todesfurcht den Revolutionären die Stirn bot. In einer Stunde, da alles schon verloren schien und selbst der Kaiser verzweifelt die Flucht vorbereitete, behielt sie allein nicht nur die Nerven, sondern auch die kaiserliche Würde. Im Purpur zu sterben oder zu siegen, mit dieser Entscheidung riß sie die schon verzagte Palastwache zu einem letzten Gegensturm hin – und rettete den Thron. Hier schlug die Stunde der Bewährung aus dem politischen Räderwerk der Umwelt. Anders bei der französischen Nationalheiligen Jeanne d'Arc, die sich aus innerem Antrieb – wie immer man die Stimmen, die sie hörte, deuten mag – plötzlich berufen fühlte, ganz Frankreich von den englischen Invasoren zu befreien, obwohl sie im Augenblick des Entschlusses noch als analphabetisches Schäfermädchen fern von den Zentren der Macht lebte. Wie durch ihr Eingreifen der Hundertjährige Krieg beendet und Karl VII. in Reims zum König gesalbt wurde, steht in den Geschichtsbüchern; auch daß sie – noch nicht zwanzigjährig – als Hexe verbrannt wurde. Was aber den rasch um sie blühenden Legendenkranz nicht mehr zu durchdringen vermochte, ist die Frage nach ihrer Person, nach ihrer wirklichen Herkunft. Mag sich auch die fromme Mythologie mit dem »Auftrag Gottes« und dem »Befehl des hl. Michael« begnügen (womit dann immer gleich alles geklärt ist), so suchen die Psychologen der Geschichte doch nach dem irdischen Ursprung von so viel Kraft, ungewöhnlicher Intelligenz und hinreißender Überzeugungsmacht. Denn Elite braucht ihre naturhafte Ausstattung, um sich erweisen zu können. Da genügt der Fingerzeig Gottes noch nicht. Man nimmt heute an, daß Johanna von königlichem Geblüt war, aber als »Bastard«, der womöglich einmal nach dem Thron greifen könnte, bei den schlichten Bauersleuten in Domrémy verborgen wurde, um vor den mörderischen Intrigen des Hofes geschützt zu sein. Schon aus ihren keineswegs unterwürfigen Antworten bei den verschiedenen Prüfungen durch prominente Herren schließt man, daß sie sehr wohl wußte, wer sie war, vielleicht sogar insgeheim für einen kommenden Auftrag erzogen worden war. Nicht anerziehen konnte man ihr freilich die Inspirationskraft, mit der sie die wackeren, aber bisher erfolglosen Generäle zum Sieg führte. Zum Heros mußte sie das Zeug mitbringen.

Einen ähnlichen Beweis unerwarteter, wenngleich authentischer Elite, erlebte die katholische Kirche mit der Papstwahl Johannes XXIII. Ein alter Mann von gütiger, gewinnender Lebensart, da er wenige Jahre darauf an Krebs starb, vermutlich sogar schon krank, jedenfalls ohne beunruhigende Ambitionen, wurde nach dem wuchtigen Pontifikat seines Vorgängers sozusagen als Verlegenheits- oder wie es kirchendiplomatisch (aber damit nicht weniger kränkend) formuliert wurde, als Übergangspapst gewählt. Er sollte in gebührendem Respekt vor seinem unvergleichlichen Vorgänger eine Art Puffer bilden, einen namenlosen Lükkenbüßer, bis man wieder zu einer so vielversprechenden Figur wie dem Pacelli-Papst greifen konnte. Vermutlich der einzige, der in diesem Konklave wußte, wer er war, war der »Übergangspapst« selbst. Zur höchsten geistlichen Prominenz erhoben, zeigte er in wenigen Jahren, was Elite an Inspirations- und Verjüngungskraft einbringen kann.

Eigenständiges Urteil

Zur schöpferischen Leistung gehört ein genuines Urteil, das jedoch den Maßstäben der Zeit nicht zu entsprechen braucht. Übrigens eines der markantesten Unterscheidungsmerkmale zur Prominenz, die geradezu als Exponat der öffentlichen Meinung zu verstehen ist. Vom Konsens der Mehrheit emporgeführt und getragen, wird diese zwangsläufig zum Ärgernis und fällig zur Ablösung, sobald sie zu ihr in Widerspruch gerät. Sie trägt vielerlei Ketten, von denen der kleine Applaudierer nichts weiß. Der Papst gewordene Angelo Roncalli konnte zwar für die Kirche die Gitter der Gesprächslosigkeit öffnen, er selbst aber stand mit jedem Wort, das er aussprach, unter der Last der Weltöffentlichkeit. Weil aber dieser Johannes XXIII. die Furcht seines Vorgängers vor Veränderungen nicht teilte, sondern voller Gottvertrauen ein Konzil eröffnete, fiel ein Licht der Rechtfertigung auf jene gedemütigten Geister, die lange vor ihm nach einem lebendigeren, brüderlicheren Christentum gerufen hatten und dafür mit Exkommunikation oder Totgeschwiegenheit büßten. Nun erkannte man in ihnen Vorläufer oder Vorwegnehmer des Konzils. Ob sie noch lebten wie Teilhard de Chardin oder wie Joseph Wittig in geistlicher Verbannung gestorben waren, ihre Stimme wurde legitim als jene Elite, die den »Wächtern der Ordnung« zum Opfer gefallen war.

In den zwanziger Jahren versuchte Joseph Wittig mit einem Artikel im »Hochland«, der dann als Büchlein erschien, anzuzeigen, wie wenig der Christ seiner Zeit die verheißene, auch laut verkündete Erlösung zu erleben vermochte. Von Gesetzesenge eingeschnürt, von Sündenlast geduckt, wagte dieser eher weniger Lebensfreude und Daseinszuversicht als die andern, obwohl er doch zu einem helleren, glücklicheren Leben berufen war. »Getröst, getröst, wir sind erlöst« lautete der aufschlußreiche Titel der Schrift. Man hätte ein Aufatmen erwarten können: Endlich spricht einer aus, was schon lange mit uns umging! Aber das Gegenteil geschah: Man kämpfte um dogmatische Enge, um Gesetzesmaschen und Hörigkeit voreinander wie um die heiligsten Güter und schickte Joseph Wittig in die Wildnis. Der gebrochene Mann wurde zum Dichter. Heute zählen seine Bücher zu den Kostbarkeiten religiöser deutscher Literatur. Und keiner mehr will sein Schicksal auf dem Gewissen haben.

Ein genuines Urteil zu besitzen, es vorzutragen und unbeirrt vom suggestiven Druck der Umwelt durchzusetzen, das erweckt meist die Feindschaft gerade der Gebildeten; denn diese repräsentieren und legitimieren den Zeitgeist am sinnfälligsten. Als Juristen und Theologen tragen sie während des Hexenwahns die Verfolgungspflicht wie eine hohe Berufung durch die Jahrzehnte. Sie bleuen als betuliche Monarchisten von Kathedern jeglicher Art das Erbfeinddenken gegen die demokratischen Franzosen ein. Sie propagieren und betreiben als Journalisten und Ärzte die Ausrottung unwerten Lebens. Mit geschliffener Feder machen sie sich zu Werkzeugen der Judenhetze und Verkündern des Rassendünkels. Noch nie ist eine geistige oder kulturelle Fehlentwicklung vom Stande der Gebildeten verhindert worden.

Hätte Kolumbus die von den zuständigen Fachgelehrten und allen gebildeten Zeitgenossen geteilten Schlüsse nachgebetet, denen zufolge auf dem hohen Ozean mangels der Gebirge absolute Windstille herrschte, die Segelschiffe also stehenblieben und verfaulten oder aber, falls sie zum Äquator abgetrieben würden, in der Glut der senkrecht herabbrennenden Sonne Feuer fingen, dort aber ohnedies verloren seien, weil sie über die untere Hemisphäre hinunterrutschten und nie mehr die Erdkugel hinauf in die Heimat gelangen könnten . . . er wäre niemals aufs offene Meer hinausgefahren. Wäre Johannes Kepler in dem Obskurantismus des klagenden evangelischen Dekans von Leonberg und der Juristischen Fakultät von Tübingen befangen gewesen, so hätte er kaum erreichen können, daß seine Mutter nach einem sechs Jahre dauernden Hexenprozeß von jenen »Indizien purgieret« wurde, die bis dahin jedem gebildeten Fachmann des Hexenwesens als überzeugende Beweise galten. Die wenigsten Gründer großer Wirtschaftsreiche haben sich systematisch auf ihre Lebensleistung vorbereiten können. Selten kamen sie von Universitäten, und manche blieben zeitlebens wenig kultiviert. Noch heute gehört es zum (wenngleich fast nie bestätigten) Image des Großindu-

striellen, wenigstens in Amerika, beim Punkte Null, das heißt als Zeitungsjunge und Tellerwäscher angefangen, schon in früher Jugend die darbende, vaterlose oder von dessen Trunksucht belastete Familie ernährt zu haben und ausschließlich durch Fleiß, Härte gegen sich selbst, Wendigkeit und Geschick hochgekommen zu sein. Hinter dieser ans Herz greifenden Legende steht jedoch meist eine andere, prosaischere Wirklichkeit. Denn unter den vielen, die zum Start ansetzen, kommen nur jene geborenen Unternehmer oben an, die zusätzlich mit der Witterung für die Machbarkeit und die günstige Stunde ausgestattet sind, auch ungewarnt spüren, wovon man besser die Finger läßt, um nicht hereinzufallen. Sie müssen einen Blick haben für Mitarbeiter, die auch in Krisen und Überbelastungen dabei bleiben, für Geldgeber mit langem Atem; und schließlich müssen sie wissen, wo ihre natürlichen Gegner sitzen.
Genau diese Eigenschaften, milder oder schärfer ausgeprägt, zeigten auch jene verdienstvollen Gründer von Sozialwerken, Heilinstituten, Kranken- und Erziehungsanstalten, die in diesem Buch als maßgebliche Gestalten vorgeführt werden. Wenn ihre religiöse Ausstattung und ihr waches Gewissen uns auch verbieten, sie als harte Manager anzusprechen, zielsichere Unternehmer waren sie ebenso wie die Großindustriellen. Daß der Österreicher Hermann Gmeiner für seine SOS-Kinderdörfer so viele Millionen zusammenbrachte und weiter sammeln kann, verdankt er neben dem Vertrauen in seine Rechtschaffenheit und in die meisterhafte, auch pädagogisch vorbildliche Organisation auch seinem Talent, dieses weltläufige Gründungswerk eindrucksvoll beisammenzuhalten. Bethel, die »Stadt der Barmherzigkeit«, ist keineswegs nur durch die Spenden barmherziger Menschen und das heroische Lebensopfer ungezählter Mitarbeiter zustande gekommen, obwohl dies die Grundsubstanz bildete, sondern durch das geradezu säkulare Unternehmertalent des Pastors von Bodelschwingh, der als charismatische Gestalt all diese karitativen Kräfte zu wecken vermochte.
Noch ein Letztes muß angesprochen werden, wenn vom schöpferischen, eigenständigen Werk der Elite die Rede ist: ihre persönliche Unbenommenheit. Obwohl sie sich über ihren Vorsprung an kreativer Leistung, ihre unbestechliche Menschenkenntnis und ihr überlegen-sicheres Urteil völlig im klaren sind, vermeiden sie es geflissentlich, sich zur sogenannten Persönlichkeit hinaufspielen zu lassen. Gerade das brauchen sie nicht. In den harten Aufstiegsjahren wurden sie gegen jeden Kult dieser Art immunisiert. Ließ sich auch zum guten Ende ein Titel- und Ordenssegen nicht vermeiden, so vergaßen sie doch bei dieser »Alterserscheinung« nicht, daß es in der Zeit, als Gedeih und Verderb des Unternehmens ausschließlich auf ihren einsamen Entschlüssen stand, an bestätigendem Beifall durchaus fehlte. Wer zur Elite gehört, kann es sich leisten, ein natürlicher Mensch zu bleiben, wie auch der echte Grandseigneur nie den betulichen Auftritt einer sogenannten Persönlichkeit zelebriert. Das ist

Prominentenmanier. Der Tick für das Erhabene gedeiht besonders im ehrgeizigen Karrieredenken, wenn ein von Natur kümmerlich angelegter Mensch zeigen will, daß die endlich errungene hohe Stellung dem Format seiner Person angemessen sei.
Auch der Genies muß hier gedacht werden, weil aus ihren Reihen viele Vertreter der Elite hervorgegangen sind. Wir meinen weder jene ingeniösen Erfinder vom Schlag eines Edison noch die vielbestaunten Akrobaten des politischen Kalküls oder die überragenden Intelligenzen, die in gesellschaftlich angepaßten Berufen ebenso anzutreffen sind wie in der Gangsterwelt, wo sie ihrer Konkurrenz, der Polizei, höchste Anstrengungen aufzwingen. Von Talenten ist also nicht die Rede, sondern von jenen seltenen Exemplaren der Spezies Mensch, denen (meist unter erheblicher Gefährdung) ein Blick in die Tiefe unserer Existenz oder der Weltgesetze erlaubt wurde, gleichgültig, wie sie sich artikulierten, durch das Medium der Musik, der bildenden Kunst oder als Denker. Gerade mit ihnen experimentiert die Natur am gnadenlosesten, wenn sie sie nicht schon vor ihrer Lebenshöhe zu Fall bringt. Gelingt es den Genies nicht, sich zu verwirklichen, ihre Visionen, sei es auch stammelnd, mitzuteilen, so bleiben sie als Gescheiterte auf der Strecke. Vermögen sie es aber, sich unter weiß Gott welchen Mühen und gesundheitlichen Schäden zu offenbaren, so haben sie fast immer den höchsten Preis dafür bezahlt. Weshalb es keinem von uns gebührt, an jene Genies, die »sich« fertig gebracht haben und damit die Menschheit adelten, die Maßstäbe üblicher Moralität anzulegen. Die Autoren dieses Buches verzichteten darauf, die Schattenseiten solcher von ihnen beschriebenen Gestalten ans Licht zu bringen. Beschränken wir uns hier auf die Feststellung, daß auch das Genie ekstatischer Zustände bedarf, um dem, was ihm aufgetragen wurde, bleibende Form zu verleihen. Noch keiner hat sich in behäbiger Biergesundheit hinsetzen können, um ein Meisterwerk zu schreiben. Beim schöpferischen Menschen sind Mächte am Werk, die sich mit bloßer Energie nicht herbeizwingen lassen.

3. Die Welthaftigkeit des Lebensentwurfs

Hitler liebte es, sich als Kinderfreund fotografieren zu lassen. Es war dem leicht erregbaren Mann auch durchaus zuzutrauen, daß er sich sympathisch angerührt fühlte, wenn ihm ein hübsches blondes Mädchen Blumen überreichte. Doch bleibt diese »Kinderliebe« eine Farce, wenn auf seinen Befehl hin gleichzeitig Tausende von Kindern anderer Völker umgebracht wurden. Wer nicht das »Kind« in jedem Kinde liebt, liebt überhaupt keines. Wo die Mitmenschlichkeit an den Grenzen der Familie, des eigenen Volkes oder sogar am Gesundheitszustand eines andern halt macht, bleibt sie eine Maske. Man halte das nicht für einen Allgemeinplatz. Der Gründer des »Internationalen Roten Kreuzes«, Henri

Dunant, brauchte die Mühe vieler Jahre, um den europäischen Potentaten begreifbar zu machen, daß der verwundete Soldat einen eigenen, einen neutralen Status besitzt, also den feindlichen Fronten nicht mehr angehört. Nicht die ordensübersäten, »im Pulverdampf ergrauten« Generäle, die militärische Prominenz mit ihrem lebenslangen Anschauungsunterricht in Verwundetenelend, haben diese Entdeckung gemacht, sondern ein Zivilist, der als zufälliger Augenzeuge einer einzigen Schlacht (der von Solferino) zum Berichterstatter und Ankläger wurde. Generäle finden ihre Genugtuung an möglichst großen Zahlen gefallener oder außer Gefecht gesetzter Feinde. Was über Sieg oder Niederlage hinausgeht, übersteigt meist ihre Fassungskraft. Ihres Amtes ist es nicht, gerührt zu sein, sondern zu siegen. Deshalb gibt es auch keine vom Leid gezeichneten Militärs. Wir wiederholen jedoch, was wir eingangs gesagt haben, daß sich unter jeder Art von Prominenz einzelne befinden können, die der Elite angehören. Auch dem Gründer des »Roten Kreuzes« gesellte sich ein Schweizer General als tatkräftiger Helfer zu. Unter den Heerführern wartet die Geschichte mit leuchtenden Namen auf; wir brauchen nur Alexander d. Gr., Hannibal, Caesar oder Prinz Eugen zu nennen. Doch haben die Militärs als Stand immer nach den grausamsten, verderbenbringendsten Waffen gegiert. Wir dürfen an dieser Stelle zu ihrer Entlastung oder Ergänzung den Namen jenes Politikers nicht unterdrücken, der als erster und glücklicherweise bisher einziger den Einsatz der Atombombe gegen Menschen angeordnet hat. Das Meer von Schrekken und Leid, das er damit anrichtete, belastete ihn jedoch keineswegs; denn als er – schon ein alter Mann – anläßlich eines Geburtstags von einem Journalisten die verfängliche Frage gestellt bekam, ob ihn nichts drücke und reue, ob er nichts in seinem Leben lieber ungeschehen sähe, antwortete Harry S. Truman, doch, das sei der Fall, es reue ihn nämlich, daß er so spät geheiratet habe. Dem Bombenschützen schlug, wie wir wissen, allein schon die Ausführung des Befehls so auf die Seele, daß er sich für den Rest seines Lebens in ein Kloster zurückzog.
Für die Welthaftigkeit, also die absolute Geltung des Lebensentwurfs, die wir als drittes Merkmal der Elite anführen, liefert die Bibel ein aufschlußreiches Beispiel. Welthaftigkeit besitzt deshalb so hohen, exemplarischen Wert, weil sie jeden Lebensweg begleiten kann, ob sich dieser nun der religiösen Vertiefung, der Linderung von Not, der Erhellung des Geistes, dem Kampf gegen die Unterdrückung von Freiheit und Menschenwürde, dem schöpferischen Einsatz für den Frieden zuwendet, ob ein neuer Erziehungsplan ersonnen, ein Kunstwerk geschaffen wird, was alles ja im hintersten Winkel der Welt vollbracht werden könnte. Das Beispiel zeigt etwas von der inneren Konstitution an, mit der ein Mensch, der zur Elite gezählt werden soll, jenseits von Leistung und Verdienst, ausgestattet sein muß:
Als Abraham seinen Sohn Isaak verehelichen wollte, schickte er seinen

vertrauten Knecht Eliëser auf Brautschau aus, ohne ihm nähere Anweisungen zu geben, außer daß die Schwiegertochter keine Kanaaniterin sein durfte. Der Knecht packte zehn Kamele zur Reise und begab sich in Abrahams Heimat. Auf dem langen Weg hatte er Zeit genug, über die wichtigste Eigenschaft einer künftigen Erzmutter nachzudenken. Daß sie reich oder schön oder aus gutem Hause sein mußte, war ihm nicht aufgetragen worden. Schließlich ersann der Brautwerber einen genialen Test, mit dem er die richtige Frau für Isaak bestimmen wollte. Er würde am Brunnen vor der Stadt, wo sich die Mädchen mit ihren Krügen zum Wasserholen zu treffen pflegten, haltmachen und für sich um Wasser bitten. Jenes Mädchen, das ihm antworten würde: Nicht nur du, auch deine Kamele werden Durst haben, und dann ungebeten die Tiere tränke, weil es den Durst nicht nur beim Bittsteller, sondern überall sähe, würde die rechte sein. Es war das Mädchen Rebekka, das diese Probe bestand. »Auch deinen Kamelen will ich schöpfen, bis sie sich satt getrunken haben.« Und wie das so in der Bibel geht: Rebekka war reich wie Abraham selbst und obendrein mit diesem verwandt. Weil sie den Dingen auf den Grund sah und spontan Hand anlegte, um das zu tun, was sie geboten, zeigte sie ihre Berufung zu einer Leitfigur. Wenige Jahre später, als Rebekka mit der bekannten List ihrem begabteren Sohn Jakob zu dem alles entscheidenden Segen verhalf, zeigte sie wiederum, was es mit der Grundausstattung des Menschen auf sich hat. Nicht weil er sein Erstgeburtsrecht für ein Linsenmus verkauft hatte, konnte Esau, der zuerst geborene Zwillingsbruder, nicht Patriarch werden, sondern weil er von Anfang an nicht dazu taugte, vergeudete er diese Berufung um ein Linsenmus. Sein Lebenskonzept war nicht ausbaufähig.

Zwei mythische Gestalten als Urbilder

Voll entfaltete Kulturen legten zu allen Zeiten Wert auf deutliche Unterscheidung zwischen Prominenz und Elite; ihre Dichtung, ob Drama oder Epos, breitete ohne Scheu das erregende Schicksal des höher Gearteten gegenüber dem nur höher Plazierten aus. Ob Elite links oder rechts von den Mächtigen geortet wurde, ob sie den Geruch der Heiligkeit brauchte, wie etwa prophetische Bußprediger, ob sich wie bei der Iphigenie erst im letzten Augenblick vor der Opferung erwies, daß die Götter die Hand auf sie gelegt hatten, ob man einen verwegenen Draufgänger verehrte wie den Maurenbezwinger Cid, das waren nur Modulationen der Zeit. Elite stand immer neben den Mächtigen oder gegen sie, wurde ihr Opfer wie Antigone, brachte sie zur Vernunft wie Katherina von Siena oder jagte sie aus Amt und Würden wie Cola di Rienzo.

Für unterentwickelte Völker gelten »reich« und »stark«, »oben« und »im Besitz der Macht« zugleich als Beweis von Größe. Sie wurden noch von keinen Dichtern belehrt; gerade daß die religiösen Vorstellungen auf ihre

Menschenbilder zurückverweisen. Denn auch ihre Götter spielen sich als personifizierte Naturgewalten in arroganter Willkür durch die Zeiten, schicken einmal Glück und Segen, ein andermal Fluch und Verderbnis. Obendrein wollen sie wie die irdischen »Großen« pausenlos bedient und durch Opfer besänftigt sein. Leid und Sorgen, Kummer und Elend und was immer zu den Schattenseiten des Menschenloses gehört, kennen sie nicht und kümmern sich nicht darum. Noch Plato stellt fest: »Die Götter lieben nicht«; sie trauern auch nicht, sie leiden nicht. Für die Eingeborenen von Kamtschatka saßen sie auf hohen Felsen, ließen die Füße baumeln und schauten vergnügt über das von ihnen beherrschte Land. Man kann sich vorstellen, welche Mühe der in diesem Buch gezeigte slawische Missionar Veniaminov aufwenden mußte, um anstelle dieses parasitären Göttergesindels den Gekreuzigten in die Herzen der Menschen einzupflanzen.
Ob aber im primitiven Ostsibirien oder im klassischen Griechenland, Götter waren immer nur überhöhte Prominenz, so geflissentlich man sie auch verehrt hat. Selbst der Gott des Alten Testaments mußte durch Jesus in einen liebenden Vater verwandelt werden, ehe er zur bewegenden Mitte einer Weltreligion werden konnte. Am Rand sei hier vermerkt, daß nach christlichen Vorstellungen nur noch der Teufel in der Hölle als ausschließlich prominenter Herr seines Bereiches gilt. Gott dagegen behütet die Seinen in Liebe, die Engel geleiten uns durchs Leben, und Christus selbst versprach, bis ans Ende der Zeiten unter uns zu bleiben. Für den Stand der Elite, der an der lichten Sündlosigkeit transzendentaler Gestalten keinen Anteil hat, vielmehr der dunklen Abgründigkeit des Menschenherzens bedarf, das auch der irdischen Mühsal und Bewährung – für diesen Stand präsentiert das Christentum seine Heiligen. Da dieses Buch aber keine Heiligenlegende sein will, haben wir nur wenige Kanonisierte aufgenommen, und dies in der eindeutigen Absicht, schon den Anlauf zu maßgeblicher Größe der menschlichen Elite zuzuschlagen. Einige der ausgewählten Männer und Frauen leben sogar noch.
Wenn uns die alten Griechen und die frühchristlichen Kelten Elite vorführen wollten, verwiesen sie nicht auf den göttlichen Bereich, sondern zeigten uns ihre Heroen. Deshalb greifen wir, auch um zu vergegenwärtigen, daß Elite weder an eine Religion noch an eine Kultur und schon gar nicht an ein Volk oder eine Rasse gebunden ist, zum Schluß dieser Einführung nicht in den allgemein bekannten christlichen Heiligenhimmel, sondern in die unausschöpfbar tiefe Mythologie der Griechen und Kelten. Sie zeigt uns mit zwei kristallklar gezeichneten Figuren, was Elite ist und was sie nicht ist. Wir setzen sie auch deshalb hier an den Schluß, damit sie für die ganze Lektüre des Buches im Gedächtnis bleiben. Denn in jedem der folgenden Charakterbilder wird ein Hauch ihrer Größe und Verstrickung, ihrer Mühsal und Unverdrossenheit, vor allem ihres Alleinseins, wenn alles auf dem Spiel stand, wahrnehmbar sein.

Die dreizehnte Arbeit des Herakles

Mit ihrer wohl tiefsten Gestalt, mit Herakles, meinte die griechische Mythologie keineswegs jenen athletischen Kraftprotz, auf den ihn schon die Römer heruntergebracht hatten. Leider übernahmen die abendländischen Jahrhunderte diese verkümmerte römische Herkulesvorstellung und nicht das hohe Urbild der Griechen, so daß heute über den Löwenwürger und Ausräumer des Augiasstalls hinaus kaum mehr etwas Rühmenswertes überliefert wird. Doch ist das Bild eines muskelstarken Schlagetots nicht nur falsch, es deckt auch eine der tiefsten Schöpfungen des menschlichen Geistes zu.

Herakles nämlich, der Unheilabwehrer, der am vielzitierten Scheideweg für das gefährlichere Leben votierte, um die Menschen von Unholden und Plagen zu befreien, Herakles, immer allein, wenn es am schwersten war, und deshalb als unverzagter Durchsteher schon in der Alten Welt der Schutzpatron für »ausweglose Anliegen«, er hat seinen Erdenweg noch mit einem Akt bewunderungswürdiger Nächstenliebe gekrönt. Obwohl diese Schlußtat seine verwegenste war, zählt sie nicht zu seinen bekannten »Zwölf Arbeiten«. Auch in den pseudo-heroischen Jugendbüchern sucht man vergebens danach. Der Schützer und Helfer der Menschen habe nämlich – so berichtet der Mythos – gegen Ende seines Lebens das weltdurchdringende Schreien des Prometheus nicht mehr ertragen und bei Zeus Einspruch erhoben gegen die Verewigung der Qualen dieses büßenden Frevlers. Um zu beweisen, daß es ihm mit seinem Protest ernst war, schoß er einfach den ihn peinigenden Adler ab.

Wir erinnern uns, daß Prometheus durch einen Schuldspruch des Zeus an den kaukasischen Felsen geschmiedet war, weil er den Göttern das Feuer geraubt und es den Menschen zugetragen habe. Ein Adler zerhackte dem Gefesselten tagsüber die Leber, die jedoch über Nacht wieder nachwuchs, so daß die Leiden kein Ende nehmen konnten. Die ganze olympische Prominenz hörte ungerührt sein Schreien durch die Äonen, unter ihnen so hochverehrte Gottheiten wie die hilfreiche Athene, die leidenskundige Artemis, um hier vom herzlosen Apoll, vom immer teilnahmslosen Hermes abzusehen. Keiner wurde je davon beunruhigt; für legitime Götter gehörte das zum normalen Weltgeräusch. Und nun brachte dieser extravagante Sohn des Göttervaters und einer Menschenfrau – ohne die Gefahr härtester Vergeltung zu bedenken – das Mitleid ins Spiel, eine für höchste Herrschaften immer befremdende Dimension.

Es fällt schwer, hier nicht schon einige Gestalten unseres Buches anzuführen, die als einzige das schreiende Elend der Welt sahen, den Rüstungswahn, der ins Verderben führte, die brüllende Dummheit des nationalen Dünkels. Zwar konnten sie keinen mythischen Vogel abschießen, aber daß sie unter Lebensgefahr Protest erhoben oder ohne Zustimmung von oben einfach zugriffen, bringt sie doch in die Nähe des griechi-

schen Heros. Zwei Künstler wollen wir aber immerhin nennen: Käthe Kollwitz und Ernst Barlach, die in die Dauerfeier von Preußens Gloria ihre Bilder und Figuren vom Elend der Hinterhöfe mit deren freudlosen Familien und des unter der gleißenden Lebenslüge gebrochenen Menschen einbrachten.
Um zu Herakles zurückzukehren, so war er nach tiefenpsychologischem Befund ohne Frage zum Neurotiker geworden, weil ihn – und zwar ihn allein – das Schreien des Prometheus, das doch zur angemessenen musikalischen Untermalung der Welt gehörte, kränkte, krank machte. Doch in unserer Sicht zeigte sich gerade mit dieser »Neurose« sein vollentwickeltes Menschentum. Sie war der Beweis bester Gesundheit. Hätte er durch eine analytische Behandlung dieses Nicht-mehr-ertragen-Können, diese anomale Reizbarkeit verloren, so wäre eine abgestumpfte, eine Person geringeren Niveaus aus ihm geworden. Manche unserer Gestalten waren das, was man ein Nervenbündel nennt, überfordert, überarbeitet, von Herzattacken gejagt, oft in völliger Vereinsamung lebend. Was nicht hinderte, daß sie zur zeitlosen herakleischen Sippe gehörten.

Der Störenfried der Artusrunde

Aus dem Gralsmythos, an dem alle Kulturvölker des Hochmittelalters mitgedichtet haben, kennen wir den erregenden Bericht von der Rückkehr Parzivals. Der König, der die Gralsgeheimnisse verwaltet, ist krank. Fügen wir kurz ein, daß mit dem Gral, der zwar anschaulich als Kelch oder Schale angesprochen wird, in Wahrheit das Geist- und Kraftzentrum der Welt, also der höchste Wert für den Menschen gemeint ist. Den verborgenen Gral zu suchen heißt, sein Leben am höchsten Wert zu orientieren, der sowohl religiös bestimmt, wie in der Ethik des Gewissens verankert sein kann. Nicht daß der Mensch pausenlos von Höchstwerten ergriffen sein müßte; auch das Leben verlangt eine totale Hingabe, ja es ernährt den Gral, denn nur aus seinen Irr- und Umwegen, aus seiner Schuld und seinen Seligkeiten kann er sich erneuern und mitwachsen. Sonst verliert er als nur noch behutsam verwahrtes, doch rückständig gewordenes Erbe seine verjüngende Kraft. Wer nicht »unterwegs« bleibt (auch ein buddhistisches, ja schlechthin menschliches Kernwort), wird von der Umwelt vereinnahmt und erlischt als Person.
Wie der Mythos berichtet, sei Artus, der als Fischerkönig die Gralsgeheimnisse hütet und verwaltet, krank geworden und mit ihm die ganze Welt, deren Mitte er bildete. Die Quellen waren am Versiegen, das Gras am Verdorren, die Bäume trugen fast keine Früchte mehr, die Tiere bekamen nur noch selten Junge, die Wiegen der Menschen standen fast immer leer. Alles Leben war zum Stillstand gekommen, ohne daß es völlig absterben konnte. Ein lebendiger Tod überall. Um den kranken König in seiner zerbröckelnden Burg bemühten sich die Ärzte, ohne ihn

jedoch heilen zu können. Ritter der Tafelrunde trugen respektvoll ihre Ratschläge vor, wie der König genesen und die Welt aus ihrem Stillstand befreit werden könnte. Doch obwohl sie alles recht und richtig machten, vermochten ihre Kräfte nichts mehr zu beleben. Tag und Nacht trafen hohe Gäste ein, und ihre erste Frage galt immer der Krankheit des Königs. Gemeinsam beklagte die versammelte Prominenz den Niedergang der Welt. Da stürmte ein armer, abgerissener Ritter herein, heimgekehrt von einer Fahrt voll schlimmer und glücklicher Begegnungen, voller Leben zwar, aber zerzaust, von keinem mehr erkannt, ja von allen spontan verachtet. Es war Parzival. Ohne Gruß und Rücksicht auf das Zeremoniell des Hofes, trat er an das Bett des Kranken und fragte: »Wo ist der Gral?« Im gleichen Augenblick sprang der König auf und war gesund. Mit ihm belebte sich die ganze Welt: die Quellen sprudelten, die Wiesen grünten, Bäume begannen Früchte zu tragen, Tiere und Menschen erhielten die Bürgschaft zu neuem Leben. Was war geschehen? Einer nur noch mit sich selbst und ihren Zuständen beschäftigten Gesellschaft war das Stichwort zur Neubelebung gegeben worden. Sie hatte erfahren müssen, daß das Verwalten und Hüten eines großen Vermächtnisses keineswegs mit geistigem Leben identisch ist. Und noch ein Zweites: daß die geistige Stagnation keinem Einzelbereich angelastet werden kann, etwa der respektlosen Jugend, dem nicht mehr effizienten Erziehungssystem, der zerrütteten Politik, der Polemik zwischen den Altersgruppen. Denn alles steht auf dem gleichen Niveau, das sich in der Krankheit des Königs spiegelt. Er, der oberste Prominente, bildet folglich auch den Adressaten für den unhöflichen Anstoß aus der Elite: deine Krankheit, eure Zustände und Klagen sind völlig nebensächlich; es kommt einzig und allein darauf an, ob ihr von der Suche nach dem höchsten Wert motiviert seid. Sekundärtugenden, die nicht auf den »Gral« ausgerichtet sind, bleiben wertlos.

Wir haben aus der Zeit der NS-Diktatur vier Gestalten ausgewählt, von denen jede auf ihre Art den zeitgemäß abgewandelten Ruf »Wo ist der Gral?« ausgestoßen hat. Zwei davon, Dietrich Bonhoeffer und Max Josef Metzger, zahlten dafür mit ihrem Leben; zwei kirchliche Würdenträger, der Münchner Kardinal Faulhaber sowie der Bischof von Münster und spätere Kardinal Graf von Galen, wagten in aggressiven Predigten die Verletzung des Menschenrechts anzuprangern, obwohl sie weder durch ihre Kirche noch durch die Bischofskonferenz gedeckt und obendrein durch die Wahlentscheidungen des Volkes verunsichert waren. Daß sie nicht deportiert oder gar exekutiert wurden, hatten diese beiden mutigen Alleingänger nur ihrer hohen Verehrung im gläubigen (wenngleich gespaltenen) Volk zu verdanken, das zu irritieren die Machthaber im geplanten und bald auch tatsächlichen Krieg nicht wagten. Auch für die nachträgliche Zeit ihres Schweigens galt, daß sich die Feinde erkannt hatten.

Im keltisch-christlichen Mythos springt der König von seinem Lager auf, bleibt von Stund an gesund, selbst die morsche Burg um ihn her wird wunderbarerweise wiederhergestellt. Mythen und Märchen dürfen die Welt immer wieder einmal heil werden lassen. Ihre Figuren, die die Wende bringen, erlangen unvergängliches Leben, ob sie als Gestirne verehrt werden wie Herakles oder auf die Insel der Seligen gelangen wie Parzival. Vielleicht ist ihre Unsterblichkeit auch nur als Immerwiederkehr zu verstehen. Denn wo etwas geschah, mit dem die Menschheit ein Stück voran kam, wurde es immer von einzelnen dieser Art getan. »Ohne das große Individuum wäre nicht vorwärts zu kommen«, schreibt Jakob Burckhardt in seinem Essay über die historische Größe. Der Mythos hat ihr Urbild als Wegzeichen aufgesteckt, das entlang den Geschichtsläufen der Welt immer wieder aufleuchtet, wenn auch jedesmal anders. Denn ob auch Herakles den Adler abgeschossen hat, das Stöhnen des Prometheus hallt doch weiter durch die Zeiten. Parzival sprach zwar ein endgültig erlösendes Wort, aber die Welt wurde dadurch nicht vom Druck des Unheils befreit. Die Wirklichkeit, »sie ist nicht so«. Es gibt keine Endlösungen, weder im Guten noch im Schlimmen. Gestikulierend wie eh und je stehen die Akteure auf der Bühne, ohne zu bemerken, daß sie immer das gleiche Stück aufführen.

Wie um das bis zum Überdruß repetierte Schauerdrama der starken Männer ja nicht in Vergessenheit geraten zu lassen, retteten polnische Generäle ihr heißgeliebtes Vaterland wiederum »in letzter Stunde«. Doch auch sie werden längst vergessen sein, wenn ihr markantestes Opfer noch immer vom Glanz des Heros umspielt wird. So tritt zu den Männern und Frauen dieses Buches, die sich über sechs Jahrhunderte verteilen, noch eine neue symbolmächtige Gestalt hinzu, die das Stöhnen der Rechtlosen nicht mehr ertrug und den Verantwortlichen sein »Wo ist der Gral?« zurief: der polnische Arbeiterführer Lech Walesa. Und da wir in der brutalen Wirklichkeit leben, springt kein mythischer König gesund vom Krankenlager auf. Die hohe Runde der Mächtigen wird ihn vielmehr in Ketten legen oder seelisch ruinieren. – Fehlgeleitete Mannestugenden gegen Gewissen, Ordnungswahn gegen Menschentum, Prominenz gegen Elite, Mißbrauch der Macht und Protest aus dem Glauben und der Kraft des Herzens, sie werden einander gegenüberstehen, solange unsere Geschichte währt.

BEWEGER DER ZEIT

Johannes XXIII. Erneuerte die Kirche im Glauben an den Beistand des Hl. Geistes.

Martin Luther Sprachmächtiger Urheber der deutschen Reformation und Zentralgestalt des Protestantismus. Später militanter Gegner der päpstlichen Kirche. Als Übersetzer der Bibel ins Deutsche und als Liederdichter von großer sprachschöpferischer Kraft.

Die Wartburg in Thüringen Durch den Aufenthalt Martin Luthers, der hier, als Junker Jörg verkleidet, an seiner Bibelübersetzung arbeitete, ein Ort besonderer Verehrung für Protestanten. Zugleich Pilgerziel für Katholiken, da hier die heilige Elisabeth gelebt hat. Die heutige Burg ist ein Erneuerungsbau aus dem 19. Jahrhundert.

Martin Buber Jüdischer Religionsphilosoph, dessen Bücher auch viele Christen zu einer Vertiefung des Glaubens, einem neuen Verständnis der Bibel und der jüdischen Frömmigkeit geführt haben. Seine Übersetzung des Alten Testaments wird unter sprachkundigen Theologen besonders hoch eingeschätzt.

Glauben als Lebensantrieb

Ein Fürwahrhalten, das keine Dynamik entwickelt, auch nichts bewirkt, verdient den Namen »Glauben« sowenig, wie etwa die Anhäufung von enzyklopädischem Wissen oder die Kenntnis von tausend Richtigkeiten schon einen Wissenden ausmacht. Wer dafür gehalten wird, muß mehr wissen, als in Büchern steht, ja, als er selbst bekanntgibt. Ebensowenig erweist sich einer mit dem Vorzeigen seines Bekenntnisses schon als Glaubender. Damit kann er wohl zu den Gläubigen zählen, die mit andern zusammen eine Religionsgemeinschaft bilden und die draußen Stehenden nach altem Brauch der Mohammedaner als Ungläubige bezeichnen. Aber solange einen nicht der Glauben wie ein versteckter Motor antreibt, seine ganze Person in Beschlag nimmt, sein Fühlen und Wollen leitet, seine Ahnungen beflügelt, fehlt ihm der Ausweis, der ihn als »Glaubenden« identifiziert. Vom Gläubigsein als religiöser Dreingabe, ohne die es allenfalls auch ginge, vom pfleglichen konfessionellen Mitmachen, weil ein Außenseitertum gesellschaftlich zu strapaziös wäre, ist demnach sowenig die Rede wie von Fanatikern, die, von einer einzigen Idee besessen, nichts anderes mehr gelten lassen, oder von den großen Kundschaftern der Welt, die aus ihren Vorstellungen heraus das Kühnste gewagt haben. Wir bleiben vielmehr bei jenen seltenen Menschen, die, dem Ewigen verschworen, ihre ganze Glaubenskraft ins Zeitliche hineintrugen.

In voller Absicht lassen wir die Schar der Männer und Frauen dieses Buches von Papst Johannes XXIII. anführen. Er, der allen, auch den Nichtkatholiken, ja sogar den Nichtchristen ein guter Freund gewesen wäre, besaß eine untrügliche Witterung für zur Schau getragene und echte Glaubenskraft. An seiner Hand wäre Martin Luther ohne Frage zu einer Säule der Kirche geworden. Wir tun dies nicht zuerst wegen der Güte und Menschenfreundlichkeit, die diesen Papst aller Welt so liebenswert erscheinen ließen, sondern wegen seines abgrundtiefen Glaubens an Gott und die von ihm geistig gespeiste Kirche. Mag der Beistand des Heiligen Geistes sonst eher rituell in Anspruch genommen werden, hier vertraute einer absolut und wagte es deshalb, seiner Kirche die Erschütterung eines Reifungsprozesses zuzumuten, wie sie das Konzil gebracht hat. Er war von Gott betroffen und blieb in Zwiesprache mit ihm, genau im Sinne jenes ständigen Dialogs, den der fromme Martin Buber als die einzig gültige Glaubensweise bezeichnet und gelehrt hat. Solcher Glauben ist kein habhaftes Gut, das man den seelischen Beständen zuordnen, an dem man herumreden könnte wie an einem Objekt. Vielmehr etwas Lebendiges, das sich in Anfechtungen verdunkeln kann, sich in neuen Vertrauensschüben kräftigt, auch durch geistige Mühe ernährt werden will, damit es nicht in bigotter Enge verdorre. In jedem Glaubenden steckt ein Hiob, der selbst in der Verzweiflung nicht aufgibt. »Suchet Gott, so werdet ihr leben« – der Prophet Amos wußte, daß es hier Besitztümer sowenig gibt wie deren systematischen Erwerb. Dennoch verlangt auch der Glauben seinen Tribut, der als Vorleistung eingebracht werden muß, als jene Suche und Unruhe, von der Augustinus spricht, ob sich nun der Glauben allmählich aufbaut oder wie bei Paulus als ein Blitz in die Seele fährt; oder ob er wie bei der heiligen Katherina von Siena aus Visionen von befehlerischer Eindeutigkeit hervorgeht.

Wie der Glauben, geschenkt oder errungen, ein zubereitetes Herz braucht, um sich entfalten zu können, so bedürfen auch seine Inspirationen der Kontrolle des durch ihn geadelten Menschen. Deshalb sind es nicht nur psychologisch füllende Zusätze, sondern legitime Erwartungen, daß Glauben auch die Hoffnung und Liebe miteinschließe. Was nämlich aus Glaubenseifer schon an Unheil angerichtet wurde, nimmt in der Geschichte ungebührlich viel Platz ein. Selbst eine so lautere Seele wie die heilige Katherina von Siena scheute sich nicht, »für die Hunde des Islam« Rad und Galgen zu fordern. Und was Martin Luther seinen zeitgenössischen Juden an den Hals wünschte, gilt noch heute als ungezügelte Glaubensinspiration. Auch hier bleibt Papst Johannes XXIII., der aus seiner Liebe zu Gott die Liebe zu allen von ihm geschaffenen Menschen abgeleitet hat, als Mann des Glaubens eine beispielhafte Gestalt.

Norbert Stahl

Johannes XXIII.

Der menschenfreundliche Papst

Als am Abend des 3. Juni 1963 Papst Johannes XXIII., das 263. Oberhaupt der römisch-katholischen Kirche, stirbt, geht eine Welle der Betroffenheit und Trauer um die Welt. In einer noch nie dagewesenen Anteilnahme haben sich Millionen von Menschen – Christen und Nichtchristen, Gläubige und Ungläubige – um das Bett der letzten Leiden dieses Papstes versammelt und seinen Todeskampf mitdurchlitten.

Das Pontifikat Johannes XXIII. hatte nur vier Jahre, sieben Monate und sechs Tage gedauert, es war bis dahin das kürzeste im 20. Jahrhundert. Um so erstaunlicher ist die weltweite Trauer über den Verlust eines Mannes, der eigentlich kaum Zeit zur Verwirklichung seines Programmes hatte. »Wir haben unseren Papst verloren«, sagen Protestanten. »Ich habe am Tag seines Todes geweint«, bestätigt eine bekannte Jüdin. Ein kommunistischer Autor nennt ihn »den Papst aller«.

Wie ist ein Mensch beschaffen, der solche Reaktionen auslöst? Einer der Biographen Johannes XXIII. schreibt: »Sie erlebten in der Schlichtheit und religiösen Weihe seines Sterbens ein Zeugnis, das einem christlichen Leben in allem entsprach. Es wurde etwas von dem sichtbar, woran er im Optimismus seines Glaubens wie nur wenige unbeirrt festgehalten hat: daß die einende Kraft echter Menschlichkeit in dieser Welt stärker ist, als man gemeinhin annimmt. Dieser Papst hat heilende Kräfte sichtbar und wirksam gemacht, die weder Ideale noch Ideologien, weder schöpferische Illusionen noch Zufälle sind, sondern Wirklichkeit.«

Daß orthodoxe Christen und Protestanten, Anglikaner und Kopten, Vertreter von Reformierten und Freikirchen an der Schwelle des Todes des Petrusnachfolgers den römisch-katholischen Christen die Hand reichen, hat es im Laufe der Jahrhunderte noch nicht gegeben. Den russisch-orthodoxen Metropoliten Nikodim veranlaßt das zu der Bemerkung, der Primat Johannes XXIII. sei der »Primat eines Familienvaters« gewesen. Zu dieser Vaterfigur ist der am 25. November 1881 als drittes von zehn Kindern in dem oberitalienischen Dorf Sotto il Monte geborene Angelo Giuseppe Roncalli freilich erst mühsam herangereift.

Der Bauernsohn und spätere Papst stammt aus bescheidenem Milieu. Er wird, wie er selber sagt, »in wahrhaft gesegneter Armut« erzogen. Trotz eines guten Gedächtnisses und natürlicher Auffassungsgabe sind seine schulischen Leistungen in den ersten Jahren nicht gerade glänzend. Mangelnder Fleiß wird von seinem Lateinlehrer gelegentlich mit Ohrfeigen »belohnt«. Auch im Priesterseminar ist er nicht einer der besten, erwirbt sich aber insgesamt solide Kenntnisse.

Zum Priestertum hat er sich schon sehr früh entschlossen. Sein reines Gemüt und sein sanftes Wesen helfen ihm, den Weg bis zur Priesterweihe relativ ungefährdet zu gehen. Doch ist er nicht so sanft, daß er nicht auch in Zorn geraten könnte. Als er bei einem Besuch des Wallfahrtsortes Maria Loreto von Freimaurern auf der Straße wegen seines priesterlichen Gewandes verspottet wird, schreibt er in sein Tagebuch: »Gebenedeite Madonna von Loreto, es tut mir leid, Dir sagen zu müssen, daß Du mich hier nie wieder sehen wirst.« Seminaristen, die mit ihm zusammen Militärdienst (»eine Quelle, aus der Fäulnis aufsteigt«) leisten, widmet er die Zeilen: »Was ich mir nicht erklären kann, ist, wie Du, mein reinster Jesus, der Du unter Lilien weidest, soviel Gemeinheit, selbst bei Deinen Dienern, dulden kannst und Dich herabläßt, in ihre Hände niederzusteigen, in ihre Herzen einzukehren, ohne sie auf der Stelle zu bestrafen.« Eigene Erfahrungen sind es, die den »Kleriker Angelo« gleichzeitig an seine Familie schreiben lassen: »Bleibt bei allem Kummer froh, ergeben! Schaut nach oben und laßt keinen Zorn aufkommen!«

Der Lebensweg Angelo Roncallis scheint im Rückblick wie vorprogrammiert auf das oberste Leitungsamt der Kirche. Nach der Priesterweihe im Jahre 1904 wird er Sekretär seines Bischofs, Graf Radini-Tedeschi, der starken Einfluß auf ihn ausübt und die Aufmerksamkeit des jungen Geistlichen unter anderem auf das Laienapostolat, die Beteiligung an den Werken der Mission und Verkündigung, lenkt. Er wird Professor am Priesterseminar in Bergamo und Studentenseelsorger.

Der Erste Weltkrieg, den er als Feldkaplan erlebt, unterbricht zunächst die Laufbahn. In diesem Krieg bleiben fünf seiner Brüder auf dem Schlachtfeld. Roncalli steht verwundeten und sterbenden Soldaten bei. »Die von Todesröcheln unterbrochenen Beichten, die er, zwischen den verschiedenen Krankenstationen hin- und hereilend, abnahm«, so sein Biograph Nikodim, »enthüllen ihm das wahre Gesicht des Lebens in viel intensiverem Maße, als das alle darüber gelesenen Bücher getan hätten.« Als Johannes XXIII. wird er zum großen »Friedenspapst«. Es ist anzunehmen, daß seine eigenen Erinnerungen an den Krieg für ihn eine immerwährende Aufforderung sind, sich für den Frieden zwischen den Völkern einzusetzen.

1918 kehrt Roncalli als Professor an das Priesterseminar in Bergamo zurück. Kurz darauf wird er von Papst Benedikt XV. an die »Kongregation für die Glaubensverbreitung«, das päpstliche Ministerium für die Verwaltung der Missionen, berufen. Er kann seine ersten Erfahrungen in der Kurie sammeln. 1924 erhält er den Lehrstuhl für »Patrologie« an der Päpstlichen Lateran-Universität. Ein Jahr später wird er zum Apostolischen Visitator in Bulgarien berufen und mit der Bischofswürde ausgezeichnet. Fast 30 Jahre lang wird er nun als päpstlicher Diplomat wirken. Als bischöflichen Leitsatz, dem er sein Leben lang die Treue hält, wählt er »Gehorsam und Frieden«. In seiner ersten Predigt kommt er auf sein

späteres Thema »Die kirchliche Einheit« zu sprechen. Er begegnet dem Osten und der Orthodoxie und erlernt die bulgarische, die kirchenslawische und die russische Sprache. Im Vatikan weiß man schnell seine Fähigkeiten zu schätzen. Nach tausendjähriger Unterbrechung wird er der erste Apostolische Delegat in Bulgarien. 1934 erfolgt seine Beförderung zum Apostolischen Delegaten für die Türkei und Griechenland. In den Kriegsjahren 1939–1945 sorgt er für die Beschaffung von Nahrungsmitteln, Medikamenten und Bekleidung für die notleidende griechische Bevölkerung und hilft den von den Nazis verfolgten Juden. Viele von ihnen rettet er vor der Verschickung in Todeslager. Es wird berichtet, daß er rot wird vor Wut, als der deutsche Gesandte Franz von Papen ihn um Unterstützung des Vatikans im Kampf gegen die Kommunisten ersucht. »Und was«, entgegnet er, »ist mit den Millionen von Juden, die Ihre Landsleute in Polen und Deutschland ermorden?«
Papst Pius XII. ernennt den Erzbischof 1944 zum Apostolischen Nuntius in Frankreich, wo er sich ebenfalls schnell allgemeine Achtung erwirbt. Hier bewegen ihn die deutschen Gefangenen. Er betont, daß keineswegs das ganze deutsche Volk mit dem Faschismus und den Tyrannen des Dritten Reiches identifiziert werden darf. Insbesondere eilt er den deutschen Priesterstudenten zu Hilfe. Ein anderes Problem, dem er seine Aufmerksamkeit zuwendet, ist das Experiment der Arbeiterpriester, dem er wohlwollend gegenübersteht und das er vor Blitz und Donner der römischen Kurie zu schützen sucht, allerdings ohne Erfolg. Das Experiment wird bald beendet.
1953 wird Roncalli zum Kardinal kreiert und zum Patriarchen von Venedig ernannt. Er hat damit einen der wichtigsten Sitze der römischen Kirche inne. Fünf Jahre kann er sich hier als Seelsorger und Hirte bewähren. Bei seiner Ankunft in Venedig erklärt er: »Ich kenne keine schönere Aufgabe für einen Mann, als ein Hirte zu sein.« Das gilt auch für solche Schafe, die nicht dem eigenen Stall zuzurechnen sind. So richtet er beispielsweise ein Grußwort an den in Venedig stattfindenden Kongreß der Nenni-Sozialisten, was zur Folge hat, daß man in ihm einen Kirchenführer sieht, der die Tore »nach links« öffnet. Gleichzeitig weist er die antiklerikalen Sozialisten auf ihr seiner Meinung nach falsches Wirtschaftskonzept hin. Im Vatikan traut man ihm nicht recht, weil er sich für eine Verschmelzung des kirchlichen Prinzips mit einer fortschrittlichen Sozialpolitik einsetzt. Die soziale Umwandlung des menschlichen Zusammenlebens auf Erden, so betont er, müsse mittels einer friedlichen Erneuerung geschehen.
Der italienische Präsident Saragat bringt sein Urteil über Kardinal Roncalli auf die Formel: »Das ist ein Mann mit gesundem Menschenverstand und großer Frömmigkeit.« Über sich selbst urteilt dieser: »Ich habe von meinem Schöpfer die Liebe zur Menschheit eingepflanzt bekommen: Das läßt mich vertrauensvoll an den Lehren des Evangeliums festhalten und

lehrt mich, die Rechte meiner Mitmenschen demütig zu respektieren; das wiederum verhütet, daß ich irgend jemand übel will; es ermutigt mich im Gegenteil, jedermann Gutes zu tun.«

Johannes XXIII. – der »gute«, der »gutmütige« Papst? Seine Milde und Teilnahmefähigkeit sind belegt. Aber er kann auch streng sein. In Venedig verlangt er von seinen Priestern tadelloses äußeres Aussehen. Einem unsauberen Pfarrer schenkt er Rasierklingen und einen frischen Kragen. Er untersagt dem Klerus die Anschaffung von Fernsehgeräten mit der Begründung, daß ihnen das Betrachten nicht beachtenswerter Programme wertvolle Zeit wegnehme. Als Papst des Zweiten Vatikanischen Konzils weiß er das Medium Fernsehen allerdings zu schätzen; über den Bildschirm verfolgt er die Debatten in der Konzilsaula. In Venedig öffnet er die Portale des Markusdomes für die Eröffnung der internationalen Konzerte unter Leitung Strawinskys. Es ist das erste Mal seit einem halben Jahrhundert, daß ein Patriarch die Biennale der bildenden Kunst aufsucht. »Die abstrakte Kunst«, sagt der Kardinal, »hat zumindest den einen Vorzug, daß sie weder mit den Dogmen noch mit der Moral in Konflikt gerät.« Ein Kirchenführer mit der Gabe des Humors, ja der (Selbst-)Ironie.

Die Wahl des 77jährigen Kardinals von Venedig zum Papst am 28. Oktober 1958 löst zunächst große Verblüffung aus. Dazu trägt nicht nur dessen Alter bei, sondern auch der Habitus Johannes XXIII., wie er sich nennt. Sein Vorgänger Pius XII. war von hoher, schlanker Gestalt, ein Asket, streng nicht nur in Fragen des Glaubens und der Sitte. Das neue Oberhaupt der katholischen Kirche ist von beachtlicher Leibesfülle, was darauf hindeutet, daß er kein Kostverächter ist. »Seine Heiligkeit« strahlt eher die Gemütlichkeit eines betagten Bauern als die Autorität eines Kirchenfürsten aus. Ein Großvatertyp, an den man sich erst gewöhnen muß, hat den Stuhl Petri bestiegen.

Beim Tod seines Vorgängers hatte man den Eindruck, es werde kaum möglich sein, einen Papst zu finden, der im Bereich der Einwirkung der Kirche auf die Dinge der Welt die Wirkkraft und Wirkweise Pius XII. erreichen könne. Erscheint die Wahl Roncallis auch als Übergangslösung, so stellt sich bald heraus, daß sein Pontifikat, eines der kürzesten in diesem Jahrhundert, an Bedeutung dem seines Vorgängers nicht nachsteht. Nicht nur, daß jedermann sofort Zutrauen zu dem Güte und Wärme ausstrahlenden Papst faßt, seine Schlichtheit und Ursprünglichkeit sind gepaart mit einer beachtlichen Dynamik und Klugheit in der Beurteilung des Laufs der Welt.

Als ihn der Dekan des Heiligen Kollegiums fragt, ob er die Wahl zum Papst annimmt, erklärt er: »Was ich von meiner Armseligkeit weiß, stürzt mich in Verwirrung. Da ich jedoch in den Stimmen meiner Brüder das Zeichen des göttlichen Willens erblicke, nehme ich die von ihnen getroffene Wahl an, beuge mein Haupt zum bitteren Kelch und meine

Schulter dem Joch des Kreuzes.« Das klingt wie Resignation angesichts der gewaltigen Last des Amtes, das er übernimmt. Dennoch ist Johannes XXIII. als der »optimistische Papst« in die Geschichte eingegangen. Wie anders kann er auch das Wagnis der Einberufung eines Konzils eingehen. Mit der spontanen Ankündigung versetzt er seine Umgebung im Vatikan in Schrecken und Verwirrung. Die Prälaten der Kurie fürchten zu Recht, daß bestehende Strukturen einer Revision unterzogen werden und sie dabei Federn lassen müssen. Auch die Weltkirche erlebt erst einmal einen Schock. Zu gewaltig ist das Unternehmen, mit einem ökumenischen Konzil zur Erneuerung der Welt, zu ihrer Einigung und zur Überwindung des Gegensatzes von Kirche und Welt beizutragen.
Johannes XXIII. will das »großartige Schauspiel der Wahrheit, Einheit und Liebe«, ein »neues Pfingsten«. Er will vor allem die Einheit mit den von der katholischen Kirche getrennten Christen. Gemessen an den tatsächlichen Wirkungen und Erfolgen des Konzils übernimmt er sich sicher in seinen Hoffnungen. Man kann ihn durchaus als naiv bezeichnen. Aber es ist jene Naivität, die einen Menschen auszeichnet, der von einem unerschütterlichen Glauben an die Zukunft der Kirche und der Welt beseelt ist.
Johannes XXIII. profiliert sich zur allgemeinen Überraschung als der Vertreter eines »progressiven Katholizismus«. Fast 3000 Oberhirten aus allen Teilen der Welt ruft er zur größten Kirchenversammlung, die jemals stattgefunden hat, nach Rom. Hinzu kommen die Beobachter-Delegierten aus den nichtkatholischen Konfessionen. Bevor sie mit ihrer Arbeit beginnen, erteilt er ihnen den Rat, sich nicht auf die Seite der Unglückspropheten zu stellen, »die immer das Unheil voraussagen, als ob die Welt vor dem Untergang stünde«. Es komme darauf an, erklärt er, der Welt die echten Werte der Kirche zu zeigen, die Wahrheit und die barmherzige Liebe, und sie nicht für ihre Fehler zu verurteilen. Die Äußerungen des Achtzigjährigen kommentiert eine Nachrichtenagentur mit den Worten: »Er macht sich über die Propheten der Mutlosigkeit und der Finsternis lustig . . . er fürchtet weder die Atombombe noch Teilnahmslosigkeit und Verfolgung.«
Nur eine Sitzungsperiode des ökumenischen Konzils erlebt der Papst mit. Aber in ihr werden entscheidende Akzente gesetzt, wie die Verschiebung im Verhältnis zwischen Papsttum und Episkopat, im Ausbau der Querverbindungen der Bischöfe auf nationaler und internationaler Ebene, in der Förderung der Laienarbeit. Welt- und kirchengeschichtlich sind sie ebenso fruchtbar wie der breite Einstieg der katholischen Kirche in die ökumenische Arbeit und die zunehmende Kontaktnahme mit der nichtchristlichen religiösen Welt. Keiner der verbindlichen Beschlüsse des Konzils trägt die Unterschrift Johannes XXIII., aber die Öffnung der Kirche zur Welt ist eingeleitet und nicht mehr rückgängig zu machen. Es ist keine Übertreibung zu sagen, daß das ganze Pontifikat Papst Jo-

hannes XXIII. ein Dienst am Frieden ist. Immer wieder verdeutlicht er seine Vorstellungen vom Frieden und ermahnt die Großmächte, ihre Waffen zu reduzieren. Die sowjetische Zeitschrift »Literaturnaja Gaseta« schreibt, die Suche des Friedens sei für Johannes XXIII. kein abstraktes Problem gewesen. Seinem Friedensverständnis, kommentiert sie nach dem Tod des Papstes, habe eine unanfechtbare Wahrheit zugrunde gelegen: »In der thermonuklearen Epoche muß die Menschheit lernen, gemeinsam zu leben, wenn sie nicht gemeinsam in der Hölle auseinanderfallender Atome umkommen will.«

In zwei bedeutenden Lehrschreiben, den Enzykliken Mater et Magistra und Pacem in terris, verdeutlicht Johannes, welche Position die katholische Kirche hinsichtlich des sozialen und des politischen Friedens einnimmt. Die positive, unpolemische Sprache trägt ihm den Vorwurf ein, eine weiche Linie in die kirchlichen Auseinandersetzungen mit dem Kommunismus gebracht zu haben. Daß er den Schwiegersohn Chruschtschows, Adschubej, empfängt, verstärkt diesen Verdacht noch. Er nimmt von der Botschaft seines Vorgängers jedoch nichts zurück, sondern legt vielmehr Wert darauf, daß sein Wort und das Pius XII. als ein Wort verstanden und angenommen werden. Das gilt für seine Soziallehre wie für seine Friedenslehre. Allerdings führt er diese Lehre weiter.

In dem Sozialrundschreiben Mater et Magistra fühlt er seiner Zeit den Puls. Vor allem setzt er sich mit den Problemen der Entwicklungsländer auseinander. »Wenn die wirtschaftlich hochentwickelten Länder den Bedürftigen Hilfe leisten«, betont er, »dann sollen sie nicht nur deren Eigenart kennen und gelten lassen, sie sollen sich auch unbedingt davor hüten, diesen Völkern bei ihrer Hilfe den eigenen Lebensstil aufzudrängen.« Der Bevölkerungsexplosion setzt er einen nicht von allen verstandenen, unerschütterlichen Optimismus entgegen: »Gott hat in seiner Güte und Weisheit der Natur eine nahezu unerschöpfliche Ergiebigkeit mitgegeben und zugleich dem Menschen so viel geistige Fähigkeiten geschenkt, daß dieser mit Hilfe entsprechender Werkzeuge die Gaben der Natur zur Befriedigung seiner Lebensbedürfnisse nutzbar machen kann.«

Pacem in terris hält die Gewährleistung des Friedens für die Hauptaufgabe unserer Zeit. Johannes XXIII. appelliert an das Überleben der Menschheit, an die Anwendung des menschlichen Wissens nicht zum Tod, sondern zum Leben und zur Menschenwürde in einer Gemeinschaft des Verständnisses. So befürwortet er die Stärkung der Vereinten Nationen und lenkt die Aufmerksamkeit auf die Tatsache, daß der Friede von einer internationalen Verantwortung abhängt. Er fordert: sofortige Einstellung der Atomversuche, Verbot der Atomwaffen, Beendigung des Wettrüstens, Voranschreiten zu einer globalen, allgemeinen und kontrollierten Abrüstung, Ende der Rassendiskriminierung und Anerkennung der Gleichheit aller Menschen.

Zwei Wochen nach Eröffnung des Konzils befindet sich die Welt durch den Ausbruch der Kubakrise – die Russen wollen dort Raketen stationieren – am Rand eines Krieges. Johannes XXIII. richtet einen flammenden Appell an die politischen Führer, der nicht ohne Widerhall bleibt. Ist der Papst, der über keine militärischen Streitkräfte verfügt, doch nicht so machtlos, wie es den Anschein hat? Bis zum heutigen Tag hat der Aufruf des Friedenspapstes, gegenüber dem Schrei der Menschheit nicht taub zu sein, seine Aktualität behalten. »Mit der Hand auf dem Herzen«, so ruft er aus, »mögen sie den Angstschrei hören, der aus allen Teilen der Welt, von den unschuldigen Kindern bis zu den Alten, von den einzelnen bis zu den Gemeinschaften, aufsteigt zum Himmel: Friede, Friede!«

Schalom Ben-Chorin

Martin Buber

Wegbereiter christlich-jüdischer Brüderlichkeit

Es gehört zur Tragik des Judentums, daß es seine größten Gestalten von Jesus von Nazareth über Baruch Spinoza bis zu Martin Buber, in unserer Zeit, nicht zu integrieren vermochte. Offenbar ist kollektive Existenz im Judentum, das sich als Bundesvolk versteht, so vorrangig, daß auch Menschen, die sich selbst ganz eingetan wissen in dieses Bundesverhältnis und -verständnis, um ihren Platz in dieser Gemeinschaft ringen müssen.
Es erging den Propheten nicht anders, und selbst Mose war dem oft zügellosen Haß der Seinen ausgesetzt. Tragende Gestalten des Judentums, die späteren Generationen als unbestrittene Lehrer Israels galten, wurden zu Lebzeiten verketzert. Maimonides wurde mit dem Bann belegt, Rabbi Schneur Salman von Ladi, das Haupt der Chabad-Chassidim, wurde von den Gegnern des Chassidismus ins zaristische Gefängnis gebracht, und der Schöpfer des politischen Zionismus, Theodor Herzl, wurde von dem Führer des liberalen englischen Judentums, Claude Montefiore, als »zionistischer Baal« abqualifiziert.
Martin Buber erging es nicht anders. Die jüdische Orthodoxie verhinderte, daß er 1938 an der Hebräischen Universität in Jerusalem einen Lehrstuhl für Bibel erhielt (Buber wurde dann auf das etwas nebulose Gebiet der »Soziologie der Kultur/Sozialphilosophie« abgeschoben), und als ihm am 3. Juli 1963 in Amsterdam in Anwesenheit des Königshauses der niederländische Erasmus-Preis verliehen wurde, sagte der Oberrabbiner der Niederlande, Aron Schuster, gemeinsam mit seinem Kollegium, die Teilnahme an dem Festakt ab mit der Begründung, daß Martin Buber kein Repräsentant des Judentums sei.

Buber gehörte keiner der offiziellen Richtungen im heutigen Judentum an, blieb ein Einzelgänger, wurde sogar als religiöser Anarchist verschrien und löste auch den politischen Protest innerhalb des Zionismus aus, da er anstelle des Judenstaates den binationalen jüdisch-arabischen Staat als Endziel proklamierte. Auch in der sozialistischen Bewegung blieb Buber ein Einsamer. Seine biblisch-religiöse Motivierung des Sozialismus brachte ihn zwar in die Nähe religiöser Sozialisten im christlichen Lager (so verband ihn eine tiefe Freundschaft mit Leonhard Ragaz in der Schweiz), isolierte ihn aber in der zionistisch-sozialistischen Bewegung, die, mehr und mehr marxistisch motiviert, einem historischen Materialismus zuneigte, der mit der Weltschau Bubers unvereinbar blieb.
Buber als Deuter des Chassidismus war für die Chassidim selbst völlig inakzeptabel, da er, außerhalb aller jüdischen Gesetzlichkeit stehend, für diese Altfrommen untragbar war. Das Werk Martin Bubers stellt sich im Rückblick in vier großen Kreisen dar:

die Arbeit am Chassidismus,
dialogische Philosophie,
Übersetzung und Deutung der Bibel,
zionistische Aktivität.

Mit dieser Aufgliederung ist der Radius nicht voll umschrieben, denn Buber war auch auf dem Gebiete der Pädagogik, der vergleichenden Religionswissenschaft und schließlich als Dichter von bleibender Bedeutung. Das Zentrum dieser konzentrischen Kreise aber ist das dialogische Prinzip.
Die Beschäftigung mit dem Chassidismus zieht sich durch das ganze schöpferische Leben Martin Bubers, von den noch mystisch geprägten Jugendjahren bis in die letzte Abklärung des Alters. – Eigentlich müssen wir hier aber zurückgehen bis in die Kindheit Bubers, denn die ersten bewußten Jahre seines Lebens, 1881–1892, lebte Buber im Haus seines Großvaters auf dessen Gut bei Lemberg, wohin das Kind nach der Trennung der Eltern gebracht wurde.
Salomon Buber war ein bedeutender jüdischer Gelehrter, Midrasch-Forscher, selbst mehr der rationalistischen Richtung angehörend, aber in inniger Nachbarschaft zu chassidischen Gemeinden. Die weltzugewandte heitere Frömmigkeit der Chassidim, jener ostjüdischen Pietisten aus dem 18. Jahrhundert, die charismatische Kraft ihrer Rabbis und der reiche Bestand ihrer volkstümlichen Legenden und Erzählungen machten auf den Knaben Martin-Mordechai einen unauslöschlichen Eindruck. Es bedurfte aber erst der Jahre der Entfernung und Entfremdung von diesem Milieu, um in Buber die Distanz zu schaffen, aus der er zum Erzähler chassidischen Legendengutes und Deuter der chassidischen Lehre werden konnte. Auch räumlich mußte er sich völlig vom Schauplatz des Geschehens absetzen, um die nötige Perspektive zu gewinnen. Die erste

reife Frucht der chassidischen Bemühungen waren *Die Geschichten des Rabbi Nachman.* Das Vorwort trägt den Vermerk: »Florenz, im Sommer 1906.«

Buber weilte in Italien, um kunsthistorische Studien zu treiben. In dieser völlig anderen Umgebung und Atmosphäre verdichtete sich ihm das Kindheitserlebnis, das zu einem motorischen Element in seinem Leben werden sollte. In dem Band *Die Erzählungen der Chassidim* in der Endfassung von 1949 hat Buber die reiche Ernte jahrzehntelanger Arbeit einbringen können. Diese Erzählungen wurden von gründlichen Kennern wie Walter Kaufmann, einem der Übersetzer von Bubers *Ich und Du* ins Englische, den Heiligen Schriften der Menschheit gleichgestellt. In der Tat handelt es sich um eine unerschöpfliche Quelle religiöser Belehrung, in einer ganz neuen Form, die, soweit ich sehe, von Buber kreiert wurde: der religiösen Anekdote, die den Antipoden zum jüdischen Witz darstellt.

Buber ist mit den Erzählungen der Chassidim ein Stück Weltliteratur gelungen, das nur ein Dichter, ein geborener Erzähler, zu schaffen vermochte. Es ist dabei nicht wesentlich, ob Buber immer den Originalvorlagen gefolgt ist oder im Geiste des Chassidismus weiter gedichtet hat. Er betonte selbst, daß er keine Übersetzung der jiddischen und hebräischen Quellen beabsichtigte, sondern »in aller Freiheit, aber aus ihrem Geist, wie er mir gegenwärtig ist«, sie nacherzählt habe.

Diese Nacherzählungen entbehren weitgehend des folkloristischen Elements und wurden dadurch für den westlichen Menschen unserer Zeit unmittelbar zugänglich. Philologen und Historiker haben an dieser Freiheit Kritik geübt. Sie konnten den Begriff der dichterischen Wahrheit nicht mit dem der historischen in eins sehen, aber gerade das macht den Reiz und die Dauerkraft dieser Erzählungen aus.

Der Chassidismus war im frühen 18. Jahrhundert der Aufstand der ungelehrten armen Juden gegen die Hegemonie der Schriftgelehrten. Spontaneität des lebendigen Glaubens trat weithin an die Stelle eines theologischen Intellektualismus, der sich im Pilpul, dem scharfsinnigen Disput im Lehrhaus, artikulierte. Chassidismus war ein Stück weltoffener, freudiger Frömmigkeit, und so wurde er Buber zum Paradigma für eine Haltung, die ihm weltgemäß schien. In diesem Sinne sagte mir Buber einmal: »Glaube allein macht bigott. Humor allein macht zynisch. Glaube und Humor zusammen aber ergeben jene rechte Haltung, mit der das Leben zu bewältigen ist.« Er fügte noch ein Wort seines früh verstorbenen Freundes und Mitarbeiters Franz Rosenzweig an: »Der Humor ist der Milchbruder des Glaubens.«

In den Erzählungen der Chassidim kommt die so seltene Kategorie des religiösen Humors zum Tragen. In den zahlreichen theoretischen Arbeiten Bubers zum Chassidismus, die ihre letzte Komprimierung in der kleinen Schrift *Der Weg des Menschen nach der chassidischen Lehre*

(1947) fand, zeigt er die Infrastruktur der chassidischen Haltung auf, die ihm ein Beispiel für »Wirken des Menschen an der Erlösung« wurde.
Martin Buber war kein Chassid, obwohl er in einer autobiographischen Skizze von Mein Weg zum Chassidismus sprach. Er zeigte am Beispiel des Chassidismus, wie der Mensch sich in der Freiheit der Zuwendung zum Du in Welt und Gott, dem Augenblick verhaftet, der Kategorie des Ewigen annähern kann. Dieses Weltverhältnis ist ein dialogisches – und so war es aus der Immanenz heraus gegeben, daß sich Buber als philosophischer Denker in der Dialogik fand, die durch sein *Ich und Du* (1923) einen neuen Ansatz in der abendländischen Philosophie des 20. Jahrhunderts bildet. Wie so oft in der Geistesgeschichte war Buber nicht ohne Weggefährten bei diesem Aufbruch in philosophisches Neuland. Hier ist außer seinem Freund und Mitarbeiter Franz Rosenzweig auch der katholische Denker Ferdinand Ebner zu nennen.
Was ist Dialogik? – Dialogik ist der philosophische Versuch, den Menschen in seinem Verhältnis zur Welt (und zu Gott) im Prozeß der »Zwiesprache« zu sehen. Der Mensch kann nicht für sich allein gedacht werden, sondern nur in seiner Beziehung zu der ihm konfrontierten Wirklichkeit. Dabei gibt es zwei Verhaltensweisen: die Ich-Du-Beziehung und die Ich-Es-Beziehung. Für die Ich-Du-Beziehung ist das Gegenüber die mir korrespondierende Wirklichkeit, die voll angesprochen werden will, mit ihrer ganzen Wesenheit auf mich antwortet und so mein eigenes Ich zur Individuation führt. Die Ich-Es-Beziehung aber sieht im Gegenüber nur das manipulierbare Objekt. Ich und Du sind daher die Grundworte der einen, Ich und Es die Grundworte der anderen Weltbeziehung, denn »die Welt ist dem Menschen zwiefältig nach seiner zwiefältigen Haltung«.
Die Dialogik geht von der Existenz des Menschen in seiner empirischen Gegebenheit aus (nicht in einer isolierten Abstraktion wie im Idealismus) und ist daher als ein Existentialismus anzusprechen, obwohl sich Buber gegen die Einreihung in diese Kategorie verwahrte. Philosophiegeschichtlich rangiert die Dialogik vor dem Existentialismus, aber prinzipiell gesehen ist sie doch eine Spielart dieser größeren Einheit. Der Existentialismus hat sich weithin, vor allem bei Jean Paul Sartre, in einem atheistischen Nihilismus entfaltet, ist aber wesensmäßig als Humanismus nicht notwendig atheistisch. (Die Theologie Bultmanns in ihrem Anschluß an die Existenzphilosophie Heideggers erweist dies.)
Bubers Dialogik hat die Klippe des Atheismus immer dadurch vermieden, daß die Ich-Du-Beziehung nicht auf den Mitmenschen, die Kreatur, die Dinge und die Welt beschränkt blieb, sondern sich zum ewigen Du hin weitete. Noch im Schlußsatz des Nachwortes zur Ausgabe von *Ich und Du*, anläßlich Bubers achtzigstem Geburtstag (1958), schrieb er: »Die Existenz der Mutualität zwischen Gott und Mensch ist unbeweisbar, wie die Existenz Gottes unbeweisbar ist. Wer dennoch von ihr zu

reden wagt, legt Zeugnis ab und ruft das Zeugnis dessen an, zu dem er redet, gegenwärtiges oder künftiges Zeugnis.« So gesehen ist Dialogik Erlebnisphilosophie. Darin liegt ihre Stärke und ihre Schwäche zugleich, denn nur wer das Erlebnis des göttlichen Du nachvollziehen kann, wird die Dialogik Bubers sich zu eigen machen können.

Obwohl die Dialogik nicht auf das Judentum beschränkt blieb, und obwohl Buber in seinem *Ich und Du* das Judentum mit keiner Silbe erwähnt, scheint mir doch die Dialogik die erste und einzige jüdische Philosophie zu sein. Alles, was an jüdischer Philosophie von Philo von Alexandrien über Maimonides bis zu Hermann Cohen angeboten wurde, stellt Synthesen von vorgegebenen philosophischen Systemen mit den Lehren des Judentums dar. Es gibt, so gesehen, keine originär jüdische Philosophie. Die Bibel selbst, das Grundbuch des Judentums, kennt keine Philosophie, sondern geht von der dialogischen Beziehung des Menschen zu Gott oder Gottes zum Menschen aus. Dieses Grunderlebnis nun in philosophische Kategorien gefaßt zu haben, ist Anliegen und Verdienst der Dialogik. Der Gott der Bibel ist der redende Gott (»Im Anfang war das Wort«), der sein Wort an seine ebenbildliche Schöpfung, den Menschen, richtet. Diese Erkenntnis steht im Hintergrund der Dialogik Bubers.

Geradezu mit innerer Notwendigkeit führte daher der Weg Bubers vom Chassidismus über die Dialogik zur Arbeit an der Bibel. Ausgelöst wurde dieses Beginnen allerdings durch ein äußeres Ereignis: Der Verleger Lambert Schneider wandte sich, Mitte der zwanziger Jahre, an Buber mit dem Vorschlag einer Revision des Luther-Textes des Alten Testaments für eine Neuausgabe in einer Reihe bleibender Werke der Weltliteratur. Buber übernahm den Auftrag, meinte, sich desselben in einem Jahr entledigen zu können, aber es sollte daraus eine Lebensarbeit werden, die »Verdeutschung der Schrift«, die er bis 1929 gemeinsam mit Franz Rosenzweig durchführte, dann aber in immer neuer verbessernder Überarbeitung erst 1962 abschließen konnte.

Unter den vielen Übersetzungen der Bibel ins Deutsche stellt die Bubers eine ganz einmalige Leistung dar. Buber versuchte, an die Wurzeln der hebräischen Wörter im Deutschen vorzudringen, so daß altgewohnte Begriffe fielen und ungewohnte Wortbildungen an ihre Stelle traten: eine Schlachtstatt anstelle des Altars, eine Darnahung anstelle des Opfers, ein Versammler anstelle des Predigers, die Preisungen anstelle der Psalmen und die Künder anstelle der Propheten.

Der Gottesname, der im christlichen deutschen Sprachgebrauch mit »der Herr«, im jüdischen deutschen Sprachgebrauch mit »der Ewige« wiedergegeben wurde, erscheint in der Buber-Rosenzweigschen Verdeutschung als »ER« oder in entsprechender Reflexion. Vor allem aber hat Buber als erster den Text der hebräischen Bibel nach rhythmischem Atemholen angeordnet (auch die Prosa), und so ein Prinzip des hebräischen Textes in

seiner ursprünglichen Mündlichkeit aufgegriffen, auf das schon der Kirchenvater Hieronymus hingewiesen hat.
Nichts in der Übersetzung Bubers ist gesucht, alles ist gefunden. Sicher ist diese Übersetzung schwer lesbar, will laut vorgetragen werden und versucht nicht, den Bibeltext dem heutigen Menschen nahezubringen, sondern vielmehr den Menschen von heute an das Urgestein der hebräischen Bibel heranzuführen. Rings um die Verdeutschung der Schrift gruppieren sich die exegetischen Werke Bubers: *Königtum Gottes, Der Glaube der Propheten* und – das einzige Buch Bubers, in welchem er sich mit dem Neuen Testament eingehend auseinandersetzt – *Zwei Glaubensweisen.*
Buber hat auch als Exeget ganz neue Wege beschritten, sozusagen eine dritte Position zwischen fundamentalistisch-orthodoxer Interpretation und philologisch-historischer Quellenscheidung und Kritik geschaffen. Er geht zwar mit dem ganzen Rüstzeug der historisch-philologischen Kritik an die Texte heran, aber nicht hinter den Text zurück, und versucht so, durch das Hineinhören in die prophetische Botschaft ihren Sinn in das Bewußtsein der Gegenwart zu heben und die Konturen biblischer Frühzeit freizulegen. Bei all diesen Versuchen ist die tiefe Ehrfurcht Bubers vor dem biblischen Wort, das er in jeder Silbe ernst nahm, hervorzuheben. Keine Unklarheiten duldete er. Es war ihm offenbar, daß im biblischen Text kein Wort zufällig steht und kein Wort durch ein anderes ersetzt werden kann. Er stellte den Menschen unter, nicht über das Wort, lehnte theologische Systeme ab und ließ sich selbst und seine Hörer und Leser immer wieder neu durch das Wort der Bibel verunsichern, so daß kein Raum für dogmatische Schablonen blieb. Die Bibel war aber für Buber nicht nur ein Stück Geschichte, sondern sollte hinführen zu einer Erneuerung des jüdischen Menschen, die sich in unserer Zeit in der zionistischen Bewegung dokumentierte, der sich Buber frühzeitig anschloß.
Martin Buber wurde am 8. Februar 1878 in Wien geboren, der Stadt, in der zwei Jahrzehnte später der Vater des politischen Zionismus, Theodor Herzl, wirkte. Schon als Student schloß sich Buber der jungen zionistischen Bewegung an und wurde von Theodor Herzl um die Jahrhundertwende mit der Redaktion des Zentralorgans der zionistischen Bewegung »Die Welt« betraut; eine Aufgabe, die der junge Buber aber bereits 1903 wieder niederlegte, da er den diplomatischen Zionismus Herzls nicht zu teilen vermochte. Buber ging es um den Geist des Judentums, der, verschüttet und depraviert, wieder belebt werden sollte. Als Herzl zu Buber sagte: »Wir brauchen einen neuen Stil«, antwortete Buber: »Nein, Herr Doktor, wir brauchen einen neuen Geist.«
In einer Oppositions-Fraktion, der auch der spätere erste Staatspräsident Israels, Chaim Weizmann, angehörte, trat Buber seinen Weg im Zionismus an, der immer tiefer in eine Haltung führte, die sich von der der offiziellen Leitung grundsätzlich unterschied. In den späteren Jahren

ging es nicht mehr nur um die Frage des Kulturzionismus, sondern vor allem um das Araberproblem, das Buber schon zu Beginn der zwanziger Jahre in seiner ganzen Schärfe erkannte. Es war ihm klar, daß die Weltmächte England und Amerika wechselnde Erscheinungen in der Region des Mittleren Ostens darstellen, das Bleibende aber das arabische Element ist. Es kam ihm deshalb darauf an, mit den Arabern in ein partnerschaftliches Verhältnis zu gelangen, und so dehnte er das dialogische Prinzip auf die Politik aus.

Um eben diese Zeit bildete sich in Palästina selbst eine kleine Gruppe jüdischer Intellektueller, die sich Friedensbund, »Berith Schalom«, nannte. Freunde Bubers, wie der Philosoph Hugo Bergmann, der Kabbalaforscher Gershom Scholem und der Pädagoge Ernst Simon, der übrigens in früheren Jahren Redakteur der von Buber herausgegebenen Zeitschrift »Der Jude« war, hatten sich in Jerusalem zusammengeschlossen, um Wege der Verständigung mit den Arabern zu suchen. Buber unterstützte diese Bestrebungen von Heppenheim aus. 1938 übersiedelte er selbst nach Jerusalem und wurde 1942 zusammen mit I. L. Magnes, dem Präsidenten der Hebräischen Universität, der Initiator der Nachfolgeorganisation der Berith Schalom, die sich nun »Ichud« (Einheit) nannte und den binationalen Staat von Juden und Arabern proklamierte. Wenn auch die geschichtliche Entwicklung über diese Zielsetzung hinweggegangen ist, so bleibt Bubers Bemühung in der Geschichte des Zionismus als Beitrag zur Entschärfung des jüdisch-arabischen Problems unvergessen. Es ist Ironie des Schicksals, daß manches von den politischen Ansätzen Bubers durch seine geschworenen Gegner Jahrzehnte später in dem Friedensabkommen mit Ägypten realisiert wurde.

Schon frühzeitig zeigte sich bei Buber das pädagogische Engagement, wie es etwa in seiner »Rede über das Erzieherische« (1926) zum Ausdruck kommt. Der Volkshochschulbewegung zugetan, übertrug er solche Erfahrungen nach 1933, in den Jahren der nationalsozialistischen Diskriminierung der Juden, auf die jüdische Erwachsenenbildung, wobei ihm im Rahmen einer »Mittelstelle«, die ein groß angelegtes jüdisches Bildungswerk aufbaute, sein jüngerer Freund Ernst Simon zur Seite stand.

Ab 1938, in Jerusalem seßhaft geworden, beschränkte sich Buber nicht auf sein akademisches Lehramt, sondern versuchte auch in Israel Erwachsenenbildung, nun in hebräischer Sprache, zu fördern, wobei er selbst aktiv in diese Arbeit einstieg, Bibelkurse gab und sich in einem offenen Forum den drängenden Fragen des Tages in Auseinandersetzung mit Einwanderern aus dem deutschen Sprachraum stellte. Die Jahre in Jerusalem wurden für ihn Jahre der Reife. Scherzhaft meinte er einmal, daß er erst in Jerusalem zum Schriftsteller geworden sei. Hier entstand auch sein einziger Roman *Gog und Magog*, den er eine chassidische Chronik nannte. Er schrieb dieses Werk erst in hebräischer Sprache und übersetzte es dann selbst ins Deutsche.

Zweisprachigkeit wurde nun das Schicksal dieses Meisters der Sprache. Es wurde ihm klar, daß Übersetzung in einem wörtlichen Sinne nicht praktikabel ist (obwohl er es selbst bei der Bibel versucht hatte). Jetzt, da es um die Übertragung eigener Werke ging, die vom Deutschen ins Hebräische zu transponieren waren, erkannte Buber die Notwendigkeit, dieselben Gedanken in anderer Form an einen ganz anders strukturierten Leserkreis heranzutragen. Besonders schwierig wurde das Problem bei der hebräischen Übersetzung von *Ich und Du*, da es im Hebräischen kein Neutrum gibt und daher das Wort »Es« fehlt. Es mußte umschrieben werden.

Bubers treue Begleiterin durch sein langes Leben von Wien über Berlin und Heppenheim bis nach Jerusalem, wo er am 13. Juni 1965 auch starb, war seine Gattin Paula, geb. Winkler, die am 11. August 1958 auf einer gemeinsamen Reise in Venedig verschied. Paula Buber – von Haus aus keine Jüdin – entstammte einer alten bayrischen Beamtenfamilie, hatte sich aber so tief in die Welt Bubers eingelebt, daß sie selbst einige der chassidischen Geschichten verfaßte. Sie war eine Schriftstellerin von eigener Geltung, der eine deutsche Prosa von goethescher Reinheit gelang.

In diesem tiefen Sprachbewußtsein waren Martin und Paula Buber in einer Gemeinschaft verbunden, die ihrer Ehe eine Tiefendimension erschloß, die Lebensgemeinschaft zur Werkgemeinschaft hin verdichtete.

In ein Exemplar der *Erzählungen der Chassidim* schrieb Buber 1949 folgende Widmung an seine Frau, die das Bekenntnis seines Lebens und dieser Lebensgemeinschaft umfaßt:

Weißt du es noch, wie wir in jungen Jahren
Mitsammen sind auf diesem Meer gefahren?
Gesichte kamen, groß und wunderlich,
Wir schauten miteinander, du und ich,
Wie fügte sich im Herzen Bild zu Bildern!
Wie stieg ein gegenseitig reges Schildern
Draus auf und lebte zwischen dir und mir!
Wir waren dort und waren doch ganz hier
Und ganz beisammen, streifend und gegründet.
So ward die Stimme wach, die seither kündet
Und alte Herrlichkeit bezeugt als neu,
Sich selbst und dir und dem Mitsammen treu.
Nimm denn auch dieses Zeugnis in die Hände,
Es ist ein Ende und hat doch kein Ende,
Denn Ewiges hört ihm und hört uns zu,
Wie wir aus ihm ertönen, ich und du.

Aus den Schriften von Martin Buber:

Den Jünglingen, die zum ersten Mal zu ihm kamen, pflegte Rabbi Bunam die Geschichte von Eisik, Sohn Jekels, in Krakau zu erzählen. Dem war nach Jahren schwerer Not, die sein Gottvertrauen nicht erschüttert hatten, im Traum befohlen worden, in Prag unter der Brücke, die zum Königsschloß führt, nach einem Schatz zu suchen. Als der Traum zum dritten Mal wiederkehrte, machte sich Eisik auf und wanderte nach Prag. Aber an der Brücke standen Tag und Nacht Wachtposten, und er getraute sich nicht zu graben. Doch kam er jeden Morgen zur Brücke und umkreiste sie bis zum Abend. Endlich fragte ihn der Hauptmann der Wache, auf sein Treiben aufmerksam geworden, freundlich, ob er hier etwas suche oder auf jemand warte. Eisik erzählte, welcher Traum ihn aus fernem Land hergeführt habe. Der Hauptmann lachte: »Und da bist du armer Kerl mit deinen zerfetzten Sohlen einem Traum zu Gefallen hergepilgert! Ja, wer den Träumen traut! Da hätte ich mich ja auch auf den Weg machen müssen, als mir einmal ein Traum befahl, nach Krakau zu wandern und in der Stube eines Juden, Eisik, Sohn Jekels, sollte er heißen, unterm Ofen nach einem Schatz zu graben. Eisik, Sohn Jekels! Ich kann's mir vorstellen, wie ich drüben, wo die eine Hälfte der Juden Eisik und die andere Jekel heißt, alle Häuser aufreiße!«
Und er lachte wieder. Eisik verneigte sich, wanderte heim, grub den Schatz aus und baute das Bethaus, das Reb Eisik, Reb Jekels Schul heißt.
»Merke dir diese Geschichte«, pflegte Rabbi Bunam hinzuzufügen, »und nimm auf, was sie dir sagt: daß es etwas gibt, was du nirgends in der Welt finden kannst, und daß es doch einen Ort gibt, wo du es finden kannst.«
Dies ist eine uralte Geschichte, uns aus verschiedenen volkstümlichen Literaturen bekannt, aber von chassidischem Munde wahrhaft neu erzählt. Es ist ihr nicht eine »Moral« angehängt worden, vielmehr hat der Weise, der sie neu erzählt, endlich ihren wirklichen Sinn entdeckt und offenbar gemacht: Es gibt etwas, was man an einem einzigen Ort in der Welt finden kann. Es ist ein großer Schatz, man kann ihn die Erfüllung des Daseins nennen. Und der Ort, an dem dieser Schatz zu finden ist, ist der Ort, wo man steht. *(Martin Buber,* Werke III, Kösel-Lambert Schneider.)

Gerhard Wehr

Martin Luther

Reformator aus dem Geist der Bibel

»Je schwerer sich ein Erdensohn befreit,
Je mächtger rührt er unsre Menschlichkeit.

. . .

Er füllt der Zeiten ungeheuren Bruch
Und fest umklammert er sein Bibelbuch.

In seiner Seele kämpft, was *wird* und *war*,
Ein keuchend, hart verschlungen Ringerpaar.

Sein Geist ist zweier Zeiten Schlachtgebiet –
Mich wundert's nicht, daß er Dämonen sieht!«

Diese Strophen aus Conrad Ferdinand Meyers Dichtung *Huttens letzte Tage* sind jenem Mann zugedacht, der wie kaum ein anderer seit einem halben Jahrtausend die Gemüter bewegt hat und auch noch künftig bewegen wird: Christen aller Konfessionen und Nichtchristen, Gläubige und Zweifler, solche, die sich mit Vorliebe hinter Luther-Sentenzen verschanzen und solche, die darauf verweisen, daß auch Martin Luther »ein Kind seiner Zeit« gewesen sei, dem nichts Menschliches fremd war. Das war er gewiß – auch.

Zweifellos ist der Reformator nach einem Jahrhundert gelehrter Luther-Forschung eine beliebte Projektionsfigur für Verehrer wie für Kritiker aller Couleur. Mindestens fünfhundert Studien zu Person und Werk werden im Durchschnitt Jahr für Jahr produziert, aus Anlaß von Jubiläen entsprechend mehr. Aber die Frage: »Wer ist Martin Luther eigentlich?« wird immer wieder von neuem gestellt. Das ist ein Phänomen. Wo also beginnen, wenn nicht dort, wo der Christ, der Mann des Glaubens sichtbar wird? Und Glaube heißt hier, gerade hier: angefochtener Glaube, heißt Glaube in »zweier Zeiten Schlachtgebiet«. Und das wiederum besagt: Dieser Mann ist eine Epochengestalt in der Geschichte des Christentums, ganz gleich, welche Stellung man ihm gegenüber bezieht.

Beginnen wir am 2. Juli 1505: Der noch nicht ganz zweiundzwanzigjährige Erfurter Jurastudent Martin Luther (er wurde am 10. November 1483 in Eisleben geboren) hat seine im Mansfeldischen lebenden Eltern besucht. Auf der Rückreise nach Erfurt wird er von einem heftigen Gewitter überrascht. In seiner unmittelbaren Nähe schlägt der Blitz ein. Dem zu Tode Erschrockenen entfährt das Gelöbnis: Hilf du, heilige Anna, ich will ein Mönch werden!« – Damit ist zumindest der biographische Ort bezeichnet, an dem die vom Vater gewünschte aussichtsreiche Juristenkarriere des Bergmannssohnes eine jähe Zäsur erfährt. Statt sich selbst zu sagen oder durch andere einreden zu lassen, das Gelübde sei angesichts der besonderen Situation nicht wörtlich zu erfüllen, es rechtfertige eine Abmilderung, fühlt sich Luther an sein Gewissen gebunden. Das Wort wird zur Tat.

Das Kloster der Augustiner-Eremiten in Erfurt nimmt ihn auf, sehr zum Verdruß des Vaters Hans Luther. Hinter den Klostermauern beginnt für den Novizen ein neues Leben. Es erweist sich immer mehr als ein kompromißloses Ringen um die Gnade Gottes. Der Kampf um die Vollkommenheit gipfelt in der Frage des durch Höllenangst und Himmelssehnsucht Beunruhigten: »Wie kriege ich einen gnädigen Gott?« Und noch nach Jahren, als er längst vom Kloster Abschied genommen und die Reformation in vollem Gang ist, bekennt er öffentlich: »Es ist wahr, ich bin ein frommer Mönch gewesen und habe meinen Orden so streng gehalten, daß ich sagen darf: Ist je ein Mönch in den Himmel gekommen durch Möncherei, so wollte ich auch hineingekommen sein. Das werden mir alle meine Klostergesellen, die mich gekannt haben, bezeugen; denn ich hätte mich, wenn es (noch) länger gewährt hätte, zu Tod gemartert mit Wachen, Beten, Lesen und anderer Arbeit.«

Noch kurz vor seinem Tod kommt er auf die besondere Not des um die Gnade Gottes ringenden Ordensmannes zu sprechen. Er schreibt: »Ich habe auch wollen ein heiliger, frommer Mönch sein und habe mich mit großer Andacht zur Messe und zum Gebet bereitet; aber wenn ich am andächtigsten war, so ging ich als Zweifler zum Altar, als Zweifler ging ich wieder davon . . . « Oder in einer Tischrede aus dem Jahr 1533: »So war ich im Mönchtum ein Wollender und Laufender, aber ich kam je länger je weiter davon. Darum, was ich jetzt habe, habe ich nicht von jenem Laufen, sondern von Gott.« Und in der berühmt-berüchtigten, gegen Erasmus von Rotterdam gerichteten Schrift über den geknechteten Willen *(De servo arbitrio)* von 1525 findet sich die Stelle, an der er gesteht, wie grausam ihm Gott erschienen sei, der vom Menschen zuviel verlange und ihn in der entscheidenden Stunde seines Ringens im Stich lasse: »Ich selbst habe – nicht nur einmal – Ärgernis genommen bis hinein in die Tiefe und den Abgrund der Verzweiflung, daß ich wünschte, ich wäre nie als Mensch erschaffen worden. Das war, bevor ich erkannte, wie heilvoll jene Verzweiflung sei und wie nahe die Gnade.«

Diese und ähnliche Belege sprechen für den großen Ernst des Erfurter Augustiners, durch religiöse Übung die Forderung der Kirche in allen Punkten zu erfüllen, um nur ja des ewigen Lebens gewiß zu sein; denn die Gerechtigkeit Gottes, um die einige Jahre sein ganzes Denken und asketisches Mühen kreist, faßt Luther in diesem Lebensabschnitt als eine unerbittliche Forderung Gottes auf: »Ich wußte nichts anderes, als daß ›Gerechtigkeit Gottes‹ Sein strenges Gericht bedeutete . . . Jenes Wort

›Gerechtigkeit Gottes‹ ist in meinem Herzen (wie) ein Donnerschlag gewesen.« Der Mönch hat einen Prozeß zu durchlaufen, bis ihm schlagartig klar wird: Diese als menschliche Leistung mißverstandene Gerechtigkeit richtet sich ja gar nicht an den religiösen Leistungswillen des Menschen, sondern diese Gerechtigkeit ist Geschenk Gottes. Sie ist die in Jesus Christus bereits vollbrachte Tat.

Damit ist die kopernikanische Wende vollzogen. Die reformatorische Grunderkenntnis ist errungen, nein: geschenkt. »Hier fühlte ich mich völlig neu geboren und als wäre ich durch die geöffneten Pforten ins Paradies selbst eingetreten«, so gesteht er noch 1545 in der Vorrede zum ersten Band seiner lateinischen Werke, ein Jahr vor seinem Tod (Luther starb am 18. Februar 1546 in seinem Geburtsort Eisleben). Nun ist Glaube im Sinne des Apostels Paulus (etwa gemäß Römer 3,28) überhaupt erst möglich, und die »Freiheit des Christenmenschen« kann Gestalt gewinnen als Erfahrung und als Antwort auf die Tat Gottes. Der »fromme« Leistungsstreß ist überwunden. Von daher gewinnt diese reformatorische Erkenntnis Luthers eine erstaunliche Aktualität!

Eines Mannes, der bei dieser Neugeburt Pate gestanden hat, ist hier zu gedenken, nämlich des Generalvikars der Augustiner und Luthers Seelsorger: Johann von Staupitz. Luther hat ihn als denjenigen bezeichnet, »durch welchen das Licht des Evangeliums zum ersten Male aus der Finsternis emporleuchtete in meinem Herzen«; so in einem Brief aus dem Jahr 1523, als beide Männer sich innerlich voneinander distanziert hatten und Staupitz Luthers reformatorische Konsequenzen ablehnte. Indes geht die Sache weiter.

Lassen wir einmal so spektakuläre Ereignisse beiseite wie den – mutmaßlichen – Thesenanschlag an der Schloßkirche zu Wittenberg (1517), das Verhör vor Kardinal Cajetan in Augsburg (1518), die Disputation mit dem Ingolstädter Theologen Johann Eck in Leipzig (1519), die schließlich zur Verhängung des Kirchenbanns (1520) führt, den Luther seinerseits durch die öffentliche Verbrennung der Bannandrohungsbulle beantwortet und durch diese Tat den Bruch mit Rom auch von sich aus perfekt macht.

Blicken wir statt dessen auf einige Verlautbarungen und Ereignisse, die ein Licht auf Eigenart und Entfaltung des reformatorischen Glaubens bei Martin Luther werfen.

Luther ist als Beter, als Sänger und Liederdichter wohlbekannt. Darüber wird oft vergessen, wieviel vor allem der junge Luther der mystischen Frömmigkeit des ausgehenden Mittelalters verdankt. Nicht umsonst hat er eine bis dahin nahezu vergessene anonyme Grundschrift deutscher Mystik, die *Theologia Deutsch* (auch *Frankfurter* genannt), zweimal (1516 und 1518) herausgegeben und »das edle Büchlein« in seinem Vorwort gerühmt, »daß mir näher der Bibel und Sankt Augustin nicht (ist) vorkommen ein Buch, daraus ich mehr erlernt habe und erlernt haben will . . . Ich danke Gott, daß ich in deutscher Zunge meinen Gott also höre und finde.«*

Ein schönes Zeugnis für seine meditative Art, ein Schriftwort zu sich sprechen zu lassen, ja, es geradezu wie eine Speise zu kosten, stellt Luthers Auslegung des Magnifikat (Lobgesang der Maria, Luk. 1,46–55) dar. In seiner Vorrede betont er immer wieder das Moment der unmittelbaren spirituellen, das heißt vom Geist Gottes geschenkten Erfahrung. Denn, so heißt es da: »Um diesen heiligen Lobgesang seiner Ordnung nach zu verstehen, ist zu beachten, daß die hochgelobte Jungfrau Maria aus der eigenen Erfahrung heraus redet, in der sie durch den Heiligen Geist erleuchtet und gelehrt worden ist. Denn es kann niemand Gott oder Gottes Wort recht verstehen, wenn er es nicht unmittelbar vom Heiligen Geist hat; niemand kann's aber von dem Heiligen Geist haben, wenn er es nicht erfährt, versucht und empfindet . . . Er ist nahe allen denen, die in der Tiefe sind . . . Aus dieser Grunderfahrung fließt nun die Liebe zu Gott und sein Lob.«

Das Gewicht solcher Worte ermißt man erst, wenn man bedenkt, daß diese Sätze in dem bewegten Jahr 1521 geschrieben worden sind. Der mit dem päpstlichen Bannfluch Belegte steht vor Kaiser und Reich und legt in Worms ein Bekenntnis ab, das einmal mehr zeigt, worauf sich reformatorischer Glaube gründet und woran sich die »Freiheit des Christenmenschen« orientiert. Es sind nicht die traditionellen Institutionen und Autoritäten; es ist vielmehr – auf einen knappen Nenner gebracht – das an das Wort Gottes gebundene Gewissen. »Gewissen« deshalb, weil es in der Glaubensentscheidung letztlich keine Stellvertretung gibt; und die Zuordnung zum »Wort Gottes« deshalb, weil die Erfahrung zeigt, wie relativ, auch wie gefährdet die Gewissensentscheidung ist, die ohne klare Orientierung getroffen wird. Damit nun dieses Wort Gottes vernommen und in der Muttersprache gelesen werden kann, nützt der auch durch die Reichsacht Gebrandmarkte die durch den Landesherrn Friedrich den Weisen verordnete Schutzhaft dazu, das Neue Testament aus dem griechischen Urtext in sein geliebtes Deutsch zu übertragen:

> Auf einer grün umwachsnen Burg versteckt,
> Hast Du die Bibel und das Deutsch entdeckt,

heißt es in der eingangs angeführten Dichtung von C. F. Meyer. Der infolge von Acht und Bann Vogelfreie – er selbst versteht sich (in einem

---

* Vgl. die Neuausgabe *Theologia Deutsch. Eine Grundschrift deutscher Mystik.* Hrsg. und eingeleitet von Gerhard Wehr. Aurum Verlag, Freiburg 1980. – Ferner Gerhard Wehr: *Deutsche Mystik. Gestalten und Zeugnisse religiöser Erfahrung von Meister Eckart bis zur Reformationszeit.* Gütersloher Taschenbuch 365. Gerhard Wehr: *Martin Luther. Mystische Erfahrung und christliche Freiheit im Widerspruch.* Novalis Verlag, Schaffhausen 1982.

elementaren Sinn) als »Eleutheros«, der Freie! – nimmt sich bei seiner Bibelverdeutschung manche Freiheit heraus. So fügt er bezeichnenderweise bei jener paulinischen Kardinalstelle ein Wörtchen ein, um die Intention und Bedeutung auch seiner reformatorischen Erkenntnis bis in die Übersetzung hinein sichtbar zu machen. Da heißt es Röm. 3,28 bei Luther: »So halten wir nun dafür, daß der Mensch gerecht werde, ohne des Gesetzes Werke, *allein* durch den Glauben.«

Was aber soll geschehen, wenn ebenso begeisterte wie ungeduldige Anhänger in Abwesenheit des Reformators zur revolutionären Tat schreiten und das noch kaum genügend vorbereitete Volk mit ihrer Version von Freiheit und Reformation beglücken, das heißt verwirren? So geschehen im Winter und Frühjahr 1521/22 zu Wittenberg. Luther, der von den Unruhen hört, hält es nicht länger auf der »grün umwachsnen Burg« aus. Doch der um das Leben seines Schützlings besorgte Landesherr möchte Luther auf der Wartburg zurückhalten, weil er im Getümmel nichts für ihn tun könne. Luther setzt sich über diesen Einwand hinweg, doch nicht ohne in zwei Briefen an Kurfürst Friedrich seine tatsächliche Position als einer, der vor Gott steht, deutlich zu machen. Da schreibt er am Aschermittwoch des Jahres 1522, indem er auch an frühere Ereignisse erinnert: »Euer Kurfürstliche Gnaden weiß – oder weiß sie es nicht, so laß sie es ihr hiemit kund sein –, daß ich das Evangelium nicht von Menschen, sondern allein vom Himmel, durch unsern Herrn Jesum Christum habe . . . Er sah mein Herz wohl, da ich zu Worms einkam, daß, wenn ich hätte gewußt, daß so viel Teufel auf mich gehalten hätten, als Ziegel auf den Dächern sind, wäre ich dennoch mitten unter sie gesprungen mit Freuden.«

Im übrigen halte der Kurfürst den »Herrn Christus für einen Mann aus Stroh geflochten«. Daher solle der allzu Besorgte wissen: »Ich komme gen Wittenberg in gar viel einem höhern Schutz denn des Kurfürsten. Ich hab's auch nicht im Sinn, von Euer Kurfürstlichen Gnaden Schutz (zu) begehren. Ja, ich halt, *ich* wolle Euer Kurfürstliche Gnaden mehr schützen denn sie mich schützen könnte.«

Im übrigen könne in der Sache der Reformation der Kirche letztlich »kein Schwert raten oder helfen. Gott muß hier allein schaffen, ohne alles menschliche Sorgen und Zutun. Darum: wer am meisten *glaubt*, der wird hier am meisten schützen. Dieweil ich denn nun spür, daß Euer Kurfürstliche Gnaden noch gar schwach ist im Glauben, kann ich keinerleiwege Euer Kurfürstliche Gnaden für den Mann ansehen, der mich schützen oder retten könnte« – schreibt's und tritt seine Rückreise von der Wartburg nach Wittenberg an, eben als einer, der als Glaubender in einem höheren Schutz steht. Am Sonntag Invokavit, den 9. März 1522, steht Luther auf der Kanzel seiner Wittenberger Stadtkirche und schärft seiner Gemeinde den Ernst der persönlichen Verantwortung ein: »Wir sind allesamt zum Tode gefordert, und es wird keiner für den andern sterben, sondern ein jeder wird in eigener Person für sich mit dem Tode kämpfen . . . Ich werde dann nicht bei dir sein und du bei mir. In dieser Lage muß deshalb jedermann selber die Hauptstücke, die einen Christen angehen, gut wissen und gerüstet sein; und zwar sind das *die* Stücke, die ihr, meine Lieben, vor vielen Tagen von mir gehört habt.«

Eine Woche lang predigt er so jeden Tag und bringt auf diese Weise, einzig und allein auf das Wort der Schrift gestützt, wieder Ruhe in die verunsicherte Gemeinde, ein Angefochtener den Angefochtenen, ein Glaubender den nach der Grundlage des christlichen Glaubens Fragenden. Obwohl weiterhin – lebenslang – in Kirchenbann und in der Reichsacht, also aus jeglicher Rechts- und Kirchengemeinschaft ausgestoßen, wagt es niemand, ihm nach dem Leben zu trachten. Nicht einmal während der Bauernaufstände von 1524 und 25, als das Volk zur Gerechtigkeit vor Gott von seinen »gnädigen Herren« auch soziale Gerechtigkeit verlangt und Luther sich selbst in erheblichen Mißkredit bringt, muß er um Leib und Leben fürchten.

Es darf freilich nicht schönfärberisch verschwiegen werden, daß wir aus der fleißigen Feder des Reformators nicht allein die großen Zeugnisse der Schriftauslegung und der Theologie besitzen, die bis heute von Bedeutung sind – etwa die reformatorischen Hauptschriften von 1520 bis hin zu den beiden Katechismen von 1529 und zu den Schmalkaldischen Artikeln. Martin Luther ist auch der Autor von höchst diskriminierenden Pamphleten. Dazu gehören vor allem die beiden Bauernkriegsschriften von 1525 *Wider die räuberischen und mörderischen Rotten der Bauern* sowie die als Selbstrechtfertigung gedachte Schrift *Vom harten Büchlein wider die Bauern* aus dem gleichen Jahr. Mit der Faust müsse man »solchen Mäulern antworten, daß ihnen das Blut aus der Nase fließt«. Gott wolle »den König geehrt und die Aufrührer vernichtet haben«, deshalb wolle er weder Mitleid noch Barmherzigkeit in der Sache der um ihr Recht kämpfenden Bauern gelten lassen . . .

Ist der vom Geist ergriffene Reformator von allen guten Geistern verlassen? Ist der Machtlose ins Lager der Mächtigen übergewechselt? Auch wenn manches darauf hinzudeuten scheint, so gibt es vor und nach dem Bauernkrieg genügend Zeugnisse, die belegen, daß Luther alles andere als ein »Fürstenknecht« gewesen sei. Eher besagen die erwähnten Bauernkriegsschriften und die späteren, nicht minder blamablen Äußerungen gegen die Juden (*Von den Juden und ihren Lügen*, 1543), daß christlicher Glaube härtesten Prüfungen ausgesetzt und niemals vor Irrtum oder Versagen geschützt ist, selbst da nicht, wo sich Menschen auf das Wort der Schrift – hier auf Römer 13 – berufen können.

Fragt man nach der Mitte von Luthers Tätigkeit, dann zielt alles darauf hin, sie, die Bibel, als Heilige Schrift vollends zu verdeutschen, sie als Prediger wie als theologischer Lehrer (seit 1512 amtiert Luther als Professor an der Universität Wittenberg), nicht zuletzt als Seelsorger, als Berater auszulegen und im alltäglichen Leben zur Geltung zu bringen. Eine Kompromißbereitschaft suche man bei Martin Luther nicht, schon gar nicht, wenn es um die lebendige Stimme des Evangeliums geht. Deshalb: »Das Wort sie sollen lassen stahn!« – so im trutzigen Luther-Lied »Ein feste Burg ist unser Gott«. Das bekommen selbst die oberdeutschen und schweizerischen Reformatoren, voran Huldreich Zwingli und Johann Oekolampadius, zu spüren, als man sich 1529 auf Einladung des hessischen Landgrafen Philipp auf dessen Schloß zu Marburg zusammenfindet, um in der Frage des Abendmahlsverständnisses zu einer theologischen Übereinkunft zwischen allen Protestanten zu gelangen. Luther lehnt zwar den Opfergedanken und die Wandlungslehre (Transsubstantiation) der alten Kirche strikt ab, bekennt sich aber ebenso eindeutig zur Realpräsenz als der wirklichen Gegenwart Christi in Brot und Wein. Und in schwerer Stunde – die stürmenden Türken stehen vor Wien, der Reichstag fordert die Beendigung der Reformation – läßt Luther alle Einigungsversuche scheitern. Dagegen sind die Wittenberger wohl beraten, daß nicht Luther selbst, sondern der vom Geist der Versöhnung erfüllte, die ökumenische Gemeinsamkeit betonende Philipp Melanchthon die Bekenntnisschrift für den Reichstag in Augsburg *(Confessio Augustana)* von 1530 verfaßt. Es ist jedoch unnötig, eigens hervorzuheben, daß diese *Confessio* die reformatorische Erkenntnis Luthers nach Geist und Buchstaben voll zum Ausdruck bringt.

Aufs ganze gesehen: Worin besteht denn der Ertrag von Leben und Schaffen Martin Luthers? Ist es die Reformation der Christenheit oder ist es die Spaltung der Kirche? Ist es bald dies, bald das? – Eine so komplexe Persönlichkeit wie die Luthers, noch dazu die einer Epochengestalt, die für ein ganzes Zeitalter »in der Zeiten ungeheurem Bruch« steht, läßt sich schwerlich auf einen einfachen Nenner bringen, so verständlich es ist, daß jede Generation sich ihren Reim zu machen sucht. Gewiß läßt sich ein langer Katalog von Wirkungen und von Errungenschaften zusammenstellen, die ohne Luthers unmittelbares oder doch mittelbares Zutun nicht zu denken wären. Anzufangen ist bei dem auf originärer religiöser Erfahrung gegründeten theologischen Neuansatz. Und diese Wirkungen reichen bis tief in den gesellschaftlichen und kulturellen Bereich hinein. Sprache und Dichtung, Schule und Erziehung sind in diesem Zusammenhang ebenso zu nennen wie die durch sein Beispiel belegte hohe Einschätzung von Ehe und Familie, überhaupt der unbefangene Umgang mit den guten Gaben der Schöpfung.

Dazu gehört auch immer wieder das große Thema von der Freiheit eines Christenmenschen, das Luther an der Schwelle eines neuen Bewußtseins – noch anders als die Menschen der Renaissance, des Humanismus oder der Aufklärung – intoniert hat. Das Zeichen, das er damit gegeben hat, bedeutet kein Ende, sondern einen Anfang: ECCLESIA SEMPER REFORMANDA – die Kirche ist zu jeder Zeit reformbedürftig. Der Auftrag zur

Reformation besteht fort. Wer wollte bestreiten, daß der Hunger nach dem lebendigen Wort anhält und das Verlangen nach wahrer Freiheit so stark ist wie je? Und: »Siehe« – so Martin Luther in seiner bedeutsamen Freiheitsschrift von 1520 – »*das* ist die rechte, geistliche, christliche Freiheit, die das Herz frei macht von allen Sünden, Gesetzen und Geboten, welche alle andere Freiheit übertrifft wie der Himmel die Erde. Das gebe uns Gott, daß wir diese Freiheit recht verstehen und behalten! Amen.«

Aus den Schriften von Martin Luther:

Von der Freiheit eines Christenmenschen

. . . Zum siebzehnten fragest du: Was ist denn für ein Unterschied zwischen den Priestern und Laien in der Christenheit, so sie alle Christen sind? Antwort: Es ist dem Wörtlein »Priester«, »Pfaffe«, »geistlich« und desgleichen Unrecht geschehen, daß sie von dem gemeinen Haufen sind bezogen auf den kleinen Haufen, den man jetzt nennet geistlichen Stand. Die Heilige Schrift gibt keinen andern Unterschied, denn daß sie die Gelehrten oder Geweiheten nennet ministros, servos, oeconomos, das ist Diener, Knechte, Schaffner, die da sollen den andern Christum, Glauben und christliche Freiheit predigen. Denn ob wir wohl alle gleich Priester sind, so können wir doch nicht alle dienen oder schaffen und predigen. Also sagt St. Paulus 1. Kor. 4 »Wir wollen für nichts *mehr* von den Leuten gehalten sein, denn Christi Diener und Schaffner des Evangeliums.« Aber nun ist aus der Schaffnerei geworden eine solch weltliche, äußerliche, prächtige, furchtbare Herrschaft und Gewalt, daß ihr die rechte weltliche Macht in keinem Weg kann gleichen, gerade als wären die Laien etwas anderes als Christenleute, womit hingenommen ist der ganze Verstand christlicher Gnade, Freiheit, Glaubens und alles, was wir von Christo haben und Christus selbst. Wir haben dafür überkommen viel Menschen-Gesetz und -Werk, sind ganz Knechte geworden der alleruntüchtigsten Leute auf Erden.
Zum achtzehnten: Aus dem allem lernen wir, daß es nicht genug sei gepredigt, wenn man Christi Leben und Werk obenhin und nur als eine Historie und Chronikengeschichte predigt, geschweige denn, so man seiner gar schweigt und das geistliche Recht oder andere Menschen-Gesetze und -Lehren predigt. (Aus *Luther*, Fischer-Bücherei 76.)

Erwecker des sozialen Gewissens

Von der im Evangelium gegründeten christlichen Nächstenliebe zur Sozialgesinnung unserer Zeit spannt sich ein weiter Bogen, der wie alle Brücken ebenso verbindet wie auseinanderhält. Zwar läßt sich jeder Bereich allein darstellen, sogar mit seinem verhaltenen Widerspruch zum andern, aber im Grunde bedingen sie sich wie Ursache und Wirkung. Denn daß soziales Denken und soziale Gesetzgebung ausschließlich im christlichen Kulturbereich entstehen, vom islamischen oder buddhistischen nur übernommen werden konnten, in der hohen, auf Sklaverei gegründeten Kultur der Antike jedoch undenkbar gewesen waren, liefert den historischen Fingerzeig, daß wir es beim Sozialismus mit einem säkularisierten Ableger des Christentums zu tun haben. Zwar ist er weder in organischer Fortentwicklung noch im Schoß der Kirchen entstanden, im Gegenteil: als ein Aufbegehren gegen die »Allianz von Thron und Altar«. Die Kirchen sind – wenn auch mit erheblicher Verzögerung – seiner Grundforderung der Gleichheit vor dem Gesetz und der Legitimität der Lebensansprüche gefolgt, doch waren sie allzulange als Verteidiger von Privilegien ins Unrecht gesetzt worden, so daß die wechselseitige Animosität zwischen dem »roten« revolutionären Sozialismus und den karitativ erfolgreichen Kirchen bis heute fortbesteht.

Die ersten radikalen Führer des Sozialismus werteten sogar die schon immer geübte freiwillige Mildtätigkeit, das Almosengeben, den Beistand in der Not aus Barmherzigkeit und Mitleid ab als eine Forterhaltung des überkommenen Schemas von Reichen und Notleidenden, von Herren und auf deren Wohlwollen angewiesenen Geduckten, weil damit eine Welt des Unrechts forterhalten bleibe. Damit trat der Sozialismus als etwas Umstürzlerisches auf, gegen das man sich vorsehen mußte. Immerhin hatte es auch innerhalb des Christentums von der ersten Stunde an Bewegungen der Gleichheit untereinander, des brüderlichen Teilens gegeben, und jedermann kannte die Ordensleute, die sich ausschließlich der Krankenpflege, der Gefangenenfürsorge, der Hilfe für die Obdachlosen widmeten, heroische Menschen, die sich in jener Nächstenliebe aufzehrten, die heute als »soziales Engagement« nur einen andern Namen trägt. Und man versteht die Zurückhaltung der Kirchen, die aus ihrer pastoralen Berufung heraus die christliche Barmherzigkeit nicht auf ein staatlich gelenktes Soll herunterkommen lassen wollten, weil aus ihr dann der Glanz der Tugend gewichen wäre. Sie fürchteten (übrigens zu Unrecht, wie die Erfahrung zeigte), daß ihnen damit ein großer Bereich ihrer Wirksamkeit und Werbekraft entgleiten würde. Ein nobles, wenngleich von der Zeit überholtes Besitzdenken, das Vinzenz von Paul mit dem lapidaren Satz formuliert hatte: »Die Kranken gehören mir.« Der heute als Sozialbischof gefeierte Emanuel von Ketteler trug zu seinen Lebzeiten diesen Ehrentitel keineswegs, denn seine Forderung nach einer sozialen Gesetzgebung – also einer Beteiligung des Staates an den Werken der Nächstenliebe – hatte gerade dieses althergebrachte Besitzdenken aufgestört und ihn damit zum kirchlichen Außenseiter gestempelt. Ähnlich erging es dem verdienstvollen »Gesellenvater« Adolf Kolping, der den Widerspruch vieler klerikaler Eiferer zu überwinden hatte, als er für seine Handwerksgesellen ein katholisches Milieu zu gründen begann, das frei von Weihrauch und Sakristeiluft sein sollte. Es darf in den Zusammenkünften der Gesellenvereine weder gebetet noch gepredigt werden, sagte er. Was er wollte, war dies: eine fröhliche, auch bildungsbeflissene, vom handwerklichen Denken getragene Gemeinschaft, die auf Reputierlichkeit hielt, proletarischen Kampfparolen auswich, zwar von einem geistlichen Präses geleitet wurde, aber gerade das nicht sein sollte: eine Kongregation von Frömmlern. Daß sich seine Gründung so rasch und weltweit ausbreiten konnte, ja noch heute im Wachsen begriffen ist, verdankt sie sicher diesem genialen Vorgriff Kolpings auf ein lebensfrommes, offenes, unstandardisiertes Christentum. Der Bundesminister für Arbeit und Soziales, Norbert Blüm, hat uns in zwei wohlfundierten Beiträgen das Lebenswerk Kolpings und Kettelers dargestelllt. Darin wird auch jene anpackende, dem Leben zugewandte religiöse Nüchternheit beschrieben, aus der heraus »Kolping« heute mit sozialen Leistungen für die Dritte Welt unserer Zeit so beispielhaft vorangeht.

Lieferten der Mainzer Bischof und der katholische Gesellenvater eher praktische Impulse für die Erweckung eines sozialen Gewissens, so steuerte der protestantische Theologe Paul Tillich die theologische Fundierung, ja sogar einen neuen philosophischen Unterbau für die geistige Bewältigung der Zukunft bei. Mit der Forderung, das Evangelium nicht nur nach Thesen für eine »in sich selbst schwingende Frömmigkeit«, sondern nach Antworten für das Hier und Jetzt zu befragen, rückt er dichter an die revolutionären Forderungen der Sozialisten heran als je ein maßgeblicher christlicher Denker zuvor. Hatte sich Ketteler noch ziemlich erfolglos für eine Zuständereform (was wir heute Systemveränderung nennen), für Güterteilung und Streikrecht der ausgebeuteten Fabrikarbeiter ausgesprochen und dabei betont, daß karitative Anstrengungen zur Beseitigung der sozialen Mißstände nicht ausreichten, so verpflichtete Paul Tillich seine Generation, direkt die ungerechten Voraussetzungen für das Almosengebenmüssen zu beseitigen. Wenn es auch unangemessen erscheint, den Gedankenbau eines so tiefen christlichen Denkers mit einer formelhaften, politisch gefärbten Aussage zu umreißen, so möge dies als Hinweis auf seine Bücher gelten, an denen heute auch kein christlicher Theologe mehr vorbeigeht. Kettelers und Kolpings Zukunftsvisionen stehen schon in voller Verwirklichung, Paul Tillich, der Daseinsphilosoph, muß erst noch erarbeitet werden. Gerhard Wehr zeigt dies ganz deutlich.

Norbert Blüm

Wilhelm Emanuel von Ketteler

Sozialbischof der ersten Stunde

Kettelers Biographie liefert »Stoff«, der uns ständig in Spannung hält. Da dominiert Außergewöhnliches, »Normales« ist weniger zu finden. – Die Eltern hatten ihre liebe Mühe und Not mit dem am 25. Dezember 1811 in Münster geborenen Wilhelm Emanuel, dessen Verhalten nicht unbedingt den Vorstellungen einer gediegenen münsterländischen Adelsfamilie entsprach. Freunde der Familie wußten zu berichten, daß dem jungen Ketteler neben einer ungeheuren Willens- und Energiekraft auch ein ungezügeltes Temperament und ein bisweilen furchtbarer Jähzorn zu eigen war. So schrieb eine der Familie Ketteler sehr nahestehende Frau an einen Ketteler-Biographen: »Bitte, schildern Sie ihn nicht als einen geborenen Heiligen, denn das war er bestimmt nicht.«

Mäßigung erhoffte man sich durch den Internatsbesuch Kettelers im schweizerischen Brig. Aber trotz aller Aufsicht bemerkten Schulkameraden schnell die »handfesten« Wesenszüge Kettelers. Ein Mitschüler schrieb 1869 an Bischof Ketteler: »Es fiel mir schwer zu glauben, daß der aufbrausende Zögling von Brig ein so eifriger Diener des Herrn geworden sei.« Der Bischof: »Ich kann Ihr Erstaunen, daß der heftige Schüler von Brig ein Stellvertreter des sanftmütigen Hirten geworden, vollkommen begreifen und kann Ihnen versichern, daß ich über die große Gnade Gottes selbst nicht weniger erstaunt bin als Sie.« Als er am 1. Juni 1844 im Dom zu Münster zum Priester geweiht wurde, hatte er genau die Hälfte seines Lebens hinter sich. Vorher sah alles nach einer Karriere im preußischen Staatsdienst aus, nachdem er seinen Militärdienst abgeleistet und die Zeit als Regierungsreferendar erfolgreich hinter sich gebracht hatte.

Im Mai 1838 wurde der Kölner Erzbischof von Droste zu Vischering inhaftiert, weil er sich weigerte, einer Anordnung des preußischen Staates in Sachen Mischehe Folge zu leisten. Zehn Tage danach ließ sich Ketteler beurlauben. Er wollte nicht weiter für einen Staat arbeiten, der so massiv in den Gewissensbereich seiner Bürger eingriff. Dieses Kölner Ereignis galt ihm als abstoßendes Urerlebnis staatlicher Willkür.

Der Entschluß zum Priestertum reifte erst in schwerem Ringen und nach dreijähriger Wanderschaft. Sein Kampf für Freiheit und Menschenrechte wurde dadurch nicht beeinträchtigt, zumal er sich als Kaplan in Beckum und als Pfarrer in Hopsten nicht nur für das Seelenheil seiner Gläubigen verantwortlich fühlte, was seine Wahl in das Frankfurter Parlament beweist. Am 18. Dezember hielt er seine große Rede als Abgeordneter in der Paulskirche. Vehement wehrte er sich gegen staatlichen Eingriff in das Elternrecht, das »heiligste« Menschenrecht, wie er ausführte. Ketteler: »Sie haben kein Recht zu verlangen, daß der Vater seine Kinder gerade nach Ihrem pädagogischen System erziehen lasse. Meine Herren, das ist der gewaltsamste Schritt, zu dem Sie hinneigen könnten. Ich will, daß dem Ungläubigen gestattet sei, seine Kinder im Unglauben zu erziehen. Es muß aber auch dem strengsten Katholiken gestattet sein, seine Kinder katholisch zu erziehen.«

Vor der Revolution hatte er noch volles Vertrauen in die liberalen Kräfte, die gegen einen omnipotenten Staat ankämpften. Doch schon in der Paulskirche entpuppten sich diese liberalen Kräfte als Protagonisten des späteren Kulturkampfes, als sie Anträge auf Verbannung des Jesuitenordens und auf Abschaffung des Zölibats stellten.

Ketteler wurde zum erbitterten Gegner eines Liberalismus, der daranging, die erkämpften Freiheiten erneut in Staatsvergötzung zu ersticken. Als geistigen Vater dieser Entwicklung erkannte er Hegel, nach dem der Staat »der wirklich präsente Gott sei«. Hegel faszinierte nicht nur die Liberalen, sondern stand auch dem Sozialismus Pate. So muß Marx ideengeschichtlich als Bruder des Liberalismus gesehen werden. Was ist der Mensch? Auf diese Frage antwortete der Liberalismus: nur einzelner, der Marxismus: nur gesellschaftliches Wesen. Kettelers Antwort aber paßte auf einen Fingernagel, wie Oswald von Nell-Breuning später die katholische Soziallehre zusammenfaßte: Als Geschöpf Gottes ist der Mensch unverwechselbar einzelner, aber nicht Einsamer. Kettelers christlich inspirierte Anthropologie hielt gleichweiten Abstand von Liberalismus und Sozialismus, die Teilwahrheiten jeweils zur ganzen und einzigen erklärten. Daß der Mensch zur Freiheit berufen sei, verstand Ketteler nicht als Privileg für Christen, sondern als die Bestimmung des Menschen, die in einem unaufhebbaren Naturrecht gründet. Ketteler beließ es aber nicht bei theoretischen Auseinandersetzungen mit Liberalismus und Sozialismus.

Der individualistische Liberalismus schuf eine Wirtschafts- und Gesellschaftsordnung, in der die menschliche Arbeit nur als Ware angesehen und gehandelt wurde. Das Los der explosionsartig wachsenden Arbeiterschaft: Ausbeutung, Rechtlosigkeit, kein hinreichendes Einkommen. Zunächst wandte sich Ketteler der karitativen Unterstützung der Arbeiter zu und hoffte, angesichts der trostlosen Situation der Proletarier und ihrer Familien auf eine Gesinnungsänderung der Besitzenden. Bald jedoch erkannte er die Zwecklosigkeit guter Appelle und forderte konkrete Veränderungen der wirtschaftlichen und gesellschaftlichen Bedingungen. Gesinnungs- und Zuständereform, beides gehörte nun zu den erklärten Zielen Kettelers. 1848 rief Karl Marx mit seinem Kommunistischen Manifest zur Revolution auf. Im selben Jahr hielt Bischof Ketteler in Mainz seine bedeutenden Adventspredigten, in denen drei Aussagen hervorstechen:

1. Die Gesellschaft ist gespalten. »Die Besitzenden und die Nichtbesitzenden stehen sich feindlich gegenüber. Die massenhafte Verarmung wächst von Tag zu Tag. Das Recht des Eigentums ist in der Gesinnung des Volkes erschüttert, und wir sehen von Zeit zu Zeit Erscheinungen auftauchen gleich Flammen, die bald hier, bald dort aus der Erde aufbrechen. Vorboten einer allgemeinen Erschütterung, die bevorsteht.«

2. Karitative Anstrengungen sind nicht ausreichend, um die soziale Frage zu lösen. »Um die sozialen Übel zu heilen, genügt es nicht, daß wir einige Arme mehr speisen und kleiden und dem Armenvorstand dann einige Taler Geld durch unsere Dienstboten mehr zusenden. Das ist nur der allerkleinste Teil unserer Aufgabe, sondern wir müssen eine ungeheure Kluft in der Gesellschaft, einen tiefgewurzelten Haß zwischen Armen und Reichen ausgleichen.«

3. Die katholische Lehre vom Recht des Eigentums, wie sie Thomas von Aquin dargelegt hat, zeigt den richtigen Weg. »Das starre Recht des Eigentums und das entstellte Eigentumsrecht des Kommunismus ist eine fortgesetzte Sünde wider die Natur. Die Kirche erkennt kein unbedingtes Eigentumsrecht über die Güter der Erde an, betont aber, daß im Interesse der Ordnung und des Friedens eine Teilung der Güter angebracht ist.«

Ketteler verdankte diese Analysen dem leidenschaftlichen Drang, den Ursachen der wirtschaftlichen und sozialen Mißstände auf den Grund zu gehen. Die Kenntnis der Sachgesetzlichkeiten der kapitalistischen Ordnung ermöglichte ihm die beißende Kritik an ihr. Konsequent empfahl er seinen Priesterseminaristen nicht nur das Studium der Theologie, sondern auch die Beschäftigung mit weltlichen Wissenschaften, damit sie in der Nähe der Wirklichkeit blieben.
Unermüdlich betrieb er die Gründung und den Aufbau katholischer Arbeitervereine als Selbsthilfegruppen, die bereits 1870 allein im Rheinland und in Westfalen über 200 000 Mitglieder zählten. Die sozialistischen Vereinigungen, der Allgemeine Deutsche Arbeiterverein (Lassalle) und der Verband Deutscher Arbeitervereine hatten zur gleichen Zeit nicht viel mehr als 10 000 Mitglieder.
1864 veröffentlichte Ketteler die Schrift *Die Arbeiterfrage und das Christentum.* Neben theoretischen Erörterungen versuchte er die Idee der Produktivgenossenschaften mit praktischen Vorschlägen zu untermauern. Sie galt ihm als praktikable Alternative zu den revolutionären Klassenkampfparolen der Marxisten und zur menschenverachtenden Praxis des Wirtschaftsliberalismus. Dabei suchte er die Zusammenarbeit mit Lassalle, der ebenfalls in den Produktivgenossenschaften einen gangbaren

Weg zur Lösung der Arbeiterfrage sah. Sein Brief an Lassalle zeugt von unbedingter Vorurteilslosigkeit gegenüber jedem Vorschlag, der ihm zur Lösung der sozialen Frage geeignet schien. Am Ende aber waren die religionsfanatischen Umstände seiner Zeit stärker und verhinderten eine Kooperation mit Lassalle, die Ketteler zumindest in Teilbereichen für notwendig gehalten hatte.
Als »Magna Charta« der christlich-sozialen Bewegung wird die Predigt Bischof Kettelers vom 25. Juli 1869 vor über 10 000 Arbeitern auf der Liebfrauenheide bei Offenbach angesehen. Er beschwört die Arbeitnehmer, sich zu organisieren, um, wie er wörtlich sagte, »nicht zertreten zu werden von der Macht des zentralisierten Geldes«. Er tritt für das Streikrecht der Arbeiter, für einen gerechten Arbeitslohn, Verkürzung der Arbeitszeit sowie für ein Verbot der Kinderarbeit ein. Was Papst Leo XIII. 40 Jahre später zum Inhalt der ersten Sozialenzyklika RERUM NOVARUM machte, hatte Ketteler als sein »Modell« bereits der rauhen Wirklichkeit ausgesetzt.
Die Praxis sollte filtrieren, was an Forderungen auch später Bestand haben konnte. Mitbestimmung, Miteigentum für Arbeitnehmer, Partnerschaft statt Klassenkampf: diese Forderungen gehören noch heute zum »Credo« der christlich-sozialen Bewegung. Zu seiner Zeit hat sich Ketteler damit vielen Mißverständnissen ausgesetzt, die den streitbaren Bischof allerdings wenig berührten. Der Vorwurf, er fördere eine Verweltlichung der Theologie, prallte an seiner konservativen theologischen Grundhaltung ab. Er dachte nicht an eine Änderung der Dogmatik. Im Gegenteil. Hier schien ihm Vorsicht am Platz, die er auch gegen große Widerstände nicht aufgab. Am deutlichsten wurde dies auf dem I. Vatikanischen Konzil. Ketteler gehörte zu der Minderheit von Konzilsvätern, die eine Dogmatisierung der Unfehlbarkeit des Papstes ablehnten. Weil er ihr nicht zustimmen konnte, reiste er vor der Entscheidung ab. Persönlich war er vom Primat und der Unfehlbarkeit des Papstes überzeugt, wie er im Laufe des Konzils mehrfach zum Ausdruck brachte. Aber für ihn waren die Fragen noch nicht genügend ausdiskutiert, und die theologische Beweisführung erschien ihm als noch nicht ausreichend. Vor allem das Verhältnis von Papst und Bischöfen war ihm zuwenig geklärt; der Papst drohte zu sehr von den Bischöfen isoliert zu werden, so daß seine Stellung mit der eines absoluten Monarchen verwechselt werden konnte. Eine befriedigende Lösung des Problems, wie der persönlich unfehlbare Papst als Träger der Jurisdiktionsgewalt über die gesamte Kirche und jeden einzelnen Gläubigen in der Welt in das Kollegium der Bischöfe eingebunden ist, vermochte allerdings Ketteler ebensowenig zu geben wie das Konzil. Immerhin: Er hat das Problem gesehen und versucht, die Frage offenzuhalten. Eine Frage, die das II. Vatikanische Konzil beschäftigen sollte, als dessen Wegbereiter Ketteler deshalb angesehen werden kann.

Die Kirche war zur Zeit Kettelers manchen Anfeindungen ausgeliefert, bis hin zum Kulturkampf, dessen Ende er nicht mehr erleben sollte. Ein Teil des Klerus hoffte auf eine Verständigung mit der Obrigkeit, ein anderer zog sich in das Schneckenhaus eigener Erbaulichkeit zurück. Ketteler wagte neben wenigen anderen die offensive Auseinandersetzung. Er verband das Schicksal der Kirche mit dem Schicksal der Menschen: Es gibt keine freie Kirche in einer unfreien Gesellschaft. Je freier die Gesellschaft, um so stärker kann sich die Kirche entfalten.

Ketteler besticht durch seine Unbequemlichkeit, die ihn immer wieder »zwischen alle Stühle« brachte. Er steht für eine christliche Ungleichzeitigkeit, die Bravheit nicht zu den christlichen Tugenden zählt. Er strahlte wenig warme Herzlichkeit aus. Ihn umgab nie eine Aura zutraulicher Nähe, wie sie beispielsweise Adolf Kolping schuf. Seine gelegentlich unerbittliche Härte förderte eine radikale Nüchternheit: Es zählt, was bei den Menschen ankommt. Die Prinzipien der Personalität, Solidarität, Subsidiarität hatten für ihn keinen musealen Charakter. Sie sollten ihre »Überlegenheit« dadurch erweisen, daß sie den Menschen dienten.

Das Elend des Proletariats ließ für ihn weder die ausschließliche Vertröstung auf das Jenseits noch das Versprechen eines irdischen Paradieses zu. Der Mensch lebt im Hier und Heute. Seine Existenz ist »gottesunmittelbar«. Ketteler hat daraus eine Sozial- und Gesellschaftspolitik entwickelt, die ihre wechselnden Anforderungen aus den Übeln der Zeit erkennt und deren eigentliche Aufgabe nicht Betreuung in der Not, sondern Überwindung und Schutz vor Not ist. Hilfe zur Selbsthilfe deutet auf den emanzipativen Charakter einer christlich inspirierten Sozialpolitik hin, die auf Befreiung zur Selbstverantwortung zielt. Auf diesem Weg schwankte Ketteler nie zwischen Fatalismus und Fanatismus. Er setzte nicht auf Revolution, weil sie die Verhältnisse in Wirklichkeit nicht ändert, sondern auf den steinigen Pfad der Evolution. Eine tiefe Frömmigkeit stärkte seinen Glauben an das durch Christus begonnene Erlösungswerk Gottes, an dem wir schon jetzt teilhaben. Den Menschen dafür zu öffnen, ihn für Gott zu »befreien«, darin sah Ketteler seine eigentliche Aufgabe.

Ein satter Bauch allein macht nicht frei. Schon in Zeiten größter Not hat Ketteler darauf hingewiesen: »Wenn nun aber auch alle Phantasien Wahrheit würden und alles gefüttert würde im allgemeinen Arbeiterstaat, so möchte ich doch lieber in Frieden die Kartoffeln essen, die ich baue, und mit dem Pelz der Tiere mich kleiden, die ich pflege, und damit Freiheit haben, als in der Sklaverei des Arbeiterstaates leben und fettgefüttert werden.« Früh weist Ketteler damit auf die Grundbedingung des humanen Überlebens der beginnenden Industriegesellschaft hin. Erst Subsidiarität schafft den Boden für mehr Verantwortung. Das Subsidiaritätsprinzip ist das Gliederungsprinzip einer solidarischen Gesellschaft. Die jeweils kleinere Gemeinschaft hat Vorfahrt, solange sie mehr

WILHELM EMANUEL VON KETTELER Er rückte davon ab, daß die Obhut der Kranken und Notleidenden ausschließlich der Kirche anvertraut sei, forderte die Beteiligung des Staates mit Sozialmaßnahmen für Alte und Kranke und setzte sich unermüdlich für die Gründung katholischer Arbeitervereine ein. Obwohl nicht sogleich gewürdigt, gilt Ketteler heute als *dèr* katholische Sozialbischof und Erwecker sozialer Gesinnung.

Adolf Kolping Volkserzieher und Begründer der »Kolpingfamilie«.

PAUL TILLICH Wegweisender Theologe und Initiator neuen religiösen Denkens.

John Henry Newman Englischer Theologe ursprünglich anglikanischer Konfession, dann zum Katholizismus konvertiert, bedeutender Prediger und religiöser Schriftsteller. Seit 1879 Kardinal. Mit seiner Lehre von einer lebendigen Fortentwicklung der Kirche bis heute einflußreich.

Menschlichkeit mit sachgerechten Lösungen zu verbinden versteht. Eine Sozialpolitik, die alles dem Staat überläßt, wird immer hilfloser. Bürokratische Anonymität ist nicht fähig, ein solidarisches Ethos der Mitverantwortung zu entfachen.

Wenige Monate, bevor Ketteler am 13. Juli 1877 in Burghausen starb, wurde von den Kanzeln der Erzdiözese Mainz sein letztes Hirtenwort verlesen. Er faßte sein Vermächtnis an die Gläubigen in dem Aufruf zusammen: »Die unseligste Verirrung unserer Zeit ist die, daß man sich dem Wahn hingibt, die Menschen könnten ohne Religion und Christentum glücklich werden. Hütet euch vor den täuschenden Lügen der Zeit! Vergeßt nie die kurzen Wahrheiten: Ohne Kirche keinen Christus, ohne Christus keinen Gott, ohne Gott keine Sittlichkeit, ohne Sittlichkeit kein Menschenwohl und kein Wohl des Volkes, sondern Tyrannei oder Herrschaft der wilden Leidenschaften. Insbesondere aber haltet immer die Arbeit recht hoch. Urteilt über die Arbeit nicht nach dem Urteil der Welt, sondern nach den Grundsätzen eures Glaubens. Christliche Arbeit ist der Weg zum zeitlichen und irdischen Wohlergehen, zum wahren Frieden und zum ewigen Leben.« Komprimiert auf wenige Sätze trägt er noch einmal seine großen Anliegen vor: Glaube und Arbeit. Zusammengefaßt entspricht das letzte Hirtenwort der altbenediktinischen Ordensregel: »Bete und arbeite.« Erst im anspruchsvollen Wechsel zwischen Anstrengung und Muße taucht die Würde menschlicher Arbeit auf. Arbeit ist mehr als Broterwerb, sie ist Mitarbeit an der Vollendung der Schöpfung. Menschliche Arbeit für alle ist die letzte Forderung des Arbeiterbischofs.

Es kann nichts darüber hinwegtäuschen, daß Bischof Ketteler in der Arbeiterfrage ein Einzelkämpfer des deutschen Episkopats im 19. Jahrhundert war. Es gab zuwenig Kettelers. Die Würzburger gemeinsame Synode der Bistümer in der Bundesrepublik Deutschland hat zum Thema Kirche und Arbeiterschaft dieser bedauernswerten Tatsache nach anfänglichem Sträuben zugestimmt. Durch das Schuldbekenntnis der Synode wurde Ketteler vom Sockel andächtiger Verehrung heruntergeholt und in die Praxis der Gemeinden und ihrer Priester zurückgeführt. Wilhelm Emanuel von Ketteler bleibt auch 100 Jahre nach seinem Tod ein schöpferisches Ärgernis für Kirche und Gesellschaft.

Norbert Blüm

Adolf Kolping

Schöpfer der »Kolpingfamilie«

Als Adolf Kolping im Alter von 27 Jahren das Theologiestudium begann, hatte er »ausgesorgt«. Eine staatliche Förderung für das Studium kinderreicher Leute gab es damals nicht. Kolping wurde Nutznießer davon, daß eine Bekannte das Gelübde abgelegt hatte, einem unbemittelten Theologiestudenten das Studium zu finanzieren. Allerdings hatte er nicht zufällig das große Los gezogen. Das überraschende Ereignis seiner Studienförderung führt uns zu einem prägenden Charakterzug Kolpings: seine unmittelbare, schonungslose Hilfsbereitschaft.

Kurz vor seinem Abitur war Kolping zu einem Sterbenden gerufen worden. Warum er? Weil sich seine Hilfsbereitschaft für Kranke und Sterbende herumgesprochen hatte. Diesmal findet er in einem armseligen Zimmerchen einen durch Trunksucht heruntergekommenen Theologiestudenten. Bei ihm wachend eine junge Frau, in der Kolping die älteste Tochter des Gutsbesitzers erkennt, bei dem sein Vater Schäfer war. Da sie dringend nach Hause mußte, bat sie Kolping, bei dem Sterbenden zu wachen. Und diese junge Frau legte in der gleichen Nacht auf dem Heimweg jenes Gelübde ab, das Kolping später alle finanziellen Sorgen während seines Theologiestudiums nehmen sollte.

Es gibt viele Berichte, wie Kolping schon während seiner Gesellenzeit in Köln, später als Gymnasiast und auch noch als junger Priester Notleidenden unmittelbar, persönlich half. Er war bekannt dafür, daß er kranke Gesellen pflegte, Sterbenden beistand. Und »höhere Berufungen« waren für ihn kein Alibi, einen solch unmittelbar notwendigen Dienst zu verweigern. Als Domvikar in Köln riskierte er sogar sein eben begonnenes Lebenswerk, den Gesellenverein, weil er sich während einer Epidemie freiwillig als Seelsorger für die Cholerakranken zur Verfügung stellte, obgleich er selbst gesundheitlich geschwächt war. Seinen Warnern soll er geantwortet haben: »So einen wie mich kann unser Herrgott alle Tage haben.«

Dies ist sein lebenprägendes »Adsum« (»Hier bin ich«). Daß er zum Gesellenvater wurde, war keine geplante Karriere; im Gegenteil: seine Pläne gingen oft in ganz andere Richtungen. Es war die Antwort auf »Zeichen der Zeit«, wie es Papst Johannes XXIII. nannte, soziale Situationen, Begegnungen, in denen er den Anruf Gottes spürte. Der Lebensweg Kolpings steckt voller Fügungen, die er nicht selbst herbeiführt, sondern auf die er antwortet: »Herr, da bin ich.« Das schmälert seine Gestalt nicht, sondern bringt sie uns näher.

Adolf Kolping wird am 8. Dezember 1813 in Kerpen, einer kleinen Stadt zwischen Köln und Düren, als sechstes Kind eines Schäfers geboren. Seine Geburtsurkunde wird noch in Französisch ausgestellt. Doch im selben Jahr hatte die Völkerschlacht bei Leipzig bereits das Ende der Herrschaft Napoleons eingeleitet. Nach der Volksschule erlernt Kolping das Schuhmacherhandwerk und zieht dann – wie es damals üblich war – als wandernder Geselle durch die Umgebung Kerpens bis nach Köln. Dort wird er mit dem sittlichen und sozialen Verfall seines Standes konfrontiert. Er reißt sich heraus, wird mit 24 Jahren am Kölner Marzellengymnasium aufgenommen und schafft nach unsagbaren Entbehrungen das Abitur. In München und Bonn studiert er Theologie und wird am 13. April 1845 in Köln zum Priester geweiht. In seiner ersten Kaplanstelle an St. Laurentius in Elberfeld, einem Brennpunkt der aufkommenden Industrialisierung, erfährt er nicht nur die Verelendung des Proletariats, sondern begegnet auch einem vom Lehrer Johann Gregor Breuer gegründeten Gesellenverein. »Da haben sie ein Ding gemacht, daran habe ich all mein Lebtag gefreit«, lobt Kolping. Aber erst im zweiten Anlauf wird er zum Präses dieses Vereins gewählt.

Von nun an bemüht sich Kolping hartnäckig um seine Versetzung nach Köln, um dort als Domvikar ebenfalls einen Gesellenverein zu gründen und dann das Werk über ganz Deutschland und darüber hinaus auszubreiten. Er wird, wie es Joseph Kardinal Höffner einmal formulierte, der erste deutsche katholische Priester, der »hauptamtlich im sozialen Bereich wirkte«. Durch Wort und Schrift, als Reisender und als Bettler wirbt er für seine Idee: Den zahlenmäßig explosionsartig gestiegenen Handwerksgesellen in Vereinen eine Heimat, Geselligkeit und Bildung zu bieten, ihnen dafür Häuser zu öffnen und so in einer sich auflösenden Gesellschaft der sozialen und moralischen Verelendung entgegenzuwirken. Kolping gewinnt Anerkennung im Bürgertum, dem er sich als »Kalendermann« und mit seinen *Rheinischen Volksblättern* zuwendet, und zunehmend auch im Katholizismus. Teile der kirchlichen Hierarchie allerdings bleiben skeptisch, weil ihnen Kolpings Gesellenverein zu weltlich erscheint, sich zumindest zuviel mit weltlichen und zuwenig mit religiösen Dingen befaßt.

Durch frühe Leiden und einen schonungslosen Einsatz geschwächt, stirbt Adolf Kolping kurz vor Vollendung seines 52. Lebensjahres am 4. Dezember 1865. In dürftigen Zahlen lautet die Bilanz: In 418 Gesellenvereinen sind 24 600 Mitglieder organisiert. Was allerdings in den Herzen der Menschen und in der Gesellschaft bewegt wurde, kann keine Statistik ermessen. An Kolpings Werdegang haben viele großartige Menschen mitgewirkt. Auch dieser Hinweis schmälert die Gestalt des Gesellenvaters nicht, sondern macht sie uns vertraut und erfahrbar.

Entscheidende Prägung erfuhr Adolf Kolping zunächst durch seine Eltern. Ohne die Mutter Anna Kolping und den Vater Peter Kolping wäre der Werdegang des späteren Gesellenvaters Kolping nicht denkbar

gewesen. Voll zärtlicher Dankbarkeit erinnert er sich ihrer in seinen Schriften. Über seine Mutter schreibt er: »Ich habe eine arme Mutter gehabt, aber eine Mutter, von der ich nichts gesehen oder gehört habe, was ich nicht ehren müßte. Das danke ich dir noch heute, teure, unvergeßliche Mutter, stille, bescheidene Frau . . . , weil dein Herz das meine weich und warm gehalten, wo es ohne dich wahrscheinlich kalt und hart geworden wäre zwischen der Selbstsucht fremder Menschen.« Was Kinderpsychologen Jahrzehnte später an prägendem Einfluß des kleinen Kindes durch seine »Bezugsperson« entdeckten, das wußte Kolping aus eigenem Kindheitserleben: »Die rechte Frömmigkeit, das Zartgefühl fürs Wahre und Schöne, für Zucht und Sitte muß der Mensch mit der Muttermilch eingesogen, gleichsam aus dem Herzen der Mutter als Erbteil miterhalten haben, wenn es wahrhaft durch Mark und Bein wachsen soll.«
Der Vater muß Adolf Kolping durch seine liebende und sorgende Autorität geprägt haben, denn in seinen Schriften taucht dieses Bild vom Mann und Vater häufig auf: »Wie Gott mit allumfassender Sorge das Schicksal der Menschen lenkt, so soll der Hausvater das Wohl und Wehe der Seinen zum eigenen machen«, schreibt er. Oder: »Des Mannes Liebe sei ein Abglanz der Liebe Gottes im Hause gegen die Seinen.« Autorität ist für Kolping nichts Anrüchiges, im Gegenteil, er fordert sie als unerläßliche Voraussetzung menschlichen Fortschritts. Aber er greift den patriarchalischen Denkstrukturen seiner Zeit weit voraus, wenn er als einzige Legitimation für Autorität rigoros die Liebe benennt: »Wer den Menschen nicht zuerst geliebt, hat kein Recht, das Herz anderer Menschen zu fordern; wer auf diesem Wege die Autorität nicht erwirbt oder die ihm vom Allordner im Himmel zugeteilte nicht auch dazu noch verdient, erhält oder behält sie nicht. Denn ich sage es noch mal: Die Autorität wurzelt in der Liebe.« Dieses Zitat stammt aus dem Aufsatz *Autorität und Freiheit*, den Kolping 1850 schrieb. Ganzen Generationen von Erziehungs-Philosophen hat er darin vorgegriffen: »Liebe muß die Autorität verdienen, im Schweiße des Angesichts erwerben, oder es ist eine Schatten-Autorität, von der Not aufgerichtet, vom Zwang zusammengehalten, die über kurz oder lang zusammenbricht, wahrlich des Aufrichtens auch nicht mehr wert.«
In der Gesellschaft zur Zeit Kolpings waren solche Erfahrungen nicht zu machen. Hier leuchtet das Beispiel seiner Eltern auf. Große Menschen sind nicht denkbar ohne die besondere Größe ihrer Eltern. Eine Erkenntnis, die der Individualismus aus dem Auge verlieren muß, wenn er die soziale Dimension im Werdegang eines Menschen übersieht. Adolf Kolping wurde zu einem Apostel der Familie, zu einem Volkserzieher, der Generationen von Müttern und Vätern Orientierung und Ansporn gab. Wir danken es nicht zuletzt seinen Eltern.
Woher Kolpings geistige Regsamkeit, sein unersättlicher Wissensdurst herstammt, läßt sich schlecht belegen. In der großen Familie eines einfa-

chen, armen Schäfers sind die entscheidenden Impulse dafür nicht zu erwarten. Ein solcher Wissensdurst hätte von einem stupiden Dorflehrer auch weggeprügelt werden können. An Kolpings Weg stand ein anderer, begnadeter Pädagoge, der über drei Generationen die Kerpener Kinder förderte und prägte: der Lehrer und Schulleiter Jakob Wilhelm Statz. Kolping hat später seine Schulzeit die glücklichste Zeit seines Lebens genannt. Welcher Heranwachsende wird das heute von sich behaupten? Kolping sagt über seinen Lehrer Statz: »Die glücklichsten Stunden meines Lebens habe ich unter seinen Augen zugebracht, wenn er mit der Liebe eines Vaters seinen aufhorchenden Schülern die Lebensgeschichten großer Männer erzählte oder ihnen Kenntnisse mitteilte, die, wenn sie auch außer dem Kreise einer gewöhnlichen Landschule lagen, doch dem wißbegierigen Knaben so willkommen waren. Aber gerade dadurch wurde jener Trieb nach einer höheren Ausbildung in meine Seele gepflanzt, den ich später nicht mehr unterdrücken konnte.« So formte die einklassige Volksschule von Kerpen einen der größten religiösen Volksbildner des vergangenen Jahrhunderts.
Die Namen der Personen, die Kolpings Weg begleiteten und seine Gestalt mitprägten, lassen sich fortsetzen: sein Heimatpfarrer Joeken, der Kolpings Wunsch nach dem Priesterberuf zunächst mit der Bemerkung abkanzelte: »Schuster, bleib bei deinen Leisten«, dann aber, durch Kolpings Hartnäckigkeit überzeugt, doch kräftig Unterstützung gewährte; der Kerpener Kaplan Theodor Wollersheim, der den Schustergesellen durch Privatunterricht reif für die Aufnahme in die Tertia des Kölner Marzellengymnasiums machte; die Tochter des Gutsbesitzers Meller, die Kolping das Studium finanziell ermöglichte; Professor Josef von Görres, der Begründer einer katholischen Erneuerungsbewegung, dem Kolping in München als Student zu Füßen saß, und der sein späteres Wirken als Volksbildner geistig und methodisch beeinflußte; noch mehr aber der Kirchenhistoriker Ignaz von Döllinger, der den spätberufenen Kolping gewissermaßen unter seine väterlich-akademischen Fittiche nahm und der ihm an der großen Münchener Universität freundschaftlichen Beistand und Orientierung gab; oder sein Beichtvater Professor Windischmann, der Kolpings Entschluß zum Priestertum bestärkte und bekräftigte.
Namen über Namen. Kolping selbst weist uns auf sie hin. Als begnadeter Volksschriftsteller hat er allen Mut zur Nächstenliebe und Sorge für andere gemacht, indem er Hilfe und Beistand schilderte, die er selbst von anderen erfahren hatte. Niemand wird groß aus sich allein. Ein Kernsatz mit politischen, pädagogischen, historischen, soziologischen und theologischen Ablegern!
Helfer und Förderer hatte Kolping auch bitter nötig. Als Handwerksgeselle gehörte er einem Stand an, der dem beginnenden Proletariat durchaus vergleichbar war. Der Zerfall der Zünfte hatte sie zu heimatlosen

Vagabunden gemacht. Die Wohngemeinschaften in den Meisterfamilien gehörten nicht mehr zur Regel. Und so kampierten die Handwerksgesellen, zu deren Berufstradition das Umherziehen gehörte, in billigen Absteigen, häufig ohne Arbeit, ohne soziale Sicherung, ein Spielball wirtschaftlicher und politischer Ausbeutung. Mit tiefem Erschaudern hat Kolping später geschildert, was er im Kreise seiner Handwerkskollegen in Köln erlebt hat.

In einer weithin noch ständisch gegliederten Gesellschaft war Kolpings Entschluß, Priester, also Akademiker zu werden, geradezu abenteuerlich. Seines Heimatpfarrers Reaktion: »Schuster, bleib bei deinen Leisten« war die Reaktion einer Gesellschaft, die mit ihren sozialen Strukturen dem geistigen Aufbruch noch lange nicht folgen wollte.

Kolpings heißer Wunsch zum Studium und zum Priestertum entsprang allerdings keineswegs dem Plan, aus dieser Stellung heraus eines Tages den gefährdeten Handwerksgesellen helfen zu können. Kolping wollte seinem niederen Stand durch Bildung entrinnen. Er wollte sein Leben nicht durch eine Arbeit in diesem Milieu erschöpfen. Er wollte mehr aus sich machen. Ein durchaus persönliches Motiv, das am Anfang mancher »sozialen Karriere« stand. Während seines Studiums in München traf Kolping zwar bereits mit Wilhelm Emanuel von Ketteler zusammen, aber er hätte damals nicht daran gedacht, daß er selber einmal eine maßgebliche Rolle in der sozialen Frage spielen werde. Noch in Bonn, wo er seine theologischen Studien beendete, trug er sich mit dem Gedanken, später einmal eine Lehrtätigkeit an einer theologischen Hochschule aufzunehmen.

Erst als Kolping in Wuppertal-Elberfeld als Kaplan mit der ganzen Problematik des Umbruchs einer Agrar- und Handwerksgesellschaft zu einer Industriekultur konfrontiert wurde, fühlt er seine Berufung. »Die untere Schicht des Volkes ist schrecklich unwissend, schrecklich verkommen, vernachlässigt an Leib und Seele, elend durch und durch«, protokolliert er. »Die große Masse der Fabrikarbeiter schmachtet im Elend, wie ich es nur im Wuppertal kennengelernt.« Erst jetzt schreibt er seinem Münchener Lehrer Prof. Döllinger, daß eine wissenschaftliche Tätigkeit für ihn nicht mehr in Frage komme, weil er in der Seelsorge eine faszinierende Aufgabe gefunden habe.

Es ist viel diskutiert worden, warum Kolping sich nicht der Fabrikarbeiter anstatt der Handwerksgesellen oder doch beider angenommen hat. Nun, er kam aus dieser gesellschaftlichen Gruppe, kannte ihr Leben, ihre Probleme. Zahlenmäßig war diese Schicht in der Phase vor der Industrialisierung explosionsartig angewachsen. In Preußen zum Beispiel stieg ihre Zahl zwischen 1831 und 1852 von rund 188 000 auf 446 000 an. Um 1850 standen ihnen in Preußen rund 618 000 Fabrikarbeiter gegenüber. Vielleicht sah Kolping eine größere Chance, die Verantwortung der Handwerkerschaft neu zu wecken, sich um die soziale Not der Gesellenschaft zu kümmern. Möglicherweise sah er in den Handwerksburschen und ihrer beruflichen Tradition auch jene gesellschaftliche Großgruppe, die noch am ehesten in den geistigen, politischen und sozialen Umbrüchen seiner Zeit zu Selbstverantwortung und Lebensmeisterung zu ermutigen war. Vielleicht hat er auch einfach in seiner praktischen Art jene Aufgabe angepackt, die sich ihm stellte, und sich ihr dann auch ganz verschrieben, getreu seinem Wort: »In vielem kann der Mensch nicht Meister sein, aber in einem muß er seinesgleichen suchen.«

Kolpings soziale Tat für diese gesellschaftliche Großgruppe, aus der sich später übrigens auch ein Großteil der Industrie-Facharbeiterschaft rekrutieren sollte, war der Gesellenverein. Den ersten Verein in Elberfeld schuf allerdings ein anderer, ein Laie, der Lehrer Johann Gregor Breuer. Mit ziemlicher Sicherheit kann jedoch gesagt werden, daß der Elberfelder Verein ein Einzelfall geblieben wäre, hätte nicht Kolping die Sache in die Hand genommen. Noch in Elberfeld verfaßte er seine Schrift *Der Gesellenverein. Zur Beherzigung für alle, die es mit dem wahren Volkswohl gut meinen.* Um eine bessere Ausgangsposition für die Verbreitung des Vereins zu finden, betrieb er selbst seine Berufung als Domvikar nach Köln. Wenig später erfolgte die Gründung des Kölner Vereins und dann die Ausbreitung über ganz Deutschland. Kolpings Gesellenverein war eine durchaus weltliche Angelegenheit, was ihm offene Gegnerschaft im höheren Klerus eintrug. Arbeitsweise und Ziele des Vereins schildert Kolping in seiner Schrift so simpel, daß die Überlegung naheliegt, warum nicht auch andere auf diese Idee gekommen waren. Aber sie waren es nicht.

Kolpings Vereinspädagogik im Zeitraffer: Dem jungen Handwerker fehlt ein kräftiger moralischer Halt. Diesen sollte man ihm unter seinesgleichen geben, da sich jeder unter seinesgleichen am behaglichsten fühlt. Es fehlen Gelegenheiten, sich außerhalb von Werkstätte und Wirtshaus irgendwo behaglich niederzusetzen. Es fehlt dem jungen Handwerker außerdem Gelegenheit, sich für seinen Beruf und für seine Zukunft weiterzubilden. Noch mehr fehlen ihm passende Unterhaltung und Erheiterung. Wenn man ihm das alles gibt, kann man auch die Religion wieder wachrufen und auffrischen. Und dann wird er schließlich auch von Herzen tätig werden für andere.

Die ersten Vereine mieteten Schulräume an. Licht und Heizung zahlten die Gesellen selbst. An der Spitze des Vereins sollte ein Geistlicher stehen, der sein Amt und sein Ansehen am uneigennützigsten für die Sache einsetzen konnte. »Nützlich und angenehm« sollte es nach Kolpings Willen im Verein zugehen. Aus ihm eine religiöse Bruderschaft zu machen, wie es höheren Orts sicher gewünscht war, lehnte Kolping ab, wohl, weil er damit nur einen geringen Teil der Handwerksburschen hätte ansprechen können. »Im Vereine wird geplaudert, gesungen, gelesen, werden Vorträge gehalten«, schreibt er, fügt jedoch in Klammern hinzu: »aber nicht gebetet und nicht gepredigt«. Einem Großteil des damaligen Klerus muß es wie eine Provokation vorgekommen sein, wenn Kolping in öffentlicher Schrift bekannte: »In kirchlicher Beziehung fordern wir nichts Besonderes. Wenn die Mitglieder freundlicher Einladung folgen, macht uns das doppelte Freude.«

Dabei war Kolping ein tiefgläubiger Mensch und ein leidenschaftlicher Priester. Aber er hatte ein feines pädagogisches Gespür dafür, daß die Religiosität des jungen Mannes nur dann etwas wert sein kann, wenn sie aus Überzeugung und freien Stücken kommt. Er versucht das in seiner ersten Schrift über den Gesellenverein seinen Mitbrüdern im Priesteramt schmackhaft zu machen, an die er, des Erfolges sicher, zum Schluß einen flammenden Appell richtet: »Wohlauf, ihr Brüder, Mitarbeiter im Weinberg des Herrn, rüstig ans Werk! Die Zeit fordert Großes von uns, da ist eine würdige Aufgabe. Laßt uns gemeinsam an die Lösung gehen, gemeinsame tätige Liebe verrichtet Wunder. Die jungen, frischen Herzen werden euch schon entgegenkommen, werden euch eine Freude bereiten, die ihr von daher nicht erwartet habt. Und mancher verlorengeglaubte Sohn wird sich einfinden und zu einem neuen Menschen erstarken, manch Talent Aufmunterung finden, das jetzt ungekannt verkümmert, späte Enkel noch segnen, was wir an den Vätern getan. Mitten in der Bewegung der Zeit bauen wir ein Haus des Friedens, pflanzen das Kreuz auf den Giebel, und Gottes Segen wird drin verweilen.«

Bei Kolpings oft bewiesener Hilfsbereitschaft für Kranke und Sterbende, seinem oft bewiesenen Mitleiden mit den Schwachen und Verstoßenen der Gesellschaft muß es verwundern, daß er in seinem Verein ein gewisses Ausleseprinzip praktizierte. Es wurden nur Jungmänner mit abgeschlossener Handwerkslehre aufgenommen, die einen halbwegs ordentlichen Lebenswandel zu führen bereit waren. Bevor Kolping als Domvikar nach Köln ging, schickte er schon einen Kölner Handwerksgesellen voraus, um einige Leute zusammenzutreiben, »aber alles, was ich dir sage: ordentliche Leute, keine Ströppe«. Und in seiner Schrift über den Gesellenverein hatte er schon unmißverständlich festgestellt, man müsse darauf achten, »daß der Verein Elemente von sich fernhalte, die seinem Geiste und seiner Würde geradezu zur Unehre gereichen müßten«. Den pädagogischen Schlüssel für diese Praxis gibt Kolpings Wort: »Hätte man sich stets der Besten angenommen, gäbe es gewiß der Schlechten nicht so viele.« Kolping wollte einen Volksverein, eine »Volksakademie im Volkston«, keine Fürsorgeeinrichtung. Er wußte und forderte: Wenn ein Mensch in Gemeinschaft geborgen ist, dann setzt er sich auch für andere, schwächere, notleidende ein.

Kolping setzte auf Multiplikatoren. Als Volksschriftsteller, der sich seinen Lebensunterhalt selbst verdiente, warb er in den bürgerlichen, mittleren Schichten seiner Zeit um religiöse Erneuerung und soziale Verantwortung. Wohl kaum ein anderer Prediger hat sie in dieser Zeit so wirkungsvoll erreicht. Kolping prägte einen neuen Priestertyp, der aus dem elitären Zirkel des Konveniats heraustrat in die unmittelbare Begegnung mit dem Volk. Ganze Priestergenerationen sind von seinem Beispiel geprägt worden. Kolpings beste Multiplikatoren aber waren seine Gesellen, die in Familie, Beruf und Vereinsleben das umsetzten, was sie von ihrem »Gesellenvater« angenommen hatten.

»Wer Menschen gewinnen will, muß sein Herz zum Pfande setzen.« Dieses Wort Kolpings ist die Erklärung für seinen Erfolg. Bis in unsere Tage bewegt die Gestalt des Volkspriesters Kolping die Herzen junger und alter Menschen. Da war einer, der hat sich für die damals Geringgeachteten vorbehaltlos und rastlos eingesetzt. Er hat sein Leben in seiner Mission förmlich aufgerieben, ist schon mit 52 Jahren erschöpft gestorben. Der hat gewußt, was hart arbeiten heißt. Der hat erfahren und weitergegeben, daß ohne gesunde Familien keine Gesellschaft gesund sein kann. Das bewegt junge Menschen heute genauso wie vor über 100 Jahren. Das Kolpingwerk ist auch heute ein katholischer Sozialverband mit Zuwachs. Vor allem im Bereich der jungen Mitglieder.

In der Geschichte der katholisch-sozialen Bewegung gehört Adolf Kolping nicht zu denen, die wichtige Strukturreformen einleiteten. Er hat ihre Notwendigkeit gesehen und zum Teil auch dafür geworben. Der notwendigen kollektiven Selbsthilfe der Arbeiterschaft stand er aber eher skeptisch gegenüber. Seine Tat war die Gesinnungsreform, die Rückverpflichtung des Christentums auf den Alltag und die konkreten Probleme der Menschen. Sein Tagebuch als Gymnasiast beginnt Kolping 1837 mit dem Bekenntnis, er wolle »der Wahrheit ein Zeuge, den Mitmenschen ein Bruder sein«. Später, als Gesellenvater, faßt er Wahrheit und Brüderlichkeit in diesem Satz zusammen: »Nirgends ist göttliche Wahrheit überredender, gewinnender als im Munde der sich aufopfernden, hilfreichen Liebe.« Daß Kolping dies durch sein eigenes Leben konsequent belegte, dafür gab ein Liberaler, der erste Präsident der Bundesrepublik Deutschland, Prof. Dr. Theodor Heuss, Zeugnis. 1953 sagte er bei der Einweihung der Internationalen Jugendburg »Kolping-Haus« in Oberwesel über Adolf Kolping: »Er ist einer der frühesten deutschen Erscheinungen, die inmitten des schicksalhaften Verfalls alter Ordnungen die menschlichen Gefährdungen erkannte und ihnen die Kraft der Liebe entgegenstellte.«

Gerhard Wehr

Paul Tillich

Leitbild heutiger Theologie

Glauben und Denken, Vernunft und Offenbarung werden oft auseinandergerissen, als seien sie füreinander Fremdkörper. Immer wieder gab und gibt es Christen, die der Intensität ihrer Frömmigkeit dadurch Glanz verleihen möchten, daß sie geringschätzig von dem Geschenk der menschlichen Geisteskraft sprechen. Luthers schlimmes Wort von der »Hure Vernunft« hat allzuoft unbesonnene Nachplapperer gefunden. Da ist es schon in einem sehr menschlichen Sinne wohltuend, in Paul Tillich einem Menschen zu begegnen, für den der »Gott der Philosophen« ein und derselbe war wie der der Apostel und Propheten; denn – so der Schweizer Protestant Ulrich Neuenschwander (1966): »Paul Tillich ist einer jener modernen glaubenden Denker, die uns gezeigt haben, was es heißen und bedeuten kann, in unserer Zeit als kritischer und redlicher Mensch doch ein Glaubender zu sein.«

Diese Charakteristik wird durch den Hinweis des amerikanischen Theologen Thomas Altizer (1965) ergänzt: »Ich denke, Tillich war der einzige Theologe, der zu einem in unsere Zeit passenden, realistischen Denken fähig war. Er war der einzige, der genügend Mut besaß, dem säkularen Bewußtsein der Gesellschaft des 20. Jahrhunderts wirklich entgegenzutreten.«

Es war anläßlich eines seiner letzten Aufenthalte in Deutschland: Der Fünfundsiebzigjährige hatte im Sommer 1961 eine Gastprofessur in Hamburg übernommen. Man saß im obersten Stockwerk eines Hochhauses am Stadtrand und unterhielt sich darüber, wie sich die christliche Verkündigung angesichts der Wandlung des menschlichen Bewußtseins verändern müsse, vor allem, ob in unseren Tagen das Ende der Religion gekommen sei. Da sagte Tillich nach einer Pause nachdenklichen Schweigens: »Denken Sie einmal an die Menschen, die jetzt hier unter uns im Hause schlafen. Welche Fragen bewegen sie denn? Es sind noch immer dieselben Fragen, die sie schon vor zweitausend und mehr Jahren bewegt haben: die Frage nach der Schuld, die Frage nach der Liebe, nach der Gerechtigkeit in der Welt, nach dem Sinn des Lebens, nach dem Tod.«

Diese Erinnerung Heinz Zahrnts wirft ein bezeichnendes Licht auf die Lebensarbeit des Theologen und Philosophen, des Predigers und Schriftstellers, der infolge seiner Emigration im Jahre 1933 in der englischsprachigen westlichen Welt sehr viel bekannter ist als im deutschen Luthertum, dem er entstammt. Zunächst einige Lebensdaten:

Am 20. August 1886 wird Paul Tillich – sein voller Name ist Paul Johannes Oskar Tillich – in Starzeddel, einem kleinen Dorf bei Guben in der ehemaligen Provinz Brandenburg, geboren. Die Ortschaft liegt heute wenige Kilometer östlich der Deutschen Demokratischen Republik auf polnischem Territorium. Sein Vater Johannes Tillich war dort Pfarrer evangelisch-lutherischen Bekenntnisses. Im Rückblick auf seine Kindheit und Jugendzeit berichtet Tillich von Eindrücken, die ihn geprägt haben: »Das Schützende, Bewahrende und zugleich Lebendige der Stadt gegenüber dem Unheimlichen nächtlicher Wälder, schweigender Felder und schlafender Dörfer gehört zu meinen stärksten Jugendeindrücken.« Erinnerungen tauchen auf, solche, die mit »Boden und Wetter, mit Kornfeldern und dem Geruch herbstlichen Kartoffelkrauts, mit Wolkenformen, mit Wind, Blumen und Wäldern« zusammenhängen. Der Fünfzehnjährige liest »wie im Rausch inmitten einer schönen Natur« die für sein späteres Denken wegweisende Naturphilosophie Schellings. Daran knüpft der Autobiograph die Mitteilung, daß viele seiner Gedanken im Freien konzipiert seien, unter Bäumen oder am Meer.

In solchen Bekenntnissen spricht sich eine Glaubenshaltung aus, die aus der engen Beziehung zur Geschöpflichkeit wie zum Schöpfer lebt. Als protestantischer Theologe – er studierte in Berlin, Tübingen und Halle – bezieht er sich auf die lutherische Tradition, der er durch Geburt und Neigung verbunden ist und die – im Gegensatz zur Natureinschätzung etwa eines Johann Calvin – der These folgt, daß »das Endliche das Unendliche zu fassen vermag und daß infolgedessen in Christus beide Naturen sich gegenseitig durchdringen. Dieser Gegensatz besagt, daß auf dem Boden des Luthertums die Schau des in jedem Endlichen gegenwärtigen Unendlichen theologisch begründet und Naturmystik zur realisierbaren Möglichkeit wird.«

Von einer derartigen geistigen Standortbestimmung aus werden auch die ideengeschichtlichen Durchgangsstationen verständlich, zu denen für Tillich vor allem Jakob Böhme als der Schöpfer einer universalistisch-spirituellen Naturschau ebenso gehört wie der unter der geistigen Einflußsphäre Böhmes stehende Philosoph Schelling. Dieser wird dem werdenden Theologen und Philosophen Tillich zum Gegenstand seines eigenen Forschens. Das zeigen die philosophische Dissertationsschrift über *Die religionsgeschichtliche Konstruktion in Schellings positiver Philosophie* (1910) sowie seine theologische Lizentiatenarbeit, die den Titel trägt: *Mystik und Schuldbewußtsein in Schellings philosophischer Entwicklung* (Halle, 1911).

Nach einer ersten kurzen pfarramtlichen Tätigkeit in Berlin-Moabit bricht der Erste Weltkrieg aus. Die Woge der nationalen Begeisterung ergreift auch den jungen Hilfsprediger. Er unterbricht die im Sommer 1913 begonnene theologische Habilitationsschrift und meldet sich als Kriegsfreiwilliger an die Westfront. Eine ungeahnte Ernüchterung, ja eine tiefe Erschütterung läßt den Feldprediger Tillich wie ungezählte Schicksalsgenossen an dem teilhaben, was er später das »Abgrund-Erlebnis« nennt. Die bürgerliche Kultur und der idealistische Fortschrittsglaube des 19. Jahrhunderts sind am Ende. Sie vermögen der Feuerprobe der Materialschlachten nicht standzuhalten. In der von vielen autobiographischen Momenten durchsetzten Schrift *Auf der Grenze* zieht Tillich Bilanz: »Das vierjährige Erleben des Krieges riß den Abgrund für mich und meine ganze Generation so weit auf, daß er sich nie mehr schließen konnte.«

Mit anderen Worten heißt das: christlicher Glaube, der diese Bezeichnung verdient, muß sich gerade in der »Todschattenschlucht« (M. Buber) bewähren. Aber welche Konsequenzen ergeben sich aufgrund solcher Erfahrungen für Tillich und für die künftige Wechselbeziehung von Glauben und Denken, mithin für Theologie und Philosophie? Seine Antwort lautet: »Wenn eine Vereinigung von Theologie und Philosophie möglich sein sollte, so durfte sie nur in einer Weise geschehen, die dieser Erfahrung des Abgrundes unserer Existenz gerecht wurde.«

Dieser Forderung sucht der theologische Denker – er selbst bezeichnet sich lieber einen »religiösen Denker« – als Lehrer, Prediger und als Schriftsteller gerecht zu werden. Jedenfalls spiegelt sich das Kriegserleben noch in Tillichs Religionsphilosophie wider. Vor allem dort bemüht er sich, das »Abgrund-Erlebnis« und die existentielle Erfahrung des Paradoxes (das heißt des Widerspruchs) als Begrenzung des Philosophischen zur Geltung zu bringen. Auf die Bestimmung des Menschenbildes angewandt, heißt es in einem nach Beendigung des Zweiten Weltkriegs niedergeschriebenen Text: Der Mensch »hat nicht nur eine Reihe schwerster Katastrophen hinter sich, er lebt auch weiter in einer Situation, die mit möglichen Katastrophen geladen ist . . . Er hat das Nichtsein erlebt, das wie ein drohender Ozean alles Seiende umspült. Er hat sein Schicksal erlebt mit seinen plötzlichen, unberechenbaren Einbrüchen in alles, was sicher schien, in seinem Leben und in dem Leben der Völker . . . Und wenn die Frage in ihm auftaucht, welches der Sinn seines Lebens ist, dann tut sich ein Abgrund vor ihm auf, in den zu blicken nur der Mutigste wagt, der Abgrund der Sinnlosigkeit.«

So bleibt ihm, dem Theologen, keine andere Aufgabe als die, sich, dem Philosophen, dem Fragenden, aus der Grundkraft des Evangelium heraus Antwort zu geben und »Mut zum Sein« zu stiften. Geistesverwandte findet Tillich in der Nachkriegszeit der zwanziger Jahre unter anderem im Kreis der religiösen Sozialisten. Es sind meist sehr kleine Zirkel protestantischer Christen, denen die Herbeiführung sozialer Gerechtigkeit am Herzen liegt, die jedoch von den vorwiegend antidemokratisch-deutschnational eingestellten Mehrheiten in Kirchenleitungen und Pfarrerschaft eher skeptisch-ablehnend beurteilt werden. Tillich und vielen religiösen Sozialisten, unter ihnen Persönlichkeiten wie der schwäbische Pfarrer Christoph Blumhardt, ist aufgefallen, daß die Innere Mission eines Johann Hinrich Wichern, eines Friedrich von Bodelschwingh und anderer wohl Großes geleistet habe, daß aber diese Form christlicher Caritas und Diakonie nicht tief genug reiche. Statt die gesellschaftlichen Ursachen der Verelendung zu beseitigen, begnüge sie sich mit der Betreuung der Opfer. Tillich meint daher nicht eine systemimmanente Sozialreform, sondern eine solche, die, geleitet von der Liebe Christi, verwandelnd, dem Menschen Gerechtigkeit schaffend ins Gesellschaftsgefüge eingreift. Aus dieser Perspektive kann er daher schreiben: »Es entspricht dem Geist der Liebe mehr, das Übel selbst auszurotten, als die Leiden, die es immer wieder bringt, durch Teilmaßregeln mildern zu wollen; es ist das höhere Ziel, die Voraussetzungen des Almosengebens aufzuheben, als die Armut durch Almosen zu lindern; es ist das höhere Ziel, die Grundlagen des wirtschaftlichen Elends zu vernichten, als die Verelendeten durch die Werke der christlichen Liebestätigkeit oder eine ›soziale Gesetzgebung‹ aus dem Schlimmsten zu retten; es ist ein höheres Ziel, die Möglichkeit des wirtschaftlichen Egoismus zu unterbinden, als ihn durch Arbeiterschutzgesetze oder den Appell an die Pflicht patriarchalischer Fürsorge einzuschränken.«

Die revolutionäre Tat jedoch, auch die aus christlichem Geist, erwarte man von Tillich nicht. Seine Sache ist es, geistige Horizonte zu klären und den von ihm immer wieder beschworenen »Kairós«, den erfüllten Augenblick, anzugeben, der beides in einem ist: die Forderung, die die gegebene Situation erhebt, und Chance zum Handeln, die sie gewährt. Für Tillich ist der historische Augenblick Gnade, Geschenk. Und hier erweist sich der religiöse Sozialismus, wie er ihn versteht, als ein Instrument der Gestaltung wie der Veränderung, und zwar unter einem doppelten Aspekt: unter dem der Zeit wie unter dem der Ewigkeit. Tillich spricht einmal vergleichsweise von zwei Linien, einer Horizontalen und einer sie kreuzenden Vertikalen, um sein Anliegen deutlich zu machen. Die Horizontale, das heißt, »die Linie nach vorne«, drückt dabei den aktiven, gestaltenden, welt- und gesellschaftverändernden Willen aus. In der proletarischen Bewegung, die darum kämpft, für den lohnabhängigen Menschen humanere Verhältnisse zu schaffen, manifestiert sich dieser Wille. Das andere ist die »Linie nach oben« (beziehungsweise von oben). Hierzu schreibt Tillich: »Die christliche Frömmigkeit, vor allem in ihrer lutherischen Ausprägung, hat die Linie nach vorn vernachlässigt zugunsten der Linie nach oben. Sie hat mit Recht betont, daß von jedem Raum- und Zeitpunkt aus eine unmittelbare Linie nach oben möglich ist. Sie hat aber nicht gesehen, daß die Linie nach oben ohne die Linie nach vorn, das heißt ohne den aktiven, gestaltenden Willen, eine in sich schwingende Frömmigkeit schafft, daß anstelle einer unmittelbaren Beziehung Gottes auf die Welt ein Heilsverlangen der einzelnen Seele tritt.«

Die kirchenkritische Note bekommt ein Analogon durch die Kritik, die Tillich an einem Sozialismus übt, der wohl »nach vorne« blickt, dabei einseitig die Rolle der Horizontalen betont, darüber aber die »Linie nach oben« und damit die religiöse Dimension verkümmern läßt. Und der Ertrag des religiösen Sozialismus? – Er ist, um es mit Wolf-Dieter Marsch zu sagen, »nicht eben reich«. Allzu groß waren die politischen wie die theologischen Widerstände. Man denke nur an das Übergewicht, das allein die Dialektische Theologie eines Karl Barth seit den zwanziger Jahren erhielt, oder – auf der ganz anderen Seite – der katastrophale Einbruch, der mit dem National-»Sozialismus« alle Bemühungen um einen religiösen Sozialismus zunichte machte.

Tillich mußte als einer der ersten Intellektuellen Anfang 1933 Deutschland verlassen. Er emigrierte in die Vereinigten Staaten, wo er an den Universitäten von New York, Harvard und Chicago lehrte. Er starb am 22. Oktober 1965 in Chicago. Abseits des Kirchenkampfes und großenteils in englischer Sprache entstand das theologische Werk des Systematikers, der glaubend-denkend das Sein und die Existenz des heutigen Menschen zu umfassen sucht. Was in einer großen Anzahl von meist kleineren Studien, in Schriften und Vorträgen im Laufe von rund fünf Jahrzehnten entfaltet worden ist und in den *Gesammelten Werken* zugänglich gemacht wurde, das hat in der dreibändigen *Systematischen Theologie* seine Konzentration und gedankliche Ordnung gefunden. Die Methode, die dieser Denker des Glaubens hier anwendet, ist die der »Korrelation«. Sie ist dadurch bestimmt, daß die Inhalte theologischer Aussage in einer ganz bestimmten Beziehung zu dem Menschen, der sie vernehmen soll, stehen müssen. Es kann demnach keinesfalls damit getan sein, daß der christliche Theologe irgendwelche Glaubenssätze von einst als für heute verbindlich erklärt, ohne deren Gegenwartsbezug geklärt zu haben. Oder um seine Methode mit seinen eigenen Worten zu erläutern:

Tillich »sucht die Fragen, die in der Situation enthalten sind, mit den Antworten, die in der Botschaft enthalten sind, in Korrelation zu bringen«. – Das System, das er auf diese Weise entwickelt, »leitet die Antworten nicht aus den Fragen ab, noch gibt es Antworten, die nichts mit der Frage zu tun haben. Es setzt Fragen und Antworten, Situation und Botschaft, menschliche Existenz und göttliche Selbstoffenbarung in Korrelation«.

Mit anderen Worten: Die jeweilige Situation ist es, die zu existentiellen Fragen anregt. Die jeweils gültigen Antworten sind in den christlichen Symbolen beziehungsweise in den Symbolen der christlichen Botschaft aufgehoben. Sie sind von Mal zu Mal zu entschlüsseln, so daß sie als konkrete Antwort von dem entfremdeten, leidenden, suchenden, entmutigten Menschen empfangen werden können.

Wie handhabt Tillich diese Methode? – Er veranschaulicht sie folgendermaßen: »Wenn der Begriff Gott in Korrelation mit der in der Existenz liegenden Bedrohung durch das Nichtsein erscheint, dann muß Gott die unendliche Macht des Seins genannt werden, die der Bedrohung durch das Nichts widersteht. Wenn die Angst als das Gewahrwerden der Endlichkeit verstanden wird, dann muß Gott der unendliche Grund des Mutes genannt werden. Wenn der Begriff ›Reich Gottes‹ in Korrelation mit dem Rätsel unserer geschichtlichen Existenz erscheint, muß ›Reich Gottes‹ der Sinn, die Erfüllung und die Einheit der Geschichte genommen werden.«

Anspruchsvolle Sätze und Gedanken, zweifellos! Sie werden erst aus dem Kontext heraus voll verständlich, und Kontext heißt für Tillich eben, daß der Glaubende es wagt, sich auf die vieldimensionale Wirklichkeit ebenso einzulassen wie auf die Zusage des Heilshandelns Gottes in der Geschichte. Aus eben diesem Grund hat sich der universalistische Denker und Theologe mit vielen Einzelproblemen unseres Kulturkanons beschäftigt: mit Fragen der Technik, der modernen Zivilisation, mit der Kunst, mit der Tiefenpsychologie und ähnlichen Themen, die eine korrelative Behandlung vom Evangelium her verlangen.

Im übrigen ist dem bayrischen Theologen Adolf Köberle zuzustimmen, der einmal den beherzigenswerten Wink gegeben hat: »Wer Mühe hat, einen Zugang zu der anspruchsvollen theologisch-wissenschaftlichen Leistung von Paul Tillich zu finden, dem sei dringend empfohlen, einen Versuch zu machen mit der Lektüre der vorliegenden Sammlung.« Gemeint sind die drei schmalen Bände seiner *Religiösen Reden*. Die erste Folge dieser Reden trägt die Überschrift »In der Tiefe ist Wahrheit«, wobei »Tiefe« jene Dimension meint, die aufs neue zu erringen und in die Lebenswirklichkeit glaubend, vertrauend einzufügen ist. Der Sprechende – er ist eben kein Prediger im traditionellen Sinn des Wortes! – läßt seine Zuhörer oder Leser an dem teilhaben, was ihm selbst aufgegangen ist, wenn er sagt: »Es gibt nichts Überraschenderes als das Aufleben des Neuen in unserer Seele. Wir können es nicht voraussehen, und wir können sein Wachstum nicht beobachten.« Und doch fügt er an dieser Stelle hinzu: »Das Neue ist . . . uns nicht völlig verborgen, wenn wir von seiner Wirklichkeit ergriffen sind. Das Neue kann vernommen werden. ›Vernehmt ihr es nicht?‹ fragt der Prophet. Vernehmen *wir* es nicht?« – Das klingt wie eine Einladung, jene nach innen gerichtete Aufmerksamkeit glaubend, erkennend zu erproben. Paul Tillichs gesamtes Werk kann als eine solche Einladung verstanden werden.

Aus den Schriften von Paul Tillich:

Zwischen den drei Geschichtsperioden, die im Marxismus angedeutet werden, liegen zwei Katastrophen: die erste, dem Sündenfall entsprechend, ist die Unterwerfung der Ackerbaustämme durch kriegerische Jäger und die Gründung des Staates als Mittel der Klassenherrschaft. Die zweite Katastrophe, dem Hereinbrechen des Tausendjährigen Reiches entsprechend, ist die Aufhebung jeder Art von Klassenherrschaft durch die proletarische Revolution. Die Gegenwart steht unmittelbar vor dieser

Katastrophe. Das dritte Stadium, die Verwirklichung des Menschlichen in der Menschheit, ist nahe herbeigekommen. Die zweite Periode, die Periode der Selbstentfremdung des Menschen durch Klassenspaltung, ist im Begriff, an sich selbst zugrunde zu gehen. (Aus *Ges. Werke*, Band VI.)

Der christliche Mensch des 20. Jahrhunderts hat das Nein tiefer erlebt als viele seiner Vorfahren, eben darum ist sein Ja kühner, mutiger und bedeutungsvoller als das ganzer Generationen vor ihm. Er hat das Kreuz anders erlebt als Christen anderer Jahrhunderte, aber er hat es erlebt, und es ist auch für ihn das Zeichen des Sieges und eines neuen Seins geworden. Der christliche Mensch des 20. Jahrhunderts hat den Mut, ja zu sagen, weil er das Nein kennt und das Nein in sich aufgenommen hat. Und er kann das, weil er an dem Sein teilhat, das stärker ist als das Nichtsein. Er nennt es Gott, den Grund und den Sinn alles Seins. Und er sieht es gegenwärtig in Jesus, den er den Christus nennt. Er unterscheidet sich darin von den Christen vergangener Jahrhunderte. Er gehört zu der Gemeinschaft derer, die in allen Jahrhunderten ja gesagt und das Nein auf sich genommen haben, weil sie von dem ergriffen waren, was in dem Bild des Christus erschienen ist. Vielleicht kannten viele davon nicht einmal den Namen Jesu. Aber sie hatten teil an seiner Kraft. Vielleicht zweifelten sie an ihm, aber sie hatten den Mut, den Zweifel auf sich zu nehmen und ja zu sagen. (Aus *Ges. Werke*, Band III.)

Kirche in den Seelen

Schon um die Jahrhundertwende hatte »Der deutsche Wandervogel« den bürgerlichen Lebensstil eindeutig und demonstrativ verabschiedet. Wie immer sein bedeutendster Denker, Hans Blüher, diesen Auszug aus einer unecht gewordenen Wertordnung, aus gesellschaftlichen und kirchlichen Konventionen analysierte, er erwies sich als Initialzündung, von der nach dem Ersten Weltkrieg auch die konfessionell gebundene Jugend erfaßt wurde. Vorbei der aus Besitz, Amt und Würde hergeleitete Persönlichkeitskult, erloschen auch die Motivierungskraft der Repräsentation, hinter der sich immer noch der Zwang zu strammer Gefügigkeit verbarg. Nach dem Niedergang der Monarchien gründete die katholische Kirche das Christkönigsfest in der Vermutung, das Bedürfnis nach Majestätsverehrung sei immer noch wach. Doch blieb dieser inzwischen auch verlegte Feiertag blaß und volksfern bis zum heutigen Tag. Vor allem die jungen Menschen suchten nach neuen, ihrer Frömmigkeit angemessenen Formen. Bloße Verrichtung und Erfüllung von Kirchenpflichten galt ihnen als leere Konvention. Insbesondere aber hielten sie Ausschau nach geistigen und geistlichen Führern, von denen sie sich verstanden wußten, die ihnen nicht als »Präses« verordnet, sondern von ihnen selbst ausgewählt wurden.

In seinem umfassenden Werk über Die Bünde katholischer Jugendbewegung *weist Franz Henrich, der Direktor der Katholischen Akademie in Bayern, darauf hin, daß die katholische Jugendbewegung in Deutschland als der letzte große Aufbruch in der Kirche erkannt werden muß; auch daß diese Erneuerungsbewegung von unten ausging, die amtliche Kirche also durch eine mündig gewordene Laienbewegung verändert wurde. In wenigen Jahren hatte sich damals nicht nur die Jugendseelsorge wandeln müssen, es war auch ein neues Verständnis für die Liturgie der Meßfeier erwacht, das von der hochpatriarchalisch zelebrierten Ritualwelt der Pontifikal- und Levitenämter vor einer stummen, anonymen Schar von Gläubigen weg zur brüderlichen Begehung des Herrenmahles hinstrebte. Bald wurde die »Missa« auch im Freien, in Burghöfen, in Klosterruinen, auf Bergen gefeiert. Wer einst dazugehörte, weiß, wie ungern die Amtskirche diesen ungewohnten Frömmigkeitsstil sah, wie mißtrauisch sie diese neuen geistlichen Führer im Auge behielt, die ihre Gruppen nicht in die nächstgelegene Dorfkirche führten, um dort »einer Messe beizuwohnen«, sondern sie obendrein in Schriften und praktischen Anleitungen für ein neues Symbolverständnis »Heiliger Zeichen« schulte. Diese geistigen Führer einer Jugend im Aufbruch mußten charismatische Menschen und zugleich imponierend klare Köpfe sein, wenn sie das Vertrauen dieser kritisch gewordenen Nachkriegsgeneration behalten und ihre Fragen über die Zukunft der Kirche verbindlich beantworten wollten.*

Denn für eine verläßliche, wenn möglich sogar tiefere Bindung reichte das alte Zauberwort von der blinden Unterwürfigkeit unter die hierarchische Autorität ebensowenig aus wie ein Appell an die Treue zu den hausgemachten Andachtsformen des 19. Jahrhunderts, die vielfach die größere christliche Tradition verstellten. Daß im Gotteslob *viel altes, kraftvolles Liedgut aufgenommen und mancherlei einst religiös vorgetragener Kitsch getilgt wurde, geht auf den wachen Sinn für Echtheit, auch konfessionsüberschreitende Christlichkeit dieser katholischen Jugendbewegung zurück.*

Es ist Papst Johannes XXIII. und dem von ihm einberufenen Konzil zu verdanken, daß die liturgische Bewegung der zwanziger Jahre keine vergessene Episode blieb, sondern zu einer Vorläuferin allgemeinen Umdenkens wurde.

Damit gewannen auch die geistlichen Führer jener Zeit ein neues, beispielhaftes Ansehen. Alle waren sie am Gedankengut Henry Newmans geschult, dieses tiefen modernen Denkers, der als Theologe gegenüber vielfachem Widerspruch eine lebendige, in den Seelen sich fortentwikkelnde, also eine sich wandelnde Kirche anstelle des starren Dogmatismus gelehrt hatte. Josef Gelmi hat den Essay über ihn geschrieben. Zugleich war es ein Stück vorweggenommener Existenzphilosophie, die sowohl Romano Guardini, den Österreicher Pius Parsch und besonders den Schlesier Joseph Wittig zu der wahrhaft heutigen These geführt hatte: Du bist die Kirche; in dir lebt oder stirbt, blüht oder verdorrt sie. Diese Verantwortung kannst du nicht an die Hierarchie delegieren. Alle drei sind charismatische Menschen von großer Leuchtkraft. Guardini, der Führer und seelische Erhalter des »Quickborn«, blieb relativ unangefochten und konnte mit seinen Büchern eine reiche Saat ausstreuen, die auch tief in die Welt der Erwachsenen hineinwirkte. Sein Freund Walter Dirks, selbst hochverdienter Erneuerer christlichen Denkens, hat für uns sein Bild gezeichnet. Pius Parsch, der Augustinerchorherr aus Klosterneuburg bei Wien und Schöpfer der »Liturgischen Bewegung« in Österreich, wird von dem ihm nahestehenden Friedrich Heer dargestellt, der auch Werk und Leben Joseph Wittigs schildert. Im Leben dieser beiden Männer spielt Kardinal Bertram von Breslau, einst langjähriger Vorsitzender der Fuldaer Bischofskonferenz, eine bedrückende Rolle. Bertram, der später die Bischöfe von Galen und von Preißing hart abbremste, voller Furcht, Hitlers Zorn zu erregen, lehnte nicht nur Pius Parschs unermüdliche Arbeit für ein neues Liturgieverständnis ab, er war es auch, der mit Joseph Wittig hart ins Gericht ging und ihn – bittere Ironie – als »Mann ohne Eisen« abtat, ohne zu ahnen, daß es ihm selbst einst an eiserner Eindeutigkeit fehlen sollte. Schlimmer noch als Pius Parsch hatte Joseph Wittig die Bitterkeit des Außenseitertums auszukosten, er, dessen Frömmigkeit und dichterische Kraft so vielen Menschen den Weg zu einem seligeren Glauben gezeigt hatte.

Josef Gelmi

John Henry Newman

Überwinder des Dogmatismus

Da John Henry Newman eine der faszinierendsten Persönlichkeiten der gesamten Kirchengeschichte ist, überrascht es nicht, daß bis heute etwa 50 Biographien über ihn erschienen sind, von denen keine völlig befriedigt. Nach dem Ersten Weltkrieg gab es eine echte Newman-Renaissance, und heute sehen viele in ihm einen Wegbereiter und einen Vorläufer des II. Vatikanischen Konzils. Papst Paul VI. (1963–1978) stellte den englischen Theologen als »den vielleicht größten Geist der Neuzeit« hin, obwohl er seinerzeit im Geruch der Häresie stand.

John Henry Newman wurde am 21. Februar 1801 in London geboren. Sein Vater war Bankier und religiös liberal. Seine Mutter, Jemima Fourdrinier, entstammte einer Hugenottenfamilie, die nach der Aufhebung des Ediktes von Nantes aus Frankreich geflohen war. Vermutungen über einen jüdischen Ursprung der Familie aufgrund des Namens und der auffälligen Nase von John Henry lassen sich nicht beweisen. Obschon die Mutter ihren Sohn schon früh in die Lektüre der Bibel eingeführt hatte, besaß dieser bis zu seinem 15. Lebensjahr keine eigentliche religiöse Überzeugung. Aber im Herbst 1816 erlebte er seine erste »Konversion«, die für ihn wichtiger wurde als sein Übertritt zur katholischen Kirche 30 Jahre später. Kurz vorher mußte sein Vater im Zusammenhang mit einer Finanzkrise seine Bank schließen – die Familie verlor ihren Wohlstand.

Im Oktober 1817 kam Newman an die Universität Oxford. Diese Zeit wurde für ihn so entscheidend, daß man sich Newman ohne Oxford gar nicht vorstellen kann. In dieser ehrwürdigen Bildungsstätte entwickelte er sich zum religiösen Genius des 19. Jahrhunderts. Hier studierte er die Klassiker und vertiefte sich in die Foliobände der großen Theologen. Später wird er sich noch mit Wehmut an die Alma Mater erinnern, als er die Turmspitzen der Stadt nur mehr von der Eisenbahn aus sehen konnte. Im Sommer 1818 las Newman Edward Gibbons Werk *Niedergang und Zerfall des Römischen Reiches* und fand besondere Freude an der Geschichte, weil er im Laufe ihrer Ereignisse die Zeichen der Entwicklung ablesen kann. 25 Jahre später wird er den Entwicklungsgedanken auf die christliche Lehre anwenden. Da Darwins Theorie über die Entwicklung der Pflanzen und Tiere erst 1859 veröffentlicht wurde, konnte Newman mit Recht sagen: »Den Gedanken der Entwicklung verdanke ich keinem anderen als mir selbst.«

Großes Vergnügen bereitete Newman das Studium der Kirchenväter. Später wird er diesbezüglich schreiben: »Seit dieser Zeit war der Gedanke

an die Kirchenväter für meine Vorstellungswelt, wenn ich das so sagen darf, ein Quell des Entzückens, zu dem ich meine Gedanken immer wieder zurückkehren ließ.« Überhaupt erschienen ihm die ersten Jahrhunderte als der Idealzustand der Christenheit. Trotz des ungeheuren Eifers gelang es Newman aber nicht, über den üblichen Grad eines Bachelor of Arts hinauszukommen. Im Jahre 1822 entschied er sich für den geistlichen Stand, und am 12. April desselben Jahres wurde er Mitglied des Lehrkörpers der Universität. Dies war für Newman ein denkwürdiger Tag, denn er bedeutete für ihn Ansehen und Verantwortung.
Weitere Stationen seiner kirchlichen und universitären Laufbahn waren im Jahre 1826 die Übernahme des Postens eines Tutors am Oriel College, 1828 die Übertragung der Pfarrei der Universitätskirche von St. Mary und schließlich 1831 die ehrenvolle Aufgabe eines Universitätspredigers. Oxford war damals noch ganz abhängig vom Rationalismus des 18. Jahrhunderts. Es roch förmlich nach Logik! Richard Whately, die Leuchte von Oriel, hatte Newman erklärt, daß ihm ein Häretiker von vornherein sympathischer sei, weil er durch seine Behauptungen den Beweis des selbständigen Denkens erbringe. Diesen Beweis sollte Newman zum Erstaunen Whatelys bald selbst erbringen, wie schon die Töne, die er in seinen Predigten anschlug, zeigten. Newman wollte vor allem aus den englischen Gentlemen Christen machen. Da er auch eine einzigartig klangvolle Stimme und eine sehr schöne Sprache besaß, war der Eindruck auf seine Zuhörer gewaltig. Gladstone sagte später, daß es damals allgemein üblich wurde, am Sonntag nach St. Mary zu gehen, um Newman zu hören.
Um die Kirche Englands stand es in jener Zeit nicht gut. Newman selbst sagte, daß der Schatten des heiligen Petrus verlorengegangen sei. Für den Staat waren die Fidschi-Inseln wichtiger als seine Kirche. Die Gleichgültigkeit hatte allgemein um sich gegriffen. Was der englischen Kirche allerdings geblieben war, war der Haß gegen die Katholiken, obwohl der Durchschnittsengländer keine rechte Vorstellung mehr hatte, was Katholiken waren. Viele damalige Engländer kannten die Sitten und Gebräuche der alten Ägypter besser als die ihrer katholischen Landsleute, die in der Tat ein unbedeutendes und verschrecktes Häuflein ausmachten. Newman selbst schrieb: »Es war kein einheitliches Ganzes, nicht einmal mehr eine Sekte . . . ein lichtscheues Gesindel . . . der Bedeutungslosigkeit, der äußersten Verachtung anheimgefallen.« Als den Katholiken 1829 die bürgerlichen Rechte zuerkannt wurden, entpuppte sich Newman als entschiedener Gegner der »Emancipation-Bill«.
Da sein Freund Froude an einem Brustleiden litt, begleitete ihn Newman 1833 auf einer Reise ans Mittelmeer. Bei dieser Gelegenheit stattete Newman Msgr. Wiseman, dem Rektor des Englischen Kollegs, in Rom einen Besuch ab und erkundigte sich über eine eventuelle Wiedervereinigung beider Konfessionen. Doch Wiseman verwies sofort auf das Konzil von

Trient. Anschließend schrieb Newman seiner Schwester: »Nicht einen Schritt kann man tun, ohne dieses Konzil schlucken zu müssen . . . Eine Einigung ist unmöglich. Rom ist die grausame Kirche, die Unmögliches von uns verlangt, die uns wegen unserer Selbständigkeit exkommuniziert und jetzt nicht den Augenblick abwarten kann, wo wir untergehen sollen. – O daß doch Rom nicht Rom wäre! – Hier ist der wundervollste Platz der Welt. Der Ort des Martyriums. Die Grabstätte von Aposteln und Heiligen. Und doch, ein Ort des Grauens. Hier lebt die große Feindin Gottes, jenes schreckliche Tier, von dem die Apokalypse spricht. – O Rom, daß du nicht Rom wärest!«

Die trostlose religiöse Landschaft der englischen Staatskirche wurde plötzlich durch einen Hoffnungsschimmer aus Oxford erhellt. Manning sprach von den Flüssen Englands, die sich wieder von Norden nach Süden richteten. Es war die Oxfordbewegung, die ohne Zweifel ein Teil jenes gesamteuropäischen Aufstandes des Geistes war, der sich zu Beginn des 19. Jahrhunderts als Reaktion auf die Aufklärung erhob. Männern wie John Keble (1792–1866), Richard Hurrell Froude (1803–1836), Edward Bouverie Pusey (1800–1882) und Newman war die Erneuerung wichtiger als englische Gemütlichkeit. Daher forderten sie Reformen für die anglikanische Kirche, und sie machten kein Hehl daraus, daß sie die römische Kirche insgeheim bewunderten. Newman wurde bald der führende Kopf dieser Bewegung, der schon wegen ihres Namens etwas Magisches anhaftete.

Am 9. September 1834 unternahm Newman einen entscheidenden Schritt und veröffentlichte auf eigene Faust eine Flugschrift, der in den nächsten sieben Jahren noch 89 weitere von ihm und von anderen folgen sollten. In Hinblick auf die 90 *tracts* nannten die Gegner der jungen Oxfordbewegung ihre führenden Männer Traktarier. Im ersten *tract* schrieb Newman: »Wir sehen einer auf den anderen, aber niemand greift die Sache an. Die Kirche steht in Gefahr, und jeder sitzt still in seiner Studierstube. Fort mit unserer faulen Bequemlichkeit!« Da die Buchhändler sich weigerten, die verdächtigen *tracts* zu verkaufen, zog Newman selbst von Pfarrhof zu Pfarrhof, um die Schriften an den Mann zu bringen, die nun leidenschaftlich gelesen und von einem Geistlichen zum andern weitergereicht wurden. Auch Pusey, der eine Armee für sich war, gab der jungen Bewegung einen gewaltigen Auftrieb. Die *tracts* wurden nun immer wissenschaftlicher und stützten sich mehr und mehr auf die Kirchenväter, die man nun auch zu veröffentlichen begann.

Newman war sich klar, daß die Oxfordbewegung nicht nach Rom führen durfte. Daher versuchte er einen Mittelweg zu gehen. Zwischen Scylla und Charybdis, zwischen den Irrtümern des Protestantismus und den Übertreibungen Roms wollte er der unverfälschten Kirche der Kirchenväter zustreben. Um sich gegen den Vorwurf der Romfreundlichkeit abzusichern, stellte er die römische Kirche als die Erscheinung des Antichrist hin. Dennoch sprachen die Gegner schon von einer papistischen Verschwörung. Aber die Oxfordbewegung wuchs unaufhaltsam und erfaßte immer mehr die Intelligenz des Landes. Im Jahr 1839 hatte sie ihren Höhepunkt erreicht. Aber Newman, dessen Bollwerk die Kirchenväter waren, stellte immer deutlicher fest, daß er wie Arius gegen den großen Athanasius Pläne schmiedete. Er sah ein, daß, wer Gregor von Nazianz akzeptiere, auch Thomas von Aquin oder gar Ignatius von Loyola und Alfons von Liguori annehmen müsse. Der Mittelweg wurde für ihn immer unbrauchbarer.

Im Frühjahr 1840 zog sich Newman nach Littlemore zurück, einem kleinen Dörfchen, das zur Pfarrei St. Mary gehörte. Dort versuchte er, die Verfassung der englischen Kirche katholisch zu interpretieren. Die Gefahr, die ihm bei diesem Unternehmen drohte, hat er selbst nicht unterschätzt, denn er schrieb an seinen Freund Keble: »Es ist möglich, daß wir unter die Räder kommen und der, der die Mine legt, mit seiner eigenen Ladung in die Luft geht.« Als am 27. Februar 1841 *tract* 90 erschien, mit dem Newman die Verfassung der Staatskirche katholisch auslegte, war die Empörung groß. Die Schrift wurde zuerst von der Universität, dann auch von den Bischöfen verurteilt. Das Leben Newmans in der englischen Staatskirche glich nun einem Todeskampf. Er selbst schrieb später rückblickend: »Vom Ende des Jahres 1841 befand ich mich, was mein Leben in der anglikanischen Kirche angeht, auf dem Sterbebett.« Inzwischen häuften sich die Konversionen seiner Anhänger. Im September 1843 unterzeichnete Newman seinen Verzicht auf St. Mary und nahm Abschied von seinen Pfarrkindern in Littlemore. Die gesamte angelsächsische Welt war geradezu bestürzt. Gladstone schrieb an Manning: »Ich taumele wie ein Trunkener und weiß nicht mehr, wo ich bin.«

Newman zog sich nun noch mehr in die Abgeschiedenheit zurück und verbrachte die Zeit betend und denkend und mit der systematischen Prüfung der Lehre der römischen Kirche, bis er plötzlich klarsah, die Untersuchung abbrach und diese Stelle seiner Schrift mit drei Punkten kennzeichnete. Der bekannte Biograph Bremond schrieb dazu: »Il n'y a peut-être rien de plus pathetique dans la littérature chrétienne que ce chapitre interrompu brusquement . . . « – (Es gibt vielleicht nichts Aufregenderes in der christlichen Literatur als dieses jäh unterbrochene Kapitel.) Am 9. Oktober 1845 wurde Newman in die katholische Kirche aufgenommen. Dieser Übertritt ist ihm alles andere als leichtgefallen, denn für einen Anglikaner katholisch zu werden, hieß in jener Zeit zur Kaste der Paria überzugehen. Die katholische Kirche wirkte damals an sich nicht besonders anziehend. Newman selbst schrieb in seinem Werk *Über die Entwicklung der Glaubenslehre*: »Wenn wir heute die Christenheit in einer Gestalt vorfinden . . . , deren Glieder erstarrt und verdorben sind und die in Gewissenstreue wie auch Geistesgaben von eben

jenen Häretikern übertroffen werden, die sie verdammt hat . . . , so ist doch diese Religion der der Christenheit des 5. und 6. Jahrhunderts nicht unähnlich.« Die katholische Minderheit in England war damals auch nicht reif für die Aufnahme einer Persönlichkeit wie Newman. Er selbst fühlte, daß einige fürchteten, daß sie mit ihm eine Kriegsmaschine erworben hatten, die auch nach hinten losgehen konnte.
Im September 1846 trat Newman eine Reise nach Rom an. Am 23. November erhielt er eine Audienz beim Heiligen Vater, die aber nur wenige Minuten dauerte. Dies bedeutete seine erste Ernüchterung in der neuen Kirche. Er stellte fest, daß man in der Ewigen Stadt allen Neuerungen mit tiefem Mißtrauen begegnete. Über die Römer selbst schrieb er an seine Schwester Jemima: »Was man sofort mit Verblüffung bemerkt, ist ihre schreckliche Grausamkeit gegenüber Tieren, wie auch ihre Unehrlichkeit, ihr Lügen und Stehlen scheinbar ohne alle Gewissensbisse . . . Sie zeigen in einer erstaunlichen Art und Weise, wie es möglich ist, Religion und sittliches Verhalten zu trennen.« Am 30. Mai 1847 wurde Newman in Rom zum Priester geweiht, und am 3. November verließ er die Stadt und zog über München, wo er Döllinger einen Besuch abstattete, nach England zurück.
Newman hatte allen Ernstes überlegt, ob er sich mit seinen Gefährten nicht einem Orden anschließen sollte. Über die Jesuiten schrieb er allerdings: »Wenn ich Jesuit werde, so würde niemand wissen, ob meine Worte noch meine eigenen Worte wären oder ob ich sozusagen noch die Fortsetzung eines eigenen Ichs sein würde.« Noch in Rom entschied er für sich und für seine Gefährten, ganz nach der Art des Oratoriums des heiligen Philipp Neri zu leben. Mit seiner kleinen Gruppe von Oratorianern ließ er sich dann im Armenviertel von Birmingham nieder, wo er den Rest seines Lebens verbrachte, das wie schon jenes in der anglikanischen Kirche einem Wechselbad von Erfolgen und Mißerfolgen glich.
Die ungeschickte Ankündigung von Kardinal Wiseman von Westminster im Jahr 1850 über die Errichtung der katholischen Hierarchie in England entfesselte in diesem Land einen Sturm von Protesten. Man sprach von einer päpstlichen Aggression wie unter Königin Elisabeth, als die spanische Armada heranrückte. Newman hielt nun eine Reihe von Vorträgen und beruhigte die erregten Gemüter seiner aufgebrachten Landsleute. Er war aber der Meinung, daß England im gegenwärtigen Augenblick eher Theologen als Bischöfe brauchte. Aus Irland erreichte ihn nun der Auftrag, in Dublin eine katholische Universität zu errichten. Diese Aufgabe entsprach voll seinen Fähigkeiten. In Dublin wollte Newman ein neues Oxford aufbauen, das aufgeschlossene Katholiken ausbilden sollte, die zu einem Dialog mit der modernen Welt fähig sind. Aber Kardinal Cullen von Dublin, der statt an eine moderne Universität eher an ein religiöses Seminar dachte, sabotierte diesen Plan. Newman sollte nun, um gegenüber den irischen Bischöfen mit mehr Autorität auftreten zu kön-

nen, selbst zum Bischof ernannt werden. Freunde hatten ihm bereits die Bischofsinsignien geschenkt, da hintertrieb Cullen auch dieses Vorhaben. Newman meinte dazu: »In Oxford gab es zuwenig Religion, in Irland gab es davon zuviel.« Immerhin gelang es ihm, im Jahr 1854 die Universität zu eröffnen, die er aber 1858 definitiv verließ.

Im Jahr 1859 wurde Newman mit der Herausgabe der literarischen Zeitschrift »The Rambler« betraut, die seit 1857 von Richard Simpson und Lord Acton, dem genialen Schüler Döllingers, herausgegeben wurde. Bischof Ullathorn von Birmingham wünschte aber nach kurzer Zeit, daß Newman die Redaktion des »Ramblers« niederlege, weil er sich allzusehr für die Stellung der Laien in der Kirche engagierte. Newman willigte sofort ein und schrieb einem Freund: »Wer zur falschen Zeit etwas versucht, was in sich selbst richtig ist, kann zum Häretiker und Schismatiker werden . . . « Newman war der Meinung, daß die Kirche nicht nur eine juridische Größe sei, die von Beamten geleitet wird, sondern eine Gemeinschaft mit einem gemeinsamen Bewußtsein, das alle ihre Glieder teilen. An dieser Lehre, die auch das II. Vatikanische Konzil aufgriff, nahmen aber im 19. Jahrhundert viele namhafte Theologen Anstoß. Newman wurde auch sofort in Rom denunziert. Msgr. Talbot, ein ehemaliger Konvertit, schrieb später an Manning, der 1851 konvertierte: »Es ist völlig richtig, daß in Rom eine Wolke über Dr. Newman hängt, seitdem der Bischof von Newport ihn wegen Häresie in seinem Artikel für den ›Rambler‹ angezeigt hat . . . Wofür sind die Laien zuständig? Für Jagen und Schießen und Unterhaltung. Das sind die Dinge, von denen sie etwas verstehen, aber sich in kirchliche Fragen einzumischen – dazu haben sie nicht das geringste Recht . . . Dr. Newman ist der gefährlichste Mann in ganz England.« Auch Manning spielte in der ganzen »Rambler«-Affäre eine zweideutige Rolle, weswegen Newman einmal zu ihm sagte: »Ich weiß wirklich nicht, woran ich bin, wenn ich mit Ihnen zu tun habe.« Die Rechtgläubigkeit Newmans war nun auch in Rom auf viele Jahre hinaus lädiert.

Die Jahre von 1859 bis 1864 waren für Newman eine Zeit der Frustration. Während Manning die weltliche Macht des Papstes mit Vehemenz verteidigte und sehnlichst wünschte, daß sie zum Dogma erhoben würde, war Newman der Meinung, daß der Kirchenstaat als historisches Gebilde dem Papsttum auch ohne Schaden genommen werden könnte. Nachdem Manning diese Meinung Newmans nach Rom weitergeleitet hatte, posaunte Msgr. Talbot in alle Welt hinaus, daß Newman mit Garibaldi im Bunde sei. Newman, der sich immer unnützer vorkam, schrieb in sein Tagebuch: »Ich habe in Rom keinen Freund; ich habe in England gearbeitet, um mißdeutet, verleumdet und verhöhnt zu werden . . . O mein Gott, es ist mir, als hätte ich meine Jahre vergeudet, seit ich Katholik bin.« Im Jahr 1864 war er ein vergessener Mann. Da attackierte Charles Kingsley, Professor für moderne Geschichte in Cambridge und einflußreicher Mann am Hof, die intellektuelle Redlichkeit Newmans, der sich sofort zur Wehr setzte. Das Ergebnis der Auseinandersetzung mit Kingsley war das Werk *Apologia pro Vita Sua*, das von April bis Juni 1864 in wöchentlichen Lieferungen erschien. Obschon der spätere Kardinal von Westminster Herbert Vaughan über die *Apologia* schrieb, daß darin Ansichten enthalten sind, die ihn mit Schmerz und Argwohn erfüllten, ist Newman mit ihr als Klassiker in die englische Literatur eingegangen.

Die *Apologia* war kaum vollendet, als Bischof Ullathorn Newman die katholische Pfarrei in Oxford anvertraute. Aber Manning, der gerade 1865 Erzbischof von Westminster geworden war und gegen das Studium katholischer Studenten in Oxford war, vereitelte den Plan mit Hilfe Roms. Newman, der in Oxford schon ein Grundstück gekauft hatte, mußte es wieder verkaufen. Dabei mag er an die Worte gedacht haben, die er bereits 1860 geschrieben hatte: »Nicht Katholiken machten uns katholisch; Oxford machte uns zu Katholiken.«

Mit dem Ersten Vatikanischen Konzil 1869/1870 stand Newman ein neuer Konflikt ins Haus. Eine offizielle Teilnahme am Konzil hatte er mit der Begründung abgelehnt, daß er kein Theologe sei. Ernste Sorge bereiteten Newman die verbissenen Anhänger des katholischen Unfehlbarkeitsdogmas wie Manning und andere, die sich um jeden Preis für eine Definition schlugen. Newman hatte keinerlei Probleme mit der Lehre, die für ihn sogar ein Motiv für seine Konversion war. Er meinte jedoch, daß eine formelle Definition Feindseligkeit außerhalb und Unbehagen innerhalb der Kirche hervorrufen würde. In diesem Sinn schrieb er auch 1870 an seinen Diözesanbischof in Rom einen Brief, der auf ungeklärte Weise in die Öffentlichkeit gelangte und viel Staub aufwirbelte. Als das Dogma der päpstlichen Unfehlbarkeit am 18. Juli 1870 schließlich proklamiert wurde, beruhigte Newman sogar die aufgebrachte englische Meinung. Im Jahr 1875 erinnerte er in »Einem Brief an den Herzog von Norfolk anläßlich der jüngsten Vorwürfe von Mr. Gladstone«, daß letztlich aber über jeder weltlichen und kirchlichen Autorität das Gewissen stehe. Wörtlich schrieb Newman: »Wenn ich gezwungen sein sollte, nach einem Festessen mit einem Trinkspruch etwas Religiöses zu verbinden, dann würde ich trinken – auf den Papst, wenn Sie wollen – doch zuerst auf das Gewissen und dann auf den Papst.«

Anfang 1870 hatte Newman sein Werk *A Grammar of Assent* veröffentlicht, an dem er viele Jahre gearbeitet hatte. Darin beschäftigte er sich mit der Beziehung zwischen Glaube und Vernunft. Nach Newman gelangen wir durch Häufung von Wahrscheinlichkeiten zur Gewißheit. Letzte erhellende Kraft für unsere Logik ist aber Gott in unserem Gewissen. Im Jahr 1877 erinnerte man sich auch in Oxford wieder an Newman und ernannte ihn zum Ehrenmitglied des Trinity-College. Nachdem 1878 Pius IX. gestorben war und mit ihm auch die reaktionäre Kirchenpolitik des 19. Jahrhunderts ein Ende gefunden hatte, ernannte der neue Papst,

Leo XIII., im Jahr 1879 Newman zum Kardinal. Diese Ernennung, die Manning noch zu hintertreiben versuchte, kam für Newman völlig unerwartet. Mit 78 Jahren fuhr er noch einmal nach Rom, um den roten Kardinalshut entgegenzunehmen. Auf der Rückreise wollte er wie schon 1847 Döllinger einen Besuch abstatten, aber aus Gesundheitsgründen mußte er davon absehen. Sein Lebenswerk war nun vollbracht. 30 Bände voller Briefe und Tagebücher sowie 36 Bände theologischer und literarischer Schriften waren das Ergebnis.
Als Newman am 11. August 1890 starb, trauerte die ganze Welt um ihn. Sein großer Gegenspieler Manning sagte im Nachruf: »Wir haben den größten Zeugen des christlichen Glaubens verloren, wir sind alle ärmer und stiller geworden durch diesen Verlust . . . Fortan wird niemand mehr, ohne sich lächerlich zu machen, behaupten können, die katholische Religion sei nur noch Sache von kleinen Geistern und Schwachköpfen . . . Thomas von Aquin ist zu weit entfernt und zuwenig bekannt, um Leuten, die noch Derartiges reden, Einhalt zu gebieten.« Trotz der vielen Schwierigkeiten, die Newman gerade auch in der katholischen Kirche fand, hat er zum Unterschied von Döllinger oder Lamenais keinen Augenblick, wie er selbst sagte, im Vertrauen in sie gewankt.

Aus den Schriften von John Henry Newman:

Wenn sich heute oder morgen Leute finden sollten, die aus Bewunderung für die in der vollen Entwicklung des ursprünglichen Christentums liegende Schönheit und Erhabenheit, und hingerissen von der überwältigenden Kraft der unserm Lehrgebäude zugrunde liegenden Wahrheiten, sich zu vorlauten und zungenfertigen Verteidigern desselben aufwerfen und um so freier reden, je weniger tief sie von dessen Begründung in dem göttlichen, ewigen Wort überzeugt sind, solchen Leuten gegenüber sind wir zu der unumwundenen Erklärung verpflichtet, daß sie die letzten sind, deren Hilfe wir in Anspruch nehmen. Andere dagegen, die ein stilles, anspruchsloses Leben führen und in ungeheuchelter Frömmigkeit zu erkennen geben, daß sie in Wahrheit diese Lehren für wirklich und wesentlich begründet halten, und die dann durch beständige Lauterkeit des Herzens und Heiterkeit des Gemütes den Beweis liefern, daß sie von der Andacht, welche sie an den Tag legen, durchdrungen sind, solche Personen, mögen sie sich offen als unsere Anhänger bekennen oder nicht, sind es, die als Muster für die Art der Gesinnung gelten, welche der Verfasser heranzubilden beabsichtigt. Ob die religiösen Vorstellungen des kommenden Zeitalters wahr oder falsch sein mögen, sie werden jedenfalls reale Mächte sein. In unsern Tagen ist Nebelhaftigkeit die Mutter der Weisheit. Aber so kann es nicht länger bleiben, wo man zu lesen und zu denken versteht.

Die Katholizität ist mehr als ein bloßes Merkmal der Kirche, sie ist auch ein Schutz für sie. Ich würde es für ein großes Übel halten, wenn die Kirche in Europa in die Reihe der einzelnen Nationen herabsinken würde. Es ist ein großer Gedanke, lateinische Zivilisation in Amerika einzuführen und die Lage der dortigen Katholiken durch die Kraft französischer Frömmigkeit zu bessern. Und ich glaube sicher, daß der Verlust des englischen, geschweige des germanischen Elements in ihrer Zusammensetzung ein sehr großes Unglück gewesen ist.
(Aus *Apologia*, Hausen Verlagsgesellschaft, Saarlouis 1913.)

Walter Dirks

Romano Guardini

Denker in Kirche und Kultur

Wer wenig oder nichts von diesem Mann weiß, wird seinen klingenden Namen für den eines Italieners halten. Tatsächlich ist Romano Guardini von italienischen Eltern am 17. Februar 1885 in Verona geboren. Er war auch als kleine grazile Gestalt von italienischem Typ. Aber er kam als Knabe mit seiner Familie nach Mainz, wo die Eltern ihr Geschäft hatten. Zwar blieb er in vielem seinen Ursprüngen treu und in der italienischen Literatur zu Hause – so hat er ein Buch über den *Engel in Dantes göttlicher Komödie* und *Briefe vom Comer See* geschrieben –, aber geprägt hat ihn auch seine Schulbildung im Mainzer humanistischen Gymnasium: sie machte ihn geistig zu einem Deutschen. Seine Mainzer Schulkameraden und später die Kommilitonen im Studium halfen dabei kräftig mit: Guardini war zeitlebens ein Mann der Freundschaft und des Gesprächs, einer, der sich sehr intensiv durch das Gespräch bildete.
Als Italien 1915 in den Krieg eintrat, und zwar gegen das ursprünglich verbündete Deutschland, hatte er zu wählen: Er entschied sich für sein zweites Vaterland; er war sogar eine Weile in der deutschen Armee: im Sanitätsdienst. (Ich weiß es genau: um die Jahreswende 1920/21 hat er mir, dem gar nicht wohlhabenden Theologiestudenten, eine Militär-Litewka geschenkt, die mir nützlich war und die ich in Ehren gehalten habe.)
Wer war Romano Guardini? Ein sehr menschlicher und sehr gebildeter Zeitgenosse zu allererst, aber eindeutig auch ein Priester. Zwar begann er mit seinem Studienfreund Karl Neundörfer zuerst das Studium der Naturwissenschaft, ganz bewußt zeitnah; die beiden beschlossen dann aber doch gemeinsam, Theologen zu werden. (Karl Neundörfer ist Pfarrer geworden: in Mainz, an St. Quintin, dazu aber ein kluger, klarer,

nüchterner Kirchen- und Staatsrechtler, der sich für das Verhältnis von Staat und Kirche und vor allem für die rechtliche Seite des politischen Engagements der Christen, für das er sich einsetzte, interessiert hat. Er ist viel zu früh gestorben: in einer Gletscherspalte der Hochalpen.) Auch Guardini nahm die wissenschaftliche Seite seines Studiums sehr ernst und wurde bei ihrem Abschluß Doktor der Theologie. Das Thema seiner Arbeit ist für ihn bezeichnend: die Theologie der Erlösung des Bonaventura, des heiligen Franziskaners, der zum Unterschied von Thomas von Aquin, dem berühmter gewordenen Heiligen des anderen Bettelordens, der Dominikaner, von der Liebe aus dachte statt, wie jener, an der Wahrheitserkenntnis orientiert zu sein. (Wahrheit und Liebe – jeder der beiden hat recht: sie ergänzen einander auf großartige Weise.) Fast gleichzeitig war Guardini Philosoph, aber nicht mehr Historiker und nicht mehr Systematiker, sondern »Phänomenologe«: den konkreten Erscheinungen der Welt zugewandt. Als solcher war er einem recht schwierigen Gegenstand des Denkens auf der Spur: dem »Lebendig-Konkreten«. Es ist typisch, daß der junge Priester zu der Zeit, als er noch nichts von seiner Aufgabe an recht konkret-lebendigen jungen Menschen wußte, sich als denkender Mensch gerade dieses Thema wählte, das schwierige Geschäft, ausgerechnet das Lebendig-Konkrete auf den Begriff zu bringen. Guardini sucht ihm durch die Kategorie Gegensatz beizukommen; so heißt auch seine Schrift – gewiß angeregt von dem in seinen beiden Vaterländern gleich hoch angesehenen Philosophen Hegel, aber doch ganz selbständig. Als er im Jahr 1919 – 34 Jahre alt – als Privatdozent in Bonn (und geistlicher Rektor bei den Ursulinen in Pützchen) arbeitete, hörte er von Burg Rothenfels und dem katholischen Jugendbund »Quickborn« Gutes und Originelles, das ihn faszinierte. Als er 1920 am Zweiten Deutschen Quickborntag selbst teilnahm, hatte er bald das Gefühl, daß er an einer Wende stand. In den Jahren vorher hatte er in Mainz in einer traditionsreichen Jugendgruppe des Gymnasiums, der er früher als Gymnasiast selbst angehört hatte, sehr anregend gewirkt. Sie hieß »Juventus«. Im Quickborn erkannte er eine Bewegung katholischer Jugend, die im größeren Stil und in allen deutschen Ländern etwas zu schaffen schien, dem er und seine jungen Freunde in Mainz von sich aus schon auf der Spur gewesen waren.

Die Quickborner, ursprünglich katholische abstinente höhere Schüler, hatten zuerst in Schlesien, dann allmählich überall den Wanderstil, das Musizieren und manches andere vom Wandervogel übernommen, das sie faszinierte, waren aber ihrem katholischen Glauben treu geblieben. Zuerst in bewußter Anlehnung an den Spielmann Gottes, den heiligen Franziskus von Assisi. Er schien ihnen bessere Freuden anzubieten, als es der Alkohol und das Nikotin vermocht hatten: die Natur, die Musik, die Zärtlichkeit, die christliche Liebe. Sie hatten in der Auseinandersetzung mit der bürgerlich-antibürgerlichen Jugendbewegung, den »Freideut-

schen«, eigenwüchsig eine neue Lebensform entwickelt, sie waren in vielem, wie wir heute sagen, alternativ: mit selbstgewählten Führern – das widersprach dem Präses-Prinzip der katholischen Verbände – und mit Mädchengruppen, die mit den Jungen-Gruppen im Rahmen der Gaue kooperierten, auch dies gegen die katholische Regel. Wir wollten trotz solcher Regelwidrigkeiten und gerade in ihnen urkatholisch sein, sehnten uns nach der Erneuerung des bürgerlichen, aber auch des religiösen Lebens. Wir wollten nicht weniger mutig, abenteuersuchend, frei und froh leben wie die so oft verketzerten nichtkonfessionellen Wandervögel. Guardini und der Quickborn: das war Liebe auf den ersten Blick, durchaus auf Gegenseitigkeit. Der Mann mit dem romanischen Namen und Gesicht, der den Formsinn der mediterranen Völker mitbrachte, aber dem Deutschen in tiefer Sympathie so nah war, drängte sich nicht auf, aber er war nach drei oder vier Jahren der unbestrittene geistige Führer. Er wurde es erst durch eine intellektuelle Überlegenheit, die er niemals ausspielte, aber auch durch seine Zuwendung, seine Bereitschaft zum Gespräch, durch seine Brüderlichkeit.
Als ich ihn 1920 flüchtig, dann näher und bald gründlich kennenlernte, war mir bald klar, daß in diesem bescheidenen Priester ein beachtlicher Mann, ein bedeutender Mensch mit mir sprach. Aber man konnte mit ihm reden wie mit einem idealen älteren Bruder. Ich erinnere mich an ein langes Gespräch, in dem ich auch meine Glaubenszweifel und andere Nöte vor ihm auspackte. Es war ein erstaunliches Gespräch: Dieser Mann kannte solche Nöte, schlug sich selbst mit ihnen herum – nicht so anfängerhaft und unreif wie ich –, aber er war auch nicht der, der ganz einfach darüber stand. Er verstand mich, er identifizierte sich mit mir; er sprach »von oben«, als wenn er nicht von oben spräche. Als ich die Wirkung dieses abendlichen Gesprächs auf mich überdachte, fiel mir der Satz des jungen Augustinus ein: »Potuere hi et hae – cur non ego?« – Der oder die haben's geschafft, warum soll ich's nicht auch schaffen? Er selbst war wahrhaftig nicht »dieser und jener«, sondern ein ungewöhnlicher Priester, aber wenn er mit seinen Einwänden gegen das katholische System fertig wurde, er, der doch offenbar das Schmerzliche noch schmerzlicher empfand als ich, dann mußte auch ich treu bleiben können. So blieb es: Wenn ich immer wieder einmal in mehr als 60 Jahren meinen wankenden Glauben am Beispiel und Vorbild der Zeugen stärken wollte, fiel mir neben einigen ähnlich eindrucksvollen Christen Romano Guardini ein.
Fast ein halbes Jahrhundert später wiederholte sich diese Konstellation des Gesprächs. Ich saß in München an seinem Krankenbett; er war inzwischen über 80 Jahre alt. Mir machten Auschwitz und alles andere Unheil, das Leiden der Unschuldigen, auch die Qual der Sünde zu schaffen. Er: »Wenn ich vor den Engel des Gerichtes trete, weißt du, dann, so nehme ich ganz sicher an, werde ich nicht nur befragt werden, sondern

selbst fragen dürfen; ich werden dann zu Gott sagen: warum die schrecklichen Umwege? Dann wird Gott antworten, dann werde ich es erfahren.« Er, der tief fromme Priester, war mit dem unergründlichen Geheimnis des Bösen und des Unheils ebensowenig »fertiggeworden« wie ich. Wie Hiob, aber nicht im Namen selbst erlittenen Unheils, sondern vor allem der unschuldigen Opfer, bestand er auf der Anklage. Wie Hiob unterwarf er sich – nicht, indem er sich mit jenen Umwegen einverstanden erklärte: er unterwarf sich dem unbegreiflichen Gott.

Eine Gestalt des Glaubens, wahrhaftig. Er erwies es in dieser Zeit auch durch seine literarische Arbeit. Er wurde der stärkste Anwalt der jungen liturgischen Erneuerung, die uns vorher neben Benediktinern nur einige Freunde neuer katholischer französischer Geistigkeit nahegebracht hatten. Sein Buch *Vom Geiste der Liturgie*, das erste von mehreren im gleichen Gebiet, hat Epoche gemacht. Seine lateinische Formkraft und seine deutsche Liebe zum Lebendigen machten ihn zu diesem neuen Verständnis des Gottesdienstes der Gemeinde fähig. (Noch jetzt, als 81jähriger, bin ich von seiner Verstehenshilfe geprägt, wenn ich in der Kirche immer noch die Kniebeuge bis zum Boden mache oder wenn ich das Kreuz schlage – Kleinigkeiten, die er wichtig nahm, weil er die Form und weil er den Leib ernst nahm, und die wichtig zu nehmen er uns gelehrt hat.) Auf Burg Rothenfels konnte er mit den jungen Freunden, bald auch mit heranwachsenden Quickborn-Priestern die Reform der Gestalt der Meßfeier vorwegnehmen, die uns 30 Jahre später vom Konzil geschenkt worden ist, ganz und gar nicht ohne sein Verdienst. Das fing mit der Auferstehungsfeier des Karsamstags an. Zu dem, was gegen die damals noch geltenden Vorschriften verstieß, ermutigte er uns durch sein Wort vom »vorausschauenden Gehorsam«: vorweg zu nehmen, was die römische Autorität mit Gottes Hilfe hoffentlich bald selber anordnen werde. In dieselbe Zeit fällt sein Wort: »Die Kirche erwacht in den Seelen.« Er hatte bemerkt, daß wir Jungen – und nicht nur wir – die Kirche nicht mehr so sehr als Institution außer und über uns erfahren wollten, sondern als Geistkraft und Lebenswille in uns selbst. Auch in dieser Theologie der lebendigen Kirche hat er das Konzil vorweggenommen, das die Kirche ja vor allem als »Volk Gottes« verstehen wollte.

Es konnte gar nicht anders sein: Manche ängstliche und besorgte katholische Autoritäten sahen lange Zeit in Guardini keinen Erneuerer, sondern nur einen Neuerer. Schwere Konflikte hat es jedoch nicht gegeben, doch haben den feinnervigen Mann auch die bloßen Verdächtigungen schwer belastet. Sie konnten ihn nicht davon abbringen, den Weg weiterzugehen, den er nicht in eigener Sache, sondern im Antrieb des Geistes eingeschlagen hatte. Etwas erleichtert hat ihm den stillen Dauerkonflikt der Umstand, daß er sich persönlich durch sein Temperament eher behutsam und sogar zuweilen vorsichtig verhielt – klar, aber auch klug. Auf die Dauer konnten sich seine Kritiker der Integrität seines Wesens und Glau-

bens und der Wirkung seiner Werke und Reden nicht entziehen. Am Ende seines langen Lebens stand er unangefochten da, in großer Autorität. Doch darf nicht vergessen werden, daß er unter den Erscheinungsformen seiner Kirche in aller Stille sehr gelitten hat. Nur: Seine Dankbarkeit für ihre eigentliche Leistung, für die geschichtliche Vermittlung des Evangeliums und des Sakramentes, war immer stärker.
Romano Guardini läßt in dieser Verbindung von Kritik und Dank an den großen englischen Kardinal Henry Newman denken. Diesen hat er nicht nur selbst tief verehrt, sondern er hat auch viele seiner jungen Theologenfreunde auf ihn als das große Vorbild hingewiesen. Das »Oratorium« des heiligen Philipp Neri, dem Newman angehörte, ist auch aufgrund dieser Hinweise von jungen Quickborn-Priestern in Deutschland neu gegründet worden, so in Leipzig, Berlin, München, Münster und Frankfurt. Diese kleinen Gemeinschaften von Weltpriestern wirkten und lebten gemeinsam im Geiste Newmans und Guardinis.
Dieser ist der gute Geist dessen geblieben, was aus den Quickbornern geworden ist, vor allem aus denen, die nicht »bündisch« geblieben sind, sondern den entscheidenden Anstoß, den sie erfahren hatten, in ihren Beruf, in ihre Ehe und in ihre Politik, in ihre Biographie umzusetzen versucht haben. Doch verlagerte sich der Schwerpunkt seiner Arbeit nun vom Jugendbund einerseits auf die Universität, anderseits auf die literarische Produktion. 1923 errichtete der preußische Staat für ihn einen Lehrstuhl in Berlin (der theologischen Fakultät Breslau angegliedert) »für katholische Weltanschauung« – eine Verlegenheitsbezeichnung: es handelte sich um eine auf ihn persönlich zugeschnittene Professur. Er hat sie bis 1939 innegehabt – bis die Nazis sie abschafften und ihn kaltstellten. Als Hochschullehrer hat er ungewöhnlich viele Studenten (auch Nichtstudenten) angezogen, damals in Berlin ebenso wie viel später, nämlich nach dem Zweiten Weltkrieg – nach kurzer Lehrtätigkeit in Tübingen – an der Universität München. Dort hat man gleichfalls einen persönlichen Lehrstuhl für ihn geschaffen. Was man da hörte, war, auf dem Niveau akademischer Wissenschaft, wie ein Gespräch mit seinen Hörern; auf unnachahmliche Weise ließ er sie an seinen Konzeptionen, an seinen Zweifeln und Gewißheiten, an seiner eigenen geistigen und geistlichen Entwicklung teilnehmen. Er ergänzte diese Vorlesungen durch regelmäßige Predigten in der Ludwigskirche. Literarisch beschäftigte er sich damals wie schon in der von den Nazis verfügten Zwangspause mit großen christlichen Denkern, wie Augustinus und Pascal, aber auch mit Sokrates, Dante, Hölderlin, Dostojewski und Rilke. Er befragte Kunstfiguren wie den Aljoscha der *Brüder Karamasow* Dostojewskis – in seinem Buch *Der Mensch und der Glaube* – auf ihre geistliche Struktur hin wie wirkliche Menschen. Das waren die Literaturwissenschaftler nicht gewohnt, die Theologen auch nicht. Von seinen um den Menschen kreisenden Schriften nenne ich *Das Gute, das Gewissen und die Sammlung*,

weiters *Welt und Person*, von unmittelbar religiösen *Religion und Offenbarung*, dann *Das Gebet des Herrn* sowie *Der Herr*. Durch diese große exegetische Arbeit wurden viele Katholiken behutsam an das moderne Verständnis der Heiligen Schrift herangeführt. Das Buch hatte gewiß nicht nur bei mir die Funktion, die modernen Katholiken, die sich lange – sehr katholisch – für die Kirche interessiert hatten, an ihren Herrn Jesus von Nazareth selbst heranzuführen: ich verdanke dem Buch, das im einzelnen heute wohl überholt ist, die Wendung sozusagen aus dem Katholizismus als System ins katholische Christentum.

Der Bereich der Arbeiten Guardinis, man sieht es, ist ungewöhnlich weit gespannt. Das hat Kritiker zuweilen veranlaßt, ihre Seriosität in Zweifel zu ziehen. Mehr als einmal hat er sich beklagt, er sei »unter die Fachleute gefallen«: den Theologen und den Pädagogen sei er zu ästhetisch, den Literaturwissenschaftlern zu pädagogisch, den Philosophen zu theologisch, und von seinen politischen Äußerungen (die zeitlich etwas später liegen) nehmen weder die einen noch die anderen noch Dritte Kenntnis. In Wirklichkeit war dieser »Universalismus« alles andere als dilettantisch. Hinter ihm steckte der Instinkt dafür, daß »das Ganze das Wahre« ist; auch war jedes Wort durch seine Biographie legitimiert; er hat immer außer der Sache auch sich selbst eingebracht. (Ich führe an dieser Stelle eine Reihe von Sammelschriften an, deren Titel für sich sprechen: *Sorge um den Menschen*, dann *Tugenden, Meditationen und Gestalten sittlichen Lebens*, ferner *Unterscheidung des Christlichen*.

Romano Guardini hat nach dem Ende der Barbarei seinen Weg noch 23 Jahre lang fortsetzen können. Er legte damals auch eine Reihe von Arbeiten vor, die seine Auseinandersetzung mit dem Politischen und mit der Zeitstunde, in der die Menschheit lebt, darzulegen versucht. Schon zwanzig Jahre vorher hatte er in einem seiner kleinen *Werkbriefe*, der *Der Staat in uns* betitelt war, die demokratische Verantwortung des einzelnen herausgearbeitet – eine Parallele zu dem Wort »Die Kirche erwacht in den Seelen«. Dreißig Jahre später hat er auf einem Deutschen Studententag, wie oft in seinen Vorlesungen, den Studenten ihre gesellschaftliche Verantwortung eingeschärft. Sein Buch *Das Ende der Neuzeit* erkennt die bürgerliche Epoche nebst ihrer Grundidee »Persönlichkeit« als abgelaufen. Das Phänomen »Masse« beunruhigte ihn, aber er verhielt sich zu ihm nicht nostalgisch oder reaktionär, sondern machte uns Mut, uns der Situation zu stellen, als Personen (nicht mehr als »Persönlichkeiten«) im Zeitalter der Masse. Nicht viel später erschien *Die Macht*, eine Auseinandersetzung, welche das Unheimliche dieser politischen Dimension auszuhalten und produktiv zu machen versuchte.

Eines der großen gesellschaftlich-geschichtlichen Probleme der Gegenwart, das uns seit einigen Jahren aufregt, hat Romano Guardini schon vor Jahrzehnten erkannt: das, was der Club of Rome zuerst als »die Grenzen des Wachstums« gekennzeichnet hat, nebst dem, was die »Grünen«

ROMANO GUARDINI Deutscher Theologe und Kulturphilosoph italienischer Abstammung. Einst geistlicher Führer in der katholischen Jugendbewegung. Einflußreich als Erneuerer der Liturgie, Prediger und Redner.

JOSEPH WITTIG Katholischer Theologe und religiöser Schriftsteller von breiter Wirkung. Ursprünglich Kirchenhistoriker an der Universität Breslau. Durch seine Darstellung eines erlösten Christentums geriet er in Konflikt mit der kirchlichen Behörde, der zur Exkommunikation führte. Später Wiederaussöhnung mit der Kirche. Die lebendige Frömmigkeit seiner Schriften wird heute erneut geschätzt.

PIUS PARSCH Österreichischer Liturgiereformer – hier bei einem weihnachtlichen Feldgottesdienst –, der von Klosterneuburg aus eine weltweite Erneuerungsbewegung leitete. Er gilt als einer der liturgischen Vorläufer des Zweiten Vatikanischen Konzils. Obwohl international hoch angesehen, wurde er zu Lebzeiten auch vielfach zurückgedrängt.

NICOLAUS CUSANUS Eigentlich Nikolaus von Kues. Streitbarer deutscher Theologe und Philosoph des ausgehenden Mittelalters. Bischof von Brixen und Kardinal. Versuchte vergeblich, im Auftrag das Papstes die deutschen Klöster nach den monastischen Prinzipien des Hochmittelalters zu reformieren. Bedeutender Denker an der Schwelle der Neuzeit. Führender Konzilstheologe.

beunruhigt. Im Jahr 1981 wurden deshalb unter dem Titel *Die Technik und der Mensch* die *Briefe vom Comer See* herausgebracht, die zuerst 1924 und 1925 in der Zeitschrift der älteren Quickborner erschienen sind. Damals hat Guardini unter dem Zusammenstoß der Technik mit der Landschaft ebenso traurig wie nüchtern und mit einleuchtendem Ergebnis nachgedacht, über die Gefährdung des Menschen durch die Technik, aber auch über die positive Funktion der Technik. Noch etwas früher hatte ich ein Gespräch mit ihm, das ich in meinem Vorwort zu der genannten neuen Auflage der Briefe wie folgt wiedergegeben habe: »Die Idee des 19. Jahrhunderts sei, wir wissen es, der Fortschritt gewesen: die im Horizont unendlicher Möglichkeiten in die Zukunft projizierte ›Linie‹, die Vorstellung, man müsse immer weiter vorangehen und werde immer weiterkommen, auf allen Gebieten, in der Wissenschaft, in der Technik, in der Politik, in der Kunst, sogar in der Religion: wie reibungslos hatte sich die Idee, in den Kolonien und Kulturen des Erdballs auch den letzten Eingeborenen zu taufen, der kapitalistischen Expansion der Kaufleute und der imperialistischen der Militärs verbunden! Nun sei aber die Erde als Kugel endlich, und jede rücksichtslos geradlinige Entwicklung werde über kurz oder lang an ihre Grenzen stoßen, auf den Widerstand des Bestehenden. Da wir das zu verstehen beginnen, werde die Parole ›immer weiter voran‹ abgelöst werden durch eine ganz andere. Ihr Name: ›sich miteinander einrichten.‹« Heute wissen wir es: Haben nicht alle großen Weltprobleme heute diese letzte Struktur? Haben sich nicht die USA und die UdSSR, die einander übermächtig bedrohen, haben sich nicht der industrialisierte Norden und die Dritte Welt der südlichen Halbkugel, aber haben sich nicht auch die Großgruppen der Gesellschaft »miteinander einzurichten«? Es war ein frommer Priester, zu dieser Zeit sehr damit beschäftigt, zusammen mit katholischen jungen Leuten Formen für das gegenwärtige Leben und einen Weg in die Zukunft zu finden, der scharfsinnig und früh erkannte, was uns erst nach so vielen Katastrophen aufzugehen beginnt. Eine große Glaubensgestalt hat sich Sorgen um die Welt und die Menschheit gemacht, weil sie sich, weil sie uns, die Christen, für sie verantwortlich fühlte.

Die letzte Vorlesung des sehr alten Mannes in München, der ich beiwohnte, hatte ein Thema, seiner Weisheit würdig: »Die Ironie.« Sokrates war da gegenwärtig, aber es war kein Grieche, der da sprach, sondern ein Christ. Mit 83 Jahren, in den letzten Jahren durch eine Trigeminus-Neuralgie geplagt, ist er am 1. Oktober 1968 in München gestorben.

Aus den Schriften von Romano Guardini:

Was muß der Mensch in sich selbst überwinden, damit er wirklich vergeben könne? Zu unterst, im Naturbereich des Daseins, das Gefühl, daß er es mit einem Feind zu tun habe. Das Gefühl vom Feind ist auch im Tier.

Es reicht so weit, als die Verletzlichkeit des Lebens reicht. Wie die Wesen geartet sind, stellt die Erhaltung des einen das andere in Frage. Mit dem Menschen . . . steht es ebenso. Der andere, der mir Schaden zugefügt hat, ist mein Feind. Gegen ihn erheben sich die Grundgefühle des Mißtrauens. Ich suche mich gegen ihn zu schützen. Das kann ich am besten, wenn das Gefühl seiner Gefährlichkeit in mir wach bleibt; wenn ich immer stoßbereit bin. Da bedeutet Vergebung, daß ich auf die scheinbar so sichermachende Abwehrstellung des natürlichen Hasses verzichte. Dazu muß ich die Furcht überwinden und ungeschützt zu sein wagen, wissend, daß mein Eigentliches vom Feind nicht verletzt werden kann . . . Hier geht es um etwas Tieferes, um das Vergeben. Das aber setzt ein Mutigwerden aus innerer Geborgenheit voraus; und meist gibt ihr auch der Erfolg recht, denn der echt Vergebende ist stärker als der Fürchtende und Hassende.

Christus gegenüber gibt es nur eine gemäße Haltung: die Bereitschaft, zu hören und zu gehorchen . . . , weil eine Kritik an Christus vom Maßstab des Menschen her keinen Sinn hat. Auf eine solche Behauptung könnte die Antwort erfolgen, damit werde der Christus des Glaubens beschrieben. Der habe aber mit dem Jesus der Wirklichkeit nichts zu tun. Er gehöre dem religiösen Bewußtsein an, der Ordnung des Symbols, des Kultes und der Daseinsdeutung; der geschichtliche Jesus hingegen sei etwas anderes. Ihn festzustellen, komme der Wissenschaft zu . . . Der wirkliche Jesus Christus ist der des wirklichen Glaubens. Von vorneherein wendet sich Jesus Christus an den Glauben, ob der Mensch nun mit Ja oder mit Nein antwortet. Dieser Sachverhalt ist wesentlich und bedarf keines Beweises – immerhin kann man auf eine Tatsache aufmerksam machen, nämlich auf die völlige Belanglosigkeit jener Jesusgestalt, welche als »geschichtlich« von der bloßen Wissenschaft zutage gefördert wird . . . Wenn der wirkliche Jesus auf einen – und sei es noch so großen – Menschen hinausläuft, dann ist es besser, wir suchen uns unsern Weg durch das Dasein selbst. (Aus *Der Herr*, Herderbücherei 813.)

Friedrich Heer

Joseph Wittig

Botschafter eines Evangeliums der Erlösung

Einigen Christen, die das Reich Gottes suchen, kommt es zu, von anderen Christen gekreuzigt zu werden: durch Angriffe, schwere Beschädigung ihrer Existenz, durch Exkommunikation aus ihrer Kirche, sodann –

wenn die Wellen der Angriffe verebben, die sie zu Lebzeiten auf Herz und Hirn, Leib und Seele aufprallend, treffen – wenn der Betroffene, der Getroffene nicht mehr leibhaftig zugegen ist, durch Verharmlosung.
Joseph Wittig wurde am 22. Januar 1879 in Neusorge bei Neurode geboren und starb am 22. August 1949 in Göhrde bei Lüneburg. Dieser »schlesische Gottsucher«, »Dichter«, »Schriftsteller« und »gottinnige Sänger« des Gotteslobes in Schlesien wurde anläßlich des »Joseph-Wittig-Jahres 1979« (100. Geburts- und 30. Todestag) vornehmlich von seinen schlesischen Freunden und Verehrern in diesem Sinne gewürdigt. Zu Recht: Schlesien, dieses goldene Herz in der Mitte Europas, Schlesien, dessen sanfter Glanz, dessen Zärtlichkeiten, dessen Heimlichkeiten, Freundlichkeiten, warmherzige Menschlichkeiten mit Wasser und Wind, blauen Hügeln und grünen Wäldern, seinem Gebirge und seinen im Sonnenglast glühenden Weizenfeldern auch nicht sehr frommen Menschen als ein Land Gottes erschien, Schlesien hat ein Recht, ein Menschenrecht, ein Landesrecht darauf, solange es Deutsche auf dieser Erde gibt, immer wieder erinnert zu werden: geborgen im Wort und Sang, in der Tracht, im Brauchtum, im Verband der Söhne, Enkel, Töchter des Landes. Man verzeihe mir als Österreicher, der das schlesische Land noch in seiner Jugend »erfahren«, erwandern durfte, diese Erinnerung: Maria Theresia, die – was ihr heute deutsche Historiker noch verübeln – so lange um Schlesien kämpfte, war überzeugt, daß ihr Reich nichts wäre, wenn sein Herzstück Schlesien aus ihrer Krone gebrochen bliebe.
Joseph Wittigs wird gerade auch in Österreich heute noch gedacht, schmerzlich und beglückt, von Priestern, auch von Prälaten, auch von Bischöfen, die der Jugendbewegung nahestanden. Frühe Dokumentation dieser Erinnerung nach dem Zweiten Weltkrieg: Michael Pflieglers, des Bahnbrechers katholischer Pastoral in Österreich, Nachruf in »Gloria Dei«. Frau Anca Wittig staunte, als ich ihr 1981 brieflich mitteilte, wie lebendig die Erinnerung an Joseph Wittig auch in Österreich blieb.
Zur Sache: Zum Fall Joseph Wittig 1922, 1926, 1946 und heute. Der »Fall Wittig« ist nämlich keineswegs »erledigt«. Das Sichverwundern liebenswerter Seelen, über das, was man ihm antat – und wie das alles doch heute gar nicht mehr möglich sei –, sieht an der Wirklichkeit des Lebenswerkes des Joseph Wittig, der heutigen Realität von Kirche und Welt vorbei.
Erzählen wir also zunächst kurz etwas vom Leben des Joseph Wittig. Die Theologie – sowohl die evangelische wie die katholische – hat in den letzten Jahren das Erzählen wieder entdeckt – so in der Bibel. Große Erzähler sind sie, die Autoren des sogenannten Alten Testaments, vor dem Herrn, vor ihrem Volk. Auch der junge Jude Jesus wußte sehr gut zu erzählen: Wie sollte er die Einfältigen, die ihr Ich suchten, ihren Stuhl im Himmelreich, möglich weit vorne, ja ganz nah bei ihm – erste Logenplätze im Himmel – ansprechen, wenn er nicht die Gottesgabe des Erzäh-

lens genützt hätte? Joseph Wittig war – hier stimmen Freund und Feind überein – ein großer Erzähler.

Biblische Verhältnisse: Der Vater Eduard ist Zimmermann, die Mutter Johanna, eine geborene Strangfeld, webt und spinnt. Der Urgroßvater hat das Haus gebaut, auf Hinteräckern des alten Freigutes »Neusorge« in der Grafschaft Glatz. Nun: Der biblische Zimmermann Eduard arbeitet die ganze Woche in einer Fabrik in Walditz, kommt zum Sonnabend nach Hause, verläßt zeitlich früh am Montagmorgen das Haus. Das wundersam schöne Gottesland Schlesien kennt sehr wohl dies: Hunger, Elend, die schweren Schatten, die sich durch die Industrialisierung übers Land legen, Äcker, Flüsse und Hügel fressen. Hunger auch im Haus Wittig: so in den Jahren 1889 bis 1892. Der Knabe Joseph muß sechsundachtzigmal über die Grenze, um von »drüben« das um einige Pfennige billigere Mehl herüberzuschmuggeln. Diese Not sollte nicht übersehen werden: Der Ernst in dem sonnigen Buben, dem sechsten Kind, dem zweiten Jungen in seiner Familie, wird früh geweckt. Dieser existentielle Ernst – eine große Ergriffenheit – bildet einen Grundton, der das Sonnige durchtönt. Sonnenland: Haus des Vaters und der Mutter, Sonnenland Glatz. Gott und seine lieben Heiligen und die Muttergottes leben hier froh zusammen mit ihren lieben Menschensöhnen und Menschentöchtern. Nicht nur in Albendorf mit seinen »Heiligtümern«, im »schlesischen Jerusalem«. Jesus ist ganz nah, ist warm zu spüren. Er legte »seine Hand in meine Hand« und sagte »hab Vertrauen« (Joseph Wittig).

Vertrauen: ein archaisches Vertrauen, ein archaisches Eingewurzeltsein in sehr alten seelischen, volkhaften Schichten prägt den Joseph Wittig. In der Breite findet man dieses archaische Vertrauen heute sehr augenfällig, geradezu weltgeschichtlich demonstriert, im nahen Polen. Es ist der polnische Kardinal Hlond, der Primas der polnischen Kirche, der 1946 Vermittler ist für die Wiederaufnahme in die römische Kirche. Das Kind Joseph wächst in eine Welt hinein, in der tiefe Angst herrscht, die gerade Rom, die Kurie, nicht zuletzt den deutschen Episkopat bestimmt. Von dieser großen Angst wird noch zu sprechen sein.

Der stille Bub macht eine Blitzkarriere, kirchlich, ja, kirchlich. Der Kaplan May bereitet ihn für die Aufnahmeprüfung in das »Staatliche katholische St.-Matthias-Gymnasium zu Breslau« vor. 1899 macht er sein Abitur, 1903 erhält er die Priesterweihe. Professor Sdralek verschafft ihm ein Stipendium in Rom, wo ihn der Rektor am Kollegium des Campo Santo, Anton de Waal, Archäologe und Poet dazu, mit offenen Armen aufnimmt. Der Freund, Vater und große Bruder Sdralek hält seine schützenden Fittiche über ihn, drängt ihn zur Habilitation (1907/9). Wittig wird 1911 außerordentlicher Professor, 1915 ordentlicher Professor für Alte Kirchengeschichte, Patrologie und kirchliche Kunst.

Ein ruhmreiches Gelehrtenleben hat seinen Anfang genommen. Warum blieb er nicht dabei? Kein Theologe, kein Kardinal, kein Papst hätte

Anstoß an dem früh verdienstvollen Mann genommen, der sich als Patrologe durch seine Neubearbeitung der Patrologie von Rauschen (der »Rauschen-Wittig«) und durch einschlägige Arbeiten zur Geschichte der frühen Kirche nur guten Ruf erwarb. Fromme Kirchenchristen konnten sich zudem erbauen an seinem Buch *Das Papsttum*, das 1913 – mit reichem Bildschmuck versehen – in Hamburg herauskam.
1913 stirbt der Freund-Vater Sdralek, 1914 beginnt der Erste Weltkrieg, 1922 tritt »ein neuer Wittig« auf den Plan, mit seinen Erzählungen *Herrgottswissen von Wegrain und Straße* (zuerst als Beiträge in der Zeitschrift »Heliand« erschienen). Froher Dank für diese Bemühungen, das Volk anzusprechen: so auch vom Breslauer Fürstbischof Kardinal Bertram.
Was war geschehen? Heute müssen die Tragödien in der römischen Kirche im ganzen, im deutschen Katholizismus, im großen geistigen und religiösen Leerraum der Weimarer Republik und die Tragödien des Joseph Wittig zusammen betrachtet werden: Das ist aber nur möglich, wenn der enge, intime Zusammenhang erkannt wird, der den Kirchenhistoriker Wittig mit dem Volksschriftsteller Wittig verbindet. Rom lebt bis weit über 1945 hinaus in einer panischen Angst vor den »Modernisten« – wobei Modernisten, wie Karl Rahner und andere rund um das Zweite Vatikanische Konzil offen aussprachen, eine Pauschaldenunziation war, die sehr verschiedene Geister, Reformer, Reformkatholiken unter einer einzigen Kennmarke der kirchlichen Verurteilung übergab. Der Kampf um den »Modernismus« ist heute in neue Phasen getreten – ihre Schilderung würde den Rahmen dieser schmalen Notiz zum Fall Wittig sprengen.
Der härteste Dorn im Auge der Kurialen, der Integralisten, war und ist das stille und beharrliche Festhalten von Kirchenhistorikern an ihrer »historischen Wahrheit«. Nun sieht diese – wie jeder, der sich mit der Geschichte der frühen Kirche und ihren mörderischen inneren Kämpfen befaßt – sehr traurig aus und ist in keiner Weise mit einer dogmatischen Ideologie in Einklang zu bringen, die auf einer Einbahnstraße besteht, auf der sich die unveränderliche Wahrheit, verkörpert durch die Kirche, unberührt durch diese Unfälle durch die Jahrtausende bewegt.
Joseph Wittig ist herzlich bemüht, die beiden Wahrheiten zu vereinen: »Wahrheiten können nur miteinander leben; eine allein stirbt.« Nie versucht er, die Wahrheit der Dogmatiker ins Nichts zu verweisen, sie als Lüge, als Fiktion, wohl aber als geschichtliche Bildung hinzustellen – relativ zur ganzen Wahrheit, die nur in Gott ist, die kein Mensch in Griff und Begriff nehmen kann (was Thomas von Aquin *und* Meister Eckart wissen). Er will neben den anderen leben und mit ihnen gut auskommen – wie seine ergreifenden Briefe an Kardinal Bertram, an seine theologischen Erzfeinde usw., usw. bezeugen.
Warum läßt man diesen frommen Mann nicht in Frieden leben? Nun: Seine Gegner, seine Feinde erkennen seit 1922, daß hier ein »Luther-

Redivivus« präsent wird. So schreibt es klipp und klar der Churer Domkapitular Anton Gisler. Der Freiburger Dogmatiker Engelbert Krebs, eine kirchliche Autorität ersten Ranges, schließt sich in seinem Gutachten, angefordert von Kardinal Bertram (3. Dezember 1924) an. Rom, das immer wieder – was gerade in deutschen Ländern oft übersehen wird – erst durch deutsche Denunziationen in seinen alten Ängsten aufgescheucht wird, reagiert. Wittig wird 1926 exkommuniziert.
Wittig und seine Freunde, seine Anhänger sind entsetzt, sind tief betroffen – zu Recht. Nie hat er gedacht, ein neuer Luther zu werden. Heute sollten wir wagen, dies zu sehen: Heute, kurz vor dem großen Lutherjahr 1983, in dem neue katholische Luther-Verständnisse fällig sind (vorbereitet durch die Werke von Lortz und anderen), heute, wo die Feiern zum 2000. Geburtstag des jungen Juden aus Galiläa, Jesus, ihre Schatten vorauswerfen, die nicht zuletzt vom polnischen Papst deutlich erkannt werden.
Ein Znaimer tschechischer Bäckerbursche, der als Clemens Maria Hofbauer 1914 heiliggesprochen und zum Patron Wiens erhoben wurde, sagte seinem Papst ins Gesicht: »Die Deutschen machten die Reformation, weil sie fromm leben wollten.« Luther wollte keine neue Kirche gründen. Joseph Wittig wollte (in diesem Bezug, keineswegs in anderen Bezügen und Dimensionen) durchaus Luther vergleichbar, daß sein deutsches Volk nicht in Sündenangst, in Panik, in seelischer Unfreiheit verenden sollte. In der Sprache heutiger katholischer Theologen gesprochen, wollte er schlicht, daß anstelle der furchtbaren »Drohbotschaft«, die mit tausend Sünden drohte, in deutschen Ländern wieder »Frohbotschaft« verkündet und gelebt, vorgelebt, vorgesungen werde.
Die Verkündigung der Frohbotschaft durch Joseph Wittig hat Explosionen ausgelöst: sowohl in der deutschen katholischen wie evangelischen Jugend, in der »Bündischen Jugend«, im »Quickborn«, im evangelischen »Bund deutscher Jugend«, im »Christlichen Verein Junger Männer (CVJM), bei Studenten und – was Rom und die deutsche Hierarchie besonders verstörte – bei vielen jungen Priestern. Zumindest eine ganze Generation schien so, wie man in Rom, Breslau, Freiburg und andernorts befürchtete, »der Kirche« – wie die Kleruskirche sich damals verstand – verlorenzugehen.
Bevor wir uns der schlesischen Frohbotschaft des Joseph Wittig in einigen ihrer wichtigsten Bekundungen zuwenden, muß die Rückbindung zur Wissenschaft, konkret zur Geschichtswissenschaft des Joseph Wittig, nochmals betont werden. Wie ernst diese zu nehmen ist, zeigt, daß er als Verbündeten den großen »Erzketzer« auf evangelischer Seite, den Geschichtsdenker und Geschichtstheologen Eugen Rosenstock-Huessy, fand, an den man sich bis heute erinnert. Rosenstock-Huessy, der im amerikanischen Exil starb, wird von keiner Großkirche ausreichend gewürdigt. Zusammen mit Joseph Wittig gab dieser große Denker für die

drei Konfessionen Judentum, Katholizismus und evangelisches Christsein das Riesenwerk *Das Alter der Kirche* heraus. Zwei erratische Blöcke, einsam, bis heute nicht rezipiert: Joseph Wittig und Eugen Rosenstock, der sich später nach dem Namen seiner Schweizer Frau Rosenstock-Huessy nannte.
Die Frohe Botschaft des Joseph Wittig, ihre Wucht, ihre Wirkung hatte diese Voraussetzung: einen Psychoterror, der damals Millionen Katholiken leiblich, seelisch, politisch lähmte. Das »Übersehen« dieses Psychoterrors macht die ganze deutsche Geschichte in der Inkubationszeit des Adolf Hitler unverständlich.
Gelähmt: Die Lebenskräfte von Millionen Christen waren gelähmt durch eine Sündenangst, eine Beichtangst, wie wir sie heute – von Enklaven abgesehen – nur bei schwer neurotischen Menschen finden. Joseph Wittig lernte diese große Angst als Kaplan in dem schlesischen Leineweberstädtchen Lauban kennen: Zwei Jahre genügten diesem Genie des Herzens, um die auf ihn eindringenden Notschreie zu verstehen. Hier erwacht er zum Prediger, zum Verkünder. Joseph Wittig lernt diese Angst kennen in der Not von Studienkollegen, Novizen, Jungpriestern, auch älteren Priestern. Noch heute ist man sich der Folgen, der praktischen Folgen dieser Lähmungen des katholischen Kirchenvolkes, nicht im klaren, sieht auch die politischen Folgen nicht ein: Menschen, die dermaßen mit ihrer »Sündenlast«, mit ihrer »Höllenangst« beschäftigt waren, hatten keine Kräfte übrig, um frei und selbständig den notwendigen Kampf mit dem neuen Erlöser führen zu können, der in Millionen Menschen eben diese Kräfte freilegte – und für seine Zwecke verwendete –, die hier gebunden waren: der österreichische Katholik Adolf Hitler (der bis zu seinem Tod Kirchensteuer zahlte und sich da auskannte; im Gegensatz zu seinen SS-Leuten trat er auch nie aus der Kirche aus).
Also blieb dem furchtbaren Gott gegenüber nur der leidende Gehorsam. Wird »der himmlische Richter« doch noch einmal Gnade, unverdiente Gnade, walten lassen und verzeihen? Und es blieb Gehorsam, totaler Gehorsam den hochwürdigsten Herrn Bischöfen, dem Kardinal an der Spitze gegenüber, die schon sagen, vor allem schreiben würden, wie der Katholik sich der furchtbaren neuen Bewegung gegenüber verhalten solle.
Hier tritt nun der Theologe und Kirchenhistoriker Joseph Wittig in den riesenhaften Leerraum der Weimarer Republik, der vor allem ein seelischer, geistiger, politischer Leerraum war. Wittig verstand sich nicht als ein Luther und wollte mit Hitlers Bewegung nichts zu tun haben: Dies ist sehr bedeutsam, da seine Verwurzelung im heiligen Land Schlesien, sein Glaube an heiliges Land, hier in Deutschland, durchaus im Sinne eines Blut- und Boden-Mystizismus mißverstanden werden konnte. Dabei muß auch an dies erinnert werden, was heute weithin vergessen ist: Im breiten Strom schlesischer Mystik, der tiefer ist als die Glatzer Neiße, die

Wittig als Jordan, als Gottesstrom erlebte, wurden nicht nur große kirchliche Mystiker gebildet wie Angelus Silesius, Johann Scheffler, in dessen Strahlraum Joseph Wittig sechs Jahre verbrachte, da sich in der Gymnasialkirche in Breslau sein Grab befand. Neben hervorragenden evangelischen Mystikern – der große Jakob Böhme ist nur einer ihrer Gipfel – erwuchs eine Fülle mystischer Beter, Dichter, Poeten: Gerhart Hauptmann und vor allem Hermann Stehr zeigen, wie nahe diese schlesische gottinnige Landmystik an den Mystizismus der braun-roten Erlöser herankommen konnte.

Beachtenswert ist dies: Joseph Wittig wurde mit gutem Recht von evangelischen Christen umworben, öffnete sich ihnen, sagte ihnen aber immer wieder klipp und klar, daß er nie konvertieren werde – und er ließ sich nicht von den anderen Erlösern einfangen: während zur selben Zeit sehr orthodoxe kirchliche Theologen, hervorragende Köpfe und Wittig-Jäger sich in Wort und Schrift für »die Bewegung« des Adolf Hitler erklärten.

»Die Erlösten« also: Wittigs Osterbotschaft, erschienen im »Hochland« des Carl Muth, den er selbst in Rom kennengelernt hatte. Wittig: »Glaube ist das ganz unmittelbare Verhältnis, der innigste persönliche Bezug des Menschen zu Gott. Der Glaube befreit, macht froh, macht selig.« Wittig konfrontiert sich mit der Herzensangst, mit der die Leute beichten – diese Unsicherheit, ob sie ihren Vorsatz auch nur drei, vier Tage durchhalten würden! Wittig: »Das Leben mit seiner Gewalt und seinen ungeschriebenen Gesetzen erweist sich doch immer stärker als alle Vorsätze.«

Wittig sieht, wie diese armen Teufel in Hörigkeit gehalten werden: »Jeder Priester achte darauf, daß die Schulbubenzeit des katholischen Laien einmal ein Ende haben müsse; er anerkenne ausdrücklich ihre Mannesreife, sobald sie gekommen ist.« Heute gibt es viele Bücher, die sich mit der künstlichen Pubertisierung und der Re-Infantilisierung von Menschen – durch diesen durch Vater und Mutter bedingten Psychoterror – befassen.

Rund dreißig Jahre später erinnert Wittig der Wirkung seines »Hochland«-Artikels: »Es war damals wie ein neues Evangelium, oder vielmehr das alte in wiedererweckter Urkraft. Es war die hohe Zeit der Jugendbewegung. Die Jungen und Mädel trugen die Botschaft durch alle deutschen Länder. Bei nächtlichen Lagerfeuern wurden ›Die Erlösten‹ gelesen. Benachbarte Gruppen hörten es und eilten herbei. Alle Jugend erwartete eine Erneuerung des Christentums, nachdem es in seiner alten Sprache im Ersten Weltkrieg, wie man vielfach sagte, ›versagt‹ hatte.«

Dieses Christentum sollte mit seiner Sprache auch im Zweiten Weltkrieg versagen. Alle übernommenen Anempfindungen kirchlicher Theologen an die Sprache des Adolf Hitler konnten nicht ersetzen, was der schlesische Evangelist Joseph Wittig geboten hatte. Ein besonderer Dorn im

Auge der Amtskirche wurde Wittigs beharrliches Bestehen auf dem biblischen allgemeinen Priestertum, das er dann in seiner eigenen Familie – 1927 heiratete er Anca Geisler, die Tochter des Bürgermeisters aus Habelschwerdt – nach seiner Exkommunikation erlebte: wie reich diese Familie, die durch härteste Notzeiten gehen mußte, gesegnet wurde, bezeugen bis heute Anca, Kinder und Enkel.
Im selben »Hochland«-Heft erschien Romano Guardinis Aufsatz, der dies ansprach: »Ein religiöser Vorgang von unabsehbarer Tragweite hat eingesetzt. Die Kirche erwacht in den Seelen.« Ja, sie begann damals zu erwachen – Guardini mit seiner Bewegung steht in dieser Erweckung, die ihrerseits nicht minder ängstlich und mißtrauisch von den Kirchenherren angesehen wurde. Diese ersahen, wie der Freund Wittigs, Piontek, der spätere Kapitularvikar von Breslau, vor allem im Bau von Kirchen und in der Festigung des Kirchenregiments – über die Seelen jenes petrinische Fundament, das den Anstürmen Hitlers gewachsen sein würde. Wittig warnt ihn: »Nicht Kirchen bauen, sondern die Kirche bauen, die dann Katholiken befähigt, Kirche zu sein.« Joseph Wittig konnte dies Kirchesein nur mehr so darleben: in dem Haus, das er sich in Neusorge gebaut hatte, als Haus-Priester in seiner Familie. All sein Flehen – es ist so anzusprechen – all sein Bitten – nie hatte er eine Namhaftmachung der ihm vorgeworfenen dogmatischen »Irrtümer« erhalten –, all seine persönlichen Beziehungen zu Priesterfreunden – so Freund Piontek – konnten die Rekonziliation mit der Amtskirche nicht erreichen. Kardinal Bertram und sein Generalvikar Negwer hielten sich an die kanonischen Bedingungen: Wittig sollte seine Frau und seine Familie verlassen.
So wäre er auch gestorben, wenn nicht ein mächtigerer Herr als Rom eingegriffen hätte: der Krieg. Alle Glocken des stolzen, wunderschönen Breslau hatten mit den anderen Kirchenglocken des Hitlerreiches geklungen, um Gott nach Hitlers Sieg über Polen zu preisen. Es bedurfte der Zerschlagung dieses Reiches, um dies zu ermöglichen: der polnische Kardinal Hlond vermittelt Wittigs Heimkehr. Rom nimmt ihn wieder auf, ohne Bedingungen. Am 9. März 1946 empfangen Joseph Wittig, seine Frau und die Kinder die heilige Kommunion.
Drei Wochen später: Exodus aus Gottes eigenem Land Schlesien. Achttägige Fahrt in einem Viehwagen nach Altena in Westfalen. Mitleidige Erzähler der Wittig-Story berichten von den Strapazen dieser Fahrt. Hier, auch hier, sind die Perspektiven zu sehen: Millionen Deutsche, ihnen vorangehend und folgend, Millionen andere Menschen, erlebten, erleben die Greuel der Vertreibung, der Wanderungen, der Fluchten. Und dies: Diese achttägige Fahrt ist zu vergleichen mit dem Unvergleichlichen: mit dem seelischen Leiden des Joseph Wittig in den langen Jahren von 1925 bis 1946 – zwanzig böse Jahre, die ihm die Vertreibung aus seiner Kirche bereitete. Schwere Krankheit, Operationen, ein Forsthaus in der Lüneburger Heide. Am Vorabend der Übersiedlung nach

Meschede, wo ihm Freunde ein neues Heim bereitet haben, stirbt er am 22. August 1949 an einem Herzschlag.
Er hatte einmal, früher, geschrieben: »Ich möchte es mit keinem Wegrand verderben. Weiß Gott, an welchem Wegrand ich mich wieder einmal ausruhen muß. Und vielleicht sterbe ich auch noch einmal an einem Wegrand.« »Der Weg« – nun in unsere Tagesrealität einscherend, könnte geradeaus weiterführen im immer schnelleren Fortschritt von einer einst partiell gelungenen Endlösung der Judenfrage zu einer dann partiell gelingenden Endlösung der Menschenfrage.
Eine andere Straße wäre zu begehen: die Straße der Erlösten, von Menschen, die frei geworden sind – also Kräfte frei haben –, um für den Großen Frieden zu kämpfen. Zur Einführung in den Weg des Joseph Wittig: *Das Leben Jesu in Palästina, Schlesien und andernswo* (erste Ausgabe 1925); *Meine Erlösten* (1927); sein letztes Buch: *Roman mit Gott.*
Ein Schriftsteller, ein Dichter, auch dies war er. Seine Geschichte hatte jedoch für ihn diesen einen, bunten, vielfarbigen, nur mit Gebet, Jubel, Danksagung und Aufopferung erreichbaren Sinn: zu Gott zu gehen, einfach in Ihm zu leben.

Aus den Schriften von Joseph Wittig:

Nun blühen wieder die Anemonen und Primeln auf unserer noch wintergrauen Wiese daheim. So blühten sie mir alle Jahre und wurden schürzvollweise gepflückt und in mein Haus am Wiesengrund gebracht, um meine Tische und meine Heiligtümer zu schmücken, noch am Tage, bevor wir aus Haus und Heimat vertrieben wurden. Ich werde sie vielleicht niemals wiedersehn, und ich glaube, sie senken ihre Köpflein vor Trauer, denn auch die Blumen lieben uns Menschen wie wir sie. Sie werden bald sterben, denn sie sind nur für wenige Tage erblüht, um uns die Kunde zu bringen, daß nun bald der Frühling kommen und das Antlitz der Erde erneuern werde.
Da blühen mir all die Geschichtlein wieder auf, die ich in früheren Jahren daheim geschrieben habe in der Hoffnung, daß sich einmal die Erde erneuern werde im Heiligen Geist, wie es in unsern Gebeten und in heiligen Schriften heißt. Diese Geschichten sind keine großen Kunstwerke; sie sind gleich den Anemonen und Primeln, die in keiner Kunstgärtnerei gezüchtet werden, sondern wild auf der freien Wiese wachsen, arm, klein, in jedem Windhauch zitternd, aber doch voller Botschaft . . .
Es lebt in jedem Menschen ein ganz wundersamer Drang, schön zu sein. Es mag's ja niemand recht eingestehn, und wenn einer nicht schön ist, tut er, als ob er sich gern darein ergebe und mit der inneren Schönheit zufrieden sei. Aber wir wollen uns nicht belügen. Der Drang nach Schönheit des inneren und äußern Menschen ist in uns allen. Es liegt in

uns eben die Bestimmung, einmal, in der Ewigkeit, wenn unsere Seele wieder das Gotteskleid des Körpers trägt, geistig und leiblich unendlich schön zu werden . . . Und wir zeigen uns auch nur soweit gern, als wir uns einigermaßen für schön halten. Trotzdem sind wir leicht versucht, dies bei andern Eitelkeit zu nennen und den Teufel dahinter zu sehn. Der Teufel ist dahinter, aber nicht hinter dem Drang nach Schönheit, sondern hinter dem Drang, von andern gleich Böses zu vermuten. (Aus *Das neue Antlitz*, Thomas Verlag, Kempen.)

Friedrich Heer

Pius Parsch

Erneuerer der Liturgie

Vor den Toren Wiens liegt »das Stift«. So nannten es die zinshörigen Bauern, die Untertanen, die Grundholden. So nennen es noch heute die vielen Menschen, die in seinem Dienst stehen. Genauer, im Dienst der »Herren«. »Herr«, das ist der Augustinerchorherr hier, mit »Herr« wird er angesprochen. Herr war er in einem für die Untertanen des Stiftes überwältigenden Sinne durch die Jahrhunderte hindurch.

Babenbergische und staufische Grundlagen des Stiftsbaues. Reichsstift wurde Klosterneuburg in seiner Hoch-Zeit, im kaiserlichen Barock. Der große Daniel Gran erklärt sich in einem Brief an den Prälaten des Stiftes über Absicht und Schau seines Deckenfreskos im dortigen Kaisersaal: »Die glorie und majestät des hauses von Österreich, in dem babenbergischen stamme angefangen, an dem Habsburgischen erhöht und in dem Lothringischen prosequirieret. Habe hier die schönste gelegenheit die fundation des stiftes bei der Österreichischen Pietät miteinfliessen zu lassen.«

Diese »Österreichische Pietät« verbindet im ursprünglichen Bauentwurf Kaisertrakt, Kirche, Kloster, Gott und Welt in innigster Fühlung und nimmt in tiefer Ahnung die karolingisch-ottonischen Ost- und Westwerke, die Doppelpoligkeit der romanischen Gottesburgen wieder auf. Krönung des Baues: Am Mittelpavillon thront die Kaiserkrone, die Krone des Heiligen Römischen Reiches, auf dem linken Seitenpavillon der österreichische Erzherzogshut, auf dem (unausgeführten) rechten Pavillon sollte die Krone Spaniens ruhen. Über dem mächtigen Stiegenhaus der Reichsadler. Unweit vom Stift ein kleines Kirchlein: St. Gertrud. Die Winzigkeit dieses Kirchleins zeigen eindrucksvoll Fotos, die das mächtige Stift und zu seinen Füßen das Kirchlein zusammen sehen.

Das Stift und St. Gertrud sind der Schauplatz des Dramas, des Lebens des Pius Parsch, des Schöpfers eines »volksliturgischen« Werkes, das weit über Europa hinaus, in Amerika, in Japan Wurzeln faßte. »Ein Werk, das um die ganze Welt ging.« So sagte es ein Freund dieser »Volksliturgie« in Paris in der Kirche St. Severin, die dem von St. Gertrud kommenden Gast sofort als Schwester erscheint: im Bau, in der Liturgie, im ganzen spirituellen Klima.

Johannes Parsch ist ein Kind Nordmährens, geboren am 18. Mai 1884 in Neustift an der March. Mähren und Böhmen: die deutschsprachigen Mährer verkörperten etwas von der Milde, Zartheit, Weichheit mährischer Landschaft. Die Böhmen: hart, unerbittlich wie das karge Land, »die Sudeten«. Das Wort »Sudetendeutsche«, ganz ungeschichtlich, verdeckt diese starken Unterschiede. Der Nordmährer Johannes Parsch verkörpert, auch im Aussehen, etwas von der Milde, dem Sonnenglanz der Hana, der fruchtbarsten Ebene Mährens, und er besitzt als Nordmährer etwas von der Härte dieses Nordens. Diese starken Spannungen in ihm tragen sein Leben, sein Werk. Nie wird er aufgeben: in einer ihm fremden Sprache so ausgedrückt: »Und wenn die Welt voll von Feinden wär.« Nun sie ist voll von Feinden, von bitterbösen Feinden.

Franz Kardinal König erinnert fünfundzwanzig Jahre nach dessen Tod daran: »Der Augustinerchorherr Pius Parsch vom Stift Klosterneuburg hat nicht nur das Verdienst, Tausenden, ja vielleicht sogar Millionen Menschen seiner Zeit die Mysterien der Liturgie und der Heiligen Schrift erschlossen zu haben; er hat durch sein exemplarisches Wirken als Seelsorger und als beständiger Mahner mit zur Erneuerung der Kirche unseres Jahrhunderts beigetragen . . . Pius Parsch war das Prophetenschicksal nicht erspart geblieben; es hat ihm Erfolge, aber auch Leid gebracht. Er hat sich um die Erneuerung der Kirche bemüht, weil er sie geliebt hat. Ihm ging es um Ansehen und möglichst hohe Wirksamkeit der Kirche in der Welt. Seine Forderungen waren sinn- und maßvoll, seine Vorgangsweise vornehm, aber auch beharrlich, von sanfter Zähigkeit.« Die »sanfte Zähigkeit« des Pius Parsch verdient gerade heute wieder beachtet zu werden: die Zähigkeit eines Reformers, der nie die große Geduld – und nie sein Ziel aus den Augen verliert.

Der Abkömmling von Bauern, Kleinbürgern, Handwerkern, kleinen Beamten besucht das Gymnasium in Olmütz. Gestrenger Direktor ist hier ein Seyss-Inquart – einer seiner Söhne wird der einzige nationalsozialistische Bundeskanzler Österreichs für wenige Tage, wird in Nürnberg hingerichtet, versteht sich als praktizierender Katholik. Das »Deutsch-Nationale« liegt den »Herren« vom Stift im Blut: sie kommen seit dem hohen 18. Jahrhundert fast ausschließlich aus Böhmen-Mähren. Ein junger Schüler des Pius Parsch, Roman Karl Scholz, eine Siegfriederscheinung, führt in seinem Unterricht in Deutsch und Geschichte seine Schüler in den Nationalsozialismus ein, dann durch ihn hindurch. Scholz gründet eine der ersten Widerstandsbewegungen. Im Kerker von 1940 bis

1945 wird der Dichter, Schriftsteller, Beter Roman Karl Scholz zu einer Gestalt, deren Strahlungen nach seiner Hinrichtung nicht erloschen sind. Der Hinweis auf Scholz, das »Enfant terrible« im Stift, will auf die »Behandlung« des »Enfant terrible« Johann Parsch aufmerksam machen, der als Ordensmann den Namen Pius nach dem eben erst gewählten Papst Pius X. erhielt. Parsch kommt 1904 ins Stift, in dem sich eben »eine sehr stürmische Phase« (so Floridus Röhring, selbst Herr im Stift, heute) entfaltet. Das Stift steht 1904 bis 1907 unter dem Druck einer Apostolischen Visitation. Der Übergang von feudal-patriarchalischen Lebensverhältnissen ins 20. Jahrhundert war für Herren des Stiftes nicht leicht zu bewältigen.
Pius Parsch trifft im Stift auf Blutsgenossen aus Böhmen und Mähren, die auch seine Heimatsprache (»Dialekt« ist ein unschönes Wort) sprechen – und bleibt dennoch ein Fremdling bis zu seinem Tod. Die Herren im Stift, die ihm – konkret seinem Werk – zugetan sind, lassen sich an den Fingern einer Hand abzählen. Lange Zeit ist kaum ein einziger an seiner Seite. Gleichzeitig ist zu sehen: Dieses opulente Stift, das heute noch seinen Prunk durchaus zu entfalten weiß, erträgt den Pius Parsch, ja schützt ihn doch auch, auf seine Weise – auf eine sehr österreichische Weise. Das Stift läßt zu, daß Pius Parsch sich unmittelbar vor seinen Toren seine Kirche baut (in der Neuausgestaltung einer mittelalterlichen kleinen Kirche), St. Gertrud. Dieses St. Gertrud, konkret die Liturgische Gemeinde St. Gertrud (»stets meine größte Freude«, Parsch 1947), war die Heimat und die Familie des Pius Parsch. Er verstand sie als noch mehr: als Zelle einer erneuerten Kirche.
St. Gertrud: eine Lebensgemeinschaft, Liebesgemeinschaft, Arbeitsgemeinschaft, gebildet als »Gottesgemeinde« im Dienst rund um den Altar. Zweihundert bis dreihundert Menschen – von ihnen mehr als einhundert Jugendliche – bilden in der Blütezeit von St. Gertrud ihren Kern. Gäste aus aller Welt kommen zu Besuch, nehmen unauslöschliche Erinnerungen mit, suchen diese in ihren Kirchen zu praktizieren.
Rückblick auf St. Gertrud. Nach der Zerschlagung durch Krieg und Nachkriegszeit sieht Pius Parsch in einer Predigt auf *sein* St. Gertrud zurück: »Unsere Gemeinde muß das kleine Senfkorn bleiben. St. Gertrud ist früher einen anderen Weg gegangen. Es hatte ein schönes Heim und verfügte über viele finanzielle Mittel . . . Unsere Jugend hatte alles, was sie nur immer wünschte. Es war wahrhaftig nicht der Weg des Senfkörnleins. Da brach der Sturm herein, und es zeigte sich, daß vieles faul und vermodert war; der künstlich gebildete Baum stürzte um. Jetzt sind wir belehrt, daß wir den Weg des Senfkörnleins gehen müssen.« Mit der Nüchternheit des großen Frommen versteht Pius Parsch das harte Gesetz, das mittelalterliche Mönche bereits im Frühmittelalter, dann in den frühkarolingischen Reformen ersahen: ECCLESIA EST SEMPER REFORMANDA – Kirche muß immer reformiert werden.

Pius Parsch erlebt seinen Durchbruch im Ersten Weltkrieg. Feldkurat 1915–1918 an der Ostfront, mit einer kurzen Unterbrechung 1915/16, wo sein Regiment in die 4. Isonzo-Schlacht geworfen wird. Tiefe Prägungen durch die Front erfuhren im Ersten Weltkrieg: Rudolf Bultmann, Giuseppe Roncalli, Pierre Teilhard de Chardin. Pius Parsch erlebt das heulende, blutige Elend der Sterbenden und erlebt, wie die Truppen (ganz zu schweigen von den Offizieren) seiner »Apostolischen Majestät«, gerade als römische Katholiken (sieben Konfessionen stehen an der Front, in den kaiserlichen Armeen, alle mit ihren Feldkuraten – einschließlich der islamischen und jüdischen Feldseelsorger), nichts wissen vom Evangelium, von der Bibel, von der Liturgie – von der Frohen Botschaft. Hier erlebt er auch dies: » . . . Unser Militarismus ist eine moderne Sklaverei . . . Das Christentum fehlt unter den Menschen.«

Mitte November 1918 kehrt er in das Stift zurück. Die große Zeit des Volksliturgikers 1919–1938 bringt ihm dies: seine Bibelstunden für das Volk, die Gestaltung seiner Gemeinschaftsmessen, 1923 den »Durchbruch nach Wien« – im selben Jahr erstmalig den Klosterneuburger Liturgiekalender. Im Oktober 1927 beginnt seine persönliche Arbeit in Deutschland, in der Pfarrei St. Paul in München, die zur Kernzelle seiner »volksliturgischen« Bewegung in Deutschland wird.

Im selben Jahr beginnt der Aufstieg des Klosterneuburger Apostolats, vorzüglich seiner »Meßtextaktion«. Das Stift hilft bei der Einrichtung der Druckerei. Eine Deutschlandreise 1929 führt Pius Parsch über München nach Beuron, Maria Laach, Köln, nach Herstelle, in »das schreckliche Berlin«, zuletzt nach Schlesien. Begegnungen mit Ildefons Herwegen, Odo Casel, Romano Guardini, Pinsk – um nur einige hervorragende Namen zu nennen.

Pius Parsch hat sich nie als Erfinder verstanden: immer wieder bekennt er, was er der deutschen und zuvor der französischen und belgischen (benediktinischen) liturgischen Bewegung verdankt. Nicht um »Originalität« geht es ihm, wohl aber um dies: um ein Zurück zu den Quellen. Dieser sanfte Revolutionär, der so gar kein Revoluzzer war, lebte, arbeitete, kämpfte für sein Werk in der stillen Überzeugung, die er durchaus nicht mit »radikalen« Worten anderen Menschen an den Kopf warf, etwa: so geht es nicht weiter. Kirche, Christentum haben sich seit vielen Jahrhunderten in eine bankrotte Situation hineinmanövriert – durch ihre Selbstverschließung.

Ein junger Südtiroler, den Pius Parsch in seiner Heimat einst kennengelernt hatte, Josef Andreas Jungmann SJ, hat in einem klassischen Werk gezeigt, wie aus Volksliturgie ein dem Volk entrücktes, früh magisch verstandenes (»mißverstandenes«) Priesterwerk wurde. Der Volksmann Pius Parsch hatte eine »Volksfrömmigkeit« erlebt, die infantil, im höchsten Maße egozentrisch fixiert war und – im Stift selbst – eine Liturgie, die ganz dem Volke entrückt, zelebriert wurde. Stramme Liturgiker,

Kirchenhistoriker, andere Kirchenmänner haben es Pius Parsch verübelt, daß er an dem »unpassenden Wort Volksliturgie« festhalte. Rom, konkret die Kurie in der Epoche des Pius Parsch, witterte in ihm einen »Ketzer«. Wenige Wochen nach seinem Tod am 11. März 1954 in Klosterneuburg traf der bekannt-berühmte »Ketzerjäger« P. Tromp SJ im Stift ein, um eine Untersuchung gegen das Bibelwerk des Pius Parsch einzuleiten. Diese wurde durch die Ereignisse überholt: durch die von Rom selbst verwaltete Liturgiereform.

Pius Parsch nahm das »Allgemeine Priestertum aller Gläubigen« – für das auf ganz andere Weise Joseph Wittig in Schlesien gekämpft hatte, todernst, lebensernst. Er erlebte sich selbst gerade in diesem Bezug als »ein Schüler« des schlesischen Pfarrers Stanislaus Stephan (1857–1926), der 1922 seine Schrift *Christus in der Liturgie* veröffentlicht hatte. Parsch: Die Klerikalisierung der Liturgie geht weit zurück bis in die Zeit vor Papst Gregor I. Sie machte die Messe zu reiner Priesterhandlung, die Gläubigen zu stummen Zuhörern und verständnislosen Zuschauern. In diesem Sinne sagt er auf dem Ersten deutschen liturgischen Kongreß in Frankfurt am Main am 22. Juni 1950 unter dem Thema »Christliche Renaissance«: »Die volksliturgische Bewegung war notwendig, da die liturgische Bewegung, die von den Abteien herkam, ausschließlich klassische Priesterliturgie pflegte und die Belange des Volkes nicht berücksichtigte . . . es steht fest, daß wir Volksliturgiker die aktive Teilnahme des Volkes Schritt um Schritt erkämpfen müssen.«

In einer seiner wichtigen Frühschriften (*Frömmigkeit des Volkes*, 1927) schildert er die Passivität, die Dürftigkeit, die subjektivistische Fixierung der faktischen »Volksfrömmigkeit«. Pius Parsch will durch seine Liturgiegestaltung dieses »arme Volk« zur Bibel, zu den Evangelien führen. Er kämpft für eine Bibellesung in jedem Haus, in jeder Familie, scheut auch nicht davor zurück, auf das protestantische Vorbild zu verweisen.

Der französische Oratorianer Louis Bouyer, der oft auf diese für ihn unersetzliche Eigenart der Klosterneuburger Bewegung hingewiesen hat, verstand sie im Sinne der Bemühungen seines benediktinischen Landsmannes Lambert Beaudouins (1873–1960): »Il faudrait democratiser la liturgie.« Hier wird also das Wort gewagt, das heute noch frommen Seelen einen Schauer der Entrüstung einjagt: »Demokratisierung«, der Kirche, der Liturgie. Pius Parsch, der, immer im Blick auf seine ständige Verketzerung und »das Leid«, das ihm – nach seinem Tod – hervorragende Kirchenmänner bestätigen, das ominöse Wort »Demokratie« nicht in den Mund und nicht in seine Schriften nimmt, will nichts als dies: dem »armen Volke« helfen, das er so erlebt, wie es der Wiener Stadtpfarrer Joseph Ernst Mayer, ein Sohn der katholischen Jugendbewegung (der Pius Parsch persönlich nicht angehörte), im Blick auf das Werk des Pius Parsch und auf die harten Realitäten in seinem aufsehenerregenden Vortrag 1965 in Rom so schildert: Das Kirchenvolk steckt in bezug auf ein wirkliches Miterleben und existentielles Verstehen der Liturgie noch ganz im Anfang: in einer Gefühls-Gebots- und Mirakelfrömmigkeit, es könne noch nicht wirklich in der Gemeinschaft fromm sein, es kenne nur persönliche Frömmigkeit, zwischen Alltag und Gottesdienst besteht eine gewaltige Kluft. Mayer forderte da – 1965 – weitestgehende Verwendung der Muttersprache als Fernziel und die Messe im kleinen Kreis – wie Pius Parsch sie praktizierte.

Pius Parsch selbst sieht 1937/38 (»Bibel und Liturgie«) sein Werk, seine Aufgabe so: »Es galt, wieder das Wesen des Kultes als Vergegenwärtigung der Heilstat Christi zu entdecken. Es galt, den Primat des Objektiven über das Subjektive, der Gemeinschaft über das Individuum, des Logos über das Ethos klar zu schauen. So blieb die Bewegung nicht bei der Liturgie an sich stehen, sondern hatte einen Punkt gefunden, von dem aus Frömmigkeit, das christliche Leben, ja auch die Theologie, sozusagen aus den Angeln gehoben werden konnte. (Ich unterbreche hier Pius Parsch kurz, um darauf aufmerksam zu machen: er wußte, daß er – um es mit einem Wort Karl Rahners über das II. Vatikanische Konzil auszudrücken – »der Anfang eines Anfanges« war – auf diese außerordentliche Tatsache werden wir am Schluß dieser Skizze zurückkommen.) »Von der liturgischen Schau aus sind wir hellsehend geworden. Wir konnten Wesentliches vom Peripheren unterscheiden, wir sahen wieder das Zentrale unseres Christentums . . . Von der liturgischen Erneuerung wurden andere Bestrebungen befruchtet, die wir begrüßen müssen. Die Bibelbewegung erwuchs aus ihr. Wir fanden wieder eine Brücke zu den getrennten Brüdern, den evangelischen Christen, und zur Ostkirche . . . Die liturgische Bewegung ist nicht eines von den vorübergehenden Schlagwörtern der Zeit, die wieder von anderen abgelöst werden; nein, wir haben im Acker der Kirche einen Schatz gefunden, der vergraben war und der uns dauernd reines Gold bietet; wir haben eine Quelle entdeckt, die nun reichlich fließt und unsere Kirche bewässert.« Dieses Finden einer Quelle führen Pius Parsch und sein Werk mitten in die schweren innerkirchlichen Kämpfe, die während der NS-Zeit toben, die Nachkriegszeit erfüllen, heute in ein neues Stadium treten – und gerade in ihren konkreten Bezügen in den dreißiger, vierziger und fünfziger Jahren weithin verdeckt sind.

Die tiefe Unruhe, die junge Katholiken in jenen Jahren beseelte, die sich mit ihrer erzwungenen kirchlichen Passivität hilflos dem Druck »der Bewegung« und ihrer Dynamik, ihrer Anziehung gerade auch auf junge Katholiken ausgesetzt sahen – als *»die* Bewegung« verstand sich der Nationalsozialismus –, kam zu einer Explosion im »Kampf um die Osternacht«. – »Gebt uns Ostern wieder.« So stand es in der Wochenzeitung »Junge Front«, Düsseldorf, 1934.

Junge deutsche und österreichische Katholiken – ich bin Zeuge – erlebten den Einbruch der finsteren Nacht: Nacht über Deutschland, Österreich,

Europa, ja, über die ganze Kirche und Christenheit, sehr deutlich, handgreiflich, schmerzlich in der Inkubationszeit des Dritten Reiches. Da sollte das Mitleben, Mitleiden, Mitdabeisein in der Nacht der Auferstehung des Gekreuzigten ein Zentrum werden: eine Quelle, eine Kraft, eine unersetzliche Erfahrung! Also: die ergebensten Bitten, die Osterliturgie nicht – verharmlosend – auf den Samstagnachmittag und den Ostersonntag (in Erwartung des Osterkuchens) abzuschieben.
Pius Parsch hatte bereits 1927 in seiner Zeitschrift »Bibel und Liturgie« den großen Klageruf erhoben: »Solange ich lebe, werde ich meine Klage nicht verstummen lassen über die Verschiebung der Osternachtszeremonien.« Nun, er erlebte es noch, daß 1951 die erneuerte Osterfeier ad experimentum von Rom aus ermöglicht wurde. Im Mai 1951 schreibt er in seinen Mitteilungen über die »Liturgische Gemeinde St. Gertrud Klosterneuburg«: »Wie wir heuer die erste *legale* Osternachtfeier gehalten haben (21 Jahre lang hielten wir sie illegal), darüber wurde in diesem Heft bereits gehandelt.«
Ein Gesuch vom 24. Juli 1940 – zunächst von vierzig Pfarrern der Diözese Meißen unterschrieben, mit der Bitte um Weiterleitung an die Fuldaer Bischofskonferenz – stieß unter anderem auf die Ablehnung durch Adolf Kardinal Bertram (1859–1945; ich verweise auf den Essay »Joseph Wittig«), den damaligen Vorsitzenden der Fuldaer Bischofskonferenz. Auf eine Denkschrift der beiden liturgischen Referenten der Bischofskonferenz, die Bischöfe Landersdorfer und Stohr, vom 2. Juni 1940, die diese Bitte doch weiterleiteten, ging das Antwortschreiben des Papstes Pius XII. vom 25. Juli 1942 mit keinem Wort ein.
Pius Parsch erlebt die Nachkriegszeit, ab 1945, in großer Enttäuschung über die Entwicklung der Kirche. Er erschrickt tief über die Enzyklika MEDIATOR DEI, in der er einen Angriff auf seine Bewegung sieht (in diesem Sinne eine Erklärung im Juni 1948 in seiner Zeitschrift »Lebe mit der Kirche«). Fromme Freunde des Pius Parsch betrachten seine Stellungnahme noch heute als eine Überreaktion, widerlegt durch die römische Liturgiereform der Folgezeit. Dem ist nicht so: Pius Parsch erlebt mit großer Sorge die römischen Pressionsmaßnahmen – jene »Hexenjagd«, die in Paris (wo ich mehrfach in jenen Jahren diese Prozesse miterleben konnte) nicht nur zur Unterdrückung der Arbeiterpriester, sondern auch zur harten »Disziplinierung« von Zeitschriften der Dominikaner, Jesuiten, Karmeliter führte, zur Ausscheidung von Theologen vom Rang eines Congar, Lubac und vieler anderer.
An diese Vorgänge ist heute zu erinnern, weil sie allein zeigen können: Pius Parsch war ein Anfang, ein Beginn mitten in den großen Anfängen der Jahre, die auf Roncalli zuführten. Parschs liturgische Bewegung ist keine »liturgische Bewegung« unter vielen, sondern ein erster radikaler, an die Wurzeln des Heils – und des geschichtlichen Unheils – rührender Vorstoß. Die heutige Situation: Die Kirche – nicht nur römische Kirche –

befindet sich in den Anfängen eines neuen Selbstverständnisses, in schweren Kämpfen. »Liturgie« ist ein Schlachtfeld – und ein Raum vieler Experimente. Was heute in deutschen Ländern Realität ist, mögen Berichte einer Woche andeuten: die Errichtung des dritten Priorats der Lefebvre-Kirche in Essen (»Rheinischer Merkur«, 11. September 1981) und dies: eine junge evangelische Theologin, Heide Müller, ersehnt sich »eine Kirche der Zukunft«, in der es »wieder mehr Liturgie im Gottesdienst geben wird«. »Ich denke, hier könnten wir uns als Protestanten ein Beispiel an der katholischen Kirche nehmen.«

Liturgie, katholisch, in globaler Katholizität, kann diesen schwierigen Prozeß nicht allein schaffen: Roma citta apertà – Rom als eine offene Stadt, Kirche als eine offene Kirche, eine catholicité horizontale (wie ich sie in den fünfziger Jahren in Paris vertrat), in der jene »Brüderlichkeit« praktiziert wird, wie sie die ergriffenen Teilnehmer der Kirche des Pius Parsch, wie Hubert Lendl es 1979 bekundet, erlebten. Man hat des öfteren die bekannten Worte von P. Peter Lippert SJ auf Pius Parsch bezogen: »Gott braucht zuweilen Menschen, die dem Tag vorauslaufen, um ihn anzumelden. Aber sie müssen sterben, bevor der Tag kommt.«

DENKER UND SINNGEBER

Christen, die das Weltganze bedachten

Sie standen abseits aller zeitgenössischen Schulen und Gruppierungen, auch aller geistlichen Tradition, die drei denkerisch und praktisch revolutionierenden Männer, die am Anbruch der Neuzeit im Abstand von jeweils dreißig Jahren hintereinander lebten: der verwegene Denker und streitbare römische Kardinal Nicolaus Cusanus, das als berühmter und zugleich verschriener Arzt ruhelos umherziehende Universalgenie Theophrastus von Hohenheim, genannt Paracelsus, und der gottesfürchtige Theosoph in seiner Schusterwerkstatt zu Görlitz, Jakob Böhme. Jeder dieser drei Männer öffnete auf seine Art die geschlossenen, erstarrten Denkstile seiner Zeit, ohne jedoch damit eine neue Schule zu gründen. Vielmehr rieben sie sich an den Widerständen der Tradition auf; erst in jüngster Zeit wurde ihre Größe wieder entdeckt. Freilich verhinderte auch das heftige, ja streitbare Temperament sowohl des Cusanus wie des Paracelsus und die geradezu klösterliche Verborgenheit Jakob Böhmes eine rasche Rezeption. Doch sei auch nicht verschwiegen, daß die Tiefe ihrer Weltsicht über die Fassungskraft der meisten zeitgenössischen Gelehrten hinausging. Die Freiheit von den Denkschablonen des Mittelalters wurde damals erst mühsam erstritten, so daß jeder, der es wagte, offen gegen Zwänge der Vergangenheit aufzubegehren, zunächst einmal in den Verruf eines Irrlehrers geriet, denn er rührte an die durch Gewohnheit sanktionierten geistigen Bestände.

Bei Nikolaus von Kues war es das Übergewicht seiner überaus vielfältig ausgestatteten Persönlichkeit, das ihm schadete. Wo immer er auftrat, wurde er durch seine Überlegenheit sofort zur Zentralfigur, deren Flexibilität freilich rasch irritierte. Hatte er sich schon als Staranwalt und versierter Kirchenrechtler nicht gescheut, eine Reihe ergiebiger Pfründen andern Anwärtern wegzunehmen noch bevor er geweiht war, und damit deren Neid zu wecken, so verzieh man es ihm schlechthin nie mehr, daß er als siegreicher Verfechter der Reformpartei auf dem Konzil von Basel kraft höherer Einsicht plötzlich die Fahnen wechselte, um fortan mit dem gleichen Eifer die zuvor so heftig bestrittenen Ansprüche des Papstes zu verteidigen. Josef Gelmi schildert im nachfolgenden Porträt das geradezu abenteuerliche Leben des nachmaligen Bischofs und Kardinals. Hier in der Gesellschaft von Paracelsus und Böhme interessiert uns zuerst das Denken dieses hellwachen Kopfes, der in seinen Schriften immer vom Ganzen ausging, sowohl der Schöpfung wie der Kirche, und deshalb mit den schwerfälligen, lokalgebundenen, auch konfusen Vorstellungen der Papstgegner rasch nichts mehr anfangen konnte. Cusanus forderte – hier seiner Zeit weit voraus – die Gesprächsfähigkeit, das Verhandeln, die Suche nach der Wahrheit in einer dialogischen Mitte, nicht das mittelalterliche Dreinschlagen auf die flüchtigen Erscheinungen des Bösen.

Anders als dieser Kirchenmann, der in seinem Eifer für die Macht- und Rechtsansprüche des Papstes noch mit einem Fuß in der Vergangenheit stand, hatte der Arzt Paracelsus hart und endgültig mit aller Tradition gebrochen. Schon als Universitätslehrer in Basel inszenierte er provozierende Angriffe auf die geheiligten Säulen der überlieferten medizinischen Wissenschaft. Er hatte recht, wie wir heute wissen. Doch der rücksichtslose Stil seines Vorgehens brachte ihn rasch in Verruf. Die genialen Einsichten dieses denkerischen Umstürzlers lauteten etwa so: Der Mensch ist als ein Kosmos im kleinen angelegt. In ihm wirken alle Kräfte, die draußen in Natur und Weltall vorhanden sind, einschließlich der geistigen. Selbst die astralen sind hier einzubeziehen (was natürlich mit anspruchsloser, wahrsagerischer Astrologie nichts zu tun hat). Deshalb ist es für den Arzt sinnlos, nur die Krankheit, getrennt vom Menschen, anzugehen, abgesehen von chirurgisch notwendigen Eingriffen. Leib und Seele bilden ein organisches Ganzes. Also muß der Arzt zuerst einmal Philosoph sein (worunter er eine ursprüngliche, religiös orientierte Psychotherapie verstand, die die psychosomatischen Zusammenhänge kennt), dann ein Astronom, das heißt, vertraut mit jenen schwer zu bestimmenden, aber effizienten Einflüssen der sieben Grundkräfte in Mensch und Natur, denen man üblicherweise den Namen von Planeten gibt; drittens ein Alchemist, womit gefordert ist, daß der Arzt seine Medikamente selbst herstellt aufgrund einer genauen Kenntnis der Gifte, ihrer jeweils richtigen Dosierung sowie eines umfassenden Wissens vom Zusammenwirken aller heilenden und krankmachenden Stoffe. Paracelsus, von Goethe hoch verehrt und in Wahrheit das Vorbild seines »Faust«, ist auch heute noch nicht überholt.

Dem grüblerischen Gottsucher Jakob Böhme nähern sich wieder viele Menschen, die zu den Quellen unzensierter Frömmigkeit unterwegs sind. Zum Glück wurden seine lang umschwiegenen Bücher durch Gerhard Wehr (der uns auch sein Porträt geliefert hat) wieder zugänglich gemacht und aus innerer Verwandtschaft wie auch profunder theologischer Kenntnis kommentiert. Jakob Böhme, diese »Wundererscheinung in der Geschichte der Menschheit« (Schelling), ringt am schwersten um die Lösung des Widerspruchs zwischen gut und böse, Licht und Finsternis, der doch die ganze Schöpfung durchdringt. Er kommt zu der ihn erschütternden Erkenntnis, daß sie beide ihren Urgrund in Gott selbst haben, weil sich alles nur am jeweiligen Gegensatz offenbaren kann.

Cusanus, Paracelsus, Jakob Böhme, Lichter am Himmel der Christenheit und des deutschen Geistes, auch wenn sie in kein Sternbild eingeordnet werden können.

In ihrer Nachfolge verbindet der fromme, allzu früh verstorbene Novalis in seinem fragmentarischen Gedankenwerk die Mysterien der Mathematik und des Kosmos, der Natur, des Todes und der Erlösung zu einer genial harmonisierten Ganzheit.

Josef Gelmi

Nicolaus Cusanus

Streitbarer Universaldenker

Im Herbst des Mittelalters kam Nikolaus 1401 in Kues an der Mosel zur Welt. Den Namen seiner Familie »Cancer« – »Krebs« – benutzte er zum letzten Mal 1430. 1440 nannte ihn sein Freund Enea Silvio, der spätere Papst Pius II., zum ersten Mal »Nicolaus Cusanus«, ein Name, der ihm dann für immer blieb. Sein Vater war Kaufmann und besaß ein stattliches Haus an der Mosel. Er verstand sein Geschäft so vortrefflich, daß sogar der Trierer Landadel durch Schulden in seine Abhängigkeit geriet. Nikolaus hatte noch zwei Schwestern und einen Bruder, der auch Priester war, ihm aber nicht im entferntesten gleichkam. Immerhin fand dieser Bruder als Stifter des Altarbildes der Hospitalskapelle in Kues einen Platz hinter Nikolaus. Trotz des Wohlstandes seiner Familie scheint Cusanus zeitlebens unter seiner bürgerlichen Herkunft gelitten zu haben. Jedenfalls bereitete es ihm später wie als heimliche Kompensation ein wahres Vergnügen, wenn er allzu selbstbewußten Adeligen eins auswischen konnte.

Da die Jugendjahre des Cusanus weithin im dunkeln liegen, hat die Legende ausgemalt, was die Historie verschwieg. Auf jeden Fall taucht sein Name im Jahr 1416 an der Universität Heidelberg auf, die er aber 1417 schon wieder verließ. Darauf reiste er nach Padua, dessen universelle Weite seinen allseitigen Bildungsinteressen besser entsprach. In Padua lernte er den berühmten Kanonisten Prosdocimus de Comitibus und die späteren Kardinäle Cesarini und Capranica kennen, mit denen ihn zeitlebens eine tiefe Freundschaft verband. Hier trat er auch dem Schülerkreis des Francesco Zabarella bei, der bis 1411 in Padua gelehrt hatte und Anhänger der konziliaren Theorie war. Auch Paolo del Pozzo Toscanelli studierte dort, der später ein berühmter Arzt, Mathematiker und Astronom werden sollte und der sogar Brunelleschi, Leonardo da Vinci und Kolumbus beeinflußte. Mit ihm schloß Cusanus eine lebenslange Freundschaft. Besonders tiefen Eindruck machten auf den jungen Mann aus dem Moselgebiet die Predigten des Bernhardin von Siena, der zu jener Zeit ebenfalls in Padua weilte und von dem Cusanus später sagte: »Dieser Prediger, der Feuer im Geiste hat, kann aus toten Kohlen Feuer zünden.« Cusanus hat selbst ein imponierendes Werk von ca. 300 Predigten hinterlassen. Im Jahre 1423 beendete er sein Studium in Padua als Zweiundzwanzigjähriger als Doktor des Kirchenrechtes.

Am 1. Februar 1425 finden wir Cusanus wieder in seiner Heimat, wo er in den Dienst des Trierer Oberhirten, Otto von Ziegenhain, trat. Als dessen Prokurator zog er 1427 sogar nach Rom. Der Erzbischof verdankte ihm seine Dienste mit der Verleihung zahlreicher Pfründen.

Schon am 31. Januar 1425 hatte er, ohne zum Priester geweiht zu sein, bereits die Pfarrei von Altrich bekommen, der sich 1426 ein Kanonikat zu St. Simeon in Trier anschloß. 1427 erhielt er die Pfarrkirche St. Gangolf in Trier, die Dekanei von Liebfrauen in Oberwesel und die Dekanei mit einem Kanonikat an St. Florin in Koblenz. Cusanus hatte offensichtlich den Erwerbssinn seines Vaters geerbt, denn nun sammelte er Pfründe auf Pfründe. Jeder moderne Manager hätte von ihm lernen können, denn bei ihrem Erwerb war er weder zimperlich noch ängstlich bei ihrem Wechsel. Er hat sich betulich und höchst persönlich um sie gekümmert und verwaltete sie auch, einem anderen Mißbrauch der Zeit folgend, unbedenklich, ohne die dazu nötigen Weihen zu besitzen. Die Priesterweihe ließ sich der 1401 Geborene erst zwischen 1436 und 1440 geben. Die selbstgestellte Frage, ob sein angehäufter Reichtum mit dem Willen Gottes vereinbar sei, beantwortete er mit der Gegenfrage, ob der Rückzug aus der Welt nicht auch ein Rückzug aus der Verantwortung für die Welt bedeute. Cusanus verwies in diesem Zusammenhang auch auf seinen schlichten Lebenswandel und auf die Almosen, die er den Armen gab. Ein Zeitgenosse spottete jedoch: »Wer zuerst viel genommen hat, kann leicht einiges an andere zurückgeben.«

Im Frühjahr 1425 ließ sich Cusanus an der Universität Köln einschreiben, um Theologie zu studieren. In diesem Zusammenhang lernte er über den Theologen Heymericus die Schriften des Raimundus Lullus kennen; von ihm übernahm er die Vorliebe für geometrische Figurensymbole, mit denen er später seine eigene Philosophie zu veranschaulichen pflegte. Auch für alte, längst vergilbte Schriften zeigte er ungewöhnliches Interesse. In dieser Zeit stöberte er viele Handschriften auf, um sie auf ihre Echtheit zu prüfen. Ein sensationeller Coup gelang ihm, als er die »Konstantinische Schenkung«, die bisher als Unterlage für die weltlichen Herrschaftsansprüche der Päpste diente, als Fälschung aus dem 8. Jahrhundert entlarvte. Das gleiche Meisterstück vollbrachte er mit den aus dem 9. Jahrhundert stammenden pseudo-isidorischen Dekretalen, die die Rechte der Päpste stützen sollten, und die in der Tat die Kirchenreform des 11. Jahrhunderts beeinflußt hatten. Als er 12 bis dahin unbekannte Komödien des Plautus fand, machte er sich auch schlagartig als kundigen Humanisten bekannt. Im Jahre 1428 bot die eben gegründete Universität Löwen dem Cusanus, der in dieser Zeit noch von Beruf Rechtsanwalt war, einen Lehrstuhl für kanonisches Recht an. Doch der gewandte Advokat schlug aus; offenbar füllte die Juristerei doch nicht sein ganzes Leben aus.

Im Jahre 1430 starb der Trierer Erzbischof. Die Mehrheit des Kapitels wählte Jakob von Sierck zum Nachfolger; nur zwei Stimmen fielen auf Ulrich von Manderscheid, mit dessen Familie Cusanus jedoch befreundet war. Beide führten Klage in Rom, worauf Papst Martin V. kurzerhand einen dritten, nämlich den bisherigen Bischof von Speyer, Raben von

Helmstadt, zum Erzbischof von Trier erhob. Aber Ulrich, der Freund des Cusanus, kümmerte sich um diese Entscheidung keineswegs, sondern ergriff das Erzbistum mit Gewalt, worauf ihn der Papst samt seinem Anhang exkommunizierte. Doch Ulrich gab nicht nach, sondern wandte sich 1432 an das Konzil von Basel, um seinen Anspruch auf den einträglichen Bischofsstuhl einzuklagen. Obwohl sich Ulrichs Forderung allein auf die Macht der im Hochstift dominierenden Adelspartei stützte, unternahm es Cusanus, ihn in Basel zu verteidigen. Dabei verwahrte er sich gegen die Eingriffe der Kurie bei den Stellenbesetzungen in Deutschland, wobei er unmißverständlich auch an die nationalen Gefühle appellierte. Das Konzil wies seine Argumentation zurück und bestätigte die päpstliche Ernennung.

In Basel, wo große Politik gemacht wurde, witterte Cusanus die Chance für seine Zukunft. Auf der Seite der Reformer forderte er für die Böhmen die Kommunion unter beiden Gestalten und verweigerte den päpstlichen Legaten jede Befugnis zu verbindlichen Beschlüssen. Als er Ende 1433 das Werk *Von der umfassenden Einheit* vorlegte, wurde er in Basel durch seine überragende Intelligenz mit einem Schlag zu einer zentralen Figur. Mit diesem Werk entwarf er einen gigantischen Plan zur Rettung von Kirche und Reich, indem er vom Grundsatz ausging, daß im ganzen die Gegensätze zusammenfallen, weil alles mit allem in Verbindung steht. Im Jahre 1435 zeichnete sich der Bruch zwischen Basel und Papst ab; Cusanus war als Anhänger von Ulrich von Manderscheid für die römische Kurie exkommuniziert. Doch wurde diese Exkommunikation bereits im März des folgenden Jahres aufgehoben. Am 25. Oktober 1436 bestätigte Papst Eugen IV. sogar ausdrücklich seinen ganzen Pfründenbesitz. Der Erfolg blieb nicht aus: schon am 5. Dezember sorgte Cusanus für eine neue Sensation. Er verließ die Partei der Reformer und trat zu den Anhängern von Eugen IV. über, um nun seine ganzen Kräfte in den Dienst des Papsttums zu stellen. Gregor von Heimburg warf ihm später diesen Fahnenwechsel vor, ja er verfaßte sogar regelrechte Schmähschriften. »Nun leugnest Du«, schrieb er, »daß das Konzil über dem Papste stehe, während Du früher anders darüber geschrieben hast.«

Im August 1437 gehörte Cusanus bereits einer päpstlichen Delegation an, die in Konstantinopel die letzten Bedenken der Griechen ausräumte, so daß diese fortan nicht mehr das Konzil von Basel, sondern den Papst anerkannten. Als am 9. April 1438 das Unionskonzil in Ferrara eröffnet wurde, wurde Cusanus als der maßgebliche Kopf für diesen Erfolg gebührend geehrt. Aus Konstantinopel hatte er übrigens wertvolle Handschriften mitgebracht, die das dritte und vierte Konzil von Konstantinopel von 680/81 und 869/70 sowie das zweite von Nizäa im Jahr 787 betrafen.

Mit Konstantinopel war also Einigkeit hergestellt. Nun ging es dem Papst zuerst um die Anerkennung der deutschen Nation. Deshalb

schickte er Cusanus sogleich nach Deutschland, wo dieser sich auch 10 Jahre lang auf Reichstagen und Fürstenversammlungen als »Herkules der Eugenianer« für den Papst einsetzte. Dieser Kampf an der anderen Front war keineswegs ungefährlich. Das Konzil von Basel hatte die im August 1439 zu Frankfurt versammelten Fürsten aufgefordert, diesen Cusanus als Verräter einfach festzunehmen. Doch dieser zog sich immer wieder zu gelehrten Arbeiten zurück. Mitten in dieser gespannten Atmosphäre konnte er 1440 sogar sein zweites großes Werk *Von der belehrten Unwissenheit* der Öffentlichkeit vorlegen. In dessen Vorwort schrieb er: »Es muß das dringlichste Anliegen unseres menschlichen Geistes sein, sich zu jener Einfachheit zu erheben, wo das Widersprüchliche in eins fällt.« Nach Cusanus ist Gottes Unendlichkeit nämlich der Zusammenfall der Gegensätze und unsere höchste Wissensform die Erkenntnis vom Wissen des Nichtwissens. Cusanus durchbrach auch die mittelalterliche Auffassung vom Kosmos, indem er erklärte, daß die Welt als Ausfaltung Gottes unbegrenzt sei. Ein freilich deduktiv gezogener Schluß.
Das Wiener Konkordat vom 17. Februar 1448, das die Beziehungen zwischen Reich und Rom bis zum Ende des Heiligen Römischen Reiches regelte, krönte den unermüdlichen Einsatz des Cusanus in Deutschland. Zum Dank ernannte ihn Papst Nikolaus V. am 20. Dezember 1448 zum Kardinal und wies ihm als Titelkirche San Pietro in Vincoli zu. Fortan konnte der Bürgersohn aus Kues, der den Höhepunkt seiner Karriere erreicht hatte, gegenüber den Großen dieser Welt ebenbürtig auftreten. Das Jahr 1450, das für die Ewige Stadt ein Jubeljahr war, wurde für Cusanus ein Jahr der Stille. Er zog sich in die Abruzzen zurück, um an seinem Werk *Der Laie* zu arbeiten, in dem er auf die Bedeutung der Experimente hinwies. Damit versuchte er eine Brücke zwischen scholastischem Denken und neuer Naturwissenschaft zu schlagen. Da er auch die Wichtigkeit der Gewichtsbestimmung von Blut und Harn aufzeigte, machte er sich selbst auf dem Gebiet der Medizin einen Namen.
Nach der Überwindung des Schismas wurde in der Kirche das Bedürfnis nach inneren Reformen wieder aktuell. Cusanus, der von dieser Notwendigkeit durchdrungen war, verließ am 31. Dezember 1450 die Ewige Stadt, um im päpstlichen Auftrag die deutsche Kirche zu erneuern. Dabei entwickelte er besonders im Jahre 1451 eine geradezu rasante Tätigkeit. Anfang 1451 begann er mit seinen Reformen in Kärnten. Von Spittal aus berief er die Zisterzienseräbte der Salzburger Provinz zu einer Besprechung nach Wiener Neustadt. Von Salzburg ging er nach Wien und wieder nach Salzburg. Im März nahm er in München, Eichstätt und Nürnberg Visitationen vor und leitete im April in Bamberg eine Synode. In Würzburg leitete er das Kapitel der Benediktiner und visitierte dann die Klöster in Erfurt und Thüringen. Von Magdeburg ging er nach Halberstadt. Nach Visitationen in Wolfenbüttel, Braunschweig und Hildesheim besuchte er Korvei und kam nach Minden und Windesheim. Im

August visitierte er Amsterdam, Delft und Nimwegen, dann gelangte er nach Lüttich, Löwen und Aachen und hielt schließlich in Mainz und Köln Provinzialsynoden ab. Am 12. April 1452 traf er in Brixen ein. Nicht als Diplomat, sondern als Polizist trat Cusanus dieses Mal in Deutschland auf. Wo er Unzucht und Völlerei antraf, griff er unerbittlich durch. Was immer den Glauben gefährdete, versuchte er auszurotten. So verbot er zum Beispiel die Verehrung des heiligen Blutes und untersagte den blühenden Reliquienhandel. Kein Wunder, daß er bei diesen rigorosen Maßnahmen auf harten Widerstand stieß. Ein Angehöriger eines Mendikantenordens soll ihm sogar ein vergiftetes Kreuz zum Kuß gereicht haben. Leider trug das Saatgut, das Cusanus in so kurzer Zeit gestreut hatte, keine Früchte, und so mußte wohl oder übel nach seinen fehlgeschlagenen Reformen die Reformation kommen.
Für den eifrigen, ungeliebten Reformer, der bis jetzt geradezu von Erfolg zu Erfolg eilen konnte, begann nun die Tragödie seines Lebens. Bereits am 23. März 1450, also noch vor seinem Aufbruch nach Deutschland, hatte ihn Papst Nikolaus V. zum Bischof von Brixen ernannt. Das Bistum war durch den Tod des Johannes von Röttel am 28. Februar frei geworden. Doch schon 14 Tage später hatte das Domkapitel den Kanonikus Leonhard von Wismayer, Kanzler des Landesfürsten Sigmund von Tirol, zum Nachfolger gewählt. Damit stand also Wahl gegen Ernennung wie 1430 in Trier, nur mit dem Unterschied, daß Cusanus nun der Ernannte war. Die Ironie des Schicksals wollte es auch, daß gerade Cusanus in seinem Werk *Von der umfassenden Einheit* scharf gegen die Verletzung des Wahlrechts der Domkapitel durch den Papst protestiert hatte. Er hätte also billigerweise auf seine Ernennung verzichten müssen. Das entrüstete Brixner Domkapitel appellierte an ein allgemeines Konzil, obwohl sich die Basler Versammlung bereits aufgelöst hatte. Cusanus, der kluge Diplomat, erreichte jedoch 1451 in Wiener Neustadt die Anerkennung des Kaisers, und im März gelang ihm auch ein Ausgleich mit Wismayer in Salzburg. Mit dem Domkapitel von Brixen geriet Cusanus 1456 erneut in Konflikt, als er seinem Neffen Simon von Wehlen ein Kanonikat vermitteln wollte. Da vier Kanoniker gegen Simon stimmten, ärgerte sich Cusanus derart, daß er sie kurzerhand exkommunizierte.
In Brixen angekommen, zeigte sich Cusanus entschlossen, die Reformmaßnahmen, die er in Deutschland erlassen hatte, rasch zu verwirklichen, um aus seiner Diözese ein Musterbistum zu machen. Gründe für eine Erneuerung gab es genug; allein die Mehrheit der Seelsorgsgeistlichen lebte im Konkubinat. Zur Reform des Bistums hielt Cusanus 1453, 1455 und 1457 Synoden ab, die nicht nur heilsame, sondern auch strenge Vorschriften erließen. Karten- und Würfelspiel wurden beispielsweise auch für Laien unter der Strafe einer Exkommunikation verboten. Schon die Besichtigung seiner Diözese hatte Cusanus mit einer neuen originellen Visitationsordnung eingeleitet. Übertrieben, wenn nicht lächerlich

mutet es an, wenn der Kardinal gebot, in der Fastenzeit dürfe nur Olivenöl – das es in Tirol damals kaum gab – statt Butter und Käse verwendet werden.

Ein besonderes Anliegen des Cusanus bildete die Klosterreform. Durch Verhängung von Bann und Interdikt und durch die Einsetzung auswärtiger Nonnen gelang ihm in der Tat die Reform des Klarissenklosters in Brixen. Größeren Schwierigkeiten begegnete er jedoch bei der Erneuerung des adeligen und reichen Stiftes der Benediktinerinnen in Sonnenburg bei St. Lorenzen, dessen Nonnen öffentliche Bäder zu besuchen pflegten, an Hochzeiten teilnahmen und zeitweise sogar bei Verwandten wohnten. Auf die Reformpläne des Kardinals antwortete die Äbtissin Verena von Stuben mit Ausflüchten. In Sonnenburg ging es aber nicht nur um Klosterreformen, sondern auch um den dazugehörigen weltlichen Besitz in Enneberg. Cusanus exkommunizierte kurzerhand die Äbtissin und verpflichtete den Pfarrer von St. Lorenzen, jeden Sonntag bei der Messe feierlich eine Kerze auszulöschen, um damit zu zeigen, daß »Jezabel«, wie Cusanus Verena nannte, aus der Kirche ausgeschlossen war. Jezabel war in der Bibel eine götzendienerische Figur gewesen. Übertrieben wirkte auch, daß der berühmte Kirchenmann das Kloster auszuhungern versuchte, indem er verbot, es mit Lebensmitteln zu beliefern. In diesen Auseinandersetzungen kamen am 5. April 1458 etwa 50 Söldner des Klosters bei Enneberg ums Leben. Obwohl man allgemein dem Kardinal die Schuld für dieses Gemetzel gab, mußte die stolze Verena 1459 abdanken.

Zwischen dem weltlichen Landesfürsten von Tirol Sigmund und dem geistlichen Herrn von Brixen Kardinal Cusanus klafften Welten. Jeder fühlte sich als absoluter Herr seines Reiches. Während der eine in seiner Willkür über 40 uneheliche Kinder zeugte, peitschte der andere mit Bann und Interdikt eine Reform nach der anderen durch. Als Cusanus 1451 Sigmund in Salzburg traf, versprach er, ihn als Vogt des Hochstiftes anzuerkennen und die landesfürstlichen Rechte im bisherigen Umfang zu respektieren. De jure waren die Landesfürsten nämlich Vasallen der Brixner Fürstbischöfe. Aufgrund der Erblichkeit der Lehen und der Verjährung betrachteten sie sich jedoch längst als autonome Landesherren. Cusanus aber, der die Brixner Urkunden fleißig studiert hatte, stellte fest, welche Rechte der Brixner Kirche verlorengegangen waren. Nachdem er das schwer verschuldete Hochstift wirtschaftlich saniert hatte, begann er mit dem Rückkauf vieler Pfandschaften. Am 18. März 1456 löste er die Ämter Taufers und Uttenheim ein und gewährte dem Landesfürsten gleichzeitig einen ansehnlichen Kredit. Dies alles mag 1457 wohl zum Bruch geführt haben.

Bei einem Besuch im Stift Wilten 1457 glaubte sich Cusanus verfolgt und bedroht. Er flüchtete daher auf die Festung Andraz bei Buchenstein, die sich bereits auf venetianischem Gebiet befand, und meldete dem Papst

Kalixt III. von der Bedrohung durch Sigmund, der sofort die Exkommunikation ankündigte. Kardinal Capranica, der von der Bedrohung des Cusanus erfuhr, brach in Tränen aus. Enea Silvio, der Böses ahnte, riet Cusanus, die schneebedeckten Berge und die Engpässe Tirols, wo sein hoher Geist verkommen müsse, zu verlassen und nach Rom zu ziehen. Der Kardinal nützte nun diese Zeit und erschien im April 1458 in Veldes (Bled), rief dort die slowenischen Bauern in der Wochein zusammen und hielt ihnen einen geschichtlichen Vortrag, in dem er die alten Rechte der Brixner Kirche auf dieses Gebiet vorwies. Im nächsten Jahr traf er dann mit Sigmund beim Fürstenkongreß in Mantua zusammen, wo es aber zu keiner Einigung kam, weil vor allem Gregor von Heimburg den Landesfürsten gegen Cusanus aufhetzte. Als dieser dem Landesfürsten 1460 mit dem Entzug aller Lehen drohte, überfiel ihn Sigmund zu Ostern in Bruneck und zwang ihn zu einem Vertrag, den Cusanus, wieder freigelassen, in Ampezzo prompt widerrief. Bruneck bedeutete für den Kardinal wohl die tiefste Demütigung, die er in seinem Leben über sich ergehen lassen mußte. In Buchenstein soll er wütend befohlen haben, seinen Hauptmann Prack, der ihn in Bruneck nicht geschützt hatte, ans Fensterkreuz schlagen zu lassen. Nun verhängte Papst Pius II. die Exkommunikation über Sigmund und das Interdikt über sein Land.

Längst ging es nicht mehr nur um landesfürstliche Rechte im Hochstift Brixen, sondern um die Selbständigkeit der Fürsten einerseits und um die Verfügungsgewalt des Papstes auf der geistlichen Seite. Die Verwirrung des Volkes nahm zu, und damit wuchs auch das kirchliche Chaos in der Diözese Brixen. Cusanus scheint eingesehen zu haben, wieviel Schuld er selbst daran trug, denn am 4. Juni 1460 schrieb er dem Bischof von Eichstätt: »Ich erkenne meinen Irrtum, die Bischöfe dürfen keine Schätze sammeln, sondern nur die überkommenen bewahren und den Überfluß davon den Armen geben. Gott hat uns gemahnt, daß wir uns unserem geistlichen Dienst und unseren seelsorglichen Aufgaben widmen müssen.« Eine reichlich späte Einsicht. Erst durch die Vermittlung wiederum des Kaisers kam es am 25. August 1464 – nachdem der Kardinal schon gestorben war – zu einem Ausgleich, in dem Sigmund die Grafschaften am Eisack- und Inntal endgültig verblieben. Um die Erinnerung an den markanten Kirchenmann in Brixen zu erneuern, gab Bischof Gargitter dem 1962 errichteten Kongreßzentrum in seiner Bischofsstadt den Namen »Cusanus-Akademie«.

Selbst während dieser unruhigen Zeit in Brixen fand Cusanus die Muße, sich mit den großen Problemen der Kirchenpolitik auseinanderzusetzen. Dabei zeigte sich allerdings einmal mehr, daß sich bei ihm nicht immer die Praxis mit der Theorie deckte. Nachdem 1453 die Türken Konstantinopel erobert hatten, schrieb er am 29. Dezember 1454 an Johannes von Segovia: »Es dünkt mich überhaupt, man müsse mit den Ungläubigen so umgehen, wie es Eure Hochwürdigste Paternität vorschlägt, und

ich habe hierüber ein kleines Büchlein geschrieben, das ich *Über den Frieden im Glauben* genannt habe . . . Wenn wir den Angriff mit dem Schwert der Invasion wählten, müßten wir fürchten, daß wir, mit dem Schwert kämpfend, durch das Schwert umkämen. Durch Gespräche aber wird ihr Fanatismus besänftigt werden, und die Wahrheit wird sich selber zeigen zum erfolgreichen Wachstum unseres Glaubens.«
Bereits am 11. Januar 1459 hatte Pius II. Cusanus zum Generalvikar des Kirchenstaates ernannt. Während dieser Zeit verfaßte er eine Generalreform für die ganze Kirche, die selbst den Papst nicht aussparte. Ihm, dem Freund, sagte er ins Gesicht: »Mir gefällt nichts, was an diesem Hofe geschieht. Alles ist hier korrupt!« In Orvieto, das er auch zu reformieren suchte, verbrachte er nun die Sommermonate. Ansonsten wohnte er im Palast des Papstes, der auch für seinen Haushalt aufkam. Seit nämlich Sigmund die Hand auf die Stiftseinkünfte in Brixen gelegt hatte, galt Cusanus in der Ewigen Stadt als »armer Kardinal«. Böse Zungen behaupteten jedoch, daß er vor lauter Geiz das Kerzenlicht durch schwaches Öllicht ersetzen ließ. In Todi erkrankte Cusanus im Juli 1464 schwer. An die Stadtverwaltung von Orvieto schrieb er noch: »Bewahret euren Frieden und eure Ruhe und obliegt wie auch wir dem Gebet zu Gott, daß er euch von den gegenwärtigen Gefahren befreie.« Cusanus, der täglich die heilige Messe feierte, wie die Klosterchronik von Monteoliveto 1463 überrascht bemerkte, starb am 11. August 1464. Drei Tage später starb auch sein päpstlicher Freund Pius II. Während die sterblichen Reste des Cusanus in seiner Titelkirche in Rom ihre letzte Ruhe fanden, wurde sein Herz wunschgemäß in der Altenstiftung in Kues, deren Gründungsurkunde er am 3. Dezember 1458 ausgestellt hatte, beigesetzt.
Mag der »Pförtner der Neuzeit« sich selbst oft widersprochen und in einem Kleinkrieg allzusehr verzettelt haben, so gilt doch, was der berühmte Humanist Trithemius schrieb: »Nikolaus von Cusa erschien wie ein Engel des Lichtes und des Friedens in Deutschland; er stellte die Einheit der Kirche wieder her, befestigte das Ansehen ihres Oberhauptes und streute reichen Samen neuen Lebens aus. Ein Teil davon ist durch die Herzenshärte der Menschen gar nicht aufgegangen, ein anderer Teil trieb Blüten, die aber infolge der Trägheit und Lässigkeit rasch wieder verschwanden.« Auch für sein Grabmal würde die Klage passen: »Ach! wie kommt es darauf an, in welche Zeit auch des besten Mannes Tugend fällt.«

Gerhard Wehr

Paracelsus

Verkünder einer kosmischen Harmonie

In einer Zeit, in der das Interesse an naturgemäßen Heilweisen und an menschengemäßen Lebensformen zu einem allgemeinen Bedürfnis geworden ist, nimmt auch das Interesse an den geistigen Gründergestalten eines spirituellen, vom christlichen Glauben her vertieften Natur- und Menschenbildes zu. Paracelsus, der Zeitgenosse Luthers und der humanistischen Erneuerung an der Schwelle zur Neuzeit, gehört als Arzt und Naturforscher, nicht zuletzt als geistoffener, unkonventioneller Christ in die Schar derer, die heute aufs neue Erhellendes und Richtungweisendes zu sagen haben. Statt sich mit der Tradition zu begnügen, bahnte er sich einen Zugang zu den Lebensgeheimnissen der Natur. Das Mysterium von Mikrokosmos und Makrokosmos wurde ihm zu einem aufgeschlagenen Buch der göttlichen Offenbarung. Er durfte von sich sagen: »Der den Kranken treu und fromm ist, der der Natur in ihrer Kunst nachfolgen will, der wird mich nicht fliehen . . . Im Herzen wächst der Arzt!«

Ein Jahr nachdem Kolumbus den neuen Erdteil entdeckt hat, wird Paracelsus Ende 1493 in dem schweizerischen Wallfahrtsort Einsiedeln in der Nähe der Teufelsbrücke, westlich des Zürcher Sees, geboren. Sein ursprünglicher Name ist Theophrast Bombastus von Hohenheim. Er tritt in die Fußstapfen seines Vaters, indem er Medizin studiert und sich in der väterlichen Praxis gründlich umsieht. Und so lesen wir im zweiten Buch seiner *Großen Wundarznei:* »Von Kindheit auf habe ich die Dinge getrieben und von guten Unterrichtern gelernet, die in der Adepta philosophia (Naturphilosophie) die ergründetsten waren und den Künsten mächtig nachgründeten. Erstlich Wilhelmus von Hohenheim, mein Vater, der mich nie verlassen hat, dem nach und mitsamt ihm eine große Zahl.«

Paracelsus übertreibt nicht; denn die Zahl seiner Lehrer ist schwerlich abzuschätzen. Nicht nur bei denen geht er in die Schule, die vom hohen Katheder herab dozieren und Doktorhüte zu vergeben haben, sondern bei allen, die in der Lage sind, seine von ihm selbst mit Stolz gerühmte »Erfahrenheit« zu vermehren, also bei Bergleuten, Rutengängern, Alchemisten und Praktikern aller Art, bei seriösen und weniger seriösen. Was allein zählt, ist die »Kunst«, das Können und die Fähigkeit, auf mancherlei Weise an das Geheimnis der Natur heranzukommen, um ihre Heilkräfte nutzbar machen zu können. Das medizinische Doktordiplom holt er sich (wahrscheinlich) als Zwanzigjähriger in Ferrara, wo er bis 1516 bleibt und sein Studium abschließt. Sein Wahlspruch lautet fortan

»ALTERIUS NON SIT, QUI SUUS ESSE POTEST – Keiner sei einem andern hörig, der sein eigener Herr sein kann!«
Aus diesen Worten spricht ein Programm. Paracelsus reist durch Deutschland und durchstreift Europa. Es ist die Zeit, in der Luther seine 95 Thesen anschlägt und in der die nach sozialer Gerechtigkeit verlangenden Bauern ihre Fahnen entrollen: Bauernkrieg. Paracelsus sagt sich: »Wer die Natur durchforschen will, der muß mit den Füßen ihre Bücher treten. Die Schrift wird erforscht durch ihre Buchstaben, die Natur aber von Land zu Land: Sooft ein Land, sooft ein Blatt! Also ist der CODEX NATURAE, also muß man ihre Blätter umkehren.«
Ein vom Geist der Zeit, aber auch und nicht zuletzt ein durch glühende Erkenntnissuche Beunruhigter legt Rechenschaft ab, indem er in sieben Verteidigungsreden (*Defensiones*) die Bewegtheit seines Lebens erläutert. Da heißt es beispielsweise in der vierten *Defensio* »wegen meines Landfahrens«: »Mein Wandern, das ich bisher verbracht habe, ist mir wohl erschlossen, der Ursach halben, daß keinem sein Meister im Hause wächst, noch er seine Lehrer hinter dem Ofen hat. So sind auch die Künste nicht alle in eines Vaterland eingeschlossen, sondern sie sind durch die ganze Welt ausgeteilt. Nicht daß sie in einem Menschen allein oder an einem Ort seien, sondern sie müssen zusammengeklaubt, genommen und gesucht werden, da wo sie sind.«
Aber ist eine solche Wanderschaft nicht von Irrfahrten und Irrtümern aller Art bedroht? Wodurch wird der Weg des Suchers erhellt? Eingangs seines Buches *Lybyrinthus medicorum errantium* (Labyrinth der irrenden Ärzte) findet sich der Satz: »Das ist der ganze Grund: zu wandeln in dem »natürlichen Licht«, das der Mensch aus sich selbst und aus eigner Vernunft nicht geben kann. Etwas gibt der Mensch, aber unvollkommen; was vollkommen sein soll, das muß weiter gesucht werden, nämlich bei dem Brunnen, da alle Menschen draus trinken.«
So wie einst die Apostel nicht aus sich selbst heraus gepredigt haben, sondern »durch den, der mit feurigen Zungen in ihnen geredet hat; der ist ihr Schulmeister gewesen. Eine solche Schule ist auch den Ärzten gegeben, daß also das »Licht der Natur« den Arzt aus der Philosophie, aus der Astronomie unterweise, und nicht der Mensch, in dem doch das natürliche Licht gar nicht ist, sich für sich selbst.«
Da sich aber die Weisheit dieser Welt – innerhalb des Mikrokosmos wie des Makrokosmos – in einer doppelten Gestalt manifestiert, nämlich im Zeitlich-Irdischen und in dem Überirdisch-Ewigen, gibt es für Paracelsus außer dem Licht der Natur noch das »Licht des Heiligen Geistes«, auch »Licht der Gnade« genannt. Dieses Licht ist dem Licht der Natur übergeordnet. Von ihm läßt sich der Arzt und Forscher leiten. Paracelsus geht daher in dem genannten Buch so weit zu sagen, »daß Gott das erste Buch sei, denn Ursach: Wer erkennt die Arbeit besser denn der, der sie gemacht hat? Der weiß der selbigen Arbeit Kraft herzugeben und anzu-

PARACELSUS Eigentlich Theophrastus Bombastus von Hohenheim. Deutscher Arzt, Naturforscher mit einst großem Heilerfolg und heute wieder hohem Ansehen. Baute seine neuartige Heilkunst in ein umfassendes Weltbild ein. Als leidenschaftlicher Neuerer auch wegen seines heftigen Temperaments viel angefeindet, jedoch den Zeitgenossen weit vorauseilend.

Jakob Böhme   Evangelischer Mystiker, Philosoph und Theosoph von später großem Einfluß auf den Pietismus und die Romantik. Als typisch deutscher Denker und Christ international hoch angesehen. Zeitlebens nebenher Schuhmacher. Heute wiederentdeckt und gerne gelesen.

Novalis Eigentlich Frh. Friedrich von Hardenberg. Deutscher Dichter und Denker, eine führende Gestalt der Romantik, deren Symbol »Die blaue Blume« ist. Sein in Fragmenten niedergelegtes religiöses Weltbild ist von großer Tiefe und zukunftsträchtiger Bedeutung.

JOHANN MICHAEL SAILER Theologe und Erzieher, später Bischof von Regensburg.

zeigen. Wer ist nun, der die Arznei gemacht hat, anders als allein Gott? . . . Drum sag (ich) darnach: Was ist auf dem Erdreich gefunden worden, das nicht durch Gott an uns gelangt sei?«

So gehören die beiden Erkenntnisquellen, das Licht der Natur und das Licht des Geistes oder der Gnade eng zusammen, und zwar so, daß das in der Natur aufleuchtende Licht die Gabe des Schöpfers ist, während der Sohn Gottes nach des Hohenheimers Ermessen das geistliche Licht schenkt. Oder aus der Sicht des Menschen betrachtet: Der Arzt und der Apostel vermögen beide zu heilen. Und doch »übertrifft der Apostel den natürlichen Arzt, das macht die neue Geburt«, so heißt es in der *Philosophia sagax* des Paracelsus. Erst mit dieser Grundorientierung vermag der Arzt sein Tagewerk zu erfüllen: als Pharmazeut, als Chirurg, aber auch als Psychotherapeut, der sich der seelischen Nöte seines Patienten annimmt. Jedenfalls ist das seelsorgerliche Element bei Paracelsus nicht zu unterschätzen, wissen wir doch, daß er sich zeitweise auch als Laienprediger betätigt und theologische Schriften verfaßt hat.

Nun sind Heil und Heilung zwei Wege, die letztlich in die gleiche Richtung laufen sollten. Paracelsus erkennt die Notwendigkeit, daß die Bemühung um die Heilung des Leibes stets auch das ewige Heil des Menschen im Auge behalte; denn der ist noch nicht gesund, dessen Organismus wieder funktionstüchtig gemacht worden ist. Selbst die Krankheit steht – von höherer Warte aus betrachtet – im Dienst der Heil- und Ganzwerdung des Menschen. Unter einem solchen Gesichtspunkt spricht Paracelsus von der RELIGIO PERPETUA, von der unablässigen, fortdauernden Religion. »Alle Ding, so wir auf Erden gebrauchen«, so heißt es in der gleichnamigen Schrift, »sollen wir seliglich und nicht unseliglich gebrauchen, und nicht mehr und nicht anders, als darum und zu dem, weswegen es da ist . . . Wir haben eine Religion, die ›Apostelamt‹ heißt.«

Nun läßt sich darauf hinweisen, daß der studierte DOCTOR MEDICINAESich auch noch den Titel eines DOCTOR THEOLOGIAEzugelegt und gepredigt hat, etwa im Stil der zeitgenössischen radikal-reformatorischen Täufer. Es hieße aber Paracelsus mißverstehen, nähme man an, er sei von einer Fakultät in die andere übergewechselt. Gerade eine derartige Abgrenzung von Kompetenzen oder Disziplinen kann ein Mann nicht gelten lassen, dem Landesgrenzen, Glaubens- oder Standesunterschiede stets Nebensache geblieben sind. Paracelsus ist Arzt *und* Prediger, mithin ein »apostolisch« gesinnter Arzt, der das Ziel seines Arzneiens und Kurierens, eben das ewige Heil des Menschen, im Blick behält.

Die Basis seines Arzttums ist somit eine RELIGIO PERPETUA, die er im gleichen Zusammenhang als eine »bewährte RELIGIOdes Geistes« treffend charakterisiert. Und zwar ist es jener Geist, »der da vom Himmel, ohne allen Betrug ist, ohne allen Beschiß und ohne alles Falsch. In *der* RELIGIO ist die Wahrheit und die wahrhaftige Verkündigung. In *die* RELI-

GIO soll sich ein jeglich Schaf einbinden und fügen ... Das ist die bewährte Religion des Geistes. Deren (d. h. deren Boten) Exempel und deren Lehr, deren Gebet, deren Zeichen sollen wir annehmen und sagen: Selig ist der, der da kommt im Namen des Herrn.«

Wer in dieser Religion des Geistes steht und aus dem Heiligen Geist heraus wirkt, was immer er tut, der muß sich sowenig um die jeweils herrschenden, miteinander im Streit liegenden Konfessionen kümmern wie der Hohenheimer. Ihn beeindruckt weder das mit Pracht und Pomp agierende Papsttum eines Leo X. und seiner Nachfolger noch der Protestantismus seines schweizerischen Landsmannes Ulrich Zwingli oder des vielgerühmten Wittenberger Augustinermönchs Martin Luther. Viel näher steht ihm da schon die praktizierte Frömmigkeit jener um keine Kirchenleitung, Obrigkeit und Zeremoniewesen besorgten Taufgesinnten, zumal sie keine bloßen »Maulchristen« sind.

Was ihn besonders beeindruckt und was seine eigene Religion des Geistes prägt, das ist der starke sozialkritisch-sozialethische Zug der entschiedenen Christen aller Zeiten. Es ist sicher kein Zufall, daß das religiöstheologische Element zur selben Zeit – nämlich der Bauernaufstände um 1524/25 – in den Paracelsus-Schriften eine Rolle zu spielen beginnt, als er angeregt wird, Beiträge zur sozialen Frage zu liefern. Sein Herz schlägt für den kleinen Mann, dessen Sorgen und Unsicherheiten der unruhige »Landfahrer« aus vielfältiger Anschauung kennt.

Wir begegnen in Paracelsus einem Arzt, der sehr wohl auch »Doktor der Theologie« genannt zu werden verdient, freilich unabhängig davon, ob die Zunft bereit gewesen wäre, diesem Außenseiter und Grenzgänger den DOCTOR HONORIS CAUSA zuzuerkennen. Abgesehen davon, eine Titeltheologie – »Titelchristentum« sagt Jakob Böhme später einmal – kümmert den Mann nicht im geringsten, der sich über die jeweils herrschenden, Diplome austeilenden Autoritäten an den hohen Schulen hinwegsetzt. Anderes ist ihm wichtiger, nämlich alles das, was die Religion des Geistes ausmacht. Sie ist von Institutionen und Titulaturen unabhängig.

Da ist zunächst einmal die großherzige Toleranz dessen, der viele Wege zu Gott gelten läßt. Alle Kinder sind »selig« und dem Reich Gottes nah, ganz gleich, ob ihre Eltern Türken, Tataren oder Christen sind. Schon der ist für den Hohenheimer ein »Christ«, dem nach Gerechtigkeit dürstet. Ohne Zweifel: Hier macht ein vorzeitiger Ökumeniker mit der Bergpredigt Jesu ernst.

Daraus folgt die Überzeugung, daß niemand zum Glauben, genauer: zu einer bestimmten Glaubensform oder Konfession gezwungen werden dürfe. Wenn eine Obrigkeit eine Konversion erzwänge – im Zeitalter der »Glaubensspaltung« wird dies gesagt! –, »so wär es ein vermeinter Glaub und nicht ein geliebter Glaub«. Weit besser wäre es, man bliebe, wo oder was man war, denn was für einen Wert haben bloße Lippenbekenntnisse! – Wenn auch das eigentliche Zeitalter der Weltmission im frühen

16. Jahrhundert noch lange nicht angebrochen ist, so heißt das doch, daß sich Paracelsus gegen Augustinus, den großen Kirchenvater des Abendlandes, zu stellen wagt, der nichts dagegen hat, wenn man die Heiden »nötigt, hereinzukommen . . .« Dagegen Paracelsus lapidar: »Den Glauben heißen wir nicht nötigen . . . Der Mensch, der sich untersteht, den Glauben zu mehren mit dem Schwert, das ist vom Teufel.«

Als einer, der weiß, wes Geistes Kind er ist, läßt Paracelsus allein Gott und Christus als die wahren Lehrmeister des Glaubens gelten. Damit gibt er zu erkennen, daß der in so starkem Maße nach außen gerichtete, an den Naturwesenheiten orientierte Arzt und Forscher zugleich ein *esoterisches*, d. h. ein nach innen gekehrtes, auf spirituelle Erfahrung gegründetes Christentum pflegen möchte. Dies gilt, obwohl er in hohem Maße der Lehrtradition der katholischen Kirche verpflichtet bleibt. Allein, bei den zeitgenössischen Fachtheologen findet er nicht die erhoffte Anerkennung als »vollmächtiger Christ . . ., das mich hart betrübet hat.«

Doch er kann das verwinden, denn: »Ob wir gleich die Person Christi nicht haben, so haben wir doch seine Kraft und Tugend (d. h. seine Vollmacht) bei uns«, und zwar in Gestalt der Sakramente, in der geistig-geistlichen Speise des Leibes Christi und als Licht des Heiligen Geistes, das das Licht der Natur bei weitem übertrifft. Wer nun in dieser Weise mit dem gegenwärtigen Christus verbunden ist – nicht zuletzt dank der mütterlichen Obhut Mariens –, der lebt *in* ihm.

Für einen esoterischen Christen hat diese Einsicht wichtige Konsequenzen für die ganz praktische Ausübung des Glaubens. Denn während das schlichte Gemeindeglied, ganz gleich, welche gesellschaftliche Position es innehat, von dem bindenden und lösenden Wort des Priesters abhängt und ohne die kirchliche Institution als Christ nicht existieren kann, wendet Paracelsus auch in religiöser Hinsicht sein Leitwort auf sich an: Er bedarf »keines andern« als Mittler der Gnade.

In der Praxis des Bußsakraments wird diese Geistunmittelbarkeit des Esoterikers deutlich. Denn »Buß wirken, ist tun den Willen Gottes, und nicht auf den Knien liegend nach Gutdünken menschlichen Sinns. Buß wirken, ist in Christo leben, und nicht hin und her dem Gesetz nachzufolgen, wie es einem jeglichen gut dünkt. – Das beweist nun, daß all menschlich Vergeben an Gottes Statt umsonst ist . . . So nun die Sünd im Herzen liegt, allein Gott wissend und nicht dem Menschen – darum soll dem gebeichtet werden, der Herr der Herzen ist und nicht des Mauls.«

Wenn die mittelalterliche Kirche einem nach Heiligung strebenden Menschen gebot: Tue die Werke der Kirche! – so weiß es Paracelsus anders. Er unterscheidet eine Tat, »die aus dem Geist gehet«, von einem Werk, »das aus dem Leib gehet«. Wer nun die Vorläufigkeit kirchlicher Riten und Bräuche durchschaut, der wird mit Paracelsus sagen: »Gott will, daß kein Gebot von wegen der Werke soll gehalten werden, sondern von wegen der Liebe . . . Das Gebot Gottes gehet allein in die Liebe. Aus welcher Liebe die Werke fließen. Aber die Gleißner (d. h. die Schein-Christen) liegen auf den Werken und löschen also die Liebe aus . . . Tuest du ein Werk, so tue es aus dem Geist und scheide es nicht vom Geist!« – ein beherzigenswertes Wort. Luthers Erkenntnis von der »Freiheit eines Christenmenschen« ist auch Theophrasts Überzeugung.

Damit ist die einzige Verbundenheit, die Paracelsus gelten läßt, genannt, eben die Verbundenheit im Geiste und in der Religion des Geistes. Jegliche konfessionalistische Engführung ist ihm zuwider. Ein Lutheraner kann und will er ebensowenig sein wie »papistisch«, zwinglisch, hussitisch, täuferisch, picardisch oder wie die einzelnen »Sekten« der Zeit alle heißen mögen. »Sie sind nicht in der ewigen Kirchen, nur in der zergänglichen Kirchen.«

In welcher Kirche ist dann dieser Kritiker der Kirche? – Die Antwort lautet: Die Gläubigen allein machen die wahre Kirche aus, nicht etwa die äußere Zugehörigkeit. »Allein die sind die Kirche Christi, da ein jeder sein Kreuz auf sich nimmt und trägt's und folgt damit Christo nach. – Die Kirche heißt auf latein CATHOLICA (die Allumfassende) und ist der Geist aller gerechten Gläubigen und ihre Wohnung. Und ihr Zusammenkommen ist im Heiligen Geist, also daß sie alle im Glauben sind. Das ist FIDES CATHOLICA (der allumfassende Glaube ökumenischer Verbundenheit) und besitzt keine Statt.«

Dieser Glaube und diese Geist-Kirche, die einst im hohen Mittelalter der große Kalabrese Joachim von Fiore ausgerufen hat, ist demnach an keinen geographischen Ort gebunden, es sei Rom, Wittenberg oder Zürich. Paracelsus fügt hinzu: »Aber ECCLESIA ist eine Mauer.« Damit unterscheidet er deutlich die »bewährte Religion des Geistes« von der »Mauerkirche«, von der sich nach Paracelsus Männer wie Valentin Weigel, Jakob Böhme und viele andere distanziert haben. So gesehen, ist die Kirche des Geistes eine innerliche Kirche: »Der falsche Christ sagt, man soll beten in der Kirchen, beim Altar, bei der Meß, bei der Vesper etc. Und dasselbig Haus ist nicht ein Bethaus! Das Bethaus ist, wie Christus sagt, im Schlafkämmerlein, das ist im Herzen . . . Welcher da lernen will den Glauben Christi, der bedarf keines Predigers . . . Allein daß er durstig sei und werde, so läuft der Christus zu ihm in sein Haus und macht aus ihm einen Christen nach seinem Willen.« – Ein beherztes, ein mutiges Wort. Es zeigt einmal mehr, daß der umsichtige Arzt weiß, wo die Grenzen des Menschen sind. So sehr er selbst im »Laufen« geübt ist, die Religion des Geistes hängt nicht davon ab. Sie ist überhaupt nicht Menschenwerk. Es liegt nicht am »Laufen« des Menschen, sondern allein an Christi Vollbringen. Das ist gut paulinisch, insofern lutherisch, folglich katholisch-evangelisch-ökumenisch!

Aber damit nicht genug: Aus vielen der religiösen wie der praktisch-medizinischen Äußerungen sowie der ganzen Lebenshaltung des Hohenheimers geht klar hervor, daß die von ihm vertretene Spiritualität niemals

Selbstzweck bleibt, sondern daß die paracelsische Religion des Geistes nach Konkretisierung, nach Leibwerdung drängt, nämlich in der Liebe.

Welche Perspektive ergibt sich für Paracelsus und durch Paracelsus? Er sieht »der Menschen Gebäu«, die Steinhaufen ihrer Tempel und Kirchen zerbrechen. Aber das ist nur *ein* Aspekt, denn: »Alle Welt blüht auf aus den Wunderwerken Gottes.« Auch Kranksein und Leid sind ihm ein Lob, und lauter Lob ist die Arznei. Der Mensch erfreut sich im Licht der Natur. »Alles lebt so und wirkt in vielerlei Gestalten. Die Handwerke blühen und viel tausend Künste. Also triumphieret der Geist Gottes auf Erden unter den Menschen. Nichts darf feiern auf dieser Welt; in steter Übung müssen wir liegen. Denn nichts hat Gott schon vollendet auf seine Statt; und in den Schlacken ist es verborgen, aber der Mensch wird es vollenden. Dann wird es gebracht in seine letzte Substanz und in sein Wesen. Die Schöpfung ist noch nicht zu End, ehe denn der Mai der Natur anbricht und die güldene Welt!«

Welch ein apokalyptischer Ausblick: »die güldene Welt«! Wie stark muß christlicher Glaube sein, um die zukünftige Gottesstadt, den neuen Himmel und die neue Erde, schon hier zu schauen! Was den Rastlosen selbst betrifft, so tut sich ihm, dem etwa Siebenundvierzigjährigen, beim Fürstbischof von Salzburg um 1540 endlich eine Tür auf. Aber zu diesem Zeitpunkt ist er bereits erkrankt und körperlich geschwächt. Er versorgt Patienten und setzt die Arbeit an seinen Manuskripten fort. Aber ihm wird klar, »daß die Arbeit aus ist«. Am 21. September 1541 sitzt er, ein früh Gealterter, »schwachen Leibs auf einem Reisebettl« und diktiert einem Notar sein Testament. Drei Tage später, am 24. September, ist Paracelsus tot. Man begräbt ihn auf dem Armenfriedhof von Sankt Sebastian zu Salzburg.

Ein jäh abgebrochenes Leben und Werk! Und als antworte der bisweilen von Schwermut Heimgesuchte: »Was den MEDICUM (Arzt) reut? – Nichts, denn er hat seine Tag vollbracht mit den ARCANIS (geheimen Heilmitteln) und hat in Gott und in der Natur gelebt als ein gewaltiger Meister des irdischen Lichts.« – Ist das die Stimme eines Entmutigten? Ist das nicht eher die Stimme eines Mannes, dessen Sache weitergeht?

Aus den Schriften von Paracelsus

Das erste Buch Doktor Paracelsi von der großen Wundarznei, fängt an in dem Namen des Herrn Amen. Ein jeder Wundarzt soll im ersten Ansehn der Wunden wissen, was da unter seinen Augen liegt, nämlich, wie weit er mit ihr kommen könne und zu was er sie bringen könne, damit er sich nit im Anfang verschnappe und mehr zusage, als der Natur gefällig ist. Denn du mußt wissen, daß sich die Natur nit zwingen läßt. Du mußt ihr nach und nit sie dir. Das ist die Kunst, daß du der Natur bequeme Arzneien erkennst.

Ihr sollt euch nit durch die gemeinen Ärzte, Scherer, Bader, Blatterer verführen lassen. Die wollen hoch und mächtig angesehen werden und brauchen große Rede und Geschwätz und doch ist nichts daran. Es ist mit ihnen gleich wie mit dem Psallieren der Nonnen; dieselbigen brauchen des Psalters Weisen und treiben Gesang, und wissen weder Gickes noch Gackes. So ist's mit den Ärzten auch. Sie treiben nichts als eitel Berühmen und doch ist nichts daran. Und wie eine Nonne manchmal ein Wort versteht, darnach zehn Blätter lang nichts mehr, so sind auch diese Ärzte. Sie treffen manchmal eins, dann aber nichts mehr. Sie brauchen Neid und Haß, Verhinderung und dergleichen, wo einer solches erweisen mag. Das ist ihr Kunst.

Alle Dinge, die wir in den Künsten vermögen, sollen Gott zu Lob und Ehr gebraucht werden, daß sie sich mit Maria Magdalena vergleichen lassen, die verschüttete eine köstliche Salbe über das Haupt Christi, und sie wäre nach menschlichem Verstande besser angelegt worden, als sie so zu verschütten. Christus gab aber das Zeugnis, daß sie ein gut Werk getan hätte . . . Drum wenn wir schon nicht allemal nach menschlichem Verstande handeln und wandeln, aber in rechter Liebe, so wird es auch mit dem Hinweis auf diese Salbe verantwortet. Denn die mancherlei Sekten, die innerhalb des christlichen Glaubens erscheinen, stricken das Evangelium in ein so enges Garn – wenn Christus das Exempel vom Roß nit gegeben hätte, so könnte am Sabbat keiner weder essen noch trinken; er müßte oben und unten feiern. Es wäre gut, wenn er uns befohlen hätte, mit Fasten und Beten Gesundheit zu erlangen. Er hat's aber nit getan, sondern hat's in ein Mittleres geordnet. (Aus *Paracelsus – Werke*, hrsg. von Will Erich Peuckert, b. Schwabe, Basel.)

Gerhard Wehr

Jakob Böhme

Erwecker seelischer Tiefe

Wer die Spuren christlicher Mystik und Theosophie zurückverfolgt, stößt immer wieder auf den Namen eines Mannes, der zwar außerhalb der gängigen Schulen und der orthodoxen theologischen Lehrmeinungen steht, der aber einen über Jahrhunderte sich erstreckenden Einfluß auf das Denken und auf die Frömmigkeit ausgeübt hat, und zwar über die jeweiligen Konfessionsgrenzen hinweg: Jakob Böhme, geboren 1575 in Altseidenberg/Lauritz, gestorben am 17. November 1624 in Görlitz.

Kein Geringerer als Hegel erblickte in dem schlichten Schuhmacher von Görlitz den »ersten deutschen Philosophen«. Aber was heißt hier Philosophie? Im Böhmeschen Sinn müßte man sagen: »Philosoph« ist in einem sehr wörtlichen Sinne gemeint, nämlich einer, der die göttliche Sophia, die Gottesweisheit, liebt.
In seinem Spätwerk, den berühmten Berliner Vorlesungen *Philosophie der Offenbarung*, schreibt Friedrich Wilhelm Joseph Schelling: »Man kann nicht umhin, von Jakob Böhme zu sagen, er sei eine Wundererscheinung in der Geschichte der Menschheit und besonders in der Geschichte des deutschen Geistes. Könnte man je vergessen, welcher Schatz von natürlicher Geistes- und Herzenstiefe in der deutschen Nation liegt, so dürfte man sich nur an ihn erinnern . . . Jakob Böhme ist wirklich eine theogonische Natur!« – Aber inwiefern denn? Die Antwort könnte lauten: Weil er aus unmittelbarer spiritueller Erfahrung geschöpft hat, weil er einer inneren Schau teilhaftig geworden ist, die seine Christuserkenntnis vertieft und sein ganzes Leben verwandelt hat.
Selten hat ein Mann aus der Enge seiner kleinbürgerlichen Verhältnisse und aus der Verborgenheit seines Schauens heraus so nachhaltig auf seine Zeit und auf die Nachwelt eingewirkt. Gewiß trifft zu, was der amerikanische Geistesgeschichtler William Bossenbrook schreibt: »Böhme ist das wichtigste Bindeglied in der Reihe der Denker, die sich von Eckart bis Hegel erstreckt; er verband die Ideen von Eckart, Nikolaus von Kues, Paracelsus und Luther und formte sie zu einer Theosophie um, die im Laufe der Säkularisierung, der sie von Leibniz bis Hegel unterzogen wurde, jene Merkmale annahm, die im allgemeinen als der spezifisch deutsche Beitrag zur Philosophie angesehen werden.«
Aber darf man den schlichten Handwerker, der lebenslang beinahe buchstäblich »bei seinem Leisten« geblieben ist, in einem Atemzug mit den großen Denkern der mitteleuropäischen Geistesgeschichte nennen? Eines steht fest: Am Anfang der Botschaft dieses PHILOSOPHUS TEUTONICUS – seine Zeitgenossen nannten ihn bereits so! – steht keine Lehre, sondern ein Erlebnis. Sein Erstlingswerk, die *Morgenröte im Aufgang*, auch *Aurora* betitelt, ist das sicherlich noch unbeholfen formulierte, gleichsam mit zitternder Hand niedergeschriebene Geständnis eines von der geistigen Schau Heimgesuchten, eines unruhigen Sinnierers und eines Überwältigten. Böhmes Glaubenserfahrung ist unter großen Erschütterungen errungen worden, deren Unbeschreibbarkeit dennoch kein Verschweigen duldete. Dieser Spannung des Sollens und doch nicht Könnens hatte der Görlitzer Schuster standzuhalten. Gedankliche Abgeklärtheit und logische Geradlinigkeit erwarte man also nicht, wenn man das nach Gehalt und Gestalt erstaunliche literarische Werk aufblättert, das in einer düsteren schlesischen Schusterstube Gestalt annahm.
Böhmes Denkstruktur ist bestimmt durch die spannungsvolle Dynamik einer geistig-seelischen Erfahrung, die in wiederholten Schüben, jedoch

im Zustand klarer Bewußtheit über ihn gekommen ist. Was Böhme schließlich als den Niederschlag einer umfassenden Gottes-, Welt- und Menschenweisheit mitzuteilen hat, das empfing er seinem eigenen Zeugnis zufolge Mal um Mal durch die Impulse eines übermächtigen »feurigen Triebs«. Ihm vermochte er sich nicht zu entziehen. Er mußte seine Schusterahle beiseite legen und zur Feder greifen, um die Fülle seiner Gesichte beschreibend festzuhalten und seinen Mitmenschen als Seelenführer und als Geisteslehrer zu dienen. Wohl nennt er sich selbstbewußt den Autor seiner Bücher. Aber er versäumt darüber nicht zu bedenken, aus welcher Quelle er als Autor letztlich schöpft. Deshalb sein Geständnis: »Bei mir suche niemand das Werk . . . Nicht rede ich von mir, sondern von dem, was der Geist zeuget, dem niemand widerstehen kann. Denn es stehet in seiner Allmacht und lieget nicht an unserem Wähnen und Willen.«

Wie sollen, wie können wir eigentlich von Gott denken und reden? Das ist die bewegende Frage, die sich Jakob Böhme von Anfang an stellt. Sie läßt ihn lebenslang nicht los, wenngleich die Antworten, die er zu geben hat, verständlicherweise differieren. Das ist nicht zuletzt in der Eigenart seines anschauenden Denkens begründet, bis zu einem gewissen Grad aber auch in dem Thema und Inhalt seiner Schau. Und so hebt Böhmes Erstlingswerk, die *Aurora*, an: »Wiewohl Fleisch und Blut das göttliche Wesen nicht ergreifen können, sondern der Geist, wenn er von Gott erleuchtet und angezündet wird; so man aber will von Gott reden, was Gott sei, so muß man fleißig erwägen die Kräfte in der Natur, dazu die ganze Schöpfung, Himmel und Erden, sowohl Sternen und Elementen und die Kreaturen, so aus denselben sind herkommen, sowohl auch die heiligen Engel, Teufel und Menschen, auch Himmel und Hölle.«*

Ernst Bloch hat gewiß recht, wenn er sagt: »Dergleichen ward seit Heraklit nicht mehr gehört.« – Und um was sich Jakob Böhme müht, ist klar: Er will die papiernen Götterbilder hinter sich lassen, und damit all das, was mehr oder minder fromm verbrämter Rationalismus an Vorstellungen über Ihn, den Unnennbaren, hervorgebracht hat. Das alttestamentliche Gebot: Du sollst dir weder Bildnis noch Gleichnis machen! – ist Böhme wie mit flammenden Lettern ins Herz gebrannt. Indem er aber forscht und weiterfragt, stößt er auf den Widerspruch von gut und böse, von Licht und Finsternis, die – das ist die für Böhme erschreckende Erkenntnis – »*in Gott*« selbst ihren Grund und Ungrund haben. Unter Furcht und Zittern tastet sich der mit Gott ringende schlichte, kirchenfromme Mann an die Mysterien der Gotteswelt heran. Er stößt hier auf eine Widersprüchlichkeit, die nicht vorschnell harmonisiert werden kann, sondern die in ihren Konsequenzen ertragen werden muß.

* Die Böhme-Zitate erfolgen nach der kommentierten Studienausgabe der Werke Jakob Böhmes, die im Aurum Verlag Freiburg erscheint.

Das ist Böhmes Einsicht. Sie läßt ihn erzittern. Hier wird er einer Tiefe gewahr, die ihn in den Grundfesten erschüttert. Er droht einer schweren Melancholie zu verfallen. Doch im Grunde sind seine *Aurora* und alle seine anderen Werke, nicht zuletzt seine aufschlußreichen *Theosophischen Sendbriefe,* selbstredende Belege dafür, daß er der Bestürzung Herr geworden ist. Denn mitten im Erschrecken eröffnet sich ihm der Blick in »die innerste Geburt der Gottheit«. Der Unsichtbare enthüllt sich in der geistigen Schau. Er tritt aus seinen Finsternissen hervor, und zwar nicht als jener verharmloste Bilderbuch-»Gott«, der keinem etwas anhaben könnte, sondern vielmehr als der Inbegriff des Zorns wie der umfassenden Liebe, wie er erst durch das Gesamtzeugnis Alten und Neuen Testaments als der »lebendige Gott« Gestalt gewinnt. Dieser Gott schenkt sich dem Menschen, ohne sich preiszugeben.

Schon dies ist für Böhmes Erlebnis-, Denk- und Glaubensstruktur kennzeichnend, daß er die Metapher der Tiefe dort einführt, wo man den Begriff der Höhe und der Erhabenheit erwartet. Böhme, der als Theosoph der modernen Tiefenpsychologie, nicht am wenigsten der Psychologie religiöser Erfahrung zu denken gibt und der zu einer noch viel zuwenig ernstgenommenen »Tiefentheologie« Anstöße geben könnte*, zieht einmal eine Verbindungslinie zwischen der Tiefe in der Natur und der Tiefe, an der der Mensch teilhat, wenn er schreibt: »Die ganze Tiefe zwischen Erde und Sternen ist wie ein Gemüte eines Menschen . . . Und die Sonne ist König und das Herze der Tiefe; die leuchtet und wirket in die Tiefe und machet also ein Leben in der Tiefe, gleichwie das Herze im Leibe ist, also ist auch die Sonne in der Tiefe und die sechs Planeten machen die Sinnen und den Verstand in der Tiefe, daß es alles zusammen ist als ein lebendiger Geist.«

Kennzeichnend für Böhmes Schauen ist sodann das Bedürfnis, so konkret und so schöpfungsnah, wirklichkeitsnah wie nur möglich zu bleiben. Als ihn einmal die Vision heimsucht und die Dinge um ihn herum gleichsam transparent werden, da sucht er sich der Untrüglichkeit des von ihm Geschauten zu vergewissern. Er eilt hinaus ins Grüne, wo er mit Genugtuung feststellt, daß dort diese Schaukraft bei vollem Wachbewußtsein andauert. Er unterliegt somit nicht einer Sinnestäuschung. Derartige Erlebnisse berechtigen ihn, einem Skeptiker zuzurufen: »Siehe, du blinder Mensch, ich will dir's zeigen: gehe auf eine Wiese!« Und einem Zweifler rät er: »Tue deine Augen auf und gehe zu einem Baum und siehe den an und besinne dich!«

Weil Gotteserfahrung für Böhme eine ungemein konkrete, den irdischen Erscheinungen dieser Welt abzulesende Tatsache ist, die sich Mal um Mal

* Vgl. Gerhard Wehr: *Stichwort Damaskuserlebnis. Der Weg zu Christus nach C. G. Jung.* Krenz Verlag, Stuttgart 1982 (Psyche und Glaube 3).

ereignet, deshalb ist sein Sehertum mit rauschartigen Zuständen nicht zu verwechseln. Ebensowenig ist Böhmes kosmisch-überkosmische Schau, die auch die Geheimnisse der göttlichen Dreieinigkeit einbezieht, auf dem Wege rationaler Analysen zu erreichen. Daher lautet sein Rat: »Du wirst kein Buch finden, da du die göttliche Weisheit könntest mehr inne finden zu forschen, als wenn du auf eine blühende Wiese gehest. Da wirst du die wunderliche Kraft Gottes sehen, riechen und schmecken, wiewohl es nur ein Gleichnis ist; und ist diese göttliche Kraft im dritten Principio materialisch worden und hat sich Gott im Gleichnis offenbaret. Aber dem Suchenden ist's ein lieber Lehrmeister. Er findet viel allda.«

Jakob Böhme, der drei Prinzipien der Wirklichkeit unterscheidet, die auf höchster Ebene mit der göttlichen Trinität korrespondieren, muß einem doppelten Mißverständnis zu wehren suchen: einmal dem Mißverständnis der Manichäer und der Gnostiker, das heißt jener frühchristlichen Häretiker, die die eine Wirklichkeit und die gute Schöpfung Gottes in zwei Bereiche aufspalten, wobei die Materie im vornherein als böse bezeichnet wird. Böhme widersteht einer solchen Weltdeutung mit dem Wort: »Der heiligen Welt Gott und der finsteren Welt Gott sind nicht zween Götter. Es ist ein einiger Gott. Er ist selber alles Wesen.«

Dieser eine Gott ist damit der alles Umgreifende. Die Schöpfung ist nicht etwa das mißratene Werk eines bösen Weltschöpfers (Demiurg), sondern sie gehört in den Heils-Ratschluß Gottes hinein. Nur die Berufung auf diesen Gott, der ein volles Ja zur Erde gesprochen hat, ermöglicht dem Görlitzer Seher die universale Schau der Wirklichkeit. Jakob Böhme geht so weit, daß er auch die dunklen Aspekte im Handeln Gottes als Faktoren in dieser großen kosmischen Ökonomie anerkennt. Erst wo die Negativität bejaht wird, wird Ganzheit sichtbar. Das ist das eine.

Auf der anderen Seite muß Böhme dem pantheistischen Mißverständnis begegnen, der Anschauung also, die Natur sei bereits Gott; alles Natürliche sei bereits etwas Göttliches, das sich selbst trägt. Spinozas »Deus sive natura«, Gott sei gleich der Natur, hätte Böhme nicht anerkennen können oder wollen. Worauf er besonderen Wert legt, das ist die Feststellung, daß alles Gewordene aus ein und derselben Wurzel hervorgewachsen und gleichsam der verdichtete Hauch des »ausgesprochenen Wortes« sei. Wie nun in jedem Ding ein Ewiges in der Zeitlichkeit verborgen sei, so läßt sich umgekehrt an den Erscheinungen dieser Welt ablesen, welche Kräfte in ihnen pulsieren. Das gesprochene Wort der Naturphänomene legt Zeugnis ab von dem sprechenden Wort des Schöpfers. Sein »Aushauchen«, so nennt Böhme das Sprechen Gottes, dauert fort; die Schöpfung ist noch nicht am Ende, sie geht weiter.

Für Jakob Böhme besteht nun die Aufgabe darin, dieses konkrete Wort Gottes, das zu allen Sinnen spricht und das nicht nur eine rationale, gedankengetragene Dimension hat, zu vernehmen und seinen Mitmenschen vernehmbar zu machen. Aber wie ist das möglich? – Böhme steht bereits in einer langen naturphilosophischen Tradition, wenn er sagt, daß alle Rede Gottes in der Schöpfung deutlich ablesbare Spuren hinterlassen habe. Es sind die »Signaturen«, also etwa: die Merkzeichen, durch die sich die Geschöpfe auf Grund der von Gott verliehenen Logos-(oder Wort-)Struktur zu erkennen geben. Freilich, diese Signaturen sind noch nicht das göttliche Wort oder der Geist, sondern sie sind, mit Böhme zu sprechen: »Behälter oder Kasten des Geistes, darinnen er lieget.« Um das Gemeinte deutlicher zu machen, verwendet er das Gleichnisbild einer Laute. Deshalb ist das Geschaffene »wie ein zugericht' Lautenspiel, auf welchem der Willen-Geist schläget. Welche Saiten er trifft, die klinget nach ihrer Eigenschaft.«

Somit liegt es am Erkenntniswillen des Menschen, das Instrument der Schöpfung zu stimmen und ihm den innewohnenden Klangreichtum zu entlocken, eine Aufgabe, von der am Ende des zweiten Jahrtausends bekannt werden muß, daß gerade dieses Erkenntnisvermögen lange Zeit vernachlässigt worden ist. Denn eine Menschheit, die den Planeten plündert und zu einer Mülldeponie oder zu einer Lagerstätte von Vernichtungskräften degradiert, die hat schwerlich den Auftrag zur Weltgestaltung verstanden, geschweige denn erfüllt! Böhme gehört noch zu der Generation, für die sich im Mikrokosmos des Menschen die makrokosmische Welt spiegelt. Wo immer man Böhmes Bücher aufschlägt, fällt einem diese universale, auf Ganzheitserkenntnis hinzielende Betrachtungsweise auf. Das macht ihn aktuell und herausfordernd, selbst wenn seine Bilder, Symbole und Vergleiche jeweils in die heutige Gedankensprache übersetzt werden müssen. Besondere Beachtung verdient in diesem Zusammenhang Böhmes Feststellung, die Erkenntnisfähigkeit des Menschen sei Ausfluß der Liebe Gottes!

Diese Liebe und das menschliche Erkenntnisvermögen sind somit aufeinander bezogen. Einen oberflächlichen Erkenntnisoptimismus lehnt Böhme freilich ab. Er weiß, »in welche grausame erschreckliche Finsternis wir geraten« sind. Dadurch wurde Adam, das Ursprungsbild des Menschen, verdunkelt. Christus aber ist der »neue Adam«. Die Verbindung mit ihm bedeutet die Wiederherstellung des verlorenen Urstandes. Nun beschränkt sich Jakob Böhme nicht etwa darauf, neutestamentlich-paulinische Aussagen zu wiederholen. Der Görlitzer Schuster wird zum spirituellen Meister und Seelenführer, indem er den Prozeß einer inneren Umkehr und Wandlung, den er selbst durchlaufen hat, weitersagt. Hierfür gibt es wichtige Dokumente, die geeignet sind, auch den heutigen nach Meditation und geistlicher Führung fragenden Leser an Jakob Böhme heranzuführen: Da sind einmal die sogenannten *Theosophischen Sendbriefe*; es sind dies die Briefe, die Böhme an seine geistesverwandten Freunde und Schüler schrieb und die zugleich Einblicke in seine dürftigen Lebensumstände gewähren. – Zum andern ist da das Buch *Christosophia*, in dem mystisch-meditative Schriften zusammengestellt sind.

Christosophia umschließt Böhmes spirituelles Vermächtnis. Als Leser denkt sich der Autor solche Menschen, »die gerne wollten Buße tun und in Begierde sind zum Anfang. Sie werden beiderseits erfahren, was darinnen für Worte sind und woraus sie erboren.« – So heißt es im Vorwort dieser einzigen zu Böhmes Lebzeiten (1624) veröffentlichten Schrift. Unter »Buße« ist ein geistliches Exerzitium zu verstehen, das Gebet, Meditation und Christusnachfolge im gelebten Leben zum Inhalt hat. Böhme redet hier in der Sprache der spätmittelalterlichen Mystik. So fehlen daher nicht die Anspielungen an Texte eines Meister Eckart, eines Johannes Tauler oder auch an Thomas' von Kempen berühmtes Buch von der »Nachfolge Christi«. Und dem, der sich in den Prozeß der geistlichen Erneuerung hineinbegibt, schärft Böhme ein: »Dieser ergreife nur die Worte Christi und wickle sich in Christi Leiden und Tod ein!« Hinzu tritt der Appell zu rückhaltloser Entschlossenheit, jetzt und hier übend zu beginnen und nur ja nicht zu zaudern. Der unwiederholbare Augenblick, den Gott schenkt, ist zu nützen. Deshalb fährt der Autor fort: »Er raffe Sinnen und Gemüte mit aller Vernunft zusammen in Eines und mache sich zur selben Stunde, alsobald in der ersten Betrachtung, wenn er sich in Lust (das heißt: in innerer Bereitschaft) zur Buße fühlet, einen gewaltigen Vorsatz, daß er diese Stunde und diese Minute alsobald will in die Buße eingehen und von dem gottlosen Wege ausgehen, auch aller Welt Macht und Ehre für nichts achten.«

Böhme scheut sich nicht, diese und ähnliche Wendungen mehrmals wiederkehren zu lassen. Das entspricht nicht nur seiner Diktion. Es entspricht vor allem dem Gesetz der Wiederholung, das in der Exerzitienliteratur zur Geltung zu bringen ist, um auf diese Weise das geistliche Samenkorn in immer tieferen Schichten des menschlichen Bewußtseins Wurzeln treiben zu lassen: In Christus sterben wir; durch den Heiligen Geist werden wir wiedergeboren.

Schließlich hat Jakob Böhme das letzte Menschheitsziel vor Augen, die Hochzeit des Lammes, die Begegnung mit der »edlen Jungfrau Sophia«, Inbegriff der endgültigen Menschwerdung des Menschen, wenn er sagt: »Willst du ihn (Christus) anziehen, so mußt du durch seinen ganzen Prozeß, von seiner Menschwerdung bis zu seiner Himmelfahrt gehen . . . Denn die Jungfrau Sophia vermählet sich anders gar nicht mit der Seelen.« Es spricht für die besondere Glaubenshaltung und Frömmigkeitsstruktur des lutherischen Christen Jakob Böhme, daß er auf dem Weg der inneren Erfahrung, die er seinen »Prozeß« nennt, einen neuen Zugang zum Weiblich-Jungfräulichen im göttlichen Bereich gefunden hat. Der Jungfrau Sophia begegnen, heißt für Jakob Böhme einmal: jenes spirituelle Ursprungsbild wiederfinden, das durch »Adams Fall« verlorengegangen ist. Und weil der Christusbezug dabei immer im Spiele ist, sei an Novalis erinnert, der seine Sophien-Erfahrung auf die knappe Formel gebracht hat: »Christus und Sophie.« – Zu dieser individuellanthropologischen Sicht tritt bei Jakob Böhme noch eine kosmologische, mit anderen Worten: die göttliche Weisheit ist nicht nur eine spirituelle Innenerfahrung; wir begegnen der Gottesweisheit auch draußen, in allen Bereichen und Dimensionen der Schöpfung. Da findet sich die göttliche Sophia ausgegossen als das »ausgesprochene Wort« des dreieinigen Gottes. An ihr hat Gott Gefallen; er liebt diese Schöpfung. Denn so heißt es einmal in dem Buch *De signatura rerum*: »Die Schöpfung oder ganze Kreation ist anders nichts als eine Offenbarung des allwesenden, ungründlichen Gottes . . . Also sind alle Dinge aus göttlicher Begierde entsprungen und in ein Wesen geschaffen worden, da am Anfange kein Wesen dazu vorhanden war, sondern nur das selbe Mysterium der ewigen Gebärung, in welchem eine ewige Vollkommenheit ist gewesen.« So ist das Auftreten der Jungfrau Sophia einerseits ein Akt des aus sich heraustretenden Gottes, und andererseits vermag man ihr auf dem Innenweg der Meditation und der Christusnachfolge zu begegnen. Damit schließt sich ein Kreis, denn das Zeitliche ist nicht etwa von seinem Ewigkeitsursprung abgeschnitten. Das Ewige ist für den, der die Schaukraft des Glaubens besitzt, mitten in der Zeit anwesend, denn:

»Wem Zeit ist wie Ewigkeit
Und Ewigkeit wie die Zeit,
Der ist befreit
Von allem Streit.«

Aus den Schriften von Jakob Böhme

Ich vergleiche die ganze Philosophie, Astrologie und Theologie samt ihrer Mutter einem köstlichen Baum, der in einem schönen Lustgarten wächst. Nun gibt die Erde, da der Baum inne stehet, dem Baum immer Saft, davon er seine lebendige Qualität hat. Der Baum aber wächst in sich selbst von dem Saft der Erden und wird groß und breitet sich aus mit seinen Ästen. Gleich wie die Erde mit ihrer Kraft an dem Baum arbeitet, daß er wachse und zunehme, also arbeitet der Baum mit seinen Ästen aus ganzem Vermögen, daß er möchte viel gute Früchte bringen. Nun hat aber der Baum diese Art an sich, daß er, je größer und älter er wird, je süßere Frucht träget. In seiner Jugend trägt er wenig Früchte, das macht die rauhe und wilde Art des Erdbodens. Und ob er gleich schön blühet, so fallen doch im Wachsen seine Äpfel meist ab, es sei denn, daß er in einem gar guten Acker stehet. Wenn aber der Baum alt wird, daß seine Äste verdorren, so daß der Saft nicht mehr in die Höhe kann, so wachsen unten um den Stamm viele grüne Zweiglein aus, zuletzt auch auf der Wurzel, und verklären den alten Baum, wie er auch ein schönes, grünes Zweiglein gewesen ist und nun gar alt geworden . . . Dann wird er abgehauen und verbrannt. – Nun merke, was ich mit diesem Gleichnis angedeutet habe. Der Garten dieses Baumes bedeutet die Welt. Der Acker die Natur, der Stamm des Baumes die Sterne, die Äste die Elemente, die Früchte, so auf diesem Baum wachsen, bedeuten die Menschen. Der Saft in dem Baum bedeutet die klare Gottheit. Nun sind die Menschen aus der Natur, Sternen und Elementen gemacht worden. Gott der Schöpfer aber herrschet in allen gleichwie der Saft in dem ganzen Baum.

Ich weiß gar wohl, daß die Kinder des Fleisches meiner werden spotten und sagen, ich sollte meines Berufs warten und mich um diese Dinge unbekümmert lassen, und mich lieber um das fleißiger annehmen, das mir und den Meinigen den Bauch füllet, und die lassen philosophieren, die es studieret und dazu berufen sind. Ich nehme den Himmel zum Zeugen, daß ich allhier verrichte, was ich tun muß.

Gerhard Wehr

Novalis

Seher eines künftigen Christentums

»Hinterlassen hat er das wunderlichste und geheimnisvollste Werk, das die deutsche Geistesgeschichte kennt. Ebenso wie sein kurzes, äußerlich tatenloses Leben den Eindruck seltsamster Fülle macht und jede Sinnlichkeit wie jede Geistigkeit erschöpft zu haben scheint, so zeigen die Runen dieses Werkes unter spielender, entzückend blumiger Oberfläche alle Abgründe des Geistes, der Vergöttlichung durch den Geist und der Verzweiflung am Geist.«

Diese Sätze aus der Feder von Hermann Hesse gelten Friedrich von Hardenberg, der sich, einer alten Familientradition folgend, Novalis genannt hat. Der vollständige Name dieses am 2. Mai 1772 in Oberwiederstedt bei Mansfeld geborenen und am 25. März 1801 in Weißenfels verstorbenen Dichters lautet: Freiherr Georg Philipp Friedrich Leopold von Hardenberg. Wer ihn genauer kennt, wer sich namentlich in seine *Geistlichen Lieder*, in seine *Hymnen an die Nacht* hineingehört, wer seine Fragmente oder seinen Aufsatz *Christentum oder Europa* bedacht hat, der weiß: Dieser Novalis hat nicht nur den genannten geistesgeschichtlichen Ort. Er ist vor allem ein Mensch, dem die Grundgeheimnisse des Christentums aufgegangen sind, von denen her er die Fülle der Wirklichkeit: Natur und Geist, Tod und Eros, Christus und die Erde als eine einzige große Einheit zu erfassen vermochte.

Novalis hat den »geheimnisvollen Weg nach innen« angetreten, jedoch ohne darüber die äußere Weltwirklichkeit zu vernachlässigen. Weder der

Autor der philosophischen Fragmente noch der Dichter der Geistlichen Lieder und Hymnen kann und will die Tatsache verleugnen, daß er als studierter Geologe schon von Berufs wegen den Geheimnissen der Erde, den Rätseln und Wirkkräften der Schöpfung aufs innigste verbunden ist. Dieses Motiv zieht sich durch wesentliche Teile seiner Dichtungen hindurch, wenn auch immer wieder andere Themen – die der Begegnung mit Christus, mit dem Auferstandenen, mit Maria-Sophia – gleichsam als Cantus firmus erklingen. Aber welchen Stellenwert haben die Geistlichen Lieder im Gesamtwerk des Dichters der Blauen Blume? Welcher Zielrichtung folgen sie? – Darüber geben einige Notizen Aufschluß, in denen Novalis seine Absicht erläutert. Die stichwortartigen Aufzeichnungen wollen im großen Kontext seiner Religiosität gelesen und gedeutet werden. Da heißt es beispielsweise:
»Christliche Lieder – Predigten – Auszüge aus alten, frommen Schriften . . . Inhalt eines religiösen Journals . . . in den meisten Lavaterschen Liedern ist noch zuviel Irdisches und zuviel Moral und Asketik. Zuwenig Wesentliches – zuwenig Mystik. Die Lieder müssen weit lebendiger, inniger, allgemeiner und mystischer sein. Die Predigten müssen auch schlechthin nicht dogmatisch, sondern unmittelbar zur Erregung des heiligen Intuitionssinnes, zur Belebung der Herzenstätigkeit sein . . . Gottes Worte müssen echte Predigten sein – Inspirationen – Religiöse Erscheinungen – Offenbarungen in Worten.«
Keine Frage, der Ton liegt auf »Unmittelbarkeit«, auf »Herzenstätigkeit«, auf »Erregung« einer inneren Aktivität. Derartige Hinweise sind wichtig. Sie bringen zumindest indirekt zum Ausdruck, daß die Verse und Strophen nicht in erster Linie mit poetisch-ästhetischen Maßstäben gemessen werden dürfen. Den »heiligen Intuitionssinn« erregen, das heißt doch: die religiöse Eigenerfahrung beleben. Deshalb die Abkehr von der bloß schulmäßigen Dogmatik und die Hinkehr zur Mystik, Mystik als Weg nach innen; Mystik als Weg zu religiöser Erfahrung verstanden. Nicht äußere Autoritäten und Institutionen sind gefragt, sondern allein die innere Beziehung, durch die der Mensch geistunmittelbar wird. Und erst da wird der Mensch zum Menschen, wo er seinem wahren Selbst begegnet, nämlich Christus. Er nennt ihn einmal den »Menschensohn, voll Lieb und Macht«, der ein »allbelebend Feuer« in uns angefacht habe. Wieder dieses aktivierende Element, das einen Menschen vom Grund seines Wesens her zu ergreifen und zu verändern vermag! Dahin zielt der Suchende, wenn er in den *Geistlichen Liedern** sagt:

* Die Zitate folgen der Ausgabe Novalis: *Der Dichter und Denker als Christuszeuge.* Novalis Verlag, Schaffhausen 1976.

»Hat Christus sich mir kundgegeben,
Und bin ich seiner erst gewiß,
Wie schnell verzehrt ein lichtes Leben
Die bodenlose Finsternis!
Mit ihm bin ich erst Mensch geworden;
Das Schicksal wird verklärt durch ihn
Und Indien muß selbst im Norden
Um den Geliebten fröhlich blühn.«

Unnötig zu sagen, daß mit »Norden« oder mit »Indien« nicht etwa geographische Vorstellungen zu verbinden sind. Der auf dem Weg nach innen Begriffene folgt einer anderen Landkarte und einem anderen Kompaß. Für ihn ist Norden der Ort der Geistesferne, und Indien – auch für den Christen Novalis – das Land der Gottesnähe, ja das Land, wo sich »der Geliebte«, das heißt Christus finden läßt. Damit ist auch schon die Richtung gewiesen, aus der die Erfüllung der Menschheitssehnsucht zu erwarten ist. Es ist das Land der »Morgenröte im Aufgang«, wie Jakob Böhme es nennt, und somit wieder kein geographischer Begriff, sondern ein spiritueller. Ihn faßt der Dichter in seinem zweiten Geistlichen Lied ins Auge, wenn es darin heißt:

»Fern im Osten wird es helle,
Graue Zeiten werden jung;
Aus der lichten Farbenquelle
Einen langen tiefen Trunk!
Alterssehnsucht heilige Gewährung,
Süße Lieb in göttlicher Verklärung.«

Der Rhythmus, der die Strophen durchbebt, entspricht dem Impuls, den der Sohn des Himmels auf die Erde herniedergetragen hat. Für Novalis ist der Christus nicht nur der Mann aus Nazareth; er ist nicht nur der Lehrer oder Prediger, auch nicht allein die zentrale Figur des christlichen Dogmas. Für ihn ist der Lichtbringer vor allem ein kosmisch-irdisches Ereignis, ganz im Sinne des paulinischen Kolosserbriefs. Von diesem kosmischen Christus heißt es in der folgenden Strophe des gleichen Liedes:

»Endlich kommt zur Erde nieder
Aller Himmel selges Kind,
Schaffend im Gesang weht wieder
Um die Erde Lebenswind.
Überall entspringt aus Grüften
Neues Leben, neues Blut,
Ewgen Frieden uns zu stiften,
Taucht er in die Lebensflut.«

Schließt das erste Lied mit dem Bild, daß jeder Mensch, der diesen Christusgeist der universalen Schöpfung in sich aufgenommen hat, zu einer Frucht des Paradieses zu reifen vermag, so endet das zweite mit dem Ausblick auf den »vollen Gottesgarten«, in dem die Himmelskeime zur Entfaltung gelangen sollen. Angesichts dieser Hinweise auf die objektive Seite der Christustatsache darf die subjektive Seite nicht fehlen. Denn wie soll die Herabkunft des Sohnes zum individuellen Erlebnis werden? Was kann der Hörer des Wortes und der Empfänger der Botschaft von sich aus tun? Novalis gibt an dieser Stelle den meditativen Rat:

»Lasse seine milden Blicke
Tief in deine Seele gehn,
Und von seinem ewgen Glücke
Sollst du dich ergriffen sehn.
Alle Herzen, Geister und die Sinnen
Werden einen neuen Tanz beginnen.«

Die Mahnung »Lasse geschehen!« oder »Laßt uns warten!« wiederholt sich in diesem Lied. Der Appell richtet sich demnach nicht an die Überaktiven, die nach dem Gesetz des technisch Machbaren endlich auch den Himmel zu erstürmen gesonnen sind. Der Mystiker folgt einer anderen Ordnung. Ihn leitet die Gelassenheit. Er läßt los, was ihn hindert, sein wahres Selbst zu finden. Nicht er ist es, der »ergreift«, sondern ein Größerer, Stärkerer hat ihn ergriffen, und zwar so, daß Herz, Geist und die Sinne – also die Ganzheit des Menschen – »einen neuen Tanz beginnen«. Die Vokabel »Tanz« mag auf den ersten Blick verwundern. Und doch ist sie aus dem Wortschatz des Dichters nicht wegzudenken. Schließlich möchte er hervorheben: Der Mensch ist dazu ausersehen, sich in den kosmischen Reigen einzufügen. Ein neuer Äon hat begonnen. Jeder einzelne kann sich diese Tatsache bewußt machen. Das ist die Überzeugung des Sängers, der er immer wieder Ausdruck verleiht. In der Sprache der Mystik heißt es im vierten Lied:

»Ich erfuhr in meinem Herzen
Wer für uns gestorben sei.«

Was seine überaus gestrengen Religionslehrer, voran der ernste Vater Hardenberg, dem Knaben einst als ein abfragbares, benotbares Wissen mitgeteilt haben, das hat inzwischen einen Gestaltwandel durchgemacht. Es hat Erfahrungsqualität erlangt. In diesen Versen ist aber auch das andere gesagt: Die Christuserfahrung ist zunächst individueller Natur: das Ich erfährt. Sogleich wird aber auch die soziale Dimension ins Bewußtsein gehoben. Es handelt sich um das »Für uns« des Leidens und Sterbens Jesu. Dieser Zug zur Gemeinschaft, die die Ich-Einsamkeit aufhebt, wiederholt sich in den Texten viele Male. Gemeinschaft mit Christus begründet die Gemeinschaft der Christen:

»Längst vermißte Brüder
Find' ich nun in seinen Jüngern wieder,«

so hören wir im fünften Lied. So ist es für die Christusanschauung des Novalis charakteristisch, daß das gefühlsstarke religiöse Erleben in den *Geistlichen Liedern* Mal um Mal den individuellen Horizont durchbricht. Die Erdentatsache der Erscheinung Christi wird von ihm in aller Klarheit geschaut und dichterisch gestaltet, etwa im achten Lied:

»Wie er von Liebe nur beweget
Sich ganz uns hingegeben hat,
Und in die Erde sich geleget
Zum Grundstein einer Gottesstadt.«

Der Mystiker wird somit zum Apokalyptiker. Der Blick wird frei für die zukünftige Gottesstadt und damit für das Zielbild menschlich-menschheitlicher Erwartung. Doch ehe die Neue-Welt-Gesellschaft den Ort und Nichtort ihrer Sehnsucht betreten kann, ist ein anderer Aspekt der Christuswirksamkeit – wir nannten ihn den irdisch-kosmischen – zu berücksichtigen. Wir begegnen ihm in dem Vers:

»In Luft und Öl, in Klang und Tau
Durchdrang er unsrer Erde Bau.«

Ein eindrückliches Bild. Es legt den Gedanken nahe, daß Christus den ganzen Erdorganismus ergriffen hat und seither die irdischen Substanzen impulsierend durchdringt. Der historischen und der mystischen Christustatsache ist somit die irdisch-stoffliche hinzugefügt. Es ist jener Aspekt, der in der spätmittelalterlichen Naturphilosophie, in der Alchemie, bei Paracelsus und im Rosenkreuzertum in besonderer Weise gewürdigt worden ist. Welch ein Gewicht hat diese Botschaft in einem Augenblick, in dem ein tiefes Erschrecken angesichts der Versehrtheit und der noch größeren Bedrohung des Organismus Erde um sich greift! Bei Novalis kann dieses intime Wissen um die spirituellen Bildekräfte der Erde nicht verwundern. Es ist bekannt, daß er diese kosmisch-chemische Tradition gekannt hat und daß er namentlich in der letzten Phase seines dichterischen Schaffens durch Ludwig Tiecks Vermittlung mit dem Schrifttum Jakob Böhmes näher bekannt wurde. Diese Böhmesche Inspiration bezeugt sich nicht nur in dem Gedicht »An Tieck«. Mit ihr verbindet sich die eigene Schau und Intuition, wonach der kosmische Christus in allen Erscheinungen der Schöpfung erfahren werden könne, denn:

»Er ist der Stern, er ist die Sonn
Er ist des ewgen Lebens Bronn,
Aus Kraut und Stein und Meer und Licht
Schimmert sein kindlich Angesicht.«

Einen besonderen Klang verleiht der Protestant Friedrich von Hardenberg schließlich den beiden Marienliedern, die den Zyklus der *Geistlichen Lieder* abrunden. Es ist oft gerätselt worden, ob sich hier und an anderer Stelle so etwas wie eine innere Konversion zum Katholizismus ankündige. Katholizismus wörtlich genommen als die Gesamtheit aller Christen, als Glieder des einen Christus verstanden, gewiß. Denn die Katholizität, die Novalis hier und auch in seinem Aufsatz *Die Christenheit oder Europa* anvisiert, meint nicht eine christliche Konfession, und sei es die zahlenmäßig größte, neben der andere Konfessionen oder »Kirchen« denkbar sind.

Bemerkenswert ist jedenfalls dies, daß der Dichter mit einer erstaunlichen Unbefangenheit vor Maria hintritt. Er tut es wie der Betrachter eines jener Madonnenbildnisse, die über eine konfessionell-dogmatische Ausdeutung weit hinwegweisen. Der Anblick der Sixtinischen Madonna muß auf den überaus sensiblen jungen Mann einen außerordentlichen Eindruck gemacht haben. Durch die Vielfalt der äußeren Bilder und Figuren vermag er hindurchzublicken auf den Archetypus des Ewig-Weiblichen, auf Maria-Sophia, so wie er sie innen erblickt:

»Ich sehe dich in tausend Bildern
Maria, lieblich ausgedrückt,
Doch keins von allen kann dich schildern,
Wie meine Seele dich erblickt.
Ich weiß nur, daß der Welt Getümmel
Seitdem mir wie ein Traum verweht
Und ein unnennbar süßer Himmel
Mir ewig im Gemüte steht.«

Waren die *Geistlichen Lieder* trotz der Fülle der in ihnen enthaltenen mystisch-esoterischen Momente geeignet, in zahlreichen landeskirchlichen Gesangbüchern einen großen Menschenkreis anzusprechen, so haben doch erst die *Hymnen an die Nacht* den Ruhm des romantischen Dichters begründet:

»Abwärts wend' ich mich zu der heiligen,
unaussprechlichen, geheimnisvollen Nacht . . . «

Diese Nacht des Hymnikers ist freilich nicht bloße Dunkelheit; sie ist nicht die Verneinung des Lichts, sondern eher dessen Grund und Ursprung. Diese Nacht ist der große Geheimnisbereich alles dessen, was ist.

In biographischer Hinsicht sei angemerkt, zu welchem Zeitpunkt die *Hymnen an die Nacht* niedergeschrieben worden sind. Sie liegen um die Jahreswende 1799 auf 1800 vor und werden noch zu Lebzeiten des Autors in der Romantikerzeitschrift »Athenäum« im August 1800 publiziert. Friedrich von Hardenberg ist entschlossen, seine zweite Verlobte,

Julie von Charpentier, zu heiraten. Sollte er die Liebesbegegnung und die Todeserfahrung mit der früh verschiedenen Sophie von Kühn vergessen haben? – Davon kann nicht die Rede sein. Vielmehr enthüllen die Hymnen, welche Tiefendimensionen der Wirklichkeit die zweieinhalb Jahre zurückliegenden Ereignisse ihm erschlossen haben. Insofern ist es gerechtfertigt, die dritte dieser Hymnen als die »Urhymne« anzusehen. Dazu kommt, daß uns das Tagebuch die über Tod und Grab hinauswährende Verbindung mit der Geliebten bezeugt. Unter dem 23. Mai 1797 findet sich folgende Eintragung des Fünfundzwanzigjährigen:
»Abend ging ich zu Sophien. Dort war ich unbeschreiblich freudig – aufblitzende Enthusiasmus-Momente. – Das Grab blies ich wie Staub vor mich hin. – Jahrhunderte waren wie Momente – ihre Nähe war fühlbar – ich glaubte, sie solle immer vortreten . . . «
Die geistige Nähe der im Kindesalter Verstorbenen wird unmittelbare Gewißheit. Und nicht nur das: das Erlebnis am Grab bezeichnet eine Erfahrung besonderer Art, eine Initiation, eine Einweihung in den Geistesbereich der Nacht als den Ort der Geburt für ein höheres Bewußtsein und für ein neues Leben! Mit einer Erinnerung, die durch das Tagebuch datiert ist, hebt die dritte Hymne an:

»Einst,
da ich bittre Tränen vergoß, da ich einsam stand am dürren
Hügel, der im engen, dunklen Raum die Gestalt meines Lebens barg –
einsam, wie noch kein Einsamer war, von unsäglicher
Angst getrieben – kraftlos, nur ein Gedanke des
Elends noch . . . «

Es ist die Stimmung des von Trauer Übermannten, wie wir sie von dem ersten der *Geistlichen Lieder* kennen. Doch gerade in dem Moment, in dem der Tiefpunkt der Einsamkeit erreicht zu sein scheint, kündigt sich eine ganz ungeahnte, neue Existenzerfahrung an, jene Erfahrung, von der einst Jakob Böhme angesichts eines eigenen Durchbruchserlebnisses gesagt hat, es sei die Erfahrung, »wo mitten im Tod das Leben geboren wird«. Eben diesen Moment sucht der Dichter zu fixieren, wenn er in derselben dritten Hymne fortfährt:

»Wie ich da nach Hilfe umherschaute, vorwärts nicht konnte und rückwärts nicht und am fliehenden, verlöschten Leben mit unendlicher Sehnsucht hing: – da kam aus blauen Fernen – von den Höhen meiner alten Seligkeit – ein Dämmerungsschauer –
und mit einem Male riß das Band der Geburt –
des Lichtes Fessel. Hin floh die irdische Herrlichkeit und meine Trauer mit ihr – zusammenfloß die Wehmut in eine neue, unergründliche Welt – du Nachtbegeisterung, Schlummer des Himmels kamst über mich!«

Das Leben höherer Ordnung, das dem Tod abgerungen werden muß und das – paradoxerweise – dennoch als ein unverdientes, unverdienbares Geschenk zuteil wird, läßt beim Dichter jene »Nachtbegeisterung« aufkommen, auf die bereits das Frührot der Auferstehung fällt. Damit ist zweifellos ein Mysterienbereich betreten, den der Schwabe Johann Valentin Andreae einst in seinem Rosenkreuzerspruch auf die knappe Formel gebracht hat. Er lautet:

»Ex deo nascimur,
In Jesu morimur,
Per spiritum reviviscimus –
(Aus Gott sind wir geboren,
In Christo sterben wir,
Durch den Heiligen Geist werden wir wiedergeboren.«)

Novalis ist von der Glaubensgewißheit beseelt, daß die Menschheit ihren inneren Endzweck, das Ziel aller Geschichte, erreichen wird. Deshalb immer wieder die eschatologischen Ausblicke und Bilder. Deshalb im Hymnus das Bild vom »letzten Abendmahl . . . wenn Erd' und Himmel weicht«. In dieser Stimmung und von dieser Gewißheit ermutigt, intoniert er die fünfte seiner Hymnen an die Nacht. In deren vorletzter Strophe finden sich die Verse:

»Getrost das Leben schreitet
Zum ewgen Leben hin;
Von innrer Glut geweitet
Verklärt sich unser Sinn.
Die Sternwelt wird zerfließen
Zum goldnen Lebenswein.
Wir werden sie genießen
Und lichte Sterne sein.«

Diese apokalyptische Schau, für die der Vorhang vor dem Zukünftigen gleichsam zurückgezogen ist, wird in der abschließenden sechsten Hymne durchgehalten. Der Dichter lebt und gestaltet aus dem Bewußtsein heraus, daß Vorzeit und Endzeit eins werden; denn:

»Wir müssen nach der Heimat gehn,
Um diese heilge Zeit zu sehn.«

Ja, aber wo ist sie, wo gehen wir denn hin? – Der Dichter des Romanfragments *Heinrich von Ofterdingen* könnte sich nicht knapper fassen, wenn er auf eben diese Frage dort antwortet:

»Immer nach Hause!«

Lehrer der Versöhnung

Symbol aller Versöhnungen ist der Handschlag. Wenn er auch eine Vereinbarung, einen Gruß oder Abschied bekräftigen kann, immer steckt ein Miteinander, ein Anflug friedenstiftender Kraft in ihm. Man kann auch in bezug auf Grenzen übereinkommen, wenngleich die Grenze das gegenteilige Symbol, nämlich das der Trennung, der Entzweiung ist. Grenzen gehören der Rechtswelt an, die zwar mit Menschlichkeit ausgefüllt, aber auch brutalisiert werden können; dann werden sie zum Stacheldraht, zur hohen Mauer, über die hinweg kein Handschlag mehr zustande kommt. Aber selbst wenn Grenzen inhuman geworden sind und nur noch Unheil stiften, fallen sie doch nicht von selbst. Sie brauchen nur alt und ehrwürdig genug zu sein, dann genießen sie sogar die Unverletzlichkeit überkommener Strukturen. Das zeigt sich besonders deutlich, wo ein lang überliefertes Auseinander nach innen verlegt wurde und nun als Vorurteil, Vorbehalt, Tabu, zu dem man stehen muß, sein seelisches Unwesen treibt. Manche Menschen brüsten sich dann in markiger Eindeutigkeit oder substanzlos gewordener Treue mit ihrer inneren Bastionenwelt, die von der Zeit längst überholt ist, nur daß sie es nicht merkten, ähnlich den vielen Burg- und Stadtbefestigungen, die nie geschleift, sondern einfach überflüssig wurden, weil es keine Feinde mehr gab, die nach altem Brauch gegen sie anrannten. Im Zeitalter der Atombedrohung und der für kleine Staaten geradezu schicksalhaft waltenden Supermächte, die sofort zur Stelle sind, wo zwei »Charakterköpfe« aufeinanderschlagen, ist die friedenstiftende Kraft der Versöhnung zur einzigen Überlebenschance geworden. Noch ist das Menschenbild unserer gewandelten Zeit nicht völlig ausgeprägt; nur das eine wissen wir: Wer es an Weltoffenheit, persönlicher Ansprechbarkeit und Gesprächsfähigkeit mangeln läßt, gehört der Vergangenheit an. Um einen Namen vorwegzunehmen: Gerade dies wurde der Konzilsarbeit von Kardinal Bea, der doch als Jesuit einst wahrhaftig zu unterscheiden gelernt hatte, durch Kardinal Ottaviani zum Vorwurf gemacht. Man redet nicht mit Ungläubigen; von einem Sekretariat für fortlaufende Gespräche ganz zu schweigen.

Der deutsch-schottische Edelmann Friedrich von Hügel wurde nicht müde, uns vor dem unheilstiftenden geistigen Erbe zu warnen, das noch, Zwietracht säend, unter uns umgeht und beim Namen genannt werden muß, wenn wir es hinter uns bringen wollen. Gerade die wechselseitigen Animositäten, betulich herausgestellten Unterscheidungen zwischen einzelnen Gesinnungs- und Standesgruppen, mit einem Wort: der Kult der Grenze, zählt zu jener seelischen Hinterlassenschaft, aus der hinauszuwachsen wir im Begriffe sind. Und nichts würde größeren Schaden stiften, als es zu verharmlosen. Vergessen wir nicht, wenn uns die Abfertigung an den Durchlässen zum Ostblock allzu hart auf die Nerven geht, daß einst auch an den Reichsgrenzen Füsiliere mit aufgepflanztem Bajonett standen. Daß unübersteigbare Grenzen zwischen den Ständen, den Adeligen, den Bürgern, den Arbeitern aufgerichtet waren, so daß nicht standesgemäß, also über eine Grenze hinweg zu heiraten, immer einen kleinen Skandal bedeutete. Starr und eifrig erneuert, türmten sich damals die Grenzen zwischen den Konfessionen. Ein Konvertit kam als Abgefallener ins Gerede. Am Glaubensgut einer andern Kirche etwas Gutes zu finden, brachte jeden Theologen bei seinen Mitbrüdern in Verruf. Wer offen vermitteln wollte, galt im Nu als Verräter. Die »Symbolik«, wie einst die Unterscheidungswissenschaft zwischen den Konfessionen hieß, lag stets auf der Lauer, ob nicht irgendwo heimlich fraternisiert wurde. Dieser äußeren Distanz entsprachen die hochgezüchteten Abgrenzungen der Gefühle. Aufrechte Deutsche und honorige Franzosen hatten sich gegenseitig für Erbfeinde zu halten. Geflissentlich wurde davon Notiz genommen, wer wem die Hand gab oder dies zu tun sich weigerte. Denn jeder, der auf seinen Ruf hielt, war »eingestellt«. Die »Einstellung«, dieses unmenschliche Leihwort aus der Mechanik, spielte als verräterische Vokabel der Unfreiheit überhaupt eine wichtige Rolle, da sie immer auf eine Grenze bezogen war, hinter der man den Feind sah. Wer auf sich hielt, zeigte sich »anti«: antisemitisch, antiklerikal, antilutherisch, antifeudalistisch, antisozialistisch. Deshalb galt jeder, dessen Gefühle eine der üblichen Grenzen überschritten, als verdächtig, so die Slawophilen, die Anglophilen, die Frankophilen, in Österreich die Alldeutschen, während der dunkelsten Zeit die »Judenknechte«.

Wir können uns heute kaum mehr vorstellen, welch aufsehenerregendes Wagnis, welcher Affront gegen überkommene Vorbehalte es war, als Nathan Söderblom, der evangelische Erzbischof von Stockholm, gegen 1925 zu interkonfessionellen Gesprächen auf internationaler Ebene aufrief. Sein Mut wurde mit Erfolg belohnt. Zwar glaubte Rom, sich noch die alten Distanzierungen zu allen andern Bekenntnissen schuldig zu sein, aber das Signal zum Miteinander war gegeben. Es hatte zwar nach dem Zusammenbruch von 1919 noch einer zweiten Katastrophe bedurft, aber dann vervielfältigten sich auch auf katholischer Seite die Kräfte, die zu einem Handschlag bereit waren. Vor allem die jungen Menschen ließen die künstlich wachgehaltenen Phobien gegenüber Andersgläubigen nicht mehr gelten, so daß die ewig auf Vergangenheit eingeschworenen geistlichen Fähnriche schlechthin keine Gefolgschaft mehr hinter sich hatten. Sie waren langweilig geworden.

Als deshalb die wahrhaft inspiratorische Gestalt des Roger Schutz, der im burgundischen Taizé ein kirchlich unabhängiges Zentrum brüderlich-religiöser Begegnung geschaffen hatte, seine Stimme erhob, fand sie sofort weltweiten Widerhall. Aus allen Bekenntnissen und Ländern strömten die nach schöpferischen Ideen und lebendigen Kontakten hungernden Menschen nach Taizé, das bald ein Kristallisationspunkt religiöser Versöhnung wurde. Erst schickten die Kirchen, im Zwiespalt, ob sie warnen oder zureden sollten, ihre Spähtrupps, die inkognito an den Gottesdiensten, Meditationen und Gesprächen teilnahmen. Doch der Respekt vor dem mutigen Mann wuchs rasch. Katholischerseits bedurfte es nur der Öffnung der alten Horizonte durch Johannes XXIII., bis sich auch Kardinäle im vollen Ornat neben Roger Schutz in Taizé fotografieren ließen. Während des Konzils hatten sie den eigens vom Papst eingeladenen Prior ohnedies schon kennen- und ernstzunehmen gelernt.

Einst hatte Johann Adam Möhler die trennenden Glaubenssätze in seiner »Symbolik« fein säuberlich einander gegenübergestellt, und das Ökumenische Institut in Paderborn, das theologisch-wissenschaftliche Annäherungen sucht, darf noch heute seinen Namen tragen. Doch besitzen Glaubensunterschiede gegenüber einer neuerwachten christlichen Brüderlichkeit keine entzweiende Gewalt mehr.

Auch wenn eine Zeit nicht an konfessioneller Zerrissenheit, doch am Umsturz überkommener Werte leidet, hilft ihr eine ordnende Leitfigur zur geistigen Neubelebung. Johann Michael Sailer, der spätere Bischof von Regensburg, sei als wegweisende Gestalt im verunsicherten Denken und Glauben vorangesetzt.

Georg Schwaiger

Johann Michael Sailer

Der Künder lebendigen Christentums

Die Wende vom 18. zum 19. Jahrhundert ist eine Zeit heftigster äußerer und innerer Erschütterungen der abendländischen Welt in allen Bereichen. Im Sturm der großen Revolution, die sich im geistigen Leben seit langem angekündigt hatte, versank eine Welt und wurde unter Schmerzen ein neues Zeitalter geboren. Auch das Christentum und alle christlichen Kirchen wurden in den Strudel der sich überstürzenden Ereignisse hineingezogen. Zunächst wurde in Frankreich die Kirche äußerlich völlig entmachtet und zerschlagen. Aber auch in Deutschland brach die feudale Reichskirche mit ihren Fürstbischöfen, Reichsprälaten und adeligen Domkapiteln zusammen. Das Ende der geistlichen Staaten (1803) riß auch fast alle Stifte und Klöster in den Wirbel der Aufhebung und Verstaatlichung, der allgemeinen »Säkularisation«, mit hinein. Den ungeheueren Kontrast der alten, in allen Schäden immer noch mächtigen und prächtigen Reichskirche zur armseligen Lage nach der Säkularisation hat Joseph Görres treffend gezeichnet: »Ein knappanliegender, steifleinerner Habit statt des alten, reichgestickten Purpurmantels; ein Rohrstengel statt des Szepters verlorener Landesherrlichkeit, dazu die Dornenkrone der Dienstbarkeit: ECCE ECCLESIA GERMANICA (seht, das ist die deutsche Kirche!).« Zum äußeren Unglück kam eine schwere innere Verstörung der Kirche. Diese beruhte einmal in harten, polizeistaatlichen Eingriffen der weltlichen Obrigkeit, noch viel tiefer aber in der Auseinandersetzung um die Grundlagen des christlichen Glaubens, um die rechte Gestalt der Kirche, des Christentums, theologischer Lehre und Verkündigung, christlicher Lebensform. Es ging entscheidend um den alten, überkommenen Glauben in der neuen, tiefgreifend gewandelten Zeit.

Mitten im gärenden Umbruch steht die große geistliche Gestalt des Seelsorgers, Universitätslehrers und Bischofs Johann Michael Sailer. Sein langes Leben (1751–1832) – fast genau die Lebenszeit Goethes – hat zwei Jahrhunderten und zwei Zeitaltern angehört. Zeitgenossen und spätere Betrachter rühmten ihn als apostolische Gestalt, als den »bayerischen Kirchenvater« und als »Heiligen jener Zeitenwende« (Philipp Funk). Man kann nicht von der katholischen Erneuerung in Deutschland im frühen 19. Jahrhundert sprechen, ohne Sailer mit an erster Stelle zu nennen.

Sailer kam aus dem altbayerischen Bauernland der Gegend um Schrobenhausen. Am 17. November 1751 wurde er in dem Dorf Aresing als Kind armer, tiefreligiöser Schusters- und Gürtlerseheleute geboren. Als er 1821 von seinem Lehrstuhl an der Universität Landshut scheidet, um dem Ruf des Königs von Bayern, mehr noch des Kronprinzen Ludwig, in das neuerrichtete Domkapitel nach Regensburg zu folgen, blickt der Siebzigjährige in seinem Tagebuch auf sein vergangenes Leben zurück: »Ihr lieben Flüsse Bayerns, Lech, Isar, Donau – ich kann es nicht beschreiben, wie lieb ihr mir geworden seid und wie reich an Erinnerungen. An der Isar, in München, hab' ich meine Gymnasialbildung vollendet in 10 und ½ Jahren. In Landsberg am Lech ward ich im Jesuiten-Kollegium eingeweiht in die geistigste Bildung, in die Wissenschaft der Heiligen – zwei Jahre dauerte dieses Noviziat der Gottseligkeit. In Ingolstadt an der Donau erhielt ich meine philosophische und theologische Ausbildung in einem Zeitraum von 5 Jahren. Wie meine gelehrte Bildung sich und mich an die zwei Flüsse Isar und Donau kettete, so geschah es auch mit meiner Wirksamkeit. Das theologische Lehramt hielt mich vier Jahre an der Universität Ingolstadt. Dann wanderte es mit mir, nach einer Pause von 3 Jahren, von Ingolstadt nach der damaligen Universität Dillingen, die auch an der Donau liegt. Zehn Jahre blieb es mir in Dillingen. Dann ging es, nach einer Pause von fünf Jahren, nach Ingolstadt zurück – weilte da, kein ganzes Jahr, und wallte dann im Jahre 1800 am Pfingstsonntage mit der ganzen Universität nach Landshut an der Isar. Hier währte es am längsten, 22 Jahre – und heute, am 12. Oktober 1821, lege ich mein vierfaches Lehramt der Pastoraltheologie, der christkatholischen Moral, der Religionslehre für alle Akademiker und der Erziehungslehre in die Hände des Königs Maximilian und eile nach Regensburg an der Donau, um da meinem neuen Berufe als Domkapitular mich zu widmen . . . Selig, daß ich hoffen kann – derselbe Gott, der mein Wort in den Hörsälen der Schule an den Tausenden meiner Zuhörer so reichlich gesegnet hat, werde es auch in Führung des Kirchenamtes zum Heile der Gläubigen in der Diözese Regensburg wirksam werden lassen. In diesem Glauben und Vertrauen gehe ich getrost von der Isar an die Donau – denn die Erde ist überall des Herrn.«

Mit knappen, bescheidenen Worten zeichnet Sailer hier sieben Jahrzehnte seines Lebens. Er schreibt nichts von den frohen und armen Tagen in der Schuhmacherfamilie zu Aresing. Er sagt nichts über manch dunkle, hungrige Stunde des jungen Hansmichel Sailer in München, der auf Kostplätze und Freitische angewiesen war, der mit dem kostbaren Kerzenlicht zum Studium hart sparen mußte. Er nennt nur die »Pause von drei Jahren«, zu der die bayerische Regierung 1781 den hoffnungsvollen jungen Professor der Landesuniversität Ingolstadt aus Sparsamkeitsgründen entließ. Sailer schweigt auch über das bittere Jahr 1794, in dem eifersüchtige Kollegen und Exjesuiten ihn unter schlimmsten geheimen Verdächtigungen von seinem Lehrstuhl an der fürstbischöflich-augsburgischen Universität Dillingen verjagen konnten. Es ist heute erwiesen, daß es nur Unverständnis und gehässige Verleumdung war – der Wurzel des Neides entsprungen –, wenn Sailer vor dem Augsburger

Fürstbischof Clemens Wenzeslaus von Sachsen als Aufklärer, verkappter Protestant, Verführer der Jugend und falscher Mystiker hingestellt wurde. Der Bischof hat das Unrecht später eingesehen und bekannt: »Diesem Mann ist groß Unrecht geschehen.« Aber die ausgestreute giftige Saat ging auf und blühte weiter, bis in unser Jahrhundert hinein. Es bedurfte des Abstandes von gut hundert Jahren, um Sailers Größe und Bedeutung für die Kirche zu ermessen.

Nach der päpstlichen Aufhebung der Gesellschaft Jesu wurde Sailer 1775 im Augsburger Dom zum Priester geweiht. Eine frühe Lehrtätigkeit an der Universität Ingolstadt (1780/81) stand noch völlig im Schatten seines streitbaren Lehrers Benedikt Stattler. Sailers Kraft und Eigenart als Universitätslehrer und Priestererzieher konnte sich zum erstenmal entfalten, als er 1784 an die fürstbischöfliche Universität Dillingen berufen wurde. Im Zuge maßvoller Reformen brach gleichsam ein Frühling an dieser Hohen Schule des Bistums Augsburg an. Das Wort des Professors der Pastoral und Ethik ging an alle Theologiestudenten und an die meisten Hörer der philosophischen Fakultät. In den Dillinger Jahren (1784–1794) gewann auch bereits sichtbare Gestalt, was man später die Priesterschule Sailers nannte: »Ein Schülerkreis gleichgestimmter Seelen, die zeitlebens mit ihm verbunden waren und ihm die Kraft und Glut ihrer Herzensfrömmigkeit und ihr lebendiges Christentum verdankten« (Hubert Schiel). Mit der ganzen Liebe und Verehrung des Schülers hat uns Christoph von Schmid in seinen *Erinnerungen* diese Atmosphäre wechselseitigen Vertrauens gezeichnet. Aus den Dillinger Jahren heben sich verschiedene bedeutende Namen hervor, Männer, die Sailers Geist weitertrugen, sein »lebendiges« Christentum, das auch alle Kräfte der Seele und des Gemütes einbezog, seine »gottselige Innigkeit«, seine nie versiegende Freundlichkeit, seine Versöhnlichkeit und helfende Liebe. Über Hunderte von Schülern ging Sailers religiöser Einfluß über weite Teile Bayerns und ganz Süddeutschlands hin, reichte tief in die deutsche Schweiz hinein und ergriff noch viele Menschen im Rheinland und in Westfalen.

Sailer wirkte in Dillingen und später in Landshut nicht allein. Er ist undenkbar ohne seine Schüler, er ist undenkbar ohne seine Freunde, und so viele seiner Schüler wurden wieder seine Freunde. Hier liegt vielleicht eines der tiefsten pädagogischen Geheimnisse dieses religiösen Erziehers. Neben verschiedenen Gymnasialprofessoren waren es vor allem die beiden geistlichen Universitätslehrer Joseph Weber und Patriz Benedikt Zimmer, die das Band inniger Freundschaft mit Sailer verband. Mit gutem Gespür für das Echte und Lebendige in seiner Verkündigung strömten die Studenten, und nicht nur Theologen, dazu gebildete Männer der Stadt Dillingen und Umgebung in die Vorlesungen Sailers. An den Markttagen kamen viele Landleute der Umgegend schon frühmorgens zu Sailer, um bei ihm zu beichten. Ein Leben lang war Sailer neben dem Lehramt in der Seelsorge tätig, in unmittelbarer Begegnung und in einer weitgespannten Korrespondenz mit Menschen aller Schichten der Gesellschaft. Er scheute sich auch nicht, sich in Dillingen neben einen Verbrecher, der sich ihm völlig anvertraut hatte, auf den Arme-Sünder-Karren zu setzen und dem Unglücklichen bei der öffentlichen Hinrichtung christlich beizustehen.

Als angeblicher Aufklärer wurde Sailer 1794 in Dillingen unehrenhaft entlassen, als vermeintlichen Aufklärer berief ihn der leitende bayerische Minister Montgelas fünf Jahre später an die bayerische Landesuniversität Ingolstadt, die 1800 nach Landshut verlegt wurde. Hier lehrte Sailer bis 1821 Pastoraltheologie, Moral, Homiletik, Pädagogik, Liturgik und Katechetik. Zugleich war er Universitätsprediger. Sein Hauptfach war die Moraltheologie. Bedeutende Lehrer aller Fakultäten zählten zum Sailerkreis in Landshut, der immer mehr – wenn auch vielfach angefochten – Heimstatt und Strahlungspunkt gleichgestimmter Seelen wurde. Der Grundzug war tiefe, aus der Heiligen Schrift, den Kirchenvätern und der Liturgie lebende Frömmigkeit, treue Liebe zur Kirche, verbunden mit edler Aufgeschlossenheit für alles Gute und Schöne in der Welt. Auch auf viele evangelische Christen machten Sailers Güte und Wahrhaftigkeit tiefen Eindruck. Bewußt trat Sailer zeitlebens, ohne seiner katholischen Überzeugung etwas zu vergeben, für den Frieden unter den christlichen Kirchen ein.

In den zwei Jahrzehnten seiner Wirksamkeit in Landshut hat Sailer über tausend Geistliche herangebildet, die meisten natürlich für Bayern. Er verkörpert für seine Schüler vor allem die Würde und das unerreichbare menschliche und priesterliche Vorbild schlechthin. Man bringt ihm Verehrung entgegen. Doch die Priester der Landshuter Zeit bilden mit denen aus der leise verschiedenen Dillinger Tätigkeit eine herzlich verbundene Familie. In Landshut unterrichtete Sailer auch einige Zeit den damaligen Kurprinzen von Bayern, den späteren König Ludwig I. Hier wuchs die hohe Wertschätzung, ja Verehrung, die Ludwig I. zeitlebens für Sailer hegte.

Viele bedeutende Persönlichkeiten, die noch treu zur viel angefochtenen Kirche hielten, sahen damals in Sailer ein sichtbares Werkzeug der göttlichen Vorsehung, daß der Offenbarungsglaube, daß die Kirche und ihr Priestertum nicht untergingen. Für die große Priesterschule Sailers, für den weitgespannten Sailerkreis in Landshut hat Joseph Görres bei der Thronbesteigung Ludwigs I. (1825), gleichsam stellvertretend, dieses Zeugnis für Sailers Wirken abgegeben: »Unter den achtbaren Männern, die auf Deinen Bischofsstühlen sitzen, ist einer der Berufenen, der früh im Lehrfach mit Segen sich versucht. Er hat mit dem Geist der Zeit gerungen in allen Formen, die er angenommen; vor dem Stolz des Wissens ist er nicht zurückgetreten, sondern hat seinen Ansprüchen auf den Grund gesehen; keiner Idee ist er furchtsam zur Seite ausgewichen, vor keiner Höhe des Forschens ist er bestürzt geworden, immer nur eine Stufe höher hat er besonnen und ruhig das Kreuz hinaufgetragen und, wenn auch bisweilen verkannt, in Einfalt und Liebe wie die Geister, so die Herzen ihm bezwungen. Er hat eine Schule von Priestern Dir erzogen, die, den Forderungen der Zeit gerecht, Deinen guten Absichten bereitwillig entgegenkommt: ihr darfst Du Dein Volk und seine Erziehung kühnlich anvertrauen.«

Neben seiner Tätigkeit als Universitätslehrer und geistige Mitte eines weiten Freundeskreises ist das literarische Schaffen Sailers die zweite große Komponente seines Einflusses auf das geistig-religiöse Leben Deutschlands in der ersten Hälfte des vorigen Jahrhunderts. Von erheblicher Bedeutung für das geschriebene Wort Sailers wurden die sogenannten »Brachjahre«, die freien Jahre nach seiner Entlassung in Ingolstadt (1781–1784), und nach seiner Maßregelung in Dillingen (1794–1799). Sailer ließ sich nicht verbittern. Seine Werke umfassen 41 stattliche Bände, wie sie sein Schüler Joseph Widmer herausgegeben hat (1830–1855), die gleichwohl nicht alles enthalten.

In der ersten »Brachzeit« entstand das Werk, das Sailers Ruhm begründete, sein *Vollständiges Lese- und Betbuch zum Gebrauche der Katholiken* (München 1783), dem zahlreiche Auflagen folgten, auch im 19. Jahrhundert. Angesichts der oft recht zweifelhaften umlaufenden Andachtsbücher hatte der pfalzbayerische Kurfürst Karl Theodor eine Verordnung erlassen, daß alle Buchhändler und Drucker ihre Gebetbücher an die theologische Fakultät der Universität Ingolstadt einsenden und ohne ihre Approbation künftig keines mehr auflegen oder verkaufen sollten. »Auf diesen Befehl«, erzählt der alte Sailer seinem Freund und Schüler Diepenbrock, »flog von allen Seiten eine Wolke von papierener Andacht herbei, und mir, als dem jüngsten Professor der Theologie, wurde der Auftrag, diese Masse von Büchern zu durchsehen und mein Gutachten darüber abzugeben.« Das *Vollständige Lese- und Betbuch* hatte ungeahnten Erfolg. Der reißende Absatz des Werkes beweist, wie lebendig das Bedürfnis nach echter geistlicher Erbauung in allen Schichten der Bevölkerung war, nach der oft schier erstickenden Überlast der Barockzeit und der verflachenden Wirkung der Aufklärung. Das Gebetbuch führte Sailer ungezählte Verehrer und Freunde zu, auch aus der evangelischen Welt, von Lavater in Zürich bis zu Matthias Claudius in Hamburg und zur innig-frommen Familie des Grafen Stolberg in Wernigerode (Harz).

Im Jahr 1785 erschien auch Sailers heute noch aktuelle und lesenswerte Schrift *Über den Selbstmord. Für Menschen, die nicht fühlen den Werth, ein Mensch zu seyn.* Darin trat Sailer der verhängnisvoll um sich greifenden »Werther-Krankheit« entgegen. Leidenschaftlich erregt und aufgewühlt durch Goethes *Leiden des jungen Werther* glaubten zahlreiche, vor allem junge Menschen, Glück und Leid des liebenden Werther an sich erleben und nachempfinden zu müssen, bis zum frei gewählten Tod.

Noch im selben Jahr 1785 erschien ein drittes großes Werk Sailers, sein philosophisches Hauptwerk *Vernunftlehre für Menschen, wie sie sind*, eine philosophische Ethik im Einklang mit den Lehren des Christentums. Sailer nimmt hier auch Stellung zur Philosophie der Zeit. Er setzt sich ernstlich mit Immanuel Kant auseinander, doch ist der Einfluß seines Lehrers Benedikt Stattler in dieser frühen Schrift unverkennbar, wie auch Immanuel Kant seine deutlichen Spuren im Denken des jungen Magisters hinterlassen hat. Zwei Jahre später, 1787, folgte ein ähnliches moralphilosophisches Werk, das aber auch das starke pädagogische Anliegen Sailers vertritt: *Glückseligkeitslehre aus Vernunftgründen, mit Rücksicht auf das Christentum.* In kurzem Abstand folgte ein Werk, das – ähnlich wie das *Vollständige Lese- und Betbuch* – in seiner Art neu war: *Vorlesungen aus der Pastoraltheologie* (3 Bände, München 1788/89). Die Pastoraltheologie, die Lehre von der kirchlichen Seelsorge, war erstmals an den österreichischen Universitäten 1774 zur selbständigen theologischen Disziplin erhoben worden. Man hatte sie aber zunächst stark dem Nützlichkeitsdenken des aufgeklärten Staates eingegliedert. Der Seelsorger sollte gleichzeitig Vollzugsorgan des Staatsapparates in der Erziehung des Menschen zum tugendhaften, gewissenhaft arbeitenden und steuerzahlenden Untertan sein. Sailer ist nun der erste, der die Pastoraltheologie aus diesem Einfluß zu lösen beginnt und sie auf ihren legitimen Ort stellt, auf das Fundament der Offenbarungsreligion. Auch nach Sailer trägt der Priester hohe Verantwortung als Freund, Führer und Berater des Volkes in allen Lebenslagen; vor allem aber betont er den entscheidenden Vorrang der seelsorgerlichen, der eigentlich priesterlichen Aufgaben. Sailer wurde der Vater der modernen Pastoraltheologie.

Die zweite »Brachzeit« Sailers wurde eingeleitet durch ein Werk, das an Bedeutung für das religiöse Leben das *Lese- und Betbuch* zumindest erreichte, wenn nicht übertraf. Es war dies die Übersetzung der *Nachfolge Christi* des Thomas von Kempen (München 1794). Sailer hat dies Buch klassisch übersetzt und damit zu einem wirklichen Volksbuch im deutschen Sprachraum gemacht. Ein anderes, ebenfalls weit verbreitetes Übersetzungswerk Sailers sind die *Briefe aus allen Jahrhunderten der christlichen Zeitrechnung* (6 Bände, 1800–1804). Diese Sammlung enthält wunderbare Zeugnisse christlichen Geistes, angefangen von Briefen der frühchristlichen Märtyrerzeit bis ins 18. Jahrhundert hinein.

Auch die religionsphilosophischen und religionspädagogischen Schriften Sailers, erwachsen aus seinen Vorlesungen, fanden breiten Anklang. Einflüsse von Rousseau, Kant, Basedow und Pestalozzi sind unverkennbar. Der neuen Bildungsidee der Humanität, der sittlich autonomen Persönlichkeit hat sich Sailer weit geöffnet. Die legitimen Forderungen der Menschennatur stehen aber für ihn nie im Gegensatz zum Evangelium, zur Kirche. Religiöse, sittliche, intellektuelle Bildung sind ihm eine organische Einheit, ein harmonischer Ausgleich unter Wahrung des Primates

der Religion. Das Prinzip der Erziehung, ihr leitender Gedanke und die Atmosphäre, in der sich Erziehung vollzieht, ist die Liebe zum Kind, und diese wieder ist verankert im christlichen Hauptgebot der Gottes- und Nächstenliebe. Ziel der Erziehung ist die freie, selbständige, religiöse Persönlichkeit. 1817 erschien das moraltheologische Hauptwerk Sailers, sein *Handbuch der christlichen Moral, zunächst für künftige katholische Seelsorger und dann für jeden gebildeten Christen* (3 Bände). Dieses Handbuch ist das theologisch reifste Werk Sailers, die biblische Grundlegung der Lehre vom rechten christlichen Leben, ein erstaunlicher Neubeginn nach jahrhundertelanger kasuistischer Dürre, ein würdiger Abschied vom theologischen Lehramt.
Neben diesen Hauptwerken verfaßte Sailer noch eine große Zahl anderer Werke, oft Gelegenheitsschriften, Predigten, Lesungen für alle Sonntage des Kirchenjahres, Werke über den Religionsunterricht, über Priesterbildung. Ihm geht es auch in seinem geschriebenen Wort nie darum, nur akademisch-theoretisch zu dozieren. Er will nicht nur Wissen vermitteln, sondern den Menschen in frohen und schweren Stunden christliche Hilfe bieten. Gewiß ist Sailer nicht überall ein origineller Denker und Schriftsteller. Er schrieb – nach einem Wort Diepenbrocks – »mit breitem Kiel«. Aber immer sind es Worte, die aus einem kindlich gläubigen Herzen kommen. Überall spüren wir die Lebensmacht der christlichen Botschaft, ihre herbe Kraft, aber auch ihre Innigkeit und Gemütstiefe. Überall stoßen wir bei Sailer auf eine Kenntnis der Heiligen Schrift und der Väter, wie sie nur einer lebenslangen beständigen Beschäftigung erwachsen kann. Sailer lebt und atmet in dieser ursprünglichen Welt. Und er wußte ihre unvergänglichen Werte in einer genialen Weise zu erschließen und weiterzugeben.
Sailer hat zeitlebens die geistige Auseinandersetzung nicht gescheut und starke Einflüsse der großen geistigen Bewegungen fruchtbar verarbeitet, von der Aufklärung her, von Immanuel Kant und den Philosophen des deutschen Idealismus, vom evangelischen Pietismus und der vielfach schillernden Romantik her. Er steht als Mensch und Theologe kraftvoll in einer schwankenden Zeit. Er hat mit dem Zeitgeist gerungen in all seinen Formen, wie es Joseph Görres ausgedrückt hat. Viele der großen deutschen Theologen des 19. Jahrhunderts hat er maßgeblich beeinflußt, zumindest ihnen den Weg bereitet und ihnen nach den Zusammenbrüchen, auch dem Zersetzungsprozeß einer rationalistischen theologischen Aufklärung, neue, tragfähige Fundamente gebaut, zum Beispiel zum Verständnis der »lebendigen Überlieferung«, die er zum tragenden Lebensprinzip der Kirche entwickelt, und zur besseren Erkenntnis der Kirche in ihrer ganzen Lebensfülle. Die neuen Ansätze, gerade im Verständnis der Kirche, ließen Sailer zu einem der Väter der neueren katholischen Theologie werden.
Am Fronleichnamstag 1817 wurde in Rom das neue Konkordat zwischen

dem Heiligen Stuhl und dem Königreich Bayern unterzeichnet, ein wenig voreilig seitens des bayerischen Gesandten Häffelin und mit Überschreitung seiner Vollmacht. Deshalb zog sich die Neuorganisation der Kirche Bayerns noch bis 1821 hin. Auf Betreiben des Kronprinzen Ludwig hatte König Max Joseph den Landshuter Theologieprofessor Sailer zunächst als neuen Bischof von Augsburg nominiert, aber der Heilige Stuhl hatte 1819 in schroffer Form seine Ablehnung ausgesprochen. Eine traurige Rolle spielte dabei das unverzeihlich leichtfertige Gutachten des Wiener Redemptoristen Klemens Maria Hofbauer, der kritiklos bösen Klatsch in einem Gutachten für den päpstlichen Nuntius Severoli zusammengetragen hatte. Sailer hatte nie nach einer Kirchenwürde gestrebt. Aber jetzt ging es um die Anerkennung seiner Rechtgläubigkeit. 1818 lehnte er höflich den ehrenvollen Ruf des Königs von Preußen auf den erzbischöflichen Stuhl von Köln ab, genauer: er überließ die letzte Entscheidung dem Papst. Und Rom hüllte sich in Schweigen. In der Augsburger Kandidatur erging nun die klare Ablehnung. Kronprinz Ludwig war es, der gegen harte Widerstände die Rehabilitierung seines hochverehrten Lehrers schließlich durchsetzen konnte. Sailer, der sich wie kein zweiter Mann in Deutschland während dieser wirren Zeit für den christlichen, katholischen Glauben, für die Kirche eingesetzt hatte, mußte sich aber der römischen Forderung beugen und eine Erklärung abgeben, daß er der heiligen römischen Kirche und dem Papst treu ergeben sei, alles glaube, was diese glaubten, und alles widerrufe, was er etwa dagegen gefehlt habe. Obwohl zutiefst verletzt, gab er diese demütigende Erklärung ab, »dem Beispiel des großen Fénelon nachfolgend«.
Durch die unablässigen Bemühungen des Kronprinzen wurde Sailer 1821 ins Regensburger Domkapitel berufen, im folgenden Jahr dem altersschwachen Bischof Johann Nepomuk Freiherrn von Wolf (1821–1829) als Weihbischof, Koadjutor und Generalvikar beigegeben. Am 28. Oktober 1822 empfing Sailer im Regensburger Dom die Bischofsweihe. So wurde Sailer im letzten Jahrzehnt seines Lebens, die letzten Jahre als regierender Bischof (1829–1832), der geistliche Leiter des ausgedehnten Bistums Regensburg.
Bei aller Sorge für sein Bistum wirkte Sailer – wie eh und je – fast über ganz Deutschland hin und noch darüber hinaus. Der gefeierte Vater der historischen Rechtsschule, Friedrich Karl von Savigny, der mit Sailer an der Universität Landshut eng vertraut geworden war, schrieb 1823 von der Universität Berlin nach Regensburg: »Mein teurer, geliebter Sailer! Du bist zwar jetzt ein Kirchenfürst geworden, und ich sollte also wohl bloß noch mit Ehrfurcht und aus einer gewissen Ferne Dich begrüßen; aber Dein kindliches Herz ist geblieben wie immer, und so kann ich's nicht lassen, ich muß Dich zugleich lieben wie immer und als ob Du noch meinesgleichen wärest, mit der verehrenden Dankbarkeit eines Sohnes und mit der vertraulichen Freundschaft eines Bruders.«

JOHANN ADAM MÖHLER Katholischer Theologe, als Kirchenhistoriker Begründer einer systematischen Unterscheidungswissenschaft zwischen katholischer und protestantischer Konfession, die er »Symbolik« nannte.

AUGUSTIN KARDINAL BEA Deutscher Jesuit, theologischer Gelehrter in Rom. Gründer und erster Leiter des Konzilssekretariats zur Förderung der Einheit der Christen. Mit dem Friedenspreis des Deutschen Buchhandels ausgezeichnet.

Nathan Söderblom Evangelischer Erzbischof von Uppsala, schwedischer Theologe, berief 1925 die »Konferenz für praktisches Christentum« nach Stockholm. Verdienste um konfessionelle und politische Aussöhnung. Friedensnobelpreis 1930.

Roger Schutz Der Prior von Taizé gründete die evangelische Mönchsgemeinschaft in Burgund, die durch seine Ausstrahlungs- und Überzeugungskraft rasch zu einem Zentrum interkonfessioneller, auch internationaler brüderlicher Begegnung wurde. Religiöser Führer und Schriftsteller von zukunftsweisender Kraft.

Im Frühjahr 1823 begann der Weihbischof und Koadjutor Sailer seine Visitations- und Firmungsreisen durch das ganze Bistum. Sie gestalteten sich oft zu wahren Triumphzügen. Die Rüstigkeit des ehrwürdigen Greises setzte die Leute überall in Staunen. Kein Ort war ihm zu abgelegen, kein Weg zu beschwerlich. Überall zeigte er sich als Vater und Lehrer. Allen war Sailer zugänglich, gegen jedermann voll Güte.
Die schwere Bürde, die Sailer noch im Greisenalter auf seine Schultern nahm, wurde ihm erleichtert durch die treue Mitarbeit seines gleichgesinnten, hochbegabten Geheimsekretärs, des jungen Melchior Diepenbrock, des späteren Fürstbischofs und Kardinals von Breslau. Beide Männer waren an Alter und Herkunft grundverschieden, aber gleich in der Lauterkeit des Charakters. Sailer war dem 70. Geburtstag schon nicht mehr fern, als er den zwanzigjährigen Diepenbrock kennenlernte, einen noch völlig ziellosen, jähen Schwankungen unterworfenen jungen Mann, das Sorgenkind seiner Familie. Schon die erste Begegnung, im November 1818 in Westfalen, leitete die entscheidende Wende in Diepenbrocks Leben ein. Sailer verstand es, die rechten Saiten anzuschlagen, und der Zwanzigjährige erschloß sich ihm. Sehr bald nach Sailers Abreise reiste auch Melchior Diepenbrock ab – Sailer nach, um ernste Studien zu beginnen. Bald kam er auf dem Weg über das Rechtsstudium zur Theologie. Sailer wurde ihm Lehrer und Führer und ständiger Berater. Nach Abschluß der Studien empfing Diepenbrock durch Sailer in Regensburg die Priesterweihe. Im jungen Diepenbrock hatte Bischof Sailer einen Hauskaplan und Geheimsekretär, wie er ihn brauchte. Sailer schenkte ihm unbegrenztes Vertrauen, und Diepenbrock zeigte sich des Vertrauens wert. »Elf Jahre hindurch«, schreibt 1852 der Fürstbischof und Kardinal Diepenbrock, »habe ich in ununterbrochenem Verkehr mit ihm gelebt, die letzten acht Jahre als sein nächster Haus- und Tischgenosse, habe ihn bei seinem sommerlichen Landaufenthalt im nahen Schloß Barbing (das ihm König Ludwig freundlichst angewiesen hatte) und auf mehreren größeren Reisen in die Schweiz und an den Rhein begleitet, habe unter seiner Leitung seinen weit ausgebreiteten Briefwechsel mit den verschiedensten Menschen über die verschiedensten Verhältnisse größtenteils geführt, bin in seine Freundschafts- und Geschäftsbeziehungen eingeweiht worden, habe ihn stündlich beobachtet in gesunden und kranken Tagen, in heiteren und trüben Stunden, . . . und ich kann vor Gott versichern: ich habe ihn nie klein, nie sich ungleich, nie stolz oder eitel, nie gereizt, nie entmutigt, nie erzürnt oder verdrießlich, und wenn auch zuweilen tief verletzt und betrübt, doch nie außer Fassung, nie leidenschaftlich bewegt, stets seiner selbst würdig gefunden, habe ihn stets als ein Musterbild vor mir stehen sehen, an dem man sich erheben, erbauen und lernen konnte, ein Mann, ein Christ zu sein . . . Das durchscheinende Geheimnis seines inneren Lebens war die stete Gegenwart Gottes.«

Zwischen Sailer und Diepenbrock bestand ein Verhältnis schier unbegrenzten gegenseitigen Vertrauens. Schon zur Abfassung des ersten Hirtenbriefes mußte der Sekretär dem alten, jetzt auch altersschwachen, aber immer noch geistig hellwachen Bischof »Herz und Hand und Feder« leihen. Daß Sailer nicht etwa ein Hofbischof war, bewies seine entschlossene, doch stets maßvolle Haltung im Streit um die konfessionsverschiedenen »Mischehen«, der damals auch das Königreich Bayern ergriffen hatte.
Eine andere Art der Frömmigkeit des 19. Jahrhunderts verkörperte in Regensburg Sailers Weihbischof Michael Wittmann, gewiß hochangesehen und hochverdient um Seelsorge und Priesterbildung, aber von großer büßerischer Strenge geprägt und nicht ohne rigoristische Züge. Bezeichnend ist folgende Episode aus Schloß Barbing bei Regensburg vom Jahr 1826, die uns Charlotte von Neumayer als Augenzeugin berichtet: »Ein Pfarrer, welcher durch die große Ausdehnung und die schlechten Wege seiner Pfarrei genötigt und auch ermächtigt war, sich ein Reitpferd zu halten, kam mit diesem in einem etwas unglücklichen Zustand nach Barbing; denn der feurige Fuchs, den er erst kürzlich gekauft, hatte ihn auf dem Wege dahin zweimal abgeworfen. Dieser Unfall und was ihn veranlaßte, wurde natürlich besprochen und Diepenbrock in Beziehung auf die Behandlung des Pferdes nicht nur zu Rate gezogen, sondern endlich auch vermocht, diesen Rat praktisch zu erteilen. Es war wirklich eine Lust, zu sehen, wie das Pferd schnell seinen Meister erkannte und sich zu den hübschesten Sprüngen und Courbetten herbeiließ. Die ganze Schloßbewohnerschaft war an den Fenstern, um Diepenbrocks Reitkunst zu bewundern, auf welche besonders Sailer mit Vaterstolz und -schwäche und dem Ausruf: ›Gott hat ihm eine edle Gestalt gegeben!‹ herabschaute, als plötzlich und unvermutet Regens Wittmann vor dem Schlosse anfuhr. Ich kann noch jetzt nicht ohne Lächeln mich der Verwirrung erinnern, welche die Erscheinung jenes merkwürdigen Mannes damals hervorrief. Diepenbrock sprang mit Blitzesschnelle vom Pferde, sämtliche Zuschauer zogen erschreckt ihre Köpfe zurück und Sailer war verlegen, wie ich ihn sonst niemals sah . . .« Auch die freundlich-begütigenden Worte Wittmanns konnten dem ganzen Kreis die plötzlich geschwundene fröhliche Unbefangenheit nicht mehr zurückgeben.
Sailer starb, wie er gelebt hatte, einschlummernd im Gefühl der Gegenwart Gottes, am 20. Mai 1832 zu Regensburg, umgeben von liebenden Verwandten und Freunden. Aus den Händen des Weihbischofs Wittmann hatte er die Sterbesakramente empfangen und dann mit vollem Bewußtsein die Sorge für sein Bistum dem Weihbischof anvertraut. Mit Sailer starb einer der edelsten Priester und Bischöfe des 19. Jahrhunderts. Sailer wurde im vorderen südlichen Seitenschiff des Regensburger Domes beigesetzt. Weihbischof Wittmann rühmte ihn in seiner Trauerrede: »Unter den Bischöfen dieser Diözese wird er nach Jahrhunderten noch

groß dastehen.« Als kurze Zeit danach König Ludwig I. von Bayern Regensburg besuchte, ließ er sich zu Sailers Grab führen. Dort sprach er, daß die Umstehenden es deutlich hören konnten: »Hier ruht Deutschlands größter Bischof . . . Mir ist ein Schutzgeist gestorben.« Die Verbundenheit zwischen Sailer und König Ludwig hatte nicht zuletzt darin gewurzelt, daß beide die goldene Mitte suchten, für ein gerechtes Abwägen der kirchlichen und staatlichen Interessen eintraten. Noch zu Lebzeiten Sailers traten andere, radikalere Kräfte auch in der Kirche stärker hervor, die gegen die Mitte des Jahrhunderts immer mehr zur alleinigen Geltung drängten. Sailers Andenken konnte zeitweilig verdunkelt werden, seine menschliche, christliche Größe leuchtet hell in der gegenwärtigen Zeit.

Heinz Schütte

Johann Adam Möhler

Analytischer Denker der Ökumene

»Johann-Adam-Möhler-Institut für Ökumenik« – diese Bezeichnung trägt das von Lorenz Kardinal Jaeger 1957 gegründete Institut in Paderborn. Die Wahl gerade dieses Namens weist auf die Persönlichkeit Johann Adam Möhlers hin – insbesondere auf seine Bedeutung für die christliche Einheit.

Er wurde am 6. Mai 1796 in Igersheim bei Mergentheim geboren. Nach glänzendem Abschluß des Gymnasiums begann er 1814 das Studium der Philosophie und im Jahr darauf der Theologie an der Fakultät in Ellwangen. Er hatte das Glück, hervorragenden theologischen Lehrern zu begegnen: dem vielseitig orientierten Johann Baptist Hirscher, der ein Pionier auf dem Gebiet der Ökumene war und von seinen biblischen Kenntnissen her der Moraltheologie, der Katechetik und der Homiletik starke Impulse gab, sodann Johann Sebastian Drey – dem Begründer der katholischen Tübinger Schule. 1817 wurde die Ellwanger Theologische Fakultät mit der in Tübingen vereinigt. Dort gab es zwischen dem Wilhelmsstift, in dem Möhler mit anderen katholischen Theologen wohnte, und dem Evangelisch-Theologischen Stift einen lebhaften Gedankenaustausch; in aller Offenheit diskutierte man die Lehrdifferenzen: So wurde Möhler mit den Kontroversfragen bekannt. Er befaßte sich zugleich intensiv mit den Bekenntnisschriften und Quellen der Reformation.

Im November 1818 kam er ins Priesterseminar Rottenburg und empfing am 18. Dezember 1819 die Ordination zum Priester. Etwa ein Jahr lang war er in der Seelsorge tätig – in Weil und in Riedlingen. Es wird berich-

tet, daß er mit Bescheidenheit und Liebe seinen Dienst verrichtete und in den Gemeinden hoch geachtet war.
Im Oktober 1920 wurde er zum Weiterstudium nach Tübingen berufen. Bald wurde ihm die Aufgabe eines Repetenten am Wilhelmsstift übertragen. Er war so an der Ausbildung der Theologen beteiligt, studierte gleichzeitig klassische Literatur, insbesondere die ältere griechische Philosophie und Geschichte, da er beabsichtigte, später im Schuldienst tätig zu werden. 1822 hatte er bereits ein Gesuch zu einer entsprechenden Stelle konzipiert – da erhielt er eine Einladung der Katholisch-Theologischen Fakultät Tübingen, dort Privatdozent zu werden, womit die Weisung verbunden war, vorher noch seine wissenschaftliche Ausbildung zu vervollkommnen.
Er tat das auf Reisen nach Würzburg, Jena, Leipzig, Halle, Göttingen, Berlin, Breslau, Prag, Wien und Landshut. Bei dieser Studienfahrt lernte Möhler nicht nur Arbeitsmethoden von andern Hochschulen kennen; er begegnete auch bedeutenden Persönlichkeiten: Friedrich Schleiermacher und dessen Schüler Johann A. W. Neander, nicht zuletzt Philipp Marheineke, der eine *Christliche Symbolik* veröffentlicht hatte – was Möhler später anregte, selbst eine *Symbolik* zu verfassen. Wie sehr ihn schon zur Zeit der Studienreise das Anliegen der Einheit der Christenheit bewegte, zeigen seine Worte: »Wenn sich zwei Gegner nur wieder einmal sprechen – und sollte auch die Rede in nichts anderem als im gegenseitigen Vorhalten der vermeinten erlittenen Unbilden bestehen –, so ist ein schöner Schritt der Aussöhnung gemacht. Aber möchte man sich dabei doch stets erinnern, daß der Zweck gegenseitige Verständigung und endliche Versöhnung sei.«
Im Sommersemester 1823 begann er in Tübingen seine Vorlesungen in Kirchengeschichte, Patrologie und Kirchenrecht. 1825 veröffentlichte er seine Erstschrift *Die Einheit der Kirche oder das Prinzip des Katholizismus, dargestellt im Geiste der Kirchenväter der drei ersten Jahrhunderte.* Dieses Werk entstand in relativ kurzer Zeit. Man merkt ihm Möhlers Vertrautsein mit der Theologie der Kirchenväter an; er selbst erklärt: »Das ernste Studium der Väter hat in mir vieles aufgeregt; in diesen entdeckte ich zuerst ein so lebendiges, frisches, volles Christentum.« Nach Möhler liegt das Wesen der Kirche in ihrer Einheit. Die Einheit der Kirche versteht er als Einigkeit der Gläubigen in der Lehre, in der Liturgie und in der Verfassung. Er schreibt: »Da die christliche Religion objektiv *eine* ist, so muß auch die christliche Kirche, diese objektive Einheit repräsentierend, eins sein, das heißt: indem sich die objektive Einheit der christlichen Religion in den verschiedenen Mitgliedern der Kirche ausspricht, wird sie unter diesen zur Einigkeit.« Die Kirche hat ihren Ursprung in Jesus Christus. Sie ist Säule und Grundfeste der Wahrheit (1 Tim 3,15) – nicht aus sich, sondern aufgrund des Beistandes des Heiligen Geistes. Dieses Frühwerk, das von Möhler mit Begeisterung

und Hingabe geschrieben war, wurde von vielen ebenso begeistert aufgenommen; es fand aber auch scharfe Ablehnung – und beides auf evangelischer wie auf katholischer Seite. Daß Möhler selbst ihm kritisch gegenüberstand, ist beachtlich. Er schreibt am 23. Januar 1826 an einen Freund: »Ich hätte gewünscht, daß Du mich auf Fehler, Verirrungen im Kombinieren und Konstruieren der Tatsachen und Ideen aufmerksam gemacht hättest. Wenn man von seinem Gegenstande begeistert ist, wird man nur zu leicht fortgerissen und mischt zum Wahren unvermerkt Falsches oder wenigstens Einseitiges.« Im Anschluß an dieses Werk erhielt Möhler 1826 einen Ruf an die Universität Freiburg; er lehnte diesen ab, wurde dafür zum außerordentlichen Professor in Tübingen ernannt.

Nach Hubert Jedin ist die »Neubegründung der Kirchengeschichte als einer theologischen und historischen Wissenschaft« Johann Adam Möhler zu verdanken. Seine Kirchengeschichtsvorlesungen bewogen Möhler dazu, der Idee der Kirchengeschichte nachzugehen: »Das innere Prinzip einer Geschichte muß also bestimmt aufgefaßt werden, um alles Einzelne wie das Ganze zu verstehen«, schreibt er in der Einleitung zur kirchengeschichtlichen Vorlesung 1826/27 und gibt auf die Frage nach der »Idee der Kirchengeschichte« die Antwort: »Sie ist keine andere als diese: Christus in dem Heiligen Geiste wirkt in den Gläubigen und verbindet sie zur Einheit. Die christliche Lebenseinheit also, daß alle Gläubigen in Christus ein Gesamtleben bilden, das scheint uns die einzig wahre Idee zu sein.« Christus im Heiligen Geist wirkt in den Gläubigen; diese bilden in Christus ein Gesamtleben.

1827 erscheint das Werk *Athanasius der Große und die Kirche seiner Zeit, besonders im Kampfe mit dem Arianismus.* Darin zeichnet Möhler den Bekennerbischof von Alexandrien als Vorkämpfer des rechten Glaubens. »Schon als ich meine erste Bekanntschaft mit der Kirchengeschichte machte, erschien mir Athanasius von so großer Bedeutung, seine Schicksale so außerordentlich; seine Unterdrückung um des Glaubens willen, seine Wiedererhebung, sein abermaliger Sturz und wieder erfolgtes Steigen, die hohe christliche Würde, die Erhabenheit über jegliches Unglück, die uns aus seiner Geschichte entgegenleuchtet, nahmen meine Teilnahme so sehr in Anspruch, daß eine tiefe Sehnsucht in mir rege wurde, den großen Mann genauer kennenzulernen und ihn in seinen eigenen Schriften zu studieren . . . eine reiche Quelle geistiger Nahrung floß mir aus ihnen zu.« Möhler wird klar, wie wichtig eine klare Lehre über Jesus Christus ist: Alles ist »ungewiß und schwebend, ja nichtig, wenn Christus nicht wahrer Gott ist«. Viele Züge der Irrungen des vierten Jahrhunderts entdeckt Möhler zu seiner Zeit wieder – einerseits bei den Deisten und anderseits bei Friedrich Schleiermacher.

In mehreren Folgen veröffentlicht Möhler 1827/28 ein weiteres Geschichtswerk: *Anselm, Erzbischof von Canterbury. Ein Beitrag zur Kenntnis des religiös-sittlichen, öffentlich-kirchlichen und wissenschaftli-*

chen Lebens im elften und zwölften Jahrhundert. Darin bewegt ihn in starkem Maße das Thema der christlichen Freiheit. Auch zum Problem Zölibatsgesetz und Freiheit des einzelnen bezieht er Stellung: »Die Virginität ist ein Charisma (1 Kor 7,7), und das Zölibatsgesetz ist nichts anderes als das kühne Vertrauen der Kirche zum göttlichen Geiste, daß er dieses Charisma gewiß so häufig austeilen werde, als sie Vorsteher bedarf . . .«

Die Weite des Denkens von Möhler wird darin deutlich, daß er sich auch mit den Weltreligionen und den damit zusammenhängenden Fragen befaßte. Er erkennt: »Durch die ganze heidnische Welt hindurch ziehen sich Bruchteile der Wahrheit und Spuren des Göttlichen; tiefe Ahnungen, dunklere oder klarere Vorstellungen von einer höheren Weltordnung, das Fühlen und sogar auch ein wenngleich unkräftiges Wollen des Besseren, ein Sehnen nach Verbindung mit der Gottheit treffen wir allenthalben an. Alles was im Christentum in seiner Fülle und göttlich beglaubigt sich zeigt, finden wir dort wenigstens schon als Schattenriß, als Keim und Samen.«

Das Werk über Athanasius brachte Möhler zum Nachdenken über seine Zeit. War die Kirche im vierten Jahrhundert mit dem Arianismus konfrontiert, so sah er sie nun dem Protestantismus gegenübergestellt. Bereits während seines Studiums hatte er sich den Quellen der Reformation zugewandt, vertiefte noch seine Kenntnisse und hielt dann neben seiner Universitätstätigkeit Vorträge über die Unterscheidungslehren zwischen Katholiken und Protestanten, die weithin Beachtung fanden. Möhler wurde daraufhin 1828 ordentlicher Professor in Tübingen.

Das Anliegen der Einheit bewegte ihn seit seiner Studienreise 1822/23. Er erkannte, wie in Liebe um die Wahrheit gerungen werden mußte. Er bemühte sich, die Grundidee des Katholizismus und des Protestantismus zu erkennen und zu sehen, »wie diese in allem Einzelnen wiederkehrt.« Darin bestehen Ziel und Methode des Werkes, das 1832 erschien: *Symbolik oder Darstellung der dogmatischen Gegensätze der Katholiken und Protestanten nach ihren öffentlichen Bekenntnisschriften.* Dieses ist die Frucht eines langen Mühens und Reifens, das Möhler zudem von Auflage zu Auflage zu verbessern suchte – stilistisch und der Sache nach.

Da im Gefolge des Reformationsjubiläums 1817 die gegenseitige Polemik leider stärker wurde, sah Möhler eine dringende Aufgabe darin, »die ursprünglichen Differenzen wieder scharf ins Auge zu fassen und mit größerem Ernst zu behandeln, als es seit langer Zeit nötig war«. Eine bloße Verteidigung des katholischen Standpunkts gegenüber Verzerrungen hielt er für verfehlt. Er forderte statt einer Apologie eine Symbolik, eine wissenschaftliche Darlegung der Unterscheidungslehren entsprechend den öffentlichen Bekenntnisschriften. »Eine recht scharfe Bezeichnung der Gegensätze machte ich mir . . . zur Aufgabe, und strebte niemals und nirgends dahin, dieselben zu verkleiden oder zu verhüllen. Die

Ansicht, es seien keine erheblichen und ins Herz des Christentums eingreifenden Unterscheidungen vorhanden, kann nur zur gegenseitigen Verachtung führen . . . Auch ist die Erscheinung nicht selten, daß die Unkenntnis der wahren Differenzen falsche erkennen läßt, was ein feindseliges, liebloses Gegenüberstehen beider Parteien weit mehr unterhält als eine richtige, genaue Kenntnis der Unterschiede; denn nichts schmerzt und erbittert mehr als unbegründete Vorwürfe.«

Nach Auffassung von Möhler ist die entscheidende Differenz, die allen anderen Gegensätzen zugrunde liegt, in der Anthropologie zu suchen: »Wer darin den Katholizismus, dessen Lehren sämtlich auf das innigste miteinander verschlungen sind, in seiner Mitte angriff, mußte allmählich noch vieles andere, dessen Verwandtschaft mit dem zuerst Bestrittenen anfänglich vielleicht kaum geahnt wurde, zugleich bekämpfen.«

Die scharfe und rückhaltlose Darbietung der Gegensätze hatte letztlich auch einen irenischen Zweck: Möhler wollte »zur Beförderung eines Friedens einen kleinen Beitrag liefern, der aus der wahren Kenntnis des Zwiespaltes hervorgeht«.

Möhlers Symbolik ist eine »geistvolle und unsterbliche Arbeit, ein klassisches Denkmal katholischen Glaubens und theologischer Wissenschaft, unvergänglich in historischer Beziehung durch ihr dogmatisches Verdienst und in formeller Hinsicht durch ihre mustergültige und meisterhafte Darstellung« (H. Kihn).

Das Interesse an der *Symbolik* war so stark, daß sie zu Möhlers Lebzeiten seit 1834 jährlich neu aufgelegt werden mußte. Das sachliche, unpolemische Bemühen des Verfassers fand auch evangelischerseits Anerkennung: »Man konnte nicht umhin, den Scharfsinn und die Tüchtigkeit des Gegners anzuerkennen und sich zu freuen, daß er von der gemeinen Weise, die Reformation zu erklären, zu einer höheren Ansicht erhoben und sie aus einer tief religiösen Erregung ableitet«, heißt es 1858 in der Realenzyklopädie für protestantische Theologie und Kirche. Verständlicherweise erhoben sich auch Gegenstimmen. Der Tübinger Theologe Ferdinand Christian Baur wiederholte sogar Luthers Meinung aus den Schmalkaldischen Artikeln: »Also sind und bleiben wir auf ewiglich geschieden und widereinander.« Darauf erwiderte Möhler: »In aeternum! (›Auf ewiglich!‹) Mir bangt in der tiefsten Brust bei diesen Worten. In aeternum also! Das will viel, will sehr viel heißen! In aeternum! Um keinen Preis in der Welt möchte ich also sprechen.«

Infolge des Streits mit Baur war das Verhältnis zu manchen Kollegen an der Universität Tübingen gestört – Möhler hielt es nicht mehr dort. Die preußische Regierung suchte ihn für Bonn, Breslau oder Münster zu gewinnen. Am liebsten wäre er nach Bonn gegangen. Doch der dort wirkende Theologe Georg Hermes – der selbst irrige dogmatische Ansichten vertrat – bezeichnete einige Partien in Möhlers Werk *Die Einheit der Kirche* als unkirchlich; der damalige Erzbischof von Köln Graf

Spiegel verlangte daraufhin, Möhler solle diese Schrift zurücknehmen; das verweigerte Möhler. Erzbischof Spiegel schrieb dem preußischen Ministerium, »daß Dr. Möhler, der Schellingschen Philosophie huldigend, heterodoxe Begriffe aufgestellt hat« und fügte hinzu: »In der Lehre von der Gnade ist er undeutlich verworren und anscheinend irrtumsvoll; sein Begriff von Kirche ist nicht katholisch richtig; der Lehrstand geht dabei verloren.«

1835 berief ihn König Ludwig I. von Bayern an die Theologische Fakultät der Universität München. Möhler folgte dem gern, nahm seine Lehrtätigkeit mit einer Erklärung des Römerbriefs auf und hielt weiterhin Vorlesungen über Paulusbriefe, Kirchengeschichte und Patrologie. Doch war seine Tätigkeit in München nur von verhältnismäßig kurzer Dauer. Im Spätherbst 1836 wurde er von Cholera und im Frühjahr 1837 von einer Grippe befallen und war längere Zeit krank. Ein mehrwöchiger Urlaub in Meran schien ihm neue Kraft zu geben; aber zu Beginn des Wintersemesters 1837 mußte er seine Vorlesungen unterbrechen. Er konnte sie im Januar 1838 noch einmal für drei Wochen wiederaufnehmen, bis eine Krankheit ihn erneut – diesmal endgültig – zum Aufgeben zwang. Am 12. April 1838 rief Gott ihn heim; Möhler war noch nicht 42 Jahre alt.

Es wird berichtet, daß er ein begnadeter Lehrer war, der durch seine Persönlichkeit, durch seine Kenntnisse und seine klare Darbietung des Stoffs tiefen Eindruck auf seine Hörer hinterließ. In seiner letzten Schrift *Über die neueste Bekämpfung der katholischen Kirche* (1838), mit der er in das geistige Ringen der Zeit eingriff, ging er nochmals auf das Ziel der Einheit der Christen ein: »Daß wir uns nicht mehr, wie die Helden des sechzehnten und siebzehnten Jahrhunderts, anfallen und zerfleischen, . . . daß wir es über uns gewinnen können, uns freundlich zu besprechen und friedlich nebeneinander zu wohnen, im übrigen aber starr und unbeweglich bleiben, wer wir sind, ist in Wahrheit ungenügend. Der Zweck eines friedlichen, auf gegenseitiger Achtung beruhenden Mitteilens kann unmöglich sein, sich bloß mitgeteilt, lediglich Ansichten und Ideen ausgetauscht zu haben . . .« Johann Adam Möhler und seine Werke sind von bleibender Bedeutung. Das gilt besonders im Blick auf seine *Symbolik:* »Zum ersten zeigt sie uns, daß alle theologische Ökumenik nur dann fruchtbar gestaltet werden kann, wenn die Lehr- und Lebensunterschiede der getrennten Bekenntnisgemeinschaften in ihrer vollen Tiefe erkannt und als Ausdruck eines besonderen ›Geistes‹, einer letzten Haltung der Frohbotschaft in Jesus Christus gegenüber, verstanden werden. Nur so behält das theologische Gespräch zwischen den Konfessionen seinen Sinn und seine vorwärtstreibende Kraft. Zum anderen führt uns Möhler eindringlich zum Bewußtsein, daß die morgenländischen und abendländischen Glaubensspaltungen geschichtliche Tatsachen von weltwandelnder Bedeutung sind« (J. R. Geiselmann).

Die Entwicklung ist weitergegangen: Christen unserer Zeit sind sich in zunehmendem Maße des Gemeinsamen bewußt geworden, während lange fast ausschließlich nach dem Trennenden gesucht wurde. Eine rechte Diagnose – das Erkennen der eigentlichen Differenzen – ist Voraussetzung für eine Heilung der Spaltungen; man sieht heute, daß theologische und nichttheologische Faktoren bei den Trennungen und ihrem Fortbestehen eine Rolle spielen. Im ökumenischen Dialog der Gegenwart wird gefragt, wie es angesichts der geschichtlichen Verschiedenheit zur Kirchengemeinschaft kommen kann, zur korporativen Vereinigung, zur »Einheit der Kirchen, die Kirchen bleiben und eine Kirche werden« (J. Ratzinger), um den Skandal der Spaltung zu überwinden.

Heinz Schütte

Augustin Kardinal Bea

Wegbereiter der einen Kirche

»Wenn einmal die Kirchengeschichte des 20. Jahrhunderts geschrieben wird, dann werden die Persönlichkeit und das Lebenswerk Kardinal Beas in der Bedeutung für das Zweite Vatikanische Konzil und für die Teilnahme der katholischen Kirche an der ökumenischen Bewegung hervortreten«, erklärte Kardinal Jaeger 1971.

Augustin Bea wurde am 28. Mai 1881 als einziges Kind der Eheleute Karl und Maria Bea in Riedböhringen, einem kleinen Dorf in Baden, geboren. Nach dem Besuch der Schule und des Gymnasiums bestand er im Juli 1900 in Rastatt mit bestem Erfolg das Abitur. Dann begann er das Studium der Theologie an der Universität Freiburg im Breisgau; am 8. April 1902 trat er in die Gesellschaft Jesu ein. Nach Studien der Philosophie, Philologie und Theologie in Valkenburg, Holland, und in Innsbruck wurde er 1912 zum Priester geweiht. Als Folge des badischen Kirchenstreits und des Kulturkampfes in Deutschland konnte Augustin Bea als Jesuit 1912 nur mit einer besonderen Erlaubnis in seiner Heimatgemeinde seine erste heilige Messe feiern; daß ein weiterer Jesuit die Predigt hielt, wurde ausdrücklich verboten.

1913 folgte ein Semester Orientalistik an der Universität Berlin. Von 1914 bis 1917 war Augustin Bea Superior in Aachen, von 1917 bis 1921 Professor der alttestamentlichen Exegese und zugleich Studienpräfekt in Valkenburg. Von 1921 bis 1924 wirkte er als Provinzial der Oberdeutschen Ordensprovinz der Gesellschaft Jesu in München. Dann wurde er nach Rom berufen, arbeitete fast 35 Jahre am Päpstlichen Bibelinstitut. Von 1924 bis 1929 war er dort Professor, lehrte unter anderem biblische

Einleitungswissenschaft, alttestamentliche Exegese, biblische Methodologie und Hermeneutik. 1930 wurde er Rektor des Päpstlichen Bibelinstituts.
Er war maßgebend beteiligt am Entstehen der 1943 von Papst Pius XII. veröffentlichten Enzyklika DIVINO AFFLANTE SPIRITU – der Magna Charta heutiger katholischer Bibelwissenschaft. Darin wird dringlich zum wissenschaftlichen Studium der Heiligen Schrift aufgefordert, unter Zuhilfenahme der Archäologie, der Geschichte, der Sprachwissenschaft und der Literaturkritik, um zu erforschen, was die jeweiligen Verfasser sagen wollten.
Unter Beas Leitung wurde eine neue lateinische Psalmenübersetzung aus dem Hebräischen erarbeitet und 1945 vollendet. Außer seiner Aufgabe am Päpstlichen Bibelinstitut war Augustin Bea in wichtigen Ämtern der römischen Kurie tätig: 1931 wurde er Konsultor der Päpstlichen Bibelkommission, 1936 Konsultor der Kongregation für die Seminarien und Päpstlichen Universitäten, 1949 Konsultor des Heiligen Offiziums – der heutigen Glaubenskongregation – und 1950 Konsultor der Ritenkongregation. Augustin Bea war 79 Jahre alt, als Papst Johannes XXIII. ihm am 12. November 1959 die bevorstehende Ernennung zum Kardinal mitteilte.
Johannes XXIII. hatte am 25. Januar 1959 ein Konzil angekündigt und dabei die Hoffnung geäußert, es möge der Einheit dienen. Kardinal Bea unterbreitete dem Papst einen Vorschlag des Paderborner Erzbischofs Lorenz Jaeger, in Rom eine Stelle zur Anbahnung von Kontakten mit den getrennten Christen und Kirchen zu schaffen. Johannes XXIII. nahm diesen Gedanken erfreut auf. Mitte 1960 gründete er das »Sekretariat zur Förderung der Einheit der Christen« und betraute Kardinal Bea mit dessen Leitung. Durch seine exegetischen Kenntnisse und seine Vertrautheit mit der Bibel – dem gemeinsamen Buch der getrennten Christen – war Bea für seine neue Aufgabe gut vorbereitet. Mit den ökumenischen Problemen war er seit Jahren durch Erzbischof Jaeger vertraut gemacht worden; durch ihn und das Johann-Adam-Möhler-Institut wurde er auch weiterhin über die Entwicklung orientiert.
Die Übernahme und Leitung des Einheitssekretariats stellte den Kardinal vor wichtige Aufgaben. Ihm oblag die Wahl der Mitarbeiter. Er machte in Vortragsreisen die Bedeutung des Konzils für die Einheit der Christen bekannt; er knüpfte Kontakte mit dem Ökumenischen Rat der Kirchen und dessen Generalsekretär Willem A. Visser't Hooft. Er betonte: »Wir sprechen niemals von der Rückkehr zur Kirche, sondern von der Wiedervereinigung.« Durch eine solche Klarstellung wurde eine vertrauensvolle Begegnung mit den nicht-römisch-katholischen Kirchen und kirchlichen Gemeinschaften möglich.
Auf eine Anregung Kardinal Beas hin lud der Papst Repräsentanten der von Rom getrennten Kirchen und Gemeinschaften ein. In der letzten

Sitzungsperiode waren mehr als 100 Beobachter anwesend. Über das »Sekretariat Bea« gelangten deren Wünsche und Beiträge bis in das Konzil und wurden in den Dokumenten verwertet. Bei aller Offenheit für die getrennten Christen und ihre Theologie stand Kardinal Bea in Treue zur Lehre der katholischen Kirche – im Bewußtsein, daß nur so echte Ökumene erwachsen könne. Konzilsbeobachter erinnerten sich an Kardinal Bea als »den weisen und doch so tätigen, den konservativen und doch so kühn auf das Neue hin ausschreitenden Bahnbrecher und Wegweiser des Ökumenismus, der . . . für die Hoffnung des großen, wahrhaft ökumenischen Neuwerdens der Kirche in unserer Zeit zu wirken vermochte« (W. Küppers).

Entsprechend dem Zeugnis des Neuen Testaments stand für Augustin Bea fest, daß die Einheit der Christen in der Wurzel nicht zerstört war: »Durch den einen Geist sind wir alle in den einen Leib Christi, die Kirche, getauft« (1 Kor 12,13); von dieser grundlegenden Einheit galt es auszugehen. Kardinal Bea ließ zu wichtigen Fragen Entwürfe und Voten ausarbeiten: zum Wort Gottes, zur Notwendigkeit des Gebets für die Einheit, zum katholischen Ökumenismus, zur Religionsfreiheit und über die Juden. Diese Entwürfe wurden allerdings von den Kommissionen des Konzils zunächst wenig beachtet. Vor allem die Theologische Kommission, an deren Spitze Kardinal Ottaviani stand, war nicht willens, die theologische Kompetenz Kardinal Beas anzuerkennen.

Im November 1962 wurde dem Konzil von Kardinal Ottaviani das Schema über Schrift und Tradition als den »Quellen der Offenbarung« vorgelegt. Die Vorlage führte zu einer kritischen Situation; im Auftrag des Einheitssekretariats äußerte Bischof De Smedt vor dem Konzil: Wenn der von Kardinal Ottaviani eingebrachte Entwurf angenommen werde, »würde die Hoffnung zunichte, daß das Konzil zur Annäherung der getrennten Brüder beitragen könnte«. Eine Zusammenarbeit mit dem Einheitssekretariat war bis zu diesem Zeitpunkt abgelehnt worden. Dies wurde anders, da Papst Johannes XXIII. nunmehr die Erarbeitung eines neuen Entwurfs über die Offenbarung anordnete und damit eine Kommission unter Leitung der Kardinäle Bea und Ottaviani betraute.

1963 wurde der zweite Entwurf zu einem Dekret über den Ökumenismus vom Konzil diskutiert. Auf den Einwand eines italienischen Bischofs – ein Katholik könne nur an »Rückkehr« der getrennten Brüder denken – entgegnete Kardinal Bea: Man müsse um die Einheit beten, die Christus für seine Kirche wollte; man habe es Gott zu überlassen, wann und wie Er die Einheit vollende. Der Entwurf wurde mit erstaunlich großer Mehrheit vom Konzil gebilligt. In der dritten Konzilsperiode wurde dann das Dekret über den Ökumenismus am 21. November 1964 mit 2137 Jastimmen gegen nur 11 Neinstimmen angenommen. Es ist ein Stück des Lebenswerkes von Kardinal Bea, der es noch bis kurz vor der Abstimmung verteidigen mußte.

»Der Name Kardinal Beas wird gleichfalls in die jüdische Geschichte eingehen und stets mit Dankbarkeit genannt werden«, schreibt der jüdische Landesrabbiner N. Peter Levinson und fügt hinzu, Kardinal Bea sei »zum eigentlichen Verfechter des christlich-jüdischen Dialogs innerhalb der katholischen Kirche geworden«. Durch Papst Johannes XXIII. wurde das Einheitssekretariat beauftragt, eine Konzilserklärung über die Juden zu erarbeiten. Kardinal Bea wußte aufgrund seiner biblischen Studien um die heilsgeschichtliche Sendung des Volkes Israel. Die Werte des Alten Testaments und des Judentums können der Kirche und der ökumenischen Bewegung von größtem Nutzen sein. Allen Ungerechtigkeiten gegenüber den Juden im Laufe der Jahrhunderte muß ein Ende gesetzt und die Begegnung mit ihnen muß in aufrichtiger Liebe und Achtung gesucht werden. Die von Kardinal Bea und seinem Sekretariat erstellte Erklärung über die Juden wurde vom Konzil in die Erklärung über die »Beziehungen der Kirche zu den nichtchristlichen Religionen« eingefügt.
Nach der Verabschiedung und Veröffentlichung des Ökumenismusdekrets des Zweiten Vatikanischen Konzils mußte es in seiner Bedeutung zu Bewußtsein gebracht und ausgewertet werden. Entsprechend dem Ökumenismusdekret betrifft das Anliegen der Einheit »die ganze Kirche, seien es die Gläubigen, seien es die Seelsorger, und zwar jeden nach der ihm eigenen Fähigkeit, sowohl im täglichen christlichen Leben als auch in den theologischen und historischen Studien«. Der Ökumenismus ist wichtiger Teil der seelsorglichen Arbeit der Bischöfe. In dem »Ökumenischen Direktorium«, das vom Einheitssekretariat erarbeitet wurde, finden sich Anweisungen, wie die Bestimmungen des Ökumenismusdekrets verwirklicht werden können.
Kardinal Bea widmete sich mit großer Intensität und Hingabe der Aufgabe, die ökumenische Haltung des Konzils bekanntzumachen und Kontakte zu knüpfen oder zu stärken. Im Februar 1965 stattete er dem Ökumenischen Rat der Kirchen in Genf einen offiziellen Besuch ab; dabei teilte er die päpstliche Zustimmung zu dem Vorschlag mit, eine gemeinsame Kommission zwischen dem Ökumenischen Rat und der katholischen Kirche zu schaffen, um Möglichkeiten des Dialogs und der Zusammenarbeit zu erforschen.
Bedeutsam war sodann der Besuch des Kardinals beim Ökumenischen Patriarchen Athenagoras in Konstantinopel im April des Jahres 1965. Bereits die Pilgerreise Papst Pauls VI. ins Heilige Land – mit der Begegnung des Papstes und des Ökumenischen Patriarchen in Jerusalem – war zuvor mit Kardinal Bea besprochen. Nachdem der Ökumenische Patriarch im Februar 1965 eine offizielle Delegation nach Rom entsandt hatte, um dem Papst die Beschlüsse der 3. panorthodoxen Konferenz von Rhodos mitzuteilen, reiste Kardinal Bea als Vertreter des Papstes nach Konstantinopel, überbrachte ein persönliches Handschreiben und besprach Möglichkeiten, die gegenseitigen Beziehungen weiterzuentwik-

keln. Frucht der Wiederbegegnung von Ost- und Westkirche war die Aufhebung der gegenseitigen Exkommunikation aus dem Jahre 1054. Kardinal Bea verlas in St. Peter das entsprechende Breve des Papstes in der letzten öffentlichen Sitzung des Zweiten Vatikanischen Konzils am 7. Dezember 1965. In London traf der Kardinal mit dem Primas der anglikanischen Kirche, Erzbischof M. Ramsey, zusammen.

Kardinal Bea empfing viele Ehrungen. 1966 erhielt er zusammen mit dem Generalsekretär des Ökumenischen Rats der Kirchen, Willem A. Visser't Hooft, den Friedenspreis des Deutschen Buchhandels – in Würdigung der Bemühungen um Versöhnung und Einheit der Christen: Indem beide bestrebt waren, Mauern niederzureißen, Scheidewände abzubauen, Tore aufzuschließen, dienten sie der Solidarität der Menschen und damit auch dem Frieden in der Welt.

Augustin Bea lebte aus dem Wort Gottes und der heiligen Eucharistie in der Nachfolge des Gekreuzigten, wie besonders Aufzeichnungen bekunden, die sich nach seinem Tod fanden. Was er selbst schrieb, läßt einen tiefen Blick in sein Inneres tun. »Ich bin wirklich ein ›verhinderter Sünder‹ und kann tausendmal mit Sankt Paulus sagen: ›Durch die Gnade Gottes (und *nur* durch die Gnade Gottes) bin ich, was ich bin‹ (1 Kor 10,10).« (1960)

»›Das Reich Gottes ist nahe. Bekehrt euch und glaubt an die Frohe Botschaft‹: Das Wort gilt auch für mich, und zwar in besonderer Weise. Wenn man im 81. Jahr ist, ist ›das Reich Gottes‹ wirklich nahe, und dann muß das Herz ganz zu Gott bekehrt sein, in Glaube und in der Liebe. Die ›Reihe der Sünden‹ des vergangenen Lebens darf mir keine Sorge mehr machen; ›deine Sünden sind dir vergeben‹, hat der Heiland auch mir gesagt, und ich muß seinem göttlichen Wort glauben. Jetzt muß ich ihm in Liebe alles schenken, wie es die Sünderin getan hat, und das Maß der liebevollen Hingabe bestimmt auch das Maß der Vergebung . . . Der verlorene Sohn, der reuige Petrus, der Schächer am Kreuz haben es ebenso gemacht. Die Hauptsache ist: ein Leben vertrauensvoller, gläubiger, hingebender Liebe zu beginnen und durchzuführen. ›Spät habe ich Dich geliebt‹, aber ich habe Dich geliebt und ich liebe Dich!« (1961)

»Siehe, ich komme, deinen Willen zu tun« (Hebr 10,7): »Das ist auch mein Programmwort in meiner Stellung: nicht Ehre, Anerkennung, Besitz, sondern den Willen des Vaters tun in jeder Lage, in die Er mich hineinstellt.« (1960)

»Die heilige Eucharistie soll immer der Mittelpunkt und Brennpunkt meines inneren Lebens und meiner apostolischen Arbeit sein . . . Es ist das Sakrament der demütigen, dienenden Liebe, wie Er sie vor der Einsetzung in der Fußwaschung gezeigt hat (Joh 13,1–11).« (1960)

»Im Gefolge des Täufers waren gewiß viele andere. Der Heiland wählt nur die fünf (Joh 1,35–51). Warum? . . . Die Berufung zum Apostel und zur apostolischen Arbeit ist eine unverdiente Gnade, die aus Gottes ewigem Ratschluß stammt. Aber ich kann sicher sein: wenn Er diese Gnade gibt, dann gibt Er auch all die Hilfe, damit ich der Gnade entsprechen kann . . . ›Ich bitte für sie . . . die Du mir gabst: denn sie sind Dein . . . bewahre sie in meinem Namen‹ (Joh 17,9.11). Das Gebet des Heilandes gilt auch mir.« (1962)

»Die Spaltungen, die leider unter uns bestehen, . . . reichen bis ins Innerste unseres Glaubens und unseres christlichen Lebens. Darum muß die brüderliche Liebe den Charakter einer gemeinsamen Buße vor Gott haben. Die Einmütigkeit der Buße muß den Beginn der Einheit in der Fülle des Glaubens und des Lebens kennzeichnen. In der ökumenischen Arbeit sind wir alle solidarisch. Wir ermessen sowohl die Wichtigkeit als auch die Schwierigkeit unserer Aufgabe. Der Herr will in der Tat, daß alle Christen in der Gemeinschaft einer einzigen Kirche versammelt und vereinigt seien. Das bezeugt uns die Heilige Schrift. Wir können darum in unserem Bemühen nicht nachlassen, bis wir durch die Gnade Gottes die kirchliche Einheit aller Jünger Christi verwirklicht haben.« (1968)

»Stunden, wie der Heiland sie am Ölberg erlebt hat, können immer über mich kommen, sei es durch innere Trockenheit, Mißtrost u. ä., sei es durch äußeres Versagen, Mißverständnisse, Mißdeutungen, Widerwärtigkeiten, Angriffe usw. Das hat zunächst und an sich über meinen Seelenzustand nichts zu sagen: der Heiland war und blieb der geliebte Sohn des himmlischen Vaters auch in diesen schweren Stunden, wo seine Seele betrübt war bis in den Tod. Und gerade hier hat er sich mit besonderer Inbrunst an den Vater gewandt: ›Vater . . . ‹ Auch mir bleibt in solchen Fällen kein anderer Trost als das vertrauensvolle Gebet.« (1960)

»Die Seele des Heilands, sich selbst überlassen, ist von Schmerz und Furcht überwältigt. Ihr einziger Trost ist noch das Gebet: ›er betete die gleichen Worte‹ (Mt 26,44); mehr bringt die geängstigte Seele nicht mehr zustande. Bei den Jüngern findet er keinen Trost: ›er fand sie schlafend‹ (Mt 26,40–43). Sie hatten alle beteuert: ›Wir sind bereit, mit dir in den Kerker, ja in den Tod zu gehen‹ (Lk, 22,33), und jetzt können sie nicht einmal eine Stunde mit ihm wachen. Das sind die menschlichen Versprechen und Vorsätze. Auch die meinigen? – Die einzige Hilfe für den Heiland ist der Vater. Der sendet ihm einen Engel, der ihn stärkt (Lk 22,43), aber nicht mit der Botschaft, daß der Vater ihn vor dem Leiden befreit, sondern nur, daß es Sein Wille ist. Und er wiederholt: ›Nicht wie ich will‹ (Mk 14,34). Doch der Seelenschmerz ist so groß, daß er ihm das Blut aus den Adern treibt (Lk 22,44). Aber jetzt ist er gefaßt: ›Steht auf, laßt uns gehen, mein Verräter naht‹ (Mt 26,46). Das Gebet ist auch meine Kraft, was immer ich zu tragen habe. ›Wachet und betet‹ (Mt 26,41).«

Während bei der Kreuzigung »auf der einen Seite der Haß seinen Triumph zu feiern wähnt, triumphiert in Wirklichkeit beim Heiland die Liebe, eine Liebe, die keine Grenzen kennt, in letzter Erfüllung des ›er hat mich geliebt und sich für mich hingegeben‹ (Gal 2,20) gab er sich in den qualvollsten Tod und den schmachvollsten Tod . . . Mir bleibt nichts anderes zu tun, als daß ich dieser Großmut entspreche und das Kreuz, das sich mir im Leben bietet, hochgemut annehme und trage«. (1960)

»Für meine Sünden und Fehler rufe ich Gottes Barmherzigkeit an. So hoffe ich, jeden Tag bereit zu sein, um gerufen zu werden: am liebsten mitten aus der Arbeit heraus. Den Tod fürchte ich nicht, er ist es, der mich von den Mühen und Arbeiten dieses Lebens befreit: ›Gib mir die ewige Ruhe, Herr‹; er ist es, der mich zum Heiland, zum dreieinigen Gott führt. Ich warte auf ihn, aber nicht müßig, sondern in ungebrochener Arbeit, bis der Herr mich ruft.« (1961)

Nur mit Erstaunen kann man auf das blicken, was Augustin Bea seit seiner Ernennung zum Kardinal geleistet hat – immerhin war er zu dieser Zeit fast 80 Jahre alt: Reisen in alle Welt mit vielen Vorträgen und Begegnungen, zahlreiche Veröffentlichungen, allein zehn Bücher, die in mehrere Sprachen übersetzt wurden. Sie zeugen von unermüdlicher Arbeit im Mühen um die Einheit aller Christen und um den Frieden in der Welt.

Kardinal Bea wurde am 16. November 1968 von Gott heimgerufen. Seinem Wunsch gemäß wurde seine sterbliche Hülle in seiner Heimat- und Taufkirche Riedböhringen beigesetzt. »Der Tod von Kardinal Bea« – so schrieb der Konzilsbeobachter der Evangelischen Kirche in Deutschland, Professor Edmund Schlink – »ist ein Verlust nicht nur für die römische Kirche, sondern für die ganze Christenheit. Unvergleichlich hat sich sein Bild unzähligen Herzen eingeprägt, die seiner in Liebe und Verehrung gedenken. Nach Papst Johannes XXIII. wird er in der Erinnerung vieler als die eindrücklichste Gestalt des Zweiten Vatikanischen Konzils fortleben.«

Gerhard Wehr

Nathan Söderblom

Initiator eines kirchlichen Miteinander

Nicht die Vielfalt und Vielgestaltigkeit, sondern die Gegensätzlichkeit der mit Alleinvertretungsansprüchen agierenden Christen stellen einen Skandal dar. Denn: »Durch unsere Trennungen sind wir Christen für unseren Heiland ein Hindernis in seinem Rettungswerk. Wir machen es für die Menschen schwierig, an ihn zu glauben. Die Einheit der Christen ist eine gebieterische Notwendigkeit, auf daß die Welt den Herrn sehen und erkennen möge.«

Dieses Wort, im Jahr 1921 ausgesprochen, stammt aus dem Mund des schwedischen Erzbischofs Nathan Söderblom, des lutherischen Theologen und Religionswissenschaftlers, des Predigers und fruchtbaren Schriftstellers und – was am meisten wiegt – des evangelisch-katholischen Christen. Er gehört durch sein Wort und durch sein Handeln in die erste Reihe jener, die in diesem Jahrhundert dem ökumenischen Gedanken den Boden bereiten halfen, als die Aussicht auf ein wirkliches Näherkommen der Kirchen noch kaum zu erwarten war. Die Erfahrung zeigt jedoch, daß diese Pioniere und Bahnbrecher der ökumenischen Bewegung allzu rasch vergessen werden. Söderblom ist diesem Schicksal kaum entgangen. Dabei könnte es gerade ein Rückblick auf die einzelnen Stationen eines zurückgelegten langen Weges leichter machen, die noch vor einem liegende Entfernung vom angestrebten Ziel zu überwinden. Der Name des Schweden Söderblom steht für eine wesentliche Station einer für alle Beteiligten andauernden Pilgerschaft.

Am 15. Januar 1866 wird Nathan Söderblom als Sohn eines lutherischen Pfarrers im schwedischen Trönö geboren. Seine Universitätsstudien absolviert er in der traditionsreichen Stadt Uppsala, wo er auch im Jahre 1893 ordiniert wird. Nach bestandenem Theologie-Examen, in dem der Prüfling auch seine ausgedehnten philosophischen Kenntnisse unter Beweis stellen konnte, heiratet er und tritt eine Studienreise an. Sie leitet eine bunte Folge von weiteren Reisen, Auslandsaufenthalten und Begegnungen ein. Schon als Student war er dem Studenten-Missionsverein beigetreten, das heißt, er war frühzeitig mit den Ideen einer überkonfessionellen Zusammenarbeit der Christen vertraut worden. Den Gedanken, der ihn leitet und der ihn nun nicht mehr losläßt, kleidet er später in die Worte: »Hat es die Kirche etwa nicht nötig, sich des Evangeliums Jesu zu erinnern? Die Brüderschaft der Menschen und die gleiche Berechtigung der Völker müssen aus dem Evangelium hergeleitet werden. Dieses Ideal bleibt aber unverwirklicht und ohne jede Aussicht auf Verwirklichung, wenn es für seinen Glauben an die göttliche Vaterschaft und für seine Gewißheit der Liebe nicht eine Stütze findet an einer göttlichen Barmherzigkeit und einem Willen Gottes, die die Vollendung der Menschlichkeit erstreben. Dann taugt aber weder die Trockenheit noch das falsche Pathos der bürokratischen Staatsreligion, die sich schließlich doch auf die eigene Kraft des Menschen verläßt, noch der selbstzufriedene Egoismus der Frömmigkeit der abgeschlossenen Kreise, mag der Kreis klein sein oder die großartigste klerikale Einrichtung bilden, die die Welt gesehen hat.«

Durch diese Worte der Kritik und Selbstkritik können sich viele angesprochen fühlen. Jedoch ehe Söderblom daran denken kann, seine Erkenntnis- und Willensimpulse in die Tat umzusetzen, folgt er einem Ruf nach Frankreich. Von 1894 bis 1901 tut er Dienst als Pfarrer an der schwedischen Gemeinde in Paris. Gleichzeitig treibt er seine religionswissenschaftlichen Studien voran. Unter Anleitung Auguste Sabatiers rundet er diese Studien an der Sorbonne mit einer Dissertation über den Mazdaismus 1901 ab. Über dieser wissenschaftlichen Betätigung bleibt ihm das Großstadtelend nicht verborgen. Anläßlich seines 100. Geburtstags stellt ihm der frühere Marburger Kirchenhistoriker Ernst Benz das Zeugnis aus: »In ihm verbanden sich in einer einzigartigen Weise eine persönliche, erlebte Frömmigkeit lutherischer Prägung, eine ungewöhnlich umfassende theologische Bildung, eine persönliche Kenntnis der dringlichsten kirchlichen und sozialen Probleme seiner Zeit, eine erstaunliche Meisterschaft im Umgang mit Menschen aller Bildungs- und Sozialschichten, gegründet auf eine ungewöhnliche Beherrschung der europäischen Sprachen, mit einer geistlichen Begabung, die man nur als charismatisch bezeichnen kann, die seine vorhandenen natürlichen Gaben und erworbenen Erkenntnisse zu einer unerwarteten schöpferischen Verwirklichung führte und die ihm die Begründung jenes kirchlichen Einigungswerkes ermöglichte, das in der von ihm einberufenen ersten Weltkirchenkonferenz von Stockholm im Jahr 1925 seine Erfüllung fand und das sich auf dem von ihm gelegten Grund in einer damals kaum vorauszusehenden Weise zu einer Weltbewegung und einer Weltinstitution erweitert hat.«

Ehe er Hand an diese große Aufgabe legen kann, beruft ihn die Universität Uppsala. Als der neuernannte Professor im Jahr 1901 seine Antrittsvorlesung zu halten hat, gibt er ihr einen für sein ganzes Forschen bedeutsamen programmatischen Titel: »Die allgemeine Religionsgeschichte und die kirchliche Theologie.« Damit ist die Weite des religiösen wie geistigen Horizonts zum Ausdruck gebracht, die der ökumenische Christ für sich und für seinen Verkündigungsauftrag beanspruchen muß. Von 1912 an kommt noch ein Lehrauftrag an der Universität Leipzig hinzu. Söderblom tritt leidenschaftlich dafür ein, daß christliche Theologie und allgemeine Religionswissenschaft zusammengehören, vor allem, daß der Christ, der aus der Grundkraft des Evangeliums lebt, auch die Glaubenserfahrung der nichtchristlichen Welt ernst nehmen müsse. Ohne Widerstände ist das nicht abgegangen. Aber als der deutsche Kirchenhistoriker Albert Hauck im Jahr 1911 von einer evangelisch-lutherischen Konferenz aus Schweden zurückkehrt, schreibt er seinem Kollegen, dem Alttestamentler Rudolf Kittel: »Nun können wir Religionsgeschichte in der Fakultät einführen, denn jetzt habe ich den Mann gefunden, der sie so vorträgt, daß sie sich wirklich in den Zusammenhang der theologischen Fächer einfügt. Dieser Mann ist Nathan Söderblom.«

Und so geschieht's. Bis zum Ausbruch des Ersten Weltkriegs im Jahr 1914 ist Söderblom teils in Uppsala, teils in Leipzig als Hochschullehrer tätig. Dann beruft ihn die schwedische Kirche als Erzbischof. Bei seiner Weihe am 8. November 1914 im Dom zu Uppsala empfängt er denselben Hirtenstab, den – mit großer Wahrscheinlichkeit – siebeneinhalb Jahrhunderte vor ihm Schwedens erster Erzbischof Stephan gehalten hat.

Diese Anmerkung ist deshalb angebracht, weil dieser Lutheraner bei aller Modernität und aller Aufgeschlossenheit für die wissenschaftlichen und seelsorgerlichen Fragen der Zeit großen Wert auf die Anknüpfung an die kirchliche Überlieferung legt. Diese Wertschätzung ist ihrerseits ein Indiz für die Grundhaltung seines Glaubens wie seiner »evangelischen Katholizität«.

Damit ist das andere markante Stichwort genannt, dessen sich Söderblom bedient hat, um seine theologische wie glaubensmäßige Position zu bestimmen. Denn evangelische Katholizität besagt: Evangelisch oder katholisch ist man nicht etwa, weil man sich einer so oder so sich nennenden »Konfession« zuzählt und damit die jeweils andere ablehnt. Beide Bezeichnungen gehören von ihrer ursprünglichen Wortbedeutung her untrennbar zusammen. Evangelisch ist der Christ, weil es für ihn kein anderes Fundament gibt als die Frohe Botschaft des Evangeliums; und katholisch ist er, insofern er der einen, alle Getauften umfassenden Kirche Jesu Christi angehört. Bekanntlich konnten die Reformatoren noch in aller Unbefangenheit sich zum Katholischsein bekennen, wenn etwa Martin Luther »die einige heilige Catholika oder christliche Kirche« als ein und dasselbe verstanden hat oder wenn der Autor der CONFESSIO AUGUSTANA von 1530, Philipp Melanchthon, lapidar formulierte: »Wir müssen alle katholisch sein!«

Eine evangelische Katholizität also. Und doch ist das so lange ein frommer Wunsch, solange nicht der Versuch unternommen wird, den jeweiligen klerikalen Institutionen zum Trotz, Ökumene zu praktizieren. Während sich der schwedische Erzbischof seit den ersten Kriegswochen vergebens bemüht, »für Frieden und christliche Gemeinschaft« unter den zerstrittenen Völkern zu wirken, haben doch die Kriegsereignisse ihrerseits einen starken Druck auf das Gewissen protestantischer wie römisch-katholischer Christen ausgeübt. Spätestens seit 1917, dem dritten Kriegsjahr, wird die Frage bewegt – zumindest in kleinen Kreisen –, wie man zu einer Verständigung zwischen den einzelnen Kirchen und Konfessionen, gerade auch der kriegführenden Völker, gelangen könne. Nathan Söderblom setzt alles daran, in einer Reihe von interkonfessionellen Gesprächen auf internationaler Ebene – z. B. in England, Holland und in der Schweiz – die erste Weltkirchenkonferenz vorzubereiten. Darüber vergehen mehrere Jahre.

Im August 1925 ist es endlich soweit. In Stockholm versammeln sich die Abgesandten zahlreicher Kirchengemeinschaften aus Ost und West. Das Arbeitsvorhaben und das Ziel, das sich die Versammlung auf Anraten Söderbloms setzt, ist vergleichsweise noch bescheiden. Der schwedische Erzbischof ist Realist genug, um zu wissen, daß zu diesem Zeitpunkt die großen Themen des Glaubens noch nicht auf die Tagesordnung gesetzt werden können, weshalb die zeitgenössischen Kritiker dieses frühen Ökumenismus – gewisse Lutheraner, vor allem aber die römisch-katholische Kirche – Söderblom und seinen Freunden Halbherzigkeit vorwerfen. Eine römische Zeitung attestiert den in Stockholm Versammelten, sie seien dabei, Christus abzuschaffen. Und so wichtig Söderblom das Hören auf das Wort und das Suchen nach der einen Wahrheit in Christus ist, so erhält die Stockholmer Konferenz doch einen anderen Schwerpunkt, nämlich den des »praktischen Christentums« (Life and Work). Es ist das große Thema der Nachfolge und der gemeinsamen Arbeit im Namen Christi; es ist der Glaube, der in der Liebe tätig wird, gemäß der Devise: die Lehre trennt, der Dienst vereint. Es wäre Schönfärberei, wollte man unterstellen, daß dieser erste Versuch einer Weltkirchenkonferenz in allen wesentlichen Punkten gelungen sei. Immerhin kann Söderblom in seiner Abschlußpredigt resümieren: »Der Herr ist mit uns gewesen. Er war der, welcher uns nötigte. Sein ist das Werk. Wir haben die Macht Seines Geistes vernommen.« Von Gewicht ist aber auch die Feststellung, die sich daran knüpft:

»*Zwei* sind hier versammelt. Johannes, der Apostel der Innigkeit und der Beschaulichkeit, hatte an des Herrn Brust gelernt, was es heißt: ›Brüder, liebet einander!‹ Paulus, der größte Apostel des Heilands, bezeugte: Ich habe mehr gearbeitet, denn sie alle, doch nicht ich, sondern Gottes Gnade, die mit mir ist. – Sein Glaube war tätig durch die Liebe (Galater 5,6). Der *dritte*, Petrus, des Jüngerkreises Sprecher, zögert noch. Die Christenheit erscheint gesondert; Christus aber ist einer.«

Es ist bekannt, welche Stellung die römisch-katholische Kirche in dieser stets aktuellen Frage der Ökumene heute einnimmt, worin die Fortschritte seit Johannes XXIII. bestehen und mit welchen Schwierigkeiten die Beteiligten dennoch zu kämpfen haben. Nun geht aus den Dokumenten von Stockholm klar hervor, daß Söderblom und die überwiegende Mehrheit die Christus-Mitte klar betonen, so daß es am Schluß der Konferenzbotschaft heißen kann: »Je näher wir dem Gekreuzigten kommen, um so näher kommen wir einander . . . In dem gekreuzigten und auferstandenen Herrn allein liegt die Hoffnung der Welt.« Das heißt, daß sich *jeder* auf den Weg machen muß, orientiere er sich mehr an Wittenberg, Genf oder Rom.

Die Wahrhaftigkeit gebietet auch zu sagen, wie erheblich der Widerstand von seiten jenes »Dritten« ausgefallen ist, der sich der Begegnung in Stockholm wie auch in späteren Zusammenkünften entzog. So läßt es Papst Benedikt XV. zwar nicht an einer freundlichen Geste mangeln, mit der er einen Abgesandten des schwedischen Erzbischofs empfängt. Aber das Resultat ist doch klar: Non possumus (wir können nicht mittun). Schroff fällt die Ablehnung durch dessen Nachfolger Pius XI. aus, indem er die Stockholmer Life-and-Work-Bewegung geradezu als moderne Ketzerei abqualifiziert: »Mit diesem und anderem brüstet und bläht sich jene Art von Leuten auf, die Allchristen heißen!«

Ein deutliches Zeichen, daß die Zeit Mitte der zwanziger Jahre dieses

Jahrhunderts noch nicht reif war. Söderblom und die Seinen, unter ihnen der nahe Freund, der evangelisch-katholische Christ Friedrich Heiler, ebenfalls Theologe und Religionswissenschaftler, wissen diese schmerzliche Erfahrung hinzunehmen. In einem Brief an den in Marburg wirkenden Friedrich Heiler rechnet er sich und ihn jenen zu, »welche verurteilt sind, Pilger auf Erden zu sein . . . Keine äußere Kirchengemeinschaft kann völlig dem innersten Bedürfnis der Seele entsprechen«. Die Erfahrung dieser Pilgerschaft in und zwischen den Konfessionen sei wohl schmerzlich, aber auch heilsam. Dennoch gelte es, die trennenden Mauern in sich selbst niederzureißen »und das Beste in evangelischer und römischer Mystik zu vereinen. Wo ein rechter evangelischer Geist walte, da werde die Gemeinschaft der Herzen dadurch nur noch inniger. Was also ist zu tun in einer Zeit, in der die Sache der Ökumene zu stagnieren scheint? Für sich und für Friedrich Heiler beantwortet Söderblom diese Frage so: »Wir wollen beide unter dem Himmel leben und uns nicht in die Pferche hineinstopfen lassen, welche Freunde und Gegner uns anweisen, und nichts beweist die Una Sancta besser als die Tatsache, daß wir zwei von so ungleicher Herkunft und Umgebung . . . einander so innig gut verstehen ohne vorausgehende Übereinkunft. Diese Katholizität gehört zum göttlichen Geheimnis des Lebens und der Ewigkeit.«

Christlicher Glaube als Anteilnahme am Geheimnis des Lebens und an der Ewigkeit mitten in der Zeit – von daher läßt sich Söderbloms »evangelische Katholizität« begreifen. Sie entfaltet sich auf vielen Sektoren: auf dem der geistlichen Übung wie auf dem der Wissenschaft, im Gebet als dem Herzstück christlichen Existierens, sodann in Gestalt der Liebe zur Liturgie als einer geradezu dramatischen Weise der Vergegenwärtigung des Christusmysteriums. In der Ausgestaltung und Feier des Gottesdienstes folgt Söderblom dem Grundsatz: »Lasset uns nicht einer frommen, zahmen, mehr oder minder durchgeführten Stilreinheit im Gottesdienst huldigen, sondern laßt uns daran denken, daß die Herzen geweckt werden müssen, daß harte Herzen schmelzen, daß Trost und Freude einströmen müssen.«

Damit hat der leitende Bischof der schwedischen Kirche die Zielrichtung seines Dienstes angegeben. Ein lediglich durch die Tradition zu rechtfertigender liturgischer Formalismus ist ihm fremd. Sehr viel wichtiger ist ihm, daß die Menschen in der Tiefe ihres Wesens erreicht und ihre »Herzen geweckt« werden. Es ist eine Aufgabe, die Söderblom nicht allein auf seinen Diözesanverband beschränkt sehen will. Dieser Wille manifestiert sich einerseits in dem bei ihm frühzeitig einsetzenden Interesse an der Äußeren Mission ebenso wie andererseits in seinem starken ökumenischen Engagement. Aus der Fülle der einzelnen Beispiele sei nur eines erwähnt: In den Jahren, in denen der indische Sadhu und Evangelist Sundar Singh im Westen bekannt wird, allerdings auch auf heftige Kritik stößt, ist es der schwedische Erzbischof, der den indischen Christen für

längere Zeit in seinem Haus aufnimmt, ihm als Dolmetscher und Übersetzer dient. Auf diese Weise hat sich Söderblom bemüht, *Evangelische Mystik in einer indischen Seele* mittels einer gleichnamigen Schrift seinen Landsleuten verständlich zu machen.
Diese in vielfältiger Weise geübte Ökumenizität und Katholizität muß sich bei Nathan Söderblom immer wieder auch in wissenschaftlicher Forschung und Lehre kristallisieren. Aus diesem Grund hat er noch in seinem letzten Lebensjahr die ehrenvolle Einladung zur Abhaltung der religionsgeschichtlichen Gifford-Lectures an der Universität Edinburgh angenommen, in denen der Christ und der Gelehrte ein letztes Mal den weiten und tiefen Horizont menschheitlicher Gotteserfahrung aufzeigt. Die von seinem deutschen Freund und Kollegen Friedrich Heiler herausgegebenen Vorlesungstexte tragen den Titel *Der lebendige Gott im Zeugnis der Religionsgeschichte* (München-Basel 1966).
Nach der Rückkehr aus Schottland erkrankt Söderblom schwer. Friedrich Heiler berichtet: »Als die Betglocke am Abend des 12. Juli 1931 vom nahen Dom läutete, war seine Familie an seinem Sterbebett versammelt. Er bekannte: ›Ich bin so gewiß, daß der Geist in für uns unfaßbaren Formen weiterleben wird.‹« Und das letzte Wort, das die Umstehenden klar aus dem Mund des Sterbenden vernehmen können, lautet: »Ewigkeit.«

Friedrich Heer

Roger Schutz

Der Gründer von Taizé

Es wird oft übersehen, heute oft gar nicht gewußt, daß außerordentliche Menschen, die durch ihr Leben und Werk Neues wagen, in Wahrheit Revolution sind. Sie wurzeln tief in der Geschichte, meist in einer Fülle gegensätzlicher Vergangenheiten, die sie durch ihr Auftreten nicht selten versöhnen. In besonderem Maße gilt das für alle Reformationen, die sich in den Räumen des Christentums oft als wahre Revolutionen ausweisen, gerade in Europa.
Es gibt wahrscheinlich kein revolutionäreres Ereignis im Raum der westeuropäischen Christenheit zu dieser Zeit nach dem Zweiten Weltkrieg als die stille, sanfte, sanftmütige, kluge, umsichtige Revolution des Roger Schutz, des Schöpfers der Communauté de Taizé. Mitten in der so starren reformierten Kirchenwelt Frankreichs besteht da also, seit Ostern 1949, ein Männerorden, der die Gelübde der Ehelosigkeit, der Gütergemeinschaft und des Gehorsams erfüllt. Das ist für viele Reformierte, auch

für nicht wenige Lutheraner und andere Mitglieder evangelischer Gemeinden, etwas Ungeheuerliches – bis heute.
Martin Luther hatte emphatisch als eine Achse seiner leidvoll erkämpften und immer gefährdeten Frömmigkeit, seiner kirchlichen Religiosität, geradezu als Heilsbotschaft verkündet: MONACHATUS NON EST PIETAS. »Möncherei« ist des Teufels. Luther, der Mönch, erhebt sich inmitten einer Katastrophe – »Krise« wäre ein viel zu harmloses Wort, um Umfang und Tiefe dieses Phänomens zu beschreiben – des lateinischen Mönchtums. Die Scharen von Nonnen und Mönchen, die ihr Kloster verlassen und Luther zulaufen, sind nur Wellenspitzen einer Bewegung, die den Grund aufwühlte. Für Welt und Nachwelt war nicht sosehr von Bedeutung, daß sich unter diesen Scharen auch »Zerrissene«, Gescheiterte aller Art befanden, sondern Menschen, die fromm werden wollten. Der heilige Klemens Maria Hofbauer, der Patron Wiens, sagte es einem Papst ins Gesicht: die Deutschen machten ihre große Reformation, weil sie fromm werden wollten.
Nun: Der Mönch Luther selbst ist vielfältig eingewurzelt in mönchisch spirituelle und intellektuelle Erfahrungen, in seinem Augustinerorden und zurück bis zu Bernhard von Clairvaux. Maître Jean Cauvin (Calvin), der Erzvater der französischen reformierten Kirche, der Kirche des Roger Schutz, ist ein Mann von einer Härte, die man mit einem anderen politischen düsteren Genie Europas, mit Lenin, verglichen hat. Calvin stand, wenn das möglich war, noch schärfer als Luther gegen das Mönchswesen der römischen Kirche, da er in ihm eine Konkurrenz gegen den Aufbau seines Heils-Kollektivs in Genf sowie in allen ihm unterstellten reformierten Kirchen sah, aber sehr bald mit einem furchtbaren Gegner konfrontiert wurde, der das Mönchtum der römischen Kirche erneuerte durch seine »Gesellschaft«, die auf so viele als heilig erachtete Rituale der alten Orden verzichtete, mit Ignatius von Loyola.
Die revolutionäre Kühnheit des Roger Schutz, auf dem Boden der reformierten Kirche die Gründung eines Männerordens zu wagen, würde drastisch hervortreten, wenn Satz für Satz, Aussage für Aussage, These neben These Calvins und Luthers parallel neben die »Regel von Taizé« gestellt würden, die Roger Schutz 1952/1953 für das gemeinsame Leben der Communauté schuf. Im Rahmen dieses kleinen Essays kann dies nicht aufgezeigt werden; dennoch soll im folgenden zu zeigen versucht werden, wie weit sich Taizé von den Reformatoren entfernt hat.
Die innere, die spirituelle, auch kirchliche Weite des am 15. Mai 1915 in Provence (Schweiz) geborenen Roger Schutz, seiner Communauté und einige ihrer Arbeitsperspektiven wird schon erhellt, wenn wir den geistigen Raum besehen, in dem Roger Schutz wurzelt. Es ist diesmal nicht der Raum Burgunds, der Raum Clunys, das nahe bei dem Ort Taizé liegt. Also auch nicht der Raum, in dem die Zisterzienser wurzeln, jener alte römische Kirchenboden, auf dem noch der große integralistische Predi-

ger Bossuet im Zeitalter Ludwigs XIV. triumphalistisch strahlend, seine Gegner niederschmettert. Gegner wie Fénelon, in dem sogar manche für Roger Schutz vorbildlichen spirituellen Elemente leben.
Es ist vielmehr Elsaß-Lothringen, der Raum des Rheines bis Basel, und seiner Vorlande, der als spirituelle Heimat des Roger Schutz jene Traditionen geschaffen hat, die in den konfessionell so aufgewühlten Zeiten des 17. und 18. Jahrhunderts eine Art von Ökumene vorgebildet haben, die tief verbunden mit alten katholischen Erfahrungen bereits zum Osten hinübersieht: zur orthodoxen Kirche. In den christlichen Orient also, zu den frühen griechischen Vätern der Kirche, die Christus als Bruder und Lehrer, die Gottheit als Erzieher erlebt. Erfahrungen, die mit unendlicher Geduld die Menschheit erziehen, um aus Barbaren der Seele Kinder Gottes zu machen.
Empört über die Härte, die Exklusivität calvinistischer und lutherischer Kirchenmänner und Theologen zogen sich da viele Fromme in eine Religiosität zurück, die sich von mittelalterlicher, vorzüglich spanisch-katholischer Mystik nährte. An ihrer Seite standen Männer und Frauen, auch in der römischen Kirche, die sich evangelische Frömmigkeit, besonders von den Außenseitern des Luthertums und aus dem großen nonkonformistischen Untergrund erwarben. Die Katholiken verfielen dann vielfach dem Bannstrahl Roms, wurden als »Quietisten«, »Protestanten«, angegriffen und verfolgt.
Ihre evangelischen Brüder und Schwestern jedoch widerstanden dem Druck in dieser ersten Ökumene Neu-Europas. Seltsam, wie wenig dies bis heute beachtet und erforscht wurde. Aus ihrem Schoß stammt ein Albert Schweitzer, stammt auch der bedeutende reformierte französische Theologe Pastor Marc Boegner, ein Stammesbruder und Geistesfreund des Roger Schutz, der sich schon früh zu ihm bekennt und ihm in Paris geistliche und kirchenpolitische Schützenhilfe leistet.
Hinter dieser ersten neuzeitlichen »Ökumene«, die sich in einem reformierten, lutherischen und römisch-katholischen Untergrund in diesem elsässisch-französisch-schweizerischen Raum im 17. und 18. Jahrhundert gebildet hat, steht die Erfahrung, die den jungen Theologiestudenten Roger Schutz 1939/1940 bewegt: *So kann es nicht weitergehen.* Denn an den Katastrophen, an den Kriegen, am Bürgerkrieg in Europa, ist der Bürgerkrieg europäischer Christenheit mit ursächlich und mitschuldig beteiligt. Auch ganz massiv politisch und kirchenpolitisch.
Roger Schutz beruft sich gern und oft auf Aussagen, Predigten und schriftliche Dokumentationen des Kardinals Saliège. Dieser hat mitten im Zweiten Weltkrieg – mit einer zunächst kleinen Schar von Priestern – erkannt, daß der Kampf der beiden Frankreich gegeneinander nunmehr wütend in einer mit Hitler kollaborierenden Rechten und einer Linken, die sich in der Resistance aus ihren eigenen vielfältigen Zerklüftungen zu sammeln versuchte, direkt aus dem vierhundertjährigen Kampf zwischen

einem militanten französischen Katholizismus und den Hugenotten, den Gründervätern der Französischen Revolution, stammt. Saliège wird der Schutzpatron einer 1942, mitten in diesem innerfranzösischen Bürgerkrieg gegründeten Sühnegemeinschaft »Saint-Barthélmy«, die durch Gebet, geistliches Leben, gemeinsame Arbeit Sühne leisten will für die Bartholomäusnacht: die Ermordung von Hugenotten in der Nacht zum 24. August 1572. Im Jahr 1942 war diese Wunde noch nicht verheilt.

Schon 1939 sammelte der Theologiestudent Roger Schutz in Lausanne einige evangelische Freunde zu gemeinsamer, von Gebet getragener Arbeit. Er organisierte Studientagungen und geistliche Übungen. Er nannte seine Gemeinschaft »Grande Communauté«, Große Gemeinschaft. Etwas vom russischen »Sobornost«, einer Liebes- und Geistgemeinschaft gotterfüllter Menschen, mönchisch und doch in der Welt lebend, klingt hier an.

In Genf begegnete dann Roger Schutz drei Studenten, Max Thurian, Pierre Souvairan und Daniel de Montmollin, die sich ihm anschließen. Erinnern wir uns dabei kurz der Studenten, jener kleinen Schar, die der alte, kalendarisch alte Student Iñigo, Ignatius von Loyola, auf dem Montmartre in Paris mit sich verband. Roger Schutz wurde ein Führer eigener Art, als Prior von Taizé.

Als der Krieg ausbrach, ging Roger Schutz nach Frankreich, um einen Ort zu suchen. Ohne Orte, die charismatische Bedeutung erlangen, durch das, was in ihnen geschieht, und ohne außerordentliche Zeiten »geschieht« offenbar nichts in der Geschichte Gottes und des Menschen auf Erden. Außenstehende haben später oft gefragt: »Ja, warum blieb er nicht in der sicheren Schweiz? Ja, nun: In dieser »sicheren« Schweiz bebten Schweizer Patrioten vor der täglich befürchteten Invasion Hitlers, ersehnten andere Schweizer, offen und ohne jede Scham, den Einmarsch Hitlers, war der allmächtige Chef der Politischen Polizei, der Bundesrat Rothmund, ein Freund Himmlers, der für diese Deutschen das »J« als Brandmarkung im Judenpaß erfand, unermüdlich tätig, Flüchtlinge an die Hitler-Grenze zu überstellen.

Stiller, »ruhiger« erschien da dieser verlassene, von Menschen verlassene burgundische Raum, wo Roger Schutz sich in dem verwahrlosten Flekken Taizé – in einer Gegend, in der sich »Hund und Katz gute Nacht sagen«, in einem Haus einrichtete. Hier nahm er zunächst zwei Jahre lang Flüchtlinge auf, die über die nahe Demarkationslinie aus dem besetzten Teil Frankreichs herüberkamen. Nach der Besetzung von Rest-Frankreich verjagte die Gestapo Roger Schutz mit den zwei Brüdern, die ihm nach Taizé gefolgt waren. 1944, nach der »Befreiung«, kehrten sie zu viert zurück.

Roger Schutz versteht sich als Prior von Taizé, nicht als ein Politiker, weder als Parteipolitiker noch als Kirchenpolitiker, sondern als ein Mann, der seiner eigenen Konzeption folgt. Gerade der unpolitische

Hintergrund seines Werkes sollte nicht übersehen werden. Er wird übrigens gerade von jungen Menschen erspäht, die, betroffen vom himmelschreienden Elend dieser Welt, geistiges, geistliches Brot in Taizé suchen, um Kraft zu gewinnen, den Hungernden zu helfen.
Seit 1951 gibt es »ausgesandte Brüder«. Die ersten dieser »Fraternitäten« arbeiten in Montceau-les-Mines und Marseille in proletarischem Milieu. Wer erinnert sich noch an das Experiment der »Arbeiterpriester« in der französischen Kirche, das in derselben politischen Lage wurzelte? Diese neuen Brüder gehen in die algerischen Elendsviertel. Wer den Haß zwischen Franzosen und Algeriern in Algerien und etwa in Paris miterlebt hat, weiß, was hier gewagt wurde. Sie gehen auch nach Deutschland, in diese ungeheure Ruine. Sie arbeiten in Paris in der Flüchtlings- und Gefangenenhilfe (CIMADE), im Industriegebiet von Sheffield, in Abidjan an der Elfenbeinküste.
Die Besucher aus fünf Erdteilen, die dann nach Taizé kommen, zu ökumenischen Begegnungen, zu Jugendtreffen, um ein »einfaches«, geistliches Leben mitzuleben, kommen aus dieser furchtbaren Welt: die zu wandeln ist. 1949 also legen die ersten sieben Brüder ihre Profeß ab. Sie weihen ihr Leben »dem gemeinsamen Dienst für Jesus Christus in Kirche und Welt«. Kirche *und* Welt! Als ihr Prior formt Roger Schutz 1952/1953 die »Regel von Taizé«. Die Regel schließt mit »geistlichen Weisungen«. An ihrer Spitze stehen diese Sätze: »Angesichts der Zertrennung unter den Christen bleiben wir im Provisorium. Die Regel selbst behält, ungeachtet der besonderen Bedeutung, die sie für uns hat, diesen vorläufigen Charakter bis zu dem Tag, wo sie vielleicht zu verschwinden hat: denn die Einheit wird für jeden in gewissem Sinn ein Absterben seiner selbst bedeuten.«
Jahrhundertelang haben sich die Großkirchen und einige ihrer Institutionen, etwa Orden, abgeschunden mit einem falschen, ganz unevangelischen Glauben an notwendige Statik, an »Unveränderlichkeit« von Regeln usw. Sie wagten nicht zu denken – und deshalb auch nicht zu praktizieren, daß geistliches Leben ein »Stirb und Werde« ist – »wenn das Samenkorn nicht in die Erde fällt . . . «: daß jedes Festhalten an »unveränderlichen« Ordensregeln den Tod des geistlichen Lebens, ein Stück Tod in der Christenheit bedeutet.
Roger Schutz wagt es, diese Schallmauer zu durchbrechen: Wir Brüder von Taizé sind mit unserer Regel ein »Provisorium«. Die Regel kann eines Tages »vielleicht . . . verschwinden« – wenn das Vollkommene kommt, wenn sich die Verhältnisse ändern. Roger Schutz weiß, daß jede kirchliche Gründung und Institution jederzeit von der Gefahr bedroht ist, »ein Getto zu werden«. Er stellt dies in seiner Schrift *Das Heute Gottes* dar.
Die Präambel der »Regel« versteht Taizé als »Teil einer brüderlichen Gemeinschaft, die der Kirche eingegliedert ist«. – Roger Schutz weiß,

wie oft »Bruder«, Ordensbruder im Kirchenkampf gegen Ordensbruder in anderen mönchischen Gemeinschaften stand: Franziskaner, Dominikaner, Jesuiten usw. kämpften gegeneinander, früh schon, im 12. Jahrhundert, Zisterzienser und Prämonstratenser in einem damals noch relativ harmlosen »Konkurrenzkampf«: sowohl gegeneinander wie gegen Cluny; besonders im Raum von Taizé, in Burgund. »Freue dich:« Dieses Motiv beseelt, belebt, durchgeistet die »Regel«. Die ungeheure Härte der Drohbotschaft Calvins vom stets gegenwärtigen »Zorn Gottes«, vor dem sich Kind und Greis Tag und Nacht fürchten sollen, und zwar bei Strafe und in ständiger Überwachung durch sein militantes Heilskollektiv, hier hat sie sich aufgelöst. Es gibt sie nicht mehr.

»Sei unter den Menschen ein Zeichen der brüderlichen Liebe und der Freude.« Der Mangel an Freude hat in der ersten Hälfte unseres Jahrhunderts junge und alte, verzweifelnde Menschen aus Kirche und »Christentum« ausgetrieben. – »Liebe die Enterbten« – »Liebe deinen Nächsten, wo auch sein religiöser oder ideologischer Standort sein mag«. Das spricht eine Öffnung an, die so noch von keiner Ordensregel gewagt wurde. Das Gebot der Öffnung dem anderen, dem andersdenkenden, andersglaubenden Menschen gegenüber wird die Basis eigenen Glaubens in der Brudergemeinschaft des Ordens.

»Finde dich niemals ab mit dem Skandal der Spaltung unter den Christen, die alle so leicht die Nächstenliebe bekennen und doch getrennt bleiben.« Ein Mundwort in der Predigt, ein Papierwort in »Erklärungen«. Wer aber selbst erfahren hat, wie leichtfertig vom »Skandal« der getrennten Christen geredet wurde bei spektakulären Veranstaltungen, wie elegantbetulich da der tödliche Ernst des evangelischen Ärgernisgebens vor Gott und den Menschen überspielt wurde, der verhält hier in Taizé den Atem.

Im Zentrum des Ordenslebens der Brüder steht das dreimalige tägliche gemeinsame Gebet. »Das Gebet unseres Gottesdienstes hat seinen Ort in der Gemeinschaft der Heiligen.« Ein einsamer deutscher lutherischer Theologe, Dietrich Bonhoeffer, der, wie Pater Delp SJ, in Berlin hingerichtet wurde, hatte in den bangen, beklemmenden Jahren der Frühzeit des Hitler-Reiches die geistliche Armut, das Mitsichselbstbeschäftigtsein in seiner Kirche schmerzlich entdeckt und gegen sie die »Gemeinschaft der Heiligen« berufen. Leben in der Gemeinschaft, täglich praktiziert durch die »Liturgische Handlung«, so will es die Regel von Taizé. Es ist wichtig, diese Grundbestimmung der Liturgie in Taizé zu erkennen, weil diese »protestantische« Liturgiepraxis sonst als ein Hobby, als eine Schöngeisterei, als eine Nachäffung katholischer (und orthodoxer) »liturgischer Bräuche« mißverstanden werden könnte.

Gebet in der Person und Gebet in liturgischer Gemeinschaft sollen den »Glauben« an die Gegenwart Christi in dir stärken, auch wenn du keine spürbare Resonanz davon feststellst. Freude, Freude, Freude: Ein eigener Abschnitt in der Regel ist ihr gewidmet. »In der Gemeinschaft der

Heiligen singen wir Tag für Tag vom immer neuen Erbarmen des Herrn, und seine Barmherzigkeit belebt unseren Eifer.« Nun, der Außenstehende, der Kritiker, mag hier sagen, ironisch und etwas traurig: ja, so schrieben, so sagten es ja die anderen auch: diese Orden, diese Mönche, die in mehr als tausend Jahren neben ihren großen Leistungen die Kirche, die Geschichte mit ihrem Lärm, mit ihrem Streit erfüllten. Roger Schutz legt dieser Pervertierung eine Sperre vor: durch »die Mahlzeit«. »*Jede* Mahlzeit sollte eine Agape sein, wo sich unsere brüderliche Liebe verwirklicht mit Freuden und reinem Herzen.« Jeder ist zu ihrer Teilnahme geladen.

Diese »Mahlzeit« ist im Rückblick auf vierhundertjährige Kämpfe zwischen Katholiken, Lutheranern, Calvinisten, Zwinglianern um das »Herrenmahl«, um das »Brudermahl« zu sehen, und im Blick auf die heutige, harte, wenn auch persönlich nicht mehr mörderische Konfrontation zwischen den Repräsentanten der Großkirchen, die den Mitgliedern der anderen Kirche das Mahl verweigern. Und damit bereits immanent den Keim einer Bürgerkriegssituation lebendig erhalten. Diesen Krieg hatten »die Stillen im Lande«, diese »Pietisten«, diese »Quietisten« und namenlose Nonkonformisten zu unterwandern gesucht, gerade im elsässisch-französisch-schweizerischen Raum. Diese Stille wird aufgenommen in der Regel von Taizé: »Wahre in allem die innere Stille, um in Christus zu bleiben.«

An nichts hatte sich Rom im Kampf gegen diese Außenseiter in Spanien, in Frankreich usw. so sehr gestoßen wie an ihrer Auffassung der »Einfalt«, in der die große »Gelassenheit« steht – Predigten des Meister Eckart, die ein halbes Jahrtausend verschwiegen wurden. Roger Schutz versteht diese berühmt-berüchtigte »Einfalt« als Loyalität gegen sich selbst, um zur Klarheit zu gelangen, als »ein Weg, offen zu werden für den Nächsten«.

Die Regel von Taizé gliedert sich durch Zölibat, Gütergemeinschaft, Führung durch einen Prior (»Die Brüder sollen ihm gegenüber spontan bleiben«) ein in die Große Tradition der monastischen Gemeinschaften der West- und Ostkirche. In den »Weisungen« und in vielen anderen Äußerungen vertritt Roger Schutz eine Devise, die in seiner Jugend von Mussolini so pervers geprägt worden war (vivere pericolosamente): »Es wagen, gefährlich zu leben.« Roger Schutz versteht dieses »gefährlich leben« nicht als Aufforderung zum brutalen Machtkampf, sondern als ein Leben, »sich hinzugeben« – in dem großen Vertrauen, und damit dem Geist des Besitzwollens entschlossen zu wehren.

Harmlos ist also das Unternehmen des Roger Schutz nicht. Er ist ausgezogen, um (wie er in der oben genannten Schrift darlegt) Raum und Menschen freizukämpfen aus dem Bürgerkrieg der Kirchen, als Voraussetzung für ihr Engagement für den Großen Frieden. ». . . wie sich das Sektierertum unter dem Deckmantel des Kampfes für die Wahrheit zur

Opposition verhärtet, so macht auch der Kampf um die Unversehrtheit des Glaubens starr, schroff, kategorisch. Man begibt sich auf einen Kampfplatz – es handelt sich nicht mehr um die Wahrheit aus der Liebe, mit der man das verteidigt, was man für unantastbares geistliches Erbe hält. Diese Einstellung findet sich heute in allen christlichen Konfessionen. Die ökumenische Bewegung, die das Gespräch zwischen den Kirchen anregt, schafft auch da ein neues Klima.«

Die ökumenische Bewegung? Wo ist sie heute? Wo wird sie heute gelebt? »Das neue Klima?« II. Vatikanisches Konzil, das Bruderlächeln von Papst Johannes XXIII. – »frag nicht, wo die Rosen sind, wo sind sie geblieben? . . .« Roger Schutz versteht *seine* Gemeinschaft wörtlich als »eine Stellung, die der der Kriegsdienstverweigerer aus Gewissensgründen vergleichbar ist«. Denn aufgekündigt ist nicht erst die Bereitschaft zum geistigen Kriegführen, das Aufspüren und Ausmachen eines Feindes, sondern schon jene verhängnisvolle kriegerische Grundstimmung, die eines Feindes bedarf, um sich selbst zu erweisen. Gesucht und angesprochen wird im anderen der Bruder.

Das ist der »Anfang eines Anfanges« einer sehr neuartigen Revolution. Etwas davon nehmen junge und auch ältere Menschen wahr, die nach Taizé kommen, um sich selbst und den Nächsten zu finden.

Aus den Schriften von Roger Schutz

Wenn sich die Ärmsten einmal ihres Menschseins mit allem, was das heißt, voll bewußt werden, dann wird die unerläßliche gegenseitige Ergänzung zwischen der südlichen und nördlichen Hemisphäre möglich werden. Die Völker der südlichen Halbkugel zeichnen sich durch eine überraschende Leichtigkeit in der Auffassung aus. Sie erfassen die äußere Welt in unvergleichlicher Weise, indem sie auf emotionalem und intuitivem Weg in sie eindringen. Der Mensch der gemäßigten und kühlen Zone dagegen analysiert, um zu erfassen. Die schöpferischen und künstlerischen Fähigkeiten der Völker der südlichen Halbkugel verkörpern ein mächtiges Wirkungspotential. Sie können für die nördlichen Zivilisationen eine Hilfe in ihrer intellektuellen Abzehrung sein. Jede Absonderung von Süd und Nord führt zum langsamen Tod der Menschheit. Mit der gegenseitigen Ergänzung der Kulturen steht und fällt unser aller Zukunft. (Aus Herderbücherei 421.)

Die Regel von Taizé

Willst du um der Liebe Christi willen dich ihm hingeben mit allem, was du bist? Ich will es.

Willst du von nun an den Dienst für Gott tun in unserer Communauté in Gemeinschaft mit deinen Brüdern? Ich will es.

Willst du unter Verzicht auf alles Eigentum mit deinen Brüdern leben nicht nur in der Gemeinschaft der materiellen Güter, sondern auch in der der geistigen und geistlichen Gaben, indem du dich mühst um die Offenheit des Herzens? Ich will es.
Willst du, um besser verfügbar zu sein für den Dienst mit deinen Brüdern und um dich ungeteilt der Liebe Christi zu schenken, im Zölibat verbleiben? Ich will es.
Willst du, damit wir einmütigen Sinnes seien und damit unsere Einheit im Dienst sich vollauf verwirkliche, die Entscheidungen annehmen, die in der Communauté getroffen und durch den Prior zum Ausdruck gebracht werden? Ich will es.
Willst du stets Christus in deinen Brüdern wiedererkennen und so über sie wachen in guten und schlechten Tagen, in Zeiten des Überflusses und der Armut, im Leiden und in der Freude? Ich will es. (Aus der Herderbücherei 365.)

Denken als Christenpflicht

Da man aus dem Glauben herausfallen, zugleich in ihm ertrinken kann, was nichts anderes heißt, als ihn zu verwerfen oder in bornierte Bigotterie abzusinken; weil der Glauben obendrein etwas Lebendiges ist, also mit dem Menschen wachsen sollte, um seinem übrigen Niveau adäquat zu bleiben, deshalb beansprucht er alle Natur- und Geistesgaben, die uns zu Gebote stehn. Denn diese dienen keineswegs als »flankierende Stützen«, sie bilden vielmehr den elementaren Grund, aus dem sich der Glauben nährt. Bezieht er auch die Substanz aus seinen heiligen Schriften, so bleibt doch für jede Generation offen, was sie aus diesen Offenbarungen macht, ob sie sie nur verwahrt und weitergibt oder sich so aneignet, daß man sie an der Art ihres Bekenntnisses für alle Zeiten wiedererkennt. Wenn eine Zeit von rationaler Leidenschaft erfaßt ist wie unsere wissenschaftlich-technische Epoche, in der nur ernst genommen wird, was sich exakt nachweisen und verbindlich überprüfen läßt, dann muß der nüchtern analysierende Verstand einen überzeugenden Hintergrund liefern, damit sich das Glaubenkönnen nicht auf rational anspruchslose Gemüter beschränkt. Mit einem Wort: Man braucht neben den Frommen die Denker und möglichst viele Gläubigen, die bei ihnen in die Schule gehen.

Als der naturwissenschaftlich neugierige Augustinerpater Gregor Mendel von seinen geistlichen Glaubensbrüdern angegriffen wurde, weil in seinen Studien über die Vererbungsgesetze das Wort Gott nicht vorkam, geschah ihm das gleiche, was schon Albertus Magnus widerfahren war, der auch den Naturgesetzen nachspürte, ohne bei jedem Mineral und jeder Blume dem lieben Gott die Hand führen zu wollen: Engstirnige Glaubenseiferer gerieten in Panik, daß Gott verlorengehen könnte, weil nüchterne Wissenschaftler den ihnen zustehenden Freiraum ausschritten, ohne pausenlos ergriffen zu sein. Wir zeigen an einem einfachen Beispiel, was gemeint ist. Viele werden sich noch des Schutzengelbildes erinnern, das früher in zahlreichen christlichen Familien die Wand schmückte. Da lief ein Kind unbesorgt über ein schmales Brett, unter dem – abgrundtief zwischen kantigen Felsen – ein reißender Bach dahinschoß. Hinter dem Kind schwebte ein riesiger Engel, um es bei einem Absturz auffangen zu können. Die Gruppe war eindrucksvoll inszeniert, daher wohl auch die weite Verbreitung des Bildes. Doch was uns Heutige stutzig machen würde, und weshalb es inzwischen wohl aus den Wohnungen verschwunden ist, obgleich sich die Menschen immer noch der Obhut ihres Schutzengels anvertrauen, das steckt in der vorwurfsvollen Frage, warum dieser schmale Steg, in dessen Nähe Kinder spielen, kein Geländer hat, an dem man sich halten könnte. Darf eine geistige Schutzmacht so unbenommen beansprucht werden, wenn man sich keine Mühe gibt, zur Verhinderung eines Unglücks zuerst das Nötige zu tun? Wer je ein schweres Motorrad oder einen schnellen

Wagen gefahren hat, weiß, daß man bei hohem Tachostand zuerst an die Zuverlässigkeit der Pneus und der Mechaniker denkt, bevor man den Beistand des Schutzengels anfordert. Denn dieser würde ohne Frage antworten: Gehe von der gefährlichen Geschwindigkeit herunter, die du so genüßlich erprobst. Die Wirklichkeit ausmessen – wir befinden uns auf anderer Ebene wieder in den Spuren des »gottlosen« Augustinerpaters Mendel, der die Kreuzungsergebnisse seiner Erbsen zuerst einmal kennenlernen wollte, ehe er dafür (in einem andern Buch) die Schöpfungsweisheit Gottes pries. Ähnlich erging es dem Jesuitenpater Teilhard de Chardin. Auch ihm trug es heftige Vorwürfe ein, daß er – unbekümmert um die biblische Erschaffung Adams – mit den Methoden der Paläontologie den langen Entwicklungsweg des Homo sapiens verfolgte.

Welchen Gewinn hätte es der christlichen Anthropologie eingebracht, wenn die Theologen dargestellt hätten, wie dringend die »schöne Gotteswelt«, wenn sie nicht verwuchern soll, der Betreuung, ja der Korrekturen des Menschen bedarf, statt ihn mit leutseligem Daueroptimismus und argloser Geborgenheitsplauderei von dieser Berufung zu dispensieren. Mit erfolgreichem Eifer füllte dann der Marxismus diese unbedacht freigegebene Lücke. Er war es leider auch, der schließlich selbst für Christen die andere Reihenfolge vorschrieb: erst das Geländer an den Steg, die Schutzdämme und alle erdenklichen technischen Vorkehrungen, dann erst der immer noch unverzichtbare Schutzengel. Erst die Mühe der Wissenschaft und danach das Gotteslob über deren wunderbare Ergebnisse. Das bekannte Mißtrauen gegen die Psychoanalyse, auch gegen andere, tiefere Ontologien, verweist ebenfalls auf einen veralteten Denkstil. Natürlich haben wir die deduktive Lehre von der Erbsünde, der Verderbtheit des Menschen von Anfang an, doch wurde sie nie von einer christlichen Tiefenpsychologie ausgefüllt. Wenn dann erklärte Atheisten oder »Gottlose« aus den eigenen Reihen die inneren Abgründe und die naturhafte Konfliktgeladenheit des Menschen aufdecken, wirft man ihnen vor, sie würden die Ebenbildlichkeit Gottes leugnen. Das Feld zwischen Erbsünde und »Ebenbild Gottes« kann für christlich orientierte Psychologen nur im gefährdeten Alleingang bestellt werden.

Wir schicken diese Gedanken den nachfolgenden Porträts voraus, weil die Wende unserer Zeit vom geschlossenen zum weltoffenen (auch vom Index befreiten) Christentum ein engagiertes Mitdenken anregt. Wird schon beklagt, daß die katholische Art, Christ zu sein, durch die Konzilsreformen viel anschauliche Sinnlichkeit eingebüßt habe, so wäre doch im gleichen Atemzug der gewonnene Freiraum für die denkerische Unterbauung des Glaubens hervorzukehren, den neuen Anstoß, die eigene Urteilskraft zu schärfen. Die großen Namen der Vergangenheit, deren Lebenswerk auch heute noch aufgearbeitet werden muß, werden auch deshalb angerufen, weil sie uns die Christenpflicht auferlegen, jene zeitgenössischen Denker, die auf ihnen aufbauen – seien sie gefeiert oder umstritten – an uns zu nehmen.

Leonhard Reinisch

Erasmus von Rotterdam

Mittler zwischen Völkern und Kirchen

Hast du Verstand und ein Herz, so zeige nur eines von beiden,
Beides verdammen sie dir, zeigest du beides zugleich.

Hölderlin

Um einen Erasmus für diese Zeit bittend! Der Ruf verhallt, nicht einmal Protest wird laut. Früher hätten sie sich gewehrt – die Orthodoxen beider Kirchen, aber auch die nationalen Chauvinisten, die Fanatiker jeder Couleur. Vor 120 Jahren schrieb Rudolf Haym in den *Preußischen Jahrbüchern:* »In Erasmus verkörperte sich die ganze Schwachmütigkeit, die ganze Eitelkeit, der feine geistige Epikuräismus und die feige Charakterlosigkeit, die bis auf den heutigen Tag dem selbstgenügsamen Gelehrten- und Literatentum anhaftet . . . die erasmische Eleganz war unmoralisch . . . in Hutten überwindet das Menschliche das Humanistische . . . der tiefere Gehalt des neuen Lebens überwindet den Kultus der Form.«

»Es kann ein Mann von deutschem Wesen kein Intellektueller sein«, hörte man dann in den zwanziger und dreißiger Jahren das gleiche böse Lied von Humanismusfeindschaft, Kriegsverherrlichung, Hutten contra Erasmus, Tapferkeit contra Vernunft, Nation gegen Völkergemeinschaft, »Hier stehe ich« gegen die Ringparabel des späten Erasmusschülers Lessing.

Immerhin hat man damals Erasmus noch gekannt. Den einen, den vielen, war er eine Herausforderung, eine Provokation, gedankenreich, aber tatenarm. Den anderen, den wenigen, war er ein Trost, eine Zuflucht in einer Welt, aus der zu emigrieren am Ende nur noch durch den Freitod möglich schien. Stefan Zweig hat am Ende diesen letzten unumkehrbaren Schritt getan. Doch am Beginn der großen Dunkelheit über Mitteleuropa – 1934 – schrieb er in Wien eine Art Autobiographie: *Triumph und Tragik des Erasmus von Rotterdam.* An Hermann Hesse schrieb er: »Ich habe mir Erasmus von Rotterdam als Nothelfer gewählt, den Mann der Mitte und der Vernunft, der ebenso zwischen die Mühlsteine des Protestantismus und Katholizismus geriet, wie wir zwischen die großen Gegenbewegungen von heute.«

Thomas Mann nahm diese Bio- und Autobiographie als Rechtfertigung für die – wie er schreibt – »scheinbare Zweideutigkeit, unter der wir leiden«. Zweig habe damit »den Mythos unserer Existenz« geschrieben, beglückwünscht er den Freund. Aber sosehr Zweig Erasmus als Symbol für seine Gegenwart genommen haben mag, darf seine Lebensbeschreibung des Erasmus als gültig genommen werden. Sicher hat er als eine der

ERASMUS VON ROTTERDAM   Humanist, Theologe, Bibelübersetzer und Gelehrter von höchstem internationalen Ansehen. An der Reformation beteiligt, doch nur als geistiger Erneuerer der alten Kirche. Als Gestalt bis heute fortwirkend.

BLAISE PASCAL Französischer Mathematiker und Denker, der auch als führender religiöser Geist in kirchliche Bewegungen eingriff. In seinen als Fragmente hinterlassenen »Gedanken« vertritt er ein mit dem Leben gedecktes, existentielles Christentum, das mit der »Vernunft des Herzens« abgesichert ist. Auseinandersetzung mit den Jesuiten.

TEILHARD DE CHARDIN Französischer Jesuit und Paläontologe, vertrat eine Gedankenwelt, die den Widerspruch aller Verfechter einer deduktiven Glaubenshaltung auslöste. Sein Einfluß wächst heute besonders deshalb, weil er in seine Evolutionslehre Materie und Geist miteinbezieht.

KARL PFLEGER Elsässischer Pfarrer, wesenhafter religiöser Denker, der sowohl aus der deutschen wie aus der französischen Kultur schöpfte. Seine Bücher gewannen ein weltweites Echo und trugen diesseits wie jenseits der deutsch-französischen Grenze zu einer Wiederbelebung der christlichen Frömmigkeit bei.

Hauptquellen die 15 Jahre ältere Erasmus-Biographie des großen niederländischen Historikers Johan Huizinga verwendet, wenn er auch in dichterischer Freiheit nicht besonders darauf hinweist. Huizingas Buch ist gelehrter. Mit ihm begann er seinen Eintritt in die Welt des Geistes, die mit Herbst des Mittelalters gekrönt werden sollte.
Diese beiden geistverwandten Erasmusbücher, die zwischen den beiden Weltkriegen erschienen sind, zeigen, wie in ratloser Zeit ein Mann, der vor einem halben Jahrtausend lebte – ein Männlein, wie er sich selbst sah –, nach einem halben Jahrtausend Hoffnung setzt für Frieden, Vernunft, Mäßigung, Einsicht, daß die Wahrheit kein Mensch je ganz haben kann, daß das Alte nie ganz falsch und das Neue nie ganz richtig sein könne, daß Nationen Menschheitstrümmer sind und daß hinter Schismen Mord und Totschlag stehen im Namen der halben Wahrheit und der bösen Lust an Rechthaberei und einem guten Gewissen, das man sich bei Gott zu stehlen sucht.
Um einen Erasmus für diese Zeit bittend! Nach dem Zweiten und vor einem potentiellen dritten Weltkrieg heißt dies zunächst: Erasmus hat seine Machtlosigkeit immer neu bewiesen – am Ende des eigenen Lebens, in allen seinen Nachfolgern – ob sie Rabelais, Lessing, Voltaire, Ben Jonson hießen –, in den rechtschaffenen Intellektuellen all dieser Jahrhunderte seit ihm, die nicht nach Parteilichkeit, sondern nach Vernunft, Weisheit, Mäßigung, Lauterkeit gerufen haben, schließlich auch in Stefan Zweig, der 1942 im brasilianischen Exil aus dem Leben geht, und in Johan Huizinga, der im gleichen Jahr in den Niederlanden als Geisel Hitlers festgenommen wird und 1945 stirbt.
Sodann heißt es: Wer – außer den Spezialisten – kennt Erasmus? Sein Werk liegt in einer zweisprachigen Auswahl (in acht Bänden) vor, herausgegeben von Werner Welzig. Aber welcher Gymnasiast liest noch jenes geschliffene Humanistenlatein des Erasmus, an dem unsere Großeltern gebildet wurden? Und wer will gar das von ihm sprachgereinigte Evangelium lesen, dem daheim und in der Schule kaum der deutsche Text der Heiligen Schrift nahegebracht wird. Daß Erasmus mit dieser Übersetzung – vor Luther – der Begründer einer philologischen Theologie gewesen ist, sei hier nur am Rande bemerkt. Diese philologische Bibelwissenschaft, die sich gegen die scholastisch-spekulative Theologie wandte, war damals der erste und damit folgenreichste Schritt zu einer evangelischen Kirche, die das Wort Gottes so rein, so klar, so genau, so kritisch wie möglich aufnehmen wollte. Insofern steht er am Tor der evangelischen, nicht der protestantischen Kirche. Philologen sind nicht Revolutionäre. Vom Wort zum Sinn zu gehen, heißt Tradition im doppelten guten Sinn des Bewahrens und Weitergebens, nicht in jenem dritten des Verrats. Erasmus ist heute noch weniger bekannt als zwischen den letzten Kriegen.
Zum dritten: Nach Ohnmacht und Unkenntnis die Animosität. Intellek-

tuelle sind auch heute den »Tatmenschen« so zutiefst unsympathisch, wie sie es einem Luther und Hutten, einem Hitler und Göring, einem Lenin und Stalin waren. Wankelmütig, doppelzüngig, opportunistisch – alles, was Erasmus von den Gegnern beider Seiten vorgeworfen wurde, das hält man auch den heutigen Intellektuellen vor. Ihre Sünden sind Skepsis, Dialektik und zu allertiefst die Erkenntnis, daß der Mensch *die* Wahrheit, die ganze Wahrheit, nicht haben kann, daß auch im Widerspruch gegen eine Behauptung ein Stück Wahrheit enthalten ist und daß jene COINCIDENTIA OPPOSITORUM erst jenem vorbehalten ist, den die Theologen Gott, die Philosophen das absolute Sein nennen. Erasmus hat sich die Einsicht in die tragische menschliche Unvollkommenheit mit Ironie gemildert, einer Waffe, auf die nicht nur der Pöbel, sondern mehr noch die Politiker mit Wut, Haß und der allgemein bekannten moralisierenden Humorlosigkeit reagieren.

Der angelsächsische Theologe Bainton hat den Erasmus von Rotterdam in einem Essay, *Erasmus of Christendom*, bezeichnet. Man könnte ihn ebenso treffend Erasmus des Abendlandes nennen, denn es waren immer die größeren Einheiten, *die* Einheit, nach der er strebte, in einer Zeit der Auflösung von Kirche und Reich.

Karl Jaspers hat in seinem Buch *Vom Ursprung und Ziel der Geschichte* den Begriff der Achsenzeit geprägt. Diese Achse der Weltgeschichte, in der jener Mensch entstand, mit dem wir bis heute leben, scheint ihm rund um 500 vor Christus zu liegen, als Buddha, Konfuzius, Sokrates, die großen jüdischen Propheten auftraten. Er gibt zugleich einen Spielraum von 600 Jahren dazu, von 800 bis 200 vor Christus, um sich nicht als Zahlenmystiker lächerlich zu machen.

Ähnlich könnte man das Jahr 1500 als Achsenzeit des Abendlandes bezeichnen. Viele Historiker lassen damit die Neuzeit beginnen: mit den Entdeckungen, vor allem Amerikas und des *Ichs*, mit Erfindungen, vor allem des Buchdrucks, mit Renaissance und Reformation, mit dem Zerbrechen der scheinbar für die Ewigkeit bestimmten Einheiten von Kirche und Reich. Natürlich ist dem von anderen mit guten Gründen widersprochen worden, die die Rezeption der Antike durch Albertus Magnus und Thomas von Aquin, der Staufenkaiser Friedrich II., die Albigenser, Waldenser, Hussiten, der Vorfrühling des Rinascimento diese Achse um gut zweihundert Jahre vorverlegen. Trotzdem steckt hinter dem Jahr 1500 eine nicht nur durch Gewöhnung und Bequemlichkeit gesetzte Grenzmarke zwischen Mittelalter und Neuzeit. Für Erasmus könnte dieses Jahr sogar die exakte Mitte seiner Lebenszeit sein, vorausgesetzt, daß er 1464 geboren ist, denn sicher wissen wir nur seinen Geburtstag, den 28. Oktober, und Sterbetag und -jahr, den 12. Juli 1536. Die meisten nennen 1469 als Geburtsjahr, andere 1466. Er selbst hat dieses Dunkel gefördert, da er sich seiner Herkunft schämte, die er der Liebe eines Priesters zu einer Arzttochter verdankte. Sein Vater sei erst nach diesem

sündigen Verhältnis und durch erfundene Nachrichten über den Tod der Geliebten von seiten der kompromittierten Familie in Rom Priester geworden. Für Erasmus, der mit bürgerlichem Namen Gerhard Gerhards hieß, sollte dieser Makel der Geburt, als den er ihn empfand und wohl auch dank der bösen Nachbarn empfinden mußte, in mancher Hinsicht folgenreich bleiben. Er mied die Heimat und wurde zum rastlosen Wanderer durch Europa, er mied die Muttersprache als bäuerisch und schuf jenes an Cicero geschulte Humanistenlatein, er machte – entgegen seiner sonstigen evangelisch-aufgeklärten Christenart – das sechste zum ersten Gebot, was freilich auch mit der damals grassierenden Lustseuche zusammenhing, an der fast alle Päpste – Alexander VI., Julius II. –, auch Kaiser Karl V. und Ulrich von Hutten erkrankt waren. Der Haß des Erasmus gegen Hutten am Ende von dessen Leben hängt nicht zuletzt mit seiner Berührungsangst und seinem Ekel vor allem Schmutzigen zusammen, die nicht nur moralisch und ästhetisch, sondern vor allem auch physisch bedingt waren.
Die Halbjahrtausendwende war eine faszinierende Zeit. Wohl ließen die Päpste – allen voran Alexander VI. – kaum eine Sünde aus, die im Katechismus steht. Aber unter der »Hure Rom« wuchs der Petersdom, schufen Leonardo und Michelangelo, Raffael und Bramante. Kolumbus entdeckte Amerika, Kopernikus den Himmel. Um den Erasmus zu porträtieren, traten die Großen des Nordens an, sein Landsmann Quentin Metsys, Albrecht Dürer, Hans Holbein d. J. Ihnen verdanken wir die Bilder, das Bild jenes Mannes, den die Zeitgenossen als »lumen mundi« – Licht der Welt – feierten. Ernst Jünger, der sich in gefahrvoller Zeit Erasmus nahe wußte, notiert 1942 in *Gärten und Straßen:* »Die guten Lehren, die Erasmus an Luther richtet, sind derart, daß der Täter sie verachten muß. Wenn man jedoch in den Papieren lebt, hat man auch Fuchsgeist nötig, um in solchen Läuften zu bestehen. Das tritt auch in der Zeichnung von Dürer gut hervor, doch treffender in der Medaille von Metsys, auf der man sieht, wie dieser Fuchsgeist sich mit Stärke paart, denn unverkennbar sind die Züge hoher Geistesmacht.«
Erasmus war Dürer dankbar, doch schrieb er zugleich: »Dürer hat mich abgebildet, aber es gleicht mir gar nicht.« So sollen wir uns an den griechischen Spruch halten, der auf späteren Bildnissen immer wiederkehrt: ›Das bessere Bild werden dir seine Schriften zeigen.‹ Das ist wohl wahr, trotzdem sei hier noch an eine zeitgenössische Allegorie erinnert, die Erasmus als Müller zeigt und Luther als Bäcker – der eine liefert die Substanz, der andere macht daraus das Brot fürs Volk.
Seine Schriften. Wer kennt sie, und welche? In Zeiten der Sicherheit werden sie meist unterschätzt, da läßt sich leicht und gefahrlos mit grobem Wortgeschütz ballern. Aber heute scheint mir die Zeit gekommen, sich seiner zu erinnern. Man wird den Philologen nicht wiederentdecken müssen, der die Heilige Schrift neu aus dem Griechisch des Hieronymus

in das Latein der Humanisten übersetzt hat, wobei er dieses Latein zum Teil selbst schuf, aus der Beschäftigung mit den lateinischen Klassikern, vor allem Cicero und Horaz. Seine *Adagia* sind nicht einfach eine Sprichwörtersammlung der Antike, keine geflügelten Worte à la Büchmann für die gebildeten Stände um 1500. Das hatten vor ihm schon etliche humanistische Prahlhänse getan. Er suchte Sentenzen aus, versah sie mit Kommentaren, um sie möglichst vielen Menschen als Geist einer Tradition nahezubringen, von der das Christentum (den meisten unbewußt) gespeist war. Die Absicht, Rom und Athen als die anderen Quellen neben Jerusalem sichtbar zu machen, aus denen das Christentum lebt, hat er nicht ausgesprochen, aber jeder Leser hat es wohl verstanden. Ob wir, denen Latein nicht nur eine Fremdsprache, sondern eine völlig fremde Sprache geworden ist, die *Adagia* in Übersetzung noch mit großem Gewinn lesen, mag bezweifelt werden. Eine kleine zweisprachige Taschenbuchauswahl aus diesem ›Gold des klassischen Geistes‹ wäre aber nicht nur reiz-, sondern auch sinnvoll.

Erasmianer, eine aussterbende Art von Humanisten im zu Ende gehenden Jahrtausend, lamentieren oft, daß aus dem enzyklopädischen Werk dieses Schriftstellers, Übersetzers und Briefeschreibers nichts übriggeblieben sei als ein satirisches Büchlein von 150 Seiten, eine Gelegenheitsschrift, *Das Lob der Torheit.* Schon seine weit frecheren *Colloquia* seien kaum bekannt, noch weniger das der *devotio moderna* nahestehende *Enchiridion militis Christiani*, das Handbüchlein (oder auch der Handdolch) des christlichen Streiters, weswegen man ihn seitens der Orthodoxen hänselte: »Saul unter den Propheten, Erasmus unter den Asketen«, und wer kennt schon gar *De libero arbitrio*, seine wichtigste theologische Schrift, mit der er Luthers Polemik *De servo arbitrio* und dessen Feindschaft bis zum Tod auslöste und zugleich den Kernpunkt der Reformation und das schwächste Glied in Luthers Glaubensbekenntnis berührte.

Dies sind die vier Schriften, aus denen sich für jeden von uns zum eigenen Nutzen der Geist des Erasmus auftun kann. Sie sind zeitlos und regen zu jenem Friedensdenken an, das von faulen Kompromissen und feiger Nachgiebigkeit ebensoweit entfernt ist wie von sturer Rechthaberei und kompromißlosem Zuschlagen.

Reiner Kunzes Gedichtband *auf eigene hoffnung*, von 1981, enthält unter dem Titel Erasmus von Rotterdam fünf Zeilen:

»Er wußte, was Brücken wissen: Sie verbinden
über wasser, was unter wasser
verbunden ist.
Doch das eine ufer war sumpf,
das andere feuer.«

Zwischen dem Sumpf der alten Papstkirche und dem Feuer der neuen reformierten Revolution wollte er verbinden, zwischen natürlichem Gut-

sein und natürlicher Vernunft einerseits, der Erlösung durch die Gnade und dem Vertrauen in den liebenden Gott andererseits, zwischen Ignatius und Luther, zwischen jesuitischer und calvinistischer Moralität. Das sollte mit Hilfe eines christlichen Humanismus gelingen, der dem Menschen den freien Willen als Werkzeug zu sittlichem Handeln beließ und ihn doch mahnte, daß er seit Adams Sünde eine beschädigte Natur durch diese Welt trägt, angewiesen auf Gottes Gnade. Mit *De libero arbitrio* (Vom freien Willen) hat er nicht nur den Titel eines Hauptwerkes des Augustinus übernommen, sondern auch ein Stück dessen Geistes. Eine Brücke hat er nicht gebildet, er saß am Ende einsam zwischen Sumpf und Feuer, von den einen auf den Index der verbotenen Bücher gesetzt, von den anderen als Verräter mit den schlimmsten Ausdrücken jener Zeit besudelt. Es entbehrt nicht einer bitteren Ironie, daß Jacques Maritain, einer der großen katholischen Philosophen dieses Jahrhunderts, in seinem Buch *Christlicher Humanismus* über Erasmus hinweggeht, als hätte es ihn nie gegeben, aber auch in der ökumenischen Diskussion der jüngsten Zeit spielt er keine Rolle. Noch vor kurzem schloß der Jesuit Friedrich Klenk seine Gedanken über *Erasmus und sein Erbe* mit dem harschen Urteil: »Heute ist wie damals nicht die Zeit, sich einem religiös ungenügend gebundenen Humanismus zu überlassen. Wiederum fällt die Entscheidung über die Welt und über den Menschen und sein Menschentum an der religiösen Front. Sosehr sich unser Jahrhundert von der Zeit des Erasmus unterscheidet, in einem kommt es ihm gleich: es ist hart, ebenso hart oder noch härter. Halbheiten werden zwischen seinen Mahlsteinen zerrieben. Deshalb kann Erasmus uns eine Strecke weit Bundesgenosse, aber nicht Führer sein.«
Solche ganzheitlichen Urteile über sogenannte erasmianische Halbheiten haben vor fünfhundert Jahren unsere europäische Welt zerschlagen. Sie werden auch heute ihr Werk verrichten. Wahrscheinlich ist die katholische Kirche ihrem Wesen nach intellektuellenfeindlicher als die evangelische, doch gilt dies erst seit dem 18. Jahrhundert, als sich die Reformation als ein gleitender Übergang zu innerweltlichem Humanismus, Kapitalismus, Liberalismus, Aufklärung und Atheismus erwies. Lessing, Kierkegaard, Nietzsche können wir uns schwerlich ohne die Reformation vorstellen. Doch in ihrer Zeit standen Päpste wie Alexander VI., Julius II., Leo X. geistig dem Erasmus viel näher in Bildung, Ästhetik, Philosophie als Luther, Zwingli, Calvin. Da mag sogar jener tragische Held Ulrich von Hutten mehr geahnt haben vom Genie des Desiderius Erasmus Roterodamus, als er sich in jünglinghafter Begeisterung und Hingabe den Alkibiades seines Sokrates nannte, als den er ihn verehrte. Wenn die katholische Kirche in ihrem Sinn für das bewegende Symbol nach einem Heiligen für die Intellektuellen Ausschau hielte, wäre er die integerste und zugleich überzeugendste Gestalt. Soviel gesündigt wie Augustinus in seiner Jugendblüte hat er nicht, wir können seine Konfes-

sionen in Tausenden von Briefen nachlesen. Er schont sich darin nicht, er rühmt sich auch nicht seiner Fehler und Sünden, das FORTITER PECCARE, das tapfer Sündigen, lag ihm kaum. »Vorsichtig« nennen ihn auch die Freunde, doch ist dies oft ein Nebenprodukt der Vernunft und kein Makel des Charakters. »Daß er allenthalben auf Eiern gehe und keins davon zertreten wolle«, spottet ihn Luther ohne zu merken, daß er ihm damit eine schier übermenschliche Kühnheit attestiert.

Die Frage der Willensfreiheit, an deren Unauflösbarkeit der Bruch des Erasmus mit den Reformatoren Schuld trägt, über die ein dreißigjähriger Krieg geführt wurde, die Einheit des Glaubens zerbrach, mag heute obsolet erscheinen. Dabei hat sie sich nur verschoben, vom Religiösen ins Weltanschauliche und Politische verlagert. Freiheit und Ordnung, Freiheit und Diktatur, die Freiheiten der Menschenrechte gehören ebenso dazu wie der ideologische Streit, wie weit wir durch Vererbung oder Umwelt geprägt sind. Da es sich nicht um alternative Fragen handelt, können sie nur erasmianisch beantwortet werden, nicht apodiktisch.

Luther hatte sich in seinem Kampf der sola fide so hochgesteigert, daß ihm der Satz entfuhr: »Wer den Erasmus zerdrückt, der würget eine Wanze, und diese stinkt tot noch mehr als lebendig.« Später, als er sich gegen die bedingungslosen Gläubigen der letzten Tage, gegen die Wiedertäufer stellte, als er sich auf die Seite der Herren gegen die Knechte schlug, scheint er die Maßlosigkeit seines Ausfalls gegen den, der »Tag und Nacht Wankelworte erdenke«, erkannt zu haben und sucht in einem Brief die Versöhnung. Zu spät. »Was zwischen uns geschehen ist, ist nicht wichtig . . . was aber jedem anständigen Menschen so wie mir selbst zum Ärgernis wird, ist, daß durch dein anmaßendes, schamloses und aufrührerisches Verhalten die ganze Welt zerstört wird.«

Ob Erasmus fromm war oder eitel, gütig oder feige, entschieden im Urteil oder opportunistisch, ist eine Frage, die schon zeit seines Lebens immer neu gestellt wurde. Sein frömmstes Buch ist das *Enchiridion militis christiani.* Es hatte und hat nicht die gleiche Wirkung wie die *Nachfolge Christi*, die man dem Thomas von Kempen zuschreibt, obwohl sie etwas älter sein und aus der Feder des wortgewaltigen Predigers Gert Groote stammen dürfte und Thomas sie nur neu gefaßt hat. Die *devotio moderna* war eine Wurzel der Frömmigkeit des Erasmus, die andere kam aus dem Geist der Renaissance, weshalb die Medicipäpste, vor allem der prachtliebende, leichtlebige Leo X., sich an den Schriften des großen, unsteten, auch in der Arbeit rastlosen Allesbedenkers um vieles mehr zu freuen verstanden als die braven und reinen Fanatiker von Wittenberg, Zürich und Genf.

Wer die *Imitatio* und das *Enchiridion* nebeneinanderlegt, erlebt zwei Welten. Die *Imitatio* ist Nachfolge auf mystische Weise, Demut, VANITAS VANITATUM, der Mensch ein Nichts, der Gnade Gottes ausgeliefert, Philosophie ist Eitelkeit, intellektuelles Getue. So etwa sagt es heute

Alexander Solschenizyn. Das *Enchiridion* hingegen nimmt schon vieles aus dem Geist des Ignatius vorweg. Hier wird christliches Leben in Form von Kriegsdienst verdeutlicht. Askese als Mittel zur Kampftüchtigkeit. Die klassische Kultur als Vorwegnahme, richtiger als Vorbereitung auf das Evangelium. Harte Kritik an jüdischer Gesetzesfrömmigkeit, die den Glauben zum Ritual und zur Zeremonie aushöhle. Aufgeklärter Glaube gegen unwissenden Aberglauben. Christlich sein heißt: die Vernunft benutzen und schärfen. Wer die Religion, die Religiosität des christlichen Humanismus kennen will, muß dieses Buch lesen, das Erasmus etwas verächtlich eine Bagatelle, ein Nebenprodukt zwischen den Stunden der ernsten Arbeit genannt hat, für einen verlotterten Ritter geschrieben, der auf einen besseren Weg kommen wollte. Die Protestanten haben es nach 1503 gern für sich in Anspruch genommen – wahrscheinlich wegen der Hiebe gegen Mönche und Prälaten –, aber im Glauben wurde ihnen doch die allein der Gnade sich hingebende Imitatio Christi gerechter als diese fast gegenreformatorische Schrift mit ihrer Sophistik, ihrer Ferne von feuriger Frömmigkeit. Auf unseren vorigen Vergleich ins Heute übertragen, entspricht sie dem Denken des Alexej Sacharow, ein Solschenizyn hätte keine Gnade gefunden.

Es tut weh, angesichts der zehn Folianten des Erasmus, die wir besitzen, zu behaupten, vier kleine Schriften sind es, die uns angehen, fast Nebensachen in seinen Augen, und die uns doch zugleich um einen Erasmus für diese Zeit bitten lassen. Erasmus – so sagen Reinhold Schneider und Friedrich Heer am Ende des letzten Krieges in fast wörtlicher Übereinstimmung – sei der erste Verkörperer eines offenen Katholizismus gewesen. Und dies bestätigen jene beiden Büchlein, auf die noch einzugehen ist: die *Colloquia*, also Gespräche, und das *Moriae Encomium, Laus stultitiae, Lob der Narrheit* (oder der Torheit), das Buch, das auch heute noch fast jeder lesen sollte, wenn er sich nicht um einen großen geistigen Genuß mutwillig oder ignorant bringen will.

Doch ehe wir auf jene Bücher eines »offenen Katholizismus« eingehen, die übrigens zum Unterschied vom *Enchiridion* auf den Index der verbotenen Bücher gesetzt wurden, ein paar Bemerkungen zum Europäer, zum Abendländer Erasmus. Die von ihm als Makel empfundene uneheliche Geburt mag eine Rolle spielen bei seinem Vagantenleben. Wenn wir im Augustinerkloster Steyn bei Gouda 1487 beginnen, dann geht es 1492 zum Hof des Bischofs von Cambrai, im gleichen Jahr zur Priesterweihe nach Utrecht, dann über Brüssel nach Paris, dann 1499 nach England zu Thomas Morus, seinem interessantesten Freund, dessen *Utopia* auch die Handschrift des Erasmus trägt. Dann wieder fast daheim – 1501–1503 – in Löwen, dann Paris, Cambridge, endlich Italien: Turin, Pavia, Bologna, Florenz, Venedig, Ferrara, Siena, 1509 Rom, kurz darauf Neapel. Dann über Chur, Konstanz, Straßburg nach Antwerpen. Wieder Paris und dann nach London, 1510, wo Heinrich VIII. die Regierung übernommen hat. 1514: Löwen, Lüttich, Mainz, Straßburg. 1515 wieder London, aber im gleichen Jahr über Antwerpen nach Basel. Nach 1516: Antwerpen, Brüssel, London, Löwen, Basel. 1521 Köln. Dann schließlich acht Jahre Basel, wo Frobenius, der Drucker und Freund, das Werk dieses erfolgreichsten Autors seiner Zeit verlegt. Die Reformation vertreibt ihn 1529 nach Freiburg – sechs Jahre. Dann kehrt er nach Basel zurück, er glaubte an eine Zwischenstation, er wollte in die Heimat. Doch der Tod erlöste ihn in einem Zustand der körperlichen Erschöpfung, der psychischen Enttäuschung, der politischen Resignation. Davon erzählt das Bild des Toten, das uns ein unbekannter, aber sichtlich großer Künstler übermittelt hat.

War Erasmus – und diese Frage ist nicht so eindeutig zu beantworten wie jene seines Mittlertums zwischen den Kirchen (wie erfolglos es auch gewesen sein mag) – war er auch ein Mittler zwischen den Nationen, die sich bald noch härter bekriegen sollten, als sie dies schon ein spätes Mittelalter lang getan hatten. Erasmus war der erste heimatlose Intellektuelle, der sich keiner Partei, keinem Fürsten oder Papst, keiner Universität oder Nation anschließen wollte. Seine berühmte Antwort auf das wohlgemeinte, wenn auch nicht uneigennützige Angebot des Bürgerrechts in Zürich lautete: »Ich wünsche, ein Nicht-Bürger zu sein.« Dies ist gewiß nicht die Antwort eines um die Einheit des Abendlandes besorgten Europäers. Ein Europäer, wie es das neu entdeckte Geschichtsbewußtsein der Renaissance ausgeprägt hat, war Erasmus nicht. Ein vorweggenommener Anti-Macchiavell – der *Principe* erschien in seinem Todesjahr – war er gewiß. Nichts schien ihm verwerflicher als das bloße Kalkül der Macht. Aber ein Nicht-Bürger ist noch kein Weltbürger und ein Humanist noch kein Märtyrer für die Freiheit und Wahrheit. Es gibt viele immer gültige Zitate des Friedensdenkers Erasmus: DULCE BELLUM INEXPERTIS – nur denen, die den Krieg nicht erfahren haben, scheint er schön. Ein ungerechter Friede – so redet er mit Cicero – sei allemal noch besser als der gerechteste Krieg. Und dann (unüberhörbar gegen Luther gerichtet): »Es ist dahin kommen, daß es als thierisch, nerrisch und unchristlich gilt, daß man den Mundt wider den Krieg öffnet.« Er sah die Katastrophe herankommen und mahnte seine Freunde, dann daran zu denken, daß Erasmus es ihnen gesagt habe.

Ein Friedensapostel ist er gewesen, und ich wünschte mir für heute einen, der es so kräftig zu sagen weiß, ohne in die verräterische Pose des Friedens-»Kämpfers« zu fallen. »Wie kommt der Bischofsstab und das Schwert zusammen, der Bischofshut und der Helm, das Evangelium und der Schild? Wie geht es an, Christus zu predigen und den Krieg, mit einer einzigen Trompet Gott und den Teufel?«

Die christliche Humanitas des Erasmus, die mir der richtigere Ausdruck für »christlichen Humanismus« zu sein scheint, kehrt sich in einer überlegenen Form gegen allen kleinkarierten Nationalismus, findet in der

verbindenden Hochsprache des späten Lateins eine Verbindung von Sitte, Bildung, Toleranz und Glauben und hat den Mittelpunkt dort, wohin nur noch wenige Humanisten nach ihm gekommen sind: im Glauben an Christus als den eingeborenen Sohn Gottes und den einzigen Erlöser des Menschen.
Erasmus war, auf dem Gipfel seiner Weltgeltung, um 1509, in politischer Hochstimmung. Der Regierungsantritt Heinrichs VIII., des gemeinsamen Freundes mit Thomas Morus, dessen Kanzler, verhieß ein Zeitalter des Friedens für Europa. Als er zehn Jahre später die Biographie seines Freundes Morus schrieb, erfuhr die Welt, was Geist des Humanismus ist am Beispiel dieses ungewöhnlichen Mannes. Als der unbeugsame Morus 1535 (ein Jahr vor dem Tod des Erasmus) aufs Schafott ging, um die Philosophia Christi gewissenhaft zu erfüllen, erniedrigte sich einen Satz lang Erasmus: »Hätte sich doch Morus nur nie mit dieser gefährlichen Angelegenheit eingelassen und die theologischen Dinge den Theologen überlassen.« Johan Huizinga zitiert diesen Satz und kommentiert: »Als ob Morus für etwas anderes gestorben wäre als einfach für sein Gewissen.« Erasmus war sich nie sicher, ob er nicht in der großen Stunde der Prüfung und Versuchung – dem Petrus gleich – seinen Herrn verraten hätte. Er wußte, daß diesem Petrus verziehen wurde, daß mit ihm eine Papstkirche mit dem Makel des Verrats begann. Und Erasmus hat dieser Papstkirche am Ende deshalb die Treue gehalten.
Erasmus war kein Europäer, kein Abendländer; er stand zwischen den Fronten der Kirchenparteien und der Nationen, ein Kosmopolit, dem völkische Eigensucht und Eigenliebe fremd, suspekt, blöd erschienen. EGO ALIUS QUAM SUM ESSE NON POSSUM – ein anderer als der ich bin, kann ich nicht sein: es ist sein Offenbarungseid, der sich demütig ausnimmt neben dem lutherischen »Hier stehe ich . . . « – »Allen gemeinsam oder noch lieber allen ein Fremdling« hat er an anderer Stelle seine nie geglückte Anpassung an die Mitmenschen beschrieben.
Ein »Nicht-Bürger« wünsche er zu sein, hatte er an Zwingli nach Zürich geschrieben. Und er war doch ein Europäer, ein Abendländer, der die Grenzen dieses großen Vaterlandes nie überschritten hat, zugleich aber an keinem einzelnen Ort daheim war. Heimatlos im besten Sinne Christi, daheim aber in Brabant und der Schweiz, England und Italien, wobei immer die Liebe zu all diesen Ländern ausklingt in Trauer und Schweigen, sogar zu England, wo er die Werke, Werklein schrieb, die ihn überlebten.
Es wurde oft als ungerecht getadelt, daß ausgerechnet die *Colloquia* und vor allem das *Lob der Torheit* heute genannt werden, wenn von Erasmus gesprochen wird. So müßte auch ich mich tadeln, denn so gern ich mich in seinen Briefen verliere, um seine beneidenswerte Welt zu erleben, so gern ich in dem nicht ganz uneitlen ciceronianischen Stil mich einlese, er selbst kannte sehr wohl die Verführung durch das schöne Wort: »Nütz-

lichkeit macht sogar einen mäßigen stilistischen Glanz noch empfehlenswert. Was nur ästhetisches Vergnügen bereitet, kann nicht lange gefallen, zumal bei denen, die nicht nur studiert haben, um sich geschliffener auszudrücken, sondern auch, um richtiger zu leben.« Am meisten liebe ich doch jene *Colloquia*, die Gespräche und vor allem das *Lob der Torheit.*

Es sind literarische Kunstwerke, und man muß fragen, was aus Rabelais und Ariost, aus Montaigne und Cervantes und Ben Jonson geworden wäre ohne dieses Vorbild. Daß seine Kirche, der er bis zuletzt treu blieb und die ihm noch kurz vor seinem Tod das Kardinalat anbot, ausgerechnet diese Bücher indizierte, gehört zu jenen Unwägbarkeiten eines sich selbst heilig nennenden Offiziums. Man muß und soll solche Maßnahmen kirchenpolitisch verstehen, auch wenn der Glaube dafür herhalten soll. Hier ist er Polemiker, hier ist er Humorist, hier ist er hintergründiger Philosoph, ein trickreicher Fallensteller für simple Gemüter. Der Verdacht drängt sich auf, daß Erasmus Luther als einen tumben Bauerngeist verachtet hat und daß ihm Papst Julius II., trotz all seiner Kriegereien, geistig, ästhetisch näherstand. Erasmus war ein ätzender und mit zunehmendem Alter, zunehmender Krankheit auch verletzender Satiriker. Die Getroffenen, Betroffenen, vor allem die Mönchsorden, haben sich als Institutionen entsprechend gewehrt, gerächt. Er scheute auch nicht, Namen zu nennen: Oecolampad, Vincent Dirks, Noël Beda usw. Daß seine scharfe Abrechnung mit Ulrich von Hutten nach dessen Tod erschien, war weder seine Feigheit noch Schuld. Der starb mitten hinein in den Druckprozeß. – Dabei wußte Erasmus sein Leben lang, daß er nicht zum Helden geboren sei. 1521 schreibt er seinem Freund Richard Pace: »Nicht alle haben Kraft genug zum Martyrium. Ich fürchte, daß – sollte ein Tumult ausbrechen – ich Petrus nachfolgen würde.« Was macht die *Colloquia* so lesenswert frisch? Es gibt eine Stelle in dem erwähnten Buch von Stefan Zweig, die dies verdeutlicht: »Für ein Zehnteil dessen, was Erasmus an kühnen Dingen seiner Zeit sagte, kamen andere auf den Scheiterhaufen, weil sie es grob herauspolterten; seine Bücher aber nahmen Päpste und Kirchenfürsten, Könige und Herzöge hochgeehrt entgegen und entgalten sie sogar mit Würden und Geschenken; dank seiner literarisch-humanistischen Verpackungskunst hat Erasmus eigentlich den ganzen Sprengstoff der Reformation in die Klöster und Fürstenhöfe hineingeschmuggelt. Mit ihm beginnt – überall war er Bahnbrecher – die Meisterschaft politischer Prosa mit ihrer ganzen Skala vom Dichterischen bis zum munderten Pasquill, jene beflügelte Kunst des zündenden Wortes, die dann bei Voltaire, Heine, Nietzsche herrlich vollendet aller weltlichen und geistlichen Mächte spottet und immer dem Bestehenden gefährlicher war als die grobe offene Attacke der Schwerblütigen. Durch Erasmus wird der Schriftsteller zum erstenmal eine europäische Macht neben den anderen Mächten. Und daß er sie nicht im Sinne der Auflösung und Aufhetzung, sondern einzig in jenem der Bindung und Gemeinsamkeit geübt hat, bleibt sein dauernder Ruhm.«

Mit diesem Zitat Stefan Zweigs könnten wir schließen, wenn wir um einen Erasmus für diese Zeit bitten. Aber gleichzeitig stellen wir bestürzt sein Scheitern fest. War er nicht eher Unglücksprophet als Friedensfürst des Geistes? Das mag wohl sein. Aber die Ohnmacht des Geistes ist kein Argument gegen den Geist, sondern wohl eher gegen die Macht, so wie die Macht der Gewalt nicht für sie spricht, sondern uns nach dem Geist, dem heiligen und heiligenden Geist rufen läßt. Es gibt gottlob erasmianische Geister in unserer Zeit. Ein paar zu nennen ist immer ungerecht gegenüber den anderen nichtgenannten. Aber immer wieder fühle ich mich von den Warnungen und Beschwörungen des Unglückspropheten Carl Friedrich von Weizsäcker betroffen, immer wieder tröste ich mich an der unbestechlichen, tapferen Güte eines Heinrich Böll, der zu Dissidenten und anderen Verfolgten steht jenseits der ideologischen Mauern, freue ich mich an dem bisweilen sarkastischen Witz eines Leszek Kolakowski, der – mehr als die meisten ahnen mögen – das Volk der Polen inspiriert und verkörpert in dem Kampf gegen Knechtschaft und Korruption.

Kolakowski schrieb im Geiste seines großen Lehrers Erasmus *Das Lob der Inkonsequenz*, einen Appell für die Freiheit in dieser Zeit. Als Erasmus in Cambridge bei seinem Freund Thomas Morus an seinem *Lob der Torheit*, seinem *Moriae Encomium*, schrieb, soll er auch mitgewirkt und mitredigiert haben an dessen berühmter *Utopia*. Das scheint überzeugend. In beiden Fällen handelt es sich nicht um Utopie, sondern Zeitkritik, freilich einer überzeitlichen. Torheit – das hat seit Sokrates und Jesus keiner so deutlich wie Erasmus gelehrt – ist nicht Bosheit, es ist vielmehr die Weisheit, die wir erringen können, auch wenn ein Stück Resignation und Trauer mit aufscheint. Lassen wir ihm, dem Lehrer der Moria, der Torheit, also Erasmus, das letzte Wort – zu unserem Trost, zu unserem Nachdenken: »Keine Gemeinschaft, keine Geselligkeit kann ohne Torheit angenehm oder dauerhaft sein, so wenig, daß weder das Volk den Fürsten, noch der Herr den Knecht, noch die Magd die Frau, noch der Lehrer den Schüler, noch der Freund den Freund, noch die Frau ihren Gemahl einen Augenblick länger ausstehen könnten, wenn sie nicht ab und zu wechselweise etwas irrten, bald einander schmeichelten, bald sich verständig durch die Finger sähen, bald sich etwas Honig der Torheit an die Lippen strichen.«

Werner Trutwin

Blaise Pascal

»Die Gründe des Herzens«

»Das Herz hat seine Gründe, die die Vernunft nicht kennt« (277). Blaise Pascal, der diesen vielzitierten und oft gedeuteten Satz prägte, brauchte nicht deshalb auf das Herz hinzuweisen, weil es mit seiner eigenen Vernunft nicht weit her war. Er gehört nicht zu denjenigen, die sich auf Gemüt oder Gefühl berufen, weil Klarheit des Denkens nicht ihre Stärke ist. Seine Vernunft hat ihm ungewöhnliche Einsichten geschenkt. Um so glaubwürdiger ist sein Hinweis auf die »Vernunft des Herzens«.

Seine geniale Begabung für die Mathematik zeigte sich schon, als er erst 12 Jahre alt war. Der Vater wußte, daß Mathematik den Geist ganz ausfüllen kann. Darum sollte der Sohn zuerst Latein und andere Sprachen lernen. Alle Mathematik hielt er zunächst bewußt von ihm fern – so jedenfalls erzählt es die Schwester Gilberte, die nach dem Tod ihres Bruders die erste einfühlsame und detaillierte Lebensbeschreibung von ihm verfaßt hat. Als Blaise den Vater einmal nach der Mathematik fragte, wich dieser aus und sagte nur, daß es hier darum gehe, richtige Figuren zu entwerfen und die Proportionen zwischen ihnen herauszufinden. Aber diese wenigen Angaben reichten aus, die Phantasie und Vernunft des Sohnes zu beflügeln. In seinem Zimmer zeichnete er auf dem Fußboden Dreiecke, Kreise und andere Figuren, untersuchte deren Längen, Flächen und Winkel und entdeckte dabei schließlich selbständig die ersten 32 Lehrsätze des Euklid.

Mit 16 Jahren schrieb er eine Abhandlung über die Kegelschnitte, die klüger war als alles, was seit der Antike zu diesem Thema gesagt worden war. Mit 19 Jahren konstruierte er eine Rechenmaschine. Sie sollte eine Hilfe für die Steuerpraxis seines Vaters sein und diesem helfen, Zeit zu sparen. Mit ihr konnte man alle einfachen Rechenarten ohne Papier und Schreibzeug ausführen. Jahrelang hat er den ersten Typ zu verbessern versucht, bis er 1649 eine Art Patent für seine Konstruktion erhielt. Das endgültige Modell der nach ihm benannten »pascaline« fertigte er 1652 an. Mit 25 Jahren widerlegte er zusammen mit anderen Forschern experimentell eine altehrwürdige Tradition der Naturwissenschaften, wonach es in der Natur keinen leeren Raum gebe. Tradition galt ihm nichts, wenn sie nicht von der Erfahrung bestätigt wurde. Mit dieser Einstellung gehört er zu den Begründern der modernen Naturwissenschaften.

Er gab für die Entwicklung der »géometrie du hasard«, der späteren Wahrscheinlichkeitsrechnung, wichtige Impulse und regte mit seinen neuen mathematischen Ideen Leibniz an, der daraus die Infinitesimalrechnung entwickelte. Eine seiner wichtigen Schriften trägt den Titel

Vom Geist der Geometrie. Aus der Geschichte der Mathematik ist er nicht wegzudenken. Sein praktischer Sinn, der sich schon bei der Erfindung der Rechenmaschine gezeigt hatte, blieb ihm bis zu seinem letzten Lebensjahr erhalten. Ein paar Monate vor seinem Tod erhielt er ein Patent auf das erste Omnibusunternehmen in Paris. Er hatte zuvor genau beobachtet, welche Straßen der Stadt am meisten besucht wurden, woher die Leute kamen und wohin sie gingen. Mit der neuen Fahrgelegenheit konnten sich die Pariser zu einem kleinen Preis das Leben etwas bequemer machen und Zeit gewinnen. Auch für ihn selbst hätte das Unternehmen einträglich werden können, wenn er noch länger gelebt hätte.

Schon diese wenigen Daten weisen ihn als einen der Großen im Bereich der Mathematik und Naturwissenschaften aus – ein ungewöhnliches Talent, das zugleich die Eigenschaft hatte, nicht weltfremd und unpraktisch zu sein. Doch alle diese Projekte machen nur einen kleinen Teil seiner Biographie aus. In hohem Maß nahm er am geistigen Leben, auch an den Auseinandersetzungen seiner Zeit teil. Hier ist nicht die Möglichkeit gegeben, auf alle Einzelheiten einzugehen. Ein paar Hinweise zu Theologie, Philosophie und religiöser Praxis müssen genügen.

Von seinem tüchtigen Vater, der eine Zeitlang als Deputierter und Kommissar für das Steuerwesen in der Provinz und in Paris tätig war, wurde der am 19. Juni 1623 in Clermont-Ferrand geborene Blaise nach den Maximen Montaignes erzogen. An philosophischen und theologischen Fragen war er nicht nur akademisch interessiert. Sie wurden in der Familie und mit Freunden leidenschaftlich diskutiert und waren für ihn nicht primär Gegenstand von Gelehrsamkeit. Seine Beschäftigung damit zeugt von einer tiefen existentiellen Betroffenheit.

Damals vertrat das Kloster Port-Royal in Paris eine theologische Lehre, die man als »Jansenismus« bezeichnet. Sie geht auf den Bischof von Ypern, Jansenius, zurück. Dieser hatte in seinem Buch *Augustinus* (1640 posthum erschienen) eine Lehre von der Gnade Gottes entwickelt, die dem freien Willen des Menschen wenig Raum ließ. Das Buch wandte sich vor allem gegen die Jesuiten, deren Betonung menschlicher Aktivität mit der Lehre des Pelagius verglichen wurde, die schon Augustinus verworfen hatte. Der theologische Streit erregte die Gemüter in Paris in einer Weise, wie wir es uns heute für eine Weltstadt kaum mehr vorstellen können. Pascal bezog in ihm leidenschaftlich Partei, indem er sich für das Kloster Port-Royal einsetzte und sich damit gegen die Jesuiten wandte. Der Jansenismus wurde 1653 vom Papst und später auch von den französischen Bischöfen verurteilt. Diese Entscheidung, die von einigen dubiosen Vorgängen begleitet wurde, war für Pascal völlig unverständlich. Er schrieb damals in kurzen Zeitabschnitten die *Lettres provinciales* (1656/57), eine der genialsten Polemiken innerhalb der christlichen Literatur. Darin wurden die Jesuiten aufs schärfste angegriffen. Daß sie bis heute gelegentlich in einem ungünstigen Licht stehen, geht auch auf Pascals geschliffene Kritik an ihnen zurück. Dabei muß gesagt werden, daß es auf beiden Seiten Intrigen und Unterstellungen gab. Immerhin ließ es Pascal trotz seiner großen Verärgerung nicht zu einem Bruch mit der Kirche kommen. Er war stets davon überzeugt, daß sie notwendig sei und seine geistliche Heimat bleiben müsse. Auch vom Papst wollte er sich nicht trennen.

Philosophisch wurde seine Zeit von den Gedanken René Descartes' geprägt. Man kann diesen Philosophen mit guten Gründen als den Vater der neuzeitlichen Philosophie bezeichnen. Er geht von einem radikalen Zweifel an allen Gewißheiten aus und fundiert schließlich – anders als die mittelalterliche Philosophie – alle Sicherheit im denkenden Subjekt. Der Mensch kann an allem zweifeln, nur daran nicht, daß er denkt, indem er zweifelt. »Cogito – ergo sum« (»Ich denke – also bin ich«) ist die Formel, die den philosophischen Ansatz des Descartes kennzeichnet. Die spätere Philosophie hat diese Anregungen aufgenommen und das denkende Subjekt immer mehr in den Mittelpunkt ihrer Reflexionen gestellt. Pascal hat Descartes mit 24 Jahren persönlich getroffen. Eine Sympathie oder gar Freundschaft erwuchs aus dieser Begegnung nicht. Die beiden bedeutendsten Denker ihrer Zeit wurden später sogar Gegner. Pascal sagt über ihn: »Descartes: überflüssig und unschlüssig« (78). Er kann ihm nicht verzeihen, daß er Gott nur am Anfang seiner Philosophie bemüht, um die Welt in Gang zu setzen, ihm dann einen »Nasenstüber gibt« (77) und danach nichts mehr mit Gott zu tun haben will. Zwar hat Pascal – ähnlich wie Descartes – die Ungewißheit des Menschen erlebt und seine Zweifel erfahren. Aber Descartes' »klares und deutliches Denken«, die Vernunft allein, war für ihn nicht in der Lage, Gewißheit zu schaffen. Gewißheit kann nicht auf so allgemeingültige Weise methodisch zwingend vermittelt werden, wie Descartes es meinte. Sie gründet in der nicht auf den Verstand zurückführbaren Erfahrung des einzelnen, die nur existentiell erlebt werden kann. Pascal hat sie im »Herzen« gefunden. Mit seiner existentiellen Betroffenheit ist Pascal in einer anderen Weise als Descartes zu einem der großen Anreger der modernen Philosophie geworden. Sören Kierkegaard und die Existenzphilosophie des 20. Jahrhunderts haben sich auf ihn berufen.

Merkwürdigerweise nahm Pascal von einem anderen bedeutenden Mann keine Notiz, der damals in Paris zeigte, was lebendiges Christentum bedeutet. Der Priester Vinzenz von Paul setzte sich wie keiner vor ihm in dieser Stadt für die Ärmsten der Armen ein. Er brachte seine Hilfe Strafgefangenen und ausgesetzten Kindern, Alten und Kranken. Um ihn scharte sich ein neuer religiöser Orden, die »Filles de la Charité«, die nach ihm auch »Vinzentinerinnen« genannt werden. Sie bezogen die Botschaft Jesu vom Hauptgebot der Gottes- und Nächstenliebe in aller Öffentlichkeit auf ihre Zeit. Pascal und Vinzenz sind sich nie begegnet. Kurz vor seinem Tod jedoch hat Pascal die Bedeutung dieser religiösen

Praxis klar gesehen. Seine Schwester erzählt: »Er hatte zuletzt nichts anderes im Herzen und im Geist als die Armen, und zuweilen sagte er mir: ›Woher kommt es, daß ich noch nie etwas für die Armen getan habe, obgleich ich stets eine so große Liebe für sie hatte?‹ Und als ich ihm antwortete: ›Weil du nie genug besessen hast‹, sagte er: ›Ich mußte ihnen also meine Zeit und meine Mühe geben. Und daran habe ich es fehlen lassen. Und wenn die Ärzte recht haben und Gott es mir erlaubt, von dieser Krankheit zu genesen, so bin ich entschlossen, für den Rest meiner Tage keine andere Sorge zu haben als den Dienst an den Armen.‹ Das waren seine Empfindungen, als Gott ihn zu sich nahm.«

Pascal hat sein Christentum in einer so großen Strenge gelebt, wie sie uns heute kaum mehr vorstellbar ist. Eine Zeitlang ging er in ein Kloster. Das Gebet nahm manchmal einen größeren Teil des Tages in Anspruch. Er lernte, auf alles zu verzichten, was für Leute seines Standes und seiner Bildung damals selbstverständlich war. In seinem Zimmer duldete er keinen Schmuck und keine Bilder. Er vermied es, das zu essen, was er besonders gern aß. Bis kurz vor seinem Tod trug er einen stacheligen Gürtel am Leib, um sich selbst zu kasteien. Sein Glaube gab ihm die Kraft, die vielen Krankheiten und Schmerzen zu ertragen, die ihn seit seiner Jugend quälten. Wie stark er von seinem Glauben betroffen war, werden wir sehen, wenn wir am Ende von seinem »Memorial« sprechen, das das Zeugnis seiner »Bekehrung« (1654) ist. – Er starb am 19. August 1662 in Paris. Seine letzten Worte lauteten: »Möge mich Gott niemals verlassen!«

Sein Hauptwerk, die *Pensées*, hat Pascal nie vollendet. Es liegt uns in vielen hundert, teils ganz kurzen, teils sehr ausführlichen Fragmenten vor. Viele Wissenschaftler haben sich bemüht, die Ordnung und Reihenfolge herauszufinden, die Pascal beabsichtigt hat. Trotz großer Anstrengungen bleiben aber noch viele Ungewißheiten. Worüber man aber nicht streitet, ist folgendes: Mit den *Pensées* versucht Pascal eine Verteidigung des Christentums, die sich an die gebildeten Skeptiker seiner Zeit wendet. Er kennt deren Denken und Einwände, auch ihr Desinteresse an Fragen des Glaubens. Aber er weiß auch, worin die Schwächen ihrer vermeintlichen Bildung bestehen. Seine formvollendeten Reflexionen, die zum Besten gehören, was in der französischen Sprache geschrieben wurde, setzen an ihren Vorstellungen an, üben heftige Kritik an Theorie und Praxis ihrer Lebensart, führen dann aber konsequent in die Mitte des christlichen Glaubens, wie er ihn verstand. Man weiß nicht, was man bei den *Pensées* am meisten bewundern soll: die Klarheit der Sprache, die geistige Zucht des Denkens, die Leidenschaft des Herzens, die genaue Menschenkenntnis oder die tiefe Frömmigkeit.

Das großangelegte Werk befaßt sich mit Stil und Geist, mit Recht und Sitte, mit Religion und Philosophie, mit Atheismus und Glaube, mit Bibel und Kirche. Die Argumente der antiken Skeptiker spielen hier ebenso eine Rolle wie die Prophezeiungen der Propheten Israels. Die Jesuiten werden wieder heftig kritisiert. Letztlich will er mit seinem ungewöhnlichen Versuch zum Glauben an die Kirche, an Christus und an Gott führen. Hier sollen zunächst einige Proben aus dem Bereich der Anthropologie vorgestellt werden, die das Denken späterer Zeiten angeregt haben.

Realistisch ist seine Sicht vom Menschen: »Widersprüche. Von Natur ist der Mensch gläubig, ungläubig, furchtsam, tollkühn« (125).

»Beschreibung des Menschen: Abhängigkeit, Wunsch nach Unabhängigkeit, Bedürfnisse« (126).

»Seinslage des Menschen: Unbeständigkeit, Langeweile, Unruhe« (127).

Alles was die Anthropologie unseres Jahrhunderts, angeregt durch die Psychoanalyse und Existenzphilosophie, als menschliche Existentialien herausgestellt hat, findet sich schon in präziser Knappheit in den *Pensées*. Wie lächerlich der Mensch ist, zeigt sich, wenn man seine »Zerstreuungen« betrachtet. »Alles Unglück der Menschen entstammt daher, daß sie unfähig sind, in Ruhe allein in ihrem Zimmer bleiben zu können« (139). »Sie besitzen, vergnügen sich, tanzen, reisen, beschäftigen sich damit, hinter einem Ball oder Hasen herzujagen« (141). »Als ich dies des näheren bedacht und den Grund all unserer Leiden erkannt hatte, wollte ich die Gründe hierfür finden. Ich fand, daß es einen überaus wirkungsvollen gibt; er liegt in dem natürlichen Unglück unserer schwachen, sterblichen und so elenden Seinslage, daß uns nichts zu trösten vermag, sobald wir nur genauer darüber nachdenken« (139). Trostlosigkeit als Ergebnis des Nachdenkens!

In vielen Varianten hat Pascal das Elend des Menschen beschrieben. Aber er hat auch davor gewarnt, nur sein Elend zu beschreiben. Viele seiner Aphorismen zeigen, wie der Mensch im Elend groß und in seiner Größe elend ist. »Gefährlich ist es, wenn man den Menschen zu sehr darauf hinweist, daß er den Tieren gleicht, ohne ihm zugleich seine Größe vor Augen zu führen. Noch gefährlicher ist, wenn man ihm seine Größe ohne seine Niedrigkeit vor Augen führt. Am gefährlichsten ist es, ihn in Unkenntnis über beides zu lassen. Aber sehr nützlich ist, ihm das eine und das andere darzustellen. Weder darf der Mensch glauben, er gleiche den Tieren, noch er gleiche den Engeln, noch darf er in Unkenntnis über dieses und jenes sein, sondern er muß dieses und jenes wissen« (418). Der Mensch nimmt in der Schöpfung eine Sonderstellung ein. Er ist weder nur ein Produkt der Evolution, ein arrivierter Affe, wie heute gelegentlich gesagt wird, noch ist er ein rein spirituelles Wesen, dessen Leiblichkeit für ihn nur unbedeutend oder lästig wäre. Alle philosophischen, religiösen und naturwissenschaftlichen Lehren, die den Menschen einseitig als »Engel« oder »Tier« bewerten, sind abzulehnen. »Der Mensch ist weder Engel noch Tier, und das Unglück will, daß, wer den Engel will, das Tier macht« (358).

Der Mensch ist nicht nur etwas anderes als Engel und Tier. Er steht in einer noch größeren Spannung. Sah man ihn früher im Zentrum der Welt, über dem sich der Himmel wölbte und unter dem sich die Unterwelt befand, so verliert er aufgrund des neuzeitlichen Weltbildes diese ruhige Position im Mittelpunkt. Ein neues Lebensgefühl bedrängt den Menschen. Er fühlt sich unendlich klein, wenn er die Unendlichkeit des Alls betrachtet. Aber er ist auch unendlich groß, wenn er sich die kleinsten Gebilde der Natur ansieht.
Der Mensch ist für Pascal, wenn man ihn nur mit der Vernunft betrachtet, ein paradoxes Wesen, voller Widersprüchlichkeiten, auf keinen Nenner zu bringen. Das zu erkennen, darin liegt für ihn die eigentliche Leistung der Vernunft. »Die G öße des Menschen ist groß, weil er sich als elend erkennt. Ein Baum weiß nichts von seinem Elend. Also: elend ist nur, wer sich als elend kennt; aber nur das ist Größe, zu wissen, daß man elend ist« (397).
Pascal betrachtet die rationalen Fähigkeiten des Menschen auch in ihrer Beziehung zum christlichen Glauben. Ihm gegenüber kann es nur »Unterwerfung« (268) geben. Als Skeptiker weiß er, daß man zweifeln muß, wo es notwendig ist. Als Philosoph und Wissenschaftler kann er sich auch Gewißheit schaffen, wo es notwendig ist. Als Glaubender unterwirft er sich. »Wer nicht so handelt, mißachtet die Kraft des Verstandes. Es gibt Menschen, die gegen diese drei Grundforderungen verstoßen, die entweder behaupten, alles sei beweisbar, weil sie nichts vom Beweisen verstehen, oder alles bezweifeln, weil sie nicht wissen, wo man sich unterwerfen muß, oder sich in allen Fällen unterwerfen, weil sie nicht wissen, wo man urteilen muß« (268). Für ihn besteht das wahre Christentum zugleich in der Anwendung und Unterwerfung der Vernunft. Das hat er bei Augustinus gelernt, in dessen Tradition er steht. Darum kann er auch die Grundparadoxie der Vernunft formulieren: »Nichts ist der Vernunft so angemessen wie dieses Nichtanerkennen der Vernunft« (272). Hier beginnen die »Gründe des Herzens«, die die Vernunft nicht kennt. »Es ist das Herz, das Gott spürt, und nicht die Vernunft. Das ist der Glaube: Gott spürbar im Herzen und nicht der Vernunft« (278).*
Nach Pascals Tod fand man in seinem Rock ein von ihm selbst geschriebenes Pergament, und darin eingewickelt ein Papier – ein Dokument jenes geheimnisvollen Erlebnisses, das seine Existenz am meisten betroffen hat. Man nennt es das »Memorial«, weil es ihn stets an jene entscheidende Nacht erinnert hat, die in ihm eine völlige Umkehr, eine Art von

---

*Die Zahlen in Klammern sind die Nummern der Fragmente in der Ausgabe der *Pensées*, übertragen und herausgegeben von Ewald Wasmuth. Verlag Lambert Schneider, Heidelberg 1978. Auch der Text des »Memorial« ist dieser Ausgabe entnommen (S. 248f.).

»Bekehrung«, bewirkt hat. Hier hat er jene unumstößliche Sicherheit für sein Leben gefunden, die ihm alle Wissenschaften zusammen nicht geben konnte, da er genau erkannte, daß sie von Axiomen und Bedingungen abhängen, also endliche Größen sind, die unendlich weit entfernt sind von dem, der allein groß ist. Gottes Unendlichkeit gehört für ihn einer anderen Ordnung an als alle Dinge und Gedanken sonst. Weder die mathematische Unendlichkeit noch die Unendlichkeit des Raumes ist für ihn vergleichbar mit der Unendlichkeit Gottes. Darum ist die Erfahrung Gottes für ihn das Größte, was ein Mensch überhaupt erfahren kann. Er war fest davon überzeugt, daß ihm in der Nacht vom 23. November 1654 diese Gnade geschenkt wurde. Darum wollte er die Erinnerung daran stets bei sich tragen.

Die Überschrift des »Memorial« lautet mit Anspielung auf das biblische Wort vom Gnadenjahr Gottes: »Jahr der Gnade 1654.« Dann vermerkt er ganz genau den Tag und die Stunde, wie es auch die Mystiker gelegentlich getan haben. Er benutzt dazu die Worte des römischen Martyrologiums und bringt dadurch seine Verbundenheit mit der Kirche auch in dieser so persönlichen Stunde zum Ausdruck: »Montag, den 23. November, Tag des heiligen Clemens, Papst und Märtyrer, und anderer im Martyrologium. Vorabend des Tages des heiligen Chrysogonos, Märtyrer, und anderer. Seit ungefähr abends zehneinhalb bis ungefähr eine halbe Stunde nach Mitternacht.«

Der Text, der nun folgt, versucht, eine Erfahrung in Worte zu fassen, die alles Begreifen und Beschreiben überschreitet. Daher tritt hier auch die sonst so bewundernswerte Klarheit seiner Sprache in den Hintergrund. Ganz verschwunden ist sie jedoch auch hier nicht. An ihre Stelle tritt eine tiefe Ergriffenheit. Die Worte folgen keinem logischen Aufbau. Sie brechen aus ihm hervor. Sie sind ganz Empfinden, Bekenntnis, Faszination, Anwesenheit.

Zunächst nur ein Wort: »Feuer.« Es ist ein Hinweis auf Helligkeit, Wärme, Unnahbares, Unfaßbares, Zerstörendes, dennoch Notwendiges, damit man sehen und leben kann – ein biblisches Bild für Gott, der sich im Feuer dem Mose am brennenden Dornbusch und den Aposteln am Pfingstfest in Jerusalem geoffenbart hat. Er weiß nun, daß nur »Gott Abrahams, Gott Isaaks, Gott Jakobs, nicht der Philosophen und Gelehrten« ihm Gewißheit geben kann. Der lebendige Gott ist jetzt da. Er wird genannt, vielleicht angerufen, aber er sagt nichts von Ihm aus. Er reiht nur fünf Substantive ohne jede Verbindung aneinander, die sein eigenes Befinden bezeichnen: »Gewißheit, Gewißheit, Empfinden, Freude, Friede.« Am Anfang der Reihung also zweimal Gewißheit, die für den lange Suchenden und radikal Zweifelnden so wichtig ist. Sie wird begleitet von Freude und Frieden. Das verdankt er dem »Gott Jesu Christi«. »Dein Gott wird mein Gott sein.« Nur der lebendige Gott der Bibel, gleichermaßen der des Alten und Neuen Testaments, zählt noch für ihn.

Die Nähe Gottes bewirkt, daß er sich »vergessen von der Welt und von allem außer Gott« fühlt. »Nur auf den Wegen, die das Evangelium lehrt, ist er zu finden. Größe der menschlichen Seele. Gerechter Vater, die Welt kennt Dich nicht, ich aber kenne Dich.«
Dann folgt wieder eine Zeile, die sein Empfinden zum Ausdruck bringt. Das wichtige Wort wird gleich viermal hintereinander wiederholt: »Freude, Freude, Freude, Tränen der Freude.« Nun wendet er sich seiner Vergangenheit zu. »Ich habe mich von Ihm getrennt.« Diese Feststellung wiederholt er, ebenso wie die Bitte »Möge ich nicht ewig von Ihm geschieden sein.«
Ein Schuldbekenntnis, das Ja zum Evangelium und die Bereitschaft zum Entsagen sind die Leitmotive am Ende. »Ich habe mich von Ihm getrennt, ich habe Ihn geflohen, mich losgesagt von Ihm, Ihn gekreuzigt. Möge ich nie von Ihm geschieden sein. Nur auf den Wegen, die das Evangelium lehrt, kann man Ihn bewahren. Vollkommene und liebevolle Entsagung.« Hier war der Text vermutlich zu Ende. Wenige Tage später hat er noch einige Worte angefügt, die zeigen, wie die Unterwerfung unter die Ordnung Christi und der Kirche zur Freude führt: »Vollkommene und liebevolle Unterwerfung unter Jesus Christus und meinen geistlichen Führer. Ewige Freude für einen Tag geistiger Übung auf Erden. NON OBLIVISCAR SERMONES TUOS= Ich werde deine Worte nicht vergessen. Amen.«
Es gibt kein anderes Dokument, das seine existentielle Glaubenserfahrung so bewegend festhält. Von allen Entdeckungen und Erfindungen, die er im Laufe seines Lebens gemacht hat, war ihm diese die wichtigste. Hier war er nicht mehr der glänzende Mathematiker, der genau beobachtende Naturwissenschaftler, der klar denkende Philosoph. Hier feierte nicht seine Vernunft einen ihrer vielen Siege. Hier wurde er selbst ergriffen. Seinem Herzen wurden in jener Nacht Gründe geschenkt, die die Vernunft nicht kennt. Hier erfuhr er lebendig: »Es ist das Herz, das Gott spürt.«

Werner Trutwin

TEILHARD DE CHARDIN

Theologe universeller Evolution

Seit den Tagen Galileis besteht ein gespanntes Verhältnis zwischen Naturwissenschaften und Kirche, zwischen Wissen und Glauben. Diese Belastung wurde im 19. Jahrhundert verstärkt, als Darwin seine Lehre von der Evolution entwickelte. Kirchlicherseits nahm man an, daß der in dem Buch *Die Entwicklung der Arten* vertretene Gedanke der Evolution dem Schöpfungsbericht der Bibel widerspreche. Andererseits wurden die Gedanken Darwins von vielen Naturwissenschaftlern so mit weltanschaulichen Faktoren befrachtet, daß es der Kirche unmöglich war, sie in der damals häufig dargebotenen Form des Materialismus und Atheismus zu akzeptieren. Heute wissen wir, daß der Gedanke der Evolution nicht von vornherein mit den Aussagen der Bibel in Konflikt zu geraten braucht, daß er auch nicht notwendigerweise eine materialistische Weltanschauung impliziert.

Die Kirche hat ihre skeptische Distanz gegenüber den Naturwissenschaften weitgehend überwunden. Sie toleriert nicht nur die Arbeit der Forscher, sie kann der Forschung sogar einen hohen Wert für die Erstellung einer zeitgemäßen christlichen Anthropologie und einer Theologie der irdischen Wirklichkeiten beimessen.

Dies ist nicht zuletzt dem französischen Jesuiten und Paläontologen Pierre Teilhard de Chardin zu verdanken. Sein abenteuerliches Leben, seine aktive Beteiligung an der Forschungsarbeit, sein unkonventioneller Versuch einer Synthese des Wissens unserer Zeit mit dem christlichen Glauben haben es bewirkt, daß er sowohl innerhalb wie auch außerhalb der Kirche zu den am meisten diskutierten Theologen unseres Jahrhunderts gehört. Dabei wird sein Lebenswerk höchst unterschiedlich bewertet. Die Skala der Einstellungen ihm gegenüber reicht von einer kritiklosen Bewunderung über eine kritische Abwägung bis zu einer eindeutigen Ablehnung. Auch innerhalb der Kirche ist sein Werk umstritten. Das Heilige Offizium in Rom hat 1962 ausdrücklich vor den philosophisch-theologischen Konsequenzen des Teilhardschen Denkansatzes gewarnt und auch 1981 noch nicht alle Bedenken fallengelassen. Andererseits haben sich führende Theologen, etwa der französische Jesuit Henry de Lubac, engagiert für Teilhard eingesetzt und nachzuweisen versucht, daß seine Lehre gänzlich mit dem Glauben der Kirche vereinbar sei. Seit Papst Johannes XXIII. wird auch die Lauterkeit seines Lebens und seiner Absichten offiziell nicht mehr in Frage gestellt.

Teilhard wurde am 1. Mai 1881 auf dem Familiengut Sarcenat nahe bei Clermont-Ferrand als viertes von elf Kindern der Familie geboren. Dort verbrachte er sorgenfrei mit Eltern und Geschwistern seine Jugend. Die tiefe Frömmigkeit seiner Mutter, die eine Urgroßnichte Voltaires war, prägte ihn ebenso wie der patriarchalische Vater, der sich mit Geschichte und Politik befaßte. Mit 18 Jahren trat er in das Noviziat der Jesuiten in Aix-en-Provence ein. Als der Jesuitenorden 1901 vom französischen Staat zur Auswanderung gezwungen wurde, kam Teilhard nach England. Schon als Kind interessierte er sich sehr für die Erscheinungen der Natur, insbesondere für Steine. Auch im Orden konnte er diesem Interesse nachgehen und seine großen Kenntnisse der Geologie, die er sich schon als Gymnasiast erworben hatte, vertiefen. Zwischen 1906 und 1908 lehrte

er in Kairo als Gymnasialprofessor Physik und Chemie. 1912 empfing er in England vom Bischof von London die Priesterweihe.
Mehr und mehr beschäftigte ihn die Frage, wie sich die Menschheit, die Erde und das Universum entwickelt haben. Als er 1912 nach Frankreich zurückkehren konnte, befaßte er sich mehrere Jahre in Paris mit paläontologischen Arbeiten. Durch den Ersten Weltkrieg wurde seine wissenschaftliche Tätigkeit unterbrochen. Er wurde als Krankenträger einberufen, nahm aber auch an einigen großen Schlachten teil. Seine Briefe aus dieser Zeit zeigen, wie gerade in den Schrecken des Krieges seine Liebe zum Menschen und zur Erde entfacht wurde. Ansätze seines späteren Denkens sind schon in dieser Zeit deutlich zu sehen.
Nach dem Krieg arbeitete er an seiner Promotion an der Sorbonne in Paris. 1922 wurde er Doktor der Naturwissenschaften mit einem Thema aus der Paläontologie der Säugetiere und des Menschen. Im selben Jahr erhielt er einen Lehrstuhl für Geologie am Institut Catholique in Paris, der ihm jedoch schon ein Jahr später wegen seiner eigenwilligen Ideen wieder entzogen wurde. So begab er sich 1923 auf eine Expedition nach China, ohne zu ahnen, daß ihn Asien bis 1946 festhalten würde. Zwar kam er in der Zwischenzeit noch einmal nach Frankreich, aber Spannungen mit seinem Orden, die aus seiner Lehre (Entstehung des Menschen, Erbsünde und anderes) resultierten, veranlaßten ihn, bald wieder nach China zurückzukehren. Dort wurde er 1929 geologischer Berater der chinesischen Regierung.
Das größte wissenschaftliche Ereignis seines Lebens war für ihn die Beteiligung bei der Entdeckung des Sinanthropus im Jahr 1929. Man schätzt das Alter dieses frühesten Menschen Chinas auf 700 000–1 000 000 Jahre. Teilhard war dankbar und begeistert, daß er an der Deutung und Auswertung dieses für die Forschung so wichtigen Schädels beteiligt sein konnte. In den folgenden Jahren unternahm er viele Forschungsreisen, die ihn in die Mongolei und nach Indien, nach Nordamerika und ins Somaliland führten. In China erlebte er den Chinesisch-Japanischen Krieg und den Zweiten Weltkrieg. Damals entstanden zahlreiche Manuskripte, die die Grundlage für seine großen späteren Publikationen wurden.
1946 konnte er nach Paris zurückkehren. Da er sich inzwischen einen Namen in der wissenschaftlichen Welt erworben hatte, wurde er zum gesuchten Gesprächspartner einiger großer Forscher Frankreichs. Überall zeigte man sich nun an seiner Person und an seinen Gedanken interessiert. Auf internationalen Kongressen hielt er Vorträge und wurde sogar ein Freund des ihm weltanschaulich so entgegengesetzten Biologen Julian Huxley, des Direktors der UNESCO. 1947 erlitt er einen Herzinfarkt, 1948 mußte er nach Rom, um sich vor dem Orden und den kirchlichen Glaubensbehörden zu rechtfertigen. Viel Erfolg war ihm dabei nicht beschieden. 1948 wurde ihm verboten, in Paris einen Lehrstuhl anzuneh-

men. Unter den ständigen Verdächtigungen gegenüber seiner Rechtgläubigkeit hat er sehr gelitten. Als Jesuit gehorchte er und nahm auch hin, daß er seine Schriften nicht mehr veröffentlichen durfte. Aber er war auch davon überzeugt, daß seine Gedanken richtig seien und sich später durchsetzen würden. Sie waren für ihn nicht nur gerade noch vereinbar mit dem Glauben der Kirche, sie schienen ihm aus der Mitte des christlichen Glaubens selbst zu erwachsen. Seine Christologie und seine Lehre von der Evolution bedingten sich für ihn gegenseitig.

Seine letzten Lebensjahre verbrachte er seit 1951 in New York. Dort wurde er Mitarbeiter eines international anerkannten Studienzentrums. Trotz seines hohen Alters unternahm er auch noch ausgedehnte Forschungsreisen nach Südafrika und Rhodesien, wo er an der Stätte reicher Funde die anthropologischen Forschungen zu koordinieren hatte. Am Ostertag, am 10. April 1955, starb er in New York. Damit erfüllte sich ein Wunsch, den er zuvor öfter geäußert hatte: am Tag der Auferstehung des Herrn zu sterben. Er ist auch in New York bestattet.

Seine Freunde schildern ihn als einen außerordentlich liebenswürdigen und sympathischen Menschen. Seine natürliche Freundlichkeit machte ihn weithin beliebt. Gegenüber Andersdenkenden war er sehr aufgeschlossen. Um so mehr hat er darunter gelitten, daß man ihn im eigenen Orden und in der Kirche als einen gefährlichen Neuerer ansah. Nicht nur seine großen Werke, die teilweise erst nach seinem Tod von seinen Freunden veröffentlicht wurden, sondern auch seine zahlreichen Briefe lassen erkennen, daß der Grund seiner Existenz im Glauben liegt.

Während seiner vielfältigen Forschungsarbeit hat Teilhard nie vergessen, daß er Priester war. Zahlreiche geistliche Schriften, die neben seiner fachwissenschaftlichen Arbeit entstanden, legen davon Zeugnis ab. *Die Messe über die Welt* (1923), *Der göttliche Bereich* (1926), *Der Geist der Erde* (1931), *Christologie und Evolution* (1933), *Wie ich glaube* (1934), *Ein personales Universum* (1936), *Christus Evolutor oder eine mögliche Weiterführung des Begriffs der Erlösung* (1942), *Der Ort des Menschen im Universum* (1942), *Christentum und Evolution* (1945), *Das Herz der Materie* (1950), *Der Gott der Evolution* (1953) sind nur einige Titel aus seinem Gesamtwerk, die die weite Spanne seiner Arbeit und seines Denkens anzeigen. Als systematische Zusammenfassung seiner Grundgedanken darf man vielleicht sein Buch *Der Mensch im Kosmos (La Phénomene humain)* ansehen, an dem er seit 1938 gearbeitet hat. Manche dieser Schriften durften erst posthum erscheinen.

Teilhard teilt nicht mehr die ängstliche Sorge vieler Theologen und amtlicher Glaubenswächter vor den Entdeckungen der modernen Naturwissenschaften und vor dem daraus abgeleiteten neuen Weltbild. Die neuen Einsichten erscheinen ihm im Gegenteil besonders geeignet, die Größe des Schöpfers zu preisen. Sein Denken versucht eine Synthese zwischen den naturwissenschaftlichen Erkenntnissen und der großen Tradition des christlichen Glaubens. Er begnügt sich keineswegs damit, beide Bereiche sorgsam voneinander zu trennen und darauf zu achten, daß sich Naturwissenschaften und Religion nicht gegenseitig ins Gehege kommen und ihre Grenzen überschreiten. Er versucht vielmehr zu zeigen, wie Naturwissenschaften und Theologie einander zugeordnet sind. Er wagt es, ein System zu errichten, in dem beide ihren aufeinander bezogenen Platz haben und sich gegenseitig bedingen. Die Synthese, die er versucht, erstreckt sich zunächst auf den wissenschaftlichen Bereich. Darin haben Atom und Energie, Pflanze und Tier, Einzelmensch und Gesellschaft, Vergangenheit und Zukunft, Freiheit und Liebe ihren wichtigen Platz. Damit umfaßt sie Disziplinen wie Physik und Chemie, Biologie und Paläontologie, Anthropologie und Soziologie, Geschichte und Philosophie. Alle diese Disziplinen verbindet er durch die Kategorie der Entwicklung.

Aber diese Synthese bleibt bei ihm nicht immanent. In ihr haben Christus und Gott den zentralen Platz. Es ist natürlich nicht möglich, im Rahmen dieses Buches eine differenzierte Darstellung seines Systems zu geben. Vereinfachungen und Auslassungen sind hier unerläßlich. Trotzdem soll wenigstens eine Grundskizze seiner Gedanken versucht werden. Für Teilhard bildet das Universum ein einziges zusammenhängendes Ganzes, das in steter Evolution begriffen ist. Alle Phänomene lassen sich zurückführen auf eine *Urmaterie*, die energiegeladen ist. Wirksame Kraft der Evolution ist die *Energie*, die einmal Atome mit Atomen, Moleküle mit Molekülen, Zelle mit Zellen usw. verbindet, andererseits aber auch die Entwicklung vorwärts treibt auf einen stets komplexeren und zentrierteren Zustand. Sie ist wie eine psychische Kraft, die die Materie stets zum Aufbau neuer Formen führt. Sie bewirkt die Verbindung der Atome zu Molekülen, der Moleküle zu Großmolekülen und zu Zellen usw. Hier liegt begründet, daß für Teilhard der Kosmos letztlich »eine unermeßliche psychische Sache« ist.

Die Evolution hat eine innere Richtung, sie vollzieht sich nicht in einem ungeordneten, gesetzmäßig nicht zu erfassenden Ablauf. Sie treibt, was das Außen der Dinge angeht, zu immer komplexeren Formen: von Elementen zu Atom, Molekül, Zelle, Organismus, Mensch. Diese sich steigernde Komplexität ist naturwissenschaftlich erfaßbar. Was das Innen der Dinge angeht, so glaubt Teilhard eine Zunahme des Bewußtseins beobachten zu können. Parallel zur materiellen Entwicklung verläuft eine psychische Evolution. Sie erreicht ihren Höhepunkt beim Menschen, wo sie zur Fähigkeit der Reflexion wird.

Die bis heute erkennbaren Stufen der Evolution sind

1. die Geosphäre: der vorlebendige Bereich der Materie;
2. die Biosphäre: die Gesamtheit des Lebendigen;
3. die Noosphäre: die Ebene, auf der das reflektierende Bewußtsein erscheint, also die Sphäre des Menschen, des Geistes.

Die Werdeprozesse, die dahin führen, nennt Teilhard entsprechend Kosmogenese, Biogenese und Noogenese. Jede höhere Sphäre zeigt gegenüber der niedrigeren Kontinuität und Diskontinuität. So verbindet den Menschen mit dem Tier alles, was es in der Biosphäre gibt, also alle anatomischen und physiologischen Merkmale der Körperlichkeit. Doch die Fähigkeit zu Reflexion, Kunst, Wissenschaft, Philosophie und Religion zeigt die höhere Stufe der Noosphäre an.

Der Mensch stellt bis jetzt im Evolutionsprozeß ein Ende dar. Doch die Entwicklung geht weiter. Aufgrund der Gesetze, die für die Vergangenheit gelten, läßt sich auch ein Blick in die Zukunft werfen. So ist der Mensch nicht nur ein Ende, sondern auch der Anfang einer Weiterentwicklung, ein neuer dynamischer Aufbruch. Die Menschheit wird komplexer, als sie bisher war. Sie wird den Weg des Zusammenschlusses gehen. Die Evolution zielt auf zunehmende Sozialisation. Wir sehen schon jetzt, wie Technik, Wissenschaften, Politik, Nachrichtensysteme eine Einigung der Menschheit anbahnen. Universale Organisationsformen werden den Prozeß fördern. Teilhard ist sich zwar der Schwierigkeiten des Weges bewußt, doch erscheint ihm der Trend dahin unübersehbar. Dieser Weg zu größerer anthropologischer Komplexität führt aber nicht zum Massenmenschen mit verminderter Individualität; denn die Evolution wird auch den Geist, das Bewußtsein umfassen. Sie führt zu einer Reifung des Denkens, zu einer Vertiefung von Wissenschaft, Kunst, Ethik und Religion. Das Verantwortungsbewußtsein wird sich steigern. Da menschliches Bewußtsein mit freiem Willen verbunden ist, verliert die Evolution auf dieser Stufe ihre Gesetzmäßigkeit, das heißt, den Charakter der Notwendigkeit. Die genannten Stufen, die sich in logischer Konsequenz aus der bisherigen Entwicklung ergeben, sind nur aufgrund freier Entscheidung zu verwirklichen.

Die ganze weitere Bewegung kann nur auf der Basis größerer Liebe erfolgen. Auch diese Liebe ist ein Grundzug der Gesamtevolution. Ihre Vorstufen sind in allen Sphären deutlich zu erkennen, zum Beispiel die Kräfte des Zusammenhalts bei den Atomen, die chemischen Affinitäten, die Vereinigung der Zellen zu Organismen, der tierische Instinkt. So ist die »Energie Liebe« die größte Kraft des Universums. Die Linien der Entwicklung laufen schließlich zu einem höchsten Ziel, zu einem Endpunkt, den Teilhard den »Punkt Omega« nennt. Dieser ist nicht nur das Ergebnis der Evolution, sondern auch ihr »erster Beweger«, der die ganze Evolution nicht in erster Linie beendet, sondern zuallererst ermöglicht. Omega ist nicht Produkt der Entwicklung. Omega hat die Entwicklung in Gang gesetzt. Omega ist auch ihr Ziel.

Eigengesetzlichkeit, Freiheit von den Gesetzen der Evolution, höchstes Bewußtsein, allgegenwärtiges Wirken, Transzendenz sind weitere Eigenschaften von Omega. Es sind dieselben Eigenschaften, die die Theologie als Attribute Gottes bezeichnet. So ist Omega der Verbindungspunkt

von Naturwissenschaften und Theologie. Er liegt am »Ende der Welt«. Zugleich mit den Zügen Gottes trägt Omega auch alle Züge Christi, der in der Geheimen Offenbarung des Johannes auch das »Alpha und das Omega«, der Anfang und das Ende genannt wird. In der Inkarnation hat sich Gott schon mit der Evolution verbunden. So ist Christus die wahre Kraft, die letztlich die Evolution begründet. Auf ihn richtet sich auch die Entwicklung, so daß er auch das Ziel der Evolution ist.
Für den Glaubenden ist so die Evolution ein Prozeß der *Christifikation*, an dessen Ende das »christische Universum«, der »christifizierte Kosmos« steht. Die Evolution führt letztlich zur Bildung des »mystischen Leibes Christi«, der, mit dem historischen und persönlichen Christus vereint, den universalen und totalen Christus, den »Super-Christus«, bildet. In dieser faszinierenden Sicht ist die Menschwerdung nicht in erster Linie zur Erlösung von Sündenschuld erfolgt, wie eine traditionelle Richtung der Theologie annimmt, sondern vor allem, um die Menschen aus der Noosphäre durch den Prozeß der *Christogenese* in die *Christosphäre*, das heißt, auf die höhere Ebene des göttlichen Lebens zu erheben. Teilhard meint mit dieser christozentrischen Schau nichts anderes als das Neue Testament, wenn es sagt: »Alles ist euer, ihr aber seid Christi, Christus aber ist Gottes« (1 Kor 3,23) oder »In Ihm ist das All gegründet, alles hat in Ihm seinen Bestand« (Kol 1,16).
Teilhard betont oft, daß es sich in seinen Schriften um einen Versuch handelt. Er will jeden Anschein vermeiden, alles erklären zu können. Auch gegen Kritik sperrt er sich nicht. Gerade deshalb darf man auch mit seiner Zustimmung rechnen, wenn man kritische Fragen an ihn richtet.
Ist sein Werk wirklich eine »Weltsumme«, die eine Versöhnung zwischen Glauben und Wissen schafft, wie sie Thomas von Aquin im 13. Jahrhundert gelungen ist? So wollen es viele seiner Freunde. – Oder ist seine Synthese nur entstanden aus der Sehnsucht nach dem verlorenen Weltbild? Hat er nicht eher eine Begriffsdichtung und eine Vision als ein wissenschaftlich haltbares System vorgelegt? Welche wissenschaftliche Methode gestattet einen solch universalen Entwurf von der Physik über die Biologie, Anthropologie und Philosophie bis zur Theologie und Christologie? Gibt es eine kontrollierbare Methode, die zu einer solchen Synthese führt? Die Einwände von Naturwissenschaftlern, Philosophen und Theologen lassen vermuten, daß seine Synthese ein zwar origineller, aber gescheiterter Versuch ist, ein Weltbild im ganzen zu entwerfen.
Die bleibende Bedeutung Teilhards wird wohl auf einem anderen Gebiet liegen als auf dem systematischen. Sie liegt in seiner Spiritualität. Für ihn gibt es keine Trennung des Handelns, das sich einmal auf die Welt und zum anderen auf Gott bezieht. Weltliche Arbeit ist religiös belangvoll. Arbeit an der Entwicklung der Erde und der Vollendung der Welt ist zugleich Heiligung des Menschen und christliche Aufgabe. Von Teilhards Spiritualität geht ein starker Impuls aus zum Ernstnehmen irdi-

scher Aufgaben in Politik, Wissenschaft und Kunst. Alle diese Arbeit hat aufgrund ihres inneren Sinnes eine Ausrichtung auf Christus und Gott. »Es ist zwischen Forschung und Anbetung ein geringerer Unterschied als man meint.«

Sein Optimismus stellt ein christliches »Prinzip Hoffnung« dar. Als »Denker der Zukunft« kann er in der manchmal bedrückenden Trostlosigkeit der Gegenwart Kräfte der Begeisterung, des Hoffens, des Glaubens und der Liebe wecken, die wohl geeignet sind, die schweren Gegenwartsaufgaben meistern zu helfen.

Daß Teilhard uns lehrt, die Welt ernst zu nehmen, die Forschung zu bejahen, daß er uns mit großer Hoffnung auf die Zukunft erfüllt, daß er uns lehrt, in allem Christus und Gott am Werk zu sehen – das macht ihn zu einer der bedeutendsten christlichen Gestalten der Gegenwart. Worte wie diese können richtunggebend sein: »Der Glaube entdeckt, daß er ebensosehr und noch mehr als der Ungläubige sich für einen Fortschritt der Erde begeistern kann und muß, der für die Vollendung des Reiches Gottes erforderlich ist.« – »Früher schien es für den Menschen nur zwei Haltungen zu geben: den Himmel oder die Erde zu lieben. Heute eröffnet sich uns ein neuer Raum: ein dritter Weg wird sichtbar, die Erde durchquerend zum Himmel zu gehen. Es gibt eine Gemeinschaft mit Gott durch die Welt.«

Aus den Schriften von Teilhard de Chardin

Es ist etwas Schreckliches, geboren zu sein, das heißt, unwiderruflich, ohne es gewollt zu haben, in einen Strom furchtbarer Energie hineingerissen zu sein, der alles zerstören zu wollen scheint, was er mit sich fortreißt . . . Wenn Dein Reich, mein Gott, von dieser Welt wäre, reichte es aus, daß ich mich, um Dich zu halten, den Kräften anvertraute, die uns leiden und sterben lassen, indem sie uns greifbar zum Wachsen bringen . . . Weil aber der Zeitpunkt, auf den zu sich die Welt bewegt, jenseits nicht nur jedes Einzeldings, sondern der Gesamtheit der Dinge liegt – weil die Arbeit der Welt darin besteht, nicht in sich selbst irgendeine höchste Wirklichkeit hervorzubringen, sondern sich durch Vereinigung in einem präexistenten Sein zu vollenden, zeigt sich, daß es für den Menschen . . . nicht genügt, immer mehr für sich zu leben, auch nicht sein Leben in ein irdisches Vorhaben hineinzugeben, so groß es auch sein mag. Damit mein Sein entschieden dem Deinen angeschlossen, muß in mir die Welt sterben, das heißt, ich muß durch die zerreißende Phase einer Minderung hindurchgehn. (Aus *Die Messe über der Welt*, Walter Verlag, Freiburg.)

Seit Weltbeginn bin ich erschienen. Aus Gottes Händen ging ich hervor, um im Gang der Zeit an Schönheit zu gewinnen, Mitwirkerin seines

Werkes. Alles im Universum erfolgt durch Vereinigung und Befruchtung – durch Zusammenschluß der Elemente, die zueinander suchen, paarweise verschmelzen und neugeboren werden in einem Dritten. Gott hat mich in das ursprüngliche Viele hinein ergossen, als die Kraft, die verdichtet und den Dingen zu ihrer Mitte verhilft. Ich bin das einigende Antlitz der Seienden – bin der Duft, der sie herbeilockt und sie in Freiheit und Leidenschaft mitzieht auf den Weg ihrer Einigung. Durch mich gerät alles in Bewegung und ordnet sich zueinander. Ich bin der Zauber, der in die Welt gemischt ist, auf daß sie sich sammle – das über ihr schwebende Ideal, auf daß sie emporsteige. Ich bin das wesenhaft Weibliche. (Aus *Hymne an das Ewig Weibliche*, Johannes Verlag, Einsiedeln.)

Manfred Plate

Karl Pfleger

Kundschafter der Existenztiefe

Der Elsässer Karl Pfleger ist einer der bedeutendsten Essayisten unseres Jahrhunderts, oder besser: ein experimenteller Schriftsteller, der aus christlicher Sicht ein Glaubensexperiment ansetzte, das die konventionellen Horizonte unseres überlieferten Christentums in einer Weise sprengte, die einzigartig ist. Worüber er genau experimentierte, hat er in einem Buch, das wenige Monate vor seinem Tod 1975 unter dem bezeichnenden Titel *Lebensausklang* erschien, beschrieben: »Um nun auf mich selbst zurückzukommen und auf die von mir selbst gestellte Frage, warum ich schreibe, so muß ich antworten: Weil ich ein neugieriger Mensch bin. Weil mich Menschen derart faszinierten, daß es mich drängte, über sie zu schreiben. Es war in erster Linie gar nicht so, als hätte ich meine unwissenden Zeitgenossen belehren wollen, dafür war ich wahrhaftig zu bescheiden. Nein, *mich* wollte ich belehren, in neue, mir jedenfalls noch unbekannte Geisteswelten mich hineintasten. In die Geisteswelt Reinhold Schneiders, dieses so mächtig sympathischen, vom tragischen Lebensgefühl überwältigten Dichters und Denkers habe ich mich förmlich hineingestürzt. Und warum? Weil hier, in diesem Schicksal, das Wort von Max Picard die Lebenswahrheit hinausschreit: ›Wahrscheinlich ist die Ungeheuerlichkeit so groß, daß sie gar nicht vom menschlichen Wort beschrieben werden kann.‹ Ja, sie kann nicht beschrieben werden, aber gerade darum hat die Ungeheuerlichkeit des Menschenlebens mich gereizt und wird mich reizen bis an mein Ende« (S. 35).

Tatsächlich: Bis in seine letzten Lebenstage hat Karl Pfleger nicht aufge-

hört, das Schicksal großer Menschen aufzuspüren und ihren inneren Geisteswegen nachzuforschen. Äußere Biographien interessierten ihn wenig, auch wissenschaftlich gearbeitet hat er im engeren Sinn dieses Wortes nicht. Im Mittelpunkt seiner vielen Arbeiten stand die Neugierde: welche Erfahrungen andere Menschen mit Gott, Welt und Kosmos gemacht haben, und wie sich deren Erfahrungen zum eigenen Lebenshorizont im 20. Jahrhundert verhalten. Die religiöse Frage bildete dabei sozusagen den Atomkern, aus dem alles andere ausstrahlte, in den aber auch alle Energie immer wieder zurückkehren mußte. Dieser religiöse Kern war kein abstrakter Gottesbegriff, sondern zunehmend mit den Jahren der menschgewordene Gott, Christus. *Geister, die um Christus ringen* hieß Pflegers berühmtestes Buch. Es meinte nicht so sehr den historischen Christus, sondern den kosmischen Christus als Sinnmitte und -kraft der universalen Welt und Schöpfungsgeschichte.
Karl Pfleger – in Frankreich hieß er Charles – wurde am 6. Oktober 1883 in Dachstein geboren, einem kleinen Ort einige Kilometer westlich von Straßburg am Fuß der Vogesen. Das Land gehörte damals seit zwölf Jahren wieder zum Deutschen Reich, die meisten Bewohner, vor allem auf dem Land, begrüßten diese Entwicklung, weil sie wie ihre Vorfahren im Milieu der deutschen Sprache und Kultur zu Hause waren. Gewiß wuchs auch harte Gegnerschaft zum preußisch bestimmten Staat, der sie auf plumpe Weise dem französischen Erbe, dem sie sich nach fast 200jähriger Zugehörigkeit ebenfalls verpflichtet wußten, entfremden wollte. Pfleger ging als Bub in Hagenau zur Schule, wo bis heute das Erbe Barbarossas nicht vergessen ist, dann ins Priesterseminar nach Straßburg. Man studierte damals katholische Theologie an der eben gegründeten deutschen Universität, die eine hervorragende Fakultät besaß, etwa mit dem bekannten Kirchenhistoriker Albert Ehrhard, dessen Buch *Der Katholizismus und das 20. Jahrhundert* (1901) als »modernistisch« verfemt worden war, Vorwürfe, die er durch eine Streitschrift *Liberaler Katholizismus?* (1902) nicht entkräften konnte, was ihm 1908 die Aberkennung des Prälatentitels durch den Papst einbrachte. Erst in späteren Jahren wurde er wieder rehabilitiert. Aber auch der spätere Erzbischof von München, der konservative Michael Faulhaber, lehrte damals in Straßburg (Altes Testament) – und viele andere, nach vorn blickende Theologen, die das Klima an der Fakultät bestimmten. Pfleger war persönlich berührt von diesem *Reformkatholizismus*, wie sein großer Artikel über den »idealen Modernisten« Friedrich von Hügel aus dem Jahr 1974 zeigt (»Hochland« 57, 131–144). Aber in sein Leben eingegriffen hat diese speziell theologische Problematik des Modernistenstreites in ihrer vollen Schärfe nicht.
Die Priesterweihe erhielt Pfleger noch in deutscher Zeit, 1908. Nach den üblichen Kaplansjahren wurde er Pfarrer in Bilwisheim, einem Dörflein, das im idyllischen Kochersbergerland liegt. Von 1937 bis zu seinem Tod

am 7. April 1975 war er Landpfarrer in Behlenheim, einer kleinen Bauerngemeinde in der Nähe von Straßburg, die ihn, den bald bekannten Schriftsteller, tief verehrte, ihm aber auch Zeit ließ, seinen literarischen Neigungen nachzugehen. Äußerlich also kein bewegtes Leben, ohne größere Reisen, in der Idylle des Dorfes verborgen. Aber: geistig und innerlich – welche Abenteuer, welche Gefahr, welche Auf- und Abstiege des Geistes! Insgesamt hat Pfleger an die 20 Bücher und fast 400 Aufsätze veröffentlicht – in deutscher Sprache, die bis zu seinem Lebensende seine Muttersprache blieb, obwohl er nach 1918, als das Elsaß wieder französisch geworden war, selbstverständlich auch zur Sprache und Kultur Frankreichs Zugang hatte, ja, er von den zwanziger Jahren an zu einem bedeutenden Vermittler französischen Gedankengutes in das deutsche Sprachgebiet hinein wurde. Er hat zum Beispiel Werke von Ernest Hello und Leon Bloy ins Deutsche übersetzt und als einer der ersten in den fünfziger Jahren die Deutschen mit dem Werk des großen Paläontologen und Jesuiten Pierre Teilhard de Chardin bekannt gemacht. Neben seinen Büchern, die nach 1945 im Verlag seines Freundes Josef Knecht (1887–1980) erschienen sind, hat er vor allem in den Zeitschriften »Die Seele« (Regensburg), »Hochland« (München) und »Christ in der Gegenwart« (Freiburg i. Br.) publiziert, aber auch in elsässischen Zeitungen und Zeitschriften. Die beiden älteren Brüder Pflegers, Lucian und Alfred, wurden ebenfalls durch schriftstellerische Arbeiten bekannt, der erste (wie Karl ein Geistlicher) durch heimatgeschichtliche Werke, der zweite durch seine kultur- und volkskundlichen Arbeiten.

1932 veröffentlichte Karl Pfleger sein erstes Buch, *Im Schatten des Kirchturms*, aber erst zwei Jahre später, 1934, erfolgte der öffentliche Durchbruch mit *Geister, die um Christus ringen*. Diese Darstellung moderner, religiös bewegter Geistesgestalten (Berdjajew, Solowjew, Péguy, Bloy, Gide, Chesterton, Dostojewski) erlebte in kurzer Zeit mehrere Auflagen, bald folgten französische, italienische, englische, portugiesische, ja japanische Übersetzungen. Ähnlich angelegt war Pflegers nächstes Werk, *Die christozentrische Sehnsucht* (1943), das Männer wie Augustinus, Pascal, Hello, Luther und Schelling behandelte. Aus der fruchtbaren Zeit nach 1945 seien nur die bekanntesten Titel genannt: *Dialog mit Peter Wust* (1949), *Nur das Mysterium tröstet* (1957), *Kundschafter der Existenztiefe* (1959, über Simone Weil, Max Picard, Peter Wust, Claudel, Bernanos, Reinhold Schneider), *Glaubensrechenschaft eines alten Mannes* (1967), *Christusfreude* (vor allem über Teilhard de Chardin, 1973).

Zahlreiche Ehrungen erreichten Karl Pfleger: theologischer Ehrendoktor der Universität Freiburg i. Br. (1964), Ehrenkanoniker des Bistums Straßburg, Oberrheinischer Kulturpreis (1974). Als er nach einem reichen Leben von fast 92 Jahren auf dem kleinen Dorffriedhof von Behlenheim begraben wurde, trauerten um ihn nicht nur hervorragende Vertreter der Kirche und des Geistes, sondern auch Tausende von Lesern,

Freunden, Anhängern, jenen, denen er als Seelsorger mit Herz und Verstand in dunkler und schwieriger Zeit »Glaubenshelfer« gewesen war, ein verstehender Freund und Wegweiser in den Problemen der Glaubenssuche inmitten der Wirren des 20. Jahrhunderts.
»Ringen um den Sinn des Lebens: das ist wohl die kürzeste Formulierung dessen, was der geheime Motor meines Schreibens war. Mein Schreiben bestand buchstäblich aus ›Essays‹, das heißt *Versuchen*, mir über die Ungeheuerlichkeit des Daseins etwas Klarheit zu verschaffen. Das ungeheuerliche Rätsel besteht in der Gleichzeitigkeit der hinreißenden Weltschönheit und der erschreckenden Härte und Grausamkeit in der Tier- und noch mehr in der Menschenwelt. Ja, die Sinnfrage läßt mich nicht mehr los. Ist das verwunderlich? Sie läßt ja auch die Menschheit nicht mehr los. Diese bittere Klage, dieser mit Empörung geladene Protest gegen das Unheil unserer Welt ist vor Jahrtausenden schon sogar in die Bibel eingedrungen. Lesen Sie das Buch Hiob nach, Sie bekommen Herzklopfen bei seinen wilden Reden. Hiob hat sich zuletzt ausgesöhnt mit der ›Ungeheuerlichkeit‹ des Daseins, aber die Klage geht durch alle Jahrtausende weiter« (aus *Lebensausklang*).
Pfleger sah das Dunkle, das Verhängnis, das Rätselhafte mit klarem Auge, aber es gelang ihm, dieses Negative zu durchbrechen und ein – wie er sich selbst nannte – »kosmischer Optimist« zu werden, bis in seine letzten Jahre, in denen er sich mit Parapsychologie beschäftigte. Er glaubte nicht nur, er wies auch im Menschenschicksal jenes Fünkchen Hoffnung nach, das uns vorwärts und aufwärts drängt. Ernst Bloch zitierte er einmal als einen solcher »guten Geister«, die uns inmitten der Lebensrätsel Hoffnung geben: »Ist es nicht im höchsten Grad bezeichnend, daß man aus diesem Rätsel zwar Gott ausschließen kann, aber das Geheimnis nicht?« Höchst bezeichnend für die Hoffnungskraft des Menschen in aller Tragik der Existenz war für Pfleger die »Theologie der Hoffnung« in einem Jahrhundert, das von Trauer und Resignation gekennzeichnet scheint.
Das Werk Pflegers ist also einerseits vom Bewußtsein einer tiefen Krise geprägt, in die der christliche Glaube in unserem Jahrhundert geraten ist, andererseits von der Überzeugung, daß in einem epochalen Reinigungs- und Vertiefungsprozeß Erneuerung möglich ist. Wenn 1967 ein Buch erscheinen konnte mit dem Titel *Das Ende des konventionellen Christentums* (von dem Holländer van de Pol), dann könnte man Pflegers Lebenswerk umgekehrt bezeichnen: mit ihm hat ein »unkonventionelles Christentum« begonnen, das in die Zukunft weist, ein Geburtstagsbeitrag nannte ihn auch einmal geradezu »den« unkonventionellen Christen unserer Zeit. Er stieg als »Kundschafter« in die »Existenztiefe« hinab, dorthin, wo die Quellen sprudeln und das Glaubenszeugnis neu und frisch werden kann. Jedoch: er fühlte sich dabei durchaus nicht allein, sondern einem großen Chor von Männern und Frauen verpflichtet.

Trotz mancher »dogmatischen Differenzen« zwischen diesen verschiedenen »Kundschaftern« und trotz der restaurativen Tendenzen bei vielleicht einigen von ihnen, haben doch alle eines gemeinsam: eine tiefdringende Sensibilität für den geistigen und religiösen Umbruch ohnegleichen, der nicht nur einige neue Säulen in die alten Kathedralen zu stellen hat, sondern auf dem alten, ewigen Fundament etwas Neues errichten muß – soweit man überhaupt für unsere und die kommenden Zeiten das statische Bild vom »Bau« noch verwenden mag.
Karl Pfleger ging es nicht um wissenschaftliche Theologie, sondern um die religiöse Erfahrung, um die Existenz. »Wagnis und Glauben«, sagte ein Freund Pflegers, der Münsteraner Philosoph Peter Wust. »Ich habe keineswegs schon von früher Kindheit an mit der Jesussuche angefangen«, sagte Pfleger selbst in *Glaubensrechenschaft eines alten Mannes*. In der Landschaft, in der der junge Goethe von Straßburg nach Sesenheim ritt, habe er als Bub und junger Mann nämlich »wie fasziniert« – Mond und Sterne gesucht, beinahe in einer »heidnischen Naturseligkeit«.
Dies ist die erste Phase in seiner religiösen Suche: im Schöpfungsgeheimnis das Geheimnis Gottes ahnen. Sogar das Wort »Pantheismus« fließt einmal – in der Erinnerung des Alters – herbei. So etwas war für einen jungen Katholiken um 1900 doch recht »unkonventionell«. Oder seine »einzige Erinnerung an den kindlichen Kirchenbesuch«: daß ihn sein Vater »durch das ganze Kirchenschiff bis in die Sakristei« zur Ablegung der Erstbeichte »vorwärtsprügeln« mußte. Daß Gott, der Gottmensch Jesus Christus, auf dem Altar gegenwärtig ist, blieb für ihn lange Zeit eine Katechismuswahrheit ohne religiöse Kraft, ohne Lebens-Wahrheit – wie das ganze damalige kirchlich-religiöse Leben von einer Dürftigkeit gewesen sein muß, die religiös suchende Menschen nur abstoßen konnte. Bei Pfleger »erwachte« nicht zuerst die Kirche in der Seele zu religiöser Mächtigkeit, sondern, wie er offen in seinen Büchern immer andeutete: die religiös begriffene Natur; Goethe, Schelling zitierte er immer wieder; ein Gedicht der Gertrud von Le Fort:

»O diese Stimmen des Alls
O diese gewalt'gen
Liturgien der Schöpfung
Das leuchtende Credo der Sonnen
das Gloria der Sterne . . . «

Man denkt an die katholischen Romantiker des 19. Jahrhunderts zurück, die in ähnlicher Gesinnung die Dürre der Aufklärung überwanden. Ein fähiger Religionslehrer habe dem jungen Primaner die Brücke von der namenlosen religiösen Ergriffenheit durch die Schöpfung zur Theologie der Schöpfung gebaut. Wie der »umherstreifende Naturbursche des Hagenauer Forstes« dann ins Priesterseminar geraten war, sei ihm eigentlich immer ein Rätsel geblieben, schrieb Pfleger später. Wir dürfen es als

Außenstehende wohl eben als Gnade bezeichnen, die ihn, so wie er war, gerufen hat, und die die »Natur« nicht zerstörte, sondern in ihr Eigentliches brachte. »Zum ersten Mal wurde der Glaube für mich weltförmig, welthaltig. Er wurde real, nicht bloß ein Anhängsel der Wirklichkeit, sondern etwas Zentrales in ihr.«

Die ganze Naturfrömmigkeit, die seit Goethe die deutsche Geistesgeschichte durchzieht, in die Kirche einzubringen, muß für Pfleger den »konventionellen Glauben« weit, groß und mächtig gemacht haben. »Es geht mir kaum in den Kopf, daß ein völlig zum Geist erwachter Mensch den Glauben Goethes an eine göttliche Gegenwart als Herz und Seele des Kosmos nicht zu teilen vermag.« Seit 1895, als das in dem jungen Mann erwachte und bewußt wurde, mußten freilich Jahrzehnte verstreichen, ehe es Allgemeingut wurde. Die Jugendbewegung vor allem hat der Kirche diese Welthaltigkeit im Sinne der von Gottes Geist durchwalteten Schöpfung vermittelt. *Im Schatten des Kirchturms*, Pflegers erstes Buch aus dem Jahr 1932, war in dieser Bewegung ein ganz persönlicher Beitrag.

Aber schon zwei Jahre später kam der neue Ton, der für Pfleger wirklich bezeichnend ist und ihn berühmt machte, durch seine *Geister, die um Christus ringen*. War in der ersten Periode – immerhin war Pfleger damals schon 51 Jahre alt – sein zentrales Erlebnis Natur und Glaube gewesen, so kündigte sich nun ein Zweites an, das ihn sozusagen »auf die Höhe der Zeit« führte: die religiöse Erfahrung der Geschichte. Geschichte nicht so, wie sie gleichzeitig etwa Reinhold Schneider ergriff, auch nicht im Sinne der Historie, sondern als personaler Widerpart der so tief und innig erlebten Natur; als Geschichte – Schicksal – von Personen. Die »Stimmen des Alls« verwandelten sich in die »Stimmen der Existenz«. »Geister«: das klang und klingt noch ein wenig nach Idealismus, aber was sich darin enthüllte, war bittere und selige Gegenwart zugleich. Pfleger begann sich für das zu interessieren, »was für den Menschen gilt, der so etwas wie die persönliche Heilsfrage kennt«. Dieses Ringen faszinierte ihn so, wie er vorher vom Glanz der Schöpfung fasziniert worden war. Es ging ihm sicher nicht darum – auch wenn man ihn so mißverstehen könnte –, wie in alten Ketzer- und Heiligengeschichten eine »Moral« oder wie noch J. P. Hebel ein »Merke!« herauszuarbeiten, einen apologetischen Grundton im modernen Gewand anzuschlagen – sondern wirkliche Geschichte ins engere kirchliche Glaubensleben einzubringen. Auch: »Daß all das unbegreiflich Böse, das der Mensch erlebt, in das Mysterium von Christi Kreuz und Auferstehung hineinversenkt ist.« »Aus der Welt, in die wir gestellt sind, müssen wir den Weg zu Gott finden; von der Basis unserer Existenz aus.« Das seien, bemerkte er einmal etwas sarkastisch, sozusagen die »Kalorien« für die Kirche. Man finde sie mehr »extra muros« als »intra muros«: nicht, als ob es so sein müßte, aber als Tatsache im kirchlichen Leben heute.

Albertus Magnus Bronze von Gisela Bär in der Gruft des Heiligen in Köln.

JOHANN HINRICH WICHERN Verdienstvoller evangelischer Theologe, Vater des evangelischen Büchereiwesens, Erneuerer der Diakonie und Gründer der »Inneren Mission«. Errichtung des »Rauhen Hauses« in Horn bei Hamburg und weiterer Institutionen christlich-evangelischer Fürsorge.

HENRI DUNANT Ursprünglich Schweizer Bankier in Genf. Als Augenzeuge des Verwundetenelends nach der Schlacht bei Solferino wurde der christlich motivierte Henri Dunant zur Gründung des Internationalen Roten Kreuzes bewogen. Erster Träger des Friedensnobelpreises (1901).

LORENZ WERTHMANN Katholischer Theologe und verdienstvoller Koordinator der caritativen katholischen Einrichtungen. Erster Präsident des von ihm gegründeten »Deutschen Caritasverbandes«.

In einem Artikel über die »Glaubenshelfer« dankte Pfleger einmal zuerst den »Eltern, Lehrern und Erziehern, den Priestern«, den »ordentlichen normalen Glaubenshelfern«. Aber dann gebe es »außeramtliche, außerordentliche Glaubenshelfer«, »aus dem Bereich von wissenschaftlichen, philosophischen, religiösen Bestrebungen, die man gerade im Interesse des Glaubens ignorieren, mißbilligen oder gar unterdrücken zu müssen glaubte«. Er zitierte Mauriac, der einmal bekannt hat, daß ihn zum dritten Mal in einem Jahr ein Text von Sartre zu einer christlichen Meditation inspiriert hätte. »Kalorien«, die von draußen kommen, aus der Geschichte einer religiös ringenden, suchenden Menschheit.
Wie das Christentum im Laufe der letzten Jahrhunderte immer weniger welthaltig im Sinne des vitalen Schöpfungsstromes geworden war, so schien es auch immer stärker geschichtsloser, geschichtsferner zu werden. »Die Institution ging ins Getto«, sagt man heute. Das Zweite Vatikanische Konzil hat für die katholische Kirche dagegen das Programm vom »Dialog mit der Welt« aufgestellt, daß die Kirche, um ihre Sendung erfüllen zu können, die »Zeichen der Zeit« beachten müsse. Der Beginn der Pastoralkonstitution dieses Konzils hat das in wenigen schönen Sätzen zusammengefaßt: »Freude und Hoffnung, Trauer und Angst der Menschen von heute, besonders der Armen und Bedrängten aller Art (also auch der geistig Bedrängten!), sind auch Freude und Hoffnung, Trauer und Angst(!) der Jünger Christi . . . « Pfleger nannte als eigentliche Aufgaben der Christen heute: daß sie stellvertretend die Glaubenskrise der Welt dadurch zu überwinden hätten, daß sie selbst sich den Problemen der heutigen Existenz stellten und in sich verarbeiteten. »Nicht mit der Strenge dogmatischer Überlegenheit . . . « Sie helfe nicht, habe »nicht viel Chancen«. Abstrakte theologische Spekulation schon gar nicht. Der Dialog mit den »Geistern« mag zwar gefährlich sein, indem sich der sichere Glaube da aussetzt in ein Boot, von dem er nicht genau weiß, wo es ankommt – aber in den Bildern und Gleichnissen des Neuen Testaments werden genug Beispiele gegeben, daß Glaube als unbedingtes Vertrauen auch die stürmischsten Wogen übersteht, ja: die Gefahr überwindet.
Wer die beiden Ansatzpunkte im Werk Karl Pflegers – Natur und Geschichte in ihrem Heilsgeheimnis – sich genügend klar vor Augen hält, den wird es nicht wundern, daß in den letzten Jahren seines Lebens in zunehmender Häufigkeit ein neuer Name, der des größten aller »Christozentriker«, auftaucht: Pierre Teilhard de Chardin, der große französische Jesuit und Naturforscher. Was bis dahin bei Pfleger gleichsam getrennt erschien – Natur und Geschichte –, wird hier nun zusammengeschaut, ja in höchster Dynamik auf den Weg gebracht; ins Ziel, ins Eschaton, ins Göttliche hinein, das vorn und oben zugleich liegt. Die Lektüre Teilhards muß bei Pfleger wie eine urtiefe Bestätigung seiner letzten Antriebe gewirkt haben. Der Gedanke der »christozentrischen

Sehnsucht« wurde von den »Geistern« gleichsam in die ganze Schöpfung, ins Schöpfungsmysterium, das der Bub in den »mondhellen Nächten des Hagenauer Forstes« so leibhaftig erlebt hatte, hineingehoben. Natur und Geschichte vermählen sich zu der einen, darf man sagen: Heilsgeschichte? »Hier beginnt meine Zuversicht«, schrieb Pfleger, »daß diese schöne und schreckliche Welt ein Mysterium ist, das heißt, ein gigantisches, für unser menschliches Auge freilich unübersehbares, undurchschaubares Unternehmen, dessen Ausgangspunkt die Liebe und dessen Endpunkt das universale Heil ist.« Der »Blitz Jesus Christus« erscheint auf einmal in neuer Sicht als wahrer Pantokrator, als Welt-Innen-Mitte, auf die wir – gewiß im Blick des Glaubens – in all dem konkreten Ringen stoßen, das uns in Geschichte und Natur umgibt; in ein neues, »unkonventionelles Christentum« hinein, das aus einer erneuerten Sicht von Schrift und Tradition Kraft gewinnt, die Horizonte des Atomzeitalters abzumessen; geschichtsmäßig und naturmächtig zugleich, wenn auch mit anderen Kategorien als zu jenen Zeiten, da Otto von Freising und Hildegard von Bingen auf der Höhe des Mittelalters etwas Ähnliches zu »schauen« versuchten.

Leonhard Reinisch

Albertus Magnus

Des Aristoteles christlicher Schüler

Ist Albertus Magnus der größte deutsche Heilige? Wer vom Adjektiv ausgeht, müßte dies bejahen, denn außer ihm trägt dieses ehrende Beiwort nur noch Sankt Carolus Magnus. Doch bei ihm, Kaiser Karl dem Großen, glaubt auch der Frömmste kaum, daß es sich auf die Größe der Heiligkeit beziehe: als Herrscher wurde er groß genannt, und heiliggesprochen wurde er auf Wunsch Kaiser Friedrich Barbarossas zur Unterstützung seines Kreuzzuges. Es gibt darüber hinaus noch drei streitbare große heilige Päpste der nachkonstantinischen Zeit: Leo I., Gregor I. und Nikolaus I. Schon vor ihnen gab es drei weltentsagende Eremiten und Mönchsväter, Basilios, Antonios und Euthymios, die wohl nur in der Ostkirche verehrt werden.
So wäre Albertus Magnus nicht nur der zeitlich Letzte im Heiligenkalender, der »groß« genannt wird, sondern dies auch noch als Heiliger? Keineswegs. Heiliggesprochen wurde er erst 1931, unter Papst Pius XI., also mehr als 650 Jahre nach seinem Tod. Pius XII. ernannte ihn zum Patron der Naturwissenschaftler. Diese späte Sanktifizierung unter den Piuspäpsten war keine Kreuzzugs-Heiligsprechung, schon eher ein Akt

der Verteidigung des Glaubens mit der Hilfe der Neuscholastik. Mit einer Erneuerung der Lehren des Thomas von Aquin und dessen Lehrers Albert von Lauingen wollte man der rationalistischen Philosophie und der Aufklärungstheologie Paroli bieten.

Mag auch spätestens unter Papst Johannes XXIII. das Scheitern dieses Versuches offenbar geworden sein, so verdanken wir dieser katholischen Anstrengung der Erneuerung einer Philosophie des Ordo und der Summen immerhin die Erschließung der versiegten Quellen der mittelalterlichen Philosophie, eines Thomas von Aquin und Duns Scotus, eines Francisco Suárez und eben, ja besonders, des Albertus Magnus.

Albertus magnus philosophus, so wurde er von seinen Biographen bezeichnet, durch Auslassung wurde und bleibt er der Magnus. Wir sagten schon, daß er der Lehrer des Thomas von Aquin gewesen sei. Ob er der Geringere war oder nicht, läßt sich nicht am Wirkungsgrad der Rezeption abmessen. Da war Thomas zweifellos der Erfolgreichere. Doch Dante ist in seiner *Göttlichen Komödie* anderer Meinung. In seinem »Paradies«, im zehnten Gesang, lesen wir:

> Zur Rechten hier mein nächster Nachbar war
> ein brüderlicher Lehrer mir, Albertus
> von Köln. Ich selbst bin Thomas von Aquino.

Hier also eröffnet Alberto di Cologna den Reigen der großen Lehrer des Abendlandes, die Thomas dem Wanderer durchs Paradiso vorstellt. Ob Thomas sich über seinen Lehrer auch zu Lebzeiten geäußert hat, wissen wir nicht. Albert hingegen hat – wie verbürgt ist – seinen Schüler, als er von anderen Scholaren wegen seiner stillen und schweigsamen Art als »swigender Ochs« gehänselt wurde, polternd verteidigt: »Ihr da, gebt acht, dieser Ochse wird mit seiner Stimme noch die Welt erfüllen.«

Dante jedenfalls hat sie beide in den Himmel erhoben. Die Päpste taten es ihm nicht gleich. Thomas, der übrigens sechs Jahre vor seinem Lehrer starb, erfuhr die Ehre der Altäre schon 1323 und er wurde als DOCTOR ANGELICUS gefeiert, als der engelgleiche, vielleicht weil seine Lehre reiner, sprich weniger naturwissenschaftlich war als die des Albertus, dessen Experimente ihn im Volk offenbar als eine Art Doktor Faustus erscheinen ließen, als einen Alchemisten und Magier, der den Stein der Weisen gefunden, einen Teufelspakt geschlossen, an einem Homunculus bastle und vieles mehr.

Das ist natürlich Unsinn, so recht nach dem Geschmack des Volkes. Der wahre Kern dahinter ist die Tatsache, daß Albertus in sein enzyklopädisches Werk botanisches und zoologisches, mineralogisches und geographisches Wissen einbaute, das ihn nicht nur als einen scharfsichtigen Beobachter, einen phantasiereichen Experimentator und einen methodischen Denker erwies, sondern ihn einzigartig erscheinen läßt in der Geschichte der Naturwissenschaften des Mittelalters. Das unterscheidet ihn von Thomas, für den er außerdem der Wegbereiter ist. Die noch in seiner Jugend zweimal von der Kirche aufs schärfste verurteilte Philosophie des Aristoteles (einmal 1210, zum anderen 1215) kämpft er frei für die christliche Theologie und Philosophie und führt sie mit den ersten großen Kommentaren und Summen ein. Es ist ein Doppelgestirn: Albertus und Thomas. Und mag in jenem 13., dem »abendländischen« Jahrhundert, Thomas als der Erste gelten, so ist Albertus gewiß der Zweite.

Seine Biographie beginnt im Dunkel. Die beiden meistgenannten Geburtszahlen lauten 1193 und 1206, immerhin 13 Jahre Differenz, weshalb man heute meist um 1200 sagt. Sein Geburtsort ist das schwäbische Lauingen an der Donau. Er entstammt einer Ministerialen-, einer Beamtenfamilie in staufischen Diensten. Das Ende der Stauferherrlichkeit erlebte er 1254 in Köln als Lehrer an der Hohen Schule. Als Scholar ging er an die Universitäten von Bologna und Padua. In Padua begegnete er Jordan von Sachsen, dem Nachfolger des Dominikus in der Leitung des Predigerordens, den wir heute gemeinhin Dominikanerorden nennen. Jordan nannte man auch den »Menschenfänger«. Die Biographen berichten, daß Albert lange geschwankt habe, in den Orden einzutreten, schließlich aber doch der suggestiven Kraft und dem religiösen Charisma Jordans nachgab.

Der Predigerorden entsprang demselben Geist der Armutsbewegung, aus der Franziskus seine Minoriten, seine Minderbrüder, versammelte. Sie waren sich einig in dem Gefühl, daß die Zeit gerettet werden müsse aus einem neuen Geist der Liebe in Armut. Dieser Ruf nach Erneuerung, Besinnung, Verzicht, Opfer riß viele junge Menschen mit. Das ORA ET LABORA wurde von ihnen neu verstanden, das LABORA nämlich als Studium der Theologie als Voraussetzung für eine lebensnahe apostolische Predigt der Wahrheit des Herrn. In dieser Zeit tauchte aus vielhundertjähriger Vergessenheit neu das Werk eines Philosophen auf, der bald die Gemüter bewegte und zu einem der erregendsten geistigen Dispute führen sollte. Ich meine Aristoteles und die Auseinandersetzung zwischen dem Franziskaner Bonaventura und dem Dominikaner Thomas von Aquin. Doch das wird sich erst 25 Jahre später ereignen.

Noch ist Albertus in Padua. Er fällt den Ordensmeistern durch seine philosophische und theologische Intelligenz auf. Sie schicken ihn als Lesemeister auf die Konvente in Hildesheim, Regensburg, Freiburg im Breisgau und Straßburg, schließlich 1242 an die Universität in Paris. Dort ist er der erste deutsche Lehrer. Sechs Jahre später – 1248 – wird ihm die Einrichtung der neugegründeten Ordenshochschule in Köln übertragen. Hier sind Thomas von Aquin und Ulrich von Straßburg seine Schüler. Ulrich, sein Lieblingsschüler, wird später von seinem Meister sagen: »Mein Lehrer Albertus, ehemals Bischof von Regensburg, war in allen Wissenschaften so göttlich, daß er füglich unseres Zeitalters Staunen und Weltwunder genannt werden kann.«

Zwischen der Einrichtung der Universität Köln 1248 und der Übernahme des Bischofsamtes 1260 lagen noch neun Jahre Lehr- und Schreibtätigkeit. Nachdem er schon in Paris seine *Summa creaturis*, seine Summe der Geschöpfe, abgeschlossen hat, greift er nun in den Streit um den arabisch-islamischen Aristoteliker Averroes ein. Gegen die Lehre von der einen, einzigen, allen Menschen gemeinsamen Verstandesseele verteidigt er mit 36 Thesen die christliche Lehre, daß jeder Mensch eine, seine, Seele besitze. Der Streit um diese Frage sollte ihn bis zum Grab begleiten.
Drei Jahre – zwischen 1254 und 1257 – unterbricht er sein Lehramt und geht auf Reisen, zu Fuß natürlich, da einem Bettelmönch die Benutzung eines Reittiers oder Pferdewagens verwehrt ist. Sein Orden hatte ihn für diese Zeit zum Provinzial der deutschen Ordensprovinz ernannt, und das hieß, vierzig Konvente zu visitieren, von der Schweiz und Österreich und Ungarn im Süden bis zum Niederrhein im Norden und Sachsen im Osten. Es muß dies eine beneidenswert schöne Zeit gewesen sein. Da ist er mit den Jägern, Fischern und Vogelstellern zusammengekommen, da wurde seine Neugier für die Natur befriedigt. Daß der Saft der Bäume in den Wurzelenden am bittersten ist, diese Kenntnis verdanken wir ihm, der es mit Zunge und Zähnen erfahren hat.
Anders 1260, als Papst Alexander IV. ihn gegen den Willen seines Ordensmeisters Humbert von Romano auf den bischöflichen Stuhl von Regensburg berief. Bischof »Bundschuh« nannte das Volk den Bettelmönch mit dem Krummstab und der Mitra. Man wird an jenen Papst Cölestin V. erinnert, den Bettelmönch auf dem Stuhle Petri, und an sein erbarmungswürdiges Scheitern.
Noch ging Albert nicht zurück zur Hohen Schule. Es war Kreuzzugszeit in diesem abendländischen Jahrhundert. Die erste Hälfte hatte der Staufer Friedrich II. – obwohl selbst im Bann – recht gut abgewickelt, indem er den 5. Kreuzzug mit einem für die Christen günstigen Vergleich mit dem Sultan von Ägypten abschloß. Jetzt war der König Ludwig IX. von Frankreich an der Reihe und hatte schon den 6. Kreuzzug erfolglos hinter sich. Nun beauftragte der Papst den Mönch Albert mit der Kreuzzugspredigt, zu jener Zeit schon eine ziemlich verlorene Liebesmüh in einer aussichtslosen Sache. Der siebente Kreuzzug – diesmal gegen Tunis – stand noch aus. Ludwig IX. stirbt vor Karthago an einer Seuche und wird bald darauf König Ludwig der Heilige.
Im selben Jahr 1270 kehrt Albert nach Köln zurück. Eine neue Berufung des Ordens an die Universität von Paris schlägt er aber aus. Hingegen nimmt er 1274 als Peritus (theolog. Berater) am Konzil von Lyon teil, in wichtiger politischer Mission. Seit dem Zusammenbruch des staufischen Kaisergeschlechts litt Europa an der »kaiserlosen, der schrecklichen Zeit«.
Am 1. Oktober 1273 wählen die deutschen Kurfürsten Rudolf von Habsburg zum deutschen König. Albert übernimmt es, Papst Gregor X.

in Lyon den neuen König darzustellen als einen Kämpfer für die gerechte Sache, einen Mann des Ordo, und der Papst erkennt Rudolfs Wahl an. So verdankt Europa auch in politischer Hinsicht Albert ein Stück Frieden und Einheit nach Jahren der schärfsten Krise.

Dann machte er sich bereit zum Sterben. Die Legende berichtet von seiner letzten Vorlesung, in der ihn das Gedächtnis verließ und er von einer Marienerscheinung erzählte (aus der Zeit, als er noch unschlüssig war, in den Orden einzutreten):

». . . Schließlich erschien mir die gütigste Mutter und tröstete mich: ›Sei getreu im Studium und beharrlich in der Tugend. Gott will durch deine Wissenschaft die ganze Kirche erleuchten. Damit du aber im Glauben nicht wankest, wird vor deinem Tode alle Philosophie von dir genommen werden. In kindlicher Unschuld und Aufrichtigkeit und in der Wahrheit des Glaubens wird dich Gott von dieser Welt nehmen. Und dies soll dir das Zeichen sein, daß deine Zeit gekommen ist: In öffentlicher Vorlesung wird dich dein Gedächtnis verlassen.‹ Vielliebe Brüder, dies ist nun eingetreten, und ich weiß, daß meine Zeit gekommen ist. Daher bekenne ich und erkläre feierlich: Ich glaube fest und rückhaltlos alle und jeden Artikel des christlichen Glaubens . . . Wenn ich aber hinfort etwas sage oder schreibe, was dem Glauben widerspricht, so achtet es nicht.«

In dieser Legende erfahren wir von den Anfeindungen, denen Albert von mancher Seite her zeitlebens ausgesetzt war. Die konservativen Theologen verdächtigen die Philosophie als eine Ablenkung vom wahren Glauben, die Gelehrsamkeit als eine Gefährdung der Frömmigkeit, die naturwissenschaftliche Forschung als eine Schwarze Kunst.

Als Albert am 15. November 1280 starb, hinterließ er ein Werk von fünfzig Lexikonbänden. Martin Grabmann schrieb einmal: »Albertus Magnus ist der erste Theologe des Mittelalters, der dem Aristotelismus klar und scharf ins Auge geschaut hat.« Dazu gehörte Mut. Wie es achthundert Jahre vor Albertus zur Vertreibung der christlichen Jünger des Aristoteles kam, wie dessen Lehre auf dem Konzil von Ephesus im Jahr 431 zur Häresie erklärt wurde und warum, wie diese Jünger dann nach Persien flüchteten – fort vom Römischen Weltreich mit seiner christlichen Staatsreligion – und wie sich dann ihre weltimmanenten Lehren in der bald danach aufblühenden islamisch-arabischen Kultur tradieren konnten, während sie im Westen im wörtlichsten Sinne ausgetrieben und vollkommen vergessen waren, das wäre ein langes Kapitel, um die gewaltige Leistung des ersten mittelalterlichen christlichen Aristotelikers richtig einzuschätzen.

Albertus kam zweifellos ein neuer Zeitgeist entgegen. Man hat das Italien des 13. Jahrhunderts den blühenden Garten des Reiches genannt, und dieser Garten wucherte über die Grenzen hinaus bis Toulouse und Paris, bis Prag und Köln, ja bis zur Bernsteinküste Ostpreußens. Verglichen mit den Ottonischen Zeiten, deren Dome von der steingewordenen

Angst des Menschen sprechen, sind die neuen ein freudiges Gotteslob. Sinnlichkeit, Realismus, auch Neugier für die Natur werden wach. Nun muß man nicht mehr in allem nur entweder Gott oder den Teufel sehen. Nun darf wieder nach Ursachen, nach inneren Wachstumsgesetzen gefragt werden. Boethius, der letzte große Aristoteliker des Abendlandes, der im Jahr 524, rund hundert Jahre nach Ephesus, hingerichtet wurde, durfte wieder gehört werden: »Verknüpfe, soviel du vermagst, den Glauben mit der Vernunft.« Dieses Gebot wurde zur Lebensmaxime des Albertus. Es gehörte, wie die Legende beweist, gleichwohl Mut dazu, sie zu befolgen. Die konservativen Gegner waren so zahlreich wie eh und je. Mit der Verdächtigung, die neue Richtung wolle die Glaubenswahrheiten mit rationalen Argumenten beweisen, versuchten sie auch den Anfängen zu wehren, das heißt, jeder Naturforschung. Der streitbare Schwabe hat es ihnen in seinem Kommentar zu den Briefen des Dionysios Areopagita deutlich gesagt: »Es gibt Leute, die nichts wissen, aber auf alle Weise das Studium der Philosophie bekämpfen, rohe Tiere, die Geschrei vollführen wider das, wovon sie nichts verstehen.«

Wer das Wandern liebt, der sollte sich Albertus zu seinem Patron erwählen. Seine Bücher *De vegetabilibus* und *De animalibus* – Über die Pflanzen und Über die Tiere – sind Ergebnis seiner vieltausend Kilometer weiten Wanderschaft zwischen Rom und der Ostsee, Paris und Pannonien. Die Bilder, in denen er das Gesehene, Gerochene, Geschmeckte beschreibt, sind genau und poetisch zugleich: »Die Blüte hat dreierlei Gestalt: die des Vogels, der Glocke und des Sterns.« Josef Pieper hat einmal konstatiert, der Vergleich des Albertus Magnus mit Alfred Brehm als Naturschilderer treffe durchaus zu, nur mit dem kleinen Unterschied, daß Brehm nicht zugleich ein großer Philosoph und Theologe gewesen sei. Aber Albertus war auch – und das wird meist unerwähnt gelassen – ein Priester, der die Devise seines Ordens, SALUS ANIMARUM PER PRAEDICATIONEM – Heil der Seelen durch die Predigt – sehr ernst nahm. Seine Marienliebe faßte er in Hymnen an die Gottesmutter. Aus der Lebensweisheit seiner Predigten haben seine Ordensbrüder später zwölf Maximen gefiltert, die als Albertitafeln bis in unsere Zeit in den Kirchen aufgestellt wurden. Das beginnt so: »Es sind zwölf guter Stücke. Das erste ist: wer da gibt einen Pfennig in der Liebe unseres Herrn in diesem Leben, der ist Gott wohlgefälliger und dem Menschen nützer, denn er gäbe nach seinem Tode soviel Goldes und Silbers, als möchte reichen von diesem Erdreich bis an den Himmel.« Er konnte – wie bereits erwähnt – grob sein. Als ein Kölner Kanonikus sich brüstete, von der Kurie Dispens erhalten zu haben, mehrere Pfründen zu besitzen, mußte er von Albert hören: »Früher konntet Ihr ohne Erlaubnis zur Hölle fahren, jetzt könnt Ihr es mit Dispens.«

Daß nur wenige Kirchen in unserem Land ihn als Patron besitzen, mag mit der merkwürdig späten Heiligsprechung zusammenhängen; diese wiederum erklärt sich damit, daß er bei seinem Temperament in dem riesigen Schriftwerk nicht jene Makellosigkeit vorweisen konnte wie sein Schüler Thomas. Daß er zweifellos einer der größten Geister seiner Zeit war, ja der Geistesgeschichte überhaupt, das haben schon seine Predigerbrüder gespürt, als sie ihn am 18. November 1280 in St. Andreas zu Köln zu Grabe trugen und eine Tafel anbrachten mit der Inschrift:

> Der Phönix unter den Lehrern, der Unvergleichliche,
> der Fürst der Philosophen, das Gefäß heiliger Wissenschaft,
> Albert liegt hier, ruhmreich in der Welt,
> beredter als alle, sicherer Führer in der Philosophie,
> größer als Plato, kaum geringer als Salomon . . .

MENSCHEN DER AKTION

Organisatoren der Nächstenliebe

Natürlich kann man die Liebe nicht organisieren. Sie ist eine freiströmende Kraft, die sich immer von neuem gebiert, aber der Unöffentlichkeit, der Ungepriesenheit bedarf, um nicht zu verderben. Besonders dort muß sie verborgen bleiben, wo sie sich in ein Opfer hüllt, weil jeder gutangelegte Mensch nur das für unverlierbar hält, womit nie geprahlt wurde. Er weiß, daß sich selbst adelt, wer »unterderhand« Gutes tut. Nie haben die großen Organisatoren der Nächstenliebe den Rang dieser verschwiegenen Hilfe in Abrede gestellt. Im Gegenteil, sie schufen mit ihren Gründungen tausend neue Gelegenheiten, auch ungepriesene Liebe in das menschliche Miteinander einzubringen. Und weil sie selbst integre Männer waren, gewannen auch ihre Organisationen so viel Vertrauen, daß sie noch heute, Generationen nach ihrem Entstehen, bei keinem Appell für Menschen in Not leer ausgehen. Mehr noch: mit dem Impuls, schon bestehende Einrichtungen zu koordinieren und systematisch weiter auszubauen, motivierten sie Zehntausende von Helfern, kostenlos oder gegen nur geringe Bezahlung Samariterdienste zu leisten, so daß deren Opfer an Zeit und Lebenskraft wiederum beispielhaft wurde. Wenn heute die freiwilligen Sammler treppauf, treppab an der Wohnungstür oder auf den Straßen nicht vergeblich um eine Spende bitten müssen, wenn für Katastrophen in weiter Ferne oder für die anonyme Not unter uns mit ungemindertem Erfolg um Geld gebeten wird, so steckt auch darin etwas von der verbürgten Rechtschaffenheit der längst verstorbenen Gründer.

Die Caritas, die Innere Mission, das Rote Kreuz sind keine institutionellen Einrichtungen, die sich aufgrund allmählich erwachender Sozialgesinnung von selbst entwickelten. Vielmehr steht hinter jedem dieser Verbände ein tapferer einzelner, der gegen den Widerstand blinder Behörden – weltlicher oder kirchlicher Art – aus den zuvor verzettelten Aktionen ein wohlorganisiertes Einheitswerk schuf, dessen Namen für die Allgemeinheit zu einem eindeutigen Begriff, auch zu einer Adresse werden konnte, die heute jedermann, ob im Geben oder Nehmen, kennt.

Johann Hinrich Wichern, Henri Dunant, Lorenz Werthmann ersannen das Konzept und schufen den Grundstock; darüber hinaus legten sie ihr Programm des Dienens, der Sparsamkeit bei den notwendigen Selbstkosten und vor allem der absoluten Uneigennützigkeit auf allen Ebenen, jenen Fundus an moralischem Ansehen, von dem ihre Organisationen noch in langer Zukunft leben werden. Die hier folgenden Lebensbilder zeigen nicht nur die Kraft des Alleingangs aus einem unbeirrbaren Glauben, dazu die Strenge gegen sich selbst als dem fleißigsten Vorarbeiter, sondern vor allem die charismatische Fähigkeit, ihre Helfer inmitten einer allgemeinen Atmosphäre des Ansprüchestellens zum Opfer im Helfen und Dienen, also zu höherem Menschentum anzuleiten.

Gerhard Wehr

Johann Hinrich Wichern

Initiator der Inneren Mission

»Wenn die Christen nur einmal anfingen, ernst zu machen mit ihrem Glauben, dann wäre das eine Revolution, wie die Weltgeschichte noch keine gesehen hat.«

Dieses vielzitierte Wort von Georges Clemenceau paßt auf Johann Hinrich Wichern. Er war ein solcher »Anfänger«, der im Zeitalter der Revolutionen seinerseits eine Revolution in Gang gebracht hat – allerdings ohne ein »Revolutionär« zu sein oder was man im landläufigen Sinn des Wortes darunter versteht. Aber sind etwa die Männer und Frauen des Glaubens keine Revolutionäre, das heißt Menschen, durch die die Geschichte in Bewegung kommt?

Vorweg dies: Als Anreger und maßgeblicher Mitbegründer der Inneren Mission ist Wichern einer der richtungweisenden Sozialreformer seiner Zeit geworden. Dieser – nach Theodor Heuss – »größte Sohn der evangelischen Kirche im 19. Jahrhundert« hat aus christlicher Mitverantwortung heraus versucht, den Problemen der modernen Industriegesellschaft mit karitativen Maßnahmen zu begegnen. Ob dieses Engagement aus dem Glauben heraus bereits den Forderungen des Zeitalters entsprach, soll damit noch keineswegs entschieden sein. Vor allem wird man diese Frage nicht vorschnell zu Wicherns Gunsten entscheiden dürfen. Zu tief und zu folgenschwer ist der Einbruch, den die Industrialisierung in der agrarisch-bürgerlichen Gesellschaftsordnung hervorgerufen hat. Und doch hat auch und gerade Wichern Zeichen gesetzt, deren Bedeutung und Fernwirkung unbestritten ist. Nicht umsonst hat ihn der frühere hannoveranische Landesbischof Hanns Lilje »einen Bahnbrecher auf vielen Gebieten« genannt.

Johann Hinrich Wichern, der am 21. April 1808 in Hamburg geboren wurde, ist knapp 15 Jahre alt, als der Vater stirbt und eine achtköpfige Familie zurückläßt. Da nicht genügend Ersparnisse vorhanden sind, muß er durch Erteilen von Nachhilfeunterricht zum Unterhalt der Familie beitragen. Die wirtschaftlich sehr beengten Verhältnisse der Familie Wichern veranlassen ihn als den Ältesten, kurz vor dem Abitur die Schule zu verlassen, um als Erziehungsgehilfe in einem Heim in Hamburg-Harvestehude zu arbeiten. »Ich hatte die Knaben von morgens sieben bis abends zehn Uhr ohne Unterbrechung unter Aufsicht«, notiert er einmal in seinem Tagebuch. Ein anderes Mal, am Michaelitag des Jahres 1826: »O könnte die Menschenfischerei mein Handwerk bleiben mein Leben lang; das war das *Was*. Das *Wie* liegt mir freilich dunkler.«

Ahnungen im Blick auf seinen künftigen Weg hat der Achtzehnjährige bereits, obwohl er seit längerer Zeit auf das Theologiestudium hinarbeitet. Immer wieder ist von durchwachten Nächten, von seinen berufsbegleitenden Studien die Rede, aber auch von »heftigen Kopfschmerzen«. Nach seinem Studium aus Berlin in die Vaterstadt zurückgekehrt, stellt sich der 24jährige Kandidat der Theologie alsbald in den Dienst einer von pietistisch-erweckten Kreisen getragenen Volksmission. Er leitet eine sogenannte Sonntagsschule. Hatte Wichern bis dahin die Beengtheit kleinbürgerlicher Verhältnisse kennengelernt, so sind es nun Bilder unbeschreiblicher Verwahrlosung, die sich ihm auf seinen Besuchen in den Hamburger Elendsquartieren darbieten: Bettelei, Trunksucht, Prostitution, verwahrloste Kinder, selbst Kindesmord kommt vor, Verzweiflung aller Art bei Menschen, die teils aus eigenem Verschulden, teils als Opfer der Verhältnisse weit unterhalb der Stufe des Menschenwürdigen dahinvegetieren. Die Jugend-Tagebücher Wicherns halten erschütternde Situationen fest.

Wichern erhebt nicht nur die allgemein bekannte Forderung, die Kirche müsse zu den Leuten gehen, wenn die Leute nicht mehr in die Kirche kommen. Er geht einen Schritt weiter, wenn er zu der Einsicht gelangt, daß *vor* der unverzichtbaren Seelsorge (die gleichwohl den ganzen Menschen umfassen muß!), die *unverzügliche* Leibsorge geboten ist. Rasche karitative Hilfe tut not, ehe überhaupt christliche Verkündigung und »Seelenrettung« möglich ist. Diese Einsicht ist eines der Resultate, die der im Grunde »behütete«, in seinem Glauben kaum angefochtene Kandidat, gleichsam vor Ort, an der Front der Inneren Mission gewinnt.

Wichern, der als Prediger nicht nur Christus in die Mitte seiner Verkündigung rückt, und der immer auch an die christliche Mitverantwortung der Gemeindeglieder appelliert, trägt sich seit Jahren mit dem Gedanken eines Rettungshauses, in dem erzieherisch-helfende Tat werden kann, was bis dahin nur frommer Wunsch gewesen ist. An Vorbildern fehlt es nicht. Wichern denkt zum Beispiel an Johannes Falk und an dessen »Gesellschaft der Freunde in der Not«. Dieser Freund Goethes hatte in den Wirren der Napoleonischen Feldzüge im Weimarer »Lutherhof« verwaiste und verwahrloste Kinder versammelt und ihnen ein neues Zuhause bereitet, ein Beispiel, das Nacheiferer gefunden hat. Wichern ist einer von ihnen, einer der bedeutendsten.

In einem geschichtlichen Augenblick – in den ersten Jahrzehnten des 19. Jahrhunderts – in dem jährlich Zehntausende Deutscher nach Amerika auswandern, weil sie für sich und ihre Familien auf dem alten Kontinent keine Lebensmöglichkeit mehr sehen, zeichnen die frühen Sozialisten ihre utopischen Entwürfe einer Zukunftsgesellschaft. Wichern schlägt einen anderen Weg ein. Er rät weder zur Emigration – einige zehntausend Deutscher dienen als »Gastarbeiter« in Paris und in London! – noch begnügt er sich, von einer besseren Zukunft zu träumen. Vielmehr setzt er dort an, wo er lebt, indem er der Not begegnet, die er tagtäglich vor Augen hat. Seiner Braut Amanda Böhme, die ihn als Helferin bei der Sonntagsschularbeit unterstützt, umreißt er in einem Brief das Zielbild seines initiativen Handelns. Er schreibt: »Eine kleine christliche Kolonie, wo Haus an Haus steht und die Häuser unter Hilfe von Knaben aufgebaut werden, denken wir, soll daraus werden, und soll sich die Anstalt zu einem Mittelpunkt eines christlichen Lebens bilden, von welchem aus unser Volk im tiefsten Grunde erfaßt und aus seinem Sumpfe heraus in die neue Welt Gottes hineingestellt wird.«

Das Projekt, um das es sich dabei handelt, ist das kleine strohgedeckte Landhaus des Hamburger Syndikus Sieveking am äußeren Ende seiner Besitzungen in Horn (damals) bei Hamburg. Diese kleine Kate am Rande des Großstadtelends stellt er für die Einrichtung eines solchen Rettungshauses zur Verfügung. Der bauliche Zustand ist, wie Wichern aus eigenem Augenschein weiß, »ziemlich schlecht«. Aber für den Anfang erweist sich dieses »Rauhe Haus«, wie es im Volksmund heißt, als nützlich. Am 31. Oktober 1833 ist es soweit. Der fünfundzwanzigjährige Kandidat der Theologie hält mit seinen ersten »Mitarbeitern« Einzug. Es sind dies seine Mutter, seine neunzehnjährige Schwester Therese und sein Bruder Wilhelm. Das Haus verfügt in seinem ersten Zustand über drei Wohnräume. Im ehemaligen Heuboden hat man etliche Schlafräume ausgebaut. Es gibt außerdem eine Scheune und einen Schweinestall, und das Gewächshaus bewohnt ein Gärtner. Alles in allem ein recht bescheidener Anfang für einen pädagogisch-sozialpädagogischen Impuls, der unabhängig von staatlicher Autorität, im Grunde auch ohne Zutun der obrigkeitlichen Kirche, allein aus privater Initiative heraus realisiert werden soll. Wichern fühlt sich bisweilen an den Stall von Bethlehem erinnert. Das Rauhe Haus, eine Zuflucht für bedrängte junge Menschen!

Bald werden die ersten Kinder aufgenommen. Am Jahresende ist die erste Zwölfergruppe vollständig. Der jüngste der Schützlinge ist erst fünf, der älteste gerade achtzehn Jahre alt, alles »Proletarierkinder aus Hamburgs dunkelsten Vierteln«. Jeder einzelne bringt ein Schicksal mit, das mehr als nur individueller Art ist. Freilich die individuelle Not, die Rettung des einzelnen in der Familie und durch die christliche Familie ist es, der Wichern fortan seine ganze Aufmerksamkeit schenkt.

Und die Leitlinien oder Prinzipien, an denen sich die Familie im Rauhen Haus orientiert? Wichern hat immer wieder auf den »Geist des Glaubens an Christus« verwiesen, »der durch die Liebe sich tätig erweist«, und zwar »*der* Geist, dem der Mensch das Glauben und Lieben weder lassen kann noch lassen will . . . Mit diesem Geist und der ebenso freundlichen als ernsten, Rettung verheißenden Liebe will die Anstalt jedem einzelnen Kind sogleich entgegentreten, und wie vermöchte sie dies kräftiger als mit dem freudig und freimachenden Wort: ›Mein Kind, dir ist alles vergeben! Sieh um dich her, in was für ein Haus du aufgenommen bist! Hier ist keine Mauer, kein Graben, kein Riegel; nur mit einer schweren Kette binden wir dich hier, du magst wollen oder nicht; du magst sie zerreißen, wenn du kannst: Diese heißt Liebe, und ihr Maß ist die Geduld. Das bieten wir dir; und was wir fordern, ist zugleich das, wozu wir dir verhelfen wollen, nämlich daß du deinen Sinn änderst und fortan dankbare Liebe übst gegen Gott und Menschen!‹ – Von dem Geist solcher Liebe soll in dem Rettungsdorf alles zeugen, was dem Kind irgendwie entgegenkommt, so daß ihm unwillkürlich bewußt werden muß: Hier bin ich in einer neuen Welt, die ich geahnt und bisher nicht gefunden habe.«

Der menschliche Einsatz ist groß. Aber das Wagnis gelingt. Innerhalb weniger Jahre findet die Heimstätte vor den Toren der Hafenstadt in weiten Kreisen der Bevölkerung die erforderliche Zustimmung. Um die Urzelle des Rauhen Hauses gruppieren sich weitere Häuser, in die Kinder und Jugendliche aufgenommen und in Gruppen als »Familien« geführt werden. Unterstützt von einer ebenfalls wachsenden Schar von Gehilfen aus dem Lehrer- und Handwerkerstand entsteht so ein kleines Gemeinwesen, in dem die Mitglieder in Arbeit und Gottesdienst, in Fest und Feier aneinander gewiesen sind. So wie die älteren Brüder in einer kinderreichen Familie sich um die jüngsten kümmern, so sollen die »Brüder« vom Rauhen Haus als Lehrer, Erzieher, als Handwerksmeister und als Seelsorger den jungen Menschen beistehen. Es dauert nicht lange, da hat sich das Brüderhaus Wicherns bis ins Ausland einen guten Ruf erworben. Man fordert einen solchen Bruder oder Diakon an, wo immer christliche Männer für eine soziale Aufgabe gebraucht werden, sei es als Erzieher, als Fürsorger, als Religionslehrer, als Heimleiter, als Krankenpfleger oder als Volksmissionar. Und als im Jahre 1848 in Oberschlesien der Hungertyphus ungezählte Todesopfer fordert, ist Wichern mit einer Anzahl seiner Brüder zur Stelle, um in den Notstandsgebieten nach dem Rechten zu sehen.

Schon Jahre zuvor hat der Hamburger Erzieher zu erkennen gegeben, daß es ihm nicht nur um die fürsorgende Erziehung an jungen Menschen gehe, sondern daß das gesamte Volk einer inneren Erneuerung aus dem Geist des Christentums bedürfe. »Innere Mission«, so lautet die Losung. Zwar stammt dieses programmatische Stichwort nicht von Wichern, aber er ist es doch gewesen, der ihm einen konkreten Inhalt gegeben hat und der die Sache der christlichen Diakonie zu einer verpflichtenden Aufgabe der Kirche gemacht hat. Dazu bedurfte es freilich weiterer Anstöße und persönlicher Einsätze. Im Revolutionsjahr 1848, in dem in der Frankfurter Paulskirche die erste deutsche Nationalversammlung zusammentritt, um die Grundlage für eine demokratische Reichsverfassung auszuarbeiten, treffen sich in der traditionsreichen Wittenberger Schloßkirche offizielle Vertreter protestantischer Landeskirchen zu einem Kirchentag. Wichern – der Vierzigjährige ist immer noch »Kandidat der Theologie« – kann sich im Rahmen der kirchenpolitischen Verhandlungen Gehör ver-

schaffen. So kommt es am 22. September 1848 zu jener berühmten Stegreifrede, mit der der Gründer des Rauhen Hauses der Sache der Inneren Mission den Weg bahnt. Sein Appell an die Vertreter des deutschen Protestantismus gipfelt in den programmatischen Worten:
»Meine Freunde! Es tut eines not, daß die evangelische Kirche in ihrer Gesamtheit anerkenne: die Arbeit der Inneren Mission ist mein! Daß sie ein großes Siegel auf die Summe dieser Arbeit setze: die Liebe gehört mir wie der Glaube. Die rettende Liebe muß ihr das große Werkzeug werden, womit sie die Tatsache des Glaubens erweist. Diese Liebe muß in der Kirche als die helle Gottesfackel flammen, die kundmacht, daß Christus eine Gestalt in seinem Volk gewonnen hat.«
Werde in diesem Sinne das Wort der Inneren Mission aufgenommen und von der Kirche, also nicht nur von einzelnen privaten Zirkeln, geübt, dann breche in dieser Kirche »jener Tag ihrer neuen Zukunft« an. Damit diese Zukunft ebenfalls nicht nur ein frommer Wunsch bleibt, stellt sich Wichern mit ganzer Kraft in den Dienst der werdenden diakonischen Bewegung. Sicher hat er durch die Gabe seiner zündenden Rede unmittelbarer gewirkt als durch die Denkschriften und Aufsätze, mit denen er weite Kreise der kirchlichen Öffentlichkeit erreicht. Dazu gehören die engen Kontakte zum preußischen König, der den erfahrenen Praktiker in seine Dienste nimmt. Ob die Ernennung Wicherns zum Oberkonsistorialrat und die Beförderung zum »Vortragenden Rat« im preußischen Innenministerium die Sache der Inneren Mission gefördert hat, darf freilich bezweifelt werden. Knapp achtundfünfzigjährig, erleidet er einen Schlaganfall. Als der »Herold der Inneren Mission« im Mai 1872 ins Rauhe Haus zurückkehrt, ist er bereits ein gebrochener Mann. Nach Jahren des Siechtums stirbt er am 7. April 1881 in Hamburg.
Nun geben Person und Lebensleistung zu manchen Rückfragen Anlaß. Gewiß, man könnte es sich leicht machen, indem man aufzählte, inwiefern der Erneuerer der männlichen Diakonie in der evangelischen Kirche die Zeichen des heraufkommenden Jahrhunderts in vieler Hinsicht doch verkannt habe, etwa
– daß Wichern Bestehendes sanierte, Gewordenes reformierte, einer kritischen Systemanalyse jedoch fremd gegenüberstand, die revolutionäre Aktion in Politik und Gesellschaft als Unglück, ja als Ausfluß menschlicher Sünde und Gottlosigkeit anprangerte;
– daß er sich als Theologe wie als Staatsbürger, als Christ wie als Sozialreformer einseitig an konservative und restaurative Vorbilder hielt;
– daß er keine Möglichkeit sah, in einen konstruktiven Kontakt mit der zeitgenössischen Arbeiterbewegung zu kommen;
– daß er selbst eine erfolgversprechende Zusammenarbeit mit Männern wie Viktor A. Huber unterließ, der die Chancen einer genossenschaftlichen Selbsthilfe tiefer erkannte als Wichern . . .
Genug, denn an der Aufzählung von Defiziten ist gerade Wichern nicht

zu messen. Was den Sozialreformer Wichern anlangt, so ist sein Impuls durch starke Praxisbezogenheit gekennzeichnet. Sein Motto »Glaube und Liebe« ist so alt und so aktuell wie je. Gerade die Erkenntnis, daß nur der Glaube, der zur Tat wird, zählt, wurde durch ihn gelebt. Es ist gerade das Beispielhafte, das Beispielgebende, zum Nachvollzug Anfeuernde, durch das Wicherns Tätigkeit ausgezeichnet ist. Insofern weist er oft auch dort über seine Zeit hinaus, wo er als Mann einer protestantischen Staatskirche agiert. Keine Frage: Wesentliche Elemente des Wichernschen Programms weisen eine überraschende Gegenwartsbezogenheit auf, zum Beispiel wenn man bedenkt,

– daß Wichern die individuelle Ethik, die karitative Nächstenliebe des einzelnen erweitert sehen will und daß er die Kirche »in ihrer Gesamtheit« zum korporativen diakonischen Handeln aufruft, und zwar großen strukturellen Widerständen zum Trotz;
– daß er die Kerngemeinde auf die notleidenden Randgruppen der Gesellschaft aufmerksam macht, und zwar bis hin zur Durchführung eines humanen oder doch humaneren Strafvollzugs;
– daß er ältere Erziehungsmodelle, etwa solche des Pietismus, weiterentwickelt und die menschenbildende Kraft des Familienprinzips zur Geltung bringt;
– daß er den wohlmeinenden karitativen Dilettantismus durch fachgerechte Arbeit in Erziehung, Fürsorge und Menschenführung ersetzt, indem er für die Ausbildung von diakonischen Mitarbeitern sorgt und gleichzeitig den Gedanken eines bruderschaftlichen Lebens in der Inneren Mission verwirklichen hilft;
– daß er der gezielten und kontinuierlichen Information über gesellschaftliche wie kirchliche Vorgänge eine wichtige Rolle zuweist, um das Bewußtsein breiter Bevölkerungsschichten auf die Sache der Diakonie zu lenken, Gleichgesinnte zu aktivieren und so auch einen Kreis von Menschen zu bilden, der die wirtschaftliche Belastung tragen hilft.

Ein Moment in diesem Zusammenhang soll eigens erwähnt werden. Es ist Wicherns Bereitschaft, die konfessionell-konfessionalistische Enge seiner Zeit zu überwinden. Wer beispielsweise die Briefe liest, in denen er seiner Frau Amanda von den einzelnen Stationen seiner ausgedehnten Informations- und Agitationsreisen berichtet, der stößt hin und wieder auf Stellen, die auf ein Verlangen nach ökumenischer Verbundenheit hindeuten. Auf seiner Fahrt ins Rheinland erlebt der Hamburger Lutheraner tief beeindruckt ein Hochamt im Kölner Dom. Und selbst für das katholische Ordenswesen hat der Leiter der evangelischen Diakonenbrüderschaft Verständnis. So schreibt er im Jahre 1852 aus Bonn von dem »entsetzlichen Verlust, daß die Reformation die Orden über Bord geworfen statt sie im evangelischen Geist zu reformieren . . . Die Orden sind nicht ein Institut der römischen Kirche, sondern der wahren katholischen Kirche . . . «

Keine Frage, Wichern bekennt sich zu jener *evangelischen Katholizität*, das heißt zu jener umfassenden, die Fülle der Frömmigkeit und der christlichen Lebenspraxis vereinenden Kirche, die auf der Basis des Evangeliums gegründet ist. Daher ist es kein Zufall, daß er in der Lutherstadt Wittenberg »im Bewußtsein der großen evangelisch-katholischen Gemeinschaft« seinen Appell zur Diakonie der Kirche laut werden läßt.

Alles in allem: Wenn auch vieles bei Wichern schon im Ansatz kritischer Sondierung bedürftig und im Fortgang als Fragment zu erweisen ist – eines kann nicht geleugnet werden: Der Begründer des Rauhen Hauses, der Programmatiker des Wittenberger Kirchentags und der Praktiker der Inneren Mission hat Zeichen des Glaubens gesetzt. Zu diesen Zeichen gehört die erwähnte Erneuerung des Diakonats in der evangelischen Kirche in Deutschland beziehungsweise im deutschsprachigen Raum, aber auch darüber hinaus. So sind heute allein Tausende von Diakonen tätig: in der christlichen Verkündigung und Gemeindearbeit, in der Kranken- und Behindertenbetreuung, in der Erziehung und Jugendführung, auf dem weiten Feld der Sozialarbeit sowie auf dem der kirchlichen Sonderdienste, ganz zu schweigen von der hier nicht im einzelnen darzustellenden Vielfalt von diakonischen Kräften und karitativen Werken der Nächstenliebe.

Zumindest in einer Fußnote ist festzuhalten, daß zur traditionellen Inneren Mission und Diakonie das Aufgabengebiet der Sozialpolitik hinzutrat. Es ist die Gesamtheit all jener Aktivitäten, die nicht allein darauf gerichtet sind, die Opfer von Mißständen in der Gesellschaft zu betreuen, sondern die Entstehung solcher Mißstände auf dem Wege sozialpolitischer Mitgestaltung nach Kräften zu vermeiden. Es war Eugen Gerstenmaier, der nach dem Ende des Zweiten Weltkriegs von »Wichern Zwei« sprach, wenn er die Erfordernisse meinte, die er in konsequenter Fortführung des Wichernschen Ansatzes bewußt machen wollte.

Doch ist es nicht so, daß der Mann des 19. Jahrhunderts selbst den Anlaß gibt, über seine zeit- und bewußtseinsbedingten Begrenztheiten hinwegzublicken? Jedenfalls ist es immer wieder überraschend, wenn man während der Lektüre der Wichernschen Schriften sieht, wie viele aktuelle Momente aufleuchten. Wer wollte darüber dem Praktiker verargen, daß er nicht auch der weitblickende Theoretiker und theologische Lehrer gewesen ist? Weil Wichern, den die theologische Fakultät der Universität Halle schon im Jahre 1851 mit der Ehrendoktorwürde dekoriert hat, nicht ein Mann der Dogmatik, sondern der Tat, nicht der Lehrunterschiede, sondern der Nächstenliebe war, deshalb zog er für sich den Schluß, »daß nicht dogmatische Bestimmungen die Einheit seien oder hervorrufen könnten, daß aber gewisser, mächtiger, weltüberwindender und alles verbindend die Praxis sei, daß hehr und gewiß über allen Spitzfindigkeiten der lebendige Christus stehe«. Von daher gesehen solle und könne die Innere Mission »eines der mächtigsten Zeugnisse für die wahre Katholizität der Kirche bieten . . . Je mehr das Werk der Inneren Mission Raum gewinnt, desto mehr muß auch in unseren Kirchen der tödliche Zank ein Ende nehmen!«

Bruno Moser

Henri Dunant

Der Schöpfer des »Roten Kreuzes«

Der Mann, der als alleinstehender Dauerpensionär am 30. Oktober 1910 im ländlichen Krankenhaus von Heiden (Kanton Appenzell) die Augen schloß – hochberühmt und gefeiert als erster Friedensnobelpreisträger der Welt, zugleich vereinsamt, verbittert, menschenscheu, Henri Dunant, der Stifter des Internationalen Roten Kreuzes –, hat seinen Ruf als Wohltäter der Menschheit mit einem schweren, geradezu abenteuerlichen Leben bezahlt. Als er die zum Nobelpreis gehörende Geldprämie erhalten hatte, berieten seine einstigen Geschäftspartner in Genf, die durch den Zusammenbruch einer von ihm geleiteten Firma geschädigt worden waren, ob sie sie ihm nicht wegpfänden lassen wollten. Zwar lag dieses Debakel nahezu vierzig Jahre zurück, so daß der ehemalige Verlust keinem mehr weh tat und einige ohnedies schon verstorben waren. Aber für calvinistisch motivierte Bankiers kam notorischer Bankrott einer Verwerfung durch Gott gleich. Der Mann war in ihren Augen ein gezeichneter Schurke, und nur weil ihnen Bedenken kamen, sie selbst könnten in Verruf geraten, wenn sie einem inzwischen als Menschenfreund und Helfer international gefeierten Mann die Prämie eines so angesehenen Preises wegpfändeten, ließen sie davon ab. Henri Dunant, der damals selbst sein beträchtliches Vermögen eingebüßt hatte, dachte keinen Augenblick daran, den Aktionären, die über das Handelsgericht seine Existenz, seinen Ruf ruinieren ließen, ihn in seiner Heimatstadt Genf unmöglich gemacht und sein ganzes Leben verdüstert hatten, auch nur einen Rappen zurückzuzahlen. Er war jetzt 73 Jahre alt. Die zugewiesene Summe blieb zum Schutz gegen solch unbefugten Zugriff auf der Bank von Christiania. Unangetastet kam sie, wie es sein Testament verlangte, schweizerischen und norwegischen Hilfswerken zugute.

Weil das Leben dieses beispielhaften Mannes nach einem glanzvollen Aufgang – schon mit 31 Jahren war er Bankdirektor und Aufsichtsratsvorsitzender – so qualvoll, demütigend und ruhelos verlief, bis endlich ein befreundeter Arzt den früh Gealterten, praktisch Obdachlosen, in sein Spital aufnahm und ihn die letzten 22 Jahre dort unbeschwert verbringen ließ, mußten wir dieses nie heilende Trauma an den Anfang stellen. Zwar wäre rasch erzählt, wie es dazu kam, aber gerade diese äußeren Ursachen wurzeln tief in der religiösen und seelischen Frühgeschichte Henri Dunants, so daß wir zuerst diese kennenlernen müssen.

Der spätere Gründer des Roten Kreuzes und Initiator manch anderer internationaler Institutionen wurde am 8. Mai 1828 in Genf als Sohn achtbarer und vermögender Eltern geboren. Der Vater, obwohl nüchterner Geschäftsmann, gehörte wie die feinsinnige Mutter der pietistischen Erweckungsbewegung an, die sich von der calvinistischen Amtskirche fernhielt, weil sie ihr religiös allzu unterkühlt und unlebendig erschien. Sowohl der Vater, der viele Jahre lang das Ehrenamt eines Armenpflegers bekleidete, wie besonders die mildtätige Mutter, die ganzen Scharen von Genfer Waisenkindern regelmäßige Erholung auf ihrem Landgut verschaffte, schärften früh den Blick des jungen Henri für die in Not geratenen, auf Hilfe angewiesenen Mitmenschen. Der lebhaft reagierende Knabe wurde auch zu Besuchen ins Armenviertel mitgenommen, wo die Mutter regelmäßig Kranke besuchte und Notdürftige beschenkte. So war der Mensch im Elend zum eindrucksvollsten Gegenüber seiner Kindheit geworden. Hinzu kam die suggestive Kraft eines visionären Erweckungspredigers, der seine Zuhörer auf ein zukünftiges Gottesreich der tätigen Liebe zu programmieren verstand.

Die entscheidenden Einsichten des heranwachsenden Jünglings waren also diese: Der leidende Mitmensch ist der wichtigste Anruf für alle im Evangelium vereinten Christen; dabei dürfen die Grenzen von Konfession und Nationalität nicht ins Spiel gebracht werden, weil sie als kirchliche oder patriotische Egoismen dem unmittelbaren Zugriff der Nächstenliebe hinderlich wären. Bei allen späteren Unternehmungen Dunants treffen wir diese übernationale, überkonfessionelle Erstforderung an. Sie ist ein induktiver Zug: der Aufruf zur Hilfe kommt von unten, von der jeweiligen Notsituation, nicht von oben her, vom Wort der Bibel, vom Dogma der Kirche oder der vaterländischen Pflicht. Damit war Dunant seiner Zeit um Generationen voraus. Es ist seine Saat, wenn heute ein Verunglückter von der Straße zuerst wegtransportiert und ärztlich versorgt wird, ehe man nach seiner Religion und Nationalität fragt.

Ein fröhlicher, gar vergnügter junger Mensch hatte Dunant unter dem doppelten Druck des pietistischen Elternhauses und der calvinistisch geprägten Umwelt nie werden können. Nachdem er das Gymnasium absolviert hatte, trat der überaus fromme, auch von asketischen Idealen erfüllte Jüngling auf Geheiß des Vaters in die Lehre eines Bankhauses ein, wo er sich wiederum so strebsam und anstellig, auch kundig im Umgang mit Menschen erwies, daß er schon mit 25 Jahren die zeitweilig freie Stelle des Direktors einer Gesellschaft versehen konnte, die mit der Bank in naher Geschäftsverbindung stand. Doch daneben wurde er schon mit 18 Jahren Mitglied einer »Almosen-Gesellschaft«, die ihn verpflichtete,

hilflose Greisinnen, Gebrechliche und Sterbende aufzusuchen, um sie zu trösten oder ihnen aus der Bibel vorzulesen. Was ihm noch an Freizeit blieb, widmete er der Betreuung von Blinden, Gelähmten oder Vereinsamten. Die Sonntagnachmittage verbrachte er in Gefängnissen, um dort die Häftlinge seelisch aufzurichten; denn inzwischen hatte er sich am Beispiel der englischen Quäkerin Elisabeth Fry, des »Engels der Gefängnisse«, begeistert, die ihre Kraft und ihr Vermögen für eine Reform der trostlosen Zustände in den Zuchthäusern opferte. Noch nicht zufrieden mit diesen anstrengenden persönlichen Tätigkeiten, scharte er gleichgesinnte Freunde um sich, die er in einer »Donnerstags-Vereinigung« zusammenschloß. Bald zählte die Gruppe, die ihre Zusammenkünfte auf dem gleichen Landgut der Familie abhielt, wo die Mutter an andern Tagen die Waisenkinder verköstigte, mehr als 100 Mitglieder. Ohne daß sie es ahnte, bildete sie die Keimzelle der später zusammen mit andern zustande gekommenen »Christlichen Vereinigung junger Männer« (YMCA). Heinri Dunant führte eine umfangreiche Korrespondenz mit ähnlich Gesinnten in andern Ländern, denn natürlich hatte er in diese Körperschaft, die sich der religiösen Erweckung und der Beseitigung sozialer Mißstände zu widmen beschloß, von Anfang an seinen Grundsatz der Internationalität und Überkonfessionalität eingebracht. Das Elend sei, wie er sagte, kein Stadtproblem von Genf, sondern eine Weltplage. In London und Paris wurden bald ähnliche Zielgruppen gegründet. 1855 konnte dann in Paris durch Dunant und seine Freunde die Weltorganisation offiziell ins Leben gerufen werden. Die YMCA (Young Men's Christian Association) zählt als internationaler Dachverband heute rund sechs Millionen Mitglieder.
Ein ununterbrochener pastoraler oder geselliger Umgang mit Menschen brachte an den Tag, daß Dunant über eine bestechende Überzeugungskraft verfügte. Dennoch war aus dem eher in Heilsaufgaben versponnenen Jüngling mit seinem drängenden Eifer inzwischen ein selbstsicherer, auch beruflich erfolgreicher junger Mann geworden, der als wohlhabender Patriziersohn mit bester Lebensform ausgestattet, als sozial engagierter Bürger mit dem Elan eines fortschrittlich gesinnten Zeitgenossen auftrat. Die Firma, die ihn zum Leiter bestimmt hatte, betraute den wendigen Verhandlungspartner immer wieder mit Besuchen im Ausland. Dunant bereiste mehrfach Frankreich, Tunesien, Algerien, dehnte, im Besitz erheblicher eigener Mittel, seine Aufenthalte zu längeren Besichtigungen aus, wobei er umfassende Sprach- und Landesstudien betrieb, maßgebliche islamische Persönlichkeiten aufsuchte, mit denen er sich, da er inzwischen Arabisch gelernt hatte, über religiöse und soziale Fragen fachkundig unterhalten konnte.
Voller Zuversicht und Vertrauen auf seine eigene Tüchtigkeit gründete er eine Aktiengesellschaft, ein Mühlenunternehmen, das in dem kürzlich von Frankreich eroberten Algerien Geld machen sollte. Obwohl tech-

nisch vorzüglich ausgestattet, fehlte diesem Mühlenprojekt bislang gerade das, was seine Zukunft hätte sichern müssen: die Kornkammer. Damit die Schweizer Firma überhaupt jemals florieren konnte, hätten ihr von der französischen Regierung ausgedehnte Ländereien zur Erschließung angewiesen werden müssen. Dies in Paris zu erreichen, also die bisher vage in Aussicht gestellten Konzessionen auch vertraglich zu sichern, trauten die Aktionäre nur dem Verhandlungsgenie Dunant zu und wählten deshalb den erst 31jährigen zum Aufsichtsratsvorsitzenden. Der Agent in Algerien, ein Deutscher, versprach ein höchst lukratives Geschäft. Für 300 000 Franken hatten seine Verwandten und Freunde Aktien gekauft, 30 000 Franken steuerte Dunant selbst bei. Man kann den heutigen Wert dieses Kapitals, das später auf eine Million erhöht wurde, an den vorgesehenen Investitionen gemessen, etwa hundertmal so hoch ansetzen. Paris schob die Landzuweisung immer wieder hinaus – vielleicht wollte es an der Schweizer Firma beteiligt sein. Es kam schließlich darauf an, ob man Kaiser Napoleon III. persönlich dafür zu gewinnen vermochte. Und nur einem konnte dies wiederum gelingen: dem unwiderstehlichen Dunant.
Leider weilte in dieser geschäftlich immer noch ertraglosen Anfangszeit der Kaiser nicht in seiner Hauptstadt, sondern bei seinen Truppen in Norditalien, wo er den aufständischen Piemontesen, die sich vom österreichischen Joch befreien wollten, zu Hilfe gekommen war. Man mußte ihn also während all der Kriegsaufregungen in seinem immer wieder verlegten Hauptquartier aufsuchen. Der unermüdliche Dunant drang tatsächlich bis zum Kaiser durch, wenn auch erheblich später, doch zeigte sich der Monarch an geschäftlichen Dingen uninteressiert. Rechnet man noch das betrügerische Verhalten des algerischen Treuhänders hinzu, so war damit das Schicksal der »Aktiengesellschaft der Mühlen von Mons Djemila« besiegelt.
Doch in der Zwischenzeit hatte sich in Dunants Leben die entscheidende Wende vollzogen. Auf dem Weg zum Kaiser der Franzosen, dessen Armee den geschlagenen Österreichern nachsetzte, geriet der elegante Geschäftsreisende mit seinem Wagen – der »Herr in Weiß«, wie er später genannt wurde – südlich des Gardasees auf die Walstatt von Solferino, wo kurz zuvor eine der bis dahin blutigsten Schlachten geschlagen worden war. Ein Bild des Grauens: An die 40 000 Tote, Sterbende und Verwundete lagen umher, hilferufend, stöhnend, verdurstend, alle nahezu unversorgt und in der Mehrzahl Österreicher, die von ihren zurückweichenden Verbänden dem Schicksal überlassen worden waren. Dunant, tief erschüttert vom buchstäblich schreienden Elend, griff sofort persönlich zu. Die Schlacht hatte zwei Tage zuvor, am 24. Juni 1859, also im glühenden italienischen Sommer, stattgefunden, und das Schreien der Verwundeten nach Wasser überwältigte den kriegsunerfahrenen Zivilisten noch mehr als ihr verzweifelter Hilferuf nach einem Arzt. Natür-

lich waren viel zuwenig Chirurgen und Krankenpfleger da. In den beiden Kirchen und Beinhäusern von Solferino und San Martino werden heute noch über 10 000 Schädel damals gefallener Italiener, Franzosen und Österreicher gezeigt. Das kleine Häuflein von Ärzten und helfenden Frauen war trotz heroischen Einsatzes dieser Masse zusammengeschossener Soldaten nicht gewachsen. Dunant, der aufopferndste Pfleger, Verbandshelfer, Durstlöscher und fähige Ordner in diesem allgemeinen Chaos, schickte sofort seinen Adlatus mit dem Wagen nach Brescia, um auf seine Rechnung Decken und Verbandszeug einzukaufen.
Inzwischen war der »Herr in Weiß« zur zentralen Figur geworden, deren Weisungen auch jedermann befolgte. Opferbereite Italienerinnen brachten ihm Bettwäsche und Weißzeug zur Verteilung an die Opfer. Ein italienischer Priester kam zu ihm mit der fatalen Nachricht, daß in der Kirche des nahen Castiglione seit zwei Tagen an die 500 Verwundete lägen, die im aufregenden Trubel einfach vergessen worden waren.
Mit eigenen Händen konnte er gegen dieses massierte Unglück nicht viel ausrichten; so organisierte er wenigstens die spärlichen Hilfsmittel, vor allem die Hilfsbereitschaft der durch die Zerstörung ihrer Häuser schon leidgeprüften Frauen. Worauf es ihm vor allem ankam, war, daß die verwundeten feindlichen Österreicher nicht unversorgt liegen gelassen wurden. Hier fiel das, ob von ihm selbst formulierte oder von den inspirierten Frauen zuerst ausgesprochene Wort »Tutti fratelli« – Alle sind Brüder, das zum Zentralgedanken des bald von ihm initiierten »Roten Kreuzes« werden sollte. Keiner der Biographen Henri Dunants, ich nenne hier die fundamentale Darstellung von Heudtlass, dann Gumpert, Christ und Legére, ferner den Feldchirurgen des letzten Krieges, Curt Emmrich (Peter Bamm), der ein bedeutendes Nachwort beisteuerte, keiner von allen ging in seinem Bericht über die hier in Castiglione gefundene Formel hinweg. Sie war in der Tat brandneu, und sehen wir von dem entlegenen Beispiel mancher Heiligen ab, die wie etwa der ganze Camillanerorden schon im 16. Jahrhundert Verwundete und Kranke ohne Ansehen des Glaubens und der Rasse pflegten, geradezu revolutionär. Darf man das, ohne sich gegen eine Vorschrift zu vergehen? Mit dieser entmündigenden Behutsamkeitsfrage war im 19. Jahrhundert alles Leben durchwuchert. Verwundete Feinde gesundpflegen, Henri Dunant sollte bald erfahren, wie es darum stand. Doch er wäre nicht der rastlose, damals noch hochangesehene Manager eines Millionenunternehmens gewesen, wenn er sich nicht sofort an die höheren Stäbe der Armee gewandt hätte, um zu erreichen, daß wenigstens die Ärzte unter den gefangenen Österreichern zur Pflege ihrer Landsleute eingesetzt würden. Was war in dem mit seinen Mühlenprojekten beschäftigten, mit Wagen und Diener vorfahrenden »Herrn in Weiß« vorgegangen? Nun, wir kennen sein von früher Kindheit her aufgeladenes seelisches Gepäck, das auch noch der Bankier immer auf Abruf mit sich führte. Wir wissen

auch, daß er nicht nur ein unermüdlicher Geschäftsmann, sondern ein christlich motivierter Elendsspezialist, zugleich als erfahrener, ideenreicher Organisator davon überzeugt war, daß ein Werk nur Rang gewinnen konnte, wenn es welthaft, über konfessionelle und nationale Schranken hinweg konzipiert war. Der damals noch ungebrochene Henri Dunant gründete also keinen »Hilfsverein Solferino zur Pflege von Kriegsinvaliden«, er entwarf vielmehr schon an Ort und Stelle die Struktur einer künftigen Weltorganisation. Er war von seiner Vergangenheit überholt worden, eine schicksalstypische Lebenswende, die ihm in der gleichen Eindeutigkeit noch mehrmals widerfahren sollte. Hier hatte ihn eine Aufgabe angefallen, die seine seelischen und intellektuellen Kräfte voll beanspruchte und die Geschäftssorgen zur Nebensache werden ließ.
Auf dem von Kampftruppen geräumten Kriegsschauplatz erkannte der unbestechliche Beobachter sofort, wieviel zusätzliches Elend durch Schlamperei, borniertes Denken und gesetzlichen, also hausgemachten Unfug selbst die »mythische Größe eines Befreiungskrieges« nach sich zog. Auch war ihm angesichts der vielen Verwundungen durch Bajonettstiche schlagartig aufgegangen, welch menschenunwürdige Verhetzung der Soldaten einem erfolgreichen Nahkampf vorausgehen mußte; denn noch unter den im Blut liegenden Opfern wirkte sie nach. Dunant war sich wohl bewußt, daß der von ihm entworfene Gegenseitigkeitsvertrag zwischen den Mächten gewissermaßen den Krieg voraussetzte, jedenfalls als unvermeidbares Übel hinnahm, während er doch von jedem wirklichen Menschenfreund als übles Erbe der barbarischen Vergangenheit geächtet werden sollte. Doch konnte man nicht alles auf einmal angehen. Das internationale Abkommen mußte als erster Schritt versucht werden. Die schöpferischen, für immer als geistiges Eigentum Dunants geltenden Grundideen waren:

1. Eine Institution zum Schutz aller Verwundeten hat nur dann einen Sinn, wenn sie als internationale Verpflichtung vertraglich abgeschlossen wird.
2. Sobald ein Soldat verwundet aus den Kämpfen ausscheidet, hat er als neutral zu gelten. Er wird vom Sanitätspersonal gleich welcher Kriegspartei betreut.
3. Auch Ärzte, Sanitäter und ihre Helfer sind neutral, also unbewaffnet, und tragen, um als solche erkannt zu werden, ein international zu vereinbarendes Zeichen.

Diese Grundkonzeption reichte aus, um später noch als Organisation für Katastrophenhilfe aller Art (Erdbeben, Überschwemmung, Flüchtlingselend usw.) ausgebaut zu werden. Noch einmal sei die induktive, damals revolutionäre Denkrichtung hervorgehoben, die vom Unglück ausgeht, also spontan hilft und politische Erwägungen außer Kraft setzt.
Nach Hause zurückgekehrt, schrieb Dunant seine Erlebnisse und Vorschläge als *Erinnerungen an Solferino* nieder, die zuerst unverkäuflich als

selbstfinanzierter Privatdruck verschickt, bald aber in elf Sprachen übersetzt und in der ganzen zivilisierten Welt gelesen wurden. Das Echo war überwältigend. Es ermutigte Dunant zu einer umfangreichen Korrespondenz vor allem mit den Fürstenhäusern und all jenen Persönlichkeiten, die für eine Aktivität in der gewünschten Richtung in Frage kamen. Da der Bittgang zu Napoleon III. negativ ausgefallen und die Frage der Konzessionen in Algerien von Paris immer noch offengehalten wurden, widmete sich Dunant mit vollem Eifer seinem internationalen Organisationsplan, der ja nicht nur eines Briefeschreibers, sondern eines praktisch drängenden Initiators bedurfte. Seiner suggestiven Überzeugungskraft sicher, besuchte er mit einem persönlichen Spesenaufwand von über 30 000 Franken nahezu alle europäischen Fürstenhäuser, besprach sich eindringlich mit den Monarchen, den zuständigen Ministern und Militärs. Die potentiellen Kriegsherrn nahmen den »Samariter von Solferino« nicht nur zustimmend auf, sie stellten auch Erklärungen für die Presse zur Verfügung. So sagte der König von Sachsen: »Ich werde tun, was in meinen Kräften steht, denn sicherlich würde ein Volk, das sich nicht an diesem menschenfreundlichen Werk beteiligt, von der öffentlichen Meinung Europas in die Acht erklärt werden.« Die Saat Dunants ging auf. Aus allen Teilen der Welt trafen begeisterte Briefe ein.

Die Schweizer hatten rasch erkannt, daß ihr neutrales Land der beste Gründungsboden für dieses ohne Zweifel zu hohen Ehren kommende Werk sein würde. In Genf selbst gab es nicht nur zahlreiche Gesinnungsgenossen Dunants, unter ihnen Juristen, Diplomaten und erfahrene politische Manager, die sich als örtliches Komitee zusammenschlossen, es gab auch ehrgeizige Männer, die die Ernte von Dunants Saat in die eigene Scheune einzubringen gedachten. Nebenbei häuften die Aktionäre auf diesen im Ausland so hochgeschätzten Idealisten, der im Gründungseifer für sein »Rotes Kreuz« die Interessen der eigenen Firma arg vernachlässigt hatte, allmählich die schlimmsten Vorwürfe. Und nun wurde der Spieß umgedreht: Der schöpferische Stifter in Ehren, aber auf sein so vielversprechendes Werk durfte nicht der Schatten eines Bankrotteurs fallen. Hier mußten Herren von untadeligem Ruf eingreifen. Dunant wurde in den Hintergrund gedrückt; gerade noch als Schriftführer durfte er beim feierlichen Gründungsakt auftreten. Die Prominenz hatte die Stiftung in die Hand genommen, denn in dem Wirbel, der dem Abschluß der »Genfer Konvention« vom 3. August 1864 voranging, waren drei einander widerstrebende Kräfte ins Spiel gekommen, die zwingend koordiniert werden mußten.

1. Die durch Dunant motivierte Weltöffentlichkeit drängte auf einen baldigen Vertrag.
2. Die Aktionäre wollten Henri Dunant baldmöglichst vor Gericht und ins Gefängnis bringen.
3. Das Gründungskomitee, das befürchtete, Dunant könnte das »Rote

Kreuz« durch den ihm besonders wohlgesinnten Kaiser der Franzosen aus der Taufe heben lassen, mußte die Aktionäre zur Zurückhaltung drängen, indem es erklärte, Dunant sei seit Castiglione ein seelisch, körperlich und bürgerlich ruinierter Mann, den man auch später noch, wenn die Konvention in Genf unter Dach und Fach sei, vor Gericht stellen könnte.
Zwischen all diesen Schubkräften – Freunden, aber auch offenen und versteckten Feinden – stand Henri Dunant selbst, zwar verbittert, aber keineswegs am Ende seiner Kräfte, seelisch schon gar nicht, denn er korrespondierte und reiste unverdrossen weiter und blieb für die nichtschweizerische Welt weiterhin die Schlüsselfigur des vorgesehenen Vertragswerks. Nur ihm selbst und einigen ausländischen Gesinnungsgenossen konnte es übrigens gelingen, die bis zuletzt strittige Neutralität des Sanitätspersonals durchzusetzen, denn die fürstlichen Regierungen sträubten sich lange, den monarchiefeindlichen Demokratien (besonders Südamerikas) so weit entgegenzukommen. Behutsam versuchte das (ebenfalls demokratisch-schweizerische) Komitee, um die Majestäten ja nicht zu verärgern und Genf als Sitz des »Roten Kreuzes« zu sichern, diese hindernde Neutralität vorerst auszuklammern, womit jedoch die ganze Konvention wertlos geworden wäre. Dunant und vor allem sein streitbarer Helfer Dr. Basting, ein holländischer Militärarzt, setzten sich jedoch durch. Schließlich wurde die Konvention durch die Bevollmächtigten von zwölf Staaten unterschrieben. Mit diesem Akt begann die ruhmreiche, durch immer neue Beitritte allmählich die ganze Welt umspannende Geschichte des »Roten Kreuzes«, die allerdings nicht mehr die Geschichte Henri Dunants war.
In dem nun rasch inszenierten Scherbengericht zeigte sich die für Dunant typische Überholung durch die Vergangenheit. Das Gericht wagte es nicht mehr, einen inzwischen so hochgerühmten Mann einsperren zu lassen und begnügte sich, nachdem er in 1. Instanz sogar freigesprochen war, in der 2. nun mit dem Schuldspruch. Verarmt und verrufen verließ Dunant für immer seine Vaterstadt Genf, in der er eine beschämte Familie sowie eine todunglückliche Mutter zurückließ. Er war jetzt 39 Jahre alt. Jahrzehnte später hielt er Beweise in der Hand, daß Napoleon III. sich angeboten hatte, die Hälfte seiner Schulden zu zahlen, wenn die geschädigten Aktionäre auf die andere Hälfte ihres Anspruchs verzichteten. Doch die Briefe waren in Genf unterschlagen worden. Als gebrochene Existenz irrte der immer noch Unverheiratete volle 20 Jahre in Europa umher, am Tage oft noch Gast in reichen Villen und Schlössern, die Nacht inmitten heruntergekommener Obdachloser in Wartesälen oder unter Brücken zubringend.
Man kann nicht sagen, Dunant sei ein unschuldiges Opfer der Geldgier geworden. Die riesigen Summen, die in die Aktien gesteckt wurden, waren wirklich verloren. Doch jeder Aktionär, der sein Geld dynamisch

anlegt, spekuliert auf hohen Gewinn und riskiert folglich auch den Schaden, falls seine Rechnung nicht aufgeht. Das Mühlenprojekt war auf die in Aussicht gestellte Landkonzession gebaut; es konnte nicht Dunant allein angelastet werden, wenn diese nicht zustande kam.
Dunant, der sensible, eher in Projekten der Weltverbesserung als in der Bewältigung des praktischen Lebens beheimatete Mann, vermochte sich nie mehr aufzufangen. Voll Verbitterung und Selbstzerwürfnis begab er sich zunächst nach Paris, wo er sich einige Jahre eher schlecht als recht durchbrachte, während der Belagerung der Stadt 1870/71 sogar fast vor ein Kriegsgericht kam, weil er sich wieder vehement für Verwundete und zum Tod Verurteilte einsetzte und deshalb für einen preußischen Spion gehalten wurde. Von Paris ging er nach London, später nach Stuttgart, immer in Angst vor den inquisitorischen Agenten aus Genf. Die Freunde in der Not wurden spärlicher. Napoleon III., nun selbst im Exil und durch die Ausrufung der Republik an einer Rückkehr nach Paris gehindert, half ihm von England aus, indem er den Obdachlosen einer befreundeten, sehr begüterten Dame empfahl, die sich seiner annahm und ihn mit Gelegenheitsarbeiten einige Jahre über Wasser hielt. In Stuttgart bot ihm der evangelische Pfarrer Wagner eine Unterkunft. Nicht daß Dunant in diesen Jahren untätig geblieben wäre, aber es passierte ihm etwa, daß er während eines Vortrags in London vor Entkräftung zusammenbrach, auch daß ihn bei neuen Projekten die Energie verließ. Es soll aber nicht vergessen sein, daß es Henri Dunant war, der die Schaffung eines internationalen Gerichtshofes vorschlug und programmierte, wenn dieser auch erst lange nach seinem Tod in Den Haag realisiert werden konnte; daß er lange vor und unabhängig von Theodor Herzl, doch von diesem später ausdrücklich gewürdigt, den Plan einer Heimkehr der Juden nach Palästina vorlegte; daß er als erster mit der Herausgabe einer Universalbibliothek begann, in der die bedeutendsten Dichtungen aller Völker zusammengefaßt werden sollten, »um den Fortschritt der Zivilisation und die Harmonie zwischen den Völkern zu fördern«, ein Anliegen, das später die UNESCO aufgriff. Dunant, der immer wieder schriftstellerisch hervortrat, legte in einem ausführlichen Artikel den Plan einer »Solidarität sämtlicher Hilfs- und Sozialwerke« vor, die wegen des Gefälles der unterschiedlichen Leistungen noch heute nicht verwirklicht ist. Immerhin hat die ebenfalls von ihm angeregte »Internationale Erklärung der Menschenrechte« inzwischen Gültigkeit gefunden.
Auf die Fülle seiner Initiativen angesprochen, sagt er: »Ich habe einzig den Willen, ein Christ und Nachfolger Jesu zu sein.« Aber es fragt ihn bald niemand mehr nach seinen Maximen. Er wird vergessen. Auch mit seiner Gesundheit steht es nicht mehr gut. Schließlich holt ihn der Schweizer Arzt Dr. Altherr in sein Spital, bringt den schon vielfach Behinderten für den – wie zu erwarten steht – kleinen Rest seines Lebens in zwei sonnigen Zimmern des geräumigen Hauses unter.

Doch dieser Rest sollte nicht nur 22 volle Jahre dauern, er nahm auch bald einen geradezu dramatischen Verlauf. Noch einmal und diesmal endgültig wurde Dunant von seiner Vergangenheit eingeholt. Ursache war ein Zeitungsartikel, den der Redakteur Georg Baumberger aus St. Gallen 1895 über »Henri Dunant – den Begründer des Roten Kreuzes« veröffentlichte. Überrascht stellte die Öffentlichkeit fest: Der legendäre Mann von einst lebt ja noch! Und nun kamen Briefe von allen Enden, alte Freunde erinnerten sich; neue Bewunderer, wie etwa der französische Dichter Victor Hugo, schickten verehrungsvolle Grüße; Bertha von Suttner trat mit ihm in Verbindung, die Zarin von Rußland, Maria Feodorowna, wies eine lebenslängliche Jahrespension von 4000 Franken an. Da der Vatikan 1868 der Genfer Konvention beigetreten war, stellte sich auch die Kirche hinter ihn. Der Erzbischof von Reims rühmte in einer Festpredigt, die ihm hinterbracht wurde, Dunant als Menschenfreund und Friedensstifter. Selbst Papst Leo XIII. schickte ihm über Vermittlung des Bischofs von Chur sein Bild mit eigenhändiger Widmung. Aber was das wichtigste war: Dunant selbst lebte wieder auf. Er hatte nun Geld, denn zu der Rente der Zarin, die den gefeierten Helfer der Menschen in Not sogar selbst aufsuchte, waren auch andere Zuwendungen gekommen. Eine Welle versteckter Wiedergutmachung schlug über ihm zusammen. Wieder, wie in seinen glanzvollen Jahren, hatte er eine riesige Korrespondenz zu führen; und er wäre nicht Henri Dunant gewesen, wenn er nicht auch sofort wieder zu organisieren und zu gründen begonnen hätte.

1897 wird durch ihn das »Grüne Kreuz«, eine internationale Frauenbewegung zur Verbesserung des Loses der Frau ins Leben gerufen, der sofort zahlreiche Fürstinnen und Damen der Gesellschaft beitraten – wiederum ein Stück vorweggenommene Zukunft. 1901 erhielt er den Friedensnobelpreis, zu dessen Entgegennahme der gebrechliche Greis jedoch nicht mehr in die norwegische Hauptstadt reisen konnte. Und noch einmal, zu seinem 80. Geburtstag (1908), huldigten ihm Kaiser, Könige und wer sonst Rang und Namen hatte, obwohl er sich inzwischen unüberhörbar für die Ächtung des Krieges eingesetzt hatte. Unter den Gratulationen aus aller Welt befand sich auch ein Glückwunsch des Schweizer Bundesrates, der seine »tiefe Dankbarkeit« aussprach, ja sogar das »Schweizerische Rote Kreuz« ermannte sich zu einem Glückwunsch. Mit einem Mal war man stolz auf den einst verjagten Sohn aus Genf. Henri Dunant, der immer Vorausschauende, ließ sich von all diesen Ovationen nicht blenden. »Es wird bald ein großer Krieg kommen«, kündigte er noch kurz vor seinem Tod an, der am 30. Oktober 1910 eintrat. Der Arzt, der wegen eines dringenden Krankenfalles zu spät gekommen war, bezeichnete sein Totenantlitz als »majestätisch, schön und ruhig, es strahlte noch im Tode Liebe und Vornehmheit aus«.

Postskriptum: Gegen Ende des II. Weltkrieges wurde ich schwer verwundet von »feindlichen« Sanitätern aufgelesen und brüderlich versorgt. In Dankbarkeit verneige ich mich vor dem großen Mann, der das »Rote Kreuz« erdachte und dem ich mein Leben verdanke.

Hans-Josef Wollasch

Lorenz Werthmann

Der Gründer des Deutschen Caritasverbandes

Das 19. Jahrhundert war nicht nur eine Zeit der großen technischen Fortschritte, sondern auch wachsender sozialer Nöte. Um diese zu bekämpfen, entstanden in Deutschland auf katholischer Seite zahlreiche religiöse Orden, Wohltätigkeits- und Fürsorgevereine, caritative Anstalten. Viele von ihnen orientierten sich nach berühmten, heiligmäßigen Vorbildern christlichen Helfens, etwa nach dem französischen Priester Vinzenz von Paul. Doch barg gerade die große Zahl katholisch-caritativer Gruppierungen und die Vielfalt ihrer Aufgaben auf dem Felde aktiver christlicher Nächstenliebe die Gefahr der Zersplitterung in sich. Immer drängender forderten deshalb katholische Wissenschaftler und Politiker einen Zusammenschluß, eine einheitliche Organisation aller katholischen Wohltätigkeit, um sie bekannter und vor allem wirkungsvoller zu machen. Das Beispiel evangelischer Christen, die schon 1848 die »Innere Mission« begründet hatten, spornte zusätzlich an. Man fand schließlich auch eine Persönlichkeit, die befähigt und bereit war, die Verwirklichung einer solchen Organisation katholischer Nächstenhilfe durchzufechten. Es war der Priester Lorenz Werthmann, von dem der bekannte Kapuzinerpater Cyprian Fröhlich, der Gründer des Seraphischen Liebeswerkes, sagte, er halte ihn für den »berufensten Führer auf caritativem Gebiete«.
Lorenz Werthmann stammte aus dem Rheingau, aus Geisenheim bei Rüdesheim, wo er am 1. Oktober 1858 als zweitältestes von fünf Kindern des Gutsverwalters Johann Werthmann und seiner Gattin Barbara Blum geboren wurde. Häufig kränklich, aber lebhaft und lernfreudig, hat er seine Schulzeit verbracht. 1877 bestand er das Abitur in Hadamar bei Limburg, wo er im bischöflichen Konvikt gewohnt hatte. Zum Priesterberuf entschlossen, ging er zum Studium nach Rom an das Collegium Germanicum.
Diese römischen Jahre haben ihn für seinen weiteren Weg tief geprägt. Der Zauber der Ewigen Stadt und der sie umgebenden Landschaft, die Eigenart der Menschen, das Erleben der Papstwahl Leos XIII. 1878 – er selbst rechnete dies zu den denkwürdigsten Augenblicken seines Lebens –, mehrfache Audienzen bei dem sozial engagierten Papst nahmen

Werthmann gefangen. Schon in dieser Zeit interessiert und viel beschäftigt mit sozialen Fragestellungen, schloß er nach sieben Jahren sein Studium mit den Diplomen eines Doktors der Philosophie und der Theologie ab. Die Priesterweihe, auf die er sich in harter Selbstkritik und immer aufs neue von Zweifeln geplagt, vorbereitet hatte, erhielt er am 28. Oktober 1883; am folgenden Allerheiligenfest feierte er die Primiz in seiner Lieblingskirche St. Laurentius vor den Mauern.
Zurückgekehrt nach Deutschland, arbeitete er als Geheimsekretär des Limburger Bischofs Peter Josef Blum während dessen letztem Lebensmonat, danach ein halbes Jahr als Domkaplan zu Frankfurt am Main in der Großstadtseelsorge. Im Sommer 1885 berief ihn der neue Bischof von Limburg, Johann Christian Roos, in seinen Dienst. Als dieser ein knappes Jahr später zum Nachfolger des verstorbenen Erzbischofs Johann Baptist Orbin von Freiburg gewählt wurde, behielt er Werthmann als seinen Sekretär und Hofkaplan bei sich. Beiden fiel es schwer, in der neuen Diözese, inmitten des ihnen ungewohnten alemannischen Menschenschlages, Fuß zu fassen. Geraume Zeit noch stieß der »Preuße« Werthmann auf Zurückhaltung und Mißtrauen; im Volksmund galt er wegen seiner Forschheit und aufgrund seines offenkundigen Einflusses als der »kleine schwarze Erzbischof«. 1888 ließ sich Werthmann als Priester der Erzdiözese aufnehmen und erwarb die badische Staatsangehörigkeit.
In dem Jahrzehnt seiner Tätigkeit bei Erzbischof Roos (der 1896 starb) wandte sich Werthmann ernsthaft dem Studium der sozialen Frage zu. Neben einer jahrelangen Teilnahme an juristischen und volkswirtschaftlichen Universitätsvorlesungen wählte er sich für seinen persönlichen Einsatz vor allem zwei Bereiche: die Förderung sozial-caritativer Vereine – wie »Arbeiterwohl« und Vinzenzverein – und die Seelsorge an Saisonarbeitern aus Italien, das ihm nach seinen eigenen Worten zur zweiten Heimat geworden war. Im Mai 1900 wurde er von Erzbischof Thomas Nörber von den Pflichten im Ordinariat befreit und zum »Commissarius für charitative Angelegenheiten« ernannt. Zu diesem Zeitpunkt leitete er bereits seit drei Jahren den »Charitasverband für das katholische Deutschland«. Eines seiner Kernanliegen blieb es, »das mit italienischen Arbeitern übersäte Deutschland nach oft schwierigen Verhandlungen mit missionarisch tüchtigen Priestern aus dem Süden zu versorgen«.
Wie war es zur Schaffung dieses zentralen Caritasverbandes gekommen? Vorausschauende und überzeugte Sozialpolitiker, Schriftsteller und Praktiker, die unentwegt nach straffer und sichtbarer Organisation katholischer Nächstenhilfe verlangten, gab es genügend. Sie waren Wegbereiter, die Lorenz Werthmann stets dankbar erwähnte. Den Anstoß für gemeinsames Handeln gab der »IV. Praktisch-Soziale Kurs des Volksvereins für das katholische Deutschland« vom 14. bis 20. Oktober 1894 in Freiburg, den Werthmann vorbereitet hatte.

Gleich im Frühjahr 1895 kam man erneut in Freiburg zusammen, wo im Hause des Verlagsbuchhändlers Herder die Gründung eines »Charitas-Comité« unter Werthmanns Leitung vollzogen wurde. Ziel dieses Ausschusses war es, ähnlich der »Inneren Mission« Johann Hinrich Wicherns, alle katholischen Aktivitäten in Deutschland zu koordinieren und durch möglichst viele wissenschaftlich gebildete Mitarbeiter tragen zu lassen. Eine regelmäßige Information sollte gleichzeitig in die Öffentlichkeit hinein wirken.
Nun folgte ein Schritt nach dem anderen. In Bingen, unweit von Werthmanns Geburtsort, versammelten sich am 19. August 1895 etwa 30 Caritasfreunde aus neun deutschen Diözesen. Sie beschlossen die Einführung eines jährlichen Caritastages und einer eigenen Zeitschrift. Deren erste Nummer brachte Werthmann selbst mit dem Titel *Charitas, Zeitschrift für die Werke der Nächstenliebe im katholischen Deutschland* schon zwei Monate später heraus. Genau übers Jahr fand in Schwäbisch Gmünd der erste deutsche »Caritastag« statt. Der lebhafte Anklang bei den Teilnehmern und die Hochstimmung über das neu Gewagte ermutigten Werthmann zu weiterem Handeln. Im März 1897 legte er der Freiburger Kirchenbehörde einen Satzungsentwurf vor sowie einen »Aufruf zur Gründung eines Charitas-Verbandes für das katholische Deutschland«.
Doch die deutschen Bischöfe versagten ihre Einwilligung zur Bildung eines überdiözesanen Verbandes; sie fühlten sich mit dem Entwurf vor vollendete Tatsachen gestellt, bei denen sie nichts mitzureden hatten. Doch Werthmann war sich mit seinen Freunden einig, daß den Bischöfen gerade aus ihrem Amt entscheidende Verantwortung zuwachse. »Der Mittelpunkt jeder charitativen Organisation in den einzelnen Diöcesen kann allein der Bischof, der geborene Vater der Armen und Förderer aller Wohltätigkeitsbestrebungen, sein«, hatte er beispielsweise schon 1895 verkündet. Aber mitgerissen von der eigenen Begeisterung und Organisationsfreude, war er unversehens in eine Art Alleingang geraten.
Nun mußte er alles daransetzen, um in sorgfältigen Verhandlungen und mit fast flehentlichen Bitten die Bischöfe umzustimmen. Vor allem galt es, den Freiburger Bistumsverweser Friedrich Justus Knecht und den Kölner Weihbischof Hermann Joseph Schmitz zu gewinnen, denn nur mit ihrer Unterstützung konnte der inzwischen schon vorbereitete zweite Caritastag in Köln stattfinden. Werthmann hatte Erfolg. Eine konstituierende Versammlung rief am 9. November 1897 den »Charitasverband für das katholische Deutschland« endgültig ins Leben. Nach der ersten Satzung übernahm er die Aufgabe »planmäßiger Förderung der Werke der Nächstenliebe« und stand ausdrücklich unter dem Schutz der Bischöfe. Erster Vorsitzender wurde Lorenz Werthmann, Sitz der Verbandszentrale die Stadt Freiburg im Breisgau.
Ein beharrlich verfolgter Plan war Wirklichkeit geworden. Jetzt konnte Werthmann die eigentliche Arbeit aufnehmen – die organisatorische und

die fachliche – und er tat es mit seiner ganzen Energie, Zielstrebigkeit und spontanen Art. Sollte die Neugründung auf feste Füße zu stehen kommen und vielseitig arbeitsfähig werden, mußten Caritasverbände in den Diözesen und großen Städten geschaffen werden. Das erste Ortscaritas-Comité gab es schon 1897 in Essen, die erste dauerhafte Einrichtung eines Diözesancaritasverbandes geschah 1903 in Straßburg und Freiburg. Die Führung des letzteren behielt Werthmann bis 1916 zusätzlich in seiner Hand. Im Jahre 1900 zählte die Caritasorganisation in Deutschland 1500 Mitglieder. Ein Jahrzehnt nach der Gründung des Verbandes waren an der Freiburger Zentrale bereits 50 Mitarbeiter in 10 Fachabteilungen tätig. Neue caritative Fachvereinigungen bildeten sich, etwa solche zur Betreuung Behinderter, Kranker, Kinder und Jugendlicher, studierender Frauen, und fast immer war Werthmann beteiligt.

Unermüdlich arbeitete er an der weiteren Organisation der Caritas und informierte mit leidenschaftlichem Einsatz über ihre Tätigkeit: als hervorragender Redner auf Caritas- und Katholikentagen, auf ungezählten Vorstandssitzungen und Kongressen, als beredter Verfasser einer Fülle von Aufsätzen und Broschüren, als Begründer und Herausgeber mehrerer Fachzeitschriften. Er richtete an der Caritaszentrale eine Fachbücherei ein, stellte ihr Druckerei, Verlag und Lichtbildanstalt zur Seite, eröffnete hier die erste Caritasschule für die Ausbildung im Fürsorgewesen (1920).

Im Überschwang des Helfenwollens hatte Lorenz Werthmann eigentlich jegliche Not im damaligen Deutschland als Herausforderung für den Caritasverband und Verpflichtung für sich selbst gesehen. Überall wurde er aktiv: in der Beratung katholischer Auswanderer, in der Verbindung zu deutschen Gemeinden im Ausland, auch in der Seelsorge an ausländischen Saisonarbeitern in Deutschland. Er förderte die Arbeiterbildung und Seemannsmission, die Betreuung von Akademikern, die Dienstbotenvermittlung, den Mädchenschutz und die Frauenbildung. Er kümmerte sich um Geschlechtskranke, Tuberkulöse, Alkoholiker, Obdachlose, Straffällige, Behinderte. Das traditionelle Feld christlicher Krankenpflege, die Betreuung und Erziehung von Kindern und Jugendlichen in Kindergarten, Hort und Heim, Erholungs- oder Heilstätte, Schutz und Förderung der Familie – die Aufzählung ließe sich endlos fortführen.

Ohne Rast und Schonung hat Werthmann als glühender Werber für »caritas«, für die Praktizierung christlicher Nächstenliebe an diesen schier unübersehbaren Aufgaben gearbeitet. Durch persönlichen Einsatz wollte er das Gedeihen und Funktionieren der von ihm geschaffenen Caritasorganisation herbeizwingen. Doch der überzeugende Erfolg blieb aus. Schlimmer noch: Es kam die Situation, daß Werthmann die Aktions- und Wettbewerbsfähigkeit des von ihm geleiteten Verbandes gefährdet sah. Mit dieser erschreckenden Erkenntnis mußte er fertigwerden, als der Erste Weltkrieg in vollem Gang war.

Mutter Teresa Symbolfigur der Barmherzigkeit. Gründerin eines umfassenden Werkes zur Betreuung der Obdachlosen und Sterbenden. Der »Engel der Armen« wurde 1979 mit dem Friedensnobelpreis ausgezeichnet.

ALBERT SCHWEITZER Evangelischer Theologe, Bibelwissenschaftler und Musiker. Studierte zusätzlich Medizin, wurde weltberühmt durch Gründung und langjährige Leitung des Eingeborenenspitals Lambarene. Erhielt 1953 den Friedensnobelpreis.

Pfarrer Sebastian Kneipp Er machte mit erfolgreich durchgeführten Wasserkuren sein Pfarrdorf Wörishofen zu einem international anerkannten Heil- und Kurort. Seine Heilmethode wurde zuerst angefeindet, setzte sich jedoch weltweit durch.

FRIEDRICH VON BODELSCHWINGH Evangelischer Theologe und Organisator der Kranken- und Behindertenpflege. Förderte die Sozialwerke der »Inneren Mission« und baute die Pflegeanstalt Bethel zu einer umfassenden »Stadt der Barmherzigkeit« aus.

Bei Kriegsausbruch 1914 bestanden gerade erst sieben Diözesan- und rund 25 Ortscaritasverbände. Diese kaum tragfähige Konstruktion ruhte auf einer völlig unzulänglichen finanziellen Grundlage und einem empfindlichen Mangel an ausgebildeten Fachleuten. Dem gegenüber stand in krassem Mißverhältnis das Zuviel an Einsatzbereichen, in denen Werthmann den Caritasverband zur Hilfe hatte antreten lassen. Durch das Kriegsgeschehen zeigten sich neue Erscheinungsformen von Not: Lazarettwesen, Soldatenseelsorge, vaterlose Familien, wirtschaftliches Elend, Jugendverwahrlosung deuten es stichwortartig an. Je mehr dagegen Maßnahmen staatlicher Sozialpolitik angesetzt wurden, je zahlreicher freie Initiativen ausgelöst wurden, neue Wohlfahrtsverbände sich formierten, um so bedrückender lastete auf Werthmann die Krise des Caritasverbandes.

In seinem Denken und Tun war er mit der Entwicklung »seiner« Caritasorganisation so verwachsen, daß ihm die tiefere Ursache für den erneuten Rückschlag erst vor Augen gehalten werden mußte: sein Hang zu oft ungestümem, alleinverantwortlichem Handeln. Hinzu kam die nach fast zwei Jahrzehnten immer noch ungeklärte Stellung des Caritasverbandes zur Amtskirche. Ohne das Mitwirken der Bischöfe gab es aber für den Verband keine Chance für eine Aufwärtsentwicklung. Dennoch verdankte es Werthmann – wie schon 1897 – gerade einigen ihm gewogenen Bischöfen, daß er mit seinem idealistischen Werk nicht völlig Schiffbruch erlitt. Erzbischof Thomas Nörber von Freiburg, Weihbischof Antonius Mönch von Trier und Bischof Carl Joseph Schulte von Paderborn bahnten ihm den Weg zu einer völligen Neuorganisation des Caritasverbandes. Auf ihren jährlichen Arbeitssitzungen in Fulda beriet die Deutsche Bischofskonferenz 1915, 1916 und 1917 eingehend das Problem »Caritasverband«. Seine Organisationsform und seine Aufgabenstellung, seine Förderung, Finanzierung und Kontrolle mußten eindeutig geklärt werden.

Die Bischöfe forderten neue Verbandsstatuten und die Einrichtung einer Kontrollinstanz über die Zentrale. Sie bestanden ferner auf der unangetasteten Selbständigkeit der caritativen Fachvereinigungen sowie auf der Zuständigkeit des Bischofs für die Caritas seiner eigenen Diözese: »Grundgesetz für jede katholische Caritasbewegung ist, daß sowohl die Caritasverbände wie die Fachorganisationen der obersten Leitung des Diözesanbischofs unterstehen.« Eine Art Schutzaufsicht über den reichsweiten Caritasverband sollte im Auftrag der Bischofskonferenz künftig der Erzbischof von Freiburg ausüben. Nur unter diesen Auflagen, um diesen hohen Preis, verbürgten sich die deutschen Bischöfe für das Weiterbestehen des katholischen Caritasverbandes. Am 23. August 1916 verkündeten sie in Fulda den entscheidenden Beschluß: »Die Bischofskonferenz anerkennt den Caritasverband für das katholische Deutschland als die legitime Zusammenfassung der Diözesanverbände zu einer einheitli-

chen Organisation.« Werthmanns Erleichterung war, trotz der ihm angelegten Zügel, überschwenglich. »Die Kirche hat mein Werk angenommen« – er sah sowohl das Unternehmen selbst als auch sein eigenes Engagement anerkannt. Den Fuldaer Beschluß von 1916 wertete er als »großes Rettungswerk an der katholischen Caritas«. Tatsächlich wurde hier für den Caritasverband als Sozialdienst der katholischen Kirche bis hinein in die neueste Zeit der Grund gelegt.
Die Klärung des Verhältnisses Kirche – Caritas und das allmählich wachsende oberhirtliche Wohlwollen begünstigten die Entwicklung des Caritasverbandes ganz offenkundig. Bereits 1922 besaßen sämtliche deutschen Bistümer ihren eigenen Diözesancaritasverband. Doch diese gute Schlußbilanz erlebte Werthmann, der 1921 starb, nicht mehr. Statt dessen mußte er zu seinem Leidwesen noch eine Entwicklung zur Kenntnis nehmen, die dem Fuldaer Beschluß eindeutig zuwiderlief. Gegenüber der »deutschen« Bischofskonferenz in Fulda unterstützte nämlich die bayerische Bischofskonferenz in Freising 1917 die Gründung eines getrennten »Katholischen Charitasverbandes für das Königreich Bayern«, der sich gegen den Werthmannschen Zentralverband in Freiburg unverhohlen abgrenzte. Ein Ende dieser Spaltung kam erst kurz nach Werthmanns Tod zustande. Noch 1921 wurde die bayerische Organisation aufgelöst; die Caritasverbände der bayerischen Diözesen gliederten sich dem großen Werk Werthmanns an, das sich erst von da an »Deutscher Caritasverband« nennen konnte.
Um die gesamte künftige Tätigkeit des Caritasverbandes in engerer Fühlungnahme mit den verschiedenen Reichsministerien wie auch mit den Zentralen der anderen freien Wohlfahrtsverbände durchführen zu können, hatte Werthmann schon 1918/19 die Hauptvertretung Berlin des Deutschen Caritasverbandes gegründet. Ihre Leitung übertrug er einem von ihm überaus geschätzten Priester der Erzdiözese Freiburg, den er in auffallender Zielstrebigkeit für den Dienst in der Caritas geworben hatte. Es war Benedict Kreutz, der zwei Jahre später als Zweiundvierzigjähriger die Nachfolge Werthmanns in Freiburg antrat.
Kreutz lieferte wiederum ein anschauliches Beispiel dafür, was Präsident Werthmann von seinen Mitarbeitern forderte, indem er zwar Geleistetes zu würdigen wußte, aber den Alltagssorgen eben dieser Mithelfer oft nur wenig Verständnis entgegenbrachte. Die Zentrale des Caritasverbandes organisierte er straff, leitete seine Mitarbeiter mit fester Hand, ja Strenge an, verlangte Pünktlichkeit, Genauigkeit und Ausdauer bei allen Arbeiten. Doch entlohnte er sie gering; sein Generalsekretär sprach gar von »hundsmiserabel bezahlten Angestellten«. Oft genug forderte er Bereitschaft und Einsatz auch am Feierabend, sonntags, sogar anstelle des Urlaubs.
Wie ist diese Haltung eines Mannes, eines Priesters überdies, zu erklären, der eine »Firma« der Nächstenliebe gegründet und sich der Hilfe für

andere verschrieben hatte? Nehmen wir es vorweg: Lorenz Werthmann kannte nur einen Lebensinhalt, den Dienst für die »caritas« im Rahmen des Caritasverbandes. Was er an privaten Geldmitteln besaß, steckte er in dieses Werk. Urlaub zur Erholung war ihm fremd. Reisen, Reden und Verhandlungen füllten seinen Alltag und manche Nacht. Er konnte sich überhaupt nichts anderes vorstellen, als daß auch seine Mitarbeiter mit der gleichen grenzenlosen Hingabe, mit derselben Begeisterung an die gemeinsame Aufgabe gingen. Und weil er dies glaubhaft vorlebte, war er nicht nur gefürchtet als stets fordernder, teils heftiger, dann wieder empfindlicher Dienstherr. Er wurde auch verehrt als ein Mann, der in einem kindlich-frommen Verhältnis zu Gott wurzelte und daraus mit der Verwirklichung christlicher Nächstenliebe kompromißlos ernst machte.
In diesem von ihm selbst gewählten Dienst hat sich Lorenz Werthmann aufgerieben. Gequält von einem Herzleiden und allgemeiner Entkräftung, brachte er die letzten drei Monate seines Lebens in einem Krankenhaus Barmherziger Schwestern zu. »Ich habe«, so sagte er damals, »mein ganzes Leben für die Organisation der Caritas eingesetzt. Ich habe es getan, ohne zu wissen, wie wohltuend die Einrichtungen sind. Jetzt erfahre ich es am eigenen Leib.« Am 10. April 1921, einem Sonntag, starb er, noch nicht 63 Jahre alt. Sein Grab befindet sich auf dem Hauptfriedhof in Freiburg.
Mehrere Titel und Orden, kirchliche und weltliche, sind Werthmann schon zu Lebzeiten zuerkannt worden. Als letzte Auszeichnung brachte ihm der Freiburger Erzbischof Carl Fritz die päpstliche Ernennungsurkunde zum Apostolischen Protonotar an das Krankenbett.
Was Lorenz Werthmann aber am sinnvollsten ehrt und das Gedenken an ihn am schönsten lebendig hält, ist das, wozu er den Grundstein gesetzt hat. »Deutscher Caritasverband« – dieser Name steht heute für mehr als 27 000 katholische Einrichtungen, in denen Tag für Tag über eine Million Menschen soziale Förderung und Hilfe erfährt. Den Dienst an diesen Mitmenschen haben mehr als 280 000 als Beruf gewählt, viele Hunderttausende haben sich ihm ehrenamtlich verschrieben. Die Caritasorganisation in Deutschland war die erste überhaupt. Heute arbeiten in 100 Ländern der Erde nationale Caritasverbände als Helfer der Benachteiligten und Notleidenden. Seit 1924 trägt das Gebäude der Zentrale in Freiburg den Namen des Gründungspräsidenten. Organisationen aufzubauen, um möglichst vielen Menschen in Not gezielte und individuelle Hilfe anbieten zu können, das hat Lorenz Werthmann vorbildlich geleistet. Darin lag seine Begabung, dies war sein nie erlahmendes Herzensanliegen. Ein bewußter, konsequenter Nachahmer des heiligen Vinzenz von Paul.

Helfer, die Hand anlegten

Mehrfach erklärte Papst Johannes Paul II., das Attentat am 13. Mai 1981 sei eine große Gnade für ihn gewesen. Obwohl wir ihm wünschen, er möge in Zukunft von weiteren Gnaden dieser Art verschont bleiben, wußte der Papst doch sicher, was er sagte. Denn es gehört zum Geheimnis des Leids, daß wir zwar meist die genauen Ursachen, den Hergang eines Unfalls, den Urheber, der uns Fatales zufügte, kennen, aber dennoch wissen: Das Leid reicht mindestens mit einer Wurzel hinter alle erkennbaren Ursachen zurück. Der Christ weiß, daß es nicht nur geschah, sondern auch verfügt wurde, und zwar in Richtung auf ihn persönlich. Deshalb bleibt, ob wir vom Herumrätseln an den Ursachen loskommen oder nicht, das Gespräch mit jener Instanz, die es geschehen ließ, immer entscheidend. Wer diesem Zwiegespräch aus dem Weg geht, ist umsonst, also sinnlos geschlagen worden. Denn die Einübung ins Ertragen-Können, ins Hinnehmen bildet das STUDIUM GENERALE *eines jeden Menschen. Es gehört zur höheren Oktave des Lebens, in der die sichtbaren Umstände nur noch als Werkzeuge gelten. So verstehen wir auch die Ansprache des Papstes, die er während seines Deutschlandbesuchs vor einer Gruppe von Schwerbehinderten – biblisch gesprochen vor Krüppeln und Lahmen – hielt. Sie seien von Gott bevorzugt, sagte er, und sollen für diese Auszeichnung dankbar sein. Verklärung des Leids, nichts anderes, und wie wir wissen, hat sie in der Geschichte des Christentums eine lange Tradition.*

Aber das ist nur eine Art, wie man dem Leid begegnen kann, nämlich die psychologisch-seelsorgerische, die sich auf die Empfängerseite beschränkt, die Tragfähigkeit des Menschen zu stärken versucht, indem sie dem Leid einen höheren Sinn verleiht. Man kann also trösten und auf jenen Schatz verweisen, der nicht von den Motten gefressen, sondern dermaleinst bei der Gesamtabrechnung als Gutschrift ausgewiesen wird. Aber so wie einst Ignatius von Loyola, als er von der benediktinischen Hochburg Subiaco kam, den Entschluß gefaßt hatte: So nicht! und eine vom Mittelalter gelöste Ordensregel entwarf, so distanzierten sich auch namhafte Heilige, allen voran Vinzenz von Paul, von dem Trost auf das Jenseits. Der Helferstil der pastoralen Tröster war ihnen zu theologisch, zu distanziert, in Wahrheit ein zu billiges Christentum. Ihrer Überzeugung nach mußte man näher hin ans Leid, an das Elend, an die Krankheit, was freilich über gute Worte hinaus eine persönliche Überwindung kostete, denn der Elende war nicht nur unansehnlich, er konnte auch anstecken, oft genug lag er verwahrlost im Schmutz. Für diese Männer und Frauen war Krankheit nicht zuerst ein göttlicher Fingerzeig für die Betroffenen, sondern ein Aufruf für die Mitmenschen. Das Leid muß weg, hieß ihr Wahlspruch. Er bedeutete für die meisten die Abkehr von klösterlicher Geborgenheit, auch Absage an den Kult pastoraler Würde. Sie langten zu, krempelten die Ärmel hoch, ob das höheren Orts anerkannt oder mißbilligt wurde. Übersehen wir nicht, daß die vier Gestalten dieses Kapitels: eine Ordensfrau und zwei ordinierte evangelische Geistliche alle zuerst Schwierigkeiten mit ihren Vorgesetzten hatten. Auch der Pfarrer von Wörishofen. Solange Unglück und Elend nur als von Gott oder dem Schicksal verfügt, aber nicht als Ärgernis galten, die beseitigt werden mußten, haftete ihnen ein Hauch mythischer Unantastbarkeit an. Soldatenlos, hieß es, und daran rührt man nicht, als Henri Dunant entgegen den Kriegsverordnungen auch die Verwundeten des Feindes zu betreuen wagte. Frauenlos, hieß es, eine jahrhundertealte Erfahrung, in die man sich zu schicken hat, als Semmelweis unter dem Protest der Umwelt, auch der Ärzte, die uralte Geißel des Kindbettfiebers zu beseitigen unternahm. Unverschämte Kurpfuscherei, hieß es, als Pfarrer Kneipp eigenhändig die armen Leute, die sich keinen Arzt leisten konnten, mit Wassergüssen heilte (obwohl er als Klosterspiritual sicher auch etwas von geistlichem Trost verstand). Sein Porträt hat uns der Benediktinerpater Frumentius Renner zur Verfügung gestellt, der seinerseits selbst wieder über seine Klosterzelle hinaus ein Heiler und Helfer geworden ist. Gerhard Wehr beschrieb für uns die ebenso weltgültig gewordenen Lebenswerke Friedrich von Bodelschwinghs und Albert Schweitzers. Was die vierte erfolgreiche Widersacherin des Leids, Mutter Teresa, die noch unter uns lebt, alles zustande gebracht hat, berichtet uns Friedrich Heer. Alle von ihnen Beschriebenen legten Hand an und waren sicher auch obendrein überzeugende Tröster. Wer je Bethel, diese exemplarische »Stadt der Barmherzigkeit«, besucht hat, weiß fortan, daß im Handanlegen auch jene väterliche und mütterliche Güte stecken kann, die vom Patienten nicht einmal bemerkt wird. Im Opfer der Helfer verbirgt sich so das providentielle Gegenstück zum Unheil.

Friedrich Heer

Mutter Teresa

Symbolfigur der Barmherzigkeit

Hart das Land. Härte der Winter, Härte der glühenden Sommer. Die Bäuerinnen ganz in Schwarz, graben, stechen, brechen die harte Erde, gekrümmt. Die Männer sind im Krieg. Immer im Krieg. Lange gegen die Türken, dann gegen neue Herren, die von Wien, dann von Belgrad her kommen. Die Kinder wachsen, wie Millionen Kinder heute in der »Dritten Welt«, unverwöhnt auf. Karge Mahlzeiten dazu, aber frohe Feste – die Mütter umkosen die Kinder, leidenschaftlich. Die Härte des Landes, die Härte der Menschen bleibt. Glühender Glaube. Als Moslems, als Christen.

Mitten unter diesen Bäuerinnen, diesen kleinwüchsigen, aber zähen, ausgemergelten Frauenleibern ein Gesicht, das wir von einem Foto her zu kennen meinen: Agnes. Agnes Gonxa Bejaxhiu. Mutter Teresa.

Teresa ist die Frucht vieler Generationen dieses harten Landes; von Menschen, die sich nichts vormachen: Das Leben ist schwer, ist immer Kampf, Sentimentalitäten sind unbekannt. Gewiß, ihre Eltern haben es in der Stadt – der Erdbebenstadt Skopje – bereits zu einem gewissen Wohlstand gebracht. Der Vater ist ein kleiner Händler geworden, die Familie hat drei Kinder, einen Sohn und zwei Töchter. Agnes besucht das staatliche Gymnasium, wird Mitglied der Marianischen Kongregation, ihre Familie ist also katholisch, nicht moslemisch. Die Zwölfjährige weiß: Das Leben ist Opfer. Ohne Opfer kein Leben. Warum es nicht direkt Gott geben? Die Zwölfjährige ist sich ganz sicher, daß sie Nonne werden wird. Am besten möglichst weit weg, nicht, weil sie ihre Familie nicht liebt, aber weil sie sie nicht durch Nähe an sich binden möchte. Ein fernes Land: das ist das beste. Das ferne Land kommt der am 27. August 1910 Geborenen in Indien zu. Die Sache war »ganz einfach« – wie alles im Leben dieser Teresa einfach ist, das heißt, gottergeben, gottgeborgen, mitten in den Sorgen, den Nöten jedes Tages. Den Sodalinnen werden regelmäßig Briefe aus einer Bengalenmission vorgelesen, in der Landsleute, Jesuiten, arbeiten. Die Patres sind begeistert von Indien. Nach Indien! Nun, ein Pater weiß Rat: Da gibt es in Irland Loreto-Schwestern, die in der Erzdiözese Kalkutta tätig sind.

29. November 1928: Agnes tritt in das Loreto-Kloster Rathdarnham, Dublin, ein und wird von dort nach Indien geschickt, um ihr Noviziat in Darjeeling zu beginnen. 24. Mai 1931: Erste Gelübde in Darjeeling. 24. Mai 1937: Ewige Gelübde in Darjeeling. In Europa steht der Zweite Weltkrieg vor der Tür: Das fürchten in diesem Jahr 1937 sehr wache Menschen, die an Flucht denken. Darjeeling ist ein Himmel auf Erden:

Der nahe Himalaja bringt seine erfrischenden Lüfte, die auf dem Weg über die Bergketten von Sikkim, Bhutan und dem Mount Kanchenjunga ihre Härte verloren haben. Die Erde ist blütenschwer. Ein Ort des Luxus, ein Kurort erster Klasse. Der britische Gouverneur von Bengalen, die High Society der Briten und der Inder, der reichen Inder, genießen hier ihre Sommerfreuden: Golf, Tee und Dinner. Es ist selbstverständlich, daß die höheren Töchter, die Töchter dieser Familien, eine ausgezeichnete Erziehung erhalten: So hier, so auch in Kalkutta, wo »die Kleine« 1929 Lehrerin für Geographie an der St Mary High School wird. »Die Kleine«: Sie sagt später dem Pater Henry, dem Sohn einer belgischen Glasbläserfamilie aus dem berühmt-berüchtigten Kohlenrevier von Dampremy, der 1941 bis 1947 mit ihr zusammenarbeitet, daß als Name für sie eben nur »die Kleine«, Therese von Lisieux, in Betracht kam.

Die »Kleine« unterrichtet die Kinder reicher Familien. Im Institut St Mary werden Bengali-Mädchen – viele aus den besten Häusern Kalkuttas – in ihrer eigenen Sprache unterrichtet. Hier wird also die junge Nonne Teresa Lehrerin, später einige Jahre Direktorin. Sie wird schnell allseits beliebt: ein froher, lachender junger Mensch, eine junge Frau, klug, sehr praktisch, hilfsbereit.

Dieses Institut St Mary gehört zur Loreto-Schule Entally, die beide auf demselben Grundstück liegen. »Eine Oase gepflegter smaragdgrüner Rasen und hübsch uniformierter Kinder« (Desmond Doig). Diese Oase liegt in einer der schäbigsten Gegenden, umgeben von Slums, häßlichen Fabriken, städtischen Müllhalden und von Gerbereien, deren Gestank herüberweht in die »Insel der Seligen«.

Kalkutta: Ausgang des 17. Jahrhunderts den Sümpfen und dem Dschungel abgerungen – eine künstliche Stadt wie St. Petersburg – wird eine reiche, überreiche Stadt, wird schließlich Hauptstadt. Glänzende Paläste – viele sind heute Slums – viel Marmor, so auf dem europäischen Friedhof. Prunkende Denkmäler der britischen Herrschaft. Kalkutta, die Stadt berühmter Familien, wie der Tagores, aus der der Dichter Rabindranath Tagore stammt, die Stadt der indischen Intellektuellen. Stolz, und gebrochen. Die Verlegung des Regierungssitzes bereits unter britischer Herrschaft 1911 nach Delhi trifft diese Stadt tief, versehrt sie. Die Zersetzung beginnt. Zustrom gieriger Geschäftsleute, und 1947 – als Indien frei und Bengalen geteilt wird – strömten Millionen von Flüchtlingen in die bereits übervölkerte Stadt. In den folgenden Jahren kommen immer mehr Flüchtlinge aus den Hunger- und den Überschwemmungsgebieten des Hinterlandes nach Kalkutta.

In diesem Kalkutta lebt also die Nonne Teresa als Lehrerin in ihrem vornehmen College, von 1929 bis 1948. Dieses Kalkutta arbeitet in ihr. Ist sie, die Tochter des albanischen Volkes, eines kargen Berglandes, Nonne geworden, um höhere Töchter in einem vornehmen College in Indien, in einer Insel, in einem Meer der Elenden zu unterrichten? Mut-

ter Teresa ist lebenslang Patriotin, ganz wörtlich, eingewurzelt in ihrer *patria*, in Mutter-Grund vor allem, in ihrem Vaterland: Sie denkt immer an ihre Heimat. Am 20. Oktober 1979 sagt sie in einem Interview mit der Belgrader Abendzeitung *Novosti:* »Ich lebe seit fünfzig Jahren in Indien, aber ich fühle mich als Jugoslawin. Ich begebe mich immer wieder – wenn es notwendig ist – nach Jugoslawien. Noch im vergangenen Juni habe ich mich in Zagreb aufgehalten, wo sich eine Niederlassung meines missionarischen Werks befindet. Sicher werde ich im nächsten Jahr wieder nach Jugoslawien kommen, und ich habe immer gewünscht, Präsident Tito zu treffen.« Das Treffen kam nicht mehr zustande, Tito starb.
Hier ist die Verwandtschaft unübersehbar: Die Albanerin Teresa ist in einem archaischen, volkhaften Grund und Untergrund eingewurzelt wie der Pole Woytila, Papst Johannes Paul II.: Archaisches Urvertrauen ist ihrer beider Lebensgrund. Ihre Frömmigkeit ist ebenso wie ihr Verständnis von Priestertum (Zölibat), Mutterrolle der Frau (beide stimmen überein: Die Frau hat von der Schöpfung diese erste und nahezu einzige Aufgabe, Mutter zu werden), Abwehr gegen jede »künstliche« Empfängnisverhütung (hier wird der heilige Schoß – der Großen Mutter – versehrt). Es ist diese archaische Verwurzelung, die instinktiv Hindus in ihr erspüren und sie, die Mutter Teresa von Kalkutta, als Mataji, Mutter, als eine wahre gute Verkörperung der dunklen Göttin Kali ersehen. »Hier ist die lebendige Kali«: Das sagte der Polizeikommissar zu den jungen Leuten, die verlangten, daß Teresa ausgewiesen werde, weil sie als Ausländerin die Armen zum Christentum bekehren wolle.
Noch ist es nicht soweit. Die junge Agnes-Teresa erlebt am 10. September 1946 ihren »Tag der Entscheidung« auf einer Eisenbahnfahrt von Kalkutta nach Darjeeling. Wir besitzen kein Foto dieser Bahnfahrt. Ein Foto aus späteren Jahren zeigt sie im Zuge, sie liest Charles de Foucauld, *Ruf der Wüste*. Der elegante französische Offizier schildert, wie ihn Gott ruft, in die Wüste. Tiefe Sympathie verbindet Teresa mit Leben und Werk dieses Charles de Foucauld, der totale Hingabe, Armut, wagte – und seine »Kleinen Brüder und Schwestern« in alle Welt aussendet.
Desmond Doig befragt sie eindringlich (er ist Protestant, will »alles« wissen): »Mutter, wie haben Sie es gewußt? Waren Sie nicht eine Sekunde lang im Zweifel? Schließlich hat auch Christus Augenblicke des Zweifels gehabt. In Gethsemane« – Sie: »Nein. Es hat keinen Zweifel gegeben. Nur einen Augenblick lang hat er sich unsicher gefühlt. Als Mensch. Das war natürlich. Der Augenblick der Hingabe, das ist die Gewißheit.« – Er fragt weiter: »Wenn aber die Ungewißheit bleibt?« – Sie: »Das ist dann die Zeit, auf die Knie zu fallen.« Beten. Teresa sagt es immer wieder, lebt es ihren Nonnen und allen Menschen, die zu ihr kommen, vor: im Gebet leben. In vollständiger Hingabe. Diese Hingabe erlebt sie auf ihrer Fahrt nach Darjeeling.
Im folgenden Jahr sondiert sie; für sie kommt ja nur ein Ausscheiden aus

Loreto in vollkommenem Gehorsam der Kirche gegenüber in Frage. Pater Henry erzählt: »1947 fragt mich der Erzbischof von Kalkutta, Monseigneur Perier (er starb neunzigjährig): ›Können Sie sich vorstellen, daß eine europäische Nonne, die indische Mädchen unterrichtet, einen Orden gründen will, um unter den Ärmsten der Armen zu arbeiten?‹ Ich sagte: ›Bischöfliche Gnaden, dieser Plan ist – menschlich gesprochen – unmöglich, aber er ist notwendig.‹ Er erwiderte: ›Wenn er notwendig ist, wird Gott ihn segnen.‹«

Im Januar 1948 bittet sie ihre Oberin, allein außerhalb des Klosters leben und in den Slums arbeiten zu dürfen. Im Februar bereits erhält sie von Papst Pius XII. die offizielle Erlaubnis. Am 18. August 1948 legt sie den Habit der Loreto-Schwestern ab und kleidet sich in einen weißen Sari mit blauer Borte, der Kleidung der niedrigsten Kaste in Bengalen: später das Ordenskleid der Missionarinnen der Nächstenliebe.

»Kleider machen Leute«: »Ziehet ein neues Kleid an . . . « »Kleidung« ist, seit Jahrtausenden, Inkarnation: Der Mensch *ist*, was sein Gewand bezeugt. Diese archaische, in Indien selbstverständliche Identifikation, wird von Teresa in diesem Jahr 1948 auch staatsrechtlich vollzogen: Sie wird indische Staatsbürgerin. Sie wird ganz Inderin – sie spricht ein vorzügliches Hindi – sie, die Albanerin; sie lebt diese beiden Identitäten ungeteilt, vermählt, ohne Widerspruch zu erfahren: da in Gott verbunden.

Sofort tätig werden: diese Maxime beherrscht sie, Praxis ist alles – sie muß Gott bezeugen unter den Menschen. Sie geht also zunächst für drei Monate nach Patna zu den Missionsärztlichen Schwestern – einer Gründung der Tiroler »Amerikanerin« Mutter Dengel, mit der sie hier zusammenkommt, um sich in der Krankenpflege ausbilden zu lassen. Zu Weihnachten ist sie wieder in Kalkutta, wohnt bei den »Kleinen Schwestern« des Père de Foucauld.

Am 21. Dezember eröffnet sie ihre erste Slum-Schule in Moti Jheel. Die »Schule« besteht aus dem leeren Raum zwischen elenden Häusern. Im Februar 1949 zieht sie in das Haus der Familie Gomes: Ein reicher Moslem wandert nach Pakistan aus, verkauft sein Haus. Er begrüßt sie: »Ich liebe Sie.« Er hatte in St Xavier bei den Jesuiten studiert. Auf seinem Grundstück entsteht das Mutterhaus der Missionarinnen der Nächstenliebe. Bald werden hier drei Häuser gebaut, um dem sich schnell ausbreitenden Orden zu genügen.

Am 19. März 1949 meldet sich als erste Postulantin die junge Bengalin Subhasini Das. Sie war eine ihrer Schülerinnen im Kloster Entally. Ihr Orden, ihre »Kongregation«: Zu den drei Regeln Armut, Gehorsam, Ehelosigkeit wählt sie eine vierte: Armut. Sie definiert das genau: nur und immer den Armen, nie den Reichen dienen. Die religiöse Herkunft der Postulantinnen interessiert sie nicht. Tatsache ist: Binnen kurzem sammeln sich die Mädchen in ihrem »Milieu« – es ist das ein eigentümliches »milieu divin«, anders als Teilhard es kosmisch ersieht, aber sehr wirksam, nah, konkret, heute. Die Mädchen sollen Schulbildung bis mindestens zum vierzehnten Lebensjahr besitzen, dazu gute körperliche und seelische Gesundheit, ein starkes, starkmütiges, frohes Herz.

Teresa sieht sehr nüchtern – und strahlend – diesen jungen Mädchen ins Gesicht: Sie läßt sie von der ersten Aussprache an keinen Moment im Zweifel: Sie erwartet ein hartes Leben. Auch dies. Von der Freude spricht sie nicht – diese müssen diese jungen Menschen in ihrer Berufung erleben. Ausbildungs- und Probezeit: fünf Jahre und neun Monate. Dann das Gelübde, endgültig. Teresa sieht den jungen Frauen ins Gesicht – sieht nie, im Gespräch, an einem Menschen vorbei: Sie ermahnt die jungen Schwestern, zu bedenken, daß der größere Teil ihres Lebens vor ihnen läge. Erika Holter, eine Wienerin, Gattin eines Studienfreundes von mir, fragt sie 1980, ob bisher schon jemand versagt, es bereut hätte. Teresa: »Nein, kaum eine, die Probezeit ist lang genug.« Am 7. Oktober 1950 wird die neue Kongregation der Missionarinnen der Nächstenliebe mit Sitz in Kalkutta bestätigt und breitet sich von dort über ganz Indien aus. An diesem Tag nimmt das Mutterhaus in der Lower Circular Road Nr. 54a seine Arbeit auf.

Kalkutta, die Stadt vornehmer, alter, reicher Familien, großer Geschäftshäuser, ist eine Stadt der Sterbenden: Sie liegen hier und in anderen indischen Städten, auf den Gehsteigen. Jedermann schreitet über sie hinweg, täglich. Hanna Nestor, langjährige österreichische Botschafterin in Indien, eine liebe Freundin, eine sehr wache Katholikin, später Botschafterin in Israel, jetzt in Kanada, überwindet diesen Schock nie: bei der Ausfahrt zu einer Diplomatenparty immer wieder neben Sterbenden vorbeifahren zu müssen. In Delhi, in Kalkutta häufen sich die Sterbenden, die sich auch aus den umliegenden bäuerlichen Gegenden hierher schleppen. Sie wollen in Kalighat sterben, nah dem großen Tempel der Kali, der Dunklen Mutter des Lebens und des Todes. Kalighat am Ufer eines braunen heiligen Flusses im Süden Kalkuttas, eines der dichtestbesiedelten Gebiete in der übervölkerten Stadt: Ein Labyrinth enger Gassen, von Läden, Slums und den Ghats, den Plätzen auf den Ufertreppen, wo die Toten verbrannt werden. Unmittelbar unter den grauen Wänden des Tempels der Großen Dunklen Mutter, dieser schwarzen furchtbaren Muttergottes, der Kali, liegt ein langes, niedriges, weißgetünchtes Gebäude, Mutter Teresas Heim für Sterbende. Eine Tafel am Eingang trägt den Namen: Nirmal Hriday, Ort des Reinen Herzens.

Es mußte einmal zu einem großen Zusammenstoß kommen zwischen der Kali und der neuen Mutter aus Europa, Teresa. Hier war der Ort für diese Konfrontation. Es hatte, wie immer bei Teresa, schlicht und direkt und ganz unbefangen angefangen. Teresa war zur Stadtverwaltung von Kalkutta gegangen und hatte gebeten, ihr einen Platz zu geben, wo Menschen in Würde und Liebe sterben könnten. Teresa: »Es ist eine Schande,

daß Menschen auf der Straße unserer Stadt sterben.« Sie spricht als Inderin, als indische Staatsbürgerin, den Magistrat an. So erhält sie ein verwahrlostes Pilgerhaus, das von goondas, von »Verbrechern und Faulenzern«, besetzt war.
Pater Henry: »So erhielten wir 1952, am 15. August, am Tag der indischen Unabhängigkeit, die Genehmigung der Behörden.« – »Wann möchten Sie anfangen?« Teresa: »Am Fest des Unbefleckten Herzens«, also eine Woche später, am 22. August. Pater Henry: »Das war Mutter Teresas friedliche Unterwanderung, wo niemand sonst unterwandern würde.«
Jugendliche demonstrieren, bewerfen das Haus mit Steinen. Mutter Teresa erhält Morddrohungen. Einflußreiche Hindus erklären, daß hier ein unzulässiger Versuch christlicher Mission, Bekehrung von Hindus, unternommen werde.
Der freundliche Kommissar, der sie ausweisen soll, wurde bereits erwähnt. Wie ein Lauffeuer ging es durch die Stadt, als sie einen Hindu-Priester, der von den Seinen, seinen Priesterbrüdern, ausgestoßen war, als unheilbar krank aufnahm – ohne jeden Versuch, ihn zu ihrem Christsein zu bekehren. Es ist vielleicht sinnvoll, zuerst die Ausbreitung ihrer Bewegung, ihrer Gründungen, kurz zu vermerken, dann das Problem: die Ursachen dieser Welle – und die Frage nach dem Sinn und Sein dieser Sache, die durch Teresa in unsere Welt kam, anzusprechen.
25. März 1963: Der Erzbischof von Kalkutta genehmigt den Beginn eines neuen Zweiges, der Missionsbrüder der Nächstenliebe. In den Jahren bis 1980: Niederlassungen in Colombo, Sri Lanka, in Rom – in seinen Slums, 1968. Ich erinnere daran, wie Pater Robert Leiber, Privatsekretär von Papst Pius XII., diesem eine von ihm, Leiber, angeregte Untersuchung eines jungen Jesuiten über das nackte Elend in der Stadt Rom überreichte – der Papst war entsetzt.
Es folgen: Gründungen in Australien, Amman/Jordanien, Melbourne/Australien. 1970 Errichtung eines Noviziats in London zur Ausbildung der Novizinnen aus Europa und Amerika. Gründungen in Belfast, Paddington (London), The Bronx (New York). Nahe den Palästen, den Banken, den Vierteln der Reichsten, der Allerreichsten dieser Erde siedelt sich Teresa an.
Es folgen: Bangladesch und Mauritius, Äthiopien (Addis Abeba), Israel (Gaza), Jemen (Hodeidah), Peru (Lima), Südvietnam (durch die Brüder), Neuguinea/Papua, Kambodscha, Jemen (Taiz): eine Leprakolonie auf Bitten der Regierung. Dann: Mexiko, Guatemala, Neapel und, 1975, ein Nachtasyl in Rom. Hatin und Daressalam und, wieder, Bombay, Binoda/Manila auf den Philippinen, und London (die Docks) und Rotterdam (das Hafenviertel), Peru, Tahiti, Argentinien. Juni 1979: die erste deutsche Niederlassung in Essen. Und wieder der Libanon (Beirut), Süditalien, Zagreb in ihrem Heimatland und Detroit und Saint-Louis in Nord-

amerika, El Salvador, Bahia in Brasilien, Ruanda und Nairobi in Kenia und weitere Gründungen . . . 1980 bestehen 156 Häuser, 90 in Indien und 66 außerhalb Indiens. Die Zahl der Schwestern beträgt etwa 1700, der Brüder 250. Die »Internationale Vereinigung der Mitarbeiter Mutter Teresas« umfaßt etwa 110 000 Mitglieder.

Zur Sache: Es gelang dieser Frau, einer albanischen Frau aus dem Volke, das ganz unausgeschöpfte Potential anzuzapfen, das an Liebeswille, Wille zur Hingabe, zum Opfer, des kleinen Ich im Dienste der Person, die in Gott aufgehoben ist, auch in der heutigen Menschheit präsent ist. Was Psychologen und andere Wissenschaftler wissen, hat sie realisiert, zur Menschenwirklichkeit gemacht: ebenso wie ein latentes Potential zu Akten der Aggression, des Hasses, der Vernichtung und Selbstvernichtung aktiviert werden kann.

Mutter Teresa ist ein Akkumulator, der Liebeskräfte weckt, sammelt, speichert – um sie dann sofort einzusetzen. Ihr Motiv: In jedem Armen, Kranken, Elenden den Menschensohn, Christus, sehen und annehmen. »Mach uns würdig, Herr, unsern Mitmenschen in der ganzen Welt, die in Hunger und Armut leben und sterben, zu dienen. Gib ihnen durch unsere Hand heute ihr tägliches Brot und durch unser Verstehen Liebe, Friede und Freude.« – »Laß jede Schwester in der Person des Armen Jesus Christus sehen; je abstoßender Arbeit oder Person sind, desto größer müssen auch ihr Glaube, ihre Liebe und ihre freudige Hingabe sein, wenn sie unserm Herrn in dieser jammervollen Verkleidung dient.« – Diese Gebete der Mutter Teresa stehen auf einer Tafel im Empfangszimmer des Mutterhauses der Missionarinnen der Nächstenliebe.

Es wird hier verzichtet, Geschichten aus dem Leben der Mutter Teresa zu erzählen, aus ihren Begegnungen mit Päpsten, Präsidenten und anderen Prominenten. Es wird hier verzichtet, ihre Preise, ihre Ehrungen einzeln zu nennen. Nur dies hier: Oslo, 10. Dezember 1979. Sie ist von Kalkutta über Rom hierhergekommen, um den Friedensnobelpreis anzunehmen: für ihre Armen. Der Bischof von Skopje und ihr älterer Bruder, in Sizilien lebend, sind mit ihr. Ihre Dankrede ist eine Predigt: Sie plädiert gegen die Abtreibungspraxis der westlichen Welt, verweist auf ihre Adoptionszentren in Indien, die Kinder in alle Welt an Wahleltern übergeben. Und sie beantwortet hier eine Frage, die so oft an sie gestellt wurde: warum sie nur vorübergehend Armut in Einzelfällen behandle, sich nicht mit den gesellschaftlichen Strukturen, die doch zu verändern sind, auseinandersetze. Warum sie Fische und nicht Angelruten verteile. Teresa: »Die meisten meiner Schützlinge sind so schwach, daß sie nicht einmal eine Angelrute halten können.«

Und im Blick auf die Millionen Leprakranken (allein in Indien gibt es 3,2 Millionen Leprakranke, in der ganzen Welt 12 Millionen): Siebentausend Menschen werden täglich in sechs Häusern in Kalkutta von den Missionsschwestern und -brüdern der Nächstenliebe gespeist, in den 158

Häusern in 25 Ländern sind es rund 200 000. – Teresa: »Wir fühlen selbst, daß es nur ein Tropfen im Ozean ist, was wir tun. Aber ohne diesen Tropfen wäre der Ozean auch ein kleines bißchen weniger. Ist es nicht besser, einigen Kindern, einigen Kranken, einigen Hungernden zu helfen, als auch diese wenigen ihrem Schicksal zu überlassen? Es ist Gottes Wille. Was wir tun, ist Sein Werk, Er wird dafür sorgen, daß es größer und größer wird.«

Es ist Gottes Werk: »Man muß tun, als hinge alles von einem selbst ab – aber das übrige Gott überlassen.« Das ist eine Abwandlung einer Maxime des Ignatius von Loyola. Teresa trägt sie aus, in den Menschen, die sie als ihre Kinder, ihr von Gott vorübergehend anvertraute Menschenkinder, empfängt.

». . . ich bin überzeugt, daß Er es ist, nicht ich. Daß es Sein Werk ist und nicht mein Werk. Ich stehe Ihm nur zur Verfügung. Ohne Ihn kann ich nichts tun. Aber selbst Gott könnte nichts für jemand tun, der keinen Raum für Ihn gelassen hat. Man muß völlig leer sein, um Ihn hineinzulassen, damit Er tut, was Er will . . . Das ist das Schönste an Gott, nicht wahr? Daß Er allmächtig ist und sich einem doch nicht aufdrängt.« Das ist Substanz: feuerglühende Substanz. Väter der Wüste brannten so auf: Feuer aus der »Leere«, in der kein Ding mehr Widerstand leistet. Keine Sünde, kein Selbstbehalt.

Weltgeschichtlicher Sinn der Teresa: Außerhalb Europas und von Teilen der beiden Amerika existieren »Menschenrechte« nicht: weder im Wort noch in der Realität. In Europa wurden sie in einem achthundertjährigen Kampf um Freiheit, um Freiheiten der Kirche, der Stände, dann der Person, erkämpft – und wieder verloren. Die Deklarationen der UNO und UNESCO und anderer Weltorganisationen, die »Menschenrechte« ansprechen, vermögen nicht, diese den Asiaten, Afrikanern usw. erfahrungsmäßig fremden Worte als Lebenswirklichkeiten zu vermitteln. Besonders anschauliche Modelle: Indien und China.

Teresa möchte, sobald sie die Erlaubnis erhält – sie ist da sehr zuversichtlich – nach China gehen. Sie ist Verkörperung der Menschenrechte: indem sie den im Elend Lebenden diese große Würde, Mensch zu sein, gibt. Immer wieder betont sie: Noch wichtiger als Reis, Brot, Mais, als dieses sehr notwendige tägliche Brot, das sie ja austeilt, ist das andere Brot: die Speisung durch Würde. Diese Leprakranken, diese Sterbenden, diese – noch – lebenden Elenden, werden durch sie mit Menschenwürde gespeist.

Es ist ihre besondere Gabe, Friede, Freude zu geben (andere fordern sie immer wieder, ohne sie selbst geben zu können), die junge Menschen an sich zieht, wirbt – als Mitarbeiterinnen, als Mitarbeiter – und die den Menschen, die sie in ihre Häuser aufnimmt und die sie nach Heilung beruflich beschäftigt, jene Freude, jenes Leuchten in den Augen gibt, das selbst hartgesottene Verächter der Sache des Menschen anrührt. Menschen aller Religionen, und Menschen, die sich als »Atheisten« verstehen wollen.

Die törichte, aber oft gestellte Frage – ja, wie ist es denn nun wirklich? Sind die Werke eines Ernesto Cardenal, eines Helder Camara, der christlichen Revolutionäre in Südamerika, im letzten ein Unsinn, oder ist das Werk der Teresa im letzten eine Illusion, ein Feuer, das erlöschen wird, wenn sie selbst nicht mehr lebt und als charismatische Persönlichkeit strahlt? Diese ebenso törichte wie menschlich begreifliche Frage ist so zu beantworten: Es gibt verschiedene Berufungen. Eine gegen eine andere Berufung auszuspielen, ist Gotteslästerung, ist Menschenlästerung, engt Gott ein, will Ihn fesseln, engt den Menschen ein, will ihn auf die eigene Meinung fixieren. Mit den so ganz anderen »Typen« wie Ernesto Cardenal und Helder Camara ist Teresa mindestens durch zwei Überzeugungen verbunden. Teresa: »Gottes Schöpfung ist schön, nicht wahr?« – Und: Heute leben, arbeiten. »Wir verschwenden unsere Zeit, indem wir an morgen denken; und heute lassen wir den Tag vergehen, und gestern ist vorbei.« Heute: Das ist ein apokalyptisches Wort, Tag des Zorns, des täglichen Jüngsten Gerichts – und ist zugleich der Tag, an dem Gott für alle da ist. Beide Apokalypsen werden durch Menschen praktiziert.

Gerhard Wehr

Albert Schweitzer

Forscher, Musiker und Arzt

»In einer Welt des Scheins und der Mißverständnisse gibt es hin und wieder Vertrauen weckende Zeichen, an denen wir erkennen können, daß die Wahrheit zu ihrem Recht kommt. Zu diesen Zeichen gehört die Tatsache, daß Männer wie Albert Schweitzer von den Mitlebenden geehrt werden. Nach den großen Katastrophen dieses Jahrhunderts war weitgehend der Respekt vor den Vorbildern zerstört, zu viele Fälschungen waren uns angeboten worden. Schweitzer hat Zuversicht und Vertrauen wiederhergestellt: Ohne jeden Versuch der Überredung fordert sein Beispiel die Jugend zur Nachfolge auf.«

Diesem Zeugnis der Wertschätzung aus der Feder von Carl Jakob Burckhardt lassen sich unzählige andere an die Seite stellen. Albert Einstein hat ihn »den größten Menschen dieses Jahrhunderts« genannt. Winston Churchill fand für ihn das Prädikat »Genie der Menschlichkeit«. Der Träger des Friedenspreises des deutschen Buchhandels von 1951 ist mit Franz von Assisi verglichen worden. Zwei Jahre später, 1953, wurde Schweitzer mit dem Nobelpreis dekoriert. Im Indien Mahatma Gandhis

und Pandit Nehrus rief sein Name »beinahe charismatische Ehrfurcht« hervor. Und in Japan, wo im Jahre 1956 erstaunlicherweise die erste Gesamtausgabe seiner Werke erschien, gilt er als »der Heilige im Urwald«.
Auch heute noch haben Kritiker, wo immer sie bei ihm ansetzen, keine große Chance. Das Vorbild des Pioniers leuchtet. Das Beispiel der uneigennützigen Tat, die mehrdimensionale Lebensleistung im ganzen läßt über das Menschlich-Allzumenschliche bei ihm hinwegsehen. Schweitzer, der sich nach eigener Aussage »in vollständigem Widerspruch« zum herrschenden Geist dieser Zeit befand, ist zum Symbol der Sittlichkeit und zum moralischen Garanten eben dieser Zeit erhoben worden. Hier liegt jedoch ein Problem, das heute noch das gleiche Gewicht haben dürfte wie in den Jahren, als man sich feiernd, rühmend, huldigend seiner Gegenwart vergewissern konnte. In einer Titelgeschichte über Schweitzer drückte das Hamburger Nachrichten-Magazin *Der Spiegel* (am 21. 12. 1960) unter der Überschrift »Mythos des 20. Jahrhunderts« den Tatbestand so aus:
»Er wird von einer Menschheit, die nicht nach seiner Moral leben will, als größter Moralist gefeiert. Nicht bereit, ihm zu folgen, ist sie bereit, ihm zu huldigen. Denn Albert Schweitzer dient der westlichen Welt als fleischgewordenes Alibi: Stellvertretend für sie soll er die Sünden des Kolonialismus sühnen, abendländische Kultur verkörpern und im Urwald die in Europa eingestürzten Bastionen der Humanität gegen die Unmenschlichkeit wiederaufrichten. Schweitzer-Verehrer sind Schweitzer-Aktionäre: Ihr Gewissen streicht die Dividende seiner guten Taten ein, ohne selbst das Risiko eines sittlichen Lebens laufen zu müssen.«
Man sollte sich nicht allzu rasch des Stachels entledigen, der in Sätzen wie diesen steckt, wenn man sich an Albert Schweitzer erinnert, und zwar auch dann nicht – gerade dann nicht –, wenn man weiß: Der vielgerühmte Menschenfreund und Hüter des Lebens schöpft nicht aus irgendwelchen abstrakten ethischen Postulaten; er denkt und glaubt, er liebt und handelt. Oder um es mit seinen eigenen Worten zu sagen: »Das Wesentliche des Christentums, wie es von Jesus verkündet ist und wie es vom Denken begriffen wird, ist dies, daß wir durch die Liebe allein in Gemeinschaft mit Gott gelangen können. Alle lebendige Erkenntnis Gottes geht darauf zurück, daß wir Ihn in unseren Herzen erleben.«
Wer sich mit den Elementen des Schweitzerschen Glaubens und Denkens vertraut gemacht hat, der begegnet diesen Elementen in seinem Wort aufs neue: da ist Jesus, die Verkündigung Jesu, und da ist der Wille der Liebe, der in unseren Herzen entfacht wird und der zur helfenden Tat drängt. Diese Elemente, zu denen das begreifende Denken ebenso gehört wie die in der Liebe sich konkretisierende Gemeinschaft mit Gott, haben das über volle neun Jahrzehnte sich erstreckende Menschenleben reich gemacht.

Begonnen hat dieses Leben in der oberelsässischen Ortschaft Kaysersberg. Hier wird Albert Schweitzer als Sohn eines evangelischen Pfarrers am 14. Januar 1875 geboren. In Günsbach, unweit von Colmar, wächst er auf, und zwar dazu bestimmt, selbst einmal Pfarrer zu werden. Daher der obligatorische Besuch des Gymnasiums in Mülhausen und seit Oktober 1893 das Studium der Theologie sowie der Philosophie an der Universität Straßburg. Aber noch ehe der hochmusikalische Sohn des Günsbacher Pfarrers zur Schule geht, findet er Freude am Klavierspiel, namentlich beim Improvisieren und spielerischen Komponieren. So versteht es sich von selbst, daß der durch einen Orgellehrer geförderte Student sein Musikstudium während der Universitätszeit mit Eifer fortsetzt und unter der Anleitung hervorragender Musiker zur Reife bringt. Es sind in erster Linie die Orgelwerke von Johann Sebastian Bach, an denen er seine künstlerische Leistungsfähigkeit, seine Meisterschaft, unter Beweis stellt.

Will man eine Begegnung dieser frühen Jahre besonders hervorheben, dann ist es die Begegnung mit dem historischen Jesus von Nazareth. Statt bei dem Forschungsstand, den die neutestamentliche Wissenschaft am Ende des 19. Jahrhunderts erreicht hat, stehenzubleiben, beschreitet der angehende Theologe eigene Wege. Er stößt auf jenen Jesus, der das kommende Gottesreich verkündet und der sich als den verheißenden Messias verstanden hat. Immer tiefer arbeitet sich der Gelehrte in die Leben-Jesu-Problematik ein. Nachdem er seine Philosophiestudien 1898/99 an der Pariser Sorbonne mit einer Dissertation über Kants Religionsphilosophie sowie an der Universität Berlin 1899 vervollständigt hat, promoviert der Dr. phil. Albert Schweitzer im Jahre 1900 mit einer weiteren Dissertation über das Abendmahlsproblem zum Dr. theol. Zwei Jahre später habilitiert er sich. Seine theologische Habilitationsschrift trägt den Titel *Das Messianitäts- und Leidensgeheimnis – Eine Skizze des Lebens Jesu.*

Aber wer ist Jesus für Albert Schweitzer, der sich offenkundig zur modernen liberalen Theologie seiner Zeit bekennt? Diese Frage stellt sich nicht zuletzt angesichts des beeindruckenden Werks *Geschichte der Leben-Jesu-Forschung*, durch das Schweitzer in noch weiteren Kreisen bekannt werden sollte. Die Antwort kann lauten: Jesus ist für ihn keinesfalls nur ein theologischer Forschungsgegenstand, den man aus historisch-kritischer Distanz mit den gleichen Methoden untersucht wie andere Gestalten oder Fragenkomplexe der Vergangenheit; denn als dieses Werk im Jahre 1906 unter dem Titel *Von Reimarus zu Wrede* die Druckerpresse verläßt, da ist die Entscheidung seines Lebens bereits getroffen. Schon seit dem Herbst 1904 weiß Schweitzer, daß ihm weder eine theologische noch eine philosophische Karriere bevorsteht. Aufgrund eines Aufrufes der Pariser evangelischen Missionsgesellschaft hat er sich entschlossen, in den französischen Kongo zu gehen und dort einen humanitären Dienst zu übernehmen. Nach und nach wird ihm

klar, daß er Urwaldarzt werden müsse, wenn er den kranken Negern in Äquatorialafrika die Hilfe bieten wolle, die sie brauchen.
Ende Oktober 1905 finden wir den dreißigjährigen Orgelfachmann und inzwischen international anerkannten Bach-Experten Dr. phil., Dr. theol. habil. Albert Schweitzer als Student in den Hörsälen und Labors der medizinischen Fakultät in Straßburg. Das Motiv, das letztlich einzige Motiv zu diesem Entschluß, der ihn schließlich nach Afrika führt und zum Urwalddoktor von Lambarene werden läßt, ist die Bereitschaft zur Nachfolge Jesu. Schweitzer selbst hat diese einfache Formel gefunden: »Jesus hat mich einfach gefangengenommen seit meiner Kindheit . . . Mein Gehen nach Afrika ist ein Gehorsam gegen Jesus. Meine Entwicklung ist ohne jeden Bruch vor sich gegangen.«
So heißt es in einem Brief aus dem Jahre 1931. Noch unmittelbarer spricht ein früheres Zeugnis: »Ja, ich habe alles gekannt: die Wissenschaft, die Kunst, die Freuden der Wissenschaft, die Freuden der Kunst, ich kenne das erhebende Gefühl des Erfolges, und mit wahrem Stolz habe ich meine Antrittsvorlesung mit 27 Jahren gehalten. Aber das alles hat meinen Durst nicht gestillt; ich fühle, daß das nicht alles ist, daß es nichts ist. Ich bin immer einfacher, immer mehr Kind geworden, und ich habe immer deutlicher erkannt, daß die einzige Wahrheit und das einzige Glück darin besteht, unserem Herrn Jesus Christus dort zu dienen, wo er uns braucht. Hundertmal habe ich darüber nachgedacht, ich habe meditiert im Gedanken an Jesus, ich habe mich gefragt, ob ich leben könnte ohne Wissenschaft, ohne Kunst, ohne die intellektuelle Umgebung, in der ich mich befinde – und immer, am Ende aller Überlegungen, ein freudiges Ja.«
Jeder weiß, daß derartige Zeugnisse bei Albert Schweitzer durch sein beispielhaftes Leben und Tun vollauf gedeckt sind. Es handelt sich allerdings um eine unnachahmliche Beispielhaftigkeit. Sie beginnt für ihn schon in den Jahren vor der Einschiffung nach Afrika. Er ist auch ehrlich genug, bereits die Straßburger Jahre, zwischen 1905 und 1908 etwa, als »grausig« zu bezeichnen. Das bezieht sich auf die Vielfalt und die Intensität seines Einsatzes. Schließlich ist der Student der Medizin gleichzeitig noch Dozent für neutestamentliche Theologie, das heißt, er lehrt an derselben Hochschule, an der er studiert; er predigt an St. Nikolai und unterrichtet mit der ihm eigenen Gründlichkeit seine Konfirmanden; er schreibt seine Werke über Jesus und über J. S. Bach, und um seine großen Vorhaben finanzieren zu können, gibt er Orgelkonzerte.
Aber dem künftigen Urwaldarzt werden noch andere Proben auferlegt: Zwar begrüßt der Leiter der Pariser Missionsgesellschaft Schweitzers Engagement. Gleichzeitig gibt man ihm jedoch zu verstehen, daß man einen modernen Liberalen – sofern überhaupt – nur als Missionsarzt, keinesfalls jedoch als Missionar oder theologischen Lehrer akzeptieren könne. Dabei hatte jener Aufruf, der Schweitzers Lebenswende ent-

schied, gelautet: »Menschen, die auf den Wink des Meisters einfach mit: ›Herr, ich mache mich auf den Weg‹, antworten, dieser bedarf die Kirche.« Aber ist dieser Kirche auch ein Albert Schweitzer gut genug? Christlicher Glaube muß sich nicht selten der Gläubig-Allzugläubigen erwehren . . .

Schweitzer tut das, indem er seinen französischen Dienstgeber ausdrücklich versichert, er komme »nur als Arzt«. Aber unter Hinweis darauf, daß sich die rechtgläubigen Mitglieder des Pariser Missionskomitees immer noch nicht zufriedengeben wollten, bemerkt Schweitzers Biograph Harald Steffahn: »Seine theologische Liberalität ging selbst für bibelfreien Dienst zu weit.« Doch der ins Kreuzfeuer orthodoxer Kritik Geratene kümmert sich angesichts des ihm übertragenen Dienstauftrags Liebe wenig um die kirchenamtliche Beckmesserei. Er schlägt auch die wohlmeinenden Argumente seiner Freunde in den Wind, die sich nicht vorstellen können, daß die humanitäre Tat, die Tat christlicher Liebe, einen höheren Stellenwert einnehmen solle als die wissenschaftliche oder die künstlerische Leistung. Der Bemitleidete, zeitweise sogar Verspottete, geht zum Gegenangriff über, zum Beispiel in einer seiner Straßburger Predigten, die er anläßlich eines Missionsfestes am 6. Januar 1905 gehalten hat. Darin heißt es:

O diese vornehme Kultur, die so erbaulich von Menschenwürde und Menschenrechten zu reden weiß, und die diese Menschenrechte und Menschenwürde an Millionen und Millionen mißachtet und mit Füßen tritt, nur weil sie über dem Meere wohnen, eine andere Hautfarbe haben, sich nicht helfen können; diese Kultur, die nicht weiß, wie hohl und erbärmlich, wie phrasenhaft und gemein sie vor denjenigen steht, die ihr über die Meere nachgehen und sehen, was sie dort leistet, und die kein Recht hat, von Menschenwürde und Menschenrechten zu reden.«

Und weiter: Derselbe Jesus, auf den sich eine selbstgenügsame verbürgerlichte »christliche« Gesellschaft beruft, habe Religion und Menschlichkeit so zusammengeschweißt, daß es keine Religion mehr gebe, die sich nicht in »wahrer Menschlichkeit« konkretisiert und verwirklicht. »Diese menschliche Würdigung der Mission muß sich durchsetzen, und ihr müßt reden und arbeiten, daß es sich durchsetze!«

Im Frühjahr 1913 ist es soweit. Schweitzer läßt die »vornehme Kultur« hinter sich und schifft sich mit seiner jungvermählten Frau Helene, geborene Breßlau, in Bordeaux ein. Am 16. April erreicht er die mittelafrikanische Missionsstation Lambarene am Ogowe-Fluß. Es ist für die Dauer von rund fünf Jahrzehnten die Stätte seines künftigen ärztlichen Wirkens, nur unterbrochen durch die lange kriegsbedingte Internierung, durch mehrere Europa- und Amerikareisen, die Albert Schweitzer unternimmt, um Konzerte zu geben, die dringend nötigen finanziellen Mittel für den Ausbau seines Urwaldspitals zusammenzutragen sowie Vorträge und Vorlesungen zu halten, unter ihnen jene, zu denen ihn der schwedische

Erzbischof Nathan Söderblom nach Uppsala eingeladen hatte. Schließlich gilt es, in solchen Zeiten der Reisen und des »Heimaturlaubs« das wissenschaftliche Werk voranzutreiben und zum Druck zu bringen. Dazu gehören so wichtige Bücher wie *Das Christentum und die Weltreligionen* (München 1923), *Die Mystik des Apostels Paulus* (München 1930), *Die Weltanschauung der indischen Denker* (München 1935) und – neben zahlreichen musikalischen Werkeditionen – vor allem seine kulturphilosophischen Werke, an ihrer Spitze *Kultur und Ethik* (München 1923).

Es ist bezeichnend, daß derselbe Albert Schweitzer, der erst in harter Pionierarbeit das Urwaldspital errichten muß, ehe er die Scharen erkrankter Eingeborener operieren, pflegen und behandeln kann, noch über die erforderliche Energie verfügt, um über die Grundfragen abendländischer Kultur nachzudenken und Impulse für deren Erneuerung zu vermitteln. Denn statt nur Kritik an jener Gesellschaft zu üben, die große Worte im Munde führt, jedoch nicht in der Lage ist, den Ausbruch des Weltkriegs mit seinem Massenmorden zu verhindern, legt Schweitzer die Zusammenhänge von Kultur und Weltanschauung offen. Die Ideale der wahren Kultur – so sagt er sich – sind kraftlos geworden, weil die idealistische Weltanschauung, in der sie wurzeln, nach und nach abhanden gekommen sind. Was aber ist Kultur?

Schweitzer erblickt in ihr »die ethische Vollendung der einzelnen wie der Gesellschaft . . . Bei aller Bedeutung, die den Errungenschaften des Wissens und Könnens zukommt, ist doch offenbar, daß nur eine ethischen Zielen zustrebende Menschheit des Segens materieller Fortschritte in vollem Maße teilhaftig und der ihnen gegebenen Gefahren Herr werden könne.« Fortschritt sei letztlich nur da, wo das Leben bejaht, das heißt, geschützt und erhalten wird, und zwar ohne Kompromiß oder Einschränkung.

Damit ist Albert Schweitzer bei seinem Lebensthema, in dem sich sein Denken – das philosophische wie das theologische – mit dem praktischen Tun zu einem gläubigen Humanismus verbindet. Der Glaube ist im Spiel, weil die innersten Motive für sein Leben im Innern Afrikas von demselben Jesus herkommen, dem er einst als Erforscher der Jesus-Tradition begegnet ist. Später, in seinem reichhaltigen autobiographischen Bericht *Aus meinem Leben und Denken* (Leipzig 1931), nennt er die ihn prägende Grundhandlung »ethische Mystik«. Von ihr sagt er, sie lasse »das Einswerden mit dem Unendlichen durch die ethische Tat verwirklicht werden . . . Wird unser Wille zum Leben über sich und die Welt denkend, so gelangen wir dazu, das Leben der Welt, soweit es in unseren Bereich tritt, in dem unseren zu erleben und unseren Willen zum Leben durch die Tat an den unendlichen Willen zum Leben hinzugeben . . . «

Aber ein solches Lebensthema will bis in die begriffliche Formulierung hinein errungen, ja erlitten sein, ehe etwas von seinem Feuer als Funke überspringen und Menschen zu eigenem humanitären Tun bewegen kann. In dem erwähnten Lebensbericht erzählt Schweitzer, wie er monatelang in innerer Aufregung verbracht habe: Es ist 1915, das zweite Kriegsjahr; die Arbeit im Spital ist infolgedessen stark behindert, ehe man den Urwalddoktor in ein Internierungslager in die Pyrenäen abschiebt. Über diese Zeit einer inneren Desorientiertheit berichtet Schweitzer:

»Ohne jeglichen Erfolg ließ ich mein Denken in einer Konzentration, die auch durch die tägliche im Spital getane Arbeit nicht aufgehoben wurde, mit dem Wesen der Welt- und Lebensbejahung und der Ethik und mit dem, was sie miteinander gemeinsam haben, beschäftigt sein. Ich irrte in einem Dickicht umher, in dem kein Weg zu finden war. Ich stemmte mich gegen eine eiserne Tür, die nicht nachgab. Alles, was ich aus der Philosophie über Ethik wußte, ließ mich im Stich . . . « Einsamkeitserlebnis eines Denkers! Da, es ist ein Tag im September 1915, wird Schweitzer zu einer europäischen Patientin gerufen. Eine etwa 200 Kilometer lange Fahrt mit dem Dampfboot stromaufwärts wird nötig. Der Autobiograph erzählt:

»Langsam krochen wir den Strom hinauf, uns mühsam zwischen den Sandbänken – es war trockne Jahreszeit – hindurchtastend. Geistesabwesend saß ich auf dem Deck des Schleppkahns, um den elementaren und universellen Begriff des Ethischen ringend, den ich in keiner Philosophie gefunden hatte. Blatt um Blatt beschrieb ich mit unzusammenhängenden Sätzen, nur um auf das Problem konzentriert zu bleiben. Am Abend des dritten Tages, als wir bei Sonnenuntergang gerade durch eine Herde Nilpferde hindurchfuhren, stand urplötzlich, von mir nicht geahnt und nicht gesucht, das Wort ›Ehrfurcht vor dem Leben‹ vor mir. Das eiserne Tor hatte nachgegeben; der Pfad im Dickicht war sichtbar geworden. Nun war ich zu der Idee vorgedrungen, in der Welt- und Lebensbejahung und Ethik miteinander enthalten sind!«

Noch etwas weiß Albert Schweitzer von diesem Augenblick an, nämlich, »daß die Weltanschauung ethischer Welt- und Lebensbejahung samt ihren Kulturidealen im Denken begründet ist«. Und wenn der Praktiker, der kranke Farbige operiert und sich um das Getier kümmert, das die ärztliche Missionsstation bevölkert, in diesem Moment von Idealen spricht, dann bekommt dieser Zentralbegriff abendländischer Philosophie einen neuen Inhalt; sie, die Idee, wird auf eine überraschende Weise konkret. Schweitzer nennt sie in seinem Lebensbuch *Aus meinem Leben und Denken* die »unmittelbarste Tatsache des Bewußtseins des Menschen«, die von jedem einzelnen mit dem Willen erfaßt werden kann, sobald er über sich selbst und über die ihn umgebende Welt nachdenkt. Auf eine schlichte Formel gebracht heißt das: »Ich bin Leben, das leben will, inmitten von Leben, das leben will.«

Als Schweitzer diesen Gedanken ausspricht, in Wort und Schrift vor der Welt vertritt und vor allem lebbare Wirklichkeit werden läßt, ist die

Schar derer noch klein, deren Verantwortung für den Organismus Erde und für das Leben auf diesem bedrohten Planeten bereits erwacht ist. Ein Indiz mehr dafür, daß die Aktualität Schweitzers manchem Augenschein zum Trotz noch lange nicht am Ende ist. Denn ethisch ist für ihn der Mensch erst dann, wenn er nicht allein seinesgleichen achtet, die Existenz von seinesgleichen schützt, statt sie zu gefährden, sondern »wenn ihm das Leben als solches, das der Pflanze und das des Tieres wie das des Menschen, heilig ist, und er sich dem Leben, das in Not ist, helfend hingibt. (Denn) nur die universelle Ethik des Erlebens der ins Grenzenlose erweiterten Verantwortung gegen alles, was lebt, läßt sich im Denken begründen«, heißt es in seinem Erinnerungsbuch *Aus meinem Leben und Denken.*
Wer nun annehmen wollte, daß hier eben der Denker spreche, der Kulturphilosoph, der über den »Verfall und Wiederaufbau der Kultur« nachsinnt, der aber im übrigen nicht viel mit dem Nachfolger Jesu zu schaffen habe oder *neben* diesem stehe, der wird eines Besseren belehrt, wenn er auf den Prediger Albert Schweitzer hört. Ehe nämlich die in den Weltkriegsjahren zwischen 1915 und 1917 in Zentralafrika entworfenen Gedanken in Vorträgen, akademischen Vorlesungen und in den genannten kulturphilosophischen Schriften, vor allem in *Kultur und Ethik*, einer breiteren Öffentlichkeit vorgetragen werden, macht sie der Prediger von St. Nikolai seiner Straßburger Gemeinde zugänglich.
So ist, rückblickend, auch der 16. Februar 1919 ein denkwürdiger Tag in der Entstehungsgeschichte des Schweitzerschen Werks. An diesem Sonntagmorgen predigt der aus der Internierung in das Elsaß Zurückgekehrte über »das große Gebot«; gemeint ist die Gottes- und Nächstenliebe nach Markusevangelium Kapitel 12, 28–24. Da wird die Frage gestellt, was eigentlich das Gute sei und ob man es »durchführen« könne. Da wird kritisch-selbstkritisch gesagt: »Die christliche Sittlichkeit ist zu keiner Macht in der Welt geworden. Sie ist nicht tief in die Menschengemüter eingedrungen, sondern nur mehr äußerlich angenommen worden, mehr in Worten anerkannt als in der Tat geübt.« Dann ist in dieser Predigt noch das Schlüsselwort vom »Staunen über das Rätsel des Lebens – Ehrfurcht vor dem Leben in seinen unendlichen, immer neuen Gestaltungen . . . Aufhebung des Fremdseins – Miterleben, Mitleiden; das letzte Ergebnis des Erkennens ist also dasselbe im Grunde, was das Gebot der Liebe uns gebeut (gebietet)«. Warum eigentlich? Schweitzers Antwort lautet: Weil Vernunft und Herz, die liebende Wesensgemeinschaft und der in die Tiefe der Dinge gehende, die Gesamtheit der Dinge umfassende Verstand zusammenwirken müssen und können. Der Denkende und der Liebende, der Glaubende und der Philosophierende sind in der sittlichen Tat eins, die in der Ehrfurcht vor dem Leben begründet ist. So mündet nicht nur diese Straßburger Predigt in das Bekenntnis ein: »Ich kann nicht anders als Ehrfurcht haben vor allem, was Leben heißt, ich kann

nicht anders als mitempfinden mit allem, was Leben heißt. Das ist der Anfang und das Fundament der Sittlichkeit.«

In weiteren Predigten hat Schweitzer dieses Lebensthema aufgenommen und variiert. Auch wenn der heutige Leser diese frühen Straßburger Predigten ohne die persönliche Anwesenheit des Predigers erfassen muß, so ist doch das beschwörende Pathos nicht zu überhören, das die Texte, etwa den der nachfolgenden Predigt über Römer 14, 7, belebt; wenn er dort bei allem Respekt vor der Freiheit des einzelnen sich soviel Macht wünscht, Einfluß auf die Menschen auszuüben, daß sie mitfühlend werden und großen Schmerz empfinden, wo immer Leben bedroht oder vernichtet wird. Denn: »Unser keiner lebt sich selber! Möge uns das Wort (des Apostels Paulus) verfolgen und nicht zur Ruhe kommen lassen, bis man uns ins Grab bettet!« Eines Kommentars bedürfen diese Worte nicht. Das Lebenszeugnis des am 4. September 1965 in Lambarene verstorbenen Albert Schweitzer hat ihn überflüssig gemacht.

Es war Karl Barth, der einmal den Gedanken aussprach, daß Theologie, Rede von Gott, zu einer Art Luxusbeschäftigung mißraten könne, mit der Menschen vor dem lebendigen Gott zu fliehen suchen. Das war in einer seiner letzten Vorlesungen (1961/62). Und er fügte bedeutsam hinzu: »Könnte ein so problematischer Theologe wie Albert Schweitzer nicht – immer gerade vom Gegenstand der Theologie her gesehen – das bessere Teil erwählt haben und mit ihm die ersten besten, die da und dort ohne alle theologische Besinnung versucht haben, Wunden zu heilen, Hungrige zu speisen, Durstige zu tränken, elternlosen Kindern eine Heimat zu bereiten?«

P. Frumentius Renner OSB

Pfarrer Sebastian Kneipp

Volksarzt mit der Heilkraft des Wassers

In einer breitflächigen Marmorskulptur an der Westseite des neuen Rathauses stellt sich der Kneippkurort Bad Wörishofen vor. In der Mitte ist das heutige Stadtzentrum dargestellt. Auf der linken Seite der Skulptur ist die Jahreszahl 1067 zu lesen, das Datum der Erstbeurkundung, darunter ein alter Turm, vielleicht ein Wehrturm, samt dem Ortswappen. Auf der rechten Seite der Skulptur liest man die Jahreszahl 1855 über dem Dominikanerinnenkloster mit seinem beschwingten Rokokotürmlein. Den Raum darunter füllt eine ziemlich große Reliefplatte in Bronze mit dem Brustbild des Pfarrers Sebastian Kneipp, jenem Mann, der 1855 als Beichtvater nach Wörishofen kam und aus dem einst unbekannten Bauerndorf das heute weltbekannte Bad Wörishofen geschaffen, und der selbst Weltruhm erlangt hat. Wer war dieser Sebastian Kneipp eigentlich, wie sein Leben und sein Werk?

Im Bericht des kgl. Bezirksarztes Dr. Schmidt von Türkheim vom 31. Januar 1866 über die Jahre 1864/65 bekam Bezirksamtmann Spengler in Mindelheim als vorgesetzte Dienststelle folgenden Passus zu lesen: »Der andere großartige Pfuscher ist der hochwürdige Pater Beichtvater Kneipp im Kloster Wörishofen, ein Mensch, der mit der größten Unverschämtheit seit 12 Jahren sein Wesen treibt, eigene Ordinationstage hält, eine eigene Badeanstalt im Kloster nicht nur für die Insassen desselben, sondern zur Benützung anderer Badegäste, namentlich geistlicher Herren und anderen, auch Laien, Kürassieroffiziere pp., die ihre Badewart im Kloster selbst genießen, errichtet hat, sehr viel ordiniert, zwar keine Bezahlung annimmt, deshalb es doch so einzurichten weiß, daß er für seine Bemühungen nicht leer ausgeht und – was das Schlimmste ist – von den Gesetzen nicht erreicht werden kann, öfters verklagt, immer straffrei ausgeht und deshalb seine Unverschämtheit womöglich auf die Spitze treibt.«

Mit einigen zusätzlichen, keineswegs harmlosen, eher gehässigen Anschuldigungen durch den Bezirksarzt Dr. Sauter von Mindelheim bereichert, fand diese Beschwerde den Weg ins Regierungspräsidium in Augsburg. Obwohl Regierungspräsident Winfried von Hörmann wiederholt bei Inspektionen an Ort und Stelle festgestellt hatte, daß in Wörishofen alles in Ordnung sei, mußte er auf solche Anschuldigungen hin etwas unternehmen. Er ließ den Bericht des Landgerichts Türkheim dem bischöflichen Ordinariat vorlegen. Man wußte, daß Bischof Pankratius von Dinkel ein Mann war, der sehr auf Ordnung sah. Am 24. Februar (1866) sandte das Ordinariat die ganze Beschwerdeschrift an den Beichtvater Kneipp zur Rückäußerung.

Kneipps Rechtfertigung erfolgte darauf am 14. März in aller Ausführlichkeit. Er legte dar, daß er sich nie auf medizinischem Gebiet betätigt habe, sondern nur Wasser und Heilkräuter anwende, die man überall kaufen könne. Er habe auf Anfrage vom Gerichtsarzt Dr. Betzenhofer den Bescheid bekommen, gegen seine Handlungsweise sei nichts einzuwenden. Die Leute kämen zu ihm gegen seinen Willen, er habe Bittsteller schon abgewiesen. Er habe keine eigenen Ordinationstage. Wenn Dr. Schmidt von einer Badeanstalt spreche, so handle es sich um die Waschküche des Klosters, in der eine Badewanne stehe, notfalls eine zweite aufgestellt werde.

Was die versteckte Anschuldigung Dr. Sauters betraf, wonach er seine Amtspflichten gegenüber der klösterlichen Anstalt nicht oder nur schlecht verrichtet habe, konnte Kneipp darauf hinweisen, bei seiner Ankunft in Wörishofen seien erst wenige Waisenmädchen im Kloster gewesen, während es jetzt über hundert seien. Indirekt war damit gesagt, daß Kneipp der Oberin in der äußeren Verwaltung ihrer wenigen Felder und ihres Viehbestandes wertvolle Hilfe geleistet und die Landwirtschaft so gehoben hatte, daß nunmehr eine weit größere Anzahl von Waisen aufgenommen und ernährt werden konnten.

Seinem offiziellen Titel nach war Kneipp Beichtvater, genauer gesagt Geistlicher Leiter, das entspricht heute etwa dem Spiritual, womit auch das Amt des Katecheten der Mädchenschule im Kloster verbunden war. Zusätzlich war der Beichtvater der offizielle Berater der Oberin, ein mitverantwortlicher und mitsorgender Gehilfe. Und gerade hier war Kneipp, der Spätberufene, imstande, dank seiner vielfachen Kenntnisse und Erfahrungen fachkundig einzugreifen.

Füllten also die vielfachen Verpflichtungen den Beichtvater Kneipp schon hinreichend aus, so kam dazu noch eine weitere, ständig wachsende, persönliche Belastung in den Jammergestalten vieler Kranker. Meist waren es alte Knechte und Mägde, lauter Leute, die sich eine ärztliche Behandlung nicht leisten konnten oder eine solche ohne Erfolg versucht hatten. Mehr und mehr wandten sich auch seine geistlichen Mitbrüder hilfesuchend an ihn. Und der Beichtvater konnte vielen – manchmal in mehr oder weniger aussichtslosen Fällen – helfen, dadurch viele Patienten wieder arbeitsfähig und so manche Familie glücklich machen. Kneipp fügte daher seinem Rechtfertigungsschreiben nach Augsburg siebzehn ausgewählte Fälle solcher Art an und stellte am Schluß jedes einzelnen die Frage: »Hatte ich für diesen Fall recht oder war es unrecht, so zu handeln?« Man mußte ihm recht geben.

Die Seelsorge war es gewesen, die ihn zum heilenden Helfer hatte werden lassen. Angefangen hat es in Boos (bei Memmingen), wo er als Kaplan die sterbenskranke Magd Columba Haas, die der Arzt aufgegeben hatte, auf den Tod vorzubereiten hatte. Dem Kaplan schien der Fall jedoch noch nicht aussichtslos, und er gab Ratschläge, die befolgt wurden und die die kranke Dienstmagd, später auch die Bäuerin Magdalena Albrecht, wieder gesund werden ließen. Dann kam das Cholerajahr 1854. Eines der ersten Opfer, das die Seuche in jener Gegend hinwegraffte, war Kneipps Vater in Stephansried. In Boos erkrankten 42 Personen und litten unter entsetzlichen Krämpfen. Anfangs war der Arzt von Fellheim noch gekommen und hatte ein Pulver verschrieben, das jedoch wirkungslos war. Dann war dieser – die Gründe kannte man nicht – überhaupt nicht mehr gekommen. Nun griff der Kaplan ein und verordnete kunstgerechte Schwitzkuren. Alle 42 Befallenen wurden wieder gesund. War es unrecht, daß Kaplan Kneipp hier helfend einsprang? Die armen Leute waren diesem Seelsorger dankbar, aber hämische Neider hängten ihm den Namen »Cholerakaplan« an. –

(Bekanntlich war die Seuche aus Indien nach München eingeschleppt worden, wie der berühmte Arzt Virchow einwandfrei nachweisen konnte. In der Zeit bis zum 10. Oktober jenes Jahres erkrankten in München, das damals »mit der Vorstadt Au« nicht ganz 120 000 Einwohner zählte, 5876 Menschen, und 2974 starben an Cholera. Leider hatte die Hauptstadt keinen Cholerakaplan wie Boos!)

Schon vor der Choleraepidemie war Kneipps unbefugtes Kurieren im Fall der Columba Haas beim Landrichter in Babenhausen angezeigt und dem Geistlichen eine Geldstrafe von zwei Gulden auferlegt worden. Als er dem Richter das Bußgeld entrichtete, fragte ihn dieser, ob er nicht auch ihm gegen gichtisches Reißen helfen könne. Der gutmütige Kaplan schrieb ihm dann ein Rezept.

Klage gegen den kurierenden Kaplan hat zuerst der Apotheker Semmelbauer in Babenhausen geführt, und zwar wegen Erwerbsminderung. Die Angelegenheit kam vor Bischof Peter von Richarz in Augsburg. Dieser fällte ein echt salomonisches Urteil dahingehend, »daß . . . einerseits das Wasser kein Heilmittel sei, auf dessen Verkauf den Apothekern ein Privilegium zusteht, daher diesbezüglich von einer Erwerbsbeeinträchtigung eine Rede nicht sein kann«. Andererseits aber ließ der Oberhirte den Kaplan zur Vorsicht mahnen, »daß er nicht in die Anschuldigung fahrlässiger Tötung komme wegen nicht rechtzeitigem Gebrauch des Arztes«.

Das war eine weise Entscheidung, und Kneipp hielt sich, soweit sie ihn betraf, daran. Zu wenig beachtete er freilich, daß seine Erfolge das Ansehen der Ärzte bei der Landbevölkerung minderten. Die zugelassenen Ärzte verschlossen sich zunächst der Einsicht, daß ein medizinischer Laie mit Wasser und Heilkräutern Erfolge haben konnte, wo die Doctores medicinae und ihre Methoden versagten, und daß er Heilerfolge vorwies, die auch den Unbemittelten zugute kamen. (Merkwürdigerweise fand Kneipp andererseits keinen Zugang zur Homöopathie.) Verschanzten sich die Ärzte außerdem hinter dem Kurierverbot, so mußten sie seit 1873 die Lockerung dieses Gesetzes durch den Reichstag in der deutschen Reichsgewerbeordnung in Kauf nehmen. Die meisten der Feinde aus dem ärztlichen Lager aber verstummten erst, als Patienten aus hohem und höchstem Stand kamen und in ihrem Gefolge approbierte Ärzte, auch aus dem Ausland (Barcelona!), aus Österreich sogar Professoren der Medizin. Einzelne Ärzte hospitierten alsbald je ein paar Jahre bei Kneipp. Doch auch jetzt geschah noch das Widersinnige, daß diese Ärzte zunächst bei ihren Kollegen verfemt wurden – und das zu einer Zeit, wo schon Tausende aus allen Ständen und vielen Ländern Europas nach Wörishofen kamen.

Der erste Arzt, der bei Kneipp in die Schule ging (1887/89), war Dr. Bernhuber aus Türkheim – eine Ironie des Schicksals, da doch aus Türkheim die größte Anfeindung gekommen war! Dr. Bernhuber änderte dann 1889 in Rosenheim das Kaiserbad zu einem Kneippbad um. Ähnliches geschah durch Dr. Kleinschrod nach fast dreijährigem Aufenthalt in Wörishofen (1889/91), in Jouy-aux-Arches bei Metz, ferner durch Dr.

Tacke in Genf, Dr. Werminghausen (1893) in Schandau bei Dresden und andere mehr. Einen greifbareren Beweis für die Richtigkeit und Zweckmäßigkeit des Prinzips und der Methode Kneipps konnte es kaum geben. Den kranken Menschen ist durch Pfarrer Kneipp ein bisher kaum erschlossener Quell der Gesundheit eröffnet worden. Daß das unkomplizierte Volk dies mit feinem Gespür längst vor den mit Vorbehalten belasteten Wissenschaftlern beziehungsweise Ärzten erkannt hat, wen kann das wundern?

»Mein Vater, ein armer Weber, und meine Mutter, eine arme Webersgattin, hatten mit Not und Elend zu kämpfen genug, weil die Kriegsjahre vorausgegangen waren und das Jahr der Teuerung (1817). Ich habe oft sagen hören: ›Wir haben gemeint, du stirbst, jetzt haben wir dich auch noch aufziehen müssen.‹« Mit diesen so grundehrlichen Worten charakterisierte Kneipp am 23. Mai 1894 vor Wörishofener Kurgästen bei einem Ausflug in seine Heimat Stephansried (5 km nördlich von Ottobeuren) seine Herkunft.
In bitterste Armut ist also Sebastian Anton Kneipp am 17. Mai 1821 hineingeboren worden. Die Familie war mit ihm sechsköpfig geworden. Zwei seiner drei Schwestern waren Stiefschwestern aus der ersten Ehe der Mutter. Eine Schwester folgte noch nach, Therese, die spätere Haushälterin und Gehilfin Kneipps. Nur einmal im ganzen Jahr, an Kirchweih, konnte man sich satt essen. Das Bett des Buben stand auf dem Dachboden unter einem löchrigen Dach, durch das es im Winter schneite.
Armselig stand es mit der Schule in Stephansried. Ein Schuster unterrichtete die Kinder, aber nur im Winter. Mit elf Jahren schon mußte der »Baschtl« dem Vater im feuchten Keller weben helfen. Im folgenden Jahr wurde er ganz Gehilfe und hatte von nun ab täglich fünf Ellen Leinen zu weben. Im Sommer half er Bauern auf dem Feld oder sonstwo. Neben der Arbeit gab Vater Xaver seinem Sohn etwas Rechenunterricht. Er war selber talentiert und kannte sich bestens in der Welt- und Kirchengeschichte aus. Diesen wachen Geist hatte Sebastian als kostbares Erbe von seinem Vater bekommen. Kein Wunder, daß er gerne studiert hätte. Aber daran war nicht zu denken. Daheim schnitt man ihm das Wort über solche Flausen kurzerhand ab. Auch die Geistlichen, die er schüchtern anging, rieten energisch ab und wußten keine Hilfe.
Nachdem der inzwischen 21jährig gewordene Sebastian Kneipp bei etwa 30 Geistlichen angeklopft hatte, in der Hoffnung, seinem ersehnten Ziel des Studiums doch noch näherzukommen, unternahm er mit dem Mut der Verzweiflung einen letzten Versuch – und hatte Glück. Auf einer anscheinend planlosen Wanderschaft kam er nach Grönenbach. Der dortige Benefiziat Matthias Merkle nahm den jungen Mann auf, gab ihm Unterricht und sorgte für Kost und Logis, auch nachdem er selbst Stadtkaplan in St. Moritz zu Augsburg geworden war. In zwei Jahren berei-

tete er den jungen Webergesellen auf die fünfte Gymnasialklasse (Untersekunda) vor. Aber nur auf eine besondere Empfehlung hin nahm ihn 1844 der Rektor des Gymnasiums in Dillingen auf. Schon bald zeigten sich besorgniserregende Gesundheitsstörungen und als Folge eine schwindende Konzentrationsfähigkeit. Sein geistlicher Freund Merkle, jetzt Professor am Lyzeum in Dillingen, besuchte ihn täglich, half und ermunterte. Dadurch gelang es dem Erkrankten, 1848 das Absolutorium erfolgreich zu bestehen. Vom behandelnden Arzt Dr. Kraus aber war er bereits aufgegeben.

Trotzdem erfolgte die Aufnahme ins Priesterseminar in Dillingen. Von da aus studierte er im folgenden Jahr im Sommer ein Semester in München, war aber im Studium schwer behindert. Das Abschlußexamen in Philosophie bestand er jedoch. In der Münchner Hofbibliothek lernte er eines Tages – sozusagen zufällig – ein vor über hundert Jahren erschienenes Buch des Arztes Joh. Siegmund Hahn über Wassertherapie in der Neubearbeitung von Prof. Örtel in Ansbach kennen; er schöpfte neue Hoffnung und kaufte es antiquarisch, um sich nach dieser Methode zu kurieren.

Im kommenden Wintersemester in Dillingen ging der Kostschüler Kneipp, da ihm bei Wasseranwendungen niemand behilflich war, wöchentlich zwei- bis dreimal – auch bei strenger Kälte – zur Donau, tauchte ein paar Sekunden unter, zog sofort unabgetrocknet die Kleider an und lief sich auf dem Heimweg wieder warm. Und der Erfolg? »Ich probierte ein viertel Jahr, ein halbes Jahr; ich fühlte keine wesentliche Besserung, aber auch nie Nachteile. Das gab mir Mut« (*Meine Wasserkur*, S. 2).

Dank dieser staunenswerten Ausdauer wurde Kneipp langsam kräftiger, aber es sollte noch lange dauern, bis er gesund war. Er hatte mit dem Tod gerungen und war Herr geworden über die Lungentuberkulose, deren Keim er sich allem Anschein nach im Elternhaus geholt hatte; war doch seine Mutter 1841 an Blutsturz – also an Tuberkulose – gestorben. Er hatte es nun am eigenen Leib erfahren, wie es Kranken, zumal wenn sie arm sind, zumute ist. Doch am 6. August 1852 wurde er Priester und konnte in der herrlichen Klosterkirche in Ottobeuren Primiz feiern. Gottes Vorsehung hat ihn diesen Weg der großen Trübsal geführt, hat ihn dabei zugleich charakterlich geschult und gestählt und in ihm einen unbezwingbaren Willen entwickelt, Leidenden zu helfen. Jedoch ohne materielle und moralische Hilfe und Protektion des Professors Merkle – seit 1848 Professor, gestorben 1881 – hätte Kneipp all die Hindernisse auf seinem Berufsweg nicht überwunden. Darum war er seinem Wohltäter zeitlebens zutiefst dankbar.

Mit noch einem anderen Mann war Kneipp in Dillingen zusammengekommen, mit dem Dogmatikprofessor und späteren Regens Johann Ev. Wagner, dem Gründer und Stifter großer karitativer Anstalten. Wenn nicht alles täuscht, war es dieser Mann, der mit dazu beitrug, daß Kaplan Kneipp in seinem dritten Priesterjahr das Beichtvateramt in Wörishofen übertragen bekam. Wie sehr waren sich Wagner und Kneipp geistig verwandt – beide große, ja heroische Helfer leidender Menschen!

Der jahrelange Kampf um den Priesterberuf samt dem Kampf um Leben und Gesundheit waren für Kneipp eine harte Schule. Dennoch erkannte er in den verschlungenen Pfaden seines Lebens das Walten des gütigen Gottes. Das bewahrte ihn vor Verbitterung und Härte. So blieb er zeitlebens ein zuversichtlicher, optimistischer Mensch, großmütig und wohlwollend. Es war ihm eine Freude, als Priester wirken und anderen helfen zu dürfen. So verstand er seinen Beruf als ein Wirken in ganzer Hingabe, als ein Verschenken seiner selbst. Er war ein ausgezeichneter Katechet, Prediger und eifriger Volksmissionar. Sorgfältig ausgearbeitete Predigten von ihm sind noch erhalten. Aber er war auch ein reger Geist, der sich für alles interessierte, was in sein Blickfeld geriet. Mit klarem Blick erfaßte er bald das Wesentliche und eignete sich in kurzer Zeit eine gründliche Erfahrung in vielen Bereichen des praktischen Lebens an. Auf diese Weise konnte er die Bauern beraten in Ackerbau, Viehzucht, Kaninchen- und Bienenzucht sowie im Futterbau. Er schrieb in den Jahren 1870–1880 über all diese Gebiete je ein kleines Büchlein. Diese Leitfäden fanden starke Verbreitung und wurden sogar in den landwirtschaftlichen Schulen als Fibeln benutzt. Rasch gewann Kneipp das Vertrauen der einfachen Leute, und so war der Beichtvater des Klosters bald verwachsen mit den Bewohnern des Dorfes und seiner Umgebung.
Als daher 1881 die Pfarrei Wörishofen vakant war, gab es für die Pfarrgemeinde wie für Kneipp nur *eine* optimale Lösung, daß der Beichtvater der neue Seelsorger der Gemeinde wurde. Er wurde es, behielt aber sein bisheriges Amt im Kloster bei. Nur weil Kneipp ein Frühaufsteher war und seine Zeit gut einteilte, konnte er all seinen zahlreichen Verpflichtungen nachkommen.
Bei der Krankenbetreuung konnte seine Umgebung staunend eine neue Seite Kneipps beobachten, daß er nämlich sozusagen über einen siebten Sinn verfügte, eine Art Charisma. Er durchschaute die Leidensursache seiner Patienten mit einem einzigartig sicheren Blick, um den ihn die Ärzte beneideten. Auch in den Möglichkeiten der Wasseranwendung hatte er ein sicheres Gespür. Schon 1855, als er in Wörishofen begann, war er über die Wassertherapie seiner Vorgänger Hahn und Prießnitz hinausgewachsen und hatte seine eigene Methode gefunden: die Güsse, und zwar mittels der Gießkanne. Das war seine eigentliche Erfindung. Insgesamt zwölf Arten davon entwickelte er. Fast immer begann Kneipp mit abgeschrecktem Wasser und steigerte dann den Kältegrad. Selber gestand er, daß er mit der Zeit immer milder geworden sei. Auch die Zeit der Einzelanwendung war zuweilen auffallend kurz. Trotzdem hatte er

Erfolge wie kein anderer, nicht zuletzt deswegen, weil er das Übel immer an der Wurzel anpackte: Er normalisierte die gestörte Durchblutung, heilte das Blut.

Kneipp ordinierte nicht, wie ihm Dr. Schmidt von Türkheim vorwarf. Er besprach vielmehr mit den in einem Gastzimmer des Klosters zusammengekommenen Kranken die einzelnen Fälle. Scharf blickte er jeden an und gab dann seine kurmäßigen Anweisungen, die genau zu beachten waren. Fehlte es schon zu weit, so daß auch er keine Hilfe zu bieten wagte, dann schickte er die Leute heim. Falsche Hoffnungen machte er niemandem. Seine Kurvorschläge gab er klar, bestimmt und leicht verständlich, zum Teil schriftlich. Er nahm sich Zeit für alle und kannte keine Hetze.

Glücklicherweise ist im heutigen Kneippmuseum sein Behandlungsraum, die Waschküche des Klosters, noch im Bild (Innen- und Außenansicht) erhalten, ebenso ist noch die von ihm gebrauchte Gießkanne zu sehen. Seine ersten männlichen Patienten, vor allem die Geistlichen, behandelte er im allgemeinen selber. Gab Kneipp die ersten 26 Jahre seine Sprechstunden im Kloster, so hielt er sie ab 1881 in einem ebenerdigen geräumigen Zimmer des Pfarrhofes. Dort saßen oder standen die Patienten um einen großen Tisch, später auch der eine oder andere Helfer oder Arzt. Der Mittelpunkt, dem alle Blicke zugewandt waren, war »Vater Kneipp«.

Um dem stetig wachsenden Andrang gerecht zu werden, hielt er im Sommer in der Wandelhalle beim Kloster täglich Vorträge. Schlagartig setzten Besuche hochadeliger Persönlichkeiten ein. Eigenartigerweise folgte die Mittelschicht zuletzt. Vera Waibel, Kneipps erste Dolmetscherin, rührte als Reporterin und Schriftstellerin eifrig und erfolgreich die Werbetrommel für ihren Pfarrer. Doch Wörishofen wurde allmählich für Kneipp zu eng. Einladungen in große Städte kamen auf ihn zu. Vortragsreisen und Besuche bei lokalen Kneippvereinen führten ihn nach Berlin und Straßburg, nach Österreich, in die Schweiz bis Genf und sogar nach Paris, wo man für sein Heilverfahren am meisten begeistert war.

Weitblickende unter Kneipps Patienten stellten sich sorgenvoll die Frage, wie die Erfahrungen und das umfangreiche Wissen dieses außerordentlichen Mannes der Nachwelt erhalten werden könnten. Von Abt Maurus Wolter von Beuron darauf angesprochen, erklärte Kneipp, bei seinem Tod werde man keine Zeile von ihm darüber finden. Wann hätte er auch schreiben sollen, der seit Jahrzehnten selbst seinen amtlichen Schriftverkehr zu Diktat gab! Abt Wolter versprach nun, ihm seinen Sekretär P. Ildefons Schober, den späteren Abt von Seckau und Erzabt von Beuron, als Schreiber zu überlassen. Diesem diktierte Kneipp sein erstes großes Werk ins Stenogramm, das ein Bestseller werden sollte: *Meine Wasserkur* (1886). Diesem folgte als Ergänzung *So sollt ihr leben*. Unter Mitarbeit des Barmherzigen Bruders beziehungsweise Priors Bonifaz Reile wurde 1894 *Mein Testament für Gesunde und Kranke* in den Druck gegeben,

und unter Mitarbeit von Kneipps getreuem Badearzt Dr. Alfred Baumgarten 1896 das *Codizill zu meinem Testament*, dazu noch einige kleinere Schriften und Aufsätze in den *Kneippblättern*.
Den Fortbestand seiner zwischen 1891 und 1896 entstandenen Anstalten Sebastianeum, Kinderasyl und Kneippianum sicherte Kneipp dadurch, daß er sie unter ärztlicher Betreuung (Dr. Baumgarten!) Ordensgemeinschaften – nämlich den Barmherzigen Brüdern und Mallersdorfer Schwestern – anvertraute. Seine Kräuterrezepte übergab er einem Apotheker. Die notwendigen Mittel für seine Bauten wie für die laufenden Ausgaben und Löhne brachten ihm die Honorare aus seinen Büchern (insgesamt etwa 330 000 M) ein, dazu großherzige Spenden hochgestellter Persönlichkeiten samt den Honoraren seiner Konsultationen und Sprechstunden. Bei seinem Tod aber hinterließ dieser Mann, durch dessen Hände Hunderttausende von Mark geflossen waren, seinen Verwandten nur geringe Legate. Alles andere an Vermögenswerten floß in seine Anstalten.
Unter den dankbarsten Patienten und Verehrern Kneipps ragt Erzherzog Josef von Österreich heraus. Er wurde Kneipps besonderer Förderer – übrigens auch Wörishofens –, da er sowohl die Bahn wie auch die Einrichtung des elektrischen Lichtes im Dorf mitfinanzieren half (1896). Dem einfachen Pfarrer Kneipp verschaffte er in Rom die Ernennung zum Päpstlichen Geheimkämmerer, worüber Bischof Pankratius von Augsburg anscheinend nicht sehr glücklich war. Das Ordinariat nämlich verfolgte die Entwicklung in Wörishofen begreiflicherweise mit kritischem Blick; das hatte mehrere Gründe, nicht zuletzt auch den, daß das Dominikanerinnenkloster durch die Gäste und den Kurbetrieb überfordert war. Es war nicht mehr möglich, die strenge (päpstliche) Klausur einzuhalten, weswegen Bischof Petrus von Hötzl 1896 das Kloster vom Zweiten in den Dritten Orden versetzte. Ungewöhnliche Aufmerksamkeit und Ehren erwies Papst Leo XIII. dem Signore Kneipp, der zur Priesterweihe des Bruders von Dr. Alfred Baumgarten nach Rom gekommen war.

Im März 1897 zeigten sich erste Krankheitssymptome eines Tumors. Kneipp lehnte eine Operation ab. Ende Mai erschien der schon vom Tod Gezeichnete ein letztes Mal am Fenster. Am frühen Morgen des 17. Juni 1897 entschlief er. Tiefste Trauer erfüllte ganz Wörishofen. Die Ärzte aber entfalteten eine hektische Aktivität. Hatte Kneipp in seiner Jugend tatsächlich Tuberkulose gehabt und sich davon kuriert? Sie konnten es nicht glauben. Nur eine Obduktion konnte letzte Gewißheit erbringen. Sie wurde daher, allerdings gegen den Willen der Dominikanerinnen (und anscheinend auch Dr. Baumgartens) durchgeführt und wurde zu einer vollen Rechtfertigung Kneipps, denn das Seziermesser legte große Kavernen in den Lungen frei. Also doch, wenn auch unglaublich!

Aber wie hat dieser Mann mit kaputter Lunge über vier Jahrzehnte hindurch die Arbeit eines Riesen leisten können? Nur deswegen, weil er seinen Körper geheilt, gestählt und alle Kraftreserven eingesetzt hat, aber auch, weil er ein Mann von ungeheurer Willensenergie und Einsatzbereitschaft war, einer, der kränker gewesen war als all seine Patienten, aber der allen helfen wollte. Vor allem aber wollte er ganz Priester und Seelsorger sein. Und er ist es in vorbildlicher Weise gewesen. So steht Sebastian Kneipp vor uns als der offene, etwas derbe, aber grundgütige, wahrhaftige, hochbegabte Mensch, der sich im Dienst seiner Mitmenschen verzehrt hat und dabei auch der Nachwelt die Wege zu gesunder Lebensweise und Erhaltung der Gesundheit gewiesen hat. Bis heute sind verschiedene Kapitel in der Biographie dieses außerordentlichen Mannes – vor allem das des Sozialreformers Kneipp – ungeschrieben. Erfreulicherweise ist der Vorstand des Stammkneippvereins in Bad Wörishofen ein treuer und wacher Hüter des Erbes und der archivarischen Dokumente und Materialien jenes Mannes, der als Persönlichkeit zu den ausgereiftesten und sympathischsten seiner Zeit gezählt werden darf. Wie ein Fürst wurde Pfarrer Kneipp zu Grabe geleitet. In einem marmornen Sarkophag (Hochgrab) ruht sein Leib nahe dem Eingang des großen Wörishofener Friedhofs in einer eigenen kleinen Kapelle. Wörishofen zeigt sich ihm dankbar und hütet sein Andenken.

Gerhard Wehr

Friedrich von Bodelschwingh

Gründer der »Stadt der Barmherzigkeit«

In seinen autobiographischen Aufzeichnungen *Aus meinem Leben* schildert der ehemals Nürnberger Prediger und einst weithin bekannte religiöse Schriftsteller Friedrich Rittelmeyer, wie er unmittelbar nach Beendigung seines Theologiestudiums (um 1895) beispielgebende Repräsentanten des Protestantismus seiner Zeit besucht habe. Die Begegnung mit Friedrich von Bodelschwingh in Bethel bei Bielefeld läßt den Berichterstatter an einen Vergleich mit Franziskus von Assisi denken. Rittelmeyer schreibt hierzu:

»Das Werk Bodelschwinghs war auf christlich-praktischem Gebiet das Großartigste, was man sehen konnte. Ja, man fragte sich: Wo in der ganzen christlichen Kirchengeschichte – in der katholischen wie in der protestantischen – hat ein einzelner einem so umfangreichen und achtunggebietenden Werk zum Leben und Blühen verholfen wie Bodelschwingh? . . . Und so beschäftigte mich damals viel ein Vergleich zwischen Bodelschwingh und Franziskus. Die Zeit erlaubte jetzt keinen Franziskus mehr. Aber der Gütequell, der in Bodelschwingh sprudelte, ließ doch ein Christentum wie das des ›heiligen Franz‹ dem Verständnis wesentlich näherkommen. Und damit ist sehr viel gesagt!«

So ist es in der Tat; denn »Vater Bodelschwingh«, wie ihn die Mitarbeiter seines großen diakonischen Werks in Bethel, vor allem aber die ungezählten Hilfesuchenden vertrauensvoll tituliert haben, wird mit Recht ein »Fürst der Liebe und ein König der Barmherzigkeit« genannt. Als Vater der gesellschaftlich Gestrauchelten und Abgeschobenen, der leiblich, seelisch und geistig Schwachen, der Epileptiker wie der Gemütskranken ist er vor allem ein Mann der helfenden Tat. Für Theorien, auch für theologische Entwürfe, hat der Charismatiker keine Zeit. Ihn leitet der Wahlspruch, den er sich und seinen Freunden ins Stammbuch oder auch unter sein Bild geschrieben hat: »Nachdem uns Barmherzigkeit widerfahren ist, werden wir nicht müde.« Damit ist klargestellt, aus welchen Motiven heraus diese Gründergestalt der Inneren Mission als ein Nachfahre Johann Hinrich Wicherns gewirkt hat.

Friedrich von Bodelschwingh, am 6. März 1831 in Tecklenburg geboren, stammt aus altem westfälischen Landadel. Der Vater ist zu dieser Zeit Landrat, später Minister unter dem Preußenkönig Friedrich Wilhelm IV. Die Ereignisse des Revolutionsjahrs 1848 bestimmen Vater und Sohn, sich der Landwirtschaft zuzuwenden. Nach kurzer Studienzeit lernt er die Arbeit auf einem großen pommerschen Rittergut in Gramenz kennen. Bemerkenswert ist dabei, daß sich der angehende Landwirt und Gutsverwalter nicht allein um die Probleme des Ackerbaus, der Vieh- und Lagerhaltung kümmert, sondern vor allem um die Situation des Landproletariats. Dem Vater berichtet der Dreiundzwanzigjährige einmal, wie er sich der Unglücklichen angenommen habe, die ihre erbärmliche Lage durch Schnaps zu vergessen suchen: »Das war meine erste Sorge, gewaltsam und eigenmächtig einzugreifen. Da dies aber nicht geschehen konnte, ohne daß ich mich auf das genaueste um die Familienverhältnisse der Leute kümmerte, so bin ich fast täglich in allen Stätten des großen Elends herumgekrochen und habe in vielen Familien förmlich die Haushaltung geführt . . . Indem ich das Schicksal sämtlicher Leute von der Gramenzer Inspektorenkamarilla losband, habe ich auch ihre ganzen Schulden, gegen 300 Taler, persönlich auf mich genommen.«

Hier, auf dem Gutshof Gramenz, faßt Bodelschwingh den Entschluß, Seelsorger zu werden und Theologie zu studieren: »In jener Zeit berührte mich Gottes Hand, die ich schon öfters zurückgewiesen hatte, schwerer als zuvor. Größere äußere Bedrückungen, als meine Kraft zu tragen vermochte, und nicht minder meine eigenen als anderer Menschen Versündigungen und Irrtümer ängstigten mich derart, daß ich zu dem einzigen Erretter meine Zuflucht zu nehmen gezwungen wurde«, bekennt der Autobiograph. Er bezieht die Universität Basel. Aber wichtiger als die gleichwohl mit Eifer betriebenen Studien ist ihm das Beispiel jener Christen, die – wie er einmal einem Freund schreibt – »an den Sterbebetten sitzen, in die Gefängnisse kriechen, die die Waisen von der Straße auflesen, kurz, deren ganzes Leben statt leerer Worte wirklich ein lebendiges Liebe-Atmen ist . . . Daß es die Liebe gibt, das kann mir doch keine Macht der Welt aus dem Herzen reißen . . . So geht meines Herzens tiefste Sehnsucht dahin, auch endlich einmal so ganz umsonst lieben zu können, ohne auch nur daran zu denken, daß vollkommene Selbstverleugnung zugleich auch vollkommene Seligkeit ist«.

Aber statt, wie ursprünglich beabsichtigt, in die Äußere Mission – etwa nach Abessinien – zu gehen, läßt sich der junge Bodelschwingh als Hilfsprediger an die deutsche lutherische Gemeinde nach Paris senden. Zwei Begegnungen sollten zuvor für den weiteren Lebensweg bedeutungsvoll werden: Während eines kurzen Aufenthalts an der Universität Erlangen die Bekanntschaft mit Wilhelm Löhe, der ähnlich wie Wichern in Hamburg im mittelfränkischen Neuendettelsau bei Ansbach ein Zentrum der Diakonie und der Inneren Mission begründet hat. Die andere Begegnung war die mit dem zu dieser Zeit schon vielgenannten schwäbischen Charismatiker Johann Christoph Blumhardt in Bad Boll bei Göppingen: »Ich blieb einige Tage bei ihm, die mir von großem, bleibendem Segen geworden sind, und unser Gemeinschaftsband knüpfte bis an das Ende seiner Tage.«

In der Millionenstadt an der Seine erwartet den angehenden Pfarrer eine Aufgabe besonderer Art. Der mit dem Leben im Großbürgertum Vertraute und Duzfreund des Kronprinzen hat es in Paris nicht etwa mit einer der landläufigen Kirchengemeinden zu tun. Es ist die Zeit, in der man mit 50- bis 60 000 »Gastarbeitern« rechnet, alles Deutsche, kleine Handwerker, meist Tagelöhner und Gelegenheitsarbeiter, Steinbrucharbeiter, Lumpensammler, Straßenkehrer, kurz: Alles Menschen, die unter entwürdigenden Verhältnissen sich und ihre Familien über Wasser zu halten suchen. Erdrückendes Elend ringsum.

Bodelschwingh bezieht eine winzige Wohnung in einer Mietskaserne am Montmartre, die er von 1861 an mit seiner jung angetrauten Frau Ida teilt. Hier sammelt er die Kinder seiner Gemeindeglieder. Von hier aus besucht er seine Gemeinde, hält Gottesdienst, richtet Bibelstunden ein, übt Seelsorge, baut eine Art Kinderbewahranstalt auf, um mit seinen begrenzten Kräften zu tun, was nur möglich ist. Die Glaubenszweifel, die sich am Anfang seiner Tätigkeit regen, sucht er dadurch niederzuhalten, daß er sich den Verelendeten zuwendet. In einem seiner Briefe heißt es einmal: »Die mich umgebende Not hat manche Not von meinem Herzen weggenommen . . . Ein Haufen armer Kinder, den ich mir von der Straße aufgelesen . . . ja, diese armen Kinder sind meine Professoren geworden, die mir wirklich über einige Punkte der Dogmatik bessere Aufklärung verschaffen, als mir die Universität sie geben konnte.«

Sechs Jahre bleibt Bodelschwingh in Paris. Rücksichten auf die gefährdete Gesundheit seiner Frau veranlassen ihn, nach Deutschland zurückzukehren und die Stelle eines Landpfarrers im westfälischen Dellwig zu übernehmen. Man stelle sich keine problemlose Idylle aus der »guten alten Zeit« vor, in die Bodelschwingh für einige Jahre eintaucht. Zum einen behält er seine Pariser Gemeinde im Blick, indem er sich für den Fortbestand der begonnenen seelsorgerischen und fürsorglichen Arbeit unter den Verelendeten einsetzt. Zum anderen findet er in Dellwig reichlich Gelegenheit, eine veräußerlichte Kirchlichkeit von innen her zu erneuern. Die härteste Glaubensprobe für die Familie Bodelschwingh bedeutet die Keuchhustenepidemie, die im Januar 1866 vier Kinder – drei Söhne und eine Tochter – innerhalb von vierzehn Tagen hinrafft. Mit bewegten Worten hat der Trauernde diesen Schicksalsschlag als eine Heimsuchung Gottes geschildert. Bedeutsam auch hier, welche Wendung er dieser leidvollen Erfahrung gibt. Er schreibt: »Damals, als unsere vier Kinder gestorben waren, merkte ich erst, wie hart Gott gegen Menschen sein kann, und darüber bin ich barmherzig geworden gegen andere.«

Alle diese Berufs- und Glaubenserfahrungen muten wie eine Vorschule für den eigentlichen Lebensauftrag an. Dieser kommt aus der Nähe von Bielefeld. Hier begründete man im Jahre 1867 eine »Heil- und Pflegeanstalt für Epileptische«, um den in den Familien oft unzureichend oder unsachgemäß versorgten Patienten eine Heimstätte zu schaffen. Die für diesen schweren Dienst benötigten Schwestern und Pflegerinnen wurden in einem zwei Jahre später ins Leben gerufenen Diakonissenmutterhaus ausgebildet. Das Amt der Diakonisse war durch Männer wie Theodor Fliedner in Kaiserswerth und durch Wilhelm Löhe in Neuendettelsau für die evangelische Kirche erneuert worden.

Friedrich von Bodelschwingh wählt aus einer Reihe von Angeboten Bethel bei Bielefeld und tritt als Vierzigjähriger die Leitung dieser beiden Häuser an. Bald, das heißt im Jahre 1877, begründet er auch eine Diakonenanstalt. Hierin, vor allem aber in der Unterbringung und Gestaltung des gemeinsamen Lebens von Mitarbeitern und Pflegebefohlenen folgt Bodelschwingh dem Beispiel Johann Hinrich Wicherns sowie Pestalozzis. Praktisch heißt das: Statt lediglich die Kranken abseits der übrigen Gesellschaft zu pflegen, geht es ihm um die Verwirklichung des Familienprinzips im Heim. Er erkennt, wie wichtig und hilfreich es für Epileptiker ist, daß sie in den anfallfreien Zeiten als vollwertige Arbeitskräfte eingesetzt und geachtet sind. Der Hausvater versteht es, auch noch für den körperlich Schwächsten eine sinnvolle, ihn befriedigende Beschäftigung zu finden. Bodelschwingh wird zu einem Entdecker der »Arbeitstherapie«. Bald schickt man aus den benachbarten Provinzen Patienten und Behinderte aller Art nach Bethel. Es hat sich herumgesprochen, daß hier ein Mann am Werk ist, der es versteht, nahezu jedem das Bewußtsein

zu vermitteln, gebraucht zu werden und daß der erzwungene Müßiggang ein Ende hat. Und als einer klagt, er könne nichts mehr tun, schärft ihm der Pastor ein: »Du kannst aber noch die Hände falten, mein Bruder!«
Bethel wächst. Es entsteht ein Dorf, nach und nach eine Stadt der Barmherzigkeit. Eben diese Barmherzigkeit sieht so aus, daß die einst nur Bemitleideten auf dem Feld, im Garten und in den zahlreichen Werkstätten unter der Obhut geschulter Pfleger, den Brüdern der Diakonenschaft von Bethel, ein neues Leben beginnen können. Eine wesentliche Erkenntnis Bodelschwinghs und der anderen Gründergestalten von Diakonie und Caritas besteht darin, daß es nicht damit getan ist, die Gemeindeglieder zu mehr Barmherzigkeit oder Mitmenschlichkeit aufzurufen. Man müsse junge Frauen und Männer für die vielfältigen Aufgaben der Pflege und der Menschenführung ausbilden. Das Leitmotiv ist klar. Schon durch die Anordnung dieser Stadt der Barmherzigkeit tritt es sichtbar in Erscheinung, denn im Mittelpunkt der einzelnen Anstaltsbezirke steht das Gotteshaus, die Zionskirche von Bethel. Und es versteht sich, daß Bodelschwingh diese Kirche unter Mithilfe der arbeitsfähigen Kranken errichten läßt. Es ist ihr Gotteshaus. Auch in der Schwestern- und Brüderordnung der Diakonissen beziehungsweise der Diakone kommt die Christozentrik dieses Dienstauftrags Liebe klar zum Ausdruck. Einer der Hauptsätze lautet beispielsweise: »Alle Diakonie gründet sich auf den Dienst, den der Herr Jesus uns erwiesen hat und uns noch reichlich und täglich erweist; ist Dienst und Opfer dankbarer Gegenliebe gegen ihn, der uns zuerst gedient und geliebt hat.«
In weiser Voraussicht, es könne die Gefahr entstehen, daß die »Diener des Wortes« den Kontakt mit den Ärmsten der Armen verlieren oder deren Betreuer, die »Diener und Dienerinnen der geringsten Brüder« geringachten, regt Bodelschwingh an: Ehe der künftige Pfarrer in den schwarzen Talar schlüpft, möge er eine geraume Zeit in Bethel in der blauen Schürze dienen, eine Einrichtung, die sich bewährt hat.
Und der Dienst Bodelschwinghs? Es ist der Dienst des Seelsorgers, des Predigers und – des Bettlers. Bodelschwinghs Begabung, für das Werk von Bethel zu bitten, Menschen auf ihre Verantwortung für die Kranken und Elenden anzusprechen, aber auch seine Fähigkeit zu danken, ist geradezu sprichwörtlich geworden. Es kursieren mancherlei Anekdoten, die sein Engagement veranschaulichen. Aber auch wer sich über den »Vater Beutelschwing« lustig zu machen versuchte, dem gibt er die nötige Belehrung. Als nämlich der amerikanische Millionär Carnergie dem Werk eine Riesensumme anbietet, da lehnt der Bettler im Pastorenrock erschrocken ab. Bodelschwinghs Überlegung ist nicht die eines Managers in Sachen Diakonie, der ausrechnet, was mit Millionenbeträgen getan werden könne. Er fragt sich eher: Kann überhaupt ein riesiges Kapital einem Werk nützen, das aus dem Glauben erwachsen ist?
In der Tat, Friedrich von Bodelschwingh und die Seinen, die vielen Hel-

ferinnen und Helfer, die – nach einem Wort des Apostels Paulus – anderen zu »Gehilfen der Freude« werden wollen, schöpfen aus einem anderen Fundus. Der evangelische Kirchenhistoriker Erich Beyreuther deutet darauf hin, wenn er in seiner Geschichte der Diakonie schreibt: »Diese heitere Fröhlichkeit und Sorglosigkeit vor Gottes Angesicht, diese Freudigkeit im Dienst der Liebe, die Zeichen aufrichtet, ehe der Tag des Herrn kommt, war geboren aus seiner Theologie. Das war ein neuer Klang in der deutschen Liebesarbeit.«
Eine besondere Note sollte diese karitative, sozialfürsorgerische Arbeit bekommen, als der Deutsch-Französische Krieg von 1870/71 beendet war. Der zweifelhafte Segen der französischen Goldmilliarden ist der deutschen Wirtschaft übel bekommen. Eine Wirtschaftskrise bricht aus. Hunderttausende deutscher Arbeiter werden ihre Opfer. Die Straßen füllen sich mit Tausenden von Arbeitslosen, für die niemand sorgt. Trunksucht und Verbrechen aller Art sind die üblen Begleiterscheinungen. Bodelschwingh, der gerade (1871) auf eine zehnjährige Tätigkeit in Bethel zurückblickt, sieht sich vor eine neue Aufgabe gestellt. Es sind die, es sind seine »Brüder von der Landstraße«, für die er sich verantwortlich fühlt. Zu Dutzenden klopfen sie tagtäglich in Bethel an. Und weil sich der bibelfromme Pastor bis in die Alltagspraxis hinein an das Neue Testament hält, verfährt er nach dem paulinischen Grundsatz: »Wer nicht arbeitet, der soll auch nicht essen« (II. Thessalonischer Brief 3,10); das heißt, er verlangt für eine Mahlzeit eine Stunde Arbeitsleistung. Aber eine Bleibe kann er den berüchtigten »Landstreichern« nicht bieten, es sei denn, sie seien »fallsüchtig«, also epileptisch. Als ihm wieder einer entgegentritt und ihn anfleht: »Aber ich bin ja auch fallsüchtig«, da faßt Bodelschwingh den Entschluß, mit der Begründung von sogenannten »Arbeiterkolonien für die Wanderarmen« zu beginnen, eine Initiative, die von einer Reihe anderer Maßnahmen ergänzt wird. Die Devise »Arbeit statt Almosen« muß freilich erst durchgesetzt werden. Und darin erweist sich Friedrich von Bodelschwingh als der beredte Anwalt seiner Brüder von der Landstraße. Er bemüht sich, die Fabrikherren der aufblühenden Großindustrie für den Bau von Arbeiterwohnungen zu bewegen. Von Krupp erhält er beispielsweise die Zusage, daß er mehrere hundert solcher Sozialwohnungen bauen werde. Aber auch im Raum Bielefeld kommt es dank Bodelschwinghs Initiative zur Errichtung von Unterkünften. Im übrigen sei es – so Bodelschwingh an die Adresse seiner Pfarrerkollegen und der Kommunalpolitiker – ein schweres Unrecht, wenn man den kleinen Mann immer nur auf das Jenseits vertröste und ihm die soziale Gerechtigkeit hier versage.
Von seiner Herkunft und seiner ganzen Denkungsart her ist der Hausvater von Bethel alles andere als ein Sozialrevolutionär. Eher hält er es mit dem Berliner Hofprediger Adolf Stöcker, einem Vorkämpfer der christlich-sozialen Bewegung im Kaiserreich. Er teilt dessen Überzeugung,

daß die soziale Frage aus dem Geist des Evangeliums gelöst werden müsse, eine Aufgabe, die nur durch einen »christlichen Staat« in Angriff genommen werden könne. Wie steht es da mit der Rolle der Amtsträger der Kirche? Müssen sie angesichts der Hoffnungslosigkeit breiter Volksmassen nicht wenigstens den Impuls zum sozialpolitischen Handeln ausgehen lassen? Bodelschwingh gelangt mehr und mehr zu der Einsicht, daß er auch in dieser Hinsicht etwas tun müsse. Da drucken die Zeitungen den Text eines Telegramms von Kaiser Wilhelm II. ab, in dem der Monarch die Aktivitäten eines Stöcker und Bodelschwingh aufs Korn nimmt. Darin heißt es: »Politische Pastoren sind ein Unding. Wer Christ ist, ist auch sozial; christlich-sozial ist Unsinn und führt zur Selbstüberhebung und Unduldsamkeit, beides dem Christentum schnurstracks zuwiderlaufend. Die Herren Pastoren sollen sich um die Seelen ihrer Gemeinden kümmern, die Nächstenliebe pflegen, aber die Politik aus dem Spiel lassen, dieweil sie das gar nichts angeht.«

Ein dem Sinne nach immer wieder zitierter Maulkorberlaß, an den sich Bodelschwingh nicht zu halten gedenkt. Noch als Dreiundsiebzigjähriger geht er in die aktive Politik. Ende September 1903 läßt er sich als Kandidat der christlich-konservativen Partei aufstellen. Und tatsächlich finden wir »Vater Bodelschwingh« zwischen 1904 und 1909 im preußischen Landtag. Schon Jahre vorher hat der konservative Politiker und Pastor dem Kronprinzen gegenüber eingeräumt, daß die sozialdemokratische Agitation im entscheidenden Punkt tatsächlich recht habe. Man könne ihr nur dadurch begegnen, daß man die bestehenden Ungerechtigkeiten aus dem Weg räumt. Diakonische Aktivität und soziales Engagement als bloßes Werkzeug, um den politischen Gegner mundtot zu machen?

Bodelschwingh ist ein solcher Vorwurf am allerwenigsten zu machen, bedenkt man, daß er erst das politische Parkett betritt, nachdem er ein Menschenleben hindurch christliche Barmherzigkeit geübt hat. Auf einem anderen Blatt steht, wie die parlamentarische Arbeit des Pastors von Bethel im einzelnen zu bewerten sein mag. Es ist aber nicht zu leugnen, daß er sich Gehör zu schaffen vermochte, daß seine Stimme bis in die sozialgesetzgeberische Arbeit hindurchdrang, vor allem, daß es ihm gelang, auf höchster Ebene ein Fürsprecher der »Brüder« von der Landstraße zu sein und sich für deren Ehrenhaftigkeit zu verbürgen.

Als er am 2. April 1910 in Bethel stirbt, ist aus dem bescheidenen Heil- und Pflegeheim jene Stadt der Barmherzigkeit geworden, deren Beispielcharakter seither unbestritten ist. Für lebenentscheidend hielt Friedrich von Bodelschwingh, was er einmal dem preußischen Kronprinzen gegenüber bezeugt hat: »Wir wollen alle einen Glauben, der in der Liebe tätig ist und sich nicht mit auswendig gelernten Lehrsätzen begnügt. Wir wollen kein Christentum, das andere, die nicht mit uns eines Glaubens sind, richtet, verdammt, sie verbittert und von sich stößt, sondern ein solches, das gerade diese mit besonderer Freundlichkeit und Liebe gewinnt.«

Nie könnte ein Vorgesetzter ein solches Unmaß von Mühsal, Lebensgefahr, Strapazen, auch an Enttäuschungen und zermürbendem Alleingelassensein verlangen, wie es diese vier Männer hinter sich brachten. Es würde auch keiner bis zum Ende durchgehalten haben, wenn er nicht mit dem eigentlichen Auftraggeber in seiner Brust bis zum letzten Tag hätte im Gespräch bleiben können. Natürlich waren sie keine Freibeuter des Glaubens, sondern standen im Auftrag ihrer Kirche, zu dem sie auch ja gesagt hatten. Aber was dann alles an beflügelnden und niederschmetternden Ereignissen auf jeden wartete, ginge billigerweise gar nicht in ein einzelnes Leben hinein. Dabei wurden drei von ihnen steinalt, der vierte erreichte – obzwar immer kränklich – selbst im tropischen Brasilien noch sein 64. Lebensjahr.

Professor Glazik, der missionskundige Fachmann, hat unser Buch mit der Vita auch eines russisch-orthodoxen Glaubensboten bereichert, ein Beitrag, der uns in die primitiven Lebensverhältnisse Ostsibiriens und noch weiter hinaus auf die Alëuten entführt, wo die Familien grobschlächtiger Walfänger fern aller Kultur an der Grenze des Überlebens dahinvegetierten. Was hier aus der Initiative eines einzigen Mannes und seiner wenigen Helfer geleistet wurde, liest sich wie ein Heldenepos. Der orthodoxe Priester Veniaminov wurde von seiner Frau begleitet; auch ihres Lebensopfers sei hier schon gedacht. Wenn der verdienstvolle Mann schließlich verwitwet noch zur höchsten Würde der gesamten russisch-orthodoxen Kirche aufstieg, verdankte er seine Ungebrochenheit nicht zuletzt der seelischen Wärme, mit der sie ihn durch diese abenteuerlichen Jahrzehnte hindurchgetragen hatte. –

Ganz anderer, eher seelischer Art waren die Geschehnisse, die der spanische Missionar Las Casas zu bestehen hatte, denn seinem Verständnis des Evangeliums fielen die eigenen Landsleute mit ihrem brutalen Kolonisationsstil in den Rücken. So geht es nicht – rief er ihnen unter allgemeiner Entrüstung zu, und um seinen Anklagen Nachdruck zu verleihen, legte er sie in schriftlichen, dann auch veröffentlichten Berichten dem Indienrat und dem Kaiser vor. Reinhold Schneider hat die große Disputation, zu der es schließlich vor Karl V. kam, künstlerisch dargestellt. Doch dem Pater und späteren Bischof Las Casas wurde es bei aller Berechtigung seiner Klagen zum Verhängnis, daß die Engländer und Holländer, die in ihren Kolonialreichen nicht minder grausam vorgegangen waren, seine Schilderungen in ihre Sprachen übersetzten und als spanische Greueltaten in der ganzen Welt verbreiteten. So wurde Las Casas nicht nur als lästiger Ankläger, sondern auch als Verräter der spanischen Ehre gebrandmarkt. Eine Schmähung, die bis zum heutigen Tag nicht gelöscht werden konnte.

Den dritten unserer Missionare, José de Anchieta, sehen wir in Brasilien am Werk. Er war es, der zusammen mit seinem Ordensbruder Nobrega dem heutigen Staat São Paulo nicht nur religiös und kulturell, sondern auch politisch die ersten Impulse gab. Ein beispielhaft kluger und aktiver Mann, der trotz einer schon früh auftretenden Rückgratverkrümmung fast pausenlos unterwegs war, Schulen, Klöster, feste Siedlungen gründete, Handelswege anlegte und mit der Krone in Lissabon ungewöhnliche Vorteile für Brasilien aushandelte. Schon lange zum Landespatron erhoben, wurde er endlich durch Papst Johannes Paul II. seliggesprochen. Eine der berühmtesten Autobahnen des Landes – die Verbindung der Hafenstadt Santos mit der von ihm gegründeten, 800 Meter hoch gelegenen Fünfmillionenstadt São Paulo – trägt als »Via Anchieta« seinen Namen, da sie fast genau dem Weg folgt, den der Jesuitenpater einst zum Meer hinunter durch den Dschungel anlegen ließ. Es war auch seinem Weitblick zu verdanken, daß er nicht das schon volkreiche, aber fieberverseuchte Santos zur Hauptstadt des dahinterliegenden Staates machte, sondern auf der gesünderen Hochebene ein neues, zukunftsträchtigeres Zentrum entstehen ließ. Auch ihren Namen haben São Paulo und der gleichnamige Staat von José de Anchieta erhalten.

Bei dem Oblatenpater Paul Schulte, dessen Missionsleben uns sowohl zu den Eskimos wie nach Afrika führt, wo er auch begraben liegt, zeigen sich manche Parallelen zum einstigen Chinamissionar Matteo Ricci. Auch er hatte gegen die geradezu engstirnige Behutsamkeit der Kurie zu kämpfen, der eine Öffnung zur Welt der Technik offenbar wie eine Sünde wider den Heiligen Geist erschien. Als schon alle Welt mit dem Fahrrad fuhr, wurde für Priester das Radfahren ebenso verboten wie später das Autofahren. Und da kam nun ein Ordensmann daher und wollte sogar das Flugzeug für den Dienst an den Seelen einsetzen. Als der später dann hochgefeierte »Fliegende Pater« zuerst seine Argumente für den hilfreichen, ja lebensnotwendigen Einsatz des Flugzeugs gerade in den weitläufigen Missionsgebieten vortrug, begegnete er hartnäckigem Widerstand. Es bedurfte eines vor aller Augen bewährten, wenngleich abenteuerlichen Fliegerlebens, ehe dieser von seinem Auftrag besessene Pionier und fromme Priester gerechtfertigt war. Er soll, wie sein Orden berichtet, schließlich als kampfesmüder, völlig verinnerlichter Eremit auf der geliebten südafrikanischen Missionsstation seine Tage beschlossen haben. Norbert Stahl, der mit ihm befreundet war, zeichnete uns das Lebensbild dieses beispielhaften Mannes.

Josef Glazik

José de Anchieta

Der Apostel Brasiliens

Wem in aller Welt ist schon José de Anchieta bekannt? Nur wenigen? Immerhin kennen ihn die Menschen in Brasilien, und das sind nicht wenige. Sie feiern einen »Anchieta-Tag« und verehren ihn seit 1933 offiziell als »Nationalhelden«. Er ist einer der Gründer von São Paulo und war damals doch nur ein junger Student, der nach Brasilien gekommen war, um seine angegriffene Gesundheit wiederherzustellen.

Das hätte er vielleicht besser in seiner Heimat versucht, auf den Kanarischen Inseln. Dort war er am 19. März 1534 in San Cristóbal La Laguna (auf Teneriffa) geboren worden – Sohn eines baskischen Edelmannes und seiner Gattin, die von einem der spanischen Eroberer der Inselgruppe abstammte. Die Eltern wollten ihrem Sohn eine standesgemäße Erziehung angedeihen lassen und sandten den Vierzehnjährigen auf die Universität nach Coimbra. Hier – wie auf vielen Universitäten der damaligen Zeit – waren Leben und Tätigkeit des großen Asienmissionars Franz Xaver Tagesgespräch. Der junge Anchieta begeisterte sich so sehr für ihn, daß er mit 17 Jahren in die Gesellschaft Jesu eintrat, um für die Ausbreitung des Glaubens zu wirken.

So begann er nach der Probezeit des Noviziats die philosophischen und theologischen Studien. Doch ein unbedeutend scheinender Unfall sollte seinen weiteren Lebensweg bestimmen. Er fiel so unglücklich von einer Leiter, daß er sich am Rückgrat verletzte und ernstlich krank wurde. Die Ärzte wußten keinen anderen Rat, als ihm zur Erholung ein Klima zu empfehlen, das gesünder war als das in Portugal.

So kam es, daß die Ordensoberen ihn nach Brasilien schickten – nicht als Missionar, sondern zur Wiederherstellung seiner Gesundheit. José de Anchieta ist von diesem Genesungsurlaub nie zurückgekehrt. Am 13. Juli 1553 ging er in Bahia an Land. Zunächst konnte er sich nicht anders nützlich machen, als daß er einem Mitbruder half, den Kindern der portugiesischen Siedler Lateinunterricht zu geben. Doch die Indios in der Nachbarschaft interessierten ihn weit mehr. Er suchte sie immer wieder auf und erlernte ihre Sprache, das schwierige Tupi-Guarini, das damals die Verkehrssprache an der ganzen brasilianischen Küste war. Diese Sprachkenntnisse wurden ihm von großem Nutzen, als er bald darauf mit einer Gruppe neuangekommener Missionare weiter nach Süden reiste, um in dem Dorf Piratininga ein Jesuitenkloster zu gründen. Da sie am Vorabend des Festes Pauli Bekehrung ihr Ziel erreichten, gaben sie ihrer Niederlassung den Namen des Völkerapostels und legten so – ohne es zu ahnen – den Grundstein zum späteren São Paulo.

Hier blieb Anchieta zehn Jahre lang. Auch jetzt mußte er die Schuljugend in die Geheimnisse des Lateins einführen, und gleichzeitig brachte er seinen jungen Mitbrüdern die Anfangsgründe scholastischer Philosophie bei. Zwischendurch fand er immer noch Zeit, sich der Tupi-Indianer anzunehmen und ihre Sprache perfekt zu erlernen. Bald beherrschte er sie so, daß er daranging, eine Sprachlehre zu verfassen. Sie hat vor allem den Missionaren große Dienste geleistet und war so gut, daß sie noch dreihundert Jahre später neu gedruckt wurde, und zwar im Teubner-Verlag zu Leipzig, herausgegeben von dem bekannten deutschen Sprachwissenschaftler Julius Platzmann: *Grammatica der Brasilianischen Sprache, mit Zugrundelegung des Anchieta* (1874). Sie ist 1933 nochmals von der Nationalbibliothek in Rio de Janeiro herausgebracht worden.
Seine Sprachkenntnisse erschlossen Anchieta den Zugang zur Seele des Volkes. Er unternahm häufig Streifzüge durch den Urwald, trotzte allen Gefahren, die von wilden Tieren, giftigen Schlangen und der Feindseligkeit der Indianerhorden ausgingen. Im Zusammenleben mit den nomadisierenden Gruppen lernte er die Licht- und Schattenseiten ihres Wesens kennen. Er bewunderte ihre Gastfreundschaft, ihre Güte und Treue gegenüber Stammesgenossen. Er erfuhr von ihren religiösen und sittlichen Anschauungen, die in zahlreichen Sitten und Bräuchen Ausdruck gefunden hatten. Doch er verschloß seine Augen auch nicht vor ihren Schwächen und offensichtlichen Lastern. Sie waren träge und arbeitsscheu, unbeständig und abergläubisch. Sie neigten zu Trunksucht, ergaben sich geschlechtlichen Ausschweifungen, übten grausame Rache an ihren Feinden und feierten kannibalische Feste, wenn sie in ihre Hände fielen. Anchieta wußte von alldem. Um so mehr lag ihm daran, diese Menschen aus ihrer Verlorenheit herauszuführen und Frieden unter den sich befehdenden Stämmen zu stiften. Er hatte so gute Erfolge, daß sein Oberer ihn zu sich rief, um sich seine Erfahrung im Umgang mit den »Wilden« zunutze zu machen. Sehr bald schon bot sich Gelegenheit, seine Geschicklichkeit unter Beweis zu stellen.
Französische Hugenotten waren ins Land gefallen und machten den Portugiesen ihren Besitz streitig. Sie stachelten die Indios zu Überfällen auf die Siedlungen an. Gerade noch rechtzeitig genug erfuhren die Missionare von Plünderungsplänen, die ihre Missionsstation São Vicente zum Ziel hatten. Die Tamoyo galten als besonders wildes Volk. Anchieta ging zu ihnen, gab sich als Geisel in ihre Hand und suchte in endlosen Palavern ihr Vertrauen zu gewinnen. Oft war er in Gefahr, gemartert und von ihnen verspeist zu werden. Doch auf die Dauer gelang es ihm, die Indianer zu überzeugen, daß ein Friedensschluß mit den portugiesischen Siedlern auch ihnen Gutes bringen würde. Er konnte nach São Vicente und von dort nach São Paulo zurückkehren und tat alles, um den Frieden im Land zu wahren und zu festigen.
Das blieb eine Aufgabe, solange die Franzosen eine Gefahr für das Land

darstellten. Deshalb wollte man gegen ihre Angriffe besser geschützt sein und suchte nach einem Ort, an dem auch die Flotte zusammengezogen werden konnte. Dazu mußten wiederum Verhandlungen mit den Indios geführt werden, damit sie sich bereitfanden, einen Streifen Land an die Portugiesen abzutreten. Was lag näher, als sich der Erfahrungen Anchietas zu bedienen? Der Jesuitenobere rief ihn zu sich, sie gingen an Bord und fanden schließlich eine geeignete Stelle. Man wurde mit den Tamoyo einig und stellte die zu errichtende Festung unter den Schutz Sankt Sebastians. Daraus entwickelte sich mit der Zeit das heutige Rio de Janeiro. Anchieta ist so auch mit dem Ursprung dieser Stadt verbunden.

Er selbst sollte den glücklichen Ausgang des Unternehmens dem Generalgouverneur in Bahia melden. Dort wurde Anchieta 1566 zum Priester geweiht. Er war nun 32 Jahre alt. All die Jahre hatte er dieses Ziel vor Augen gehabt. Jetzt konnte er seinen geliebten Indios noch wirksamer helfen. Er konnte für sie zum Vater des Glaubens werden. Die vielen Erfahrungen, die er inzwischen mit ihnen gemacht hatte, ließen ihn erkennen, daß er dieses Ziel nur erreichen konnte, wenn es gelang, dem Wanderleben der Stämme ein Ende zu bereiten und sie von den Vorteilen der Seßhaftigkeit zu überzeugen. Die Stämme, die sich zu einem Versuch bereit fanden, siedelte er in kleinen geschlossenen Gemeinwesen an, deren Mittelpunkt eine Kapelle oder Kirche war. Die Gewöhnung an regelmäßige Arbeit, die Unterweisung im christlichen Glauben und die Erziehung nach sittlichen Grundsätzen machten sie mit der Zeit zu gesitteten Menschen. Diese Christendörfer, »aldeias« genannt, fanden später eine großartige Weiterentwicklung in den berühmten Jesuitenreduktionen von Paraguay.

Inzwischen war Anchieta zum Oberen der Missionen von São Vicente und São Paulo ernannt worden, und zehn Jahre später wurde er der ganzen brasilianischen Ordensprovinz der Gesellschaft Jesu vorangestellt. In diesem Amt mußte er überall nach dem Rechten schauen. Das brachte weite Reisen mit sich, die bei den Verkehrsverhältnissen der damaligen Zeit noch beschwerlicher waren, als wir in den Berichten unserer Missionare lesen. Hinzu kam erschwerend, daß das Rückenleiden ihm mehr und mehr zusetzte. Er hatte infolge seiner Krankheit inzwischen einen Buckel bekommen und konnte deshalb nur selten ein Reittier benutzen – aber tragen ließ er sich auf keinen Fall, obwohl das damals üblich war.

Wohin Anchieta auch kam, überall sprach er seinen Mitbrüdern Mut zu, ermunterte sie zur Ausdauer, sprach mit ihnen über Pläne, ergriff selbst die Initiative und spornte dazu an, sie auszuführen. Immer wieder unternahm er Erkundungsreisen in nichterschlossene Gebiete, entdeckte noch unbekannte Indiostämme und gründete unter ihnen neue Missionsstationen. In den Städten kümmerte er sich um die Kollegien und Schulen seines Ordens. Seine besondere Sorge galt dem Missionsseminar, in dem

die künftigen Glaubensboten auf ihre Tätigkeit vorbereitet wurden. Sie mußten die Sprachen der verschiedenen Indiovölker erlernen und sich mit ihren Sitten und Bräuchen vertraut machen.
Wie nützlich solche Kenntnisse waren, zeigte sein Buch *Die christliche Glaubensunterweisung. Die Glaubensgeheimnisse, dargestellt in Zwiegesprächen, zum Nutzen der Indios.* Das Werk wurde noch 1668 und 1686 in Lissabon gedruckt und diente zahllosen Missionaren als Handbuch für Katechese und Predigt. Zu Recht wird José de Anchieta seit jener Zeit »der Apostel Brasiliens« genannt. Er hat sich im Dienst an den Menschen dieses Landes verzehrt.
Was Wunder, daß er vorschnell alt wurde. Er glaubte sich dem Tod nahe und stellte deshalb 1587 sein Amt als Ordensoberer zur Verfügung. Doch er erholte sich noch einmal. Deshalb wollte man auf ihn und seine Erfahrung nicht verzichten und übertrug ihm die Leitung der Heilig-Geist-Mission. Hier verbrachte er die letzten zehn Jahre seines Lebens. Bis zu seinem Tod war er der unermüdliche Hirt der ihm anvertrauten Herde. José de Anchieta starb im Rufe der Heiligkeit am 9. Juni 1597 in Reritiba, das heute seinen Namen trägt.
Anchietas Leben ist verschiedentlich dargestellt worden, und es wurde bald auch in Europa bekannt. Lateinische Fassungen erschienen 1617 in Lyon und Köln im Druck. In wenigen Jahren folgten eine spanische, französische und italienische Übersetzung. Man leitete seinen Seligsprechungsprozeß ein. Aber sonderbarerweise kam man damit nicht voran. Die Zeiten waren zu unruhig. Europa wurde von Glaubenskriegen geschüttelt. Man hatte andere Sorgen und vergaß darüber den Missionar, der weit weg im brasilianischen Urwald den Glauben gepredigt und zahlreiche Völkerschaften für ihn gewonnen hatte. Das 19. Jahrhundert entdeckte Anchieta wieder und brachte ihn als Sprachwissenschaftler zu Ehren. Dann jährte sich 1934 zum vierhundertsten Male sein Geburtstag. Jetzt wurde er als einer der Pioniere gefeiert, die die Fundamente des brasilianischen Staates gelegt hatten.
Schließlich erwachte auch in der Kirche Brasiliens das Bewußtsein, wieviel sie dem Missionar der Anfangszeiten zu verdanken hatte. Die Brasilianische Bischofskonferenz wandte sich verschiedentlich an Rom. Daraufhin leitete Papst Paul VI. den Seligsprechungsprozeß von neuem ein. Diesmal wurde er zu einem glücklichen Ende geführt. Papst Johannes Paul II. erhob am 22. Juni 1980 José de Anchieta als Seligen zur Ehre der Altäre. – Die ganze Kirche bedarf heute solcher Beispiele glaubensstarken Einsatzes im Dienst an den Menschen – nicht zuletzt die Kirche Lateinamerikas, dieses Kontinents der Hoffnung auf Zukunft.

Friedrich Heer

Las Casas

Der »Vater der Indios«

Die Nennung seines Namens treibt in Spanien und in Südamerika heute noch Zornesröte ins Gesicht. Ich habe das miterlebt. Er wird als »eine Schande, ein Verräter«, als »ein Mann, der an allem schuld ist« angesprochen. Selbst wohlmeinende deutschsprachige Autoren nannten ihn einen Mann, »der aus Edelmut zum Verräter an Spanien geworden« ist (1962). Las Casas ist eine offene Wunde, noch heute. Er ist diese Wunde, weil die Wunde nicht heilt, die er als erster aufgezeigt hat: die Vergewaltigung der Indios im Amerika des Kolumbus, der am ersten Tag seiner Begegnung mit ihnen sagte: »Sie müssen gute Diener sein« und sehr bald: »Es sind Menschen, die von Waffen nichts verstehen.« An diese beiden Perspektiven hielten sich spanische Herren, die Jahrhunderte hindurch bis heute für die »Rebellionen« und die Waffen in der Hand der Indios, der Mischlinge (sie selbst sind oft Mischlinge), den Mann aus Sevilla verantwortlich machen, dessen Leben ein einziges Scheitern war (daß es noch etwas anderes war, steht zur Debatte).

Bartolomé de Las Casas, der zweiundneunzig Jahre alt wurde, also auch kalendarisch reiche Gelegenheit hatte, das Wirken seiner spanischen Brüder zu erleben, wurde 1474 als Sohn eines Kaufmanns in Sevilla geboren. Er verbringt seine Jugend in Triana, einer Vorstadt von Sevilla, studiert Latein. Er geht nach drüben, ›Iglesia o mar o casa real‹, waren damals die Aufstiegschancen der vielen Hungrigen, die Gold, Aufstieg suchten in Spanien: mar, das ist das Meer, also nach drüben gehen. ›Casa real‹: Hofdienst, vorzüglich als Soldat. Dann war da noch ›iglesia‹: Aufstieg im Dienst der Kirche.

Las Casas wird Kommendenbesitzer auf Hispaniola: Hispaniola, das ist Kuba. Gibt es weltgeschichtliche »Zufälle« dieser Art? Hispaniola, die erste Siedlung der Spanier in der »Neuen Welt«, wurde als das Kuba des Fidel Castro, der sehr gut die Geschichte des Las Casas kennt, ein Brükkenkopf für Revolutionen zuerst in Lateinamerika, dann in Afrika. Las Casas klagt sich selbst an, da er, um das Los der Indios zu lindern, den Import von Negersklaven aus Afrika befürwortete: »In diesen Tagen geschah ein Unheil; nach Amerika wurden Negersklaven entsandt, und ich war der erste, der den Rat hierzu gab. Ich tat es um der Indios und um der Armut der spanischen Siedler willen, und hätte ich gewußt, mit welcher Ungerechtigkeit die Portugiesen sie in Afrika eingefangen hatten, nie hätte ich diesen Rat gegeben, um nichts in der Welt.«

Las Casas wird in Hispaniola Kommendenbesitzer: die Kommende ist nicht einfach eine Übertragung der europäischen Form des Feudalismus auf amerikanische Verhältnisse (»wo die allgemeine Faulheit der Eingeborenen eine solche Lösung notwendig machte«, wie der spanische Historiker Antonio Truyol y Serra noch heute meint, die heutigen Herrschaftsverhältnisse mit verteidigend), sondern etwas ganz anderes: Jeder Neuankömmling aus Spanien – Mann, Frau, Kind, Kleriker – erhält eine gewisse Anzahl von Indios zu seiner persönlichen Verfügung, meist zum Bestellen des mitzugewiesenen Landgutes. So erhält ein königlicher Beamter hundert, ein Edelmann achtzig, ein einfacher Soldat sechzig, ein Arbeiter dreißig Indios.

Die Krone, die ferne königliche Oberherrschaft in Spanien, hat unter Karl V. und seinen erasmianischen Beratern, dann unter dem Eindruck der Schilderungen des Las Casas, einen fast heroischen Kampf um die Aufhebung der Kommende geführt (1523), dann, gezwungen durch Rebellionen (wie die Erhebung Perus), durch den Widerstand der Siedler, der Vizekönige, der kirchlichen, zumal der scholastischen Autoritäten, die Kommende zugelassen, bemüht, sie zu einer rechtlich und sittlich verpflichtenden Herrschaftsform zu machen.

1502 kommt Las Casas in Hispaniola an. Das Kreuz, das Spanier den Indios auferlegen, öffnet ihm die Augen für das Kreuz des Gekreuzigten und seine ganz persönliche Verantwortung für diese beiden Kreuze (die wieder nicht zufällig, in südamerikanischer Dichtung und Malerei im 20. Jahrhundert, aufs engste zusammen betrachtet werden). 1512 wird er Priester, er gibt seine Kommende auf, kehrt 1515 nach Spanien zurück, um bei der Regierung für die Indios einzutreten. Regierung: Das war der Kardinal Francisco Jimenez de Cisneros, der für den jungen Kaiser Karl V. Spanien regiert. Cisneros war ein Protektor jenes spanischen erasmianischen Frühhumanismus geworden, der für Humanität für alle, für Toleranz, für eine offene Kirche, für Bildung in den heiligen Sprachen – Hebräisch, Griechisch, Latein – warb und in seinen großen Söhnen später die Botschaft des Las Casas völkerrechtlich ausformte: vorbildlich bis heute.

Der große Kardinal setzt – ähnlich wie man es heute in leidigen, schwierigen Sachen macht – eine Kommission ein: sie soll die von Las Casas geschilderten Verhältnisse an Ort und Stelle untersuchen und Abhilfe schaffen. Las Casas begleitet diese Kommission, die – wie es heute noch üblich ist – von den Herrschaften an Ort und Stelle »eingewickelt« wird. Las Casas kehrt nach Spanien zurück, er will zum jungen Thronfolger, der eben erst seine ihm ganz unbekannten spanischen Lande »erfährt:« durch Reisen, in Beratung zunächst mit seinen niederländischen Ratgebern.

Las Casas erinnert sich später, in seiner *Historia de Indias*, der schwierigen Situation: Diese Niederländer trauten den Spaniern nicht über den Weg, »denn sie fürchteten, irregeführt zu werden« . . . »Der einzige, der damals über Amerika informiert war, war ich selbst; ich begleitete den

Kanzler des Herrschers und berichtete ihm, faßte den Inhalt jedes Schreibens aus Amerika auf lateinisch zusammen und setzte mein Gutachten darunter. Spanier pflegten den König zu bestürmen, er möge es in Amerika so halten wie bisher.« Der Kanzler aber sagt diesen Spaniern: »Geht hinweg, ihr seid es, die Amerika zerstören! Der Herrscher aber hatte geboten, daß er und ich Amerika retten sollten.«

Las Casas verkündet: »Was würden die Engländer, die Sizilianer oder die Kretenser sagen oder die Mallorquinos auf den Balearen, wenn man sie so behandeln würde, wie wir die indianischen Insulaner auf Española behandeln? Unser Rechtstitel ist so fadenscheinig wie die Behauptung, daß der Mond über das Meer herrsche. Er ist nichts als ein Vorwand für unsere unersättliche Habgier nach sehr irdischen Gütern, nach den Reichtümern Amerikas . . . « Las Casas hat das Scheitern christlicher Mission erfahren: »Wie wollen wir ihnen beweisen, daß der Gott der Spanier mehr sei als ihre Götter? Würden mohammedanische Eroberer daherkommen und ihnen verkünden, der Prophet Mohammed sei der Herr der Welt – was bliebe ihnen übrig, als auch solches zu glauben? Und was kann es ihnen bedeuten, wenn man ihnen erklärt, daß ein toter Mann namens Sankt Petrus über aller Welt stehe und sie ihm gehorchen müßten! Hat nicht einer ihrer Kaziken geantwortet, der Papst müsse von Sinnen gewesen sein, als er dem König von Kastilien Indioland zum Lehen gab, und der König schlecht beraten, als er diese Belehnung annahm? Man hat die Indiostämme unter die Eroberer aufgeteilt, als wären sie Viehherden. Unwissende Laien, meist lasterhafte Menschen und Idioten, sollen die Indios Dinge lehren, von denen sie selbst nichts verstehen. Ich sage euch: Diese Blasphemie wird erst ein Ende nehmen, wenn vor der Tür jedes Spaniers in Amerika ein Galgen errichtet wird, an dem er hängen muß, wenn auch nur einer seiner Indios stirbt.«

Besondere Beachtung verdient in diesen Passagen der Hinweis des Las Casas auf den Islam: er kämpft zeitlebens dagegen, gegen die Indios einen Glaubenskampf derselben mörderischen Art zu führen wie gegen den Islam. Er, der Abkömmling französischer Kreuzfahrer, weiß, wovon er spricht. Kolumbus war ausgezogen, nicht, um »Amerika« zu entdecken, sondern um dem (sagenhaften) Priesterkönig Johannes in Indien aufzusuchen, mit ihm in einer globalen Zangenoperation den Islam einzukreisen, nach seiner Niederwerfung in Jerusalem das Reich des Großen Friedens zu errichten. Kolumbus weiß als Abkömmling von Juden, wovon er spricht, schreibt, woran er denkt: er will die Frohe Botschaft erfüllen. – Die erste Indiostadt, die die Spanier auf amerikanischem Festland sehen – eine Maya-Stadt auf der mexikanischen Halbinsel Yucatán –, nennen sie Groß-Kairo, so sehr leben sie in der Tradition der Reconquista.

Die erste große Konfrontation der »beiden Spanien« (des »offenen« und des »geschlossenen« Spanien, die heute wie damals miteinander kämpfen) vor dem jungen König, findet in dem kleinen katalonischen Dorf Molin

del Rey statt (Katalonien ist bis heute Zentrum des »offenen Spanien«). Da steht der Bischof von Mittelamerika, von einem Feldzug heimgekehrt, dem Las Casas vorgeworfen hatte: »Ihr habt hundert- und tausendfach gesündigt, Herr Bischof von Tierra Firma. Ihr habt das Blut Eurer Herde getrunken; macht Ihr nicht alles wieder gut, so werdet Ihr Eure Seele so wenig retten können wie Judas!«
Der hochwürdigste Bischof erwidert indigniert, er sei nicht aus Amerika gekommen, um seine Jahre und seine grauen Haare einer Diskussion auszusetzen. Karl V. befiehlt ihm, zu sprechen. Der Bischof verteidigt sich mit dem Hunger und Elend, mit dem drohenden Untergang seiner Leute in Amerika. »Was die Indios betrifft, kann ich aufgrund meiner Erfahrungen nur urteilen, daß sie von Natur aus Sklaven sind, daß sie Gold besitzen und es schätzen, daß es aber vieler Anstrengungen bedarf, um es ihnen abzunehmen.«
Las Casas, der »clérigo de Indias«, berichtet über ganz sinnlose Gemetzel dort drüben. »Diese unglücklichen Völker Amerikas, mein König und Herr, sind sehr wohl fähig, Christus zu erkennen. Aber es sind ihrer Natur nach freie Völker, und wenn der hochwürdige Bischof von Mittelamerika sagt, sie seien nach den Worten des Philosophen Aristoteles Sklaven von Natur, so muß ich sagen, daß alles, was der hochwürdige Bischof darüber gesagt hat, von der Wahrheit so weit entfernt ist wie die Erde vom Himmel . . . Unser Glaube ist der gleiche in aller Welt, und er geht alle Völker der Erde an. Wir haben nicht das Recht, Völkern die Freiheit zu nehmen und sie zu versklaven. Denn für diese Völker starb am Kreuz Christus unser Herr.«
Der junge König-Kaiser Karl bekennt sich zu Las Casas und konzipiert eine große Vision: ein rotes Kreuz soll die rote Rasse in Amerika retten. Rot als die Heilsfarbe des Auferstandenen. Las Casas soll eine Glaubensbrüderschaft von »hombres modelos« anführen, gekleidet in weiße Mäntel mit einem roten Kreuz, als Friedens-Träger weithin erkennbar. Sie sollen die Indios beschützen und bekehren. Am 19. Mai 1520 unterschreibt Karl die »Urkunde des evangelischen Weges« in Amerika. Las Casas soll das rote Kreuz an einem Küstenstreifen von eintausendfünfhundert Kilometern aufpflanzen dürfen, landeinwärts »von Meer zu Meer bis zur Enge des Magellan«.
Nun ist kurz vom Scheitern des Las Casas in Amerika zu berichten, vom Scheitern sodann des König-Kaisers. – Las Casas trifft in Cumanà (Venezuela) Indios, die bereits aufgescheucht sind durch den Blutschatten, der den Spaniern voranschreitet; sie stehen gegen Las Casas auf, der Zuflucht in dem Dominikanerkloster von Santo Domingo findet. 1523 wird er Dominikaner. Dominikaner werden die großen Rechtsdenker eines alle Menschen, Regime, Rassen verpflichtenden Menschenrechts. In seinen zwölf Jahren in Santo Domingo beginnt Las Casas mit seiner Geschichte Indiens und seiner Selbstverteidigung – als Geschichtsbericht. Später

muß er immer wieder vor den Spaniern fliehen: so in Peru, so auch in Guatemala. 1540 kehrt er nach Spanien zurück, verfaßt hier seinen *kurzen Bericht über die Zerstörung der Indianischen Lande*. Mitten in allen Wirren wird er zum Bischof von Chiapas, Guatemala, bestellt (1544). Nah dem Hofe führt er seinen Kampf weiter, stirbt am 31. Juli 1566 in Madrid, im Dominikanerkonvent von Atocha.
Sein Scheitern und das Scheitern des Kaisers sind beide im welthistorischen Horizont zu sehen. »Welthistorisch«: das waren die Verwundungen des südamerikanischen Kontinents: man lese die visionäre Darstellung der Kreuzigungen Südamerikas in den Poemen des Pablo Neruda, der die spanischen Morde in allen Farben des Terrors sieht und gleichzeitig – wie Las Casas – an Spanien hängt. Welthistorisch, das war auch der Großkampf des Europäers Karl um ein katholisches Europa.
Die große Auseinandersetzung zwischen Sepúlveda und Las Casas vor Karl V. in Valladolid 1550 findet in einer historischen Situation statt, in der der Kaiser bereits abgekämpft ist, lebenslang verstrickt in Krieg, Reise, politischer Konfrontation mit dem König in Paris, dem Papst in Rom, dem Mönch in Wittenberg. Und Spanien wird erschüttert von der ersten Terrorwelle (seit 1533) gegen die »Heterodoxen«, die freien Humanisten, religiöse Nonkonformisten sehr verschiedener Art, und jener zweiten, die 1556 gleich nach der Abdankung des Kaisers beginnt.
Vorangegangen war eine teilweise Widerrufung der »Neuen Gesetze«, beschlossen auf dem »Indienrat«, Valladolid 1542: Der Kaiser hatte hier die Indios als Staaten, genauer als »Könige und Herren, Republiken und Gemeinden« anerkannt und seinen »Wiedergutmachungswillen« zum Ausdruck gebracht. Die Nachkommen der Inka, der königlichen Dynastie also, sollten mit allen Ehren behandelt werden. Sie sollten eine ihren heraldischen, sakralen Gepflogenheiten angepaßte Schlangenordenskette tragen, ein »Tuson«, gleichgeordnet Karls höchstem Orden vom Goldenen Vlies. Der Kaiser verstand dies nicht nur als eine »kosmetische Operation«, wie man heute die Verschleierung harter Politik durch formale Zugeständnisse praktiziert. Karl V.: »Wir erteilen diese Gnaden und Konzessionen unseren geliebten Freunden und Brüdern zur Union der beiden Kronen und zur Entlastung unseres königlichen Gewissens.«
Nun aber waren diese Gesetze widerrufen, zudem war Vitoria gestorben, der große Francisco de Vitoria (1483/1484–1546), der in seiner berühmten »Relectio de Indis« die Erfahrungen des Las Casas völkerrechtlich fundiert hatte: Es gibt keine Universalherrschaft des Kaisers oder Papstes. Es ist nicht erlaubt, Kriege zu führen, um Eingeborene im Namen einer höheren Zivilisation oder eines »besseren Glaubens« zu bekehren. Im Anschluß an ihn erklärte später Suarez: »Die Staaten der Heiden sind ebenso rechtmäßig wie die der Christen.« Suarez, der größte Theologe der Gesellschaft Jesu in seiner Epoche!
Der beredte Gegner des Las Casas im Streitgespräch in Valladolid, Dr.

Juan Ginés de Sepúlveda, in Italien geschulter Jurist, hatte zuvor bereits in seinem Traktat *Democrates alter* Las Casas einen Massenverhetzer und gefährlichen Demagogen genannt. Und ihn als »Demokraten« verketzert. Der Kaiser ließ diese Schrift verbieten.

Joseph Höffner nannte zu Recht Sepúlveda »den gefährlichsten theoretischen Gegner der Missionspartei und den gewandtesten Verteidiger der Konquistadoren-Ideologie«. Ich darf hinzufügen: Als solcher wird er noch heute in Spanien (so zumal in der Franco-Zeit) und in Südamerika verehrt! Sepúlveda: Das Recht der spanischen Eroberung und Herrschaft gründet in der »Barbarei«, der sittlichen Minderwertigkeit und dem heidnischen Unglauben der Indios! Mission ist nach seiner Überzeugung – und der vieler ihm zustimmender Theologen – erst möglich nach vorheriger totaler Unterwerfung der Ungläubigen.

Dem entgegnet Las Casas: Kampfmethoden, wie sie gegen den Islam üblich waren, einfach nach Amerika zu übertragen, ist ein Verbrechen. Da verhalte man sich schlimmer als die Mohammedaner. Die Indios sind frei geboren, ihr Menschenrecht auf Selbstbestimmung gilt auch ohne Taufe. Die päpstliche Billigung der spanischen Herrschaft in Amerika habe diese Freiheit nicht vernichtet, die freie Zustimmung der Indios zur spanischen Oberherrschaft und Verwaltung sei die einzige rechtmäßige Grundlage des spanischen Regimes.

Las Casas lehnt jede Moralitäts-Ideologie und -Theologie ab: Mission ist nur im Frieden möglich, Christus kann nur freien Menschen wirksam verkündet werden. Der Indienrat hört sich das alles an, seine Meinung bleibt geteilt, was für die künftige Politik in Amerika unheilvolle Folgen hat. Dennoch begab sich folgendes: Den Vorsitz in Valladolid 1550 führte für den Kaiser Domingo de Soto, der tief von Las Casas beeindruckt ist. Im Werk der großen Rechtsdenker und Theologen Vitoria, Soto, Molina und Suarez tragen der spanische Erasmianismus und das Lebenswerk des Las Casas reiche Frucht. Soto, der Schüler des Vitoria, der Beichtvater Karls V. ist, fühlt sich nicht zuletzt deshalb zu Las Casas hingezogen, weil dessen Missionsvision mit seiner, Sotos, bereits vielumkämpften Theologie übereinstimmt: Soto nimmt die Zusammenarbeit von Natur und Übernatur, von Gott und Mensch als Basis an: Auf dieser Grundlage soll es auch eine neue Zusammenarbeit von Spaniern und Indios, von Menschen verschiedenen Glaubens und differenter Kultur geben.

Nun noch dies: Kaiser Karl V., der Kaiser des Las Casas, stirbt. Die Zukunft gehört in Europa der Vorbereitung zum großen Krieg der Konfessionen: in Lateinamerika gehört sie der bis auf den heutigen Tag in den meisten Staaten herrschenden Kaste, deren Ideologie in Kirche, Politik durchaus den Feinden des Las Casas in seiner Zeit entspricht. Las Casas wurde von den großen weltpolitischen Gegnern der Spanier, zunächst also den Engländern, dann den Holländern als Kronzeuge dafür angeru-

fen, daß Spanien ein finsteres Land des Terrors, der Inquisition, der Verfolgung aller »Evangelischen« sei.
Eine Neue Zeit für Las Casas kam in Deutschland herauf, als katholische Theologen wie Joseph Höffner seine Missionsethik aufgriffen (*Christentum und Menschenwürde* – Das Anliegen der spanischen Kolonialethik im goldenen Zeitalter, Trier 1947). Auf den Erfahrungen des Terrors im eigenen Land fußend, führte er dessen Gedanken als Warnung fort – Reinhold Schneider, ein wahrer Freund des »ewigen Spanien«, stellte den glühenden Verfechter der Menschenrechte vor in *Las Casas vor Karl V.* – Szenen aus der Konquistadorenzeit. – Heute ist Las Casas brennend zugegen: in der Theologie und Praxis der Gewaltlosigkeit, in Südamerika, im Wissen von Revolutionären, im Haß seiner Feinde. An der »Reaktion« auch nur auf die Nennung seines Namens hin kann man die Spiritualität von Menschen orten.

Josef Glazik

Innokentij Veniaminov

Vom Alaskamissionar zum Metropoliten von Moskau

Christlicher Glaube hat eine überraschende Eigenschaft: Wenn er ein lebendiger Glaube ist, teilt er sich mit und wirkt ansteckend. Das gilt, ganz gleich, zu welcher kirchlichen Gemeinschaft er sich bekennt. Das ist der Grund, warum jede Kirche auch eine Geschichte der Ausbreitung ihres Glaubens hat, selbst wenn sie wenig davon weiß.
Das kann in besonderer Weise von den orthodoxen Kirchen gesagt werden. Einige von ihnen haben diese Geschichte erst in unseren Tagen entdeckt und machen dabei Erfahrungen, die ihnen bislang fremd waren. Auch die russische Orthodoxie hat eine solche Geschichte. Sie ist dabei ganz eigene Wege gegangen. Das soll am Leben und Werk eines Mannes aufgezeigt werden, der zu den Großen der christlichen Missionsgeschichte des 19. Jahrhunderts gezählt werden muß. Es ist Innokentij Veniaminov, der vom Wanderprediger im russischen Fernen Osten zum Metropoliten von Moskau aufgestiegen ist. Alaska und die Aleuten, Kamtschatka und die Kurilen, Ostsibirien von der Lena bis zum Beringmeer und das Gebiet nördlich vom Amur und östlich vom Ussuri bis zum Japanischen Meer – das war sein Arbeitsfeld. Eine Jugend in Armut und Not, ein Wanderleben voller Mühen und Strapazen, ein Alter in Ehren und Würden – das war der Lebensweg des sibirischen Mesnerbuben, der als Metropolit von Moskau starb. Handwerker und Künstler, Sprachforscher und Naturwissenschaftler, Theologe und Seelsorger,

Mönch und Kirchenfürst – alles in einer Person war die große Glaubensgestalt Innokentij Veniaminov.
Am 26. August 1797 in dem sibirischen Dorf Anginskoje im Gouvernement Irkutsk als Sohn des Mesners Evsevij Popov geboren, wurde der kleine Joann nach dem frühen Tod seines Vaters im Haus seines Onkels, eines Diakons, aufgezogen. Mit neun Jahren kam er ins Irkutsker Seminar, wo er als Sohn eines Kirchendieners auf Staatskosten ausgebildet werden sollte. Gegen Ende seiner Seminarzeit erhielt der junge Popov, um nicht immer wieder mit anderen »Popensöhnen« verwechselt zu werden, den Familiennamen Veniaminov. Er hatte ihn sich in Erinnerung an seinen ersten Bischof Veniamin Bagranskij (1789–1814) gewünscht. Vor seiner Diakonatsweihe heiratete er die Tochter eines Geistlichen, 1821 wurde er Priester und an einer Stadtkirche in Irkutsk angestellt. Sein Leben schien in ruhige Bahnen gelenkt und auf Gemeinde und Familie festgelegt. Aber ihm war völlig anderes beschieden.
Russische Seefahrer hatten in der ersten Hälfte des 18. Jahrhunderts Alaska und die ihm vorgelagerte Inselkette der Alëuten entdeckt. Sie nahmen das Gebiet für Rußland in Besitz und übergaben es 1766 als »Katharinen-Archipel« der Zarin Katharina II. Die Ausbeute an kostbaren Fellen war so vielversprechend, daß in Irkutsk als dem Hauptumschlagsplatz des Handels mit dem Mutterland eine eigene Handelsgesellschaft gegründet wurde. Diese wandelte sich 1798 in die »Russisch-Amerikanische Kompanie« um und nahm Sitz in Moskau. – Der geschichtliche Anteil Rußlands an der Erschließung Alaskas wird durch manche heute noch übliche geographische Bezeichnung bezeugt. 1867 verkaufte Rußland seinen Besitz für sieben Millionen Dollar an die Vereinigten Staaten.
Wie auch anderswo führten Entdeckung, Handel und Kolonisation zur ersten Ausbreitung des Christentums. 1793 begann eine Gruppe von Mönchen aus dem bekannten Kloster Valamo (am Ladogasee) mit der gezielten Christianisierung der Bevölkerung. Ihre Erfolge waren so verheißungsvoll, daß das Gebiet als Vikariat von Irkutsk einen eigenen Bischof erhielt. Aber dieser erlitt auf der Reise in sein Gebiet mit seinen Gefährten und der ganzen Besatzung Schiffbruch und blieb für immer verschollen. Damit war das Schicksal der Mission besiegelt. Doch als 1820/21 die Kolonie in Kronbesitz überging, dachte man daran, die Missionstätigkeit wiederaufleben zu lassen.
So erklärt sich, daß zu Beginn des Jahres 1823 der Bischof von Irkutsk an den jungen Stadtgeistlichen Veniaminov herantrat und ihm eine Seelsorgestelle auf den fernen Alëuten antrug. Mit Rücksicht auf seine Familie sagte Veniaminov ab. Aber Erkundungen, die er bei Alaskafahrern einzog, bewogen ihn dann doch, sich dem Bischof zur Verfügung zu stellen. Schon am 7. Mai 1823 war er mit Frau und Kindern, Mutter und Bruder unterwegs. Die Reise über Jakutsk und Ochotsk dauerte vierzehn

Monate. Als sie am 19. Juli 1824 auf Unalaska ankamen, fanden sie weder eine Kirche noch ein Pfarrhaus vor.
Dafür mußte also zuerst gesorgt werden. Das Haus für sich und die Seinen baute Veniaminov eigenhändig mit seinem Bruder Michail. Die Kirche aber wollte er nicht ohne Mitarbeit der Inselbevölkerung errichten. Er machte es sich und den Leuten nicht leicht. Da sie von handwerklicher Arbeit nichts verstanden, bildete er zunächst Zimmerer, Tischler, Schlosser und Schmiede aus. Gleichzeitig lehrte er sie die Kunst des Ziegelbackens und Mauerns. Auf diese Weise erhielten die Alëuten eine Kirche, von der sie mit Recht sagen konnten, es sei ihre.
In dieser Kirche sammelte Veniaminov seine »Gemeinde«. Das war noch schwieriger als der Kirchbau. Denn die Leute hatten seit rund dreißig Jahren keinen Geistlichen mehr gehabt. Vom Christentum wußten sie nur so viel, daß sie hatten getauft werden können. Praktisch verehrten sie »einen unbekannten Gott«. Doch taten sie es, wie Veniaminov feststellte, mit einer solchen Unbefangenheit und Ehrlichkeit, daß er ermutigt wurde, unverzüglich an die Arbeit zu gehen. Er lernte die Sprache der Leute, übersetzte den Katechismus, die Biblische Geschichte sowie Teile des Neuen Testaments und warb um die Freundschaft des Völkchens, das durch den Umgang mit den russischen Seeotterfängern und Händlern vom Aussterben bedroht war. Er erforschte ihre Sitten und Bräuche, verfaßte ein Grammatik- und Wörterbuch ihrer bisher schriftlosen Sprache und schrieb zu ihrer Erbauung einen *Wegweiser zum Himmelreich*. In schlichter, anschaulicher Art legte er die christlichen Grundwahrheiten dar – mit dem Erfolg, daß selbst alte Leute darin zu lesen begannen.
Nach zehnjähriger Tätigkeit auf Unalaska wurde Veniaminov nach Novo-Archangelsk auf der Insel Sitka versetzt. Seine Mutter und sein Bruder Michail kehrten nach Sibirien zurück. Michail hatte sich entschlossen, ebenfalls Priester und Missionar zu werden. Er hat später unter seinem bischöflichen Bruder auf Kamtschatka gearbeitet. Veniaminov fand auf Sitka neben Russen und Mischlingen den kriegerischen Stamm der Koloschen vor, der allem Fremden feind war. Aber auch ihr Vertrauen gewann Veniaminov, nachdem er ihnen während einer Pockenepidemie selbstlos gedient und die Seuche zum Stehen gebracht hatte. Ein baltendeutscher Arzt namens Blaschke half ihm dabei. Seitdem konnte Veniaminov ungehindert kommen und gehen. Rückschauend glaubte er, Gottes Fügung darin sehen zu dürfen, daß er vor Ausbruch der Seuche keine Zeit gefunden hatte, sich der Bekehrung der Koloschen zu widmen. Sicherlich hätten sie bei ihrem Mißtrauen die Schuld an dem Unglück, das ihren Stamm getroffen hatte, dem fremden Prediger zugeschrieben.
Veniaminov machte sich auch hier daran, in die Geheimnisse der fremden Sprache einzudringen, Wörter und Redensarten zu sammeln und eine Grammatik zu bauen. Die Bekehrung der Koloschen stellte er Gott

anheim: Er würde die Zeit dafür wissen. Bei all dieser Arbeit versuchte Veniaminov, sich ein Bild von der allgemeinen Lage zu machen. Er ging den Ursprüngen des Christentums in der russischen Kronkolonie nach, in der es vier orthodoxe Gemeinden mit über zehntausend Christen gab. Von ihnen waren 706 Russen und 1295 Mischlinge. Er kam zur Erkenntnis, daß das Christentum in Alaska eine Zukunft habe, wenn die Ansätze genutzt und mehr Geistliche für die Arbeit gewonnen würden.
Veniaminov entschloß sich, seine Pläne nicht schriftlich vorzulegen, sondern sie persönlich vor der obersten Kirchenleitung zu entwickeln. Er nahm Urlaub, schickte seine Frau mit den beiden ältesten Kindern auf dem üblichen Weg nach Irkutsk und begab sich selbst mit seiner Jüngsten auf eine »Weltreise«. Über Honolulu und Tahiti fuhren sie um Kap Hoorn nach Rio de Janeiro und von dort in 48 Tagen nach England. Über Kopenhagen und Kronstadt erreichten sie schließlich nach sieben Monaten und vierzehn Tagen Sankt Petersburg.
Hier wie auch in Moskau erregte Veniaminov Aufsehen. Er sprach über seine Erfahrungen in Gemeinden und Kirchen und in wissenschaftlichen Kreisen. Ohne Schwierigkeiten konnte er seine verschiedenen Werke veröffentlichen – so in drei Bänden seine ethnologischen Aufzeichnungen, ferner die Grammatiken und Wörterbücher und nicht zuletzt seinen *Wegweiser zum Himmelreich*. Dieser wurde ins Russische und Kirchenslawische übersetzt, später sogar für die evangelischen Gemeinden im Schwarzmeergebiet ins Deutsche (Odessa 1848). Das Büchlein erlebte bis 1881 insgesamt 22 Auflagen.
Mitten in dieser rührigen Geschäftigkeit traf ihn völlig unerwartet die Nachricht vom Tod seiner Frau. Was sollte er jetzt beginnen? In der russisch-orthodoxen Kirche war es doch seit alters her Gesetz, daß verwitwete Priester ihr geistliches Amt nicht ausüben durften. Man legte ihm nahe, Mönch zu werden. Veniaminov stimmte zu, nachdem die Erziehung seiner Kinder gesichert war. Bei seiner Mönchsweihe am 29. November 1840 nahm er den Namen Innokentij an in Erinnerung an den ersten Bischof von Irkutsk, dessen Heiligsprechung er als Kind hatte miterleben dürfen. Kaum vierzehn Tage später ernannte ihn Zar Nikolaus I. zum Bischof der Alëuten, Kamtschatkas und der Kurilen. Mit einigen Priestern kehrte er umgehend auf sein Arbeitsfeld zurück, wo er mit Jubel von seinen Gemeinden empfangen wurde.
Nach einem Jahr im Amt rüstete er zur Visitationsreise durch seine weite Diözese. Er besuchte Kamtschatka, die Tschuktschen-Halbinsel und den Bezirk Ochotsk. Zwar konnte er vorläufig nichts unternehmen; aber er wollte wissen, was ihm zu tun übrigblieb. 1850 wurde Innokentij Erzbischof. Die neue Würde gab ihm neuen Auftrieb. 1852 erreichte er, daß das ganze Gouvernement Jakutsk seiner Diözese eingegliedert wurde. Kurz darauf ließ er sich dort nieder, um sich der Evangelisierung der sibirischen Völkerschaften unmittelbar widmen zu können.

Doch zu vielem konnte Innokentij nur die Fundamente legen. Inzwischen bahnten sich im ganzen Fernen Osten völlig neue Entwicklungen an. Die Großmächte Europas und Amerika erzwangen sich den Zugang zu China und Japan. Rußland wollte nicht tatenlos zusehen. Es nutzte die Ohnmacht Chinas und sicherte sich durch Verträge die Gebiete am Amur und östlich des Ussuri bis zum Japanischen Meer. Innokentij unternahm sofort eine Reise in die neuen Provinzen. Sein erster feierlicher Gottesdienst im Amurgebiet wurde als die eigentliche und endgültige Besitzergreifung angesehen. Der Ort erhielt zur Erinnerung daran den Namen Blagovescensk, das heißt: »Ort der Verkündigung froher Botschaft.«

Innokentij hatte die Sechziger überschritten. Er war vorzeitig alt geworden und fast erblindet. Die langen Fahrten über die gleißenden Schneefelder des Nordens waren schuld daran. Aber er ließ sich nicht entmutigen. Mit 63 Jahren besuchte er Japan. Dort hatte ein russischer Marinegeistlicher die seit Jahrhunderten im Untergrund lebenden japanischen Katholiken entdeckt. Das führte zur Errichtung einer russisch-orthodoxen Mission im »Land der aufgehenden Sonne«. Innokentij traf den ersten Missionar Nikolaj Kasatkin, der 1912 als Metropolit von Japan sterben und eine blühende orthodoxe Gemeinde hinterlassen sollte. – Mit 65 Jahren weilte Innokentij noch einmal auf Kamtschatka, mit 70 besuchte er ein zweites Mal die Amurprovinz. Hier traf er seinen Sohn Gavriil als Priester wieder. – Wie immer schmiedete Innokentij neue Pläne. Ihre Ausführung würde er jedoch anderen überlassen. Er wollte sich nach Rußland in ein Kloster zurückziehen. Doch wieder kam alles ganz anders. Der Metropolit Filaret Drozdov von Moskau starb, und ungeachtet des hohen Alters wählte man Innokentij Veniaminov als die markanteste Persönlichkeit im russisch-orthodoxen Episkopat zu dessen Nachfolger.

Auch als Metropolit blieb Innokentij seiner Lebensaufgabe treu. Als Gabe der sibirischen Missionskirche vermachte er der russischen Orthodoxie den Gedanken der allgemeinen Missionspflicht aller Gläubigen. Nicht durch staatliche Maßnahmen sollte der Auftrag gegenüber den Nichtchristen erfüllt werden, sondern durch tätige Mitsorge des ganzen gläubigen Volkes. Zu diesem Zweck rief Innokentij 1870 die »Orthodoxe Missionsgesellschaft« ins Leben und bestimmte, daß jährlich am »Sonntag der Orthodoxie« in allen Gemeinden der Mission gedacht würde und Spenden für sie gesammelt würden.

Innokentij starb am Karsamstag 1879 im 82. Lebensjahr. Er selbst bestimmte das Thema seines Begräbnisgottesdienstes: »Der Herr lenkt des Menschen Schritte« (Ps 37,23). Gott allein sollte die Ehre gegeben werden für all die großen Taten, die Sein Diener während seiner irdischen Wanderschaft hatte verrichten dürfen. – Innokentij Veniaminov wurde am 6. Oktober 1977 unter die Heiligen aufgenommen.

»Bei uns im großen Rußland leben rund um unser Land Heiden, die Gott nicht kennen und von keiner Lehre und Schrift wissen: weder vom Gesetz Moses' noch von den prophetischen Aussagen über Christus noch vom christlichen Glauben. Sie leben ohne Gott in dieser Welt. Einige von ihnen verehren stumme Bilder, andere Bäume, Gewässer und Steine, andere wilde Tiere und Hausvieh. Wieder andere beten zu Dämonen und rufen sie durch Zauber zu Hilfe.

Solcherart Heiden sind: die Tscheremissen und Mordwinen, die Tschuwaschen und Tjuchnen, die Izoren, Lappen und Samojeden und viele andere Völker, die im Norden und Osten wohnen; in Sibirien und der Mongolei die Ostjaken und Kalmücken, und bis zum chinesischen Kaiserreich noch viel garstige Wilde. All diese müssen wir aufnehmen und sie das christliche Gesetz lehren und das Kreuzzeichen und das Gebet.«
(Aus dem »Großen Ritual« von Moskau, 1651.)

Norbert Stahl

Paul Schulte

Der »Fliegende Pater«

Es ist der 16. Juli 1930. In Oshikuku im südafrikanischen Ovamboland steht der Oblatenmissionar Paul Schulte am Grab seines Freundes Pater Otto Fuhrmann und weint. Der ehemalige Kriegskamerad, Missionar des Oblatenordens wie er, ist hier vor fünf Jahren der Erde übergeben worden. Malariafieber und eine Lungenentzündung waren die Ursache des allzu frühen Todes. Die sterblichen Überreste Fuhrmanns werden ausgegraben; der Tote soll in die von ihm gegründete Missionsstation Ukuambi überführt und an würdiger Stätte beigesetzt werden. Schweigend gehen die Missionspriester und einige Schwarze ihrer Arbeit nach. Schulte, der den Verstorbenen identifiziert, hält nach zwei Stunden den Totenkopf des Freundes in der Hand. Er führt mit ihm stille Zwiesprache. Das Bewußtsein des Verbundenseins mildert die furchtbare Tragik des Augenblicks.

Neben dem Grab steht ein Kraftwagen der MIVA, der »Missionsverkehrsarbeitsgemeinschaft«. Paul Schulte hat diesen Wagen aus Deutschland hierher gebracht und damit ein Gelöbnis erfüllt. Es gilt dem toten Mitbruder. Der Schwerkranke war auf einem Eselskarren und auf dem Rücken von Eingeborenen fünf Tage und fünf Nächte lang bis zum nächsten Hilfslazarett geschleppt worden. Hätte ein Flugzeug zur Verfü-

gung gestanden, hätte man den Freund in wenigen Stunden in ein modernes Krankenhaus fliegen können. So aber starb Pater Fuhrmann, ohne daß ein Priester an seinem Sterbebett sein konnte. Aber es war kein Flugzeug vorhanden, ja das Fliegen für die Mission war überhaupt noch nicht erlaubt. Priester durften nicht einmal radfahren. Schulte macht seinem toten Freunde das Versprechen: »Wenn ich dir auch nicht mehr helfen kann, so will ich mit Erlaubnis meiner Obern mich dafür einsetzen, daß die modernen Verkehrsmittel, wie der Kraftwagen, das Motorboot, die drahtlose Telegraphie und vor allem das Flugzeug in den Dienst der auswärtigen Missionen und der Kraftwagen und das Motorrad auch in den Dienst der Diaspora in der Heimat eingesetzt werden.« So wird er zum »Fliegenden Pater« und in der ganzen Welt bekannt.
Schultes große Leidenschaft gehört schon früh der Luftfahrt. Am 14. Mai 1895 als Sohn einer altwestfälischen Familie aus dem Münsterland in der Diaspora-Großstadt Magdeburg geboren, tritt er 1914 in den Oblatenorden der Makellosen Jungfrau Maria (OMI) ein, muß das Studium aber bald unterbrechen; den Ersten Weltkrieg macht er zunächst als Garde-Infanterist, dann bis zum Ende als Flieger mit. »Einem Flieger geht's wie einem Tiger, der einmal Blut geleckt hat«, bekennt er in einem seiner Bücher. Fliegerisch ist er allerdings am Ende des Krieges ein »Küken«, wenn auch ein hoffnungsvolles. Ohne Erlaubnis der Ordensleitung nimmt er bei einer Aushilfe in Berlin – er ist inzwischen zum Priester geweiht worden und Volksmissionar – erneut heimlich Unterricht im Fliegen. Als er – noch ohne den Flugschein zu besitzen – der Ordensleitung sein Abweichen vom rechten Weg bekennt, erhält er prompt Flugverbot. »Nichts Schlimmeres als ein ungehorsamer Ordensmann«, bekennt er später. »Man sieht also, daß ich sehr unvollkommen war, als die Vorsehung Gottes anfing, mich zu verwöhnen ... Ich lege auch keinen Wert darauf, frommer und vollkommener zu erscheinen, als ich in Wirklichkeit bin ... Die Hauptsache ist nicht, daß man sich, wenn möglich, schon zu Lebzeiten einen Heiligenschein anpaßt ...«
Der Ungehorsam schadet ihm. Dem Anliegen, das er später so erfolgreich vertritt, nützt er jedoch, weil Schulte durch seine Probeflüge wieder Vertrauen zur Verkehrssicherheit des Flugzeuges gewinnt. Wie unter der Führung Gottes scheint sein weiterer Lebensweg zu verlaufen. Der Tod Pater Fuhrmanns 1925 mobilisiert ihn erneut; schon zwei Jahre später gründet er in Köln die MIVA, deren Aufgabe es fortan ist, moderne Verkehrsmittel zu beschaffen und für ihren Einsatz in den Missionen zu sorgen.
Die Motorisierung der Priester »zu Wasser, zu Lande und in der Luft« geht aber keineswegs glatt vonstatten. So teilt der Generalsekretär des Päpstlichen Werkes der Glaubensverbreitung in Deutschland, der Aachener Bischof Johannes van der Velden, zwar die Begeisterung Schultes, aber sein Verwaltungsrat lehnt den Beitritt zur MIVA mit der Begrün-

dung ab, daß dies nicht mit der Satzung vereinbar wäre, in welcher dergleichen nicht vorgesehen sei. Das Missionsärztliche Institut in Würzburg erklärt sich für zu jung, um als Träger in Frage zu kommen. Bei seiner Suche nach Freunden und Gönnern trifft Schulte schließlich auf den Kölner Erzbischof Kardinal Joseph Schulte, der dem neuen, providentiellen Werk seinen Segen erteilt. Kölns Oberbürgermeister Konrad Adenauer, der spätere Bundeskanzler, übernimmt den MIVA-Vorsitz, nachdem er Schulte versichert hat: »Herr Pater, ich glaube an Ihre Sache!« Der Präsident der Päpstlichen Werke in Aachen, Fürst Alois zu Löwenstein, wird Ehrenvorsitzender – ein genialer Schachzug. Sein Rat an Schulte: »Durch Arbeit und Leistung überzeugen!«

Überzeugt werden muß vor allem der Vatikan, der allen Neuerungen erst einmal skeptisch gegenübersteht. Doch die Erfolge stellen sich bald ein. Fast alle katholischen Verbände und Vereine in Deutschland treten der MIVA bei. Ein großes Automobilwerk schenkt ihr den ersten gebrauchten Wagen. Die Junkers-Flugzeugwerke stellen das erste Missionsflugzeug zur Verfügung, das später in Afrika zum Einsatz gelangt. Die Dornier-Flugzeugwerke stiften ein Amphibien-Flugzeug. Da erscheint in der »Kölnischen Volkszeitung« ein Artikel, der die MIVA in Grund und Boden kritisiert. Auch aus den Missionen selbst kommt nicht nur Zustimmung. Ein Missionsbischof erklärt Schulte schlicht: »Ich glaube nicht an Ihre Gründung.« Ein anderer Bischof, Joseph Gotthardt von Windhoek in Südwestafrika, schreibt: »Wenn man in Südwest noch einmal anfangen müßte, so würde man genau so anfangen, wie ich es damals für nützlich hielt, nämlich mit dem Ochsenwagen.« Gotthardt ändert allerdings bald seine bisherige Ansicht.

Schultes Hauptproblem liegt darin, das nötige Geld zur Finanzierung seines Unternehmens zusammenzubringen. Fast jeden Sonntag steht er an einem anderen Ort mehrmals auf der Kanzel und im Vortragssaal. »Laßt uns«, so predigt er, »das kostbare Leben der Missionare schonen und verlängern. Laßt sie uns bewahren vor zu frühem Unglückstod auf gefährlichen Strömen und in Eis und Schnee und Sandwüsten! Laßt uns unsere Apostel schützen vor den Qualen der seelischen Vereinsamung, indem wir ihnen moderne Verkehrsmittel geben, damit die Missionare untereinander in Verbindung bleiben, um sich gegenseitig aufzumuntern. Laßt uns den Missionaren schnelle Hilfe bringen, wenn sie erkranken; laßt uns ihre gewaltigen Reiseentfernungen verkürzen durch moderne Verkehrsmittel.« Die Folge der Anstrengung: Schulte bricht zusammen. Er hat sich zuviel zugemutet. Freunde ermöglichen ihm einen Urlaub in den Tiroler Alpen, wo er sich bald wieder erholt.

1929 erfolgt ein neuer Rückschlag. Die für die Missionen zuständige vatikanische Kongregation empfiehlt die Auflösung der MIVA und stürzt Schulte in einen Gehorsamskonflikt. Fürst zu Löwenstein interveniert jedoch in Rom und rettet die MIVA und damit das Werk Schultes.

Um auch die letzten Kritiker zu überzeugen, bereitet er eine Afrika-Expedition vor, um die Motorisierung dort persönlich einzuführen. Außerdem dreht er einen Film. Längst hat ihn sein Orden mit allen Flugerlaubnissen ausgerüstet, und auch der Flugschein ist inzwischen erworben. Schulte fliegt kreuz und quer durch Deutschland, hält Vorträge, veranstaltet Pressekonferenzen und sammelt Betriebskapital. Um an das ganz große Geld zu kommen, reist er in die Vereinigten Staaten, wo ihn der Ozeanflieger Chamberlain empfängt und die Zeitungen tagelang sensationell aufgemachte Berichte über den »Fliegenden Pater« veröffentlichen. Im Geiste sieht sich Schulte schon als Millionär nach Hause zurückkehren, als das Schicksal in Gestalt des Börsenkrachs am »Schwarzen Freitag« im November 1929 seinen Hoffnungen ein jähes Ende bereitet. Friedhofsstimmung in Amerika, Friedhofsstimmung im Herzen Schultes. Schon will er enttäuscht abreisen, da macht ihn der reichste Klub in Amerika zum Ehrenmitglied. Zwar hütet er sich, um Geld zu bitten, aber er gewinnt einige Millionäre zu Freunden, was sich später auszahlen wird.

Am 28. April 1931 startet Paul Schulte seine Afrika-Expedition. Mit den Fahrzeugen, die er den Missionaren übergeben kann, gelingt es ihm, die Nützlichkeit der modernen Technik unter Beweis zu stellen. Beinahe wäre er nicht mehr lebend zurückgekommen. Bei einem Bad in einem Fluß wird er von einer drei Meter langen Mamba angefallen, deren Biß nach einer Stunde tödlich ist. Ein Mitbruder rettet ihn im letzten Moment. Auch in dieser Situation versagt sein Humor nicht. »Gewiß«, sagt er, »wenn die Schlange mich in die Hand gebissen hätte, hätte ich den Arm abbinden können. Die Schlange hätte mich aber in dieser gebückten Stellung wahrscheinlich in den Kopf gebissen. Hätte ich da etwa den Hals abbinden können?« Schulte erkrankt nun jedoch an Malaria, die er aber überwindet.

Gleich nach seiner Fertigstellung wird der MIVA-Film in Deutschland gezeigt. Uraufführung ist in Berlin, zugegen Ortsbischof Dr. Schreiber. Vier Wochen läuft der Film in Berlin, dann wird er in anderen Städten vorgeführt, überall mit großem Erfolg. Als »Fliegender Pater« weiß Schulte, was er seinem Ruf schuldig ist. Mit einem ihm zur Verfügung gestellten Flugzeug fliegt er durch die Lande zu den verschiedenen Filmvorführungen. In München erhält er eine Empfehlung von Kardinal Faulhaber.

Es folgt ein weiterer gesundheitlicher Rückschlag. Die Malaria tropica macht sich erneut bemerkbar. Schulte leidet unter Depressionen; er zweifelt an der Durchführbarkeit seiner Idee. Da wird er nach Rom eingeladen, wo er seinen Film vor dem »Generalstab der Mission« im Vatikan und dem Diplomatischen Korps vorführen darf. Alle beim Heiligen Stuhl vertretenen Länder sind anwesend. Schließlich erhält er eine Privataudienz bei Papst Pius XI. Dieser nimmt ihm alle Ängste, indem er erklärt:

»Es ist nicht notwendig, daß Sie mich begeistern, ich bin begeistert. Es ist selbstverständlich, daß die modernen Verkehrsmittel in den Dienst Gottes gestellt werden müssen, alle modernen Errungenschaften sind nur wegen der Übernatur da, denn: dem Herrn soll dienen jegliche Kreatur!« Nach diesen Worten erhebt sich der Papst, holt einen aus Walroßzahn geschliffenen Eskimo-Hundeschlitten, den er als Geschenk erhalten hat, und fragt den »Fliegenden Pater«, ob er nicht das Flugzeug und die drahtlose Telegraphie bei den ärmsten und am meisten isolierten Missionen einführen will.

Der »Pater mit den Flügeln«, wie ihn die Eskimos nennen werden, läßt sich nicht lange bitten. Mit dem Wasserflugzeug »St. Lukas« fliegt er in den »Garten, der verschlossen ist durch ewiges Eis und ewigen Schnee«. Für ihn ist es trotzdem ein Gottesgarten. »Mein Leben scheint mir nur wert, gelebt zu sein«, bekennt er, »soweit es mit dem Ewigen, Göttlichen, in Berührung gekommen ist. Alles andere mag interessant, angenehm gewesen sein, es war unwesentlich. Wesentlich war das Bewußtsein der Verbundenheit mit Gott, durch meinen heiligen Glauben. Wesentlich war die Vereinigung mit Gott durch die Liebe. Selbst bei der größten Kälte fühlte ich Wärme durch den Körper zittern, und wo im ewigen Eis nichts anderes als eben Schnee und Eis zu sehen ist, fühlte ich die Berührung mit dem Göttlichen, dem Ewigen.«

Bezeichnend für Schulte ist, daß er eines seiner Bücher *Das Wagnis des Fliegenden Paters* überschreibt und ihm einen Satz des Reiterliedes aus Schillers *Wallenstein* voransetzt: »Und setzet Ihr nicht das Leben ein, nie wird Euch das Leben gewonnen sein!« Dieses Reiterlied singt er immer wieder übermütig auf seinen waghalsigen Flügen in der Arktis, bei denen der Tod mit ihm am Steuer sitzt. Mehr als einmal gerät er in äußerste Not. Mit seinem einmotorigen Flugzeug, nach heutigen Begriffen eine »Kiste«, wagt er sich bis zum magnetischen Nordpol vor. Er fliegt Tausende von Meilen ganz allein, ohne zweiten Piloten, um den Missionaren Post, Lebensmittel und Medikamente zu bringen und zu helfen, den Eskimos das Evangelium zu verkünden. Extreme Temperaturen, Schneestürme und Nebel werden mit unbändigem Gottvertrauen, aber auch mit großem fliegerischen Können überwunden. Strecken, die noch nie ein Flugzeug gesehen haben, werden überflogen. Einmal geht die Maschine bei einer Notlandung halb zu Bruch.

Schulte möchte »nicht aus Dummheit sterben«, daher bereitet er sich sorgfältig auf jeden Flug vor. Dennoch gibt es immer wieder unliebsame Überraschungen, die schnelles Reaktionsvermögen erfordern. Der »Fliegende Pater« berichtet: »Wie vor jedem Start mache ich das Kreuzzeichen auf die Stirne und spreche ein kurzes Gebet um ein gutes Gelingen des Fluges. Ich gebe langsam Gas, Halbgas, Vollgas. Der Motor donnert sein kräftiges Morgengebet in den Morgen; das Wasserflugzeug kommt auf die Stufe der Schwimmer und nimmt schnell Geschwindigkeit auf . . .

fünfzig Kilometer . . . siebzig . . . neunzig Kilometer . . . Was ist das? . . . ein vier Meter langer Fisch taucht aus dem Salzwasser auf, . . . ein weißer Wal . . . Breitseite zum Flugzeug . . . stoppen kann ich nicht mehr . . . das Flugzeug ist schon zu schnell und der Wal zu nahe . . . ich rase auf das unwillkommene Fischungeheuer mit Vollgas los . . . Wenn es mir nicht gelingt, über den Fisch hinwegzuspringen oder wenn der Fisch nicht rechtzeitig, bevor ich ihn erreiche, untertaucht, werde ich das Ungeheuer mit den Schwimmern zermalmen und wahrscheinlich einen Überschlag mit dem Flugzeug im Wasser machen. Der Flug wird zu Ende sein. Vielleicht werden mein treuer Mechaniker und ich ertrinken . . . Ich rase mit hundert Kilometern auf das Ungetüm los . . . bis auf zwei Meter, dann ziehe ich das Höhensteuer . . . wie ein übermütiger Junge springt mein Flugzeug über den unfreundlichen Quertreiber, pitscht noch einmal kurz das Wasser und schwebt in der Luft . . . Ich wische mir die Schweißtropfen von der Stirne, die ich eigentlich im Laufe des Tages vergießen wollte.«

Pater Schulte besucht alle Missionsstützpunkte seines Ordens rund um die Hudson-Bay im Norden Kanadas. Er richtet Kurzwellenstationen ein und lotst Schiffe durch das Treibeis; der Explorers Club in New York, der davon erfährt, nimmt ihn als Mitglied auf. Wiederholt startet er zu Rettungsflügen und transportiert kranke Missionare und Eskimos in die nächsterreichbare Krankenstation. In einem Fall ist ein viertausend Kilometer langer Flug erforderlich. Die Pionierflüge sind schwer und gefahrvoll. Nie würde er einen solchen Flug zum Vergnügen machen, sondern nur, wenn es darum geht, ein Menschenleben zu retten. »Es ist nicht nur Dusel«, beschwichtigt er sich selbst, »wenn man lange Jahre fliegt und trotzdem noch am Leben ist.«

Angesichts der Bedürfnislosigkeit der Missionare im ewigen Eis, die in erbärmlichen Hütten und Iglos leben, sich mit Fisch- und Seehundöl warm halten und in ihrer Armut und Anspruchslosigkeit offensichtlich glückliche Menschen sind, notiert er in sein Tagebuch: »Es ist gut, daß man einmal aus allem herausgerissen wird, aus allen Bequemlichkeiten. Man sieht, was andere des Glaubens willen ertragen und wie sie dabei glücklich sind. Man wird besinnlich und überdenkt ernstlich, ob man mehr die Zivilisation oder mehr das einfache Leben ohne die Bequemlichkeit aufsuchen soll.«

An seine Mutter, die bereits zwei von drei Söhnen verloren hat – einer wurde über England abgeschossen –, schreibt er: »Während meiner schweren Flüge drücke ich das Oblatenkreuz an mein Herz und denke an unsern Herrn, der am Kreuz hing. Der Heiland blutet aus tausend Wunden aus Liebe zu mir. – Ich sehe seine rechte Hand, sie ist durchbohrt mit einem langen Nagel. Ich schaue auf meine rechte Hand. Ich trage dicke Handschuhe, die mich vor der Kälte schützen. Ich bewege die Finger. Meiner rechten Hand geht es gut; sie ruht am Höhensteuer des Flugzeuges. – Ich schaue auf die linke Hand des Heilandes. Ein grausamer Nagel durchbohrt sie. Das Blut fällt in dicken Tropfen vom Kreuz herab. Ich schaue auf meine linke Hand. Alles ist in Ordnung. Auch diese Hand ist am Höhensteuer. – Die Füße des Heilandes sind von einem übergroßen, unbarmherzigen Nagel durchbohrt. Das Blut des Heilandes strömt vom Kreuzesbalken herab. Meine Füße sind etwas kalt, das ist alles. Aber ich habe Heizung im Flugzeug und trage Pelzstiefel. Ich fühle mich wohl, nur ein wenig steif bin ich vom Sitzen. – Die Dornenkrone durchbohrt unbarmherzig das Haupt des Erlösers. Auf meinem Haupt sitzt eine warme Ottermütze. – Die Herzenswunde des Heilandes ist offen. Eine breite Lanze hat das Herz durchbohrt. Aus Liebe zu uns! Mein Herz klopft nur ein wenig bei gefahrvollen Flügen. Was habe ich schon getan? Er hat Stunden der Todesangst am Kreuz erlebt. Ich nur Schrecksekunden, nicht der Rede wert.«

In kritischen Situationen – dazu gehören sieben Flüge unter schlechtesten Witterungsbedingungen, um den Ärmsten der Armen die Verpflegung für ein ganzes Jahr im voraus zu bringen – greift Pater Schulte zu seiner »Geheimwaffe«, wie er das Rosenkranzgebet nennt. Die Geheimnisse des Schmerzhaften Rosenkranzes sind für ihn »wie ein Blindflug nach Instrumenten, aber der Kurs – den Willen Gottes zu tun – muß eingehalten werden«. Nie fliegt er leichtsinnig in eine Gefahr hinein. »Ich habe manchmal tief Atem geholt«, so schreibt er, »bevor ich das eine oder andere Mal entschied. Wenn ich dann tapfer zusagte und mein Leben und mein Flugzeug erfolgreich einsetzte, kam ich mir vor wie neugeboren. Ich war stolz auf solchen Flügen, und ich glaube, daß dieser Stolz Gott wohlgefällig ist«.

Schulte ist bald ein berühmter Mann. Schlagzeilen in aller Welt macht er am 8. Mai 1936. An Bord des Zeppelinluftschiffes »Hindenburg« auf dem Flug von Ludwigshafen nach New York liest er zum ersten Mal in der Geschichte der Luftfahrt die hl. Messe. Der Papst hat die Erlaubnis dazu erteilt. Ein Jahr später verbrennt das Luftschiff bei der Landung in Lakehurst. Für die 35 Toten, unter ihnen 20 Mann Besatzung, hält Schulte den Trauergottesdienst. »Wir fürchten den Tod nicht«, sagt er, »wir haben das oft unter Beweis stellen können, aber wir fürchten den allmächtigen Gott, vor dessen Angesicht wir erscheinen müssen.« Trotz der Zerstörung »des stolzesten Luftschiffes, das die Welt je gesehen hat«, hält der Fliegende Pater am »Glauben an den Luftschiffbau« fest. Auch die MIVA hat ihre Toten, zum Beispiel den Schweizer Hauptmann Hans Marti, der 1934 beim Einfliegen einer Maschine in Südafrika mit zwei Mechanikern abstürzt. 1939 kommen der Pilot Wilhelm Schafhausen und drei Patres in Neuguinea bei einem Absturz ums Leben.

Bis zum Ausbruch des Zweiten Weltkriegs 1939 kann Schulte den Auftrag des Papstes ausführen. Nun wird er auf eine schwere Probe gestellt. Er wird der Spionage verdächtigt und erhält Flugverbot. Als Kanada an

der Seite Englands in den Krieg eintritt, weicht er in die USA aus, wo er am 13. April 1942 festgenommen wird. Sieben Bände umfassen die »Spionage«-Unterlagen. Einige der Anklagen lauten: P. Schulte hat geheime Benzinlager über das ganze Gebiet der Arktis geschickt verteilt, damit deutsche U-Boote und deutsche Flugzeuge dort tanken können. P. Schulte hat den kürzesten Luftweg von Deutschland über Grönland und Hudson-Bay nach Kanada entdeckt. Diesen Kurs will Hitler mit seinen Lufthorden fliegen, um die armen Kanadier zu ermorden. P. Schulte ist ein ganz gerissener deutscher Spion. Er hat Radiostationen über die ganze Arktis verteilt, um den Feinden Kanadas und der USA wichtige Mitteilungen geben zu können. P. Schulte hat ganz Labrador für eine Hitler-Invasion vermessen. Er ist gar kein Priester, sondern mißbraucht das geistliche Gewand für seine dunklen Zwecke. Sogar ein Film wird gedreht, in dem der »Fliegende Pater« als Spion »entlarvt« wird. Von seinen Obern bekommt Schulte die Anweisung, sein Flugzeug zu verkaufen. »Im Namen des Gehorsams« muß er sich in ein Kloster in Illinois zurückziehen. Bis zum Ende des Krieges hat er zu schweigen; er ist »tot«. Der »Pater mit den Flügeln« tobt, ist schließlich einem Nervenzusammenbruch nahe. Da handelt er einem amerikanischen Pfarrer einen Kreuzweg ab und baut die Stationen in einem Wäldchen auf. Diesen Kreuzweg geht er so lange betend, bis er sich in sein Geschick gefügt hat. Aber nur eine Zeitlang. Als sich die Gelegenheit dazu bietet, wird er der anonyme Herausgeber einer Zeitschrift mit dem Namen »Wings of Mercy« (Schwingen der Barmherzigkeit). Das Blatt unterstützt die Eskimo-Missionare. In ganz Amerika wird die Zeitschrift mit Begeisterung aufgenommen. Ein Leser schreibt: »Wir Amerikaner sind stolz darauf, daß wir selber endlich einmal etwas Zugkräftiges herausgebracht haben für den Missionsflugdienst, ohne daß der Fliegende Pater Schulte dabei ist, der ein Deutscher ist . . . «
Nicht genug damit, beteiligt sich Schulte auch noch an der Gründung einer Fliegerschule, die er aus dem Hintergrund leitet. Sie heißt ebenfalls »Wings of Mercy«. Da er sich auf dem Flugplatz, der in der Nähe seines Zwangsdomizils angelegt wird, nicht sehen lassen darf, erteilt er den Missionsfliegern hinter Klostermauern theoretischen Unterricht. »Der Herrgott hat Humor«, denkt er sich.
Mit dem Ende des Krieges wird Schulte wieder frei. Nach vierjähriger Gefangenschaft macht er seinen ersten Flug. Die Fliegerschule findet allerdings nicht die Zustimmung der Ordenszentrale; sie muß aufgegeben werden. Ein amerikanischer Großindustrieller, Freund des Paters, sagt zu ihm: »Ich kann dein Nachgeben im Gehorsam nicht verstehen . . . mach Schluß und zieh den schwarzen Rock aus, häng ihn an den Nagel.« Der Versuchung widersteht Schulte mit der Überlegung: »Der liebe Gott hat diesen Entschluß der Obern zugelassen, so daß Er der eigentliche Verantwortliche ist . . . Wer aber kann mit Gott rechten?«

Schulte organisiert zunächst eine große Pakethilfe für seine deutsche Heimat. 1949 kehrt er auf Wunsch der deutschen Bischöfe zurück und widmet sich einem neuen Werk. Die »Diaspora-MIVA« wird gegründet. Ein wachsender Strom von Verkehrsmitteln geht in die Diasporagebiete des zweigeteilten Deutschlands. 1951, nach dem »Notverband« der Fahr- und Motorräder, beginnt die planmäßige Motorisierung der Diasporapriester durch Ausstattung mit Hunderten von Kleinwagen, den »Eisernen Kaplänen«. Kleinbusse werden als Hilfsmittel bei der religiösen Unterweisung der Kinder und für andere gemeindliche Aufgaben eingesetzt. Wieder reist Schulte kreuz und quer durch die Lande, organisiert und sammelt. Sein Markenzeichen ist der weiße Schal aus Fallschirmseide, ohne den man ihn nie antrifft. Er bleibt eben in jeder Situation der Fliegende Pater. 1965 wird er anläßlich der Internationalen Verkehrsausstellung in München mit der »Pionierkette der Windrose« ausgezeichnet. Die gleiche Auszeichnung erhält auch der sowjetische Kosmonaut Kokkinaki. Es ist eine denkwürdige Begegnung, als sich der »schwarze« und der »rote« Luftfahrtpionier die Hand schütteln.
Da Paul Schulte nicht der »Liegende Pater« sein will, unternimmt er 1963 noch einmal eine Afrika-Expedition. Vom Flugplatz Hangelar bei Bonn startet er zu einem gefahrvollen Flug nach Windhoek in Südafrika, um dem »Fliegenden Bischof« Rudolf Koppmann OMI am Grab Otto Fuhrmanns eine DO 27 zu übergeben. Mit 68 Jahren macht er zu seinem deutschen, kanadischen und amerikanischen Pilotenschein noch den südafrikanischen.
Als er 75 Jahre wird, scheidet er aus dem Präsidentenamt bei der MIVA aus. Der Kreis schließt sich: Wieder zieht es ihn in die Nähe des toten Freundes, der in afrikanischer Erde ruht. Der Fliegende Pater verbringt seine letzten Lebensjahre in der südafrikanischen Mission. Hier stirbt er am 7. Januar 1974 mit 78 Jahren in Swakopmund; in Döbra in der Nähe von Windhoek findet er seine letzte Ruhestätte.

Paulus, der Prototyp aller Heidenmissionare, hat nicht nur den verbindlichen Modus einer Glaubensverkündung in fremden Religionen und Kulturen vorgezeigt, er hat auch – im Widerstreit gegen die hebräisch orientierten Apostel – als erster so etwas wie Weltgeist in das frühe Christentum eingebracht. Das hieß nicht weniger, als daß die Traditionen anderer Völker nicht unnötig verletzt, auch nicht mit den überflüssig gewordenen jüdischen Gesetzen belastet werden dürften. Christus, das sei für alle ein frischer Anfang, ein Reis neuen, beseligten Menschentums, das auf alle bisherigen Religionen gepfropft werden könne. Auf Christus, der für die Juden nicht weniger neu war wie für Griechen, Römer, Galater (also Kelten), Phönizier, Araber, auf ihn allein komme es an; man möge keinen befremdenden Ballast anschleppen, sondern sich die Mentalität fremder Völker zu eigen machen, denen es zustehe, ihre von den Vätern überkommene Haltung zu respektieren. Der Jude Paulus, gebildeter römischer Bürger aus Tarsos, ging, nach eigenem Bekenntnis die Römer als »Römer«, die Griechen als »Griechen« an. Auf lange Sicht bestätigte sich dieser Missionsstil als der einzig richtige. Freilich konnte man sich später den schwarzen Völkern Afrikas sowenig als animistisch beseelte Neger zeigen, wie umgekehrt der nur durchschnittlich geschulte Missionar der hohen geistigen Tradition östlicher Reiche als Bekehrer einfach oft nicht gewachsen war.

Auch auf die Chinesen des 16. Jahrhunderts konnten schlichte Wahrheits- und Glaubensfanatiker keinen Eindruck machen; sie sperrten sie einfach als Unruhestifter ein oder verwiesen sie des Landes. Bis der geniale italienische Jesuit Matteo Ricci sich den paulinischen Missionsstil zu Herzen nahm, um sein Glück als eine Spielart von chinesischem Mandarin zu versuchen, als Gelehrter also in weltlichen Wissenschaften, als Astronom und Uhrenfachmann, vor allem aber als höflicher, distinguierter Herr, der zuerst den Chinesen ein »Chinese« werden wollte, bevor er seinen Missionsauftrag auspackte. Der Erfolg war verblüffend, und hätte man Ricci und seine klugen Begleiter gewähren lassen, das Christentum wäre um Jahrhunderte früher im »Reich der Mitte« vorangekommen. Aber wie nicht zum ersten Mal, fehlte es der Amtskirche am Weltgeist. Bornierte Eiferer gewannen in Rom die Oberhand, der Papst war auch nicht weitblickender, und statt dem kühnen Mann am Hof des Kaisers in Peking den Rücken zu stärken, hörte man auf die Scharfmacher, beorderte schneidige Visitatoren, die alles wieder verdarben und das kühne Jesuitenexperiment als Verirrung degradierten. Inzwischen hatte der »Mandarin« Li Ma-teu eine Christengemeinde von mehr als 2500 Seelen zusammengebracht. 58jährig starb er in Peking ohne Groll, vielleicht sogar schon lächelnd wie ein echter Chinese. – Der Professor für Missions-

LAS CASAS Als »Vater der Indios« von glühendem Missionseifer, klagte er zugleich die brutalen Kolonisationsmethoden der Konquistadoren an. Er wandte sich besonders gegen die Sklavenhaltung. Seine Bücher wurden schon bald ins Englische und Holländische übersetzt. Weil sie dem Ruf der Spanier erheblich schadeten, blieb der später zum Bischof erhobene Las Casas bis heute umstritten.

INNOKENTIJ VENIAMINOV Als russisch-orthodoxer Missionar trug er die christliche Botschaft erfolgreich zu den rückständigen Eingeborenen von Kamtschatka und den Alëuten. Er gewann mit seinen Verdiensten ein so hohes Ansehen, daß er noch im Alter auf den Patriarchensitz von Moskau erhoben wurde. Am 6. Oktober 1977 wurde er schließlich unter die Heiligen aufgenommen.

Paul Schulte Der »Fliegende Pater« erkannte als einer der ersten die Notwendigkeit des Flugzeugs als Verbindung zwischen den weit auseinanderliegenden Missionsstationen. Trotz einschränkender Vorschriften durch kirchliche Behörden gilt sein Lebenswerk heute als beispielhafte Pionierleistung.

Matteo Ricci Der italienische Jesuitenpater gilt als eine der originellsten, auch erfolgreichsten, zugleich aber verkanntesten Gestalten der katholischen Missionsgeschichte. Um leichter anzukommen, nahm er den Lebensstil eines chinesischen Mandarins an. Durch seine großen astronomischen Kenntnisse gewann er sogar das Vertrauen und den Schutz des Kaisers von China.

wissenschaft Josef Glazik hat uns sein Leben beschrieben; es liest sich wie ein heroischer Abenteuerroman.
In die gleichen paulinischen Fußstapfen, wenn auch in einer entgegengesetzten Welt, trat rund 400 Jahre später der Afrikamissionar Charles de Foucauld. Hier haben wir es mit einer asketisch geläuterten Seele zu tun, einem französischen Grafen, der die innere Wandlung vom Playboy zum wahrhaft heiligmäßigen Glaubensboten sogar mit dem Leben bezahlte. Eine hinreißende Gestalt, die uns der in seiner geistigen Nachfolge stehende Pfarrer Jürgen Rintelen beschreibt. Was uns hier zuerst und jenseits aller Verdienste interessiert, das ist seine geradezu heldenhafte Angleichung an das Elendsleben der Wüstenbewohner. Obwohl er schon nahezu siebzig Jahre tot ist, vermerkte der moslemische Gelehrte Smail Balić in »Das christliche Universum« (Südwest Verlag, München 1981), ausdrücklich, wie hoch sein Name unter den islamischen Algeriern noch heute geehrt werde. Über sein missionarisches Beispiel hinaus hinterließ Charles de Foucauld ein schöpferisches geistliches Vermächtnis, das von den Gemeinschaften der »Kleinen Brüder« und »Kleinen Schwestern« als eine höchst moderne und zukunftsträchtige Art des Christseins verwaltet und weiter vorangetrieben wird. Die Moslems, unter denen Charles de Foucauld missionierte, waren für ihn zuerst Araber, also Wüstenbewohner. Man braucht nur die Märchen aus »Tausendundeiner Nacht« zu kennen, um den zentralen Wert der Wüste für diese Völker abschätzen zu können. Wüste bedeutet Einschränkung des Lebens auf das Allernotwendigste, zugleich Ort der Gefährdung in Sandstürmen und Wassernot, aber in ihrer Monotonie auch Freiheit von aller Zivilisation und zugleich deren Verachtung. Alle Religionsstifter zogen sich zeitweilig zur Meditation in die Wüste zurück, die zwischen Himmel und Sand alles Leben und Denken so einfach und wesenhaft machen kann. Wer es unternimmt, unter Wüstenmenschen zu missionieren, darf seine Glaubenslehren nicht als gepflegte, vornehme Erscheinung zu verbreiten versuchen. Besser, er verheimlicht seinen Auftrag, indem er die Ärmlichkeit seiner Umgebung, der von Sonne und Durst ausgemergelten Zelt- und Hüttenbewohner teilt. Er muß schon einer der ihren sein, bevor er zu bekehren versucht. Auch wenn Charles de Foucauld zuletzt von einem fanatischen Moslem umgebracht wurde, so war der Same seines christlichen Beispiels doch schon aufgegangen. Voller Bewunderung wies der spätere Erzabt Raphael Walzer von Beuron, als er sich nach seiner Resignation auch der algerischen Mission widmete, immer wieder auf das große Vorbild hin.

Josef Glazik

Matteo Ricci

Der Begründer der neuzeitlichen Chinamission

Im selben Jahr 1552, als Franz Xaver beim Versuch, chinesischen Boden zu betreten, einsam und verlassen auf der Insel Sanzian (San-chao) starb, wurde im fernen Italien Matteo Ricci geboren, dem es gelingen sollte, im »Reich der Mitte« Eingang zu finden und dort das Evangelium zu verkünden. Das hatte auch Xaver vorgehabt. Denn in Japan, wo man chinesische Kultur und Wissenschaft sehr bewunderte, hatte man ihm wiederholt dazu geraten, erst die Chinesen zu bekehren. Wenn ihm dies gelänge, würden die Japaner ihrem großen Vorbild auch hierin folgen und Christen werden.

Aber Chinas Grenzen waren fest verschlossen. Fremden war der Aufenthalt im Lande streng untersagt. Selbst Kaufleute konnten nur in sehr beschränktem Umfang Handel treiben; sie mußten das Land verlassen, sobald sie ihre Geschäfte abgeschlossen hatten. China betrachtete sich als das »Reich der Mitte«. Stolz auf seine mehr als dreitausendjährige Geschichte, hielt es alles, was nicht auf eigenem Boden gewachsen war, für »barbarisch«. Deshalb kapselte es sich gegen Einflüsse von außen ab. Es genügte sich selbst.

Spanien und Portugal hätten sich gern dieses großen Landes bemächtigt. Aber das war mit Waffengewalt nicht möglich. So versuchte Spanien von den Philippinen aus, durch Gesandtschaften Verbindungen mit China zu knüpfen. Portugal gründete 1557 an der Mündung des Kanton-Flusses, nicht weit von der gleichnamigen Stadt, die befestigte Niederlassung Macao: Zentrum des Handels und bald auch Ausgangspunkt der ersten Missionsversuche.

Daran hat es wahrlich nicht gefehlt. In der Zeit seit Franz Xavers Tod am 2. Dezember 1552 sind bis 1583 mehr als sechzig Versuche unternommen worden, in China Fuß zu fassen. Jesuiten, Franziskaner, Dominikaner und Augustiner wetteiferten miteinander, aber ohne Erfolg. Damals kam in Macao die fast sprichwörtliche Redensart auf: »Es ist leichter, einen Neger weiß zu waschen als einen Chinesen zu bekehren.«

Der Grund hierfür lag jedoch nicht in der Unbekehrbarkeit dieses Volkes, sondern in der Tatsache, daß niemand unter den Glaubensboten die chinesische Sprache beherrschte. Alessandro Valignano (1537–1606), der Visitator der Jesuitenmissionen im Fernen Osten, erkannte das sehr bald. Von ihm wird erzählt, er habe oft von der Dachterrasse des Jesuitenkollegs in Macao zum nahen China hinübergeschaut und gefragt: »Felsen, Felsen! Wann wirst du dich endlich für das Evangelium auftun?« Ihm war klar, daß man völlig neue Wege einschlagen müsse – andere als die

Glaubensboten in den übrigen Ländern je gegangen waren. Voraussetzung müsse auf jeden Fall die vollkommene Beherrschung der chinesischen Sprache sein. Die fremde Sprache erlernen hieß für ihn, die Zukunft vorbereiten.
Deshalb bestimmte Valignano den italienischen Jesuiten Michele Ruggieri (1542–1607) zum Sprachstudium und befreite ihn von allen anderen Verpflichtungen. Auf der Suche nach einem Gefährten Ruggieris erinnerte er sich des jungen Matteo Ricci, den er als Rektor des Jesuitenkollegs in Macerata in den Marken von Ancona kennengelernt hatte.
Dort wurde Matteo Ricci am 6. Oktober 1552 geboren, war Schüler des Jesuitenkollegs seiner Heimatstadt gewesen und ging als Sechzehnjähriger nach Rom, um Rechtswissenschaft zu studieren. Dieses Studium brach er jedoch ab und wurde 1572 Mitglied der Gesellschaft Jesu. Nach der Probezeit des Noviziats wurde er dem berühmten Mathematiker und Naturwissenschaftler Christoph Clavius (Clau aus Bamberg) hinzugesellt, der damals gerade die fünfzehn Bücher der Euklidschen Elementenlehre herausgegeben hatte, die ihm den Ehrennamen »Euklid des 16. Jahrhunderts« einbrachten. Zur Zeit war er mit Studien befaßt, die ein knappes Jahrzehnt später (1582) zur Gregorianischen Kalenderreform führen sollten. In seiner Schule erhielt Ricci eine umfassende Kenntnis in den Wissenschaften, die ihm später von so großem Nutzen sein sollten.
Doch Ricci wollte Priester und Missionar werden. So schickten seine Oberen ihn 1578 nach Goa zum Studium der Theologie. Hier empfing er 1580 die Priesterweihe und machte seine ersten Erfahrungen in der Seelsorge. Zwei Jahre später rief Valignano ihn nach Macao. Er sollte zusammen mit Ruggieri die chinesische Sprache lernen, um eines Tages als Verkünder des christlichen Glaubens nach China gesandt zu werden. Die Gelegenheit dazu ergab sich schneller, als man zu hoffen gewagt hatte. Der Vizekönig der Doppelprovinz Kwangtung-Kwangsi gestattete 1583 den beiden, sich in Chao-ch'ing (dem späteren Shiuhing und heutigen Koyiu) niederzulassen. Die Stadt war damals Sitz der Provinzverwaltung und besaß eine Menge Klöster und wissenschaftlicher Akademien.
Die beiden Fremdlinge wußten nicht, daß die Gelehrten in höherem Ansehen standen als die Bonzen. So kleideten sie sich wie Mönche, schoren sich Bart und Haupthaar, lebten statt von Brot und Wein von Reis, Tee oder heißem Wasser und nannten ihren ersten Kultraum »Pagode zur Blume der Heiligen«. Der Wortführer war der junge, gerade dreißigjährige Ricci. Er nannte sich Li Ma-teu. Er wollte nach der »Methode der Apostel« vorgehen, Chinese mit den Chinesen werden und so ihr Herz gewinnen. Er stellte sich als Bewunderer Chinas vor, von dem er viel zu lernen hoffe. Deshalb seien ihm »zehntausend Meilen« nicht zuviel gewesen, um nach China zu reisen. Er lobte, was Lob verdiente. Statt sich über offenkundige Laster und sündhafte Bräuche zu entrüsten, hatte er Mitleid mit den Menschen. Sie hatten ja noch nichts von Christus gehört

und wußten daher nicht, wie sie sich aus ihrem sittlichen Elend lösen sollten. Ricci wollte ihnen nicht als Sittenrichter begegnen, sondern als barmherziger Samariter. So ging er mit größter Sympathie auf sie zu und bemühte sich um eine stets vollkommenere Beherrschung ihrer schwierigen Sprache.

Bald merkte der Jesuit, daß die Bonzen wenig angesehen waren; ja, sie wurden von den Gelehrten wegen ihrer geringen Bildung verachtet. Mit der gleichen Geringschätzung begegneten sie zunächst auch den fremden »Bonzen«. Doch schon bald sahen sie sich gezwungen, diese Haltung aufzugeben. Da war zuviel, was es zu bewundern gab: Uhren aller Art, astronomische Geräte, Musikinstrumente, Gemälde mit perspektivischer Raumdarstellung und manches andere mehr. Ricci erklärte ihre Unkenntnis dieser Dinge durch die geographische Entfernung ihres »edlen« Reiches von seiner »geringen« Heimat. Um ihnen eine Vorstellung davon zu geben, zeichnete er 1584 eine Weltkarte, auf der er, um die Empfindlichkeit des Betrachters nicht zu verletzen, China zur Mitte der Welt machte: Östlich vom »Reich der Mitte« lagen Amerika und Magellania (Ozeanien), westlich davon Europa und Afrika.

Diese Darstellung schmeichelte der Selbsteinschätzung der Chinesen, doch rief sie bei manchen auch Entrüstung hervor: China, das Land der Kultur, eigentlich das einzige Land der Welt, sollte nur ein kleiner Teil der bewohnten Erde sein? – Der Missionar Ricci verfolgte mit seiner Weltkarte noch einen anderen Zweck: Er wollte die Furcht der Regierenden zerstreuen, China könne das Ziel eines militärischen Angriffs werden – so kleine und so entfernte Staaten wie Portugal und Spanien konnten doch wirklich keine Gefahr für das große Land in der Mitte der Erde werden. Der Riese unter den Ländern der Erde hatte es nicht nötig, sich durch eine hohe Mauer von ihnen abzusperren.

Die vornehme Geste Riccis gewann ihm die Sympathie der Gelehrten. Sie suchten das Gespräch mit dem gebildeten Mönch aus dem Westen, der sich selbst in den klassischen Schriften der chinesischen Weisen auskannte. Er ging von den Werten ihrer Philosophie aus und zeigte ihnen, wie das Christentum sie verwirkliche und überschreite. Der Jesuit Ricci faßte diese Gespräche in einem kleinen Katechismus zusammen, der in Dialogform die Gemeinsamkeiten und Unterschiede zwischen chinesischer Weisheit und christlicher Lehre darstellte. Das kleine Werk sprach an, wenn auch zahlreiche Bekehrungen ausblieben. Im ersten Jahr taufte Ricci nur einen armen, von allen verlassenen Kranken. Aber im Jahr darauf ließen sich zwei Männer öffentlich taufen. Im folgenden Jahr taten es 19 bis 20, und bis 1589 zählte der Missionar bereits eine Gemeinde von rund achtzig Christen.

Das war nicht viel – und doch genug, um den Haß der chinesischen Mönche auf sich zu ziehen. Als der Vizekönig in Ungnade fiel, gelang es ihnen, die fremden Gelehrten aus Chao-ch'ing zu vertreiben. Doch diese hatten bereits so viele Freunde, daß sie das Land nicht verlassen mußten – sie durften sich anderswo in derselben Provinz niederlassen. Ricci machte aus der Not eine Tugend. Er zog nordwärts, letzten Endes war doch Peking, die Residenzstadt des Kaisers, sein heimliches Ziel. 1589 ließ er sich in Chuchow nieder.

Diese Gelegenheit nutzte er auch, um Fehler, die er in falscher Einschätzung der Lage anfangs gemacht hatte, zu berichtigen. Er trat nicht mehr als Mönch auf, sondern als Gelehrter mit Bart und Haupthaar. Das Haus, in dem er lehrte, nannte er nicht mehr »Pagode«, sondern »Saal des Himmelsherrn«. Seine Sorge galt fast ausschließlich den Gelehrten. Er war überzeugt, daß er das Volk nur dann für das Christentum gewinnen könne, wenn er seine Führer – die Gelehrten, die hohen Beamten und den Kaiser – bekehrt habe. Er wollte »von oben nach unten« missionieren. Dabei kam es ihm nicht auf schnelle Erfolge an. Was er tat, war Bereitung des Bodens und Aussaat. Die Ernte würde später eingebracht werden – wenn nicht von ihm, dann von anderen.

So widmete er sich dem Apostolat der Feder. Er schrieb über Mathematik und Astronomie, er veröffentlichte einen *Traktat über Himmel und Erde*, er verfaßte eine Schrift über die Freundschaft. Der große Philosoph Leibniz (1646–1716) hat später diese Methode »Glaubensverbreitung durch Ausbreitung der Wissenschaft« genannt. Insgesamt hat der Missionar Ricci zwanzig Werke in chinesischer Sprache verfaßt. Das bedeutsamste wurde *Die wahre Lehre Gottes*, die zwischen 1593 und 1596 geschrieben wurde, noch zu seinen Lebzeiten vier Auflagen erlebte und die Ehre erfuhr, unter die klassischen Schriften Chinas aufgenommen zu werden.

Inzwischen sandte Valignano, der das Vorgehen des Jesuitenmissionars aus der Ferne beobachtete, immer wieder neue Helfer. Das gab Ricci den Mut, 1595 eine neue Niederlassung in Nanchang, der Hauptstadt von Kiangsi, zu gründen. Von hier aus wagte er 1598 einen ersten Vorstoß nach Peking. Doch Kaiser Wan-li (1573–1619) ließ ihn nicht vor. Ricci mußte unverrichteterdinge zurückkehren. Einen Erfolg zeitigte diese Reise aber doch: Er konnte in Nanking ein Haus erwerben und ließ sich selbst dort nieder. Nanking sollte sich zu einer blühenden Gemeinde entwickeln. Er war nun fünfzehn Jahre im Land und hatte drei Niederlassungen gründen können, die von sieben Mitbrüdern betreut wurden.

Ricci, der 1584 schon den Gelehrten Hsü Kuang-ch'i auf den Namen Paul getauft hatte und in ihm einen treuen und kundigen Berater fand, konnte zwei weitere namhafte Wissenschaftler gewinnen: Yang T'ing-yun und Li Chih-tsao, die die christlichen Namen Michael beziehungsweise Leo erhielten. Sie wurden mit Hsü »die drei Säulen« der frühen katholischen Kirche in China. Sie blieben ihrem »Vater im Glauben« über den Tod hinaus treu verbunden, und ihr Andenken war bis in die letzte Verfolgung hinein lebendig. Im Umgang mit diesen Gelehrten

gewann der Jesuit Ricci Erkenntnisse, die ihn in seinem missionarischen Vorgehen bestärkten und ihm den Mut gaben, Entscheidungen zu fällen, die von weittragender Bedeutung werden sollten.
Für das chinesische Volk, das stolz auf seine alte Geschichte war, besaß die Überlieferung von Vätersitte undVäterglaube ein solches Gewicht, daß es ihr ganzes Zusammenleben prägte – in der Familie ebenso wie im Staat. Sie waren ihren Ahnen verehrungsvoll verbunden und ehrten auch den weisen Kung-fu-tse (latinisiert: Konfutius, 551–479) als den »unsterblichen Meister« ihrer sittlichen Kultur. Sein Grab galt als Nationalheiligtum, zu dem man wallfahrtete und an dem man ihm über die Jahrhunderte hinweg ähnlich wie einer Gottheit Ehrungen erwies. Ihm und den Ahnen zu Ehren zündete man Lichter an, verbrannte Weihrauchstäbchen, brachte man Blumen und Früchte dar. Dieser Brauch war nach Ansicht der Gelehrten weder götzendienerisch noch abergläubisch, sondern Ausdruck kindlicher Verbundenheit mit den Ahnen beziehungsweise ein nationaler Ehrenerweis gegenüber dem Lehrer und Meister, der die geistige Kultur geschaffen und sie zur gesellschaftlichen Ordnung gefügt hatte.
Ricci übernahm diese Auffassung von den Gelehrten und gestattete seinen Christen, daß sie ihren Ahnen und Konfutius wie bisher Ehren erwiesen. Das Christentum erhielt so ein chinesisches Gesicht. Es war nicht etwas Fremdes, Ausländisches, sondern etwas, was zur eigenen Art, zur eigenen Geschichte und zur eigenen Überlieferung paßte. Ricci besaß so viel Autorität, daß seine Mitbrüder sich ihm fügten – selbst wenn sie innerlich nicht ganz mit ihm übereinstimmten.
So standen die Dinge, als der Missionar Ricci im Jahre 1601 zu einer zweiten Reise nach Peking rüstete. Er nahm Diego Pantoja, einen spanischen Mitbruder, und zwei Laienbrüder mit sich. Auch kostbare Geschenke für den Kaiser hatte er bei sich, die er eigens von Macao hatte kommen lassen. Auf Fürsprache eines hohen Hofbeamten durfte Ricci seine Geschenke für Wan-li am Tor zur »Verbotenen Stadt« abgeben. Den »Sohn des Himmels« bekam er jedoch nicht zu sehen. Unter den Geschenken befanden sich zwei Uhren, die den Kaiser über die Maßen entzückten. Hingegeben lauschte er ihrem Ticken und dem anmutigen Klang des Schlagwerks. Einige Tage später aber blieben die Uhren stehen, und keiner der Eunuchen konnte sie wieder in Gang bringen. Man mußte den Fremden wohl oder übel den kaiserlichen Palast betreten lassen. Binnen kurzem war der Schaden behoben und der Jesuit wurde entlassen, ohne den Kaiser sprechen zu können. Erst bei einem wiederholten Besuch kam es zu einer Unterredung. Ricci hatte noch weitere Geschenke mitgebracht, darunter eine Weltkarte, ein Christusbild und eine Kopie des römischen Madonnenbildes, das in Santa Maria Maggiore als »Heil des römischen Volkes« verehrt wird. Auch ein kostbar gefaßtes Reliquiar wurde überreicht und schließlich Riccis Bittschrift:

»Li Ma-teu, Eurer Majestät Diener, kam aus dem fernen Westen und möchte persönlich in aller Unterwürfigkeit mit Eurer Majestät sprechen, um Gaben seines Landes anzubieten. Euer Gnaden Diener kommt von einem sehr fernen Lande, das niemals Geschenke mit dem ›Reich der Mitte‹ ausgetauscht hat. Ungeachtet der großen Entfernung habe ich Kunde erhalten von der bemerkenswerten Gelehrsamkeit und den feinen Einrichtungen, die der kaiserliche Hof für alles Volk gestiftet hat. Ich hegte den Wunsch, an diesen Vorzügen teilzuhaben und mein Leben als einer der Untertanen Eurer Majestät zu verbringen und meinerseits ihm auch in einigen Dingen von Nutzen sein zu können.«

Diese Audienz endete damit, daß Ricci mit seinen Begleitern Wohnrecht in der Verbotenen Stadt erhielt. Er wurde auf die Dauer Freund des Kaisers Wan-li, zeichnete für ihn Weltkarten, verbesserte den Kalender der chinesischen Astronomen und stieg dadurch immer mehr im Ansehen. Er war »der große Mann aus Europa«, der so hoch in Ehren stand, daß sein Aufenthalt am Hof als außergewöhnliches Ereignis in den Reichsannalen der Ming-Dynastie festgehalten wurde. Der Chronist scheint nicht sehr davon erbaut gewesen zu sein. Man spürt deutlich seinen Verdruß, wenn man diese Eintragung liest:
»Während der Periode des Kaisers Wan-li kam ein Mann aus dem Reich Italia, Li Ma-teu geheißen, nach der Hauptstadt und verfertigte eine Generalkarte über alle Reiche. Er gab vor, die ganze Welt bestehe aus fünf Erdteilen, der erste heiße Ya-si-ya (Asien) und besitze hundert Reiche, von denen China das bedeutendste sei. Der zweite Erdteil wird Eu-lo-pa (Europa) genannt, mit siebzig Königreichen, der dritte Li-wi-ya (Lybien = Afrika) mit hundert Reichen, der vierte Ya-me-li-ka (Amerika), endlich der fünfte Me-wa-la-ni-kia (Magellania = Ozeanien). Dies sei nun alles Land der Welt, und was dergleichen abenteuerliches, unkritisches Geschwätz mehr ist . . . Der Tribut, den er brachte, bestand aus einer Abbildung des Herrn des Himmels, der Mutter des Himmelsherrn und dergleichen Gegenstände, die sich durchaus nicht geziemen, aber dennoch angenommen wurden. Dann brachte er auch Gebeine von Heiligen. Zu Zeiten der Tang-Dynastie erklärte Han-ju dergleichen für ein böses Zeichen und sagte, es sei unpassend, Knochen an den Hof zu bringen. Die Sittenbehörde bat deshalb, man möge Li Ma-teu in sein Land zurücksenden und ihm nicht erlauben, in den beiden Hauptstädten Nanking und Peking frei mit den Chinesen zu verkehren . . . Es ward nicht darauf geachtet. Der Kaiser hatte vielmehr seine Freude an dem Fremdling, gab ihm Wohnung und Kost und beschenkte ihn reichlich.«
Der Missionar vergaß bei allen Bevorzugungen nicht, weshalb er nach China gekommen war. Er bat Kaiser Wan-li, die christliche Lehre in seinem Land ausbreiten zu dürfen, und der Kaiser gestattete es ihm. Ricci

ließ sein Büchlein *Die wahre Lehre Gottes* drucken und baute die erste katholische Kirche in Peking. Valignano sandte ihm aus Macao sechs neue Mitbrüder, die ihn in seinen wissenschaftlichen und seelsorglichen Bemühungen unterstützen sollten. Die Gemeinde Christi in China wuchs. Im Jahre 1603 zählte sie 500 Gläubige, 1605 bereits 1000, bis 1608 wuchs sie auf mehr als 2000 Mitglieder an. Darunter waren viele Vornehme und Gelehrte; selbst drei Prinzen aus der kaiserlichen Familie ließen sich taufen. Ricci nahm sogar einige seiner Neuchristen als Laienbrüder in die Gesellschaft Jesu auf.

Diese Erfolge ließen seine Gegner am Hof nicht ruhen. Achtmal verlangte das Sittenministerium seine Verweisung vom Hof. Der Kaiser gab gelegentlich nach und ließ die Jesuiten wissen, er sähe nicht ungern, wenn sie die Hauptstadt verließen. Sie fügten sich, durften aber bald wieder zurückkehren und genossen von neuem die kaiserliche Huld.

Das Leben des Jesuitenmissionars aber neigte sich seinem Ende zu. Er war verbraucht. Scherzhaft nannte er sich den »Ptolemäus Chinas«. Wie sehr er von den Chinesen angenommen war, bezeugt der Ausspruch eines Vizekönigs: »Ricci hat seit langen Zeiten in China gelebt. Er ist kein Fremder mehr, sondern Chinese – er gehört China.« Der 58jährige weiß, daß seine Tage gezählt sind, und er ist überzeugt: »Kein Mittel, den Glauben auszubreiten, ist wirksamer als mein Tod.« Sterbend sagt er seinen Mitbrüdern: »Auf euch warten weitere Gefahren und Arbeiten.«

Ricci starb am 11. Mai 1610. Um ihn trauerten mehr als 2500 Christen und seine Mitbrüder: acht Italiener, acht Portugiesen, ein Spanier und acht Chinesen. Auch Kaiser Wan-li betrauerte ihn als seinen Freund. Er schenkte dem christlichen Gelehrten Leo Li Chih-tsao ein Stück Land für das Begräbnis Riccis. Hier wurden seine sterblichen Reste beigesetzt. Die Beerdigung glich einem Triumphzug für das Christentum. Man kann der *Encyclopedia Britannica* nur zustimmen, die vermerkt: »Wahrscheinlich ist kein Name eines Europäers der vergangenen Jahrhunderte in China so bekannt gewesen wie der von Li Ma-teu« (XIX 283).

Kardinal Pacelli hat, kurz bevor er als Pius XII. das oberste Hirtenamt in der Kirche übernahm, Matteo Ricci den »Begründer der neuzeitlichen Chinamission« genannt. Dieser Ruhm bleibt ihm, wenn auch seine Methode der Anpassung schon bald zum Stein des Anstoßes wurde. Vielleicht ließ seine enge Beziehung zu den Gelehrten ihn übersehen, daß die »Riten«, denen sie rein zivilen Charakter beimaßen, im gewöhnlichen Volk doch religiöse Bedeutung besaßen. Aber sicher ist auch das nicht. Wie wäre sonst zu erklären, daß bald nach Riccis Tod eine so heftige Auseinandersetzung darüber unter seinen bisherigen Mitarbeitern entbrannte und sie dennoch den Mut hatten, die unter ihm begonnene Arbeit fortzusetzen? Die Zahl der Christen wuchs ständig: bis 1636 auf 38 200. Offen brach der Streit erst aus, als die Bettelorden in China auftauchten und die Verwirrung anrichteten, die sich zu dem Konflikt auswuchs, der als »Akkommodations- oder Ritenstreit« in die Geschichte eingegangen ist. Wir sehen heute noch nicht klar und neigen trotzdem dazu, Ricci Recht zu geben. Hat doch die Propaganda-Kongregation selbst mitten im Streit die Devise ausgegeben, alles, »was nicht offensichtlich gegen Glaube und Sitte ist« (1659), bestehen zu lassen. Uns kommt das heute wie eine »verfrühte« Erkenntnis vor, und im Blick auf Matteo Ricci müssen wir uns fragen, ob wir im konkreten Fall so mutig zu handeln bereit sind wie er.

Theoretische Grundlagen der Missionierung

Anweisungen der Propaganda-Kongregation an Missionare (1659):

»Betrachtet es nicht als eure Aufgabe, Sitten und Bräuche eines Volkes zu ändern – es müßte denn sein, sie ständen offenkundig im Gegensatz zur Religion und einer gesunden Moral.
Was wäre abwegiger, wolltet ihr Frankreich, Spanien, Italien oder ein anderes europäisches Land nach China bringen?
Das alles sollt ihr nicht dort einführen, sondern nur den Glauben. Er aber verachtet weder die Sitten und Bräuche eines Volkes noch zerstört er sie. Im Gegenteil: Er nimmt auf, was nicht böse ist – er wünscht, daß sie unzerstört erhalten bleiben . . . «

Dieser Text findet sich – unzitiert – in der Kirchen-Konstitution des II. Vatikanums, 16:

»Was sich an Gutem und Wahrem bei den Völkern findet, wird von der Kirche als Vorbereitung für die Frohbotschaft und als Gabe dessen geschätzt, der jeden Menschen erleuchtet, damit er das Leben habe . . . «

Ähnlich im Missionsdekret, 9:

»Was an Gutem in Herz und Sinn der Menschen oder auch in den jeweiligen Riten und Kulturen keimhaft angelegt sich findet, wird . . . nicht bloß nicht zerstört, sondern gesund gemacht, über sich hinausgehoben und vollendet zur Herrlichkeit Gottes . . . «

Jürgen Rintelen

Charles de Foucauld

Neue Wege zu den Verlassensten

»Ihre Regel ist absolut undurchführbar! . . .
Gründen Sie vor allem nichts. Versuchen Sie nicht, dafür
Gefährten zu gewinnen, ich flehe Sie an!
Erweitern Sie Ihren Geist, das haben Sie noch nötig.«

So versuchte ein Pariser Vikar einen unruhig suchenden Mönch in seinen Plänen zu bremsen, die doch ideal gemeint waren. Der Vikar tat damit das richtige. Doch der Mönch, ein früherer Vicomte, ließ sich nicht so leicht von seinem Weg abbringen, dessen Umrisse sich allmählich abzeichneten.

Das obige Zitat ist einem Brief von Abbé Henry Huvelin an Charles de Foucauld entnommen. Huvelin, der vor seiner Priesterweihe bereits Dozent für Geschichte, Literatur und Philosophie gewesen war, wirkte seit 21 Jahren als bescheidener Vikar an der Pariser Kirche St-Augustin, immer wieder von starken Leiden gezeichnet. Vielen war er ein sehr geschätzter »Seelenführer« und Beichtvater.

Charles de Foucauld, am 15. September 1858 in Straßburg geboren, war fast 38 Jahre alt, als er den Brief von Abbé Huvelin erhielt. Er war als Frühwaise aufgewachsen, war Agnostiker, Lebemann und Offizier geworden. Seinen Dienst in der Armee hatte er längst wieder quittiert, inzwischen das für Europäer verschlossene Innere Marokkos erforscht und dafür die Goldmedaille der Geographischen Gesellschaft verliehen bekommen. Aufgrund der Begegnung mit gläubigen Moslems und mit seiner tiefgläubigen Kusine hatte er wieder begonnen zu suchen. In einer Aussprache mit Abbé Huvelin war ihm schließlich eine radikale Bekehrung zu Jesus Christus widerfahren, die seinem Leben eine völlig neue Richtung gab. Huvelin hatte ihn später auf eine Palästinareise geschickt, und dort, in Nazareth, hatte Foucauld seine Berufung entdeckt. Er versuchte nun schon seit sechseinhalb Jahren, ihr als Trappist zu folgen, erst in Frankreich, dann in einem Ausweichkloster in Syrien, wurde dabei aber von dem immer klareren Bewußtsein geplagt, daß dies nicht sein endgültiger Weg sein konnte. Doch eine Gemeinschaft, wie sie ihm vorschwebte, gab es in der Kirche noch nicht. Zur Überzeugung gelangt, daß ihm nichts anderes übrigblieb, als sie selber ins Leben zu rufen, schrieb er einen ersten Regelentwurf (vom 14. 6. 1896), schickte ihn Abbé Huvelin zur Stellungnahme zu – und erhielt darauf die obige Antwort vom 2. 8. 1896. Kurz vorher hatte der Vikar ihm erst nach langem Ringen erlaubt, sich um die Entlassung aus dem Orden der Trappisten zu

bemühen. In dem genannten Regelentwurf umschreibt Foucauld die Ziele der geplanten Kongregation folgendermaßen: »So getreu wie möglich das Leben unseres Herrn Jesus Christus in Nazareth nachleben«, weil darin »die größte Liebe zu Jesus und die größte Vollkommenheit zu finden ist«, und: Ein solches Leben in nichtchristlichen Milieus führen.
Näheres über das Leben von Charles de Foucauld bis zu diesem Beginn seines ureigenen Weges und weiter steht in verschiedenen Büchern zu lesen (vor allem von J. F. Six und K. Klein). Hier möchte ich nur anhand einiger Hauptpunkte seiner Spiritualität weiterverfolgen, wie seine Grundintuition, die ihm in Nazareth aufgeleuchtet war, allmählich doch Gestalt annehmen und in der Kirche lebendig werden konnte.

Arbeitsame Armut

»Wie Jesus in Nazareth« – das bedeutete für den ehedem verschwenderischen Aristokraten de Foucauld zunächst einen äußersten Gegensatz zu seiner früheren Lebensweise. Handarbeit hatte ihm als verächtlich gegolten. Nun schreibt er in seinem Regelentwurf vor: »Einer der wichtigsten Grundsätze der Kongregation ist, daß sie nach dem Beispiel unseres Herrn in Nazareth ausschließlich von der Handarbeit ihrer Mitglieder leben muß.« Abgesehen von der ärmlichen Grundausstattung jeder Niederlassung »darf keinerlei Gabe angenommen werden, auch nichts, was zur Verteilung an die Armen bestimmt ist . . . Wir leben ausschließlich vom Ertrag unserer Handarbeit«. Und um jegliche Absicherung auszuschließen, schreibt er vor: »Sobald wir samstags den Wochenlohn erhalten, wird alles restliche Geld der Vorwoche den Armen gegeben. Ebenso alle Mundvorräte . . . Schulden machen ist untersagt . . . Wir haben wie Arbeiter zu sein, die für einen Arbeitgeber tätig sind.« Einzige Vorsorge: Die Produkte sollen einfach herzustellen und leicht absetzbar sein.
Charles de Foucauld selbst konnte nie so leben. Er blieb allein, verbrachte seine reifsten Jahre tief in der Sahara, sehnte sich nach körperlicher Arbeit, war aber bis zu seinem gewaltsamen Tod ausschließlich damit beschäftigt, sich um das Wohl der Menschen seiner Umgebung und um die Erforschung der Sprache des Tuareg-Stammes zu bemühen. Das brachte eine umfangreiche Korrespondenz mit sich, dazu die Sorge um ein gutes Verhältnis zwischen der einheimischen Bevölkerung und der französischen Kolonialverwaltung sowie vielerlei Verbesserungsvorschläge. Bei alledem lebte Foucauld in äußerster Armut, aber doch vom Geld seiner Verwandten. Er bezahlte davon zeitweise auch noch einen Helfer für seine Sprachstudien. Letzten Endes hatte ja nicht das »Prinzip Armut« den Vorrang, sondern sein Verlangen, ein Tuareg unter den Tuaregs zu werden und den Moslems der Sahara zu zeigen, was es um die Liebe Gottes zu uns Menschen ist, die in Jesus Gestalt angenommen hat. Deshalb schickte er sich in die Notwendigkeit, sich so weit von den

ursprünglich geplanten konkreten Lebensformen zu entfernen. Er wußte sich dennoch auf dem Weg seiner eigenen Berufung.
Heute leben »Kleine Brüder« und »Kleine Schwestern« über die Kontinente verstreut in ganz einfachen Mietwohnungen, nicht selten auch in Slums, unter den Arbeitern und Armen und bestreiten den Lebensunterhalt ihrer Kongregationen von ihrem Arbeitslohn.

Gebet – Aufmerksamkeit für Gott

»Unser Leben ist aufgeteilt in Gebet und Arbeit, wobei das Gebet immer den Vorrang hat . . . Wir beten morgens und abends, der Tag ist der Arbeit gewidmet« (Regelentwurf). Der Tag soll mit einer Stunde Betrachtung über das Evangelium von Jesus Christus beginnen.
Foucauld sieht für das Gebet in der unmittelbaren Gegenwart des eucharistischen Herrn pro Tag fünf Stunden vor, eineinhalb Stunden für weitere geistliche Übungen und neun Stunden für die Arbeit. Er stellt sich dabei eine einfache, gemeinsam auszuführende Heimarbeit vor, die »nur den Körper und nicht den Geist beschäftigt, damit dieser betrachten und beten kann, während die Finger arbeiten«. Diese Vorstellungen lassen deutlich erkennen, daß »Nazareth« und die Erfahrungen aus dem Trappistenkloster noch einen Kampf miteinander ausfechten.
»Nazareth«: Die Brüder sollen mitten unter den einfachsten und ärmsten Bevölkerungsschichten leben. Sie sollen auch aus deren Reihen kommen. Was sie tun, soll für ihre Nachbarn verständlich sein. Daher: »Nicht die komplizierte Liturgie des hl. Benedikt, sondern langes inneres Gebet, Rosenkranz, hl. Messe; unsere Liturgie verschließt die Pforten unserer Klöster den Arabern, Türken, Armeniern«, also der umliegenden, großenteils christlichen Bevölkerung (an Abbé Huvelin, schon am 22. 9. 1893).
»Klösterlich«: Im Regelentwurf sieht er vor, daß jeweils etwa zwölf Brüder zusammen eine Niederlassung bilden sollen, damit ein Gemeinschaftsleben nach klösterlicher Art möglich ist – später erhöht er die Zahl sogar auf mindestens zwanzig, damit die »ewige Anbetung« gewährleistet werden kann.
»Nazareth« als Lebensform ist einfach noch zu neu!
Foucauld bleibt allein. Dadurch ist er gezwungen, sein Leben immer mehr einem ganz einfachen Miteinander mit den Menschen seines Milieus zu öffnen, es je nach den besonderen Umständen einzurichten und den Freiraum für das Gebet, für seinen geliebten Bruder und Herrn, immer neu zu erkämpfen. Statt von einem beschaulichen, weitgehend abgeschiedenen Leben zu berichten, schreibt er Vikar Huvelin am 15. 12. 1902 aus Beni Abbès: »Tagsüber klopft es ununterbrochen an meine Tür . . . Arme, Kranke lösen einander ab.« Am 17. 9. 1907 teilt er ihm nach Jahresexerzitien aus Tamanrasset Ergebnisse seiner Gewissenserfor-

schung mit: »Ich verliere mich in meiner jeweiligen Tätigkeit oder in Zerstreuungen und schaue nicht auf Jesus, der hier ist; ich sehe Jesus nicht genügend in allen Menschen . . . Alle Übungen der Frömmigkeit lassen unendlich zu wünschen übrig . . . Welche Niederlagen in der Praxis!« Zwei Monate später schreibt er ihm aber: »Ich arbeite viel« (an den Sprachforschungen), »ich muß es jetzt tun . . . Ich dürste nach mehr Zeit für das Gebet und brauche sie . . . Ich glaube, den Willen Jesu zu tun.«
Immer wieder steht er in der Spannung zwischen der regulären, von seinen Vorgesetzten gebilligten Tagesordnung und den wechselnden konkreten Anforderungen und bemüht sich, den Willen des Herrn zu unterscheiden; denn in allen Dingen und Ereignissen – vor allem in den Menschen, die ihm begegnen – weiß er sich von Jesus selbst angesprochen und gefordert. So wichtig ihm der Gehorsam ist, hier kann er nicht auf Anweisungen warten. Aber er unterstellt alle wichtigeren Handlungsweisen dem Urteil seines Bischofs oder seines Spirituals, bereit, sich für die Zukunft zu korrigieren. Gebet, Gehorsam und praktisches Leben wachsen so immer mehr zu einer Einheit zusammen.
Heute leben die Kleinen Brüder und Kleinen Schwestern in Gemeinschaften zu dritt oder viert den äußeren Merkmalen nach ganz wie ihre Nachbarn, wie damals Jesus in Nazareth. Die meisten gehen einer Lohnarbeit nach (manche sind auch arbeitslos) oder führen den einfachen Haushalt und sind für die Nachbarn da. Oft ist es auch für sie schwer, genügend Zeit für das Gebet freizuhalten oder in der Kapelle, die kaum gegen den Lärm von draußen geschützt ist, innere Ruhe für die tägliche Anbetungsstunde zu finden. Dafür gehört jeder Sonntagvormittag, jeden Monat ein Wochenende und jedes Jahr eine ganze Woche der stillen Einkehr. Sowohl im Gebet wie im Bruder begegnen sie Gottes Nähe – keine der beiden Weisen kann für sich allein bestehen.

Eucharistie – Priestertum

Charles de Foucauld war bei seiner ersten Begegnung mit Abbé Huvelin Ende Oktober 1886 so radikal von Gott ergriffen worden, daß er fortan nur noch Ihm dienen mochte. Der Vikar hatte ihn nach dem zur Beichte gewordenen Gespräch gleich zur Kommunion geschickt. Jesus, der Herr, der sich hingegeben hat bis in die Gestalt des Brotes, um uns Menschen Leben zu spenden, ist von jetzt an die prägende Mitte im Leben Charles de Foucaulds. Diesem Jesus will er so nahe sein wie möglich. Ab sofort kommt er täglich zur Meßfeier und empfängt fast täglich die Kommunion (was damals ungewöhnlich war). So beginnt sich eine intensive Beziehung zur Eucharistie zu entwickeln. Unkompliziert kann Foucauld hier der Nähe seines geliebten Herrn sicher sein und wird schließlich von daher neu geformt.
Selbstverständlich übernimmt er zunächst die Frömmigkeitsformen sei-

ner Zeit. Hier spielen die feierliche »Aussetzung« des eucharistischen Brotes und die »ewige Anbetung« eine wichtige Rolle. Deren Übung läßt ihn allmählich in ein echtes Mitleben mit der Eucharistie hineinwachsen, d. h. aus dem Gegenüber der Anbetung Jesu im eucharistischen Brot wird immer mehr ein Einswerden mit der Opferhingabe Jesu.

René Voillaume, der 17 Jahre nach dem Tod Foucaulds dessen Pläne aufnahm und die Kongregation der Kleinen Brüder Jesu gründete, kennzeichnet diese Entwicklung so: »Das eucharistische Leben Charles de Foucaulds findet in der Verehrung der Eucharistie seine Nahrung, wächst aber über sie hinaus und führt ihn zur letzten Vollendung seiner Liebe . . . Er verstand sich nicht darauf, das alles in Worte zu fassen. Die theologisch ungenaue oder gar ungenügende Ausdrucksweise, die wir in manchen seiner Schriften finden, hindert jedoch nie, daß er sich von einem sicheren Empfinden leiten läßt.« So bleibt er davor bewahrt, aus seinem ungenügenden theologischen Verständnis falsche Konsequenzen zu ziehen.

Ähnlich beobachten wir in bezug auf die Haltung Foucaulds zum Priestertum eine deutliche Entwicklung: Die Priester gehören nach seiner Erfahrung zu einer gehobenen sozialen Schicht. Das trifft sogar im Kloster zu. Für ihn, der Jesus von Nazareth auf dem »letzten Platz« folgen will, kommt deshalb der Gedanke an die Priesterweihe lange nicht in Betracht. Erst im Oktober 1898 versteht er, daß er auch als Priester »nichts von der Armut noch von der Erniedrigung preisgeben« müßte. Die Äbtissin der Klarissen von Jerusalem half ihm, diesen wichtigen Schritt zu gehen. Zwei Jahre später, während er sich auf die Weihen vorbereitet, erkennt er die besondere Aufgabe der Priester darin, nicht nur das Opfer Jesu darzubringen, sondern mit Jesus Opfer zu *sein*, zur Ehre Gottes und zum Heil aller Menschen. Als Priester würde er also in neuer Weise mit Jesus auf dem letzten Platz sein.

Am 9. Juni 1901 empfängt Charles de Foucauld die Priesterweihe – und erhält bald darauf die Erlaubnis, sich im eben erst kolonisierten Algerien niederzulassen. Dort soll er nebenbei zur Betreuung französischer Soldaten bereit sein. Vor allem aber will er Jesus in seiner eucharistischen Gegenwart unter den armen und vernachlässigten Menschen dieses weiten Landes gegenwärtig werden lassen. Dabei wird sein Leben immer tiefer von der Eucharistie geprägt: Von der Hingabe an die Menschen im Dank an den Vater.

Einige Jahre später sieht er sich vor die Entscheidung gestellt, entweder in Beni Abbès zu bleiben und dort die Anbetung halten und das Meßopfer feiern zu können, oder zu den noch mehr vernachlässigten Tuaregs in den Süden zu ziehen, um ihnen Jesus nahezubringen, die Messe aber nur dann feiern zu können, wenn ein Christ ihn besuchen kommt. Da läßt er sich in Demut zu den Tuaregs führen, wie der Geist es will. Bisher hatte er die Meßfeier über alles gestellt. In einem Brief an seinen Bischof vom

2. Juli 1907 gibt er zu: »Meine bisherige Überlegung muß einen Irrtum enthalten . . .«; denn auch große Vorbilder hätten doch immer wieder zugunsten von »Werken der geistlichen Barmherzigkeit« auf die Messe verzichtet, wenn nötig.
Tatsächlich konnte Foucauld über sieben Monate lang nur selten die hl. Messe feiern, bis er endlich die Genehmigung bekam, dies auch allein zu tun. Dann wurde ihm aber untersagt, das eucharistische Brot, dessen Nähe er so sehr suchte, im Tabernakel aufzubewahren, wenn er als Christ auf weiter Flur allein war. Die Ausnahmegenehmigung hierfür bekam er erst nach sechs Jahren. Ein Leben, wie er es führte, war schließlich in den allgemeinen Bestimmungen nicht vorgesehen. Dennoch hätte er nie gewagt, solche ausdrücklichen Verbote zu mißachten; denn Worte wie: »Wer euch hört, hört mich« (Lk 10,16) und: »Am Gehorsam erkennt man die Liebe« sind für ihn typisch. Der schmerzliche Verzicht im Gehorsam wird für ihn zum Bestandteil seines Lebensopfers. Schließlich vollendet sich seine Hingabe, als er selbst zum Weizenkorn wird, das in die Erde fällt und stirbt – scheinbar sinnlos und doch ein Same für späte Frucht.
Heute leben die Kleinen Brüder und Kleinen Schwestern, die Foucauld ersehnt hat, über die ganze Welt verstreut. Das Herzstück ihrer meist engen Wohnungen ist die Kapelle mit dem Tabernakel. Die Meßfeier, wo immer möglich, und die Verehrung der Eucharistie führen auch sie zum Mitleben mit ihrem Herrn als einfaches Brot für die Menschen ihrer Umgebung. Einige der Kleinen Brüder sind Priester, damit das eucharistische Leben und Zeugnis der Bruderschaften auch dort gewährleistet wird, wo »Kirche« sonst nicht mehr hinreicht. Im übrigen gilt aber der Wunsch Foucaulds aus seinem Regelentwurf: »Es soll kein Unterschied gemacht werden zwischen Pater, Frater und Laienbruder: Alle sollen gleich sein, alle sollen Brüder genannt werden.«

Brüderlichkeit, Zeugnis der Liebe Jesu

»All unser Bemühen zielt dahin, die Liebe, das Mitleid, das Zartgefühl, die unendliche Güte unseres göttlichen Meisters in uns zu tragen und sie allen zu erweisen« (Schlußwort des Regelentwurfs). Gastfreundschaft und Almosen im Rahmen der sehr bescheidenen Möglichkeiten sollen nach altchristlicher Tradition unbedingte Pflicht sein.
Kaum hat Foucauld sich bei der Oase Beni Abbès notdürftig eingerichtet, schreibt er an seine Kusine: »Ich möchte alle Bewohner dieser Gegend, Christen, Moslems, Juden und Heiden daran gewöhnen, mich als ihren Bruder, den Bruder aller, zu betrachten. Sie beginnen, das Haus ›Bruderschaft‹ zu nennen.« Und sie kommen in Scharen: Zwischen sechzig und hundert Kranke, Bettler und andere Besucher zählt er Tag für Tag. Er dagegen ist allein. Empört reagiert er auf die Duldung der Sklaverei. Er

versucht alles, um ihre Abschaffung auch in Algerien zu erreichen und kauft selbst einige Sklaven frei.
Im Jahr 1904, auf einer Reise durch die Sahara, schreibt er einem Freund, was ihm wichtig ist: » . . . sich als Bruder erweisen, immer wieder sagen, daß wir in Gott alle Brüder sind und daß wir hoffen, alle einmal in denselben Himmel zu kommen . . . « – eine für Christen und Moslems damals wenig geläufige Zuversicht, denn sie galten einander als Ungläubige.
»Sich als Bruder erweisen« – zehn Jahre nach der eingangs zitierten Warnung von Abbé Huvelin ist es Charles de Foucauld klar, daß er mit der erhofften Gründung nicht mehr rechnen kann. Trotz aller Bemühungen hatte sich niemand gefunden, der sein Ordensbruder werden mochte.
Doch für das, was er eigentlich wollte, ohne es noch richtig formulieren zu können, wird Foucauld damit erst frei. All die klösterlichen Vorstellungen kann er nun hinter sich lassen und ganz unkompliziert »Nazareth« zu verwirklichen suchen. In Tamanrasset baut er nur noch eine sehr einfache kleine Behausung nahe beim Dorf, oder er lebt auf dem Assekrem in der Nähe eines Platzes, wo viele Nomaden mit ihren Herden vorbeikommen. Er will für die Einheimischen gut erreichbar sein und pflegt auf möglichst natürliche Weise den Kontakt mit ihnen.
Dabei will er ihnen auch das Geheimnis Jesu nahebringen. Im Jahr 1909 notiert er nach einer Aussprache mit Abbé Huvelin: »Mein Apostolat muß ein Apostolat der Güte sein. Wenn man mich beobachtet, soll man sagen müssen: ›Weil dieser Mensch gut ist, muß auch seine Religion gut sein.‹ Und wenn man mich fragt, warum ich sanft und gut bin, muß ich antworten: ›Weil ich einem noch viel Besseren diene. Wenn ihr wüßtet, wie gut mein Meister Jesus ist!‹«
Wer ein solches Zeugnis geben will, der darf nicht in einem abgeschiedenen Kloster leben, sondern muß sich mitten in der Welt der Menschen einen Platz suchen, wie Jesus es für die längste Zeit seines Erdenlebens in Nazareth getan hat.

Was sollte bleiben?

Foucauld hat lange Jahre gebraucht, um in der Auseinandersetzung zwischen seiner Grundintuition, seinen praktischen Erfahrungen und der geistlichen Leitung durch Abbé Huvelin und die zuständigen Bischöfe zu einer Lebensform zu finden, die nicht mehr von vornherein zum Scheitern verurteilt war. Viele Jahre nach seinem Tod entstehen die Ordensgemeinschaften der Kleinen Brüder und der Kleinen Schwestern.
In seinen letzten Jahren entwirft er aber noch neue Pläne: Um die Vorurteile der einheimischen Bevölkerung gegen die christliche Religion zu zerstreuen und dem Evangelium Wege zu eröffnen, möchte Foucauld auch Laien gewinnen. Wenn sie sich in Nordafrika niederlassen würden,

könnten sie durch ihren Beruf und mit ihren Familien viel leichter Zugang zu den Einheimischen finden als andere Missionare. Foucauld tut deshalb sein Möglichstes, um eine Vereinigung von Laien, Priestern und Ordensleuten ins Leben zu rufen, die das Ziel verfolgt, Menschen jeden Standes zum Evangelium zurückzuführen, bei ihnen eine solide eucharistische Frömmigkeit zu fördern, das Bewußtsein für die missionarische Verantwortung zu wecken und konkret Helfer für ein solches Leben vorzubereiten. Dabei stellt er enttäuscht fest, daß »die Geistlichen und die Laien im allgemeinen so wenig voneinander wissen, daß die ersteren den anderen nichts zu geben vermögen«. Auch diesem Mißstand soll die geplante Gemeinschaft ein wenig abhelfen, indem sie enge Kontakte zwischen Priestern, Laien und Ordensleuten herstellt.

Bei drei Besuchen in Frankreich, die der Gründung dieser Gemeinschaft dienen, knüpft Foucauld selbst solche Kontakte und hält sie in regem Briefwechsel lebendig. Der Ausbruch des Krieges 1914 und der gewaltsame Tod Foucaulds am 1. Dezember 1916 in Tamanrasset verhindern, daß diese lose Gemeinschaft von 49 meist weit verstreuten Interessenten gleich festen Halt bekommt. Doch ihr Rest stellt das Bindeglied dar zu einem neuen Aufbruch anfangs der fünfziger Jahre:

Die Kleinen Brüder Jesu und die Kleinen Schwestern Jesu begannen sich inzwischen auszubreiten. Da entstand im Kontakt mit ihnen eine ganze »Geistliche Familie« von Gemeinschaften, die seither ebenfalls in vielen Ländern der Welt kleine Gruppen gebildet haben. Doch wie Foucauld in seiner Entwicklung nie zu Ende war, so bleiben auch sie für den Anruf der jeweiligen Stunde offen. Unter verschiedensten Umständen wollen sie, wie Jesus in Nazareth, vor allem die Mühsal der Armen und Geringen ihrer Umgebung mitleben und ihren »guten Meister« unter ihnen gegenwärtig werden lassen. Eine erstaunliche Entdeckung machen sie dabei immer wieder: Vielfach ist das Evangelium gerade dort bereits gelebte Wirklichkeit, wo »gute Christen« es am wenigsten vermuten.

Bischöfe gegen Gewalt und Unrecht

Gewalt und Unrecht kommen, wenn sie von Staats wegen gehandhabt werden, selten brutal daher. Da geschieht nicht nur das meiste hinter dem Rücken der Öffentlichkeit, die Propaganda trommelt auch pausenlos für die vorgeschobenen Höchstwerte von Ordnung, Disziplin und moralischer Wiedergeburt. Sie prangert politische Widersacher als Kriminelle an, die nichts anderes im Sinn hätten, als die bewährten Vätersitten, zu denen die Regierung zurückkehre, systematisch zu untergraben. So entsteht eine Atmosphäre zuversichtlichen Neuanfangs, in der man auch da und dort bekannt gewordene Übergriffe hinnimmt, zumal die Menschen von der allgemeinen nationalen Aufwühlung seelisch voll in Beschlag genommen sind. Für Erneuerung der Sitten, vaterländische Gesinnung, Abwehr des atheistischen Bolschewismus und Rückkehr zu den überkommenen Werten der Altvorderen bekannten sich nach der sogenannten Machtübernahme 1933 auch rasch die deutschen Bischöfe, die ja zum größten Teil aus nationalkonservativen Kreisen hervorgegangen waren, so daß es Hitler leicht fiel, seinen ebenfalls nationalkonservativen Vizekanzler und renommierten Katholiken Franz von Papen ein Konkordat mit dem Heiligen Stuhl aushandeln zu lassen. Dieses Konkordat wiederum verlieh den Bischöfen nicht nur neue zustimmende Schubkraft, es blendete sie auch, jedenfalls im Anfang, gegenüber den rasch um sich greifenden dunklen Machenschaften der Regierung. Eifrige Theologen aus beiden Kirchen versorgten Goebbels und Streicher mit antisemitischen Texten von Luther bis Hieronymus und dem Evangelisten Johannes. Deshalb konnte keine Rede davon sein, daß die Fuldaer Bischofskonferenz, deren Vorsitzender der völlig desorientierte Kardinal Bertram von Breslau war, sich weigerte, die erwarteten Huldigungsadressen an den »Führer« abzugeben oder gar vor dem Regime zu warnen. Doch es muß den damaligen Bischöfen gutgeschrieben werden, daß sich ihre Gläubigen bei jeder Wahl geradezu mit Ja-Stimmen überschlugen, so daß auch die schärferen Köpfe unter ihnen verunsichert waren. Natürlich fehlte es nicht an allgemeinen Verurteilungen des Unrechts und verdeckten Anspielungen auf politische Missetaten; aber das offene Wort gegen den Ungeist der Machthaber blieb aus.
Wenn also zu Beginn der Ära Hitler oder später ein Bischof von der Kanzel oder in Hirtenbriefen einen offenen Affront gegen das System wagte, mußte er dies im Alleingang tun, ohne vorangehende Beratung und nachfolgende Rückendeckung durch die Bischofskonferenz und keinesfalls im Auftrag des Papstes. Bezeichnenderweise waren es gerade jene von Haus aus nationalkonservativen Oberhirten, die ihre Stimme erhoben. Schon 1933 machte sich der Erzbischof von München, Kardinal Faulhaber, durch seine »Germanenpredigten« mißliebig. Darin verwarf er nicht nur den deutschen Rassendünkel, er prangerte auch die um sich

greifende Judenhetze an. »Geistlich sind wir alle Semiten«, mit diesem damals bekennerischen Wort gab er immerhin ausdrücklich seine Mißbilligung der Grundthesen bekannt, die Hitler und Rosenberg in ihren Büchern zu Grundpfeilern der Bewegung erklärt hatten. Der Bischof von Münster, Graf von Galen, trat später mit mannhafter Schärfe gegen die inzwischen bekannt gewordenen Greuel an politisch verfolgten »Pazifisten«, Kriegsgefangenen und Juden auf. Günter Beaugrand, der für uns sein Porträt zeichnete, berichtet, wie dieser Oberhirte, bevor er auf die Kanzel stieg, seinen Sekretär auf die möglicherweise sofort erfolgende Verhaftung vorbereitete, denn unter den Gläubigen saßen auch Parteispitzel, die eifrig mitschrieben. Für den Augenblick passierte, offenbar aus militärischen Erwägungen, zwar nichts, aber Bischof von Galen wurde für den Tag nach dem Endsieg auf die Abschußliste gesetzt. – Mitten im Krieg war Josef Frings, die dritte markante Bischofsgestalt, auf den Erzstuhl von Köln erhoben worden. Schon damals wußte jeder gut Informierte, daß für das ohnedies schon heimgesuchte Deutschland eine noch katastrophalere Zeit bevorstand und der Nationalsozialismus seinem Gericht entgegenging. Deshalb legte sich Frings außer den zu einer wachen Seelsorge gehörenden Anklagen gegen Unrecht und Willkür mit der Partei erst gar nicht mehr an. Hunger, Witwenelend und Entbehrungen wuchsen so rapid, daß der Kölner Erzbischof das Schlimmste erst auf sich zukommen sah. In der Tat wurde er zu einer Leitfigur des Nachkriegselends, auch zu einem Erneuerer des religiösen Lebens und einem Mann des Wiederaufbaus. Anschaulich schildert uns Norbert Stahl, warum das Wort »fringsen« in den Duden geriet, und wie dieser ebenso aufrechte wie originelle, ja witzige Mann weit über seinen rheinischen Pastoralbereich hinauswirkte. Frings wagte nicht nur den Besatzungsmächten die Leviten zu lesen, wenn sie die so hoch beschworenen Menschenrechte verletzten; auf seine Initiative gehen auch später die segensreichen bischöflichen Hilfswerke »Misereor« und »Adveniat« zurück. Es wundert uns nicht, daß ein Bischof, der so viele Zusammenbrüche alter Formen miterlebt und miterlitten hatte (denn 1945 war ja viel mehr als das »Dritte Reich« in Trümmer gesunken), daß dieser als konservativ angetretene Mann auf dem II. Vatikanischen Konzil zu einem Wortführer der Reformer wurde. Mochte ihn Kardinal Ottaviani auch angreifen, Frings' Stimme besaß das größere Gewicht. »Die Dinge müssen sich wandeln, wenn sie die gleichen bleiben wollen«, das Wort des (ebenfalls konservativen) sizilianischen Dichters Lampedusa gilt auch für die Kirche. Nach dem Umsturz der Werte, den das Jahr 1945 gebracht hatte, war nicht nur am Nullpunkt wiederanzufangen. Die tiefer blickenden Beobachter, zu denen neben den deutschen Kardinälen Bea und Döpfner auch Frings gehörte, erkannten wohl, daß nur die Substanz des christlichen Glaubens und die lebendig gebliebenen Traditionen, nicht aber alle seit Pius IX. starr festgehaltenen Formen vor der Zukunft bestehen würden.

Günter Beaugrand

Kardinal Clemens August Graf von Galen

Der »Löwe von Münster«

»Ich glaube, nach allem, was ich von der Wirkung meiner letzten Predigten höre, daß wirklich die Liebe der ›Muttergottes vom Guten Rat‹ den Heiligen Geist mit Erfolg gebeten hat, mir die rechten Gedanken in den Sinn und die rechten Worte auf die Zunge zu legen. Denn ich weiß schon aus langer Erfahrung: das kann ich nicht immer und aus eigenem Antrieb. Es gibt Zeiten, wo ich stumpf in Gedanken, so unberedt in Worten bin, daß ich besser schweige. Und dann gibt der liebe Gott mir mal von Zeit zu Zeit, wenn er es für nötig hält, Gedanken und Worte, die irgendwie nützen. Aber wir wollen allen Erfolg ruhig Gott überlassen und froh und dankbar sein, wenn wir uns für ihn plagen dürfen.«

Diese Worte aus einem Brief, den Bischof Clemens August Graf von Galen kurz nach seinen drei berühmt gewordenen Predigten im Juli und August 1941 schrieb, scheinen so wenig zu dem Bild zu passen, das man sich von dem »Löwen von Münster« gewöhnlich macht. Und doch entsprechen sie seinem trotz aller Kraft und Gradlinigkeit demütigen Charakter weit eher als die Vorstellung von einer nur selbstsicheren, jeder Situation gewachsenen Persönlichkeit, die sich bei ihrer Bischofsweihe im Jahre 1933 das Motto Nec laudibus nec timore (»Weder Lob noch Furcht«) als Richtschnur für ihr Wirken auswählte und sich während der Schreckenszeit des Dritten Reiches unbeirrbar danach richtete.

Weder das Lob der Menschen noch die Furcht vor Menschen sollten ihn als Bischof beeinflussen. Damit war für ihn zunächst keineswegs eine unmittelbare Kampfansage an den Nationalsozialismus vorprogrammiert, sondern eine innere Weichenstellung vor sich selbst und seiner Vitalität, aber auch vor seinen Fehlern und Schwächen, die er immer wieder kritisch prüfte.

Als Kaplan in seiner Berliner Zeit schrieb er einmal in einem Brief: »Der Druck der Verantwortung und das Bewußtsein der eigenen Unzulänglichkeit werden, glaube ich, von Jahr zu Jahr fühlbarer. Damit sollten nun eigentlich das Gottvertrauen und die eigene Anstrengung wachsen. Aber da fehlt bei mir noch viel.« Und noch zwei Jahre vor seinem Tod im März 1946 meint er zu einem von ihm selbst geschriebenen Hirtenbrief: »Der Hirtenbrief über die Liebe ist für mich auch leider noch nicht das Abbild meines Handelns, sondern nur meines unbeständigen Wollens. Aber wir wollen uns Mühe geben, es besser zu machen.«

Ist das wirklich der »Löwe von Münster«? Ist das der Bischof, der die Machthaber des Dritten Reiches immer wieder durch seinen Mut und seine konsequente Ablehnung jeden Unrechts herausforderte, ihnen in

Hirtenworten, Predigten und Briefen immer wieder den Spiegel der Unmenschlichkeit vorhielt und so zum unvergessenen Symbol des Widerstandes der katholischen Kirche gegen den Ungeist wurde?

Es wäre zu einfach und würde Kardinal Clemens August von Galens Bedeutung verringern, ihn in ein simples Heldenklischee zu pressen. Seine Leistung war es gerade, aus vorgegebenen Einstellungen und Haltungen auszubrechen und sich dann ohne Furcht bis zur letzten Konsequenz zum Fürsprecher der Verfolgten und zum Gegner des NS-Unrechts zu machen. Bis zu seiner Bischofsweihe am 28. Oktober 1933 zeichnete sich der Kaplan und Pfarrer Clemens August Graf von Galen, wie seine Biographen übereinstimmend aussagen, keineswegs durch besondere Leistungen aus, ja man nahm seine Ernennung zum Bischof am 5. September 1933 eher mit Erstaunen auf, bis hin zu dem Kommentar von Priestern und Laien: »Da muß der Heilige Geist aber viel helfen.« Er war zwar ein eifriger und beliebter Seelsorger in St. Lamberti in Münster und konnte auf eine adlige Herkunft aus einem alten oldenburgischen Geschlecht verweisen, ragte aber höchstens durch seine Riesengestalt von 1,99 m unter seinen Mitbrüdern hervor. Er gehörte weder dem Domkapitel noch der theologischen Fakultät an, galt weder als attraktiver Prediger noch als sonderlich politisch oder theologisch versierter Zeitgenosse. Auch seine geistige Welt überging in seiner Jugendzeit und während seiner seelsorgerischen Tätigkeit weite Lebensbereiche, sei es Kunst, Theater, Literatur oder Musik. Er absolvierte als Seelsorger pflichtschuldig gewisse Bildungsanforderungen, beherrschte aber außer Latein keine Fremdsprachen. Seine Jugendzeit war ausgefüllt mit adligen Freizeitbeschäftigungen wie Jagden und Schlittenfahrten, von denen er sich später nur schweren Herzens trennte, und auch sonst hielt sich sein Interessenbereich durchaus in Grenzen, so daß seine ironische Selbstbeurteilung, er sei ein »drüger Pinn«, sicherlich eine gewisse Berechtigung hatte.

Völlig integriert war Clemens August Graf von Galen jedoch seit frühester Kindheit mit der Welt der Religion, des Glaubens, der Kirche. Auf Burg Dinklage in Oldenburg am 16. März 1879 als elftes von dreizehn Kindern des Grafen Ferdinand Heribert von Galen und seiner Frau Elisabeth, geb. Reichsgräfin von Spee, geboren, war er in einer absoluten Glaubenssicherheit aufgewachsen. Der Vater übte in religiöser Hinsicht einen für unsere Zeit unvorstellbaren Druck aus, um seine Kinder zum Glauben und in die Welt zu führen und übernahm damit die Erziehungsmethoden seines Vaters Matthias, über den Heinrich Portmann, der langjährige bischöfliche Kaplan und Biograph des Kardinals, schreibt: »Überragende Autorität war Graf Matthias seinen Kindern. Selbst die erwachsenen, ja ergrauten Söhne wagten nie, ein Urteil, geschweige denn eine Kritik über ihren Vater auszusprechen. Er stand und lebte in ihrer Erinnerung so unzweifelhaft als Muster eines Vaters, Familienhauptes

und Edelmannes, daß ihnen jedes Urteil über ihn als Unehrerbietigkeit vorgekommen wäre.«
Ähnlich also auch die Erziehung Clemens Augusts und seiner Geschwister. »Die Erziehung der Kinder war streng«, so schreibt Portmann, »Ordnung, Pünktlichkeit und Fleiß wurden unweigerlich verlangt. Alles vollzog sich in spartanischer Herbheit und Bedürfnislosigkeit, wie es dem Charakter der alten Burg entsprach, wo es keine Wasserleitung und kein Badezimmer gab, wo die meisten Räume nicht heizbar waren. ... Schon der Gedanke, die Eltern zu betrüben, genügte meist, das Gute zu tun und die Versuchung zum Bösen zu überwinden. Wurde ein Wunsch, eine Bitte abgeschlagen, so blieb es dabei. Es gab kein Betteln der Kinder und kein schwächliches Nachgeben der Eltern.«
Auch auf religiösem Gebiet herrschte, wie Portmann berichtet, strenge Konsequenz: »Allmorgendlich begann das Tagewerk mit dem Besuch der hl. Messe. Wer zum Messedienen zu spät kam, erhielt beim Frühstück keine Butter aufs Brot. Völliges Fernbleiben wurde mit der Entziehung jeglicher Nahrung bis zum Mittagessen bestraft. Bezeichnend ist da eine kleine Geschichte. Bruder Franz, genannt Strick, und Clemens August hatten eines Morgens verschlafen. Clemens August wurde zuerst wach, weckte voll Schrecken seinen Bruder: ›Strick, schnell auf, es ist schon über die Zeit, wir kommen viel zu spät zur Messe.‹ Worauf dieser, noch schlaftrunken, antwortete: ›Clau, dann laß uns man weiterschlafen, denn ein Frühstück bekommen wir ja doch nicht!‹«
Anekdote oder Wirklichkeit – diese der Vergangenheit angehörende religiöse Konsequenz führte bei Clemens August und seinen Geschwistern keineswegs zum Protest und zum »Aussteigen«, sondern zu einer unbedingten religiösen Selbstverständlichkeit und inneren Stabilität, über die der Bischof kurz nach seiner Ernennung noch als 55jähriger in einem Brief an den Pfarrer seines Geburtsortes schrieb: »Als Kind habe ich in der lieben Heimat niemals schlechte Beispiele und Verführungen zur Sünde gesehen, sondern nur Vorbilder unerschütterlichen festen Glaubens, treuen katholischen Lebens und inniger Liebe zur Kirche.«
Aus heutiger Sicht mag diese Wertung einer »heilen Welt« in Verbindung mit starker erzieherischer Autorität naiv und unrealistisch erscheinen. Clemens August schöpfte jedoch daraus die Kraft für eine gradlinige Frömmigkeit und für die Entscheidung zum Priesterberuf. Im Jesuitenkolleg Feldkirch (Österreich) und in Vechta (Oldenburg) besuchte er das Gymnasium; 1896 legte er das Abitur ab. Nach dem Studium der Theologie in Fribourg (Schweiz), Innsbruck und Münster wurde er 1904 in Münster zum Priester geweiht. Zwei Jahre war er Domvikar und bischöflicher Kaplan seines Onkels, des Weihbischofs Maximilian von Galen. Ab 1906 wirkte er 23 Jahre in Berlin, zunächst als Kaplan an St. Matthias, dann als Kurat an St. Clemens und ab 1919 als Pfarrer von St. Matthias. 1929 wurde er Stadtpfarrer von St. Lamberti in Münster.

Aufgrund seiner Herkunft faßte er sein Priesteramt nicht als Erneuerer, sondern als Bewahrer der Tradition auf. So könnte man ihm auch das Attribut »konservativ« zugestehen, als er 1933 nach 27jähriger Seelsorgearbeit zum Bischof ernannt wurde. Clemens August wurde sogar innerhalb des politischen Katholizismus als nationalkonservativ bis monarchistisch, also rechts von der vom Zentrum eingenommenen Mitte innerhalb der deutschen Parteien, eingestuft. Schon immer stand er der Liberalisierung in der Weimarer Republik skeptisch gegenüber, lehnte er auch innerhalb der Kirche eine Erneuerung, ein »Aggiornamento«, ab. »Der adlige Pfarrer«, so beurteilt Rudolf Morsey die Haltung Galens, »blieb in der tradierten kirchlichen Lehre und ihren Ausdrucks- und Frömmigkeitsformen verwurzelt. Er war durchdrungen von der Würde des Priestertums und einer sehr persönlich verstandenen Treue zu Papsttum und kirchlicher Hierarchie, zu seinen Pfarrkindern und später zu seinen Diözesanen. Der Herzensmonarchist konnte sich mit dem Versailler ›Diktatfrieden‹ nicht abfinden, ebensowenig mit der Weimarer Republik und ihrer ›extremen Demokratie‹. Der zu den sogenannten Rechtskatholiken zählende Galen lehnte den aufkommenden Nationalsozialismus als neuheidnische Irrlehre ab, ganz im Sinne der bischöflichen Warnungen und Verbote von 1930/31. Beeindruckt blieb er allerdings durch manche nationalpatriotischen Bekundungen der braunen Bewegung, deren Wesen er nicht durchschaute und deren Kampf gegen Liberalismus, Marxismus und Gottlosenbewegung er ausdrücklich zustimmte.«

Berücksichtigt man diese Einstellung Graf von Galens, so wird die Tatsache deutlich, daß seine Ernennung zum Bischof als »Ersatzmann« für den eigentlich vorgesehenen, das schwere Amt jedoch ablehnenden Kandidaten keineswegs als Herausforderung der Nazis aufgefaßt wurde, die seit einigen Monaten die Macht übernommen hatten. Im Gegenteil: Herkunft und Einstellung des neuen Bischofs schienen die Gewähr dafür zu bieten, daß es zu einem reibungslosen, harmonischen Kontakt zwischen der Kirche und den NS-Machthabern kommen werde. So war auch die preußische Regierung mit ihrem Ministerpräsidenten Hermann Göring sofort mit der Ernennung einverstanden. Es kommt hinzu, daß die Wahl ausgerechnet in die Zeit nach dem Abschluß des Reichskonkordates fiel und die Kirche auf eine vertragsgerechte Abwicklung der getroffenen Vereinbarungen hoffte.

Es sollte anders kommen, wenn auch an der Bischofsweihe im Dom zu Münster noch SA-Einheiten mit Hakenkreuzfahnen teilnahmen und die NS-Führung, mit erprobtem Sinn für propagandistische Wirkung, das gute Einvernehmen zwischen Staat und Kirche lauthals bekundete. Kennzeichnend für die kirchenpolitische Situation am Tag der Bischofsweihe ist das erste Hirtenwort des neuen Oberhirten vom 28. 10. 1933, in dem es heißt: »Wir wollen Gott, dem Herrn, für Seine liebevolle Führung dankbar sein, welche die höchsten Führer unseres Vaterlandes erleuchtet und gestärkt hat, daß sie die furchtbare Gefahr, welche unserem geliebten deutschen Volk durch die offene Propaganda für Gottlosigkeit und Unsittlichkeit drohte, erkannt haben und sie auch mit starker Hand auszurotten suchen. Daß statt dessen das freie Wirken der Kirche und ihr heiligender Einfluß für die Erziehung der Jugend, für das Familien- und Gemeinschaftsleben voll zur Auswirkung komme, dafür ist in dem Vertragswerk des Reichskonkordats, welches die Reichsregierung mit dem Heiligen Stuhle abgeschlossen hat, eine glückverheißende Grundlage gegeben. Unsere Aufgabe und heilige Pflicht ist es, diese Geschenke der göttlichen Vorsehung auszunutzen durch ein offenes, tatkräftiges Eintreten für Glaube und christliche Sittsamkeit, durch treueste Pflichterfüllung im Dienst Gottes, der Kirche und des Vaterlandes.«

Es ist die herausragende Leistung Clemens August Graf von Galens, relativ schnell das wahre Gesicht des Nationalsozialismus und seine verderbenbringenden Tendenzen für die Kirche und für Deutschland erkannt zu haben und dann immer wieder ohne Rücksicht auf Menschenlob und Menschenfurcht seine Meinung zu verkünden. Ohne Rücksicht auch auf das eigene Schicksal, denn der Bischof war sich von Anfang an klar darüber, daß er, vor allem nach den großen Predigten gegen die Euthanasie und gegen die Schließung der Klöster im Jahre 1941, mit Verhaftung und Hinrichtung rechnen mußte. Niemand kann ermessen, welche innere Not er in den Tagen und Nächten vor seinen Bekennerpredigten in der Münsteraner Lamberti- und Überwasserkirche durchlitt, welche seelischen Belastungen er im Zwiespalt zwischen Patriotismus, Glaubenstreue und Rücksichtnahme auf die ihm anvertrauten Gläubigen tragen mußte, als er erkannte, daß die NS-Machthaber ihn selbst aus politischen Erwägungen schonten, aber Priester und Ordensleute an seiner Stelle inhaftierten, quälten und ermordeten.

Seine drei großen Predigten hielt er zur Zeit der größten Triumphe des Naziregimes, als es fast ganz Europa erobert hatte und gerade in einem Siegeszug ohnegleichen in die Sowjetunion einmarschiert war. In diesen Tagen des Siegesjubels sagte er den Untergang Deutschlands »an innerer Fäulnis und Verrottung« voraus, als er am 13. Juli 1941 mit den Gewaltmethoden der Nazis hart ins Gericht ging: »Der physischen Übermacht der Gestapo steht jeder deutsche Staatsbürger völlig schutzlos und wehrlos gegenüber. Das haben viele im Laufe der letzten Jahre an sich erfahren . . . Keiner von uns ist sicher, und mag er sich bewußt sein, der treueste, gewissenhafteste Staatsbürger zu sein, mag er sich völliger Schuldlosigkeit bewußt sein, daß er nicht eines Tages aus seiner Wohnung geholt, seiner Freiheit beraubt, in Kellern und Konzentrationslagern der Gestapo eingesperrt wird. Ich bin mir darüber klar: Das kann auch heute, das kann auch eines Tages mir geschehen. Weil ich dann nicht mehr öffentlich sprechen kann, darum will ich heute öffentlich sprechen, will ich warnen vor einem Weiterschreiten auf dem Wege, der

nach meiner Überzeugung Gottes Strafgericht auf die Menschen herabruft und zu Unglück und Verderben für unser Volk und Vaterland führen muß . . . Darum rufe ich laut als katholischer Bischof: Wir fordern Gerechtigkeit! Bleibt dieser Ruf ungehört, wird die Gerechtigkeit nicht wiederhergestellt, so wird unser deutsches Volk und Vaterland an innerer Fäulnis und Verrottung zugrunde gehen.«
Kurz darauf, am 20. Juli 1941, sagte er in einer Predigt in der Überwasserkirche: »Wir kämpfen weiter gegen den äußeren Feind, gegen den Feind im Innern, der uns peinigt und schlägt. Und können wir nicht mit Waffen kämpfen, bleibt uns nur ein Kampfmittel: starkes, zähes, hartes Durchhalten . . . Wir sind in diesem Augenblick nicht Hammer, sondern Amboß. Fragt den Schmiedemeister, und laßt es euch von ihm sagen: Der Amboß hält länger als der Hammer.«
Es wäre jedoch falsch, nur diese, schnell in ganz Deutschland und in aller Welt verbreiteten Predigten des Jahres 1941 als Maßstab für das mutige Wirken des Bischofs anzusehen. Seine offene Kritik begann bereits kurz nach seiner Bischofsweihe, wo er die Blut- und Rassentheorie des Nationalsozialismus schonungslos bloßstellte, etwa in seinem Hirtenbrief Ostern 1934: »Dieser Angriff gegen das Christentum, wie wir ihn in der heutigen Zeit in unserem Volke erleben, übertrifft an vernichtender Gewalt alles das, was wir von den früheren Zeiten her wissen . . . Die Neuheiden leugnen die Gemeinschaft der für alle Völker bestimmten Kirche Christi und streben eine Nationalkirche an, die nicht auf der Grundlage des gemeinsamen Glaubens an die Offenbarung beruht, sondern auf den Lehren von Blut und Rasse. Mit der ihnen eigenen dunklen Sprache reden sie von einem neuen Mythos und der Notwendigkeit einer neuen Religion. Es handelt sich also um eine grundsätzliche und radikale Ablehnung aller Geheimnisse des Christentums und um das Bemühen, auf dem Boden von Blut und Rasse eine neue Religion mit nationalen Sinnbildern und Vorbildern zu schaffen.«
Bischof Clemens August hat sich, ebenso wie viele andere katholische Persönlichkeiten, keineswegs ausschließlich für die Belange der Kirche eingesetzt, wie heute nicht selten der Kirche vorgeworfen wird, sondern von Anfang an gegen die Verletzung der Menschenrechte und Menschenwürde, ebenso auch gegen die Blut- und Rassentheorie und damit gegen die Judenverfolgung gewandt. Er hat lange darunter gelitten, daß manche Bischöfe nicht so konsequent wie er öffentlich gegen die Irrlehren der Nazis Stellung bezogen. Dafür zeugt sein erst vor wenigen Jahren aufgefundener Brief an den Bischof von Osnabrück, Dr. Wilhelm Berning, dem damaligen Leiter des westdeutschen Bischofs-Konveniats, der als Preußischer Staatsrat versuchte, größeren Einfluß auf die Machthaber zu bekommen, aber nur zögernd öffentlich Stellung bezog, um nicht noch härtere Maßnahmen gegen die Kirche hervorzurufen. In dem Brief vom 26. Mai 1941 schrieb Bischof Clemens August an Berning: »Es scheint

mir nachgerade höchste Zeit zu sein, daß wir in einer gemeinsamen Besprechung uns darüber klarwerden, ob wir die Fortführung des uns aufgezwungenen Abwehrkampfes in der bisherigen, fast ganz passiven Weise verantworten können. Die Kriegszeit legt uns zwar Zurückhaltung nahe. Aber wenn die Gegenseite diese unsere Zurückhaltung anscheinend nur als Schwäche oder Feigheit deutet und gerade die Kriegszeit dazu benutzt, um mit der Freiheit und den Rechten der Kirche in brutalem Vorgehen aufzuräumen, ist doch die Frage zu prüfen, ob nicht gerade die Liebe zur gesunden Entwicklung unseres Volkslebens uns als deutsche Männer bestimmen muß, freimütig und öffentlich für die Wahrung von Freiheit und Recht einzutreten . . . Ich habe mein Gewissen immer wieder damit zur Ruhe gebracht, daß ich mir sagte: Wenn der Kardinal Bertram und so viele andere Bischöfe, die an Alter, Erfahrung und Tugend mir überlegen sind, bei all dem ruhig bleiben und sich mit den papierenen und wirkungslosen, der Öffentlichkeit unbekannten Protesten des Vorsitzenden der Fuldaer Bischofskonferenz begnügen, dann wäre es anmaßend und für die anderen hochwürdigen Herren ehrenkränkend und vielleicht auch töricht und verkehrt, wenn ich durch die ›Flucht in die Öffentlichkeit‹ mich vordrängen und möglicherweise sogar noch brutalere Maßnahmen gegen die Kirche provozieren würde. Aber ich kann mein Gewissen mit solchen Argumenten ›ex auctoritate‹ bald nicht mehr zur Ruhe bringen . . .«

Bischof Clemens August nahm schon bald darauf sich selbst beim Wort. Und der Erfolg seiner Predigten vom Juli und August 1941 gab ihm recht. Sie hatten eine unvorstellbare Resonanz in weitesten Kreisen des In- und Auslands, führten zur Zurücknahme der Euthanasie-Maßnahmen und verunsicherten die Nazis dermaßen, daß sie gegen den Bischof nicht einzuschreiten wagten, sondern die Vernichtung der Kirche auf die Zeit nach dem »Endsieg« verschoben. Diese Reaktion war die offenkundige Bestätigung dafür, daß sich der Mut des Bischofs auszahlte.

Unter den Reaktionen auf die Predigten verdient der Brief der Dichterin Ricarda Huch besondere Erwähnung, weil sie das Empfinden von Millionen Menschen ausdrückte: »Erfahren zu müssen, daß unserem Volk das Rechtsgefühl zu fehlen scheint, war wohl das bitterste, was die letzten Jahre uns gebracht haben. Die dadurch verdüsterte Stimmung erhellte sich, als Sie, hochverehrter Herr Bischof, dem triumphierenden Unrecht sich entgegenstellten und öffentlich für die Verunrechteten eintraten. Das Bewußtsein, den Forderungen des Gewissens genug getan zu haben, ist mehr wert als Beifall der Menschen. Nicht um Sie zu stärken, schreibe ich Ihnen, sondern weil ich annehme, es sei Ihnen erfreulich zu wissen, daß es viele gibt, die sich Ihnen von ganzem Herzen verbunden fühlen. Ich bitte Sie, mich als die Stimme der vielen zu betrachten, die Ihnen ergeben sind.«

Es ist besonders aufschlußreich, anhand der vorliegenden Akten die

Reaktion der Nazis zu analysieren. Eine Anklage wegen Hochverrats hätte das sichere Todesurteil bedeutet, mit dem der Bischof rechnete, so daß er seinen Kaplan am 13. Juli 1941 vor seiner ersten Predigt bat, ihm Kleidung und Wäsche ins Gefängnis zu bringen, wenn er verhaftet werden sollte. Doch weder 1941 noch später legte die Gestapo Hand an den Bischof, weil die Machthaber eine krasse Protesthaltung der Bevölkerung befürchteten und Goebbels sogar argumentierte, daß man Münster und ganz Westfalen im Falle einer Strafaktion gegen den Bischof für den Kriegseinsatz »abschreiben« müsse. Nach dem Kriege sei es ohnehin kinderleicht, den Kirchen das Rückgrat zu brechen und den Bischof von Münster zu beseitigen. In einem Tischgespräch am 4. Juli 1942 erklärte Hitler, daß er nach dem »Endsieg« die Abrechnung mit Galen auf Heller und Pfennig vornehmen und dabei »kein Tüpfelchen« vergessen werde. Im übrigen werde er aufgrund des Verhaltens des Bischofs das Konkordat sofort nach dem Kriege aufheben.

In der Tat war Bischof Clemens August schon längst so populär, wurde sein Auftreten überall so umjubelt, daß das Naziregime seine sonst täglich praktizierte Brutalität und Unmenschlichkeit zurückhielt und sogar hinnahm, daß der Bischof in der letzten seiner großen Predigten am 3. August 1941 das Regime offen des Mordes an unschuldigen Kranken und Behinderten beschuldigte: »Eine furchtbare Lehre, die die Ermordung Unschuldiger rechtfertigen will, die die gewaltsame Tötung der nicht mehr arbeitsfähigen Invaliden, Krüppel, unheilbar Kranken, Altersschwachen grundsätzlich freigibt.«

Unter aktiver Beteiligung Galens verabschiedeten die deutschen Bischöfe im September 1943 – vielleicht zu spät! – ein aufrüttelndes Hirtenwort, das dem Beispiel des Bischofs von Münster folgte und sich mit aller Schärfe gegen die Rechtsverletzungen gegenüber Menschen jeden Glaubens und jeder Rasse aussprach und auch die Jugendverfolgung mit einbezog: »Keine irdische Macht darf das Leben eines Unschuldigen frevelhaft verletzen und vernichten . . . Tötung ist in sich schlecht, auch wenn sie angeblich im Interesse des Gemeinwohls verübt würde an schuld- und wehrlosen Geistesschwachen und Geisteskranken, an unheilbar Siechen und tödlich Verletzten, an erblich Belasteten und lebensuntüchtigen Neugeborenen, an unschuldigen Geiseln und entwaffneten Kriegs- oder Strafgefangenen, an Menschen fremder Rasse und Abstammung . . . «

Was wäre geschehen, so muß man heute fragen, wenn ein derartiger Hirtenbrief in den ersten Jahren des Dritten Reiches verkündet worden wäre? Wenn die Bischöfe bereits gegen die Nürnberger Rassengesetzgebung des Jahres 1935, gegen die Diffamierung der Juden, gegen die Schrecken der »Reichskristallnacht« vom November 1938 aufgetreten wären? Wenn der Mut des »Löwen von Münster« das gesamte Episkopat frühzeitiger aktiviert und zu schärfstem Protest geführt hätte? Diese Fragen lassen sich aus der Rückschau auf die damalige Zeit naturgemäß nicht beantworten, da auch die Bischöfe zunächst in die Irre geführt wurden und erst langsam erkannten, welchen Ungeist das Dritte Reich verkörperte. Gerhart Binder weist darauf hin, daß die Bischöfe aufgrund ihrer Auffassung vom Staat auch das Naziregime anfangs als »legitime Obrigkeit« ansahen und daß ihnen aktiver Widerstand oder gar Teilnahme an einer Verschwörung absolut fremd waren.

Bischof Clemens August Graf von Galen hat in harter Zeit unbeirrt der Wahrheit gedient, die Menschenrechte ebenso ernst genommen wie die Rechte und die Freiheit seines Glaubens, dem er in tiefer Frömmigkeit verbunden war. Sein Nachfolger, der verstorbene Bischof Tenhumberg, hat einmal darauf hingewiesen, daß Bischof Clemens August von einer kindlich einfachen Frömmigkeit geprägt gewesen sei und in besonderer Weise in der Gottesmutter das verwirklicht sah, was er als seine eigene Lebensaufgabe beschrieben hatte: »Je demütiger und selbstloser wir uns, auf eigene Wünsche verzichtend, Gottes Willen unterwerfen, desto mehr dürfen wir hoffen, Gottes Werkzeuge zu sein.«

Mit seiner Erhebung zum Kardinal Anfang 1946 fand Clemens August Graf von Galen die Krönung seines Lebens, das wenige Wochen danach, am 22. März 1946, in Gott vollendet wurde. War er vor seiner Bischofsweihe »nur« ein mit Liebe und Engagement arbeitender, wenig auffallender Priester und Seelsorger, so wurde er durch die an ihn gestellten Anforderungen in einer schweren, grausamen Zeit über seine eigenen Grenzen hinaus zu einer auch für die Gegenwart und Zukunft beispielhaften Persönlichkeit.

Norbert Stahl

Michael Kardinal Faulhaber

Gegner der Gewaltherrschaft

»Wir dürfen den Lauf der Weltgeschichte nicht mit bloß natürlichen Augen als Spiel des Zufalls, als Werk rein menschlicher Werkmeister, als Verhängnis rein menschlicher Irrungen und Wirrungen betrachten. Wir müssen mit den Augen des Glaubens das geschichtliche Kommen und Gehen, Steigen und Sinken der Völker als einen Abschnitt aus dem göttlichen Weltplan auffassen. Im Lichte des Glaubens erkennen wir, daß auch in dunklen und leidvollen Zeiten die Hand Gottes am Werke ist und ewige Gedanken verwirklicht.« Michael Kardinal Faulhaber, der diesem Gedanken Ausdruck verlieh und dessen Wahlspruch lautete Vox temporis – vox Dei (»Der Ruf der Zeit ist der Ruf Gottes«), wußte aus den Studien des Alten Testaments, wie eindringlich Gott aus der Geschichte

spricht. Gleichzeitig war ihm jedoch beschieden, zu erfahren, wie schwer es ist, selbst in der Geschichte zu stehen und in aufgewühlter Zeit die Stimme Gottes richtig zu deuten.
Im Jahre 1910 zum Bischof von Speyer ernannt und von 1917 bis 1952 Oberhirte der Erzdiözese München und Freising, war Faulhaber in einen Reigen von Umschwüngen und Systemwechseln, Revolutionen und Kapitulationen, Zusammenbrüchen und Neuanfängen hineingestellt. Mit der Monarchie und der nationalsozialistischen Gewaltherrschaft erlebte er zwei autoritäre Staatsformen, mit der Weimarer Republik und der Bundesrepublik Deutschland demokratische Staatengebilde. Mitleidlos und weithin sichtbar wurde er auf den Prüfstand der Geschichte gezwungen. Irrungen und Wirrungen – das galt nicht nur für seine Zeit, sondern auch für ihn selbst.
Michael Faulhaber wurde am 5. März 1869 in Klosterheidenfeld in Unterfranken als drittes von sieben Kindern eines Bäckers und Landwirts geboren, zu einer Zeit, als der Fürsten Glanz durch den Reichsgründer Otto von Bismarck neu aufpoliert wurde, ein Friedrich Julius Stahl das »monarchische Prinzip« als Staatsdoktrin entworfen hatte und deutsche Kaiser ihr Gottesgnadentum einem auf Selbstbestimmung hindrängenden Volk entgegenhielten. Bei Faulhaber, der tief in dieser Ära wurzelte, verband sich die Liebe zum bayerischen Königshaus mit dem Widerwillen gegen die Demokratie, mit einer Quelle, über die Ludwig Volk, wohl der wichtigste Biograph des Kardinals, urteilt: »Es war dies die monarchische Struktur des Kirchenregiments, die einem (dafür) ansprechbaren Beobachter als heilsgeschichtliche Empfehlung dieser Regierungsform auch für den weltlichen Bereich erscheinen konnte.« So beunruhigte es ihn, daß die Autorität des Monarchen durch das Verlangen nach Mitregierung der breiten Massen eingeengt werden sollte. »Die Gefahr, mit Volksrechten Götzendienst zu treiben«, erklärte er, »ist heute viel größer als die andere Gefahr, mit Kronrechten Götzendienst zu treiben.«
Von keinem Geringeren als Konrad Adenauer mußte sich Faulhaber auf dem Katholikentag 1922 in München ob solcher Haltung hart kritisieren lassen. Hatte er schon den neuen Ministerrat des Freistaates Bayern, der sich nach dem Ende des Ersten Weltkrieges und dem Rücktritt König Ludwigs III. im Jahre 1918 unter Kurt Eisner bildete, eine »Regierung von Jehovas Zorn« genannt, so grollte Faulhaber auf dem Katholikentag, die Revolution sei »Meineid und Hochverrat« gewesen und bleibe in der Geschichte »erblich belastet und mit dem Kainsmal gezeichnet«. Er wollte damit allerdings nicht die republikanische Staatsform in sich verurteilen, denn eine Verfassung, dies war seine Überzeugung, konnte rechtmäßig zustande kommen, »ohne daß dadurch die vorausgehende Revolution legitimiert wird«.
Was der Kardinal in seine Überlegungen nicht miteinbezogen hatte, war der Wille der deutschen Katholiken, welche die Folgen des Kulturkamp-

fes unter Bismarck noch nicht ganz überwunden hatten, im neuen Staat ehrlich mitzuarbeiten. Katholikentagspräsident Konrad Adenauer, damals Oberbürgermeister von Köln, forderte Faulhaber öffentlich auf, entweder eine grundsätzliche Schwenkung einzunehmen oder sich künftig jeder politischen Betätigung auf das strikteste zu enthalten. Faulhaber tat Adenauer diesen Gefallen keineswegs. An den ehemaligen Substituten im päpstlichen Staatssekretariat und späteren Kardinal Pizzardo schrieb er noch am selben Tag, es möge keine päpstliche Kundgebung erfolgen, »die von den Katholiken als Zustimmung zur Politik des Zentrums und zu einer Koalition mit der Sozialdemokratie ausgelegt werden könnte«. Adenauer werde »die päpstliche Auszeichnung, die früher für den Präsidenten üblich war, nicht erhalten können«.

Auch in den folgenden Jahren änderte sich Faulhabers Verhältnis zur Weimarer Demokratie nicht. Als 1925 der erste Reichspräsident, der Sozialdemokrat Friedrich Ebert, starb, begründete er die Ablehnung eines Kirchenglockengeläutes bei der Bestattung mit den Worten: »Reichspräsident Ebert stand auf dem Boden der Weimarer Verfassung, die grundsätzlich auf eine Trennung von Staat und Kirche abzielt. Es kann also nicht im Sinne des verstorbenen Reichspräsidenten liegen, ein Zusammenwirken von Kirche und Staat zu einer möglichst prunkvollen Bestattungsfeier zu kommandieren . . . Herr Ebert war als Mitglied und Führer einer politischen, grundsätzlich religions- und kirchenfeindlichen Partei, nicht durch die Wahl des deutschen Volkes Reichspräsident geworden . . . «

Eine andere Beurteilung erfuhr freilich Reichspräsident von Hindenburg. Als dieser 1934 starb, widmete Faulhaber dem Generalfeldmarschall, der gewissermaßen ein Restposten aus der Monarchie war, die Worte: »Mit den Volksgenossen aller deutschen Gaue stehen die bayerischen Katholiken in aufrichtiger Trauer an der Totenbahre dieses kerndeutschen, pflichttreuen und gottesgläubigen Mannes, der bis zum letzten Atemzug dem deutschen Volke, in Krieg und Frieden, alle Tage seines Lebens und alle Kräfte seines Geistes weihte . . . «

Dem Militärwesen, das Hindenburg auch als Reichspräsident verkörperte, war Faulhaber schon aus seiner Zeit als Einjährig-Freiwilliger des Königlich-Bayerischen 9. Infanterieregiments »Wrede« in Würzburg verbunden. Mit dem Reserveoffizierspatent in der Tasche verließ er als Zwanzigjähriger diese »Schule für das Leben«, in der er die Knöpfe am Waffenrock »nicht bloß mit Creme, sondern auch mit Lust und Liebe« geputzt hatte und unter anderem »den Sinn für Pünktlichkeit und Ordnung, den Sinn für Autorität« lernte. Von 1914 bis 1918 war Faulhaber Feldpropst der bayerischen Armee. Den alten Soldaten litt es nicht hinter der Front; er bereiste fast alle Kriegsschauplätze. »Unsere Feldsoldaten brauchen Licht aus der Höhe«, betonte er, »um in dem rätselhaften Dunkel des Krieges sich zurechtzufinden, die grausigen Erlebnisse mit

dem Glauben an die göttliche Vorsehung in Einklang zu bringen und auch im Feindesland die Gebote Gottes als Leuchte für ihre Pfade zu nehmen.« Faulhaber war in den vordersten Schützengräben zu finden. Er hielt Gottesdienste in Unterständen und Bombentrichtern und besuchte die Verwundeten in den Lazaretten. Als erster deutscher Bischof erhielt er das Eiserne Kreuz.
Nach seiner Priesterweihe 1892, der Kaplans- und Präfektenzeit in Kitzingen und am Kilianeum in Würzburg, der Promotion zum Dr. theol. 1895, anschließenden Studienjahren in Rom an der Anima sowie Studienreisen nach England und ins Heilige Land hatte Faulhaber Ende 1903 den ersehnten Lehrstuhl eines Professors für alttestamentliche Exegese und biblische Theologie an der Kaiser-Wilhelm-Universität in Straßburg erhalten. Schon damals war er durch ein ungewöhnliches Redetalent und sein kirchenpolitisches Engagement aufgefallen.
Beim Katholikentag 1913 in Metz, ein Jahr vor dem Ausbruch des Ersten Weltkrieges, sprach Faulhaber in der Hauptrede über die »Freiheit der Kirche«. »Freiheit«, sagte der nunmehrige Speyerer Bischof, »ist ein Wort in allen Wörterbüchern, ein Lied in allen Tagebüchern und Kommersbüchern, ein Abschnitt in allen Rechtsbüchern, ein Band an allen Vereinsfahnen, ein Traum bei allen Völkern, eine Redensart an allen Guillotinen, ein Register auf allen Orgeln, eine Melodie auf allen Dreh-orgeln der Gasse. Freiheit ist das geduldigste und vieldeutigste Wort der menschlichen Sprache. Freiheit ist so lange ein wesenloser Schein, den ›ich meine‹, so lange ein leerer Schall ohne Inhalt, bis man dazu sagt, *wovon* man frei ist, ob frei von Lüge oder frei von Wahrheit, frei von Schuld oder frei von Unschuld, frei von Gedankenlosigkeit oder frei vom Denken, frei vom Religionshaß oder frei von Religion, frei von Ketten oder frei von – Freiheit.«
Vor allem aber nahm Faulhaber das aus dem Kulturkampf stammende »Jesuitengesetz« aufs Korn: »Es ist für uns Katholiken ein unerträglicher Gedanke, daß wir von Tag zu Tag von der Gnade irgendeiner Polizeibehörde abhängen sollen, die das Gesetz heute gnädig und morgen ungnädig auslegen kann, und von einem Polizeidiener darüber belehrt werden, ob der Vortrag eines Jesuitenpaters das religiöse oder mehr das religionswissenschaftliche Gebiet berühre. Gnade vor Recht ist ein ebenso unerträglicher Rechtszustand wie Macht vor Recht.« Am Schluß dieser Rede, so wird berichtet, durchtobte minutenlang ein Begeisterungssturm die Halle.
Seine Redegabe stellte Faulhaber auch als Feldpropst des »allerdurchlauchtigsten, großmächtigsten Kaisers und Königs« unter Beweis und in den Dienst von Seelsorge und Vaterland. Die Feldpredigten veröffentlichte er unter den Überschriften »Waffen des Lichtes«, »Schwert des Geistes« und »Das hohe Lied der Kriegsfürsorge«. In einem Schreiben an Kaiser Wilhelm II. erklärte Faulhaber: »Meine gedruckten Feldpredigten

sind nur ein schwacher Widerhall dessen, was das lebendige, vom persönlichen Feuer getragene Wort beim Feldgottesdienst die Fronten entlang mit Gottes Hilfe wirkt, vielleicht aber doch für die Geschichte des Krieges ein klares Zeugnis dafür, daß auch die Seelsorge mit dem Schwert des Geistes, das ist mit dem Wort Gottes, das heilige Recht unseres teuren Vaterlandes zu verteidigen und die Seelen zum höchsten Kraftaufgebot zu wecken bemüht war.«

Seiner »homiletischen Munition« im Ersten Weltkrieg stand die Erkenntnis gegenüber, die er 1932 formulierte: »Ich erblicke in der allseitigen und gleichzeitigen Abrüstung das einzige Mittel, um unser heute wehrloses, zwischen übergerüsteten Völkern eingekeiltes deutsches Volk vor dem Untergang zu retten, und nehme bei aller Verehrung, die ich für die Herren vom Wehrstand habe, für mich das Recht in Anspruch, gerade aus Vaterlandsliebe die unmenschlichen Kampfesweisen eines neuzeitlichen Krieges abzulehnen.« In dem Tempo, in dem der Krieg, wie er ihn zunächst kennengelernt hatte, sein Wesen änderte und in »unmenschliche Raserei« ausartete, mußte nach Auffassung Faulhabers auch die Moraltheologie ihr Urteil über den Krieg ändern. »Nicht ich habe mich geändert«, sagte er, »sondern der Krieg hat in seiner heutigen dämonischen Gestalt ganz andere Formen angenommen.« Die Frage nach dem Unterschied zwischen einem Verteidigungskampf gegen einen Angreifer und einem ungerechten Angriffskrieg hatte sich Faulhaber offenbar nie gestellt, auch nicht im Zusammenhang mit den Angriffskriegen Hitlers.

Im Jahre 1921 war Faulhaber, der drei Jahre zuvor den Bischofssitz von Speyer mit dem von München gewechselt hatte, zum Kardinal erhoben worden. Diese neue Würde kam ihm sehr zustatten, als er 1923 eine Caritasreise in die Vereinigten Staaten unternahm, um für die hungernde Bevölkerung in Deutschland Hilfe zu erbetteln. In sieben Wochen besuchte er 25 Bischöfe und hielt 78 Ansprachen, in Musikhallen und Theatersälen, Universitäten und Stadthallen, in Schulen, Klöstern und Waisenhäusern. Manche Rede hielt er mit letzter Kraftanstrengung und unter Zuhilfenahme von Herzstärkungsmitteln. Mit den Geldern, welche die amerikanischen Katholiken spendeten, konnte er die Not zahlreicher Hilfsbedürftiger in der Heimat lindern. 1926 begab sich Faulhaber aus Anlaß des Eucharistischen Weltkongresses in Chicago nochmals in die USA. Nachdrücklich setzte er sich bei dieser Gelegenheit für die Rückgabe deutschen Privateigentums mehrere Jahre nach Kriegsende ein.

Die größte Bewährungsprobe kam für Michael Faulhaber mit der Machtergreifung Hitlers am 30. Januar 1933 und der nationalsozialistischen Tyrannei. Der neuen Situation suchte er zunächst mit dem Gehorsam gegenüber der »rechtmäßigen Obrigkeit« – gemäß Römer 13,1–6 – zu begegnen. Die Frage nach dem Tyrannenmord stellte sich noch nicht. Faulhabers Staatsbegriff, mit dem er aufgewachsen war, wurzelte in der Hegelschen Vorstellung vom Staat als Inbegriff des Sittlichen. Otto

Charles de Foucauld Der französische Missionar gilt als eine der leuchtendsten, auch heiligmäßigsten Gestalten unter den katholischen Missionaren der Neuzeit. Darüber hinaus leben seine schöpferischen Gedanken über ein wahrhaft christliches Leben in den von ihm gegründeten Gemeinschaften der »Kleinen Brüder« und »Kleinen Schwestern« fort.

KARDINAL CLEMENS AUGUST GRAF VON GALEN Der einstige Bischof von Münster zählt zu den mutigsten Anklägern der nationalsozialistischen Gewaltherrschaft. In seinen Predigten griff er vor allem die öffentlichen und geheimen Verstöße gegen die Menschenrechte an.

Michael Kardinal Faulhaber Der Münchener Kardinal ist schon früh mit seinen Germanenpredigten dem Nationalsozialismus entgegengetreten. Auch später gab er seine eindeutige Gegnerschaft gegen die Partei zu erkennen. Er scheute sich nicht, Hitler auf dem Obersalzberg seine Sorge vorzutragen.

Joseph Kardinal Frings Er erwies sich sowohl in den Monaten des Zusammenbruchs wie in den ersten Nachkriegsjahren als ein Mann mit Mut und Zuversicht. Auch auf dem II. Vatikanischen Konzil war sein Einfluß beträchtlich.

Gritschneder hat dazu bemerkt: »Die ungeprüfte Vermutung der Allzuständigkeit des Staates, die kritiklose Verehrung staatlicher Autoritäten, das sind die Todsünden, die die Männer der Kirche lähmten im Kampf gegen formalgesetzliches Unrecht, gegen die Morde mittels Reichsgesetzblatt und durch Richter mit dem Hakenkreuz an der Robe. Freilich . . . ein tragischer Konflikt, der älter ist als die Kirche.«
Daß die Obrigkeit des Dritten Reiches nicht »rechtmäßig« sein könnte, erkannte Faulhaber spätestens zu Beginn der Judenverfolgungen und der Aushöhlung des Reichskonkordates, das am 20. Juli 1933 abgeschlossen worden war und die Rechte der Kirche ausreichend zu sichern schien. Sie riefen den Kardinal zu den berühmt gewordenen Adventspredigten auf die Kanzel. Ihr Echo ging weit über die Konfessions- und Landesgrenzen hinaus, und sie waren der lauteste und entschiedenste Protest gegen die Unterdrückung der Freiheit durch das NS-Regime am Beginn des neuen Leidensweges, den das deutsche Volk zu gehen hatte.
»Wenn die Rassenforschung«, wandte sich Faulhaber gegen die nationalsozialistische Ideologie, »an sich eine religiös-neutrale Sache, zum Kampf gegen die Religion sammelt und an den Grundlagen des Christentums rüttelt, wenn die Abneigung gegen Juden von heute auf die Heiligen Bücher des Alten Testaments übertragen . . . wird, wenn Steine gegen die Person unseres Herrn und Erlösers geworfen werden . . . , kann der Bischof nicht schweigen.« Viermal sprach der Kardinal über die Lebenswerte des Alten Testaments auch für die Gegenwart, viermal widerlegte er landläufige Schlagworte. Er pries die sittlichen und sozialen Werte des Alten Testaments und zog in einer fünften Predigt über »Christentum und Germanentum« die Bilanz: »Wie die medizinische Wissenschaft sich gegen das Kurpfuschertum wehrt, so müssen auch Geschichtswissenschaft und Altertumskunde sich gegen die Romanschreiber und Märchendichter wehren.«
Ebenso räumte Faulhaber mit den falschen Darstellungen über das vorchristliche Germanentum auf, indem er erklärte: »Dem Vaterland ist mit aufrechten Jüngern des Evangeliums mehr gedient als mit kriegslustigen Altgermanen . . . Wir lassen an die Stelle des Kreuzes keine Donareichen pflanzen . . . Die deutschen Heiligen müssen am Throne Gottes Fürbitte einlegen, daß unserem lieben deutschen Volke der christliche Glaube und die christliche Sitte erhalten bleiben.«
Unter den Akten des Kardinals fanden sich Dutzende von Schreiben, in denen er unermüdlich protestiert, Rechtsverwahrung einlegt, Forderungen anmeldet und Vertragsbrüche moniert. Besonders ausführlich geschah dies auf dem Gebiet des Schulwesens, wo unter flagrantem Bruch der Konkordatsvereinbarungen die Konfessionsschulen beseitigt und die klösterlichen Lehranstalten aufgelöst wurden. »Treue ist Treue, Untreue ist Untreue«, rief er in einer flammenden Predigt aus. Am 14. März 1937 sandte Papst Pius XI. das berühmte Weltrundschreiben

Mit brennender Sorge auch an die Bischöfe und Katholiken in Deutschland. Diese Enzyklika war in deutscher Sprache abgefaßt und wurde, was der Geheimen Staatspolizei entging, von Faulhaber formuliert. In dem Dokument wurden die Konkordatsverletzungen angeprangert. Die Nazis werteten das als einen hochverräterischen Angriff auf den Staat. Faulhaber hatte das Schreiben selbst im Münchener Dom verlesen.
Die Grundhaltung des Kardinals gegenüber dem Nationalsozialismus änderte nichts an der Tatsache, daß er wiederholt zu Ausgleichsversuchen ansetzte. Einen solchen Versuch unternahm er im Februar 1934, als er nach einem Anschlag auf sein Palais dem Klerus noch einmal die Gehorsamspflicht gegenüber der staatlichen Obrigkeit einschärfte. Ein solcher Versuch war auch sein »Weihnachtsgruß an den Führer« 1934, den er in eine Weihnachtsbetrachtung eingefügt hatte. Freilich erreichte Faulhaber damit nichts, ebensowenig wie mit der Überweisung des Druckhonorars seiner Adventspredigten an das NS-Winterhilfswerk.
Am 4. November 1936 kam es auf dem Obersalzberg zu der einzigen Begegnung zwischen Faulhaber und Hitler. Einer nicht nachprüfbaren Überlieferung zufolge soll der Kardinal anschließend gesagt haben, er habe »Satan ins Angesicht geschaut«. Aus seinen Aufzeichnungen über das Gespräch geht hervor, daß er von der Persönlichkeit Hitlers, dem eigenartigen Glanz, der von ihm ausging, nicht unbeeindruckt blieb, andererseits aber diesem nachdrücklich die Meinung sagte. Einig waren sich beide in der Beurteilung des Bolschewismus. Faulhaber erinnerte an seine Rede beim Katholikentag 1921 in Salzburg, in der er den Bolschewismus als »die tiefste Todeswunde unserer Zeit« bezeichnet hatte und sagte zu, für eine Kanzelverkündigung zu diesem Thema zu sorgen. Möglich, daß er sich eine Aufweichung der Gesprächsfronten davon erhoffte.
Über die »Dialektik«, der sich Faulhaber gegenüber dem braunen Diktator bediente, gibt folgender Abschnitt aus seiner Ansprache an den »Führer« Auskunft: »Sie sind als das Oberhaupt des Deutschen Reiches für uns gottgesetzte Autorität, rechtmäßige Obrigkeit, der wir im Gewissen Ehrfurcht und Gehorsam schulden . . . Ich glaube, daß der Autoritätsgedanke in keiner Religionsgesellschaft so stark betont wird wie in der katholischen Kirche. Wenn freilich Ihre Behörden oder Gesetze gegen Dogma oder gegen das Sittengesetz, also gegen unser Gewissen verstoßen, müssen wir das als die verantwortlichen Verkünder des Sittengesetzes aussprechen dürfen . . . «
Faulhaber muß Hitler wenigstens vorübergehend etwas nachdenklich gestimmt und zur Erkenntnis seiner abenteuerlichen Existenz geführt haben, denn er erklärte: »Der einzelne ist nichts. Der einzelne wird sterben. Kardinal Faulhaber wird sterben . . . Adolf Hitler wird sterben. Da wird man innerlich und demütig vor Gott.« Der Kardinal folgerte daraus: »Der Reichskanzler lebt ohne Zweifel im Glauben an Gott.«

Das Dilemma, in dem sich Faulhaber befand, wird exemplarisch deutlich an seiner Haltung gegenüber dem – mißlungenen – Attentat auf Hitler. Dem monarchischen Prinzip – das nicht mehr trug – verhaftet, der Demokratie mißtrauend, faszinierte ihn das Führerprinzip des Dritten Reiches. Auch als die Maske fiel, die Fratze sichtbar wurde, hielt er am Gehorsam fest, der für den Sonderfall einer verbrecherischen Diktatur keine Handhabe bot. So sprach er von dem »furchtbaren Verbrechen des 20. Juli« und verwies auf das 5. Gebot: »Du sollst nicht töten.« Eigentümlicherweise scheint sicher zu sein, daß er Kontakt mit dem militärischen Widerstand und dem »Kreisauer Kreis« hatte, der allerdings den Tyrannenmord ablehnte. So traute ihm denn auch die Gestapo keineswegs und verhörte ihn in dieser Angelegenheit.
Faulhaber war im deutschen Episkopat jener Zeit einer der Geprüftesten auf dem Münchener Bischofsstuhl und nicht frei von politischem Irrtum, einem Irrtum allerdings, der bei seinem Amt und seiner Stellung schwerer wiegen mußte als bei Bürgern ohne ähnliche Verantwortung. Die unbeugsame Haltung dieses Kirchenfürsten in Sachen kirchlichen Rechts und pastoraler Verantwortung, sein Bekennertum, die Treue zur Kirche und den Päpsten sowie seine Liebe zum Volk, die ihn unter anderem 1945 die Kollektivschuldthese verwerfen ließ, bleiben jedoch uneingeschränkt vor der Geschichte bestehen.
Am 12. Juni 1952 – die Fronleichnamsprozession war soeben am Erzbischöflichen Palais in München vorübergezogen – starb Kardinal Faulhaber 83jährig an den Folgen eines Schlaganfalls. In seinem Testament hatte er neben der Bitte, für ihn zu beten, das Bekenntnis niedergelegt: »Die Verantwortung eines Bischofs ist schwer wie ein Mühlstein. Schwerer noch als die Verantwortung für das, was er gepredigt und geschaffen hat, ist vielleicht die Verantwortung für das, was er nicht getan hat!«

Norbert Stahl

Josef Kardinal Frings

Leitfigur in schwerer Zeit

Als der Kölner Erzbischof Josef Kardinal Frings am 9. Oktober 1962 zum Zweiten Vatikanischen Konzil aufbrach, führte ihn sein Weg zunächst in seine Bischofskirche, den Dom zu Köln. Während der Klang der schweren Glocke den Ernst des Augenblicks unterstrich, ging der Kardinal durch den weiten gotischen Raum und begann das Konzil mit einem Gebet in dem Gotteshaus, in dem er als Bischof die katholische Kirche repräsentierte. Sein Weg endete aber an diesem Tag nicht am

Altar, der Stätte seiner bischöflichen Funktionen. Der Kardinal ließ sich in die Gruft führen und die Nische zeigen, in der einmal sein Sarg beigesetzt werden sollte. Nachdenklich und gesammelt betastete er mit den Händen die Stelle seines künftigen Begräbnisses, die er seiner schwachen Sehkraft wegen kaum noch wahrnehmen konnte. Joseph Ratzinger, der Konzilsberater von Frings und spätere Erzbischof von München und Freising, der diese Szene überliefert hat, kommentierte den Gang des Kardinals mit den Worten: »Er war in dieser Stunde gleichsam in die Zukunft vorausgegangen, um von der Verantwortung solchen Schauens her die kommende Aufgabe zu erfüllen.«

Josef Frings, der am 6. Februar 1887 – in Berlin regierte noch der Eiserne Kanzler – als Sohn einer großbürgerlichen Fabrikantenfamilie im niederrheinischen Neuss geboren wurde, starb am 17. Dezember 1978 im Alter von 91 Jahren, 13 Jahre nach Beendigung des Konzils, auf dem er eine beherrschende Rolle gespielt hatte. Erst mit 55 Jahren wurde er Erzbischof von Köln. Dieses Amt bekleidete er 27 Jahre, von 1942 bis zu seiner Emeritierung 1969. 21 Jahre lang, von 1945 bis 1965, war er Vorsitzender der Deutschen Bischofskonferenz und in dieser Zeit die wohl bestimmendste Gestalt des deutschen Katholizismus nach dem Zweiten Weltkrieg.

Nur elf Jahre jünger als der andere große katholische Rheinländer, Konrad Adenauer, hatte er mit diesem mehr als das Erleben einer fast hundertjährigen Geschichte gemeinsam: das Kaiserreich, den Ersten Weltkrieg, Inflation, die Hitlerdiktatur, die Zerstörung Deutschlands im Zweiten Weltkrieg, Vertreibung und Nachkriegselend, das Entstehen der Bundesrepublik und deren Festigung; am gesunden Wachstum ihrer Gesellschaft war er entscheidend beteiligt. »Ein Mann der Kirche, den die Welt respektierte«, ordnete ihn die »Frankfurter Allgemeine Zeitung« nach seinem Tode ein.

Zunächst sah es jedoch nicht danach aus, daß Josef Frings mit einem exemplarischen Leben in die Geschichte eingehen würde. Zwar war sein Weg zum Priestertum durch ein frommes Elternhaus gewissermaßen vorherbestimmt, doch wollte er nie etwas anderes als »Leutpriester« werden. »Ich glaube, daß das immer meine Absicht gewesen ist, für die Menschen dazusein, und daß ich darin mein eigentliches Lebensglück sehe, den Beruf des katholischen Priesters gefunden zu haben und da für die Menschen und deren wahres zeitliches und ewiges Wohl dazusein«, sagte er später einmal. Und so lautete auch sein Wahlspruch als Bischof: »Für die Menschen bestellt.«

Nach einem guten Abitur nahm er mit 18 Jahren das Theologiestudium auf, das er in Innsbruck, München, Freiburg i. Breisgau, Bonn und Rom absolvierte. Reife, Sensibilität und soziale Verantwortung waren bei ihm schon früh zu erkennen. Bei seinem politisch konservativen Vater fand er jedoch nur wenig Verständnis, als er sein Interesse an der »sozialen

Frage« bekundete, wie man damals die Probleme der Industriearbeiter und die Forderungen nach sozialen Reformen im kaiserlichen Deutschland umschrieb. In seinen Lebenserinnerungen berichtet Frings: »Er stand auf dem Standpunkt, ich will Herr im Haus sein, und hätte am liebsten alle Gewerkschaften abgeschafft. Zeitweise war der Gegensatz der Meinungen so stark, daß eine Unterhaltung zwischen mir und meinem Vater nur schwer möglich war.«

Den wilhelminischen Zeitgeist lernte Frings als junger Kaplan in Köln-Zollstock und als Pfarrer in Köln-Braunsfeld auch durch seine Tätigkeit in den katholischen Arbeitervereinen kennen. Den Gegensatz von wohlhabendem Bürgertum und dem Rechtsanspruch der weniger Begüterten und ihrer Forderung nach politischer Mitsprache versuchte er in den sechziger und siebziger Jahren mit »Misereor« und »Adveniat«, den kirchlichen Werken materieller und geistiger Entwicklungshilfe für die Länder der Dritten Welt, aufzulösen. In ihnen gab er eine Antwort auf die weltweite soziale Frage.

Glückliche Jahre, in denen er sein seelsorgerisches Talent entfalten konnte, erlebte Frings als »Leutpriester« in den Jahren 1924 bis 1937. Doch das Erdbeben der faschistischen Revolution, das die Welt erschüttern sollte, kündigte sich bereits an. In der Kölner Vorstadt hatte er erste Auseinandersetzungen mit den Nationalsozialisten, die ihm in einer Versammlung einen Aschenbecher an den Kopf warfen.

Mitten im Zweiten Weltkrieg, im Juni 1942, ernannte Papst Pius XII. Josef Frings, der inzwischen auf rund drei Jahrzehnte seelsorgerischer Tätigkeit zurückblicken konnte und zuletzt Regens des Priesterseminars in Bensberg war, zum Erzbischof von Köln als Nachfolger des verstorbenen Kardinals Schulte. Die Kölner Presse durfte das Ereignis mit keinem Wort erwähnen. Der Kölner Dom war dennoch voller Menschen. Der einzige Hinweis fand sich in einer kleinen Anzeige, in der eine junge Dame kundtat, daß sie bei der Bischofsweihe ihre Handtasche verloren habe, in der sich eine Fotografie ihres Bräutigams befinde, der im Felde stehe.

Nur die letzten drei Jahre des »Dritten Reiches« konnte der neue Erzbischof von Köln an entscheidender Stelle dem nationalsozialistischen Unrechtsystem Widerstand entgegensetzen und den bedrängten Menschen zu Hilfe eilen. Dies tat er allerdings mit Ausdauer, Klugheit und Festigkeit. Kein Wunder, daß er den Nazis ein Dorn im Auge war. Unermüdlich baute er die Gläubigen in der Abwehr gegen den Nationalsozialismus auf, stärkte ihr christliches Selbstbewußtsein und ermutigte sie zur Glaubensfreude und zur Bekenntnisbereitschaft. Frings schrieb Briefe an Verfolgte in Konzentrationslagern und schickte unzählige »Liebespakete« dorthin und an die Front. Fast jedes Wochenende hielt er kirchliche Großveranstaltungen an Mittelpunkten seiner Diözese ab. Diese Zusammenkünfte, an denen meist mehrere tausend Jugendliche

und Erwachsene teilnahmen, waren eindrucksvolle Bekundungen des lebendig gebliebenen Glaubens, trotz offener und versteckter Unterdrückung. Höhepunkt dieser Großveranstaltungen war die am 9. Mai 1943 vollzogene Weihe der Erzdiözese an die Muttergottes.
Ziel der intensiven oberhirtlichen Seelsorge war für Frings, die Katholiken gegen die nationalsozialistische Ideologie immun zu machen durch das Gefühl der Zusammengehörigkeit in der christlichen Glaubensgemeinschaft. Viele Verletzungen der Menschenrechte, besonders gegen gläubige Christen, konnten darüber hinaus durch sein Verhandlungsgeschick abgewendet werden. Sein Hinweis auf das Befremden von Millionen Katholiken hatte bei den Machthabern Gewicht. Mut bewies er auch durch sein tatkräftiges Eintreten für Juden und Halbjuden, die vom Tode bedroht waren. Davon zeugen zahlreiche Briefe, die er an den Gauleiter Grohé richtete. Auch in seinen Predigten trat er für die Rechte der rassisch und politisch Verfolgten ein und hatte deswegen eine heftige Auseinandersetzung mit der Kölner Geheimen Staatspolizei.
In seiner Weihnachtspredigt beim Pontifikalamt in Köln am 25. Dezember 1943 erklärte der Erzbischof, es gehe nicht darum, sich in das einzumischen, was zur Verteidigung des Vaterlandes notwendig sei, aber wer den Haß wider die Feinde predige, der verwechsle die Hingabe, mit der der christliche Soldat für die Verteidigung des Vaterlandes kämpfe, mit dem niederen Affekt des Hasses und stelle sich in offenen Gegensatz zur Lehre Christi. »Und wer mit Absicht Unschuldige und Nichtkämpfende tötet, sei es aus der Luft oder wie immer, wer ihnen das Leben nimmt, nur weil sie einem fremden Volk, einer fremden Rasse angehören, der sündigt wider Gottes Gebot: ›Du sollst nicht töten.‹«
Über das gleiche Thema hielt Frings am 13. Juni 1943 im Kölner Dom eine Predigt und nochmals am 12. März 1944 wegen der Aktualität durch den Abtransport der Juden in Konzentrationslager. Er sagte: »Wir benutzen die Gelegenheit, im Sinne des Heiligen Vaters zu fordern, daß 1. Die Freiheit keinem Staatsbürger entzogen werde, ohne daß er die Möglichkeit der Verteidigung habe und einem ordentlichen oder außerordentlichen Gericht zugeführt werde; 2. niemand seiner Güter oder gar seines Lebens beraubt werde, der unschuldig ist, etwa deshalb, weil er einer fremden Rasse angehört. Das kann nur als ein himmelschreiendes Unrecht bezeichnet werden.«
Über die »Grundsätze des Rechts« hatte sich Frings schon am 12. Dezember 1942 in einem Hirtenbrief geäußert. Er betonte darin, daß das Recht ein Wert sei, der auf ewigen Grundlagen ruhe und in seiner Gesamtheit unabhängig sei von der »Willkür des Menschen«. Mit schneidender Schärfe trat er den Verbrechen der Nazis entgegen, wie sie sich unter anderem in der Vernichtung sogenannten »lebensunwerten Lebens« offenbarten. Er betonte den Grundsatz, »daß das Leben der unschuldigen Einzelpersonen, ob des ungeborenen Kindes, ob des alters-

schwachen Greises, heilig ist und daß nicht Unschuldige mit Schuldigen oder an der Stelle Schuldiger gestraft werden dürfen«. Die Leugnung der Existenz eines objektiven Rechtes, so sagte er, komme aus der Nichtanerkennung der unbedingten Herrschaftsrechte Gottes. Aus der Verwerfung dieser Rechte erwachse Rechtsverwirrung und Rechtlosigkeit. An die Stelle der Gerechtigkeit werde die Macht gesetzt, an die Stelle des Rechtes der Nutzen. Der nationalsozialistischen Lehre, daß Recht sei, was dem Staate nutze, hielt er entgegen: »Der einzelne kann und darf nicht völlig aufgehen im Staat oder im Volke oder in der Rasse.«

Das Recht des Menschen auf Leib und Leben wurde besonders nachdrücklich in einem gemeinsamen Hirtenbrief der deutschen Bischöfe vom 19. August 1943 über die »Zehn Gebote als Lebensgesetz der Völker« von den Machthabern des Dritten Reiches gefordert. In dem von Frings verlesenen Hirtenwort beriefen sich die Bischöfe auf Papst Pius XI.: »Die Obrigkeit hat über die Organe ihrer Untertanen keine direkte Gewalt. Wo keine Schuld und damit kein Grund für eine körperliche Bestrafung vorliegt, kann sie die Unversehrtheit des Lebens weder aus eugenischen noch irgendwelchen anderen Gründen direkt verletzen und antasten.« Tötung, so die Bischöfe, sei in sich schlecht, auch wenn sie angeblich im Interesse des Gemeinwohls verübt würde: » . . . an schuld- und wehrlosen Geistesschwachen und Geisteskranken, an unheilbar Siechen und tödlich Verletzten, an erblich Belasteten und lebensuntüchtigen Neugeborenen, an unschuldigen Geiseln und entwaffneten Kriegs- oder Strafgefangenen, an Menschen fremder Rasse und Abstammung. Auch die Obrigkeit kann und darf nur wirklich todeswürdige Verbrechen mit dem Tode bestrafen . . . Das Gemeinwohl darf nur mit sittlich erlaubten Mitteln angestrebt und verwirklicht werden.«

Vom Kampf gegen die Übergriffe des nationalsozialistischen Gewaltregimes zeugte auch eine Veröffentlichung des bekennerhaften und grundsatzklaren Hirtenschreibens »Gerechtigkeit und Recht« des Berliner Bischofs Preysing, das nicht von allen deutschen Bischöfen verlesen wurde, wohl aber von Frings. Einige Pfarrer wurden von ihm ermahnt, die Bekanntgabe nachzuholen, ohne Rücksicht auf persönliche Nachteile.

Am Ende des Zweiten Weltkrieges zählte die Bischofsstadt Köln noch etwa 40 000 Einwohner. Abgesehen von den Männern, die an der Front waren, befanden sich viele Frauen und Kinder in der Evakuierung, wo sie zum Teil von Priestern der Kölner Erzdiözese betreut wurden. Die Menschen, die in der Stadt verblieben waren, lebten in den zu Luftschutzräumen ausgebauten Kellern oder in Luftschutzbunkern, vor allem während der Großangriffe. Von 1939 bis 1945 erlebte Köln 262mal Luftangriffe. Dabei wurden 1300 Minen, 43 000 Sprengbomben, 1,5 Millionen Stabbrandbomben und 40 000 Phosphorbrandbomben und -kanister auf die Innenstadt und die Vororte geworfen. Rund 20 000 Kölner kamen durch

den Luftkrieg um. Im Feueratem der Vernichtung zerfiel die Stadt zu Staub. Allein noch aufrecht ragte aus den Trümmern der Dom, Anruf und Mahnmal zugleich.
Den Mut und die Entschlossenheit, zum richtigen Zeitpunkt zu reden und zu handeln, den Frings im »Dritten Reich«, vor allem während des Krieges, gezeigt hatte, stellte er auch nach dem Zusammenbruch der Naziherrschaft gegenüber den Besatzungsmächten unter Beweis. Während die Bemühungen der Militärregenten hauptsächlich darauf abzielten, das deutsche Volk zu »entnazifizieren« und zur Demokratie zu erziehen, brachte der Erzbischof in seinen Verhandlungen die Sprache vornehmlich auf andere Probleme: Hungers- und Wohnungsnot, Kälte, Kriegsgefangene sowie die geistige Not als Folge der religionsfeindlichen schulpolitischen Praktiken der Nationalsozialisten. Eine Kollektivschuld an den Verbrechen der Nazis lehnte er von Anfang an ab, wie dies auch Papst Pius XII. tat, der am 18. Februar 1946 Josef Frings zusammen mit den Bischöfen von Münster und Berlin, von Galen und Preysing, in das Kardinalskollegium aufnahm. Die internationale Ächtung Deutschlands war damit von höchster Autorität durchbrochen.
Frings erinnerte die Alliierten an ihre Bombenangriffe und protestierte gegen die Industriedemontage. Als im Hungerjahr 1945 die Besatzungsmächte und die neu eingesetzten Zivilbehörden von ihm eine Rundfunkansprache erbaten, in der er das Volk aufrufen sollte, mit den Lebensmitteln sparsam umzugehen und sich mit den zugeteilten Nahrungsmitteln, Kohlen und anderen Bedarfsartikeln zufriedenzugeben, ermunterte er die hungernden und frierenden Menschen ganz unprogrammäßig dazu, »Hamsterfahrten« zu unternehmen. Seine Priester ließ er in Bayern »Kartoffelpredigten« halten. Das rheinische Volk, das auf den nach Frankreich führenden Eisenbahnstrecken hochbeladene Kohlenzüge fahren sah, forderte er auf: »Wenn euer Leben durch Erfrieren bedroht ist, dann nehmt euch, was ihr braucht!« Der katholischen Jugend stellte er die Aufgabe: »Besorgt den alten und kranken Menschen Kohlen von den Güterzügen!« Diese »Kohlenklau-Aktionen« wurden bekannt unter der Bezeichnung »fringsen«, ein Wort, das sogar Eingang in das Wörterbuch der deutschen Umgangssprache fand.
Sobald der Kardinal ins Ausland fahren konnte – erstmals nach Rom zur Kardinalskreierung – besuchte er die Gefangenen. In den Lagern in und um Neapel ermunterte er sie, ihr Schicksal zu tragen und sich innerlich auf die Rückkehr in Beruf und Familie vorzubereiten. Auf Einladung des Kardinalerzbischofs von Westminster fuhr Frings 1946 nach England und Schottland, wo er 14 Lager besuchte. In der Westminsterkathedrale erklärte er in einer Predigt in englischer Sprache: »Die katholische Kirche in Deutschland hat eine schwere Verfolgung hinter sich. Nationalsozialismus und katholischer Glaube standen sich wie Feuer und Wasser gegenüber. Hätte das Dritte Reich gesiegt, so drohte der Kirche in

Deutschland völliger Untergang. Von den mehr als 2000 Priestern der Diözese Köln sind nur zwei Mitglied der Partei geworden, also nicht einmal 1 vom Tausend. Ähnlich war es in den anderen Diözesen Deutschlands . . . Die katholische Kirche erwies sich als das festeste Bollwerk gegen die nationalsozialistische Weltanschauung. Wir deutschen Katholiken waren nicht Nationalsozialisten, aber wir lieben unser Vaterland. Wir lieben es um so mehr, als es jetzt in tiefster Not ist und kämpfen für die unveräußerlichen Rechte, die ihm geblieben sind.«

Mit Nachdruck setzte sich der Kardinal für die Entlassung der deutschen Kriegsgefangenen ein. Dabei gestand er »mit tiefer Beschämung« ein, daß von deutscher Seite die Kriegsgefangenen zum Teil schlecht behandelt worden waren. Aber er vertrat den Standpunkt: »Es ist genug des Leids, genug des Grauens, genug des Hasses und der Bosheit in der Welt gewesen. Nun laßt die Liebe herrschen, daß sie ihre versöhnenden und verklärenden Strahlen über eine schier verzweifelnde Menschheit werfen kann.« Auf der gleichen pastoralen Linie lag sein Aufruf an den Welt- und Ordensklerus, freiwillig das Los der deutschen Gefangenen in Frankreich zu teilen, um ihnen in ihrer seelischen Not beizustehen.

Weder in privaten Gesprächen noch in Predigten und Ansprachen scheute sich der Kardinal, klar auszudrücken, daß im Krieg Deutsche an Deutschen und Ausländern, vielfach ohne daß die meisten des Volkes es wußten, scheußliche Verbrechen begangen hatten, die auch gesühnt werden müßten. Seine Mitnot und Mitsorge galt allerdings dem kleinen Mann, der auf Befehl töten mußte, andernfalls er selbst erschossen worden wäre. In vielen Fällen versuchte er, die Vollstreckung des Todesurteils zu verhindern und dieses durch Gnadenerweis des jeweiligen Hohen Kommissars in lebenslängliche Haft umzuwandeln; denn er glaubte, daß die Zeit nach dem Krieg noch zu kurz war zu einem abgeklärten Urteil.

In der Festung Landsberg wurden zum Tod Verurteilte – in roten Jacken als solche gekennzeichnet – monatelang in besonderer Haft gehalten, in ständiger Ungewißheit, wann an ihnen das Urteil vollstreckt würde. Frings wies die entsprechenden Stellen auf das Unmenschliche solchen Verfahrens hin. In einem Fall gelang es ihm, die Vollstreckung des Todesurteils an fünf Soldaten mit dem Argument zu verhindern, einer von diesen, die zu einem Erschießungskommando abkommandiert waren, habe in die Luft geschossen. Nicht in allen Fällen hatte er Erfolg; wenn eben möglich, zelebrierte er nach der Exekutierung für den Toten eine hl. Messe.

Helfer und Anwalt war der Kölner Erzbischof auch für die Heimatvertriebenen und Flüchtlinge. Von den rund 16,5 Millionen Deutschen, die bei Kriegsende in den deutschen Ostgebieten und in den ost- und südosteuropäischen Staaten lebten, verloren 11,7 Millionen ihre Heimat, 2,1 Millionen fanden auf der Flucht, bei der Vertreibung oder Deportation, den Tod. 3,5 Millionen Deutsche flüchteten aus der sowjetischen Besatzungszone. Angesichts einer solchen Massenkatastrophe erhoben die westdeutschen Bischöfe am 30. Januar 1946 anklagend ihre Stimme. Eindringlich warnten sie davor, daß aufs neue eine Saat des Hasses ausgestreut werde. Die Kanzelverkündigung trug die Handschrift von Frings, dem Vorsitzenden der Fuldaer Bischofskonferenzen. Er selbst bemühte sich in vielen weiteren Hirtenbriefen und Predigten, die Herzen der Einheimischen aufzuschließen für eine liebevolle Aufnahme der Vertriebenen. 1948 ernannte ihn der Papst zum »Hohen Protektor für das gesamte Flüchtlingsproblem«. In dieser Eigenschaft rief er mit Erfolg zu internationaler Hilfe auf.

Das Elend, mit dem der Kölner Erzbischof konfrontiert wurde, forderte von ihm ein ungewöhnliches Maß an Glaubenssicherheit. »Manchmal ist es«, so schrieb er in seinem Hirtenbrief vom Dreikönigstag 1945, »als ob der Satan selbst die Bomben lenkte und sie ausgerechnet auf die Häuser der Guten, auf Kirchen und Klöster, auf Krankenhäuser und fromme Anstalten treffen ließe. Gott prüft uns schwer.« Frings erinnerte sich in dieser Situation an den »Mann der grauen Urzeit«, den Dulder Job des Alten Testaments und dessen Aussage: »Haben wir nicht das Gute von der Hand Gottes empfangen, warum sollten wir das Böse nicht hinnehmen?«

»Gottes Vorsehung«, bekannte der Kölner Erzbischof, »geht Wege mit uns, die wir nicht mehr begreifen können«, um fortzufahren: »Die Gefahr ist, daß wir kleingläubig werden, vielleicht gar an Gott irre werden . . . Das ist der Punkt, wo der Glaube einsetzen und seine Probe bestehen muß: Christus, der Gottessohn und Gottesbote, hat es uns gelehrt: Gott ist unser Herr, und Er ist die Liebe selbst.« Frings führte seine Gedanken, die er »unter ständig wechselndem Fliegeralarm« niederschrieb, mit den Worten weiter: »Sind es Strafleiden, die Gott schickt für die unzähligen Frevel und Sünden der Menschen . . . ? Wir wissen es nicht. Uns geziemt nur, ein unbedingtes Ja zu sprechen zu seinem heiligsten Willen und alles Grübeln beiseite zu stellen.«

Der Glaubensstärke, die ihn anscheinend keinen Augenblick an der Güte Gottes zweifeln ließ, entsprach der vom rheinischen Naturell begünstigte Optimismus des Kölner Oberhirten, zu dem sich noch ein listiger Humor gesellte. Dieser Optimismus veranlaßte ihn, bereits ein Jahr nach Kriegsende eine Kirchenkollekte zur Wiederherstellung des Kölner Domes durchzuführen. Daß neben neuen Wohnungen auch neue Kirchen errichtet werden mußten, war für ihn selbstverständlich. In den Aufbaujahren wurde in der Kölner Erzdiözese zeitweilig alle 14 Tage eine neue Kirche vollendet. 1948, als das deutsche Ansehen in der Welt keineswegs wiederhergestellt war, feierte Köln mit großem Aufwand das siebenhundertjährige Domjubiläum. Während die Bauexperten noch ihre Sorge darüber äußerten, ob man es verantworten könne, Leute in größerer Zahl in den schwerbeschädigten Dom hineinzulassen, dachte Frings kirchenpolitisch. Er begnügte sich mit einem Dom, der nur zur Hälfte für Gottesdienstbesucher zugänglich war. Dafür hatte er europäische Kardinalsprominenz aus Frankreich, England, Holland, Belgien und Österreich zu Gast, eine große Zahl von Bischöfen und als Abgesandten des Papstes den Kardinal Micara. Außerdem fand eine große Prozession statt, bei der die kostbaren kultischen Besitztümer der Kölner Kirche, die viele Jahre verborgen gewesen waren, durch die Trümmer der Stadt geführt wurden – ein Zeichen des Lebens des katholischen Deutschland. 1956, während des Kölner Katholikentages, konnte der Kardinal endgültig in den Dom einziehen, der wieder im alten Glanz erstrahlte.

Nach dieser Phase baulichen und geistig-religiösen Wiederaufbaus, in der es Frings gelang, die deutschen Katholiken im neuen deutschen Staat heimisch zu machen, richtete er seinen Blick über die Grenzen und zog die Kreise entschieden weiter. Schon 1954 hatte er eine Art Bistumspartnerschaft zwischen Köln und Tokio begründet. 1958 schlug er auf der Fuldaer Bischofskonferenz die Gründung des kirchlichen Entwicklungshilfewerkes »Misereor« gegen Hunger und Krankheit in der Welt vor. Zwar spielte die Dankbarkeit gegenüber ausländischer Hilfe nach dem Krieg dabei durchaus eine Rolle, vorrangig aber war die Erkenntnis, daß die Kirche Deutschlands innerhalb der beginnenden Diskussion über die Entwicklungshilfe der Industrieländer einen eigenen Beitrag zu leisten habe.

Mit seiner Idee, keine Almosen zu verteilen, sondern in einem Werk der Solidarität und Partnerschaft gezielt und langfristig die Ursachen der Armut und Unterentwicklung in der Welt zu überwinden, hatte er Erfolg. »Misereor« wurde zum größten kirchlichen Hilfswerk der Welt. Ein ähnlicher Erfolg war dem Hilfswerk »Adveniat« zur Linderung der geistigen und religiösen Not in Lateinamerika beschieden. Viele seiner Pläne konnte der Kardinal verwirklichen, einen – seinen größten – jedoch nicht. Er wollte den Freitag jeder Woche als »Tag der Gerechtigkeit« einführen. Alle Kreise der deutschen Gesellschaft sollten an diesem Tag bestimmte Konsumverzichte leisten und den Betrag der Entwicklungshilfe zur Verfügung stellen.

Die große Stunde des Kölner Kardinals kam 1962 zu Beginn des Zweiten Vatikanischen Konzils. Frings, der eher als konservativ galt, hatte die Zeichen der Zeit erkannt und stellte sich mit Macht gegen jene Kräfte der römischen Kurie, die die Zentralgewalt Roms wieder stärken wollten. Allerdings war er nicht mit einer Verschwörerstrategie zum Konzil gekommen. Wann immer der greise, fast blinde Kardinal aus Köln das Wort ergriff – in den vier Sitzungsperioden von 1962 bis 1966 gab er 19 Voten ab –, konnte er der Aufmerksamkeit des Plenums sicher sein. Der Name Frings war ein Qualitätssiegel; bei diesem Redner füllte sich die Aula. Dazu trug zweifellos auch das weltweite Ansehen von »Misereor« bei. In seiner bekanntesten Konzilsrede kritisierte der Kardinal mit einer bisher von ihm nicht gekannten Schärfe die Vorgehensweise der obersten Glaubensbehörde, des »Heiligen Offiziums«. Frings forderte, daß niemand verurteilt werden dürfe, ohne daß vorher er selbst und der zuständige Bischof gehört würde. Niemand dürfe einer Sanktion unterworfen werden, ohne daß er Gelegenheit hatte, seinen Fehler gutzumachen. Es kam zu einem Eklat mit dem römischen Kardinal Ottaviani, der die Glaubensbehörde leitete. Die Intervention hatte jedoch zur Folge, daß der Papst die alte Einrichtung des Offiziums reformierte.

Josef Frings war ein Bischof nach dem Herzen des Volkes, Autorität vermittelnd, weltoffen, von einer umfassenden humanistischen Bildung, begabt mit einem tiefen Geschichtsbewußtsein und einem feinsinnigen Kunstverständnis. Die Deutsche Shakespeare-Gesellschaft wählte ihn zu ihrem Protektor. Frings betätigte sich sportlich als Alpinist und regelmäßiger Schwimmer, und er strahlte Fröhlichkeit aus; über seine Schlagfertigkeit und seinen Mutterwitz geben zahlreiche Anekdoten Auskunft:

Als er einmal frühmorgens ins Hohenstaufenbad in Köln zum Schwimmen ging, wurde er gefragt: »Kenne ich Sie nicht? Spielen Sie nicht die erste Geige im Café Wien?« Die Antwort lautete: »Die erste Geige wohl, aber nicht im Café Wien.«

Auf einer Massenkundgebung in Köln, so wird berichtet, habe der Straßenprediger Pater Leppich erklärt: »Liebe Schwestern und Brüder, heute sagen wir nicht mehr Exzellenz und Eminenz, heute sagen wir einfach Herr Kardinal.« Als Frings den Pater traf, sagte er dazu: »Herr Pater, ich muß Ihnen übrigens herzlich danken dafür, daß Sie mich so mächtig aufgewertet haben. Bisher sagten die Kölner immer, wenn sie mich sahen: ›Do kütt dr Frings‹; jetzt sagen sie dafür: ›Da kommt der Herr Kardinal!‹«

Mit einem Sekretär fuhr Kardinal Frings nach Wien zu einer Operation, die die fortschreitende Erblindung aufhalten sollte. Dabei fiel folgender Satz: »Nun nehmen Sie mal an, Herr Kaplan, die Operation hätte Erfolg – dann wäre ja mein ganzer Nimbus futsch.«

Am 1. Februar 1969 legte Frings sein Amt als Erzbischof nieder und übergab es an seinen Nachfolger Joseph Höffner. In seinem Abschiedswort sagte er: »In dieser Stunde lege ich feierlich Bekenntnis ab zu dem Gott, der für uns und an uns wirkt als Schöpfer und Retter, als Helfer in allem Guten; in seinem An-Spruch und in seinem Gericht . . . Dem Bekenntnis der Größe und Liebe Gottes entspricht das Bekenntnis der eigenen Schwäche. Vor allem bitte ich von Herzen jeden um Verzeihung, der sich von mir ungerecht behandelt fühlte. Ich möchte zum Zeichen der Verbundenheit und der Sühne das Schwere aufopfern, das mir noch bereitet ist.«

Stimme des verstummten Volkes

Wenn drei so unterschiedliche Männer wie der Erzbischof Helder Camara, der Dichter Ernesto Cardenal und der Baptistenpfarrer Martin Luther King zusammengebündelt werden, muß zuerst gezeigt sein, auf welchem gemeinsamen Grund sie sich als Persönlichkeiten entfalteten. Zwei katholische Priester, ein evangelischer Geistlicher, religiös motivierte Männer alle drei, auch als rigorose Ankläger der Unterdrückung so leidenschaftlich engagiert, daß sie – von der Gegenseite als Verräter gebrandmarkt – in ständiger Bedrohung lebten. Martin Luther King ist schon umgebracht worden; Helder Camara und Ernesto Cardenal stehen heute in einem gewissen Schutz endlich erlangter Prominenz, der eine als Erzbischof und Volkserzieher in Brasilien, der andere als der »meistgelesene lateinamerikanische Dichter« und Kultusminister in Nicaragua. Wie es der Zufall will, sind alle drei auch von zierlicher Statur und anfälliger Konstitution, doch asketisch und rastlos in der Fron ihrer selbstgestellten Lebensaufgabe. Nicht zufällig jedoch Problemfiguren für ihre Kirchen, die zwar die Lauterkeit ihres Strebens würdigen, doch ihre Aktionen zu dämpfen versuchten, beziehungsweise noch heute versuchen. Für uns Europäer, die wir uns in einer Mischung respektvoller Verehrung und der Distanz des andern Erdteils vor ihnen verbeugen, liefert ihre Zugehörigkeit zur Neuen Welt und deren ganz andrer Leidensgeschichte den besten Schlüssel zum Verständnis. Nur dort konnten sie zu ihrem Rang als Leitbilder aufsteigen.

Im Unterschied zu den USA, die mit Familien von puritanisch-demokratischem Ethos kolonisiert wurden und – da sich die Indianer nicht assimilieren ließen – erst mit den afrikanischen Sklaven ihre Sozialprobleme importierten, entstanden die Reiche Südamerikas unter der Regie von Abenteurern, die mit rasch brutalisierter Willenskraft in einem weiblich-mütterlich bestimmten Land die Zwangsvorstellung des willkürlich herrschenden »starken Mannes« einpflanzten. Sie kamen ohne Frauen, was nicht heißt, daß sie fortan frauenlos lebten. So brüstete sich der kolonisatorisch erfolgreiche Brasilianer João Ramalho, mit Indiofrauen mehr als 800 Kinder gezeugt zu haben. Die kleinen Ramalhos eiferten ihm getreulich nach. Wenn sich auch die Spanier – gemessen an den Portugiesen – eher zurückhielten, so wurden doch auch in ihren Kolonien vielerlei Arten von Mischlingen unterschieden. Auch für ihre Länder gilt, was Kaiser Pedro II. von Brasilien nach nahezu fünfzigjähriger Regierung sagte (ich zitiere aus meinem Südamerikabuch Die Schwarze Mutter von São Paulo*): »Die Europäer sprechen häufig von der vergleichsweisen Jugend der südamerikanischen Länder. Niemand weiß, wie hoffnungslos alt wir sind. Nichts ist bekannt über die Völker, die diesen Kontinent vor Jahrtausenden bewohnten. Nur eins wird in Südamerika immer gleich blei-*

ben: der Geist rastlosen Hasses. Er kommt aus dem Urwald. Er lastet auf unserm Gemüt. Keine Regierung kann sich auf Dauer behaupten, weil uns der Urwald in Kampfstimmung hält.«

Brutale Härte und sklavische Unterwürfigkeit, eiskaltes Herrentum und lauernde Resignation, generationenlanges schlechtes Gewissen und ebensolang genährtes Vorurteil, schon deshalb der bessere Mensch zu sein, weil man arm und schwach ist, zwischen diesen Polen wird der ruhelose Subkontinent immer seinen Weg suchen müssen. Denn die Spaltung setzt sich auch im jeweils eigenen Lager fort: Den ausbeuterischen »starken Männern« mit ihrer blind ergebenen, gut genährten Soldateska wird immer der obenhin gefügige Untergrund mit seinen kämpferischen Idealisten gegenüberstehn. Noch all die zahlreichen Revolutionen arteten in Maßlosigkeit aus und wurden alsbald wieder weggeputscht. Deshalb bleibt, ob für Che Guevara oder Ernesto Cardenal, die bewaffnete Gegengewalt für alle glühenden Herzen legitim; auf der Gegenseite gilt jeder, der das uralte Schuldkonto anprangert, automatisch als ein ausrottungswürdiger Kommunist. Man hört nicht aufeinander, man schießt. Friedrich Heer, der Helder Camara und Ernesto Cardenal besucht und die folgenden Porträts gezeichnet hat, spricht die pausenlose Gefährdung ihres Lebens offen aus. An der zentralen Angst um die Kinder zeigt er auch eindeutig die seelische Herkunft der beiden Priester aus dem weiblich-mütterlichen Urgrund, als dessen Stimme sie sich verstehen.

Auch die Kirche kann in einem solch brodelnden Kontinent den Glauben nicht durch »Flucht in die Liturgie« (Dietrich Bonhoeffer) oder regierungsfromme Repräsentation lebendig erhalten, sondern bedarf sichtbarer Aktionen mindestens in ihrem Vorfeld, um als Wahrmacherin des Evangeliums ausgewiesen zu bleiben. Da sich aber der größte Teil des Episkopats aus dem Establishment rekrutiert, werden die wenigen Männer, die in der Anklage des sozialen Unrechts durchhalten, auch zu kirchlichen Außenseitern. Die Regierungen wünschen sich natürlich eine gefügige, obrigkeitshörige Sakristeikirche und denunzieren deshalb schon jene als subversiv, die nur die frommen Basisgruppen fördern (Kardinal Lorscheider). Deshalb steht es uns europäischen Christen gut an, über die summarischen Nöte der Dritten Welt hinaus jenen Männern echter Elite das Rückgrat zu stärken, die selbst in einem Himmelfahrtskommando noch ihre Berufung sehen. Außer großzügigen Spenden wurde immerhin durch den deutschen Bischof Tenhumberg gegen heftige brasilianische Einwände Helder Camara zum Friedensnobelpreis vorgeschlagen. Ernesto Cardenal erhielt den Friedenspreis des Deutschen Buchhandels. Martin Luther King, der Nobelpreisträger, der mit friedlichen Mitteln die Menschenrechtsgesetze in den USA anbahnte und in den beiden Präsidenten John F. Kennedy und Lyndon B. Johnson zwei verständige Helfer fand, ist seit seiner Ermordung zu einer Symbolfigur für alle Freiheitskämpfer geworden.

Friedrich Heer

Helder Camara

Helfer der Unterdrückten

»Ohne Zögern kann man einiges von ihm aussagen. Zum Beispiel: Dom Helder Camara ist einer der Bischöfe in Lateinamerika und in der Welt, die am meisten geliebt und am meisten gehaßt sind. Seine Freunde verehren ihn als Helden und Heiligen. Seine Feinde sehen ihn als Gauner, Verräter und Kommunisten.« So sein Landsmann José González.

Helder Camara wird im Norden Brasiliens – im Staat Ceará – in der Wohnung einer Volksschule am 7. Februar 1909 geboren. Dreizehn Geschwister. Sie sterben – mit drei Ausnahmen – früh, wie viele arme Kinder des überreichen Landes, das ein Kontinent für sich ist. Die Mutter ist Lehrerin, der Vater arbeitet als Geschäftsmann in einem jüdischen Unternehmen. Seine Leidenschaft ist das Theater, er schreibt Kritiken für die Lokalzeitung. Helder Camara teilt die Leidenschaft für das Theater mit Vater, Großvater und Bruder Carlos Camara, dessen Stücke erfolgreich auf die brasilianischen Bühnen kommen.

Der Vater ist Freimaurer, singt aber im Mai mit der Mutter Marienlieder. Ein kleiner Ehestreit: die Mutter will den Knaben Josef nennen. Der Vater entscheidet anders. Helder Camara: »Nach meiner Geburt hat mein Vater, dessen Hauptanliegen damals nicht die Religion gewesen ist, im Wörterbuch einen Namen für mich gesucht. Bald hatte er ihn gefunden: ›Helder, Festung im Norden Hollands‹, und er hat entschieden, daß dies der Name seines Sohnes sein sollte. Später habe ich im Seminar holländische Professoren gehabt, und sie haben mir erklärt, daß man in Holland bei wolkenlosem Himmel ausruft: ›Ha! Klarer Himmel! Helder! Wolkenlos.‹ Ich liebe das: es ist so unkompliziert.«

Höchst kompliziert ist der Lebenslauf des Helder Camara. Nicht nur Wolken, sondern Feuerbrände verdunkeln den Himmel Brasiliens: Es ist etwas Helles um diesen kleinwüchsigen, oft übermüdeten Mann – vielleicht war es diese Helligkeit, die ihn bei der ersten Begegnung in Rom Montini so nahebrachte. Um dies vorwegzunehmen: die Freundschaft Montinis – auch als Papst Paul VI. – hat Helder Camara in den schweren Jahren seines Lebens geschützt. Dieser unsichtbare Schutz fiel später aus.

Ein ihn tief beeindruckendes Erlebnis: Die Mutter, eine strenge Lehrerin, stellt in der Schule viel zu hohe Anforderungen an ihn. Der sensible Knabe bricht in Tränen aus. Daheim bittet ihn die Mutter um Entschuldigung: »Mein Junge, verzeih mir. Ich habe zu viel von dir verlangt.« – Wir wissen heute, wie viele Kinder an ihren Eltern zerbrechen. Die große Helle der tiefinnerlichen Selbstsicherheit kann dann nie mehr in ihnen wachsen. Der Sohn dieser Mutter kann ein sehr selbstbewußter Knabe

werden, ein selbstsicherer Seminarist, der fromm und diszipliniert mit seinem Rektor im Großen Seminar streitet.
Warum will er Priester werden? »Seit meiner frühen Kindheit träumte ich davon, Priester zu werden. Ich könnte mir auch kein anderes Leben vorstellen. Für mich bedeutet Priester, was für einen Fisch das Wasser, für einen Vogel die Luft: das ist mein Element. Ich bin fürs Priestertum geboren. Das weiß ich seit meinem 7. Lebensjahr.« Selbstsicherheit, Ergebenheit und Widerstand: sie prägen das Lebenswerk des Helder Camara. Diese Verbindung hat einige seiner Todfeinde sehr verwirrt: In ihren Angriffen bebt die Unsicherheit: Was ist das für ein Mann, für ein Priester, für ein Mann der Kirche?
Der Pater Rektor, in dessen Bücherschrank der Seminarist Autoren wie Péguy, Maritain, Bernanos erblickt (er bekommt sie nicht zu lesen!), verbietet ihm, Gedichte zu schreiben. Er ist selbst ein Dichter auf seine Art, fürchtet, daß der hochbegabte Junge zu sehr abgelenkt wird. Helder gehorcht. Er schreibt von nun an für die Schublade, wie wir sagen. Keines seiner Gedichte soll zu seinen Lebzeiten veröffentlicht werden. Freunde sammeln sie zu je hundert Stück, in dreißig kleinen Bändchen. Helder Camara 1967: »Ich schreibe noch immer solche Meditationen – aber ich ziehe es vor, sie zu vernichten.« Seine »Gedichte« sind Kontemplationen, die er in seiner Nachtwache schreibt. Er steht um zwei Uhr morgens auf, redet mit sich selbst, mit Gott. Kindsein, spirituelles Kindsein, ist ein Motiv dieser »Gedichte«.
»Wie können wir uns über Kinder beklagen, / die nicht ins Bett gehen wollen, / die sich sträuben / und heulen, / sich an die Möbel klammern, / an die Menschen, / an die Tischdecke, / wenn wir dasselbe tun, / genau dasselbe / wenn der Tod uns zum Schlaf ruft?« – »Oft zieht eine kindliche und vertrauende Haltung / – Mischung aus Spiel und Gebet – / die Erleuchtungen Gottes herbei.«
Und, hier sehr nah an Ernesto Cardenal, der ein ganz anderer »Typ« ist: »Wenn der Weizen nicht gemahlen wird, / unmöglich, an Brot zu denken, / Wenn die Traube nicht zerquetscht wird, / unmöglich, an Wein zu denken, / Wenn die Seele nicht zermalmt wird, / unmöglich, an die Hostie zu denken.« Helder Camara blickt immer auf Gandhi und auf Martin Luther King. Er weiß, daß Zeuge sein – Zeuge für Gott, für den Menschen – Einsatz des ganzen Lebens fordert. Er wird erleben, wie Priester und Kinder, Knaben und Mädchen, Männer und Frauen gefoltert, verstümmelt, geschändet, dann erschlagen werden: in Brasilien, in ganz Südamerika, in der ganzen »Dritten Welt« und andernorts.
Rot, rot, rot! »Rot – erinnernd an das Blut der Menschen, / das zu fließen nicht aufhört / in brudermörderischen Kriegen, / die immer sinnloser, / sakrilegischer und empörender werden.« – »Rot – erinnernd an das Blut Christi, / das zu fließen nicht aufhört, / wie ein Meeresstrom, / der alles Blut, / rein oder unrein, / aller Menschen anzieht.«

Das Blut aller Menschen. Der »Neue christliche Humanismus«, den Helder Camara in einem Symposion in der Cornell University, USA, am 7. Februar 1967 verkündet, ist kein Papier in Konferenzen, sondern dies: ein Aufruf an Christen, sich zu öffnen, ganz zu öffnen. »Ein wichtiger Zug der neuen Schau des christlichen Humanismus ist seine verständnisvolle Haltung hinsichtlich der atheistischen Humanismen.« Helder Camara entdeckt in atheistischen Humanismen »tief menschliche und christliche Züge«, die zumindest als Spurenelemente in ihnen aufleuchten. Dasselbe gilt für den »psychoanalytischen Humanismus« und den »evolutionistischen Humanismus«. Doch in einem Atemzug spricht er auch dies aus: »Es ist eine Erfahrungstatsache: Der Humanismus ohne Gott wird inhuman, antihuman.«

Es ist diese große Kontinuität, die Helder Camaras Denken, Beten und Handeln bestimmt: Er will das Gute suchen und anerkennen, wo immer er es zu finden glaubt. Diese Kontinuität trägt ihn als Mitarbeiter von sehr konträren brasilianischen Regierungen, als Sekretär der Brasilianischen Bischofskonferenz, als vielumkämpften Bischof von Recife. Brasilianische Bischöfe, die ihn als »Lenin im Priesterrock« angreifen, als »verkommenes Subjekt«, brandmarken ihn immer noch als »Faschisten«, der eben nur in veränderten Verhältnissen seinen Mantel nach dem Wind richtet: er habe nur »das grüne Hemd« des brasilianischen Faschismus mit dem »roten Hemd« des Kommunismus vertauscht.

Der Zweiundzwanzigjährige wird im August 1931 vom Bischof von Fortaleza zum Priester geweiht. Der junge Padre Helder arbeitet als Berater und Kaplan von Studenten und Arbeitergruppen. Später nennt er die fünf Jahre in Fortaleza, bevor er 1936 nach Rio de Janeiro versetzt wird, die Zeit seiner »Versuche und Fehlschläge«.

Der brasilianische Faschismus, der »Integralismus«, trug viele katholische Züge, besaß bedeutende katholische Schriftsteller und erfreute sich der Gunst namhafter Bischöfe. Kurze Erinnerung: Der europäische Faschismus und ihm verwandte Bewegungen, wie der Nationalsozialismus in Deutschland, besaß bedeutende Denker als seine glühenden Anhänger – so vor allem in Frankreich; namhafte Theologen in Deutschland, Italien, Frankreich, Spanien hingen ihm an (teilweise bis heute, zumindest außerhalb Deutschlands). Die Gunst Roms, der Kurie, für diesen europäischen Faschismus ist bis heute Objekt von Forschungen, von Darstellungen und Gegendarstellungen, die eine kleine Bibliothek füllen können.

Mit Zustimmung, ja »mit einem gewissen Nachdruck des Bischofs« wird Helder Camara Sekretär der brasilianischen Integralisten im Staat Ceará. Leidenschaftlich stürzt er sich in seine politische Arbeit, die er als Arbeit für das Reich Gottes versteht. Rückblick auf diese Jahre bis 1936: »Niemals habe ich jenen Irrtum geleugnet, denn es ist nicht meine Art, etwas zu leugnen. Irrtümer bereichern und verhelfen wenigstens dazu, die anderen zu verstehen.« Er weiß nun, »daß der Faschismus und der Kommunismus nicht die einzigen Realitäten von heute sind. Die Wirklichkeit ist ja doch vielschichtiger . . . «

Diese vielschichtige Wirklichkeit lernt er ab 1936 in Rio de Janeiro kennen. Als Weihbischof wird er später den Beinamen »Bischof der Favelas« erhalten. Die Favelas in Rio, die Elendsviertel – eine Art brasilianischen Untergrunds, mit allen Leidenschaften der Verzweiflung, auch großer Begeisterungsfähigkeit und namenlosem Elend –, prägen sich ihm ein. Zunächst aber kommt er »oben« an, sehr gut sogar. Helder, das Glückskind, fast ein charming boy, fasziniert den sehr offenen Kardinal Leme von Rio, dann den Nuntius, Monsignore Chiarlo, der ihn als Berater für die ihm so undurchsichtigen brasilianischen explosiven »Zustände« nimmt.

Am 21. Dezember 1950 war Helder Camara bei Montini in Rom. Montini gefiel dieser helle, dieser fromme junge Priester. Er setzt sich beim Papst – noch ist es Pius XII. – für die Gründung einer Brasilianischen Bischofskonferenz ein. Helder wird ihr Sekretär. Um ihn zu stützen, erreicht Montini bei Pius XII. dessen Ernennung zum Bischof. Helder wird 1952 Weihbischof von Rio de Janeiro.

Für ein Jahrzehnt besitzt er das Vertrauen seines Namensvetters, des Kardinals Jaime Camara, der seit 1943 als Erzbischof in Rio regiert. Ein Mann der alten Welt. Für ihn organisiert Helder großartig, mitreißend, den Internationalen Eucharistischen Kongreß 1955. Alle Welt soll den Glanz und die Glorie Brasiliens und seiner Kirche erleben. Viele ausländische Bischöfe sind begeistert. Anders sieht ein Mann aus Frankreich die Situation: Pierre Gerlier, Erzbischof von Lyon, Jahre zuvor Pionier der »Arbeiterpriester«. Der Kardinal Gerlier würdigt die organisatorischen Talente Helders, dann sagt er dies: »Ganz brüderlich fragte er mich: ›Warum soll man diese gottgeschenkten Talente nicht einsetzen, um dem Skandal der abscheulichen Favelas in Rio de Janeiro ein Ende zu bereiten?‹«

Dieser Anstoß genügt. Er entzündet in Helder Camara jene Aktivität, die von nun an sein Leben prägen wird. Er sieht: die Kirche in Lateinamerika war immer im Bunde mit der »Ordnung«, mit der herrschenden Kaste. »Während durch viele Jahrhunderte die Ungerechtigkeiten immer umfangreicher wurden, haben wir Christen uns so den irdischen Problemen entfremdet, daß wir die Ungerechtigkeit begünstigen.« Wie ungeheuerlich diese »Ungerechtigkeit« ist, sollte er bald erfahren.

1961 begann er mit einer Volksbildungsbewegung. Die Massen sollten sich ihrer Lage bewußt werden. Er schuf ein Lese-Lern-System mit Radiosendungen, die mit dem Transistor auch in abgelegensten Gegenden empfangen werden konnten. 1963 funktionierte diese Bewegung bereits in zwölf Ländern Brasiliens, mehr als der Hälfte des Landes. Sie erreichte mittels dieser Radioempfänger 7353 Schulen mit 199 000 Schülern. Obwohl die Arbeit mit Regierungshilfe begonnen worden war, wurde sie rasch denunziert. Sie trage revolutionären Geist unter die Massen, hieß es, mache diese »kommunistisch«.

Eine mühsame Arbeit: zwölf Jahre Generalsekretär der Bischofskonferenz, ohne Recht zu persönlichen Stellungnahmen. Auseinandersetzungen mit der Regierung, vor allem mit dem Militärregime, das im April 1964 zur Macht kam. Helder hatte mit dem gestürzten Präsidenten Joao Goulart versucht, einigermaßen zurechtzukommen. Gespräche mit Paul VI. und der in vieler Hinsicht so unbefriedigende Abschluß des II. Vatikanischen Konzils festigten in Helder Camara die Überzeugung, daß all das fromme Schreiben und Predigen der Kirchenfürsten immer wieder an diesen heißen Eisen vorbeiging. Sein Aufruf zur Gewaltlosigkeit, mit dem er sich an die Spitze einer breiten Bewegung stellte, ist durch die Ermordung von Martin Luther King (1968) mitbestimmt worden. »Der Erzbischof von Recife nahm aus seinen Händen die Fackel der aktiven Gewaltlosigkeit auf« (Josè de Broucker).

Recife. In »dieses Nest« war er durch seinen Kardinal in Rio abgeschoben worden, nachdem er ihm immer unbequemer geworden war. Durch den frühen Tod des dortigen Erzbischofs war Recife frei geworden. Auch Rom suchte nach einem eigenen Bistum für diesen eigenartigen Mann. Helder hatte gehofft, für diese Bewegung der Gewaltlosigkeit 15 Prozent der Bischöfe zu gewinnen, die wiederum 15 Prozent der Priester anwerben, die ihrerseits 15 Prozent der Gläubigen mobilisieren sollten. Helder: »Heute wie gestern und immer wird die Menschheit von abrahamitischen Minderheiten geführt, die wider alle Hoffnung hoffen.«

Im Juli tagte die Nationalkonferenz der Bischöfe Brasiliens in Rio. Dom Helder fand diesen Namen für seine Bewegung: »Moralischer, befreiender Druck.« Dreiundvierzig Bischöfe von zweihundertdreiundfünfzig – also mehr als fünfzehn Prozent – unterzeichneten das Übereinkommen, das ein Koordinationszentrum in Recife zur Durchführung bestimmte. In Rundschreiben, Cuadernos, legte Helder die Arbeitsziele der Bewegung der Öffentlichkeit vor. Aus der Grundsatzerklärung: »Dieser Nonkonformismus wird sich öffentlich in einer mutigen und beharrlichen Aktion manifestieren mit dem Ziel, tiefe, dringende und kühne Reformen zu erlangen, und zwar möglichst schnell, da die Gerechtigkeit selbst es fordert. Sonst könnte früher oder später die Gewalt unausweichlich werden, und sie ist in der Tat eine der Versuchungen des Augenblicks.«

»Versuchungen des Augenblicks«: Helder Camaras ganze Arbeit steht unter dem Druck eines von Tag zu Tag steigenden Terrors. Es ist schwer, seine Worte und Aktionen hier in Europa richtig zu verstehen. Sie gehören in das brandheiße Klima, in dem täglich in einem für uns kaum faßbaren Maße geschieht, was anderwärts bereits in Straßenschlachten anklingt.

Von Gandhi, den »alle Religionen« wie einen Heiligen achten, über-

nimmt Helder zwei Lehren: »Mögen wir den Mut haben, auch unsererseits gegenüber jedem und jeder Art Imperialismus, der auf uns lastet, die Freiheit zu beanspruchen, denn nur den Imperialismus zu wechseln, wäre noch keine Lösung. Mögen wir, wenn wir von Befreiung sprechen, immer gegenwärtig haben, daß aller Beginn die innere Befreiung ist. Wie kann der, der Sklave seiner selbst ist, andere befreien?«
Von Gandhi übernimmt Helder als Kampfmittel der Gewaltlosigkeit den Boykott und den Hungerstreik. Helder will die heftigen Reaktionen, die der Name »Moralischer, befreiender Druck« seiner Bewegung hervorgerufen haben, abfangen, indem er ihr einen neuen Namen gibt: »Aktion Gerechtigkeit und Friede.« So präsentiert er sie auf der Generalversammlung des lateinamerikanischen Episkopats in Medellin, nach vorausgehenden Besprechungen mit Bischöfen verschiedener lateinamerikanischer Länder.
Helder sieht seinen Kampf als einen Kampf zwischen David und Goliath. »Wir wollen nicht den Frieden der Sümpfe, den trügerischen Frieden, der Ungerechtigkeiten und Fäulnis verbirgt. Es gibt Leute, denen die Aufrechterhaltung der Ordnung und die Rettung des Friedens am Herzen liegt. 45 Millionen Brasilianer, die Hälfte der Bevölkerung, haben keine 36 Cruzeiros monatlich, um zu leben, oder auch nur so zu tun, als lebten sie. Von 100 brasilianischen Familien erhalten 70 nicht einmal den Mindestlohn. Und von denen, die den Mindestlohn erhalten, erhalten ihn viele nur auf dem Papier.«
Helder Camara sieht über Brasilien hinaus: er wird zum »Anwalt der Dritten Welt«! Als solcher erlebt er: »Es gibt keinen Dialog zwischen den Superreichen und den Superarmen.« Er sieht aber auch dies: keine Aufwärtsentwicklung in der Dritten Welt, keine Gerechtigkeit in den internationalen Beziehungen, kein Friede ohne eine doppelte ›strukturelle Revolution‹, eben in der hochentwickelten und in der unterentwickelten Welt.
Helder Camara sieht das Elend in New York, in den Vereinigten Staaten, sieht das Elend in der Sowjetunion. Er, der nun ständig, jahraus, jahrein von Politikern, aber auch von Bischöfen als »Bolschewist« angegriffen wird, sagt offen: »Ich habe keineswegs für das russische ›Modell‹, das mir unterentwickelt erscheint, etwas übrig. – Rußland interpretiert den Marxismus noch immer wie ein Dogma. – Die Sowjetunion bringt es nicht fertig, einen gewissen Pluralismus innerhalb des Sozialismus gelten zu lassen.«
Für Südamerika sucht er nicht einen »Dritten Weg« zwischen Kapitalismus und Marxismus, sondern dies: »Wir müssen für Lateinamerika eine Linie personalistischer Sozialisation finden.« Dieses ominöse Wort schlüsselt er durch sein Leben auf: ein Miteinander mit jedem, dem er begegnet. Er ladet den verlegenen Bauern ein, auf einem der beiden Bischofsthrone Platz zu nehmen, die sich im Erzbischöflichen Palais in

Recife befanden – er benützt diesen Palast nur als Arbeitsstätte, übersiedelt in ein schlichtes Haus.

Freude. Freude den Entmutigten! – Das Evangelium als eine Freude-Botschaft, als eine Freude-Wirklichkeit. Er selbst nährt seine Freude-Kraft durch Begegnung mit Heiligen. Er spricht das unverblümt aus: er sei zumindest einem guten Dutzend Heiliger begegnet in seinem Leben. Zögernd nennt er dann einen Namen, fügt jedoch gleich hinzu, daß diese Heiligen fast alle Unbekannte, Namenlose, nicht »Prominente« seien. Nun, einen nennt er doch, den er als Heiligen erlebt: Papst Johannes XXIII.

Immer wieder kommt er auf seine »fünf Lehrmeister« zu sprechen. Unter ihnen: Teilhard de Chardin. Durch ihn vor allem habe er gelernt, daß der Mensch »den erstaunenswerten Ort im Universum innehat, dessen Zentralpunkt Christus ist«. In dem französischen Dominikaner Luis Lebret findet er eine Basis für seine soziale Haltung. Man hat Lebret als »Großvater der Enzyklika POPULORUM PROGRESSIO« bezeichnet. Sein Hauptwerk *Ökonomie und Humanismus* hilft Helder, das alte, so oft mißbrauchte Wort »Humanismus« neu, lebendig zu verstehen: als einen dynamischen Kampf für das Menschenrecht, als Gottesrecht. Helder Camara ist nicht gegen »Caritas«, aber er ist überzeugt: Die Sache des Menschen auf dieser Erde kann nur durch Änderungen der Strukturen gebessert werden. – Die Menschen brauchen »Brot« – und sie brauchen Hoffnung. Helder Camara nennt sein »Unternehmen Hoffnung« in dankbarer Verbundenheit als »eine Huldigung an Roger, an Roger Schutz«. Mit ihm hat er, Seite an Seite, das II. Vatikanische Konzil erlebt. Eine Taizé-Bruderschaft lebt und arbeitet in Olinda, vor den Toren von Recife.

Recife und Ceará: Von den vielen Verletzungen, die pausenlose Angriffe ihm bereiten (wer vermag in die Seele eines ständig als »Verbrecher« denunzierten Menschen zu schauen?), trifft ihn besonders die von Bischöfen, Politikern, Journalisten und Schriftstellern permanent vorgetragene Anschuldigung, die Ehre Brasiliens zu schänden, ein Verräter am Vaterland, an der so glorreichen Nation Brasilien zu sein.

»Wer die Geduld aufbringt, meine Bücher und Reden zu lesen – man möge mich nicht beurteilen nach dem, was Zeitungen und Zeitschriften mir anhängen –, der wird sich davon überzeugen, daß es ein Unrecht ist, zu glauben, ich würde Brasilien nicht tief und von Herzen lieben, weil mein Herz weltweit ist bis an die Grenzen der Erde. Nicht zufällig bin ich in Ceará geboren. Wer in diesem leidergebenen Stück Brasiliens geboren ist, wird niemals, wohin auch immer er gehen mag, vergessen, wo seine Wiege stand . . .«

Bonn, den 11. August 1970. Der Erzbischof von Diamantina, Brasilien, Monsignore Geraldo Sigaud, der eben in der Bundesrepublik weilt, schreibt an »Monsignore Heinrich Tenhumberg, Bischof von Münster«,

um ihn vor dem verbrecherischen Subjekt Dom Helder Camara zu warnen. Der Brasilianer hat soeben durch die Katholische Nachrichten-Agentur (KNA) erfahren, daß Tenhumberg als Präsident des Arbeitskreises für Entwicklung und Frieden Camara für den Nobelpreis von 1970 vorgeschlagen hat. Der brasilianische Bischof brandmarkt Helder Camara als Faschisten, als Kommunisten. Aus der Fülle seiner Anklagen hier nur diese: »Er billigt die Terroristen, die Banken überfallen, Polizisten ermorden, den Terror gründen, Konsule und Botschafter entführen. Er demoralisiert die brasilianische Regierung, indem er sagt, daß sie Folterungen als politische Waffe benutzt, und gibt zu verstehen, daß die Zahl der Menschen, die verstümmelt worden, denen die Nägel ausgerissen, die Hoden zerquetscht und die von der brasilianischen Regierung sogar getötet worden sind, in die Tausende gehen.«
Nun, zahlreiche Dokumentationen internationaler Teams von Juristen und von Amnesty International, wie auch die Augenzeugenberichte entkommener Priester, Frauen, Männer, bestätigen die mörderische Wirklichkeit, die Monsignore Geraldo Sigaud, Erzbischof von Diamantina, so geflissentlich übersieht.
Münster, den 1. September 1970. »Heinrich Tenhumberg« (so unterzeichnet er) weist diese Angriffe zurück. »Die Mitteilung (der KNA) soll nur besagen, daß weite Kreise der katholischen Öffentlichkeit, die durch die Träger unseres Arbeitskreises repräsentiert werden, in Erzbischof Helder Camara eine Persönlichkeit sehen, deren Ehrung als eine Ermunterung und Auszeichnung für alle jene Kräfte angesehen würde, die sich in Lateinamerika für einen mittleren Weg zwischen gewalttätiger Revolution und ebenso gewalttätiger Reaktion einsetzen.«
Sorge, Leid, dunkle Ringe um die Augen. Helder ist 1,60 m groß, wiegt weniger als 60 kg. Helder: »Oft frage ich mich, warum muß ein Leben sterben, um ein anderes zu erhalten, egal, ob es sich um ein Ei oder einen Pfirsichbaum handelt. Ich verstehe es nicht; es ist mir ein Stück Geheimnis. Stückweise nur komme ich zur Überzeugung, daß ein Mensch wichtiger ist als ein Pfirsichbaum.«

Aus den Schriften von Helder Camara:

Der Hunger erzeugt physische Deformation, geistige Störungen (wie viele sind geistig zurückgeblieben als eine Folge des Hungers!), sittliche Auswüchse (es entsteht eine Bettelmentalität!). Vor allem aber: der Hunger macht stumm.
Wann wird man den Mut haben, die Hilfs- und Fürsorgementalität zu überwinden, weil man begreift, daß den Beziehungen zwischen Armen und Reichen ein Gerechtigkeitsproblem zugrunde liegt. Eben erscheint eine Karte mit der geographischen Aufteilung des Hungers in den USA. Welch eine Überraschung! Das reichste Land der Welt, das seinen Nah-

rungsmittelüberschuß in die ganze Welt verschickt, damit der Binnenmarkt nicht gestört werde und die Preise sinken, leidet für einen erheblichen Teil seiner Kinder an Nahrungsmangel. Protestanten und Katholiken veranstalten »Hungerbankette«, um für nordamerikanische Schüler Freiplätze für Mahlzeiten einzurichten.

Es ist eine furchtbare Schwäche, ein Ungebildeter zu sein. Wenn ein Mensch mit seinem Fingerabdruck ein Dokument zeichnen muß, das er anstarrt, ohne irgend etwas zu verstehn; wenn er seine intimsten Gefühle für die ihm teuersten Menschen nicht in einem Brief ausdrücken kann und unfähig ist, die lieben Briefe zu lesen, die er erhält, dann versinkt er in Schweigen. Das heißt, er ist einem Gefühl der Minderwertigkeit ausgeliefert, er hat keine Möglichkeit zu reden. Dabei gibt es heute gute und schnelle Methoden der Basiserziehung. Es gibt heute eine Erziehung zur Freiheit, die den Menschen zu einem menschlichen Dasein befähigt. Das alles weiß man.

Ohne Haus, ohne Nahrung, ohne Kleidung, ohne Gesundheit, ohne Arbeit, ohne Schule, ohne Zukunft, ohne Hoffnung: ist es erstaunlich, daß man dem Fatalismus verfällt? – Darauf bedacht, die Sozialordnung und das Autoritätsprinzip und das Privateigentum aufrechtzuerhalten, hat die Religion häufig auf die passiven Tugenden zuviel Gewicht gelegt oder die Tugenden überhaupt passiv ausgelegt. Die Geduld, die Klugheit, der Gehorsam, die Demut, das Annehmen von Leiden – alles zweifellos große Tugenden – wurde in einer Weise dargelegt, die ein passives Verhalten förderte und, ohne daß es in jemandes Absicht lag, zum Fatalismus führte. (Aus *stimme der stummen welt* – Helder Camara, pendo-verlag, Zürich.)

Friedrich Heer

Ernesto Cardenal

Dichter und Theologe der Freiheit

Nachruf zu Lebzeiten? Wir wissen so wenig, was – vor Gott, in Gott – das Leben, das Lebenswerk von Menschen bedeutet, die nicht mehr unter uns sind. Wir wissen so wenig von ihren Strahlungen, die sie, spirituell als radioaktive Körper, in Menschen entzünden, die nach ihnen sind: eine Generation, ein Jahrhundert, ein Jahrtausend. Wie soll der Mitlebende das Leben, das Lebenswerk eines Mannes würdigen, der ein Vulkan ist, von dem niemand sagen kann, wie, welche Formen künftige

Ausbrüche annehmen werden? Ein Vulkan, der inmitten von Vulkanen lebt: die sandinistische Revolution, der er heute noch verbunden ist, kann ihn morgen vernichten. Wird Ernesto Cardenal als Dichter im Exil »enden«? Wird er als ein scheiternder Politiker in die Schar der vielen aufgenommen werden, die für ihre Vision einer Revolution des Menschen, einer menschlichen Revolution, schwer »bezahlen« mußten: versehrt, verbrannt, verbrannt in Kopf und Seele. Es ist »leicht«, das Lebenswerk der Mutter Teresa zusammenzusehen: Ihr Leben strömt, wie der heilige Fluß Ganges, wie das Leben anderer heiliger Nonnen, im Heute, in der Ewigkeit, weil sie konkret dies ist: gotterfüllte geballte Gegenwart in der Vergangenheit, Gegenwart und Zukunft, die ineinanderströmen.

Dichter, Revolutionär und Mönch (Titel eines Buches über Ernesto Cardenal): Was für eine Spannung, was für eine Fülle von Gegensätzen liegt in dieser Verbindung, die sich da in einem so gebrechlichen, kleinwüchsigen Menschenleib verkörpert. Ein Flüchtling, zerzaust, das graue Haar wie verschütteter Schnee um sein Haupt, dasselbe Haar auf die Schulter fallend, sehr gepflegt: Cardenal als Pilger der Revolution in europäischen Hauptstädten, Cardenal in Managua am Tag nach dem Einmarsch der Sandinisten, die Huldigung des Bürgertums der Landeshauptstadt entgegennehmend und eine Guerillamesse in einem Hotel feiernd.

Es hat immer Dichter gegeben, die Revolutionäre waren, auch in Europa: Die Söhne der ersten europäischen Romantik waren dies, zwischen jungen Deutschen des »Sturm und Drang« und dem Lord Byron, der ihr Scheitern existentiell und politisch verkörpert. Es hat dies auch schon in Alteuropa gegeben: Dichter, Revolutionär und Mönch: Martin Luther war dies, und vor ihm »Ketzer«, die dem Volk »ein neues Lied« sangen: als Waldenser, als nonkonformistische Mönche, ausbrechend aus ihrem Kloster. Dichter, Revolutionär und Mönch: Giordano Bruno war das, der Mann, der sein Lied von einem größeren Gott und einem größeren Kosmos sang, und der im Jahre des Herrn 1600 auf dem Campo de Fiori in Rom verbrannt wurde.

Brennen! Brennen in Feuern der Liebe, Brennen in Feuern der Revolution. Ernesto Cardenal wagt dies: die Feuer der göttlichen Liebe und die Feuer der menschlichen Liebe zu verschmelzen mit den Feuern der Revolution. Der konkreten Revolution: die immer in diese Anfechtung gerät, auch Menschen zu verbrennen. Zuerst ihre Feinde, dann ihre eigenen Söhne. Um Perspektiven zu gewinnen, ist es sinnvoll, den Werdegang des Ernesto Cardenal zu besehen: vom Sänger von Songs, von Liebesliedern, eifersüchtig auf seine Lieben, seine Liebschaften, ein junger, sensibler, nicht uneitler Literat. Ganz das Produkt einer südamerikanischen Intelligentsia; Söhne aus gutem Haus, sehr sensibel, sehr begabt, sehr ichbezogen.

Ernesto Cardenal wurde 1925 in Granada, Nicaragua, im Schoße einer

der ältesten Patrizierfamilien spanischer Herkunft geboren. Granada und Leon, wo er dann in die Schule geht, sind höchst selbstbewußte Städte Altlateinamerikas: beherrscht, zumindest überherrscht von alten Familien, die es sich durchaus leisten können, daß einer ihrer Söhne (nicht der Erbsohn) nach Nordamerika, nach Europa geht, um dort zu studieren, um die literarische Welt in New York, Paris, London kennenzulernen. Der »Knabe mit dem Vogelgesicht« hat die Augen eines Sperbers, ist auf Beute aus: Er will Welt, Menschen, vor allem aber Dichter, Dichtung *sehen*, erleben, erfahren. Eine unersättliche Neugierde arbeitet in dem schmächtigen Jungen. Nun: Er wird »Stoff«, Material, Menschen finden, die seine Neugierde ansprechen. Der kritische Moment wird erreicht werden, wenn diese Neugierde hinaustreibt: über alle diese faszinierenden Menschen, also die Dichter, hinaus.
In Leon war der große Dichter Rubén Dario, Erneuerer der hispanischen Lyrik, aufgewachsen, hier in Leon sieht das Kind Ernesto Cardenal den Dichter Alfonso Cortés: »Angekettet an einem Dachbalken.« »Wenn ich an seinem Haus vorbeikam, sah ich den an seiner Kette gefesselten Dichter.« Alfonso Cortés ist nicht von einer politischen Polizei angekettet, wie so viele Schriftsteller, Dichter, Frauen, Kinder nach ihm in Südamerika, sondern »nur«, weil er als »verrückt«, als »gemeingefährlich« gilt.
»Student sein in Prag«: das war einst, ein »romantisches« Leben in Lied und Sang und Schwärmerei. Ernesto, der Student, verbringt seine Studentenzeit im Kreis von Poeten, von denen einige – so Coronel Urtecho, Martinez Riva – über die Grenzen ihres Landes hinaus bekannt werden. Diese avantgardistischen jungen Dichter (St. Petersburg im Jahrzehnt vor 1914 schuf eine verwandte Atmosphäre) erfinden sich einen »-ismus«, den sie als »Poesie der äußeren wirklichen und konkreten Dinge« »Exteriorismus« nennen. Noch als Dichter der *Psalmen* zeigt sich Ernesto Cardenal tief diesen Jugendeindrücken verpflichtet.
Sehnsucht und Sprache in der neuen Lyrik Nicaraguas: Titel seiner Promotion in Mascarones/Mexiko. Dann geht er nach New York, an die Columbia-University (sie liegt als weiße Universität mitten in einer schwarzen Umwelt), wird stark von Ezra Pound beeinflußt. Dieser große und unglückliche amerikanische Nonkonformist entgeht der Hinrichtung später nur, weil man ihn in einem Irrenhaus interniert. Er hatte sich enthusiastisch und weltfremd während des Zweiten Weltkrieges in Italien der faschistischen Propaganda zur Verfügung gestellt. – Cuadra, sein enger Freund und Landsmann, beurteilt diesen Einfluß Pounds, der alle Sprachen der Welt in seine Sänge beruft, so: »Aus einem nächtlichen Träumer wurde Cardenal zu einem morgendlichen Seher, klar und – sehr oft episch. In der Lyrik Cardenals auf ihrem Weg zur Vollkommenheit ist immer wieder dieser Kampf des Sonnenmenschen mit dem alten Mondpriester zu erkennen.«
Der alte Mondpriester: In allen bedeutenden südamerikanischen Dich-

tern – Pablo Neruda möge hier für sie stehen – arbeitet ein archaischer Untergrund: Aus ihm werden die großen Bildvisionen geschöpft, und die Erinnerung an »Die Große Passion« der eingeborenen Völker Lateinamerikas unter spanischer Herrschaft. Diese findet ihre ungebrochene Fortsetzung in der Herrschaft der heutigen Diktatoren und der »großen Familien« des Landes.

April 1954, Managua. Die Erhebung gegen das Somoza-Regime flackert immer wieder auf. Ein Gedicht Cardenals geht von Hand zu Hand: »Unsere Gedichte können noch nicht veröffentlicht werden. Sie gehen von Hand zu Hand, Manuskripte / oder hektographierte Blätter. Doch eines Tages / ist der Name des Diktators vergessen, / dieses Diktators, gegen den sie geschrieben, / und sie werden noch immer gelesen werden.« Haftbefehl gegen Cardenal. Cardenal: »Das Massaker beginnt. Eine bleierne Wolke senkt sich auf Nicaragua herab. Dutzende junger Männer werden gefoltert und schließlich erschossen, Hunderte füllen die Gefängnisse.« Flucht, in Mexiko wieder untertauchen, Heimkehr nach Managua. In diesen Jahren besingt er – noch – Frauen. »Claudia« wird ihm zum Synonym für alle Frauen, die er umwirbt. In diesen Jahren wächst die tiefe Unruhe in ihm, die bereits aus den Augen des »Knaben mit dem Vogelgesicht« leuchtete. Wohin führen ihn die flackernden Feuer seiner Leidenschaften, wohin treibt das Land, das ein Vulkan ist?

Im April 1957 steht er vor Freund Cuadra: »Ich gehe ins Kloster. Ich habe mit niemandem darüber gesprochen, aber ich hatte lange genug Zeit, diesen Plan in mir ausreifen zu lassen.« Thomas Merton hat ihm soeben geschrieben, daß sein Aufnahmeantrag angenommen wurde. Am 8. Mai 1957 tritt Cardenal in das Kloster Gethsemany in Kentucky ein. Der Abt und Novizenmeister dieses so merkwürdigen Klosters, Thomas Merton, ist Mystiker, Dichter von hohen Graden, er bezeugt sich als Vater-Bruder für den unruhigen jungen Mann aus Nicaragua. Eine Frucht dieser beiden Klosterjahre 1957/58 ist das *Buch der Liebe: Vida en el amor* – Leben in der Liebe. Ein Buch der Poesie, ein Buch der Theologie. Erinnern wir uns kurz: Der große Juan de la Cruz (1542–1591), »Vater der modernen Mystik und der modernen Metaphysik« (M. de Guevara), verfaßt sein mystisch-theologisches Hauptwerk *Subida al Monte Carmel* – Aufstieg zum Berg Carmel – als Kommentar zu einem großen Poem, das er so eröffnet: »In einer dunklen Nacht stand ich auf, von Liebeswehen entflammt, und ging unbemerkt, mein Haus war in Ruhe gewandet.« Das kann direkt auf Cardenal bezogen werden. Das *Buch der Liebe* ist ein Poem in Prosa. Liebe! Liebe! Liebe: Das ist hier, verdichtet, die Liebe der Väter in der Wüste, die Liebe des Meisters Eckart und der Angela de Foligno (um extrem gegensätzliche Existenzen zu berufen), die Liebe des Franz von Assisi – des wirklichen Franz, des großen Leidensmannes, nicht des Klischees »heiliger Franziskus«. Das ist hier die Liebe des Teilhard de Chardin.

Cardenal: »Die Natur kommuniziert ständig mit sich selbst. Und Kommunikation heißt Essen und sich zum Gegessenwerden hingeben. Das Essen ist die Kommunion des Lebens. Und Essen ist eine prosaische Sache. Der Schöpfer wollte, daß wir uns, um zu leben, von anderen Lebewesen ernähren sollten . . . Wenn wir mit Christus kommunizieren, kommuniziert der ganze Kosmos mit Christus. Die Maya glaubten, der Mensch sei aus Mais. Ihnen war diese geheimnisvolle Kommunion also bewußt. Und die Opfergaben der Maya und aller heidnischen Eucharistien waren ein unbewußtes und unvollständiges Teilnehmen an dieser kosmischen Kommunion, an diesem mystischen Körper. – Christus wählte Brot und Wein für die Eucharistie, weil das die Grundnahrungsmittel des Mittelmeerraumes waren (der Weizen ist noch heute das meistangebaute Getreide auf der Erde). Sie stehen aber für alle Früchte, für Mais und Kakao und Tabak und Kartoffeln und Zuckerrüben. Und jede Frucht ist ein Inbegriff des Kosmos, ist ein Stück eßbares Weltall. So vertreten also Brot und Wein des Abendmahles das ganze Weltall. Sie vertreten auch unseren Körper, denn auch unser Körper ist Frucht, wir sind diese Früchte, in Körper verwandelt. Unser Fleisch und Blut sind Brot und Wein. Und wenn sich Brot und Wein in das Fleisch und Blut Christi verwandeln, so verwandelt sich unser Leib in Christi Leib.«
Die Große Kommunion, das ist die Liebe. Alle Menschen sind berufen, an dieser Kommunion teilzunehmen, sie zu leben, sie zu werden. Wie aber sieht diese Erde aus? Wie sehen Nicaragua, Südamerika, Afrika aus? Viele Millionen von hungernden Menschen, die krepieren, die ausgebeutet werden. Zwanzig Prozent der Menschen verzehren, was allen zugute kommen sollte: sie konsumieren die heilige Erde, die Früchte der Erde – zu denen alle der Erde entnommenen Energien gehören. So zum Beispiel das Öl: das Öl der Olive, das Erdöl.
Es führt eine nahtlose Verbindung von dem Mönch Ernesto Cardenal in Kentucky zu dem Mitkämpfer der Revolution. Das Kloster Gethsemany, dem Leidensort Jesu geweiht, erarbeitet in Ernesto Cardenal diese Erkenntnis: »Das Paradies findet man nicht in den Tropen, wie Kolumbus glaubte, und auch nicht in den ›Tropenparadiesen‹, die von den Reisebüros angepriesen werden. Das Paradies liegt nicht in Florida und nicht in Miami Beach, sondern auf Golgatha.«
Und hier, im *Buch der Liebe*, steht auch dies: Als die Jungfrau von Orleans in ihrem Prozeß gefragt wurde, ob Gott auch die Engländer liebe, antwortete sie: »Gott liebt die Engländer, aber nicht in Frankreich.« – »Das ist das Mysterium unserer Berufung: Gott liebt auch einen Diktator von Nicaragua, aber Er liebt ihn nicht als Diktator von Nicaragua.« Belebt vom Feueratem eines Meister Eckart (Cardenal kennt auch den sanften Seuse), der spanischen Mystiker, erlebt er hier Gott als »das große Nichts«, als »Licht und Finsternis zugleich«, er erlebt »die schreckliche und ewig neue und revolutionäre Schönheit Gottes«.

Die revolutionäre Schönheit Gottes: Ernesto Cardenal wird sie verkörpert, inkarniert erleben in der Revolution in Nicaragua. Noch ist es aber nicht soweit. Thomas Merton entläßt Cardenal aus Gethsemany. Er vertrug das physikalische Klima hier nicht. Merton: »Aber ich erkenne auch, daß es noch einen anderen Grund gab: es bestand keine Veranlassung für sein weiteres Verbleiben als Novize und Student, weil er tatsächlich schon ein Meister war.«
Ernesto Cardenal geht zunächst nach Cuernavaca. Dort nehmen ihn Ivan Illich, der Wiener Kroate, und der Erzbischof Mendez Arceo auf – ich sehe dessen erasmisches Gelehrtengesicht noch vor mir. Auch Cuernavaca, einst Zentrum einer Kommunikation, wo Nordamerikaner, Südamerikaner und Europäer zusammenkamen, existiert heute nicht mehr (1972 hielt ich mich dort auf).
Es folgt sein Theologiestudium in Medellin in Kolumbien. Hier erscheinen 1964 die *Psalmen* als Druck der Universität Medellin. Diese *Psalmen* sind Aufschrei des Propheten (»Warum hast Du mich verlassen? – Mich und mein Volk«), kosmischer Sang (»Lobet den Herrn«) und Lied der Revolution. Revolution des Menschen, für den Menschen. Ernesto Cardenal, erfahren in der Mystik Alteuropas, im Wissen der Leidensgeschichte der Menschen in Europa, sieht diese zusammen mit der Leidensgeschichte seines Volkes, die er nun hautnah erlebt. Der russische Dichter Jewgeni Jewtuschenko sieht richtig: »Für Cardenal ist das Leiden Christi vor allem das Leiden der Menschheit.«
1965 Priesterweihe in Managua. Einige Tage darauf fährt er mit Freund Cuadra von Granada am Großen See von Nicaragua zur Inselgruppe Solentiname. »Ernesto las die Messe auf dem Schiff – seinem Kirchenschiff –, und Kormorane und Reiher begleiteten uns. Auf der Insel seiner Wahl, Mancarron, stand eine alte, fast verfallene Einsiedelei . . . Nach und nach kamen Eingeborene in Kanus und Booten. Inselbewohner, Fischer und Maisbauern. Dies würde seine Pfarrei sein, sein Experiment der Kontemplation und des Dienstes am Nächsten.«
In den Jahren bis 1970 veröffentlicht Cardenal fünf Gedichtbände, Früchte seines Mitlebens mit den Indios, mit den Menschen, die ihn hier besuchen – und ihm von den Greueln in aller Welt, auch in Nicaragua, berichten. Die Greuel kommen zu ihm ins Haus: Als im Herbst 1977 der Widerstand gegen das Regime des Diktators Somoza wächst, der Guerillakrieg sich entfaltet, überfallen Milizen der Privatarmee Somozas Solentiname, zerstören alle Häuser und Geräte der Gemeinschaft, verfolgen und töten Fischer und Bauern der Insel. Cardenals kleine Kirche wird die Kommandostelle der Somoza-Miliz.
Im Jahr darauf veröffentlicht Ernesto Cardenal seine Bibelarbeit mit den Menschen in Solentiname in dem zweibändigen Werk: *Das Evangelium der Bauern von Solentiname.* Es ist eine Botschaft der Liebe, der Freude, der Freiheit – der Befreiung des Menschen. Cardenal entkommt, findet

politisches Asyl in Costa Rica, arbeitet hier bis zum Sturz Somozas im Juli 1979 für die Sandinistische Befreiungsfront. Cardenal hatte die Bauern ermutigt, die Bibel selbst auszulegen. Was bei solchen Unternehmungen herauskommen kann, erfuhr Deutschland – zum Erschrecken Luthers, 1525. Was in Nicaragua herauskam, erfuhr die Welt, als Somoza gestürzt wurde.

Cardenal erlebte hier dies: »Kontemplation führt zur Vereinigung mit Gott, und sie brachte uns auch zur Revolution. Die Kontemplation brachte uns dazu, uns mit dem Volk zu identifizieren, mit der Unterdrückung, die es erleidet. Langsam wurden wir gemeinsam mit den Bauern politisch radikaler. Indem wir tiefer in die Bibel eindrangen, kamen wir zu dem Verständnis, daß das Wesentliche der biblischen Botschaft darin besteht, hier auf Erden das Reich Gottes zu verwirklichen. Eine gerechte Gesellschaft der Brüderlichkeit und Liebe zwischen allen menschlichen Wesen, wo es keine Ausbeuter und Ausgebeuteten, keine Reichen und Armen gibt. Eine Gesellschaft, wo jeder die Gemeinschaft teilt, wie die ersten Christen.«

Priester und Revolutionär: Diese Verbindung besitzt in Südamerika eine sehr lebendige Tradition und Kontinuität. Die Geschichte von Klerikern, die in Guerillabewegungen aktiv waren, geht zurück auf Pater Miguel Hidalgo, der den mexikanischen Unabhängigkeitskrieg 1810 begann und bis heute als Nationalheld verehrt wird. Schon 1818 folgte der Priester Morelos, nach dem der Staat Morelos in den Vereinigten Staaten von Mexiko benannt ist, in dem auch Cuernavaca liegt, seinem Beispiel.

Der Revolutionär Ernesto Cardenal hat nicht nur leidenschaftliche Feinde im kirchlichen Establishment Südamerikas und Nordamerikas sowie Europas gefunden (die Kirche in Nicaragua stand damals auf der Seite der Revolution), sondern auch brüderliche Entgegnung, so von Daniel Berrigan, dem leiderfahrenen Kämpfer für Menschenrechte in Nordamerika. Daniel Berrigan macht seinem »lieben Bruder Ernesto Cardenal«, der ihn und seinen leiblichen Bruder Philip 1977 im Gefängnis besucht hatte, den Vorwurf, zu den Waffen gegriffen zu haben. »Wir sind nicht ausgeschickt, Evangelium und Gewehr zu handhaben.« Cardenal antwortete: »Vater Berrigan schrieb, daß kein Prinzip – wie hoch es auch zu bewerten sei – so viel gelte wie das vergossene Blut auch nur eines einzigen Kindes. Ich stimme dem zu. Aber aus demselben Grund denke ich, daß kein Prinzip – und sei es auch so edel wie gerade das Prinzip der konsequenten Gewaltlosigkeit – mehr wert ist als das Blut eben dieses einen Kindes. Der Kampf der Sandinistischen Front wurde nicht wegen irgendeines Prinzips geführt, sondern um das Blutvergießen unter eben diesen Kindern zu vermeiden, von Kindern, die von der Diktatur ermordet worden sind. Die Waffen der Revolution sind nicht gebraucht worden, um zu töten, sondern um neues Leben zu geben. Der Krieg war ein ungleicher Kampf.«

Am 11. Oktober 1980 steht der kleine, schmächtige Mann vor einem gepflegten Publikum, dem die Saturiertheit, das Selbstbewußtsein, der Stolz auf eigene Leistung in diesem Moment ebenso anzusehen sind wie eine gewisse Unruhe. »Ein Revoluzzer erhält den Friedenspreis des Deutschen Buchhandels!« Cardenal verteidigt hierbei die Revolution in Nicaragua. »Die an diesem Kampf teilnahmen, wollten weniger den Tod der einen als das Leben der anderen. Ich kannte viele dieser jungen Kämpfer persönlich, einige von ihnen haben lange in meiner Kommune von Solentiname gelebt. Ich kann Ihnen sagen: sie griffen aus Liebe zu den Waffen, weil sie ein Land voller Schulen, Krankenhäuser und Kindergärten wollten, ein Land ohne Analphabeten, ohne Bettler und ohne Ausbeutung. In Nicaragua erlebten wir in den aufständischen Städten, wie ein ganzes Volk das Evangelium in die Praxis umsetzte. Einer opferte sein Leben für den anderen . . . Ich weiß, daß für viele in Deutschland das Wort ›Revolution‹ einen schlechten Klang hat. Viele verstehen unter Revolution Terrorismus. Für uns dagegen ist es ein sehr schönes Wort, ein Wort, das wir gerne aussprechen, weil es uns ein Synonym für Liebe ist.« – Dieser großartige Mensch Ernesto Cardenal beruft sich hier auf die Kinder seines Volkes und auf das Evangelium. Ein Junge von acht Jahren in einem Gedicht: »Die Kinder, die Lieblinge, werden die Zukunft des Volkes sein. / Wir Kinder werden das arbeitende Volk sein, / wir werden der Bauer sein, der Hersteller aller Dinge, / wir werden Lehrer sein, Ärzte, / endlich werden wir alles geben!« – Und ein zwölfjähriges Mädchen: »Wir Kinder von Nicaragua / rufen alle Kinder der Welt auf, / sich zu vereinigen, um eine / bessere Welt aufzubauen.«

Ernesto Cardenal trat in Frankfurt als ein Teilhard de Chardin in Waffen auf: ». . . Revolution ist das gleiche wie Evolution. Die sozialen Revolutionen sind eine Fortsetzung der Evolution der Erde und des ganzen Weltalls. Die Evolution macht Sprünge. Diese Sprünge sind in der Geschichte der Menschheit die Revolutionen.« Die Menschheit wird sich vereinigen, wird einen »Supra-Organismus schaffen«, »ein Suprabewußtsein aus unzähligen Bewußtseinseinheiten«. – »Ich glaube an das Himmelreich. Ich glaube, daß das Himmelreich die Erde und der Kosmos sind, die Gesellschaft der bewohnten Planeten. Und ich glaube an die Auferstehung der Toten in diesem Reich.«

Ernesto Cardenal: Das ist Utopie, ist Vision, ist Prophetie – heute. Ja, wir können wissen: Alle Prophetie, alle Apokalyptik ist auch hinfällig, wird – so ging es den Propheten der Bibel – durch die großen Töter, wird durch Geschichte überrollt. Bleibt ihr Kern, das Feuer. Ernesto Cardenal weiß das auf seine Weise. Darum beruft er hier, für seine Revolution, dieses Wissen des Evangeliums: »Wenn das Weizenkorn nicht in die Erde fällt und stirbt, bleibt es allein, wenn es aber stirbt, wird es viele Frucht bringen. Wir Christen finden einen österlichen Sinn in der jüngsten Geschichte unseres Landes, nämlich den von Tod und Auferstehung.«

Der frühe Ernesto Cardenal erlebt die Große Kommunion des Menschen mit aller Kreatur, allen Dingen, allen Menschen, mit der »Dunklen Gottheit« im heiligen Maisessen der Maya, im heiligen Brot und Wein der Mittelmeerländer, in dieser Großen Kommunion, in diesem »Gottessen«. Seine lebendigen Feuer nehmen den Menschen in sich auf. Diese Theologie des Feuers hat in Europa eine alte Tradition, von den Vätern der Wüste zu Ignatius, zu Berulle und Condren und darüber hinaus.
Diesem Verzehrtwerden sieht Ernesto Cardenal entgegen. Sehr persönlich. Ein Scheitern der nicaraguanischen Revolution, ein Scheitern seiner Bemühungen, sie als eine »Revolution der Liebe« zu praktizieren, hebt für ihn diese Erfahrung nicht auf. Die Feuerfunken werden weiterleben, auch wenn seine Revolution, wenn sein Leben verbrennt.
Solcher Glaube ist für Europäer – für Christen und Nichtchristen – weithin eine ganz unverständliche, ganz unpraktikable Sache, etwas Ungeheuerliches. In diesem »unmöglichen« Glauben steckt jedoch auch dies: eine Herausforderung. Wer wagt zu versichern, daß hinter dem Kinderglauben des Ernesto Cardenal, hinter dem Glauben dieser Kinder, die er da als Zeuge beruft, nicht doch auch der junge Mann aus Galiläa steht, der die Kinder zu sich kommen ließ und seine Jünger zurückwies, die es den Kindern verwehren wollten, ihn zu berühren?

Aus den Schriften von Ernesto Cardenal

Das Christentum hat nur darum den neuen Menschen nicht schaffen können, weil es ihm nicht gelungen ist, die Strukturen zu verändern. Teilweise hat es sie sogar mitgeschaffen, weil es Komplize der Mächtigen wurde. Von Konstantin bis heute hat die Kirche mit den Staaten paktiert, aber das ist nur eine Etappe des Christentums. Vergessen wir nicht, daß die ersten Christen die besten Christen waren, nämlich revolutionäre und subversive Christen.

Man muß unterscheiden zwischen der Kirche als Institution und der Kirche, die alle Menschen umfaßt. Denn wir wissen nicht, was die Kirche ist. Ich glaube, daß auch die Kommunisten zur Kirche gehören. Der heilige Augustinus sagte, seit Anbeginn der Welt habe es Christen gegeben, auch wenn sie sich nicht so nannten. Ich glaube, die wirkliche Kirche Christi schließt viele ein, die sich selbst nicht als Christen verstehen, selbst jene, die sich als Atheisten fühlen. Viele von ihnen gehören eher zur Kirche als manche, die in der römischen Kurie sitzen. Seit Konstantin hat sich die Kirche immer wieder mit dem Kapital ins Bett gelegt. Das müssen wir heute festhalten und anklagen, das müssen wir diffamieren.

Der Gott der Bibel ist der Gott, der mit den Menschen eins geworden ist. Es ist der Gott, den wir nur verstehen können durch den Menschen und durch die Liebe zum Menschen. Wir können keinen direkten Kontakt zu ihm haben. Der Apostel Johannes sagt: »Gott, den niemand gesehen hat.« Der wirkliche Atheismus, die wahrhaftige Verneinung Gottes, das sind für mich die Gesellschaften ESSO und STANDARD OIL; das ist der wirkliche Materialismus, der atheistische Materialismus in dem Sinn, wie wir die Verneinung Gottes verstehen müssen. Die DOW-Company, die ihr Geld mit Napalmbomben verdient: das ist Gottesverleugnung. (Aus *Von der Heiligkeit der Revolution* – Ein Gespräch mit Ernesto Cardenal, Jugenddienst Verlag, Wuppertal, 1972.)

Friedrich Heer

Martin Luther King

Vorkämpfer für die Menschenrechte

»Wenn ich sterbe, will ich ein einfaches, stilles Begräbnis.« Er sprach mit seiner Frau Coretta immer wieder über sein Sterben. Es war ja auch nicht zu übersehen: Eine ununterbrochene Kette von Anschlägen führen zu seinem Tod. In diesen Jahren seines Kampfes wurden ermordet: kleine Kinder, Schulkinder, Studentinnen und Studenten, Mütter (mit ihren Kindern), Männer aller Altersklassen. Zumeist Schwarze, aber auch nicht wenige Weiße: Bürgerrechtskämpfer und »weiße Nigger«, Weiße, die sich durch ihren persönlichen Kontakt mit Negern in einer der tausend Städte und Orte des Südens selbst gebrandmarkt hatten.

Am 30. Januar 1956 wird sein Haus durch einen Bombenanschlag getroffen. Die Ermordung des Präsidenten John F. Kennedy, dem er sich persönlich verbunden fühlte, versteht er in diesem Sinne: »So wird es auch mir ergehen. Ich sage dir, dies ist eine kranke Gesellschaft.«

Nun war es soweit. Am 9. April 1968 führt ein afrikanischer Sarg, eine Kiste aus Ebenholz ohne alle Embleme, den Leichnam durch die Straßen von Atlanta auf einem rohgefügten Farmerwagen, gezogen von zwei Maultieren. Von den einhundertfünfzigtausend Menschen, die gekommen waren, paßten nur siebenhundertfünfzig in die Kirche, seine geliebte Ebenezer Baptist Church. Kurzer Gottesdienst, Worte aus dem Alten und Neuen Testament, dazwischen Lieblingslieder von ihm, so »In Christ There is no East nor West« (In Christus ist weder Osten noch Westen).

An diesem Gottesdienst nehmen teil: Vizepräsident Hubert Humphrey, Richard Nixon, dann der eben erst bestellte neue Erzbischof von New York, Cooke, der Primas der Orthodoxen Kirchen beider Amerika, Erzbischof Jakovos, Rabbi Siegman als geschäftsführender Vizepräsident des

Helder Camara Der Erzbischof von Recife (Brasilien) ist in der Verteidigung der Menschenrechte eine der unerschrockensten, aber auch gefährdetsten Gestalten der Dritten Welt. Als Vorkämpfer für die allgemeine Volksbildung zeigte er neue Wege.

ERNESTO CARDENAL Als Priester, Dichter und Kultusminister von Nicaragua erwies er sich als einer der verwegensten, auch glühendsten Fürsprecher der Unterdrückten. Als meistgelesener Autor Lateinamerikas besitzt er literarischen Rang und breite Volkstümlichkeit. Mit dem Friedenspreis des Deutschen Buchhandels ausgezeichnet.

Martin Luther King Nordamerikanischer Geistlicher und einer der leidenschaftlichsten Vorkämpfer für die Menschenrechte der Unterdrückten, besonders der Farbigen. Er wurde 1968 von rechtsradikalen Gruppen in Memphis ermordet. 1964 erhielt er den Friedensnobelpreis.

Bertha von Suttner Österreichische Kämpferin für Abrüstung und Frieden. Hochverdient, wenngleich von radikalen Rechtskreisen heftig befehdet. Eine der großen Frauengestalten Altösterreichs. 1905 mit dem Friedensnobelpreis ausgezeichnet.

Obersten Rates der Synagogen Amerikas, 50 Mitglieder des Kongresses. Stokely Carmichael, der Führer von Black Power, der großen Gegenbewegung gegen die Bewegung des gewaltlosen Widerstandes, kam gerade noch mit seinen sechs Leibwächtern in die Kirche hinein.
Präsident Lyndon B. Johnson hatte bereits den 7. April, einen Sonntag, zum nationalen Trauertag erklärt: Halbmast das Sternenbanner auf allen Gebäuden, Schiffen der Bundesregierung und allen ausländischen Botschaften. »Er ist ein toter König« (Anspielung auf seinen Namen »King«). »Er ist fertig«, das schrieben und sagten enttäuschte weiße wie schwarze Anhänger und Sympathisanten dieses Mannes, der in den beiden letzten Jahren seines Lebens eine Kette von schweren Schlägen – für seine Bewegung und für seine Person – erhalten hatte. »Ein Paria:« ein Aussätziger, so wurde er angesehen von hochgestellten weißen und schwarzen Persönlichkeiten, die ihm sein Engagement gegen den Krieg in Vietnam wie überhaupt in der Friedensbewegung in seinen letzten Jahren verdachten und als schweren Schaden des Kampfes der Bürgerrechtsbewegung und der Sache des Friedens in Amerika ansahen. Der konservative Jude Lionel Lokos stellt in seiner Biographie Martin Luther Kings gerade dies heraus: Hatte dieser Mann nicht zunächst erstmals Amerika, das zum zweitenmal nach dem Bürgerkrieg eine zerrissene Nation wurde, zunächst so eindrucksvoll befriedet – und dann wieder gespalten, durch die Fortführung seines Kampfes?
Behütete Kindheit. Der am 15. Januar 1929 in Atlanta geborene Martin Luther ist das zweite von zehn Kindern seines Vaters James King, der sich aus ärmlichsten Verhältnissen zum hochangesehenen Pfarrer seiner Baptistenkirche emporgearbeitet hatte. Hochangesehen in städtischen wie kirchlichen Angelegenheiten, wurde er Treuhänder des Morehouse College, der Atlanta University und des Morris Brown College: Eliteschulen der Neger in den Südstaaten. Coretta Scott King, selbst aus einer hochangesehenen Familie stammend, hochintelligent, gebildet, sehr hübsch, erinnert in ihrem Buch *Mein Leben mit Martin Luther King*: »Martin war vor vielen anderen Negerkindern vom Schicksal begünstigt.« Er wird auf die private Experimentalschule der Universität Atlanta geschickt, kommt dann nach Morehouse, dem »Harvard der Neger«, studiert später in Boston, hört daneben zwei Jahre lang Vorlesungen in Harvard. Ein »Faustian student« im Crozer Theological Seminary (David L. Lewis). Dieser amerikanische schwarze Faust befaßt sich mit Kierkegaard, Heidegger, Sartre, Hegel – den er sehr schätzt, auch mit Nietzsche – den er entschieden ablehnt.
Er dissertiert über das Thema: »Ein Vergleich des Gottesbegriffs im Denken Paul Tillichs und Henry Nelson Wiemans.« Martin Luther King stimmt mit beiden nicht überein. Ein Briefwechsel mit Paul Tillich findet statt, der damals gerade in der Schweiz weilt. Zu der vorgesehenen persönlichen Begegnung kommt es nicht.

Die Begegnung mit vorwiegend deutscher und in den Vereinigten Staaten deutschstämmiger Theologie – so mit Reinhold Niebuhr – ist in vieler Hinsicht für Martin Luther King bedeutsam: Er ist ein Mann des Südens, des heißblütigen amerikanischen Südens, der emotional tief durchtränkt, die Schwarzen Kirchen des Südens beseelt. Martin Luther King lebt, webt, bebt, singt, tanzt (er tanzte in seiner Jugend gerne – später kommt er zu keinem Privatleben mehr, bedauert, nicht im Zölibat zu leben – was seine kluge Frau richtig, als nicht gegen sie gewandt, versteht) mit seiner Ebenezer-Gemeinde, wo er zweiter Pfarrer (bis zu seinem Tode) wird.
Ja, da läßt er sich durchaus »gehen«, mitreißen von diesem inbrünstigen Chor, diesem Heilskollektiv, das in seinen Gottesdiensten das himmlische Jerusalem hier, heute erlebt: Enthusiasmus, einer frühen (und späten) Pfingstgemeinde nahe. Diese schwarzen – und weißen – Baptistenkirchen sind streng fundamentalistisch, hängen mit Leib und Seele am wörtlich als Heilswirklichkeit verstandenen Wort der Bibel – des Alten und des Neuen Testaments. Archaische Stämme, Völker fühlen sich zu Hause in der Stammeswelt des Volkes Israel – dies gilt für merowingische und karolingische Gottesmänner wie für amerikanische und afrikanische Negerkirchen heute.
Martin Luther King bleibt lebenslang irgendwie »Fundamentalist« – auch die zutiefst politisch konservative Prägung dieser heimatlichen Baptistengemeinden erlöscht nie in ihm. Kurze Erinnerung: Die Baptisten, die Täufer, wurden in Europa von römischen Katholiken, von den lutherischen calvinistischen und zwinglischen Kirchen mörderisch verfolgt, UNI SONO, UNA VOCE: ihre Leidensgeschichte ist eine PASSIO CHRISTI, unvergleichlich in ihrer schmerzensreichen Größe. Kinder, Mädchen, Frauen und Männer aller Altersschichten gehen freudig, singend, für ihren Glauben in den Tod, werden verbrannt, gehenkt, ertränkt, zumindest vertrieben.
Martin Luther King verdankt den deutschen Denkern – und der rationalistischen protestantischen Theologie des 19. Jahrhunderts, die er ablehnt, aber verarbeitet – eine geistige Disziplinierung, einen kritischen, also selbstkritischen Sinn, der ihn immer wieder fragen läßt: »Was habe ich jetzt falsch gemacht? Wo liegen die Grundlagen meines Fehlverhaltens, eines falschen Reagierens?« Der Enthusiast, der Charismatiker Martin Luther King ist auch dies: ein Mann, der denkt, nachdenkt, der sich bemüht, in die für ihn so schwierigen Zusammenhänge der religiösen, rassischen, politischen, wirtschaftlichen Probleme einzudringen, die das Riesenreich USA bewegen, zum Brennen – der Städte und der Menschen –, zum Bürgerkrieg, kalt und heiß, entzünden. Mit der Nase wird er auf diese ihm, wie er betroffen gesteht, so lange verborgene Problematik gestoßen, bis er in Chicago und anderen Städten des Nordens bemerkt, daß dort das Negerelend oft noch schreiender, verzweifelter, hoffnungsloser ist als in seinem geliebten Süden – und daß diese große

Not untrennbar mit massiven politisch wirtschaftlichen, industriellen Positionen der herrschenden weißen Schichten und Machtgruppen verbunden ist.
Der junge Martin, »Mike« genannt, verdankt zudem nicht wenig seiner Berührung mit der Social Gospel-Bewegung, die das Evangelium als Frohbotschaft für die Armen, Elenden, die Massen der Unterprivilegierten verstand – und im frühen 20. Jahrhundert stark auf Theologen und Pfarrer evangelischer Kirchen einwirkte. Dann aber Gandhi! Martin Luther King versteht seine eigene Lehre als eine – sehr amerikanische, wie er überzeugt ist – lebendige Verbindung von Christentum und den Lehren Gandhis. »Ich bin früh dazu gekommen, zu sehen, daß die christliche Lehre der Liebe – arbeitend mit der Methode Gandhis von der Gewaltlosigkeit – eine der stärksten Waffen für den Neger in seinem Kampf um Freiheit ist . . . In anderen Worten, Christus schuf mir den Geist (er versteht diesen als Heiligen Geist) und die Motivierung, Gandhi gab mir die Methode.«
Die Methode des Kampfes. Martin Luther King versteht seine Bewegung des gewaltlosen Widerstandes als eine Praktizierung von Satyagraha, die er mit der Agape nahezu gleichsetzt, mit »hartal« (Gandhis Generalstreik), und »ahimsa«, indischer Achtung allen Lebens. Satyagraha: in indischer spiritueller Erfahrung bedeutet sie die Einwurzelung in den tiefsten, unverletzbaren Schichten, ja noch tiefer, im göttlichen Urgrund des Menschen, so daß dieser unverletzbar, unzerstörbar wird durch gewalttätige Angriffe anderer Menschen. Sein Indienbesuch, Februar bis März 1959, bezeugt ihm sowohl dies: Nehru und seine Tochter Indira Gandhi und andere indische Politiker bewegen sich recht ferne von Gandhis Froher Botschaft und leidensbereiter Praxis, dennoch lebt in Indien (noch) viel von Gandhis Geist, seinem gewaltlosen Widerstand.
Nonviolence: unübersetzbar ins Deutsche, ist im Amerikanischen ein leuchtendes Wort, verbunden mit heroischen Erfahrungen – nicht zuletzt im vierhundertjährigen Kampf der Quäker –, ein Wort, um das der Strahlenkranz der großen Verheißung liegt: sie werden ihre Schwerter umschmieden zu Pflügen . . . Das Reich ist nahe, ist hier, heute überall dort präsent, wo diese Tat des Großen Friedens gewagt wird. Widersteht nicht . . .
Martin Luther King schmiedet dieses Wort um – ohne ihm seine Strahlkraft und seine geschichtliche Wirkmacht nehmen zu wollen – zu seinem gewaltlosen Widerstand. Gewaltloser Widerstand: ein Fremdwort in unseren Landen, auch in deutschsprachiger Fassung, da geschichtliche Traditionen hier nicht bestehen. Nun: Im Oktober 1981 hat die Brasilianische Bischofskonferenz beschlossen, die Kampagne der Brüderlichkeit 1983 unter das Thema »Nein zur Gewalt« – »Bewältigung der Gewalt durch aktive Gewaltfreiheit« zu stellen. Das Brasilianische Sekretariat für Gerechtigkeit und Gewaltlosigkeit wurde aufgefordert, an der Erarbei-

tung der Grundlagen mitzuwirken. In einem Land, das von Terror birst, ist diese programmierte Aktion, die konkret vor allem auch den rechtlosen Landarbeitern und Landlosen gilt, deren »Stellung« miserabler ist als die der Neger in den USA in den Lebenstagen des Martin Luther King, nicht ohne sein Wirken zu verstehen.

King kämpft. Seine Frau Coretta erinnert sich: »Wir waren keine ›passiven Widerständler‹. Wir waren eine militante Organisation, die gerade die Gewaltlosigkeit für die stärkste verfügbare Waffe hielt. Die gewaltlose Bewegung leistete einen echten und dauernden Beitrag zum Leben dieser Nation und ist noch immer mächtig und wirksam. Martin und seine Kollegen bildeten die Spitze jener, die auf direkte Konfrontation zwischen der gerechten schwarzen Sache und der weißen Machtstruktur drängten. Solange er lebte, tat mein Mann sein Bestes, ein Blutbad zu verhindern.«

Direkte Konfrontation: Durch die großangelegten Märsche, mitten hinein ins Herz von Städten, die den »Boy« (so wird der Neger allgemein angesprochen), den »Nigger« (so sprechen ihn seine Mörder an), in ein rechtloses Getto verweisen. Kampf ums Mitfahren im städtischen Autobus, Kampf um einen Stehplatz (dann erst Sitzplatz) in öffentlichen Lokalen, Restaurants. Kampf schließlich um Wahlberechtigung. Hier treffen sich Martin Luther King und seine Bewegung mit der weißen Bürgerrechtsbewegung, die ihrerseits durch Märsche in den Süden den großen Kampf aufnimmt.

1960 ist das Jahr der studentischen sit-ins, um lunch counters (Stehhallen, Imbißecken) und Restaurants zu integrieren. Es begann in Greensboro, als Joseph McNeill, ein Student, in einem lunch counter an der Bushalle nicht bedient wurde. Sein Zimmergenosse Ezell Blair jr. zeigte ihm ein Buch, das über Martin und den Busboykott erschienen war. Aus dieser »Episode« entstand das Student Nonviolent Committee (SNCC, »Snick« genannt) in einer dreitägigen Zusammenkunft, die am Karfreitag, dem 15. April 1960, in der Shaw University in Raleigh, North California, begann.

Karfreitag: Martin Luther King versteht sich als ein Karfreitag-Mensch: Der Christ stirbt mit Christus, folgt ihm nach, wird mit ihm auferstehen. Diese Auferstehung geschieht aber bereits hier auf Erden: in Gottes eigenem Land, Amerika, das zu einer Hölle gemacht wurde – durch Haß, Gewalttätigkeit, zunächst im Innern. In seinen letzten Jahren befaßt sich Martin Luther King mit dem Export dieser Hölle durch die amerikanische Kriegsmaschine, nach Asien, in andere Kontinente. Während dieser Studentendemonstrationen wird das Lied gesungen, das zum Symbol wird: »unsere Hymne, die ›Marseillaise‹ der Bewegung.« »We shall overcome«, ursprünglich ein Kirchenlied der Neger, wurde zuerst von schwarzen Textilarbeitern gesungen, fand dann in den vierziger Jahren in Tennessee Verbreitung und wurde schließlich von den Studenten, dann

von der Bürgerrechtsbewegung und schließlich auch in Europa aufgegriffen. Sie singen es (denken wir einen Moment an die singenden »Ketzer« zurück, die im Rhein ertränkt, die in ganz Europa verbrannt wurden, und sangen, sangen, sangen). Die Demonstranten singen es angesichts von Polizei, Hunden, Wasserwerfern, in Gefangenentransporten, in den Gefängnissen des ganzen Südens – die Martin Luther King nun immer wieder von innen kennenlernt, als Häftling.
»We shall overcome« ist das Lied des »Großen Traumes«, den Martin Luther King immer wieder neu formuliert, in Predigten, in Reden, in schriftlicher Selbstdarstellung. Vor den Augen und Ohren der ganzen Nation, so im Rahmen des Washington-Marsches vom 28. August 1963. King wußte, daß Millionen, auch Präsident Kennedy, am Fernsehschirm zusahen. In der Einführung zu Kings Rede nennt ihn A. Philip Randolph »den moralischen Führer der Nation«. Leader: unübersetzbar, das ist der inspirierte christliche Führer einer Heilsgemeinde (»Christian Leadership«, die bekannte weiße konservative Vereinigung von Bossen ist ein Abglanz). 250 000 Menschen skandieren nun, mit ihren Rufen, die Predigtrede Martin Luther Kings. Hart und klar zunächst dies: »Statt seine heiligen Verpflichtungen zu erfüllen, hat Amerika den Negern einen ungedeckten Scheck gegeben. Wir sind heute hier, um diesen Scheck einzulösen, und wir sind nicht bereit, zu glauben, daß auf der Bank der Gerechtigkeit kein Geld sei.«
So steht es in seiner geschriebenen Rede, so sagt er es auch. Dann aber spricht er frei, spricht sich frei: »Ich versichere euch, trotz der Schwierigkeiten, die sich heute und morgen vor uns türmen, habe ich noch immer einen Traum. Einen Traum, der tief verwurzelt ist im Traum Amerikas (Kommentar: dieser American Dream, seine Wiedergeburt, war auch das Ziel der radikalen amerikanischen Jugend- und Studentenbewegung in der Mitte der sechziger Jahre). Ich habe einen Traum, daß sich diese Nation eines Tages erheben wird, daß sie den wahren Sinn ihres Credos leben wird: Wir halten diese Wahrheit für selbstverständlich, daß alle Menschen gleich erschaffen sind.« – »Ich habe einen Traum, daß eines Tages auf den roten Hügeln Georgias die Söhne der ehemaligen Sklaven und die Söhne der ehemaligen Sklavenhalter in der Lage sein werden, sich zusammen an den Tisch der Brüderlichkeit zu setzen.« – »Ich habe einen Traum, daß eines Tages jedes Tal erhöht und jeder Hügel und Berg abgetragen sein wird. Daß die rauhen Orte geglättet und die gewundenen Orte begradigt werden.« – Der Redner nimmt als Prediger die messianische Vision der Propheten Alt-Israels auf, die in den Spirituals, in den enthusiastischen Gemeindegottesdiensten immer wieder den Glauben und die Hoffnung entzündet hatten. – »Wenn wir den Namen der Freiheit von jeder Stadt und jedem Weiler, von jedem Staat und jeder Metropole erschallen lassen, dann werden wir wirklich den Tag herbeirufen, da alle Kinder Gottes, ob schwarz oder weiß, ob sie Juden, Protestanten,

Katholiken oder Heiden sind, sich die Hände reichen und die Worte des alten Negro Spirituals singen können: Endlich frei! Endlich frei! Großer allmächtiger Gott, wir sind endlich frei!«
Martin Luther King »weiß« da noch nicht, daß er die Endzeit seines Lebens, nach schweren Schlägen, vielfachem Scheitern in den auf das Jahr 1963 folgenden Jahren, damit verbringen wird, seine Bewegung aus- und umzubauen zu einer Menschenrechtsbewegung, die für die entrechteten Minderheiten aller Rassen, für die Indianer, Mischlinge, die mexikanischen Landarbeiter, die Puerto-Ricaner, die proletarisierten Weißen im Süden und Norden, gegen die Trennung der christlichen Kirchen, für Friede in dieser einen Welt kämpfen will. Er weiß nicht – was jedoch seinem Motiv hier genau entspricht – daß auf seinem Grabstein eben dies stehen wird: »Free at last; free at last; thank God. Almighty, I am free at last.«
Jahr des Sieges 1963: Martin Luther Kings großer Erfolg in Birmingham, der reichsten Stadt Alabamas, wo sich der größte Teil der weißen Bevölkerung und die städtischen Beamten jeder Form einer Integration der Neger besonders hart widersetzt haben, gibt Präsident John F. Kennedy den Auftrieb, so daß er es wagt, jene Gesetzesvorlagen in Senat und Kongreß einzubringen, die sein Nachfolger Lyndon B. Johnson als »Heiliges Vermächtnis« Kennedys einlöst. Kein Präsident zuvor, nicht einmal Abraham Lincoln, der Vater der Negerbefreiung, hatte es gewagt, so offen die Einlösung der versprochenen Bürgerrechte der Schwarzen zu fordern – und sie nun durchzusetzen, wie jetzt Johnson. Es war verständlich, daß weiße und schwarze Freunde, Anhänger Kings, Männer der Bürgerrechtsbewegung in Kings seit 1965 immer offener bekundeten Pazifismus, der zu seinem Engagement gegen den Vietnamkrieg führte, einen Dolchstoß gegen den Präsidenten Johnson sahen.
Nicht minder wuchs die Bedrohung Kings an durch die Faszination, die in seinen letzten Lebensjahren Black Power, eine Bewegung radikaler junger Neger, die an das Heil aus der Gewalt glauben, auszuüben begann. Brennende Städte, brennende Schulen, brennende Menschen. Die Ermordung ihres Führers Malcolm X (King traf sich öfter mit ihm, die beiden verstanden sich persönlich gut, schätzten einander) goß Öl in die brennenden Wogen. Stokely Carmichael, bedeutendster Führer von Black Power, hatte selbst als Nonviolence-Kämpfer begonnen, an der Seite von King. Martin Luther King gelang es, in Chicago, in direktem, ganz persönlichem Einsatz, junge radikale Negerbanden zu Frieden, Friedengeben zu bewegen.
Im Kampf in Chicago sprach sich der katholische Erzbischof John P. Cody öffentlich für King aus. Martin Luther King, der sich sehr Martin Luther – mit dem er wenig Ähnlichkeiten aufweist – verbunden fühlt und seinen Anschlag von Bürgerrechtsforderungen am Rathaus von Chicago, am 27. August 1966, mit Luthers (legendärem) Thesenanschlag zusam-

mensieht, hat ein sehr unbefangenes Verhältnis zu Katholiken. Er kniet, weinend, ergriffen, betend in St. Peter in Rom (Privataudienz bei Papst Paul VI.), sieht in dessen Reden in den USA und vor der UNO eine Bestätigung seines Kampfes.
»Wir sind alle Kinder Gottes, Weiße und Neger, Katholiken, Protestanten, Juden, Ungläubige, Heiden.« Das ist die Ökumene der Zukunft, die Martin Luther King in seinen amerikanischen Traum integriert. In der Bedrängnis seiner Endzeit wächst jedoch immer noch die große Sorge, »daß Amerikas Seele völlig vergiftet ist«. »Eine Nation, die Jahr für Jahr mehr Geld für militärische Verteidigung als für sozialen Fortschritt ausgibt, nähert sich dem geistigen Tod« (Rede am 4. April 1967). Etwas Gehetztes, Überhastetes bekundet sich in dieser Endzeit des überforderten Mannes. Er weiß, daß er seiner Ermordung entgegengeht. Letztes Geschenk für seine Frau, 12. März 1968: künstliche Blumen (»sie halten sich ja!«). Er sagte es seiner Frau voraus: »Dieses Jahr wird es geschehen.« Und den Freunden: ». . . Ihr müßt vorbereitet sein, weiterzumachen.« Agonie – und Freude: kritische Beobachter bemerken, daß sein Aussehen in dieser Endzeit etwas »Löwenhaftes« annimmt!
Memphis, 4. April 1968: ein Weißer erschießt ihn. Gedenkreden bezeugen: Millionen Amerikaner haben ihn gehaßt, Millionen haben ihn geliebt. Was bleibt? Es geschah dies: die ohne sein Wirken kaum so »rasche« Verabschiedung der Bürgerrechtsgesetze von 1964 und 1965. Es bleibt die offene Wunde: Amerika, eine friedlose Welt. Es bleibt ein wirkliches Vorbild, verkörpert durch einen Mann, der immer wieder bekannte: »Es war ein Irrtum . . . Ich habe da einen großen Fehler gemacht.« Und dann weitermachte, um es »besserzumachen«.

Aus den Schriften von Martin Luther King:

Es gehört zu den großen Passiven der Geschichte, daß allzuviele Menschen in großen Zeiten des Wandels nicht wach bleiben. Jede Gesellschaft hat ihre Beschützer des Status quo und ihre Bruderschaften der Gleichgültigen, die dafür bekannt sind, Revolutionen zu verschlafen. Aber heute hängt unser Leben selbst von der Fähigkeit ab, wach zu bleiben, uns neuen Ideen anzupassen, wachsam zu sein und uns der Aufforderung zum Wandel zu stellen. Das große Haus, in dem wir leben, verlangt, daß wir diese weltweite Nachbarschaft in eine weltweite Bruderschaft verwandeln. Gemeinsam müssen wir lernen, als Brüder zu leben, oder wir werden gezwungen sein, als Toren zu sterben . . . Jeder Mensch lebt in zwei Welten, der inneren und der äußeren. Die innere ist die Welt der seelischen Ziele, die in der Kunst, der Literatur, den Sitten und der Religion zum Ausdruck kommen. Die äußere Welt ist dieser Komplex von Geräten, Techniken, Mechanismen und Mitteln, mit deren Hilfe wir leben. Es ist eines der großen Probleme der Menschheit, daß wir an einer

Armut des Gemütes leiden, die in schreiendem Gegensatz zu unserem wissenschaftlichen und technologischen Überfluß steht. Je reicher wir materiell geworden sind, desto ärmer sind wir moralisch und seelisch geworden. Wir haben zugelassen, daß die innere Welt in der äußeren untergegangen ist . . .
Einer der unausrottbarsten Widersprüche, mit denen wir es zu tun haben, ist, daß jeder vom Frieden spricht, daß aber bei den Machthabern der Frieden praktisch niemandes Sache ist. Die großen Machtblöcke reden leidenschaftlich davon, während sie ihre schon angeschwollenen Rüstungsbudgets erhöhen, ihre schreckenerregenden Armeen noch vergrößern und immer verheerende Waffen erfinden. Die Führer aller Nationen lassen zum Sammeln für den Frieden blasen; aber sie kommen zum Friedenstisch begleitet von Räubern mit blanker Waffe.

DICHTER, KÜNSTLER, MAHNER

Lebenseinsatz für den Frieden

Ein Widerspruch pflanzt sich durch Generationen fort: Obwohl alle Völker in Frieden leben wollen, gibt es kaum etwas Ehrenrührigeres, mitunter Lebensgefährlicheres, als sich ernstlich um die Erhaltung dieses Friedens einzusetzen. Ganz offenkundig entspringt dieser Zwiespalt der Verfassung des Menschen selbst, der zwar die höheren Werte der Sitte und Kultur kennt und anstrebt, teilweise auch immer wieder zu verwirklichen vermochte, zugleich aber als robustes Naturwesen sich seine Lebensrechte nur widerwillig einschnüren und schon gar nicht nehmen läßt. Mit diesem inneren Konflikt beladen, bringt er seine eher verhängnisvolle als schöpferische Geschichte hinter sich. Leicht ließe sich an ihr ablesen, daß Frieden kein Geschenk der Natur sein kann, auch nichts mit Schlaf und Gleichgültigkeit zu tun hat, sondern Anstrengung verlangt, ja sogar kämpferisch erfochten werden muß. Denn unverbindliches Friedensgerede taugt nicht viel, wenn es geflissentlich dem Vorwurf aus dem Weg geht, mit jenen »dekadenten Pazifisten« und »spinnigen Friedensaposteln« im Bunde zu sein, die das Naturrecht des Menschen und der Völker verachten. Damit ist die innere Front schon gezeigt, der alle gegenüberstehen, die den äußeren Fronten der Kriege eine sittliche Rechtfertigung absprechen, ja das Kriegführen überhaupt als primitive Instinkthandlung ablehnen. Es hat diese kämpferischen Anwälte des Friedens zwar immer schon gegeben, auch ihr Ziel – die Kriegsächtung – blieb gleich, nur die Stafettenläufer, die einander die Parole aushändigten, lösten sich ab.

Wir haben unter ihnen drei Gestalten aus der jüngsten Vergangenheit ausgewählt, christliche Vorkämpfer und Vordenker, denen ihr Einsatz für den Frieden gesellschaftliche Ächtung, bei Dag Hammarskjöld vermutlich sogar den Tod einbrachte. Bertha von Suttner und Reinhold Schneider lösten, ohne je gehässig gewesen zu sein, eine solche Flut feindseliger Verleumdung aus, als ob sie sich an den heiligsten Gütern der Nation vergriffen hätten. Dabei galt ihre Warnung nicht so sehr der Herstellung von Kanonen und Bomben, als der seelischen Verwilderung, der Überfütterung mit den Greueln des Feindbildes, das anstelle höherer, etwa christlicher Impulse nur noch Platz ließ für die Erhabenheit des Dreinschlagens. Die hochgepeitschte Verrohung des Gemütes, das war ihr Ärgernis; denn jeder Krieg bedarf einer suggestiven Vorbereitung, in der psychisch labile Völker gegeneinander aufgeputscht werden. Hinterher, wenn die Toten ausgezählt, die Krüppel über die Familien verteilt, die Bombenschäden statistisch aufgenommen sind, reden alle von seinem Verhängnis und der eigentlich in jedem Menschen schlummernden Sehnsucht nach Frieden. Diesen Frieden aber, im Hinblick auf die emotionale Anfälligkeit der Menschen, frühzeitig und konstruktiv aufzubauen, wie es Reinhold Schneider versucht hat, als Wegweisung in eine emotionale Durststrecke, das wurde auch nach dem letzten Weltkrieg schon bald wieder als verräterisch gebrandmarkt. Ein paar Jahre erfolgreichen Wiederaufbaus, des Wegsterbens der Invaliden, des verteidigungswerten Wohlstands – und schon wurde eine neue Wiederbewaffnung fällig.

Um unsere gegenwärtige Situation anzusprechen: Keiner wird um Zustimmung gebeten, ob die Supermächte mit ihrem gefügigen oder widerwilligen Anhang zu Lasten des Lebens eine maßlose Geldvergeudung mit immer neuen Waffensystemen betreiben, ob sie ihre veralteten Bestände den Völkern der Dritten Welt, die freilich in ihrem Unverstand gierig danach greifen, andrehen sollen oder nicht. Das alles beim Namen zu nennen, ist auch heute wieder ehrenrührig, obwohl jedermann beobachten kann, daß die Völker, die gegeneinander aufgeboten werden sollen, einander gar nicht hassen, ja für gezielte Stimmungsmache sogar immun erscheinen. Natürlich übersieht kein Vernünftiger den sowjetischen Expansionsdrang. Doch entbindet ihn das nicht, den Friedenswillen neu artikulieren zu helfen, damit er keine dumpfe Sehnsucht bleibt, sondern, aufgerüstet mit den Waffen der Vernunft und unbehelligt vom Scheitern früherer Vorkämpfer, eine neue Wachheit in die Zukunft einbringt. Europa hat die lange Epoche hinter sich gebracht, in der seine Völker aufeinanderschlugen; sollte es nicht auch imstande sein, die Welt mit dem »Bazillus« des Miteinander zu infizieren? Der mit Reinhold Schneider lebenslang befreundete, inzwischen verstorbene Autor Curt Winterhalter hat uns als letzte Arbeit dessen Lebensbild beschrieben. Friedrich Heer schildert die heroische Friedensarbeit Bertha von Suttners. Gerhard Wehr, mit Person und Werk Dag Hammarskjölds wohlvertraut, lieferte dessen informatives Porträt.

Friedrich Heer

Bertha von Suttner

Gegnerin des Militarismus

Im Jahre 1951 wandte sich »Das Gewissen Deutschlands« (wie ihn Theodor Heuss und Edzard Schaper namhaft machten), Reinhold Schneider, mit einem verzweifelten Appell an eine Öffentlichkeit, die er nicht erreichte. Er sah seine geliebten Deutschen in neue Rüstung, neuen Krieg schlittern. »Das Erfinden, das Denken, das Herstellen der Waffen ist Sünde. Das erschütternde Thema unserer Tage ist: das Versagen des christlichen Gewissens. Aber auch der Glaube versagt . . .« Die Christen – zunächst Europas – und der große Krieg: bis über den Zweiten Weltkrieg hinaus bewegt sich christliche Kriegstheologie in den Bahnen der alten Lehre vom »gerechten Krieg«, bewegt sich die Politik der Großkirchen und die Kriegspredigt der Männer der Kirche, nicht nur der Feldbischöfe, in den Bahnen eines Nationalismus, der in allen Uniformen die Devise trägt: »Gott mit uns.«

Es sind, vom 16. Jahrhundert an, von den Tagen des Erasmus, des Paracelsus, des Sebastian Franck, in den Passionsgeschichten von Täufern, dann von Quäkern immer wieder Außenseiter, religiöse Nonkonformisten, die zum Teil direkt an die vorkonstantinische Theologie und Praxis anknüpfen: der Christenmensch darf keine Waffen tragen. Es sind Außenseiter wie Theodor Haecker, Friedrich Wilhelm Foerster, Ferdinand Ebner, die tief erschrocken die Greuel des Ersten Weltkrieges als Greuel der Christenheit erleben. Der »Friedenspapst« Benedikt XIV. wurde furchtbar angegriffen – so von französischen Theologen. Das einzige Ehrenmal, das ihm gesetzt wurde, schufen ihm islamische Türken, dankbar für seine Bemühungen um einen Frieden, der ihren Staat nicht restlos zerstückeln sollte.

»Pazifismus« ist heute noch ein Scheltwort, zumindest eine vielverdächtigte Sache suspekter Gesellen, wie die heißen Auseinandersetzungen 1981 in der Bundesrepublik zeigten. »Friedensvettel«, »Friedensfurie«, »Friedens-Bertha« wurde sie von konservatistischen christlichen Kreisen genannt, als »Irre«, als »Wahnsinnige« diffamiert. Eine Frau, die von einem christlichen Gewissen beseelt war, das mit Entsetzen die Kriegswütigkeit gerade von Christen in Europa erlebte.

Bertha von Suttner wurde am 9. Juni 1843 – fünf Jahre vor der Schlacht bei Custozza-Solferino, deren Gemetzel im Blick auf das blutige Elend der verblutenden, ganz unversorgten Soldaten den Schweizer Bankier Henri Dunant zur Gründung des Roten Kreuzes bewegten – auch er ein Außenseiter und Vielgeschmähter bis zu seinem Tod – in Prag als Tochter des Feldmarschalleutnants Graf Kinsky geboren. Ein Kinsky wurde mit Wallenstein 1634 in Eger ermordet. Der »alte Wurzbach«, der klassische Biograph Altösterreichs, charakterisiert die Kinskys: »So sind auch die Kinskys ein ganz merkwürdiges Geschlecht, auf welchem Gebiete immer man ihnen folge, nirgends eine Mittelmäßigkeit, und selbst dann, wenn sie sich gegen die bestehende Ordnung der Dinge auflehnen, selbst dann stehen sie noch groß da und finden durch ihre Tatkraft und Überzeugungstreue, wenn nicht unsere Anerkennung, so doch unsere Bewunderung.«

Zwei Brüder ihres Vaters sind ebenfalls Generale. Die Mutter, eine geborene von Körner, ist mit dem Freiheitssänger Theodor Körner verwandt. – Die junge Bertha ist ein lebenslustiges, vitales Mädchen und bleibt es bis an ihr Lebensende, bis zu restloser Erschöpfung. Sie stirbt in den Sielen bei Ausbruch des Ersten Weltkrieges, eine lebensfrohe Frau, die eine riesenhafte Arbeit auf sich nimmt – eingekreist von allen Seiten. Die Sechzigjährige, dann die bald Siebzigjährige, spricht auf großen Vortragstourneen oft täglich, manchmal mehrmals täglich. 1905 (das Jahr, in dem die Russische Revolution beginnt – von vielen übersehen in seiner Tragweite!) spricht sie in 68 Tagen in einunddreißig Städten des Deutschen Reiches. 1912 spricht sie auf einer sechsmonatigen Tour durch die Vereinigten Staaten in mehr als einem halben Hundert von Städten, oft in einer Stadt vor Zuhörern sehr verschiedener Gesellschaftsschichten.

Bertha von Suttner eröffnete ihren eigenen Lebenskampf mit dem Kampf um die Gewinnung ihres Mannes: sie heiratet, gegen den Widerstand ihrer Familie, als Dreißigjährige, als Erzieherin im Haus des Barons Suttner, den um sieben Jahre jüngeren Sohn des Hauses, Arthur Gundaccar von Suttner. Die heimliche Trauung erfolgte am 12. Juni 1876 in der Pfarrkirche St. Ägyd in Wien-Gumpendorf. Das Paar geht in den Kaukasus, zu einer fürstlichen Bekanntschaft, die Bertha in Paris gemacht hat, wohin sie als Sekretärin Alfred Nobels ging – auf eine Zeitungsannonce hin. In Tiflis (denken wir kurz an den jungen Georgier dort in jenen Jahren, den Priesterkandidaten, den Seminaristen Dschugaschwili, Stalin) entstehen einige ihrer Romane *(Kinder des Kaukasus)*. Ihre Maxime: »Es gibt nur einen Grundsatz der Moral, und derselbe heißt Wahrheit« (1883 im Roman *Inventarium der Seele*). Sie stimmt restlos überein mit Marie von Ebner-Eschenbach: »Es gibt keine Religion, die höher ist als die Wahrheit!« Im ersten Heft der Zeitschrift der Münchener Moderne, »Die Gesellschaft«, die unter Führung von M. G. Konrad gegen falsche Konventionen, gegen die Verlogenheit der wilhelminischen Gesellschaft kämpft, erscheint, in Form eines Streitgesprächs, ihr Aufsatz: *Wahrheit und Lüge*.

Bertha von Suttner erlebt, wie da für diese eitlen, aggressiven Männer, die sich bereits brüsten, den kommenden großen Krieg vorzubereiten, eine Lebenslüge regiert: »Gott« ist für sie und für viele andere nur ein Deckname, hinter dem sich ihre sehr egoistischen Interessen, Ängste,

Süchte, Haßinstinkte verbergen. Bertha von Suttner befaßt sich in ihren frühen Romanen und Erzählungen und Aufsätzen mit »Zeitfragen« wie: Sozialismus, Antisemitismus, Darwinismus, Entwicklungslehre, Demokratie, Revolution, Bibelkritik. Vielleicht wäre sie als eine Allerweltschriftstellerin gestorben, wenn in ihr nicht ein Gewissen – ein sehr christliches, nonkonformistisches Gewissen – im täglichen Umgang zunächst mit ihren Standesgenossen – mit diesen Kriegsgenossen also – immer stärker ergriffen worden wäre von der Erfahrung: in diesen Männern wächst der Krieg. Wenn wir heute die Kriegsschriften der beiden letzten Jahrzehnte *vor* 1900 durchblättern, können wir entsetzt erschrekken: hier wird offen vom kommenden »Weltkrieg«, von kommenden – für Deutschland notwendigen Weltkriegen – geschrieben – eine »Forderung des Tages«!

Bertha von Suttner erlebt dies: die Lethargie, den stumpfen Sinn der Massen, die anerzogene Kriegsgläubigkeit der Frauen, die Aggressivität von Professoren, denen sie als Schwärmerin, als Utopistin erscheint, von Theologen, denen sie als »unfromm« und »gottlos« erscheint – von Generalen, denen ihre Forderung »unrealistisch« vorkommt. Sie wendet sich also an die Massen: mit ihrem Roman *Die Waffen nieder*. Zeitungen und Zeitschriften lehnen einen Vorabdruck ab. Ebenso schicken eine ganze Reihe von Verlegern das Manuskript zurück. Der erste Verleger, der dann wagt, es zu drucken, erbittet wenigstens eine Titeländerung. Die Suttner lehnt ab.

Die Waffen nieder. Ende 1889 erscheint die erste Auflage in einer Höhe von 1000 Exemplaren. 1905, als Bertha von Suttner den Friedensnobelpreis erhält (die Stiftung des Nobelpreises erfolgte auf ihre Initiative hin), liegt die 37. Auflage vor. Das Buch wird in fast alle europäischen Sprachen übersetzt. In Rußland erscheint es in fünf verschiedenen Ausgaben. Es geht seinen Weg um die ganze Welt, bis Japan. Leo Tolstoj, der große, in Europa bis heute ebenso bewunderte wie gehaßte Dichter der Gewaltlosigkeit, der große Lehrer Gandhis, schreibt ihr: »Der Abschaffung der Sklaverei war das berühmte Werk einer Frau, H. Beecher-Stowe, vorausgegangen. Gott möge es so fügen, daß die Abschaffung des Krieges ihrem Werk folge.« Gott? Was ist das, damals, für die allermeisten Christen? Der Gott der Deutschen, Russen, Franzosen.

»Epilog 1889«: So heißt das letzte Kapitel in dem Roman *Die Waffen nieder*. In diesem Jahr 1889 spielt sich noch etwas ab: die Pariser Weltausstellung. Jules Verne schildert in *Robur der Sieger* einen Diktator-Übermenschen des Maschinenzeitalters. Der Engländer T. R. Stockton beschreibt in *The Great War Syndicate* einen Weltkrieg naher Zukunft. Zwischen dem Weihnachtsabend von 1888 und dem Epiphanietag von 1889 bricht in Turin Friedrich Nietzsche zusammen: Auf letzten Zetteln fordert er die Einberufung eines Friedenskongresses nach Rom – und die Erschießung aller Antisemiten. In Rußland erscheint der Roman *Ägypti-*

sche Finsternis von Viktor Petrovic Klyschnikow: das Dokument eines mörderischen Antisemitismus, der Wegbereiter der Pogrome im Ausgang des Jahrhunderts, die Millionen Ostjuden nach Westen treiben (in Wien hatte der Gatte der Bertha von Suttner mit adeligen Standesgenossen einen Verein zur Bekämpfung des Antisemitismus gegründet).

»Epilog 1889«: Im Januar erschießt sich Kronprinz Rudolf, der heute in führenden deutschen Presseorganen als »Chaot« diffamiert wird: Er wollte den kommenden Weltkrieg verhindern durch ein Bündnis von Österreich-Ungarn mit Frankreich und England, mit einem liberalen Deutschland unter Führung Kaiser Friedrichs I., der ihm tief verbunden war. Im Kronprinzen, nunmehr Kaiser Wilhelm II., sieht Rudolf den Mann, der in den Abgrund führt. Am 18. Mai hält Bismarck seine letzte Reichstagsrede. Er hatte sich in seinen späten Jahren gerne mit seiner alten Idee von der »konstruktiven Auflösbarkeit« des Reiches befaßt, sah seine eigene Reichsgründung als eine Mißgeburt an. Am 20. April wird Adolf Hitler geboren.

In Vorbereitung ihres Romans studiert Bertha von Suttner Berichte über die Feldzüge von 1859, 1864, 1866, 1870/71, die Memoiren von Generalen, Aufzeichnungen von Chirurgen, Militärärzten, der Gesellschaft des »Roten Kreuzes«, arbeitet in Archiven und Bibliotheken: die diplomatischen Depeschen, die in dieser Kriegszeit gewechselt werden, prüft sie ebenso wie die Berichte von Kriegsteilnehmern. Am stärksten ergriffen aber wird sie durch die Kriegstheologie, die Kriegsliturgie, die das »Ritual« der Schlachten als gottgewollte Opferungen von Menschen verherrlichen. In ihrem Kapitel *1866* greift sie das große Thema auf, das der exkommunizierte Theologe und Kirchenhistoriker Alfred Loisy (zeitlebens tief verbunden mit deutschen Kirchenhistorikern) 1915 auf seiner Kathederkanzel in der Sorbonne – in Notre-Dame hielten gleichzeitig führende Theologen ihre Haßpredigten – behandelt: den Kampf der »christlichen« Kriegsgötter gegeneinander.

Ein Gott der Liebe? Die Kirche: Sie kann in diesem Weltzeitalter der Kriegsgläubigkeit, der Kriegsfrömmigkeit bestenfalls dies sein: ein Hilfslazarett, ein Notlazarett. So sieht sie Bertha von Suttner in der nach der Schlacht bei Königgrätz als Notlazarett eingerichteten kleinen böhmischen Kirche: sie ist überbelegt mit Schwerverwundeten, mit Sterbenden. »Und *das* war der Tempel des Gottes der ewigen Liebe – das waren die wundertätigen Heiligen, welche da in den Nischen und an den Wänden fromm die Hände falteten und ihre Köpfe unter dem goldstrahlenden Glorienschein emporhoben? . . . O Muttergottes, heilige Muttergottes . . . einen Tropfen Wasser, erbarme dich! hörte ich einen armen Soldaten flehen. Das hatte er zu dem buntbemalten, tauben Bild wohl schon tagelang vergebens gebetet. – O ihr armen Menschen, ehe *ihr* nicht dem Gebot der Liebe gehorcht, das ein Gott in eure Herzen gelegt hat, werdet ihr immer vergebens die Liebe Gottes anrufen – solange unter *euch* die

Grausamkeit nicht überwunden ist, habt ihr von himmlischem Mitleid nichts zu hoffen . . . «
Bertha von Suttner erkennt: »Gott« ist in dieser heute noch so »mittelalterlichen« Welt für viele Menschen noch ein riesiger Tarnname, ein Deckname für das, was unbewußt im ungereiften Triebleben im Untergrund der Person gärt. Der »Vater« erklärt der Protagonistin in *Die Waffen nieder* wieder einmal, nach dem Tod eines neuen Kriegsopfers ihrer eigenen Verwandtschaft: »Weil Gott es so gewollt, mein Kind.« Und sie antwortet: »Gott – immer Gott! . . . Daß sich doch alle Torheit, alle Wildheit, alle Gewalttätigkeit der Menschen hinter diesem Schilde birgt: ›Gottes Wille!‹« – Der Vater verteidigt den »Gott der Schlachten«: »Er ist es, der uns befiehlt, das Schwert zu führen, Er ist es.« – »Als dessen Willen die Menschen immer dasjenige dekretieren«, unterbrach Tilling, »was sie getan sehen wollen – und dem sie zumuten, ewige Gesetze der Liebe erlassen zu haben, welche Er – wenn die Kinder das große Haßspiel aufführen – durch göttliches ›Gilt nicht‹ aufhebt. Genau so roh, genau so inkonsequent, genau so kindisch wie der Mensch, ist der jeweilig von ihm dargestellte Gott.«
Bertha von Suttner erkennt sehr klar einen Zusammenhang, den Tiefenpsychologen, Ärzte, Pädagogen, Politologen erst in der Gegenwart in seiner ganzen makabren Vernetzung erkennen: Infantilismus seelisch unreifer Männer, Re-Infantilisierung und Re-Pubertisierung, Verkindischung und Zurückkoppelung in pubertäre psychische Strukturen – im Religionsunterricht, in der Predigt, im »patriotischen« Schulunterricht der Lehrer – all dies bildet die massive Basis für die Hetze, die Haßpropaganda, die von »oben« her gemacht wird.
1912 sieht sie, von San Franzisko aus, auf dieses »dunkle Mitteleuropa«, Zentraleuropa: »Unsere Staatskirche, das ist keine Straße für freie Diskussionen. Die Presse ist das Werkzeug des Kriegsministeriums. Die Schule drückt unseren Buben mit ihren Büchern Gewehre in die Hand.«
»Ein Gewehr«, »ein Schwert«, eine »Pistole«: sie sind Verkörperungen eines aggressiven Phallus, eines »Machismo«, eines Männlichkeitswahnes, der keineswegs auf Südamerika beschränkt ist. Diese »Buben« verspotten diese große Frau, beschimpfen sie, einer von ihnen verfaßt ein »Gedicht« gegen ihr Werk *Die Waffen nieder*:

»Darum haltet fest den Säbel in der Rechten,
Laßt nimmer ihn entsinken eurer Hand,
Und ruft die Not, dann seid bereit zu fechten,
bereit zu sterben für das Vaterland.«

Nun, dieser junge Mann wäre kurz darauf fast ganz zerbrochen, seelisch zerbrochen, in seiner Militärschulzeit – und erlebte den Ersten Weltkrieg als einen Wahnsinn: Rainer Maria Rilke.
In diesem Jahr 1912 – sie sieht, wie die Kriegspropaganda immer mehr

Menschen ergreift, der große Krieg in der Luft liegt, verfaßt sie ihre Schrift über *Die Barbarisierung der Luft*, in der sie schildert, was im Zweiten Weltkrieg über Europa, über Japan hereinbricht. Diese große Frau war nicht nur lebensfrommer, menschenfrommer, gottfrommer (ihr Gott: ein Gott der Liebe), sondern auch nüchterner, technisch nüchterner: Sie schätzte die Vernichtungskraft der Waffen, die für die Kriege der nahen Zukunft erfunden werden würde, weit höher ein als jene französischen Generale, die 1914 nur mit der »arme blanche«, dem weißen Säbel, nicht mit der verachteten Artillerie kämpfen wollten und höher als jene deutschen Generale, die geringschätzig auf den Panzerwagen sahen – eine österreichische Erfindung der Vorkriegszeit, die aber nicht praktiziert wurde.

In ihrer Rede vor dem norwegischen Reichstag am 18. April 1906 – es ist ihre Nobelpreisrede – schildert sie die Kriegssituation am Beginn dieses, unseres Jahrhunderts: überall alte und neue Brände. Sie sieht zwei Weltanschauungen miteinander ringen: »Da wird man gewahr, daß mitten unter dem kochenden, drohenden Alten das verheißende Neue sich emporringt, gar nicht mehr vereinzelt, gar nicht mehr schwach und formlos, sondern schon viel verbreitet und lebenskräftig. Ganz unabhängig von der eigentlichen Friedensbewegung, die ja selber mehr ein Symptom als die Ursache der sich vollziehenden Wandlung ist, geht ein Prozeß der Internationalisierung, der Solidarisierung der Welt vor sich.« Bertha von Suttner verweist auf »die sich verzweigenden und international durchdringenden Interessengemeinschaften, die gegenseitige wirtschaftliche Abhängigkeit . . .« Nüchtern – durchaus gegenwartsnah (heute!) spricht diese Frau, die keine »wilde Fanatikerin« ist, sondern täglich im Druck, unter der Wucht der Angriffe auf ihre Person und ihr Werk lebt – und ihren Kampf kämpft.

»Als mich Roosevelt am 17. Oktober 1904 im Weißen Haus empfing, sagte er zu mir: ›Der Weltfriede kommt, er kommt gewiß, aber nur Schritt für Schritt.‹ Und so ist es auch. So deutlich erkannt, so scheinbar naheliegend und leicht erreichbar ein Ziel auch winkt, der Weg dahin kann nur Schritt für Schritt zurückgelegt, und unzählige Hindernisse müssen dabei überwunden werden. Und hier handelt es sich noch dazu um ein Ziel, das von vielen Millionen noch gar nicht gesehen wird, von dem unzählige Menschen entweder nichts wissen oder das sie als eine Utopie betrachten. Mächtige Interessen sind auch damit verbunden, daß es nicht erreicht werde, daß vielmehr alles beim alten bleibe. Und die Anhänger des Alten, des Bestehenden, haben einen mächtigen Bundesgenossen an dem Naturgesetz der Trägheit, an dem Beharrungsvermögen, das allen Dingen innewohnt, gleichsam als Schutz gegen die Gefahr des Vergehens. Es ist kein leichter Kampf, der noch vor dem Pazifismus liegt . . .«

»Die Anhänger des Alten.« Ich sitze hier in Wien – um die Ecke der

»Bertha-von-Suttner-Platz« (ein halbes Jahr später wird er, nach der Besetzung durch die Männer Hitlers, seinen Namen verlieren), bei der alten Baronin Suttner, einer Verwandten der Bertha von Suttner, Herbst 1937. Und wir sprechen über die seelische Bedrängnis, die Bertha von Suttner bis zu ihrem Lebensende bewegte, verstörte: Christen, Kirchen-Christen wollten nie verstehen, standen immer wieder auf der anderen Seite . . .

1912 sagt Bertha von Suttner den Frauen von San Franzisko: »Die Friedensbewegung hat drei verschiedene Aspekte: Als *Religion* handelt sie von unsern Pflichten gegenüber Gott und den Menschen und wendet sich an unsere edelsten Gefühle der Liebe und des Erbarmens für alles, was in unseren Seelen göttlich ist. Als *Wissenschaft* gründet sie ihre Argumente auf die Geschichte, auf die Statistik und auf die Staatswissenschaft, auf die natürlichen Gesetze der Harmonie und des Fortschritts. Als *Feldzug* weckt sie in unseren Herzen die Energie zum Wettstreit, die Entschlossenheit zum Sieg, die leidenschaftliche Verachtung der Lügen, des Wahnsinns und der Grausamkeiten der anderen Seite. Als Religion predigen wir sie; als Wissenschaft lehren wir sie und im Feldzug kämpfen wir für sie.« In Amerika hat sie Gelegenheit, vor evangelischen Frauen die religiöse Motivation der Friedensbewegungen anzusprechen. In Europa gab es kein Podium, kein Forum, keine Tribüne, keine öffentliche Gelegenheit für sie, vor christlichen Frauen zu sprechen . . .

27. Juni 1981, abends. Ich spreche mit Mairead Corrigan, der irischen Friedensnobelpreisträgerin, in Graz. Wir beide sind Gäste und Sprecher im Rahmen des Steirischen Katholikentages. Diese kleinwüchsige, zarte Frau drückt mir dann ihre Nobelpreismedaille in die Hand. Sie führt, mit Frauen, aber auch mit Männern, den Kampf der Bertha von Suttner weiter. Ihr Peace Movement kämpft »für eine Friedensgesellschaft, in der die Tragödien, die wir kennen, eine böse Erinnerung und eine ständige Warnung sind«.

»Wieviel Angst macht der Friede?« – Titel der Mai-Nummer 1981 des »Radius«, der Vierteljahrschrift, herausgegeben von der »Evangelischen Akademikerschaft in Deutschland«. Hier ein Bericht von Gerhard Thomas: »Friedensarbeit der Kirchen in der DDR, in Holland und in England.« Es geht um »Einübung in Friedensfähigkeit«. Diese »Einübung in Friedensfähigkeit« wurde von Bertha von Suttner vorbildlich verkündet, gelebt, erlitten. Sie stirbt, völlig erschöpft, kurz vor Beginn des Ersten Weltkrieges, am 21. Juni 1914 in Wien. Eine Woche vor dem Attentat in Sarajevo. Unerschütterlich ihr Glaube: »Das 20. Jahrhundert wird nicht zu Ende gehen, ohne daß die menschliche Gesellschaft die größte Geißel, den Krieg, als legale Institution abgeschafft haben wird.«

Wie sieht heute der Gott aus, der hinter dem Glauben an den Krieg, als Heil, als Rettung, von Christenmenschen und anderen berufen wird? Wie sieht der Gott aus, an den eine Bertha von Suttner und ihre geistigen und spirituellen Söhne und Enkel glauben? Zwei Gottesbilder stehen einander gegenüber, wie in den Tagen des jungen Juden aus Galiläa, dessen zweitausendster Geburtstag bedenklich, drohend näherrückt.

Gerhard Wehr

Dag Hammarskjöld

Ein Leben für den Frieden

Das Verlangen nach originärer, unmittelbarer geistig-religiöser Erfahrung hat sich im letzten Drittel des 20. Jahrhunderts auf eine für viele überraschende Weise artikuliert: Die einen fühlten sich gedrängt, »auszusteigen« und der modernen Zivilisation mit ihren Streß- und Niedergangserscheinungen zu entfliehen, indem sie sich irgendeine alternative Lebensweise zu eigen machten. Andere pilgerten geistig nach Osten und versenkten sich in ferne asiatische Geisteswelten. Wieder andere suchten durch die Droge ihr Bewußtsein zu erweitern und zu außerordentlichen Erfahrungen zu gelangen, die mit einem Schritt über die Schwelle des Alltagsbewußtseins verbunden sind. Eine überaus vielgestaltige Meditations- und Psychowelle riß Ungezählte mit, nachdem sich gezeigt hatte, daß die Versuche einer nur nach außen gerichteten Weltveränderung letztlich nicht zu dem gesuchten oder doch ersehnten Ziel führen.
In diesen und ähnlichen Zusammenhängen entdeckte man eine längst vergessene Tradition spiritueller Erfahrung im Christentum, die Mystik und die christliche Theosophie. Allzu lange hatte man darunter lediglich eine alte Form christlicher Frömmigkeit verstanden, die bestenfalls das Interesse der Religionshistoriker, der Kirchengeschichtler und Philologen zu erwecken vermochte. Das Erstaunliche geschah, Meister Eckart und Johannes Tauler, Jakob Böhme, Angelus Silesius und viele andere begannen von neuem zum heutigen Menschen zu sprechen. Nein, eine Massenbewegung war nicht zu erwarten, wenngleich die Mystikertexte von einst viele Leser fanden; Texte, denen die wenigsten die Bedeutung und Aussagekraft zugetraut hätten, die sie in der Tat bergen. Und wo unmittelbare Erfahrung bezeugt wird, wo schließlich dieses Zeugnis zum Menschen spricht – er mag dem Autor von einst noch so fern sein –, da wird der »garstige Graben« der Geschichte überbrückt. Das Wort eines mittelalterlichen Mönchs oder die Schau des Görlitzer Schusters und Philosophus teutonicus, sie werden mit einem Male aktuell, mögen noch so viele Schleier darüber liegen. Eine Frage wird immer wieder gestellt: Mystische Tradition in der Christenheit, ja; wo aber sind die Mystiker von heute? Wer sind sie? Welche Sprache sprechen sie?

Man schreibt den 17. September 1961. In N'dola, unweit der Grenze von Katanga in Afrika, stürzt ein Flugzeug ab; ein Unfall, dem ähnliche vorausgingen und nachfolgten. Es ist die Zeit der sogenannten Kongo-Krise. Belgien hatte seine afrikanische Kolonie in die Unabhängigkeit entlassen. Die Kongo-Armee meuterte. Die Provinz Katanga erklärte ihre eigene Unabhängigkeit. Der kongolesische Regierungschef Lumumba rief indes die Vereinten Nationen an und bat sie um Beistand. Die Weltorganisation entsandte UNO-Truppen in das Krisengebiet. Ihr Generalsekretär, der Schwede Dag Hammarskjöld, begab sich selbst in die Feuerzone, um zwischen den rivalisierenden Parteien zu vermitteln und Blutvergießen zu vermeiden. Mit seinem persönlichen Engagement setzte er sich über die Tatsache hinweg, daß auf höchster diplomatischer Ebene, von der Sowjetunion angestachelt, ein Kesseltreiben gegen ihn im Gang war. Er ging jedoch davon aus, daß man letztlich nicht seine Abberufung verlange, sondern daß allein die politischen Interessen der Weltmächte im Spiel waren.
So war am 17. September 1961 Dag Hammarskjöld mit einem Flugzeug von Leopoldville aus gestartet, um mit einem Mitarbeiterstab in N'dola über einen Waffenstillstand zu verhandeln. Dazu konnte es nicht mehr kommen. Die Maschine stürzte ab. Neben dem ausgebrannten Wrack des UNO-Flugzeugs fand man die Leiche des Generalsekretärs. Die Ursache des Absturzes blieb ungeklärt. Der Friedensstifter war ein Opfer der Kriegführenden geworden. In den obligatorischen Gedenkreden und Nachrufen beginnt man – je nach Interessenlage und momentaner Opportunität – den Verlust zu beklagen. Aber wer ist der nachträglich Gefeierte, dem man posthum den Friedensnobelpreis nachreicht, eigentlich?
Die Frage drängt sich aus mancherlei Gründen auf. So kennen ihn seine Partner im politischen Tagesgeschäft als einen ernsten, kühl wirkenden, überaus distanzierten Verhandlungspartner. Sein schwedischer Landsmann und enger Freund Sven Stolpe, dem wir eine eindrucksvolle Persönlichkeitscharakteristik *(Dag Hammarskjölds geistiger Weg)* verdanken, bestätigt diesen Wesenszug, indem er die seltene Reinheit und Integrität dieses in außergewöhnlichem Maß einsamen Mannes hervorhebt: »Dag sprach wie durch eine Glasscheibe.« – Ein anderer Grund, nach dem eigentlichen Dag Hammarskjöld zu fragen, ergibt sich aus einer Reihe von Indizien: So berichtet einer seiner schwedischen Mitarbeiter, der Chef habe mit ihm noch kurz vor jenem letzten Flug, auf dem Flugplatz von Leopoldville, über den Begriff der Liebe in der mittelalterlichen Frömmigkeit gesprochen. Und als man den Schreibtisch des tödlich Verunglückten untersucht, da findet man *Die Nachfolge Christi* des Thomas von Kempen (Thomas a Kempis) aufgeschlagen daliegen. Noch bedeutsamer ist die Hinterlassenschaft in Hammarskjölds New Yorker Wohnung: ein Manuskript mit dem schwedischen Titel *Vägmärken*, zu

deutsch: Wegmarken oder Zeichen am Weg; kein politisches Vermächtnis, sondern ein überaus persönliches Tagebuch, zugleich ein religiös-spirituelles Vademecum, das den vielbeschäftigten Politiker auf Reisen, Konferenzen und Zusammenkünften auf höchster internationaler Ebene begleitet haben muß. Da liest man: »Mitten im Gelärm das innere Schweigen bewahren. Offen, still, feuchter Humus im fruchtbaren Dunkel bleiben, wo Regen fällt und Saat wächst – stapfen auch noch so viele im trockenen Tageslicht über die Erde in wirbelndem Staub. Verstehen – durch Stille, Wirken – aus Stille, Gewinnen – in Stille.«

Reflexionen, Meditationen eines Stoikers des 20. Jahrhunderts oder eines Mönchs in der Verkleidung eines Diplomaten, eines Mönchs, der ein unsichtbares Kloster – »mitten im Gelärm« – in sich hat? – Dag Hammarskjöld entstammt einer Familie von Gutsbesitzern, Beamten und Offizieren. Am 29. Juli 1905 wird er in Jonköping geboren. Der Vater, Hjalmar Hammarskjöld, war ein hoher schwedischer Regierungsbeamter und während des Ersten Weltkriegs Ministerpräsident. Der hochbegabte Sohn studiert Literaturgeschichte und Philosophie, promoviert und habilitiert sich jedoch in Volkswirtschaft. Seinem eigenen Zeugnis zufolge ist er in den Grundsätzen und mit den Idealen einer Zeit aufgewachsen, die alles andere als »modern« angesehen werden können. Der Familientradition wie der wissenschaftlichen Qualifikation entsprechend eröffnet sich ihm die Karriere eines Regierungsbeamten, ehe er in das höchste Amt berufen wird, das die Weltorganisation der Vereinten Nationen zu vergeben hat. Was er dafür an persönlich-moralischer Ausstattung mitbringt, hat Hammarskjöld so beschrieben: »Von Generationen von Soldaten und Verwaltungsbeamten väterlicherseits erbte ich den Glauben, daß kein Leben befriedigender sei als das des selbstlosen Dienstes für Vaterland oder Menschheit. Dieser Dienst erfordert das Opfer aller persönlichen Interessen, aber zugleich den Mut, unbeugsam für seine Überzeugung einzutreten. Von Gelehrten und Geistlichen mütterlicherseits erbte ich den Glauben, daß in dem wirklich radikalen Geist der Evangelien alle Menschen gleich sind als Kinder Gottes und so von uns betrachtet und behandelt werden müssen.«

Das ist eine Äußerung des Neunundvierzigjährigen. Seit einem Jahr, das heißt, seit 1953, hat er das Amt inne, von dem sein norwegischer Vorgänger einmal gesagt hat: »Die Aufgabe des Generalsekretärs der UN ist das unmöglichste Amt auf Erden.« Kennzeichnend für Ethos und Geistesart dieses Generalsekretärs sind zwei weitere Äußerungen, die Dag Hammarskjöld an seine Selbstcharakteristik anfügt: Zum einen ist es die Ethik eines Albert Schweitzer, in der er den Idealen und Postulaten wiederbegegnet, die ihm von der Familientradition her vertraut sind. Es ist das Leitbild strenger Pflichterfüllung und einer religiös motivierten Menschen- und Kreaturliebe. Hammarskjöld geht es aber offenbar nicht allein darum, sich zu der in aller Welt anerkannten Lebensleistung des

Urwalddoktors zu bekennen. Ihm geht es ebenso um die Klärung der Frage, »wie ein Mensch ein Leben aktiven gesellschaftlichen Dienens in vollkommener Übereinstimmung mit sich selbst als Mitglied der Gemeinschaft das Geistesleben schaffen soll . . .«
Woher nimmt er die hierfür erforderliche Orientierung? Hammarskjölds Auskunft mag – nun nicht mehr – überraschen: Er hat diese Erklärung »in den Schriften der großen mittelalterlichen Mystiker gefunden. Für sie war ›Selbsthingabe‹ der Weg zur Selbstverwirklichung. Sie fanden in der ›Einsamkeit des Geistes‹ und in der ›Innerlichkeit‹ die Kraft, ja zu sagen, wo immer sie sich den Forderungen ihrer bedürftigen Mitmenschen gegenübergestellt sahen. – Liebe, dieses oft mißbrauchte und falsch verstandene Wort, bedeutete für sie nichts als das Überfließen der Kraft, von der sie sich erfüllt fühlten, wenn sie in wahrhaftigem Selbstvergessen lebten. Und diese Liebe fand ihren natürlichen Ausdruck in einer bedenkenlosen Erfüllung ihrer Pflicht und in einer uneingeschränkten Hinnahme alles dessen, was das Leben ihnen persönlich an Mühen, Leiden – oder an Beglückung – brachte.« – Ist das nur ein Nachsinnen über das Wesen mittelalterlicher Frömmigkeit oder versucht sich der Schreiber dieser Zeilen nicht vielmehr über sich selbst und über seinen eigenen Weg klarzuwerden? In den Tagebuchblättern des Zwanzigjährigen heißt es zunächst:

»Weiter treibe ich
hinaus in fremdes Land.
Beinhart die Erde.
Eisluft beißender Kälte.
Berührt vom Winde
meines unbekannten Ziels
zittern die Saiten
im Warten.«

Aber warten worauf? Es folgen die Zeilen:

»Morgen treffen wir uns,
der Tod und ich –
er wird seinen Degen stoßen in einen wachen Mann.«

Da ist die Rede vom »Jasagen zum Tod«: da fragt sich einer, ob er den Mut habe, seinen Weg »zu Ende zu gehen«, hinaus zu gehen, »um nackt den Tod zu treffen«, schutzlos, vereinsamt, gefährtenlos dem uneingestandenen, unabweisbaren Begleiter ins Antlitz zu blicken, nachdem der Weg »zu jemandem«, im besonderen der Weg zur Lebensgefährtin verschlossen ist. Nicht nur das; die Gemeinschaft mit denen, die in gleicher Weise mit der Erfahrung der Tiefe ringen, ist ihm versagt. Ist es da ein Zufall, daß den von Ich-Einsamkeit Versehrten das Thema nicht loslassen will, das Martin Buber in seinem Werk *Ich und Du* umkreist hat und das

Dag Hammarskjöld durch eine Übersetzung seinen Landsleuten zugänglich machen will? Ist es ein Zufall, wenn wir von Knut Hammarskjöld, dem Neffen, hören, daß diese Übersetzungsarbeit die kargen Mußestunden der letzten Lebenszeit erfüllt haben müsse? Tatsächlich hat Hammarskjöld damit begonnen, die Bubersche Grundschrift *Ich und Du* ins Schwedische zu übertragen.

Die Todesfrage und das Scheitern seines Versuchs, zu einer vollen menschlichen Begegnung zu gelangen, erhält eine neue Dimension: in den Texten taucht das Wort »Kreuz« auf und der Begriff »Opfer«. Aber nicht um bloße Reflexion geht es dem Tagebuchschreiber. Seine Eintragungen tragen Mal um Mal das Stigma eines ebenso geduldigen wie entschiedenen existentiellen Ringens und Erleidens. Denn, so heißt es einmal: »Nicht das macht die Einsamkeit zur Qual, daß es keinen gibt, der meine Last mit mir teilt, sondern dies: daß ich allein meine eigene Last zu tragen habe.« Und weiter: »Müdigkeit betäubt den Schmerz und lockt den Tod. So kannst du suchen, die Einsamkeit zu überwinden, eingeladen schließlich zur Flucht aus dem Leben. Dies nicht! Der Tod mag deine abschließende Gabe an das Leben sein, nicht ein Betrug.« Und dann die Selbstermutigung: »Bete, daß deine Einsamkeit zum Stachel werde, etwas zu finden, wofür du leben kannst, und groß genug, um dafür zu sterben. Gib mir etwas, um zu sterben dafür!«

Mit einem auf das eigene Ich fixierten Heroismus dürfen derlei Äußerungen nicht verwechselt werden. Denn längst hat der Vereinsamte sein Du gefunden. So notiert der Schreiber am Tag seiner Ernennung zum Generalsekretär der UNO nicht etwa: es ist erreicht! – vielmehr weist er von seinem eigenen Ego weg und formuliert in Anlehnung an Paulus (Galater 2,20): »Nicht ich, sondern Gott in mir . . . Wer sich Gottes Hand überlassen hat, der steht den Menschen frei gegenüber, ganz frei, weil er ihnen das Recht gab, zu verurteilen.«

Keine Frage, hier begegnen wir einem Menschen, der Alltag und Amt als eine einzige große Übung, als ein geistliches Exerzitium begreift. Dieses Exerzitium ist klar auf Christus bezogen, auf seine Passion, die bis in das Leben eines jeden hineinreicht, der die Christusnachfolge antritt. Schon einige Jahre vor der Ernennung, etwa um 1949, findet sich die Stelle: »Um Bürden batest du – und wimmertest, als du beladen wurdest. Dachtest du dir eine andere Last? Glaubtest du, das Opfer sei anonym? Das Opfer der Opferhandlung ist, als sein Gegenteil beurteilt zu werden.«

Unmittelbar daran anschließend findet sich ein Wort, das sich erst dann erschließt, wenn man den engen Christusbezug voll berücksichtigt: »O Caesarea Philippi: Die Verurteilung als Frucht und Voraussetzung des Einsatzes hinzunehmen, dies hinzunehmen, wenn man seinen Einsatz erkennt und wählt!« Caesarea Philippi ist gemäß Markus 8,27 ff. der Ort, an dem Jesus seinen Jüngern sein wahres Wesen enthüllt, nämlich das Wesen dessen, der den Weg zum Kreuz antritt und der damit die wahre

Bedeutung der Christusnachfolge einsichtig macht. Das Tagebuch der *Wegmarken* dokumentiert Stationen auf dem Weg nach innen, so wie einst Jakob Böhme »sich selbst zum Memorial« geschrieben und seinen eigenen »Prozeß« aufgezeichnet hat. In einem ähnlichen Sinn hält er Sentenzen von Meister Eckart fest, etwa Worte wie: »Gott unser Ziel, fürwahr!« oder die Lehre von der Gottesgeburt im Seelengrund. Und immer wieder die Vergegenwärtigung der Passion Christi, die für Hammarskjöld wie für jeden Mystiker nicht vergangene Geschichte ist, sondern sich ereignende Gegenwart. Daher die starke Betonung des »Jetzt« und »Hier«, etwa in der Karfreitagsbetrachtung des Jahres 1955: »Die dritte Stunde. Und die neunte –. Das ist *jetzt*. Und *jetzt* –. Das *ist* jetzt. Jesus ist im Todeskampf bis zum Ende der Welt, man darf in dieser Zeit nicht schlafen. Und für den Wachenden ist die Ferne gegenwärtig – gegenwärtig auch in Verbindung mit dieser Menschheit, in welcher Jesus jeden Augenblick stirbt in irgendeinem, der dem Weg der inneren Zeichen folgte bis zum Ende. Liebe und Geduld, Gerechtigkeit und Demut, Glaube und Mut, Stille.«

Glaube und mystische Frömmigkeit hat – und zwar nicht nur für Dag Hammarskjöld – mit Wachsein und mit Bewußtseinsklarheit zu tun. Jedenfalls ist sie das genaue Gegenteil von Gefühlsduselei oder nichtwissender Stumpfheit. Was aber nicht zur Tat wird, das hat keinen Wert, und zwar nicht allein für einen Menschen, dessen Dienstauftrag vor aller Augen, ja vor der größten Weltöffentlichkeit zu erfüllen ist. Auch darin gleicht er den alten Mystikern, die – etwa wie Meister Eckart – nicht allein den beschaulichen Mariensinn gelten lassen, sondern die die werktätige Martha nicht weniger hoch einschätzen. »Kampf und Kontemplation« (Roger Schutz) des Christen sind aufeinander bezogen. Nicht anders bei Dag Hammarskjöld, der um 1955 notiert: »Das mystische Erlebnis. Jederzeit: *hier* und *jetzt* – in Freiheit, die Distanz ist, in Schweigen, das aus Stille kommt. Jedoch – diese Freiheit ist eine Freiheit unter Tätigen, die Stille eine Stille zwischen Menschen. Das Mysterium ist ständig Wirklichkeit bei dem, der inmitten der Welt frei von sich selber ist . . . Der Weg zur Heilung geht in unserer Zeit notwendig über das Handeln.« Ein christlicher Mystiker in diplomatischen Diensten, dessen Tagesgeschäfte gleichsam nur die Außenseite eines Handelns auf höherer Ebene darstellen. Und Hammarskjölds Weg nach innen, sein Streben nach unablässiger Gottverbundenheit, dient letztlich nur der Vergewisserung, die nötig ist, um seinem Erdenauftrag samt all ihren schicksalhaften Behinderungen gewachsen zu sein. Dieser Satz ist aber auch umkehrbar: Schicksal und Auftrag fordern immer gebieterischer die Wendung nach innen und die Hinkehr zu Gott. In jedem Fall handelt es sich um das Ja des Glaubens, das sprechen zu können der Tagebuchschreiber übt, als gälte es, eine Kunstfertigkeit besonderer Art zu erlangen. Da kann dann die Freude, die getroste Heiterkeit einkehren, die unter dem 24. Dezember 1956 bezeugt ist: »Freue dich, wenn du fühlst, daß, was du tatest, notwendig war; doch erkenne, daß du auch so nur ein Werkzeug warst für Ihn, der durch dich ein Stückchen zu dem Ganzen fügte, das Er gestaltet zu seinem Ziel.« Verse drängen sich an dieser Stelle auf, die knapp drei Jahre danach geschrieben worden sind und die doch in den unmittelbaren existentiellen Kontext hineingehören. Da heißt es beispielsweise unter dem 13. September 1959:

»Möge ich Opfer sein
für das im Opfer,
was nicht dem Opfer entfloh.

Gott wurde Mann
in dem Geopferten,
als er zum Opfer erwählt ward.

Auslauf verweigert
verwandelt Hitze
Kohle in Diamant . . .«

Das heißt doch: Ein Opfer ist sich selbst nicht genug. Das Ziel, die UNIO MYSTICA, verlangt die Durchgangsstation der Wandlung, der »Transsubstantiation« von »Kohle in Diamant«, eine für den Protestanten Dag Hammarskjöld bemerkenswerte Vorstellung – vielleicht. Doch unnötig zu sagen, daß er längst in ein überkonfessionelles Christentum hineingewachsen ist, und zwar nicht nur, weil er in Stockholm traditionsgemäß die lutherische Kirche, in New York den römisch-katholischen Gottesdienst oder den griechisch-orthodoxen besucht hat. Wichtiger als die Gefäße des Glaubens und die Orte der Gemeinschaft ist das Geschenk der Gottesgegenwart und des Geistes, um den der Autor der *Wegmarken* – wenige Wochen vor seinem Tod – bittet:

»Gib uns
reinen Geist,
damit wir Dich sehen,
demütigen Geist,
damit wir Dich hören,
liebenden Geist,
damit wir Dir dienen,
gläubigen Geist,
damit wir Dich leben.«

DAG HAMMARSKJÖLD:

Im Zentrum unseres Wesens ruhend begegnen wir einer Welt, in der alles auf gleiche Art in sich ruht. Dadurch wird der Baum zu einem Mysterium, die Wolke zu einer Offenbarung und der Mensch zu einem Kosmos, dessen Reichtum wir nur in Bruchteilen erfassen. Für den Einfachen ist das Leben einfach, aber es öffnet ein Buch, in welchem wir nie über die ersten Buchstaben hinauskommen . . .

. . . Die Stellung gibt dir nie das Recht zu befehlen, nur die Schuldigkeit, so zu leben, daß andere deinen Befehl annehmen können, ohne erniedrigt zu werden . . . Uns fehlt die Geduld des Lebens. Wir versuchen unwillkürlich, einen Menschen aus dem Wirkungskreis unserer Verantwortung auszuschalten, sobald der Ausgang des Lebensexperiments in unsern Augen mißglückt erscheint. Aber das Leben vollzieht seine Versuche jenseits der Grenzen unserer Bewertung. Daher zeigt sich auch das Leben manchmal so viel schwerer als der Tod. (Zitat nach Barbara Nordmeyer.)

Curt Winterhalter

Reinhold Schneider

Dichter, Denker und Friedenskämpfer

Alljährlich wird in Freiburg des Angriffs vom 27. November 1944 gedacht, bei dem die Altstadt zum großen Teil zerstört wurde, aber das Münster und sein Turm trotz schwerer Beschädigungen erhalten blieben. Vor einiger Zeit mußte der Schlußstein, der die Funktion hat, das Gewölbe über dem Glockenturm abzuschließen, ausgewechselt werden, da der alte Risse bekommen hatte. Dabei wurde der Wunsch des inzwischen verstorbenen Erzbischofs Hermann Schäufele erfüllt, Reinhold Schneiders Sonett auf dem Turm des Freiburger Münsters in die Platte aus rotem Sandstein in klassischen Großbuchstaben einzumeißeln. Die kreisförmige Umschrift berichtet, der Dichter habe zehn Monate vor dem Angriff auf Freiburg sein Sonett geschrieben. Die Platte wiegt bei einem Durchmesser von 1,80 Metern und einer Stärke von 40 Zentimetern etwa 50 Zentner. Der Text lautet:

Der Turm des Freiburger Münsters
Steh' unerschütterlich herrlich im Gemüte,
Du großer Beter glaubensmächtiger Zeit!
Wie dich verklärt des Tages Herrlichkeit,
Wenn längst des Tages Herrlichkeit verglühte.

So will ich bitten, daß ich treulich hüte
Das Heilige, das du ausstrahlst in den Streit,
Und will ein Turm sein in der Dunkelheit,
Des Lichtes Träger, das der Welt erblühte.

Und sollt' ich fallen in dem großen Sturm,
So sei's zum Opfer, daß noch Türme ragen
Und daß mein Volk der Wahrheit Fackel werde.

Du wirst nicht fallen, mein geliebter Turm.
Doch wenn des Richters Blitze dich zerschlagen,
Steig' in Gebeten kühner aus der Erde!

Wie kaum ein anderer wirkte Reinhold Schneider im Zweiten Weltkrieg als prophetischer Rufer und mitleidender Tröster in der Not seines Volkes. Neben vielen anderen Texten wurden seine Verse berühmt.

Allein den Betern kann es noch gelingen,
Das Schwert ob unsern Häuptern aufzuhalten . . .
Von den Soldaten im Feld und ihren Lieben in der Heimat
Von Hand zu Hand gereicht,
Und es verwundert nicht, wenn sich
die Menschen in Gefahr und Ausweglosigkeit
heute wieder daran erinnern.

Fast ein Vierteljahrhundert seit Reinhold Schneiders plötzlichem Tod ist vergangen. Das Bild des hochgewachsenen, in späteren Jahren von Krankheit gezeichneten Mannes ist bei seinen Freunden und bei vielen, die ihn nur vom Sehen kannten, lebendig geblieben. Sein Leben und Werk – es waren ihm nicht mehr als 30 Schaffensjahre gegönnt – sind nach menschlichem Ermessen unvollendet geblieben. Große Pläne, die nicht mehr ausgeführt werden konnten, lagen noch vor ihm. Da er ein Mensch der durchaus nicht geradlinigen Wandlungen und Entwicklungen war, wäre von ihm noch manches überraschende Werk zu erwarten gewesen. Das Symbol der abgebrochenen Säule, das man manchmal auf alten Grabmälern findet, paßt auf ihn. Und wenn man sich vor Augen hält, was auf den verschiedensten Gebieten des Lebens seit seinem Tod bis heute geschah, sind den Gedanken und Vermutungen, was er zu all dem mit der Integrität und Autorität seiner Persönlichkeit zu sagen gehabt hätte, keine Grenzen gesetzt. Wie nötig hätte unsere Zeit einen Reinhold Schneider.
Reinhold Schneider gehört zu jenen Schriftstellern, bei denen sich Persönlichkeit und Werk gegenseitig durchdringen und ergänzen, bei denen eine einseitige Betrachtung zu Mißverständnissen führen kann, obwohl er selbst in seiner *Autobiographischen Notiz* aus dem fünfzigsten Lebensjahr eher abwehrend erklärt: »An den Lebensumständen eines Autors, für die sich die Öffentlichkeit am meisten interessiert, liegt nicht viel. Entscheidend ist das Wesen der Person, das sich nicht bezeichnen läßt, der an die Person ergehende Auftrag und die Zeit, auf die er gerichtet ist.« Diesem Auftrag fühlte er sich verpflichtet, besonders seit seiner Rückkehr zum Glauben, die neben anderen persönlichen Gründen als

Reaktion auf die Forderungen und Taten der Nationalsozialisten verstanden sein will. Waren seine ersten Bücher bereits – wenn auch zum Teil verhüllte – Bekenntnisse einer starken und großen Seele, so wurden sie es später immer offener und daher wirksamer und blieben es bis zu seinem letzten Werk, dem *Winter in Wien*.

Reinhold Schneider wurde am 13. Mai 1903 als Sohn der bekannten Hoteliersfamilie Schneider-Mesmer in Baden-Baden geboren. Der Herkunft der väterlichen Familie aus dem Erzgebirge und der mütterlichen vom Bodensee – der Arzt Franz Anton Mesmer zählt zu seinen Vorfahren – entsprach die Verschiedenheit der Konfessionen: der Vater war evangelisch, die Mutter katholisch. Die beiden Kinder – Reinhold hatte noch einen Bruder Willy – wurden katholisch erzogen. Das Glück der Geborgenheit in der Familie durfte der sensible Reinhold nur selten erleben. ». . . ein Gasthaus ist nicht Heimat«, sagt er im *Verhüllten Tag*. Es war die Zeit vor dem Ersten Weltkrieg, die der von Gästen aus aller Welt besuchten Bäderstadt ihre eigene Prägung gab.

Die ersten drei Schuljahre wurde Reinhold auf die Privatschule geschickt, danach besuchte er das Realgymnasium. Der Abiturient des Nachkriegsjahres 1921 fühlte sich jedoch bereits »der Bücher müde«, deren Lektüre er sich zunächst »mit leidenschaftlicher Liebe« zugewandt hatte. Er versuchte, als Praktikant in der Landwirtschaft seinen künftigen Beruf zu finden; allerdings mußte er schon nach wenigen Monaten einsehen, daß er dazu nicht geeignet war. Im Herbst 1921 fährt er zu seinem Bruder nach Dresden und beginnt dort eine kaufmännische Lehre in einer graphischen Kunstanstalt, in der er weitere fünf Jahre als Angestellter arbeitete. Er empfand diese Tätigkeit jedoch immer mehr als Fessel. In seiner Freizeit suchte er auf seine ihn bedrängenden Fragen Antwort in der Welt des Geistes. Er lernte mit Eifer fremde Sprachen und las die Werke der Weltliteratur, darunter Platon, Kant, Schopenhauer, Kierkegaard, Nietzsche und Shakespeare. Vor allem war es der Spanier Miguel de Unamuno, der mit seinem Buch über das tragische Lebensgefühl Reinhold Schneider tief beeindruckte. Er fühlte eine innere Verwandtschaft mit dem Mann, der den »Mut« hatte zu »unauflöslichen Konflikten und das Vertrauen auf die Fruchtbarkeit der Dissonanzen«.

Am Beginn der Dresdner Jahre stehen zwei Erlebnisse, die mit ihren Folgen entscheidend auf das Leben Reinhold Schneiders wirkten: Am 8. April 1922 starb der Vater aus Gram über persönliches Unglück mit 55 Jahren. In seiner Verzweiflung suchte der Sohn einen Ausweg in einem Selbstmordversuch. Daß es nicht zu einer Wiederholung kam, verdankt Reinhold Schneider dem Eingreifen einer Frau, die er später in seinem Testament seine »Lebensgefährtin« nannte: Anna Maria Baumgarten (1881–1960). Wie soviel im Leben Reinhold Schneiders endete die Begegnung dieser beiden ungleichen Menschen tragisch, das heißt, sie konnte nicht enden und endete auch nicht. Für den tiefer Blickenden war

es – manche Hinweise, vor allem in den Sonetten dafür – eine einmalige und einzigartige Liebe. Mit Hilfe von Anna Maria Baumgarten entschloß sich Reinhold Schneider 1928 zum Absprung aus dem ungeliebten kaufmännischen Beruf in die Freiheit des Schriftstellers, verbunden mit allen materiellen und geistigen Unsicherheiten einer solchen Existenz. Äußerlich bedeutete dieser Entschluß die Aufgabe des Wohnsitzes in Dresden mit dem Beginn eines unsteten Daseins trotz aller kürzeren oder längeren Aufenthalte unter anderem in München, Göttingen, Potsdam und Berlin. Nach 10 Jahren, in denen Reinhold Schneider sich als Schriftsteller einen Namen gemacht hatte, kehrte er in den Schwarzwald zurück, zwar nicht nach Baden-Baden, sondern nach Freiburg, wo er bis zu seinem Tod in einem alten Haus am Lorettoberg wohnte. Lebenslang verstand er sich als Fremdling, als Gast und Reisender, »der von Stadt zu Stadt getrieben wird und der im Fliehenden selbst als ein Fliehender steht«. Summarisch seien die Stationen dieser Lebensreise genannt: 1928/29 Portugal und Spanien; 1930 Provence, Palma de Mallorca, Madrid, Lissabon, Paris. 1931: über Südtirol nach Italien und Sizilien.
Mehrere Jahre wohnt er in Potsdam und Berlin, mit Unterbrechung durch zwei kurze England- und eine Italienreise. Den Winter 1937/38 verbringt er in Hinterzarten, ehe er sich im milderen Freiburg niederläßt. Von dort unternimmt er letzte Reisen vor dem Krieg nach Italien und Paris, im Krieg selbst noch eine Romreise. Nach dem Zusammenbruch fährt der inzwischen an einem chronischen Leiden Erkrankte von Freiburg aus nur zu kurzen, meist Vortragsreisen. Erst 1955 unternimmt er wieder größere Reisen in den Norden (Dänemark, Finnland, Schweden, Norwegen) und nochmals nach Spanien und Portugal, wo er bis zum Frühjahr 1956 bleibt. Im Sommer 1956 zweite Nordlandreise. Den Winter 1956/57 verbringt er in Baden-Baden. Im Frühjahr 1957 letzte (Flug-) Reise nach Rom und Lissabon. Im Sommer 1957 erste Begegnung mit Österreichs Hauptstadt und vom November bis März 1958 schließlich der *Winter in Wien*. Einen Monat nach der Rückkehr, am 6. April 1958, kommt Reinhold Schneider durch einen Unfall auf der Straße am Ostersonntag in Freiburg ums Leben.
Das Problem der Spannung und des Kampfes zwischen »Weltreich und Gottesreich« (so der Titel eines Vortrags), zwischen *Macht und Gnade* (Gesammelte Aufsätze), zwischen weltlicher und geistlicher Gewalt, hatte Reinhold Schneider schon beschäftigt, ehe er als Schriftsteller an die Öffentlichkeit trat. Es sollte ihn bis in sein Werk *Winter in Wien* begleiten. Schon 1931 schreibt er ein Buch über *Innozenz den Dritten*, das – damals aus zeitbedingten Gründen von seinem Verleger abgelehnt – erst 1960 nach seinem Tod veröffentlicht wurde. Mit Innozenz ist der Träger der höchsten geistlichen wie weltlichen Machtentfaltung genannt, dem in Franziskus der Erneuerer unbedingter Armut im Geist Chrsiti und seines Evangeliums entgegentrat. Zwanzig Jahre später, in für Reinhold Schnei-

ders wohl schwerster Zeit der Verleumdungen aufgrund seiner Friedensliebe, beschäftigt ihn das Ringen zwischen diesen beiden Gegnern, die sich im Grunde – im Dienst für die Kirche – einig waren, noch einmal, und zwar in Form eines Dramas. *Innozenz und Franziskus* wurde 1954 – mit nachhaltigem Erfolg – in Essen in Anwesenheit des mit Schneider seit langem befreundeten Bundespräsidenten Theodor Heuss aufgeführt. Man bewunderte den Dramatiker Reinhold Schneider, der den beiden großen Gegenspielern Innozenz und Franziskus gerecht wurde. Seine Liebe und Verehrung galt freilich keinem anderen Heiligen so sehr wie Franziskus, über den er wiederholt geschrieben hat. Ein anderer Name ist mit dem Anspruch auf höchste päpstliche Gewalt verbunden: Bonifaz VIII.

Dessen Vorgänger Zölestin V., der im Geist der Befriedung und Gewaltlosigkeit die Kirche regieren wollte und scheiterte, hatte auf sein Amt verzichtet. (Die Kirche hat ihn heiliggesprochen, Dante verdammte ihn in die Hölle!) Reinhold Schneider erhielt für sein Drama *Der große Verzicht* 1957 den ersten Preis beim Dramatikerwettbewerb der Bregenzer Festspiele zuerkannt. Die Vorbereitung der Uraufführung durch das Burgtheater war der Anlaß für seinen Aufenthalt in Wien im Winter 1957/58. Die Aufführung in Bregenz im Sommer 1958 und die Übernahme des viele Male gespielten Dramas in das Burgtheater erlebte Schneider nicht mehr. »Zu spät« – wie oft hat man diese Klage aus dem Mund des Dichters gehört!

Tat und Verzicht, Macht und Verantwortung, Herrschaft und Dienst waren die großen Lebensthemen Reinhold Schneiders. Das Werk über den spanischen König Philipp II. (1931) trägt den bezeichnenden Untertitel *Religion und Macht*, das zwei Jahre später erscheinende Buch über die Hohenzollern hat einen ähnlichen Untertitel: *Tragik und Königtum.* Reinhold Schneiders Bild vom Herrscher ist geprägt vom Gedanken des Opfers. Dessen dem heutigen Menschen fremdes Symbol ist die Krone. In *Winter in Wien* notiert er das Wort des in Sarajevo ermordeten Thronfolgers Erzherzog Franz Ferdinand, wonach die Habsburgerkrone immer eine »Dornenkrone« gewesen sei. Mit solcher Auffassung von der Ausübung und Verwaltung der Macht, der sich Reinhold Schneider anschloß, isolierte er sich oftmals von allgemein geltenden Tendenzen, was gewiß auch nicht zu seinem Nachruhm beitrug, aber vielleicht sind es mehr Menschen, als es den Anschein hat, die in seinem Werk auf solche und ähnliche Fragen Antwort suchen. Leider konnte Schneider die letzten Pläne einer Darstellung der drei großen Reiche – des deutschen, des russischen und des britischen – nur mit der letztgenannten, *Das Inselreich*, verwirklichen.

Nach den Königen nennt Schneider in seinem Sonett *Der Spur der Toten bin ich nachgegangen* die Dichter, die ihm vorausgegangen sind und deren Weg er mit oft brüderlichem Verständnis folgt. Ein wenig bekannter Dichter steht am Anfang dieser großen Schar. Ihm begegnete der junge Reinhold Schneider auf seiner ersten Reise nach Portugal: Luis Camoes, dem er sein erstes Buch widmete. Sein Schicksal spiegelte für Reinhold Schneider den *Untergang und die Vollendung der portugiesischen Macht*, wie ein weiterer seiner treffenden Untertitel den Inhalt des Buches zusammenfaßt. Katastrophe und Verklärung stehen für Reinhold Schneider nahe beisammen. Der Auftrag des Dichters besteht darin, die »Grabschrift« seines Volkes zu schreiben. Einer mündlichen Äußerung Reinhold Schneiders aus dem Jahr 1939 zufolge, hat er in seinem Buch über Camoes schon alles gesagt, was ihm aufgegeben war. Hatte sich Reinhold Schneider seit Mitte der dreißiger Jahre in zahlreichen Rezensionen über Neuerscheinungen vor allem auf historischem, biographischem und literarischem Gebiet geäußert, so setzt er später seine Studien in Einzelpublikationen über die Dichter fort, deren Persönlichkeit und Werk ihn besonders berührte. Es sind meisterhafte Essays, die ihm hier gelungen sind: Die *Wende* Clemens Brentanos, Eichendorffs *Weltgefühl*, *Der Lebenskampf* der Droste, *Das Schicksal* Nikolaus Lenaus, Hölderlins *Deutschlandbild*, Novalis und der Tod, Kleists Ende, Goethes Glaube, um nur einige zu nennen. Unaufhörlich beschäftigten ihn die griechischen Tragiker, Shakespeare, Calderón, Corneille, Racine und Molière. Claudel widmete er einen größeren Essay. Von den zeitgenössischen Schriftstellern standen ihm nicht wenige nahe und waren ihm in Freundschaft verbunden: Werner Bergengruen, Ernst Wiechert, Otto Heuschele, Rudolf Alexander Schröder, Otto Freiherr von Taube, Bernt von Heiseler, Leopold Ziegler, Eduard Spanger, Erich Przywara und der Autor der ersten größeren Publikation über ihn: Hans Urs von Balthasar. In seiner Potsdamer Zeit lernte er aufgrund gleichzeitiger Beschäftigung mit der Geschichte der Hohenzollern Jochen Klepper kennen, dessen Selbstmord mit der jüdischen Familie seiner Frau zu den stärksten Erschütterungen in Schneiders Leben zählte. Eine Fülle von Namen und Beziehungen, die mit dem Hinweis auf Gottfried Benn abgeschlossen sei, mit dem er zu später Zeit ein Gespräch über das Thema: »Soll die Dichtung das Leben bessern?« führte.

Den dritten Kreis der Gestalten, denen sich Reinhold Schneider zuwandte, bildeten die Heiligen. Schon in seinem Werk über Philipp II. widmete er jeweils ein Kapitel den Heiligen der Gegenreformation: Ignatius von Loyola, Teresa von Ávila und Johannes vom Kreuz. Schon früh hatte er sich in der Form der historischen Erzählung geübt, und gewiß bilden die später entstandenen Erzählungen über diese drei Heiligen Höhepunkte in seinem Werk. Ihnen treten zur Seite der schon erwähnte Franz von Assisi, aber auch weniger bekannte Männer und Frauen wie Benedikt Labre *(Vor dem Grauen)* und Franziska von Chantal, der deutsche Papst Leo IX. *(Der fünfte Kelch)*, der Jesuitenpater Friedrich von Spee *(Der Tröster)* und Thomas Morus *(Der Traum des Heiligen)*. Rein-

Dag Hammarskjöld Als Generalsekretär der Vereinten Nationen unermüdlich und an allen Brennpunkten der Welt im Einsatz für die Erhaltung des Friedens. Nach seinem möglicherweise gewaltsamen Tod 1961 mit dem Friedensnobelpreis ausgezeichnet. In seinen Schriften und Tagebüchern erweist er sich als überzeugter Christ und kundiger Verfechter des Friedens.

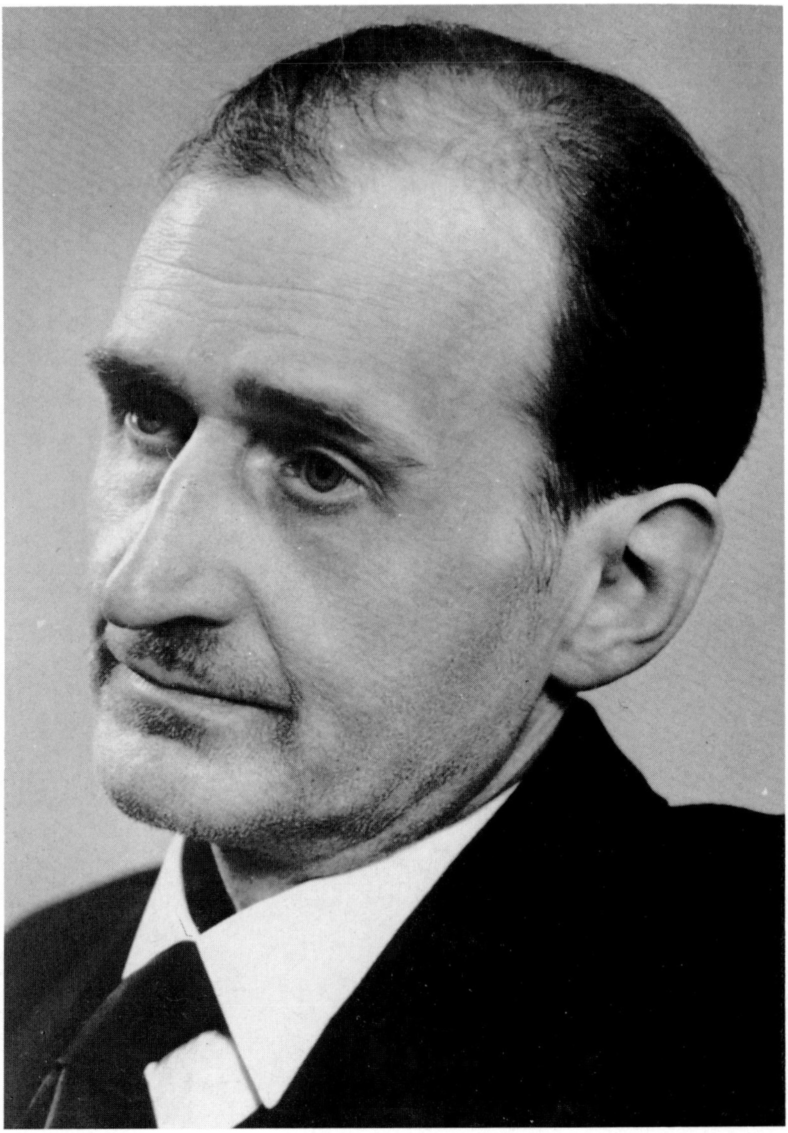

REINHOLD SCHNEIDER Religiöser Denker, Dichter und Vorkämpfer für den Frieden. Im Krieg und besonders in der Nachkriegszeit von großem Einfluß. Mit seinen Büchern erhellt er entscheidende Abschnitte der abendländischen Geschichte und Gegenwart. Seine Friedensbemühungen ließen ihn jedoch bald vereinsamen. Er starb am Ostersonntag 1958 auf der Straße.

Johann Sebastian Bach Deutscher Komponist von höchstem Rang. Seine Oratorien und Passionen, Chöre, Orgelwerke und Orchestersuiten, auch die h-Moll-Messe, zählen zu den größten Schöpfungen der Tonkunst. Bach verbindet innige Frömmigkeit mit meisterhafter Kunst. Der christliche Gottesdienst verdankt Bach seine erhabensten Feierstunden.

Wolfgang Amadeus Mozart Unvollendetes Gemälde, das als das »schönste« Mozartbild gilt. Der »Musiker der Liebe« und Komponist religiöser Werke von unvergänglicher religiöser Tiefe zählt zu den größten Genien der Menschheit.

hold Schneider wählte daneben für seine Porträts die Form des Essays: Martin von Tours, Papst Gregor der Große, Bernhard von Clairvaux, Katharina von Siena, Nikolaus von Flüe, Franz von Sales und Elisabeth von Thüringen. Geistliche und weltliche Themen ergänzen sich. Wir erinnern an weitere Erzählungen und Essays aus der preußischen, englischen, spanischen und russischen Geschichte. Reinhold Schneider wählte die literarischen Formen nach seinem eigenen inneren Gesetz.

Im Herbst 1938, als der Krieg wegen des nationalsozialistischen Einmarschs in die Tschechoslowakei vor der Tür stand, erschien Reinhold Schneiders *Las Casas vor Karl V.*, eine Abrechnung mit der Schuld der spanischen Kolonisation. Das Buch war, wie Reinhold Schneider später bekannte, als Protest gegen die Verfolgung der Juden konzipiert und wurde als verschlüsselte Botschaft für Bewahrung der Menschenrechte verstanden. Schon zu seinem zwei Jahre zuvor erschienenen *Inselreich* hatte er bemerkt: »Es (dieses Buch) war die Entscheidung: Aus der Erfahrung des Geschichtlichen kam ich zum Glauben.«

Fast gleichzeitig mit der Rückkehr in den Schwarzwald hatte Reinhold Schneider eine innere Wandlung vollzogen. Er schildert sie mit wenigen Worten im Vorwort zum *Verhüllten Tag*: Es war »der Weg vom tragischen Nihilismus zum Glauben«, den er gegangen, den er geführt worden war. In der Jugend war ihm der Glaube zerronnen, nun sollte er nach Jahren des Suchens wieder dort anknüpfen, wo das Band abgerissen war. Er brachte die Erfahrungen des Zurückgekehrten mit und entdeckte aufs neue den Reichtum des Glaubens. Das Erlebnis der Gnade und die Zeitumstände sollten sein künftiges Schaffen zu einer erstaunlichen Produktivität anspornen. Die Menschen suchten in der großen Not, die mit dem Ausbruch des Zweiten Weltkriegs begonnen hatte, nach Hilfe und Trost, die ein Reinhold Schneider wie kaum ein anderer zu geben imstande war. Trotz Papierknappheit und späterem Schreibverbot – das in der Anklage zum Hochverrat gipfelte – wurde Reinhold Schneider in der Verborgenheit mit Hilfe seiner Freunde zum »Verteidiger der Menschenwürde« und »Rufer in der Not«, wie es in den Urkunden zu seinen später erfolgten Ehrungen heißt. Seine Schrift über das *Vaterunser* aus dem Frühsommer 1941 erlebte viele Auflagen, die der Verfasser nicht mehr zählen konnte. »Er glaubte wirklich, ein Volk zu sehen auf der Heimkehr zu Gott«, schreibt er im *Verhüllten Tag*. Eine andere Schrift, *Das Gottesreich in der Zeit*, durch die Initiative eines Wehrmachtpfarrers in Krakau im besetzten Polen in 20 000 Exemplaren unbemerkt gedruckt, gilt heute noch als Kostbarkeit. Dazu kamen die unzähligen Aufsätze, Betrachtungen und Sonette, die in Abschriften bis zu den Eingeschlossenen von Stalingrad drangen. Ebenso war Reinhold Schneider nach dem Zusammenbruch wieder zur Stelle, als Kriegsgefangene und Flüchtlinge nach einem Wort der Tröstung verlangten. Es war die Zeit der *Gedanken des Friedens* in Form von Kleinschriften, die man sich 1945 zu Weihnachten

schenkte. Mehr als eine Million betrug die Auflage dieser auf Zeitungspapier gedruckten Heftchen.
Reinhold Schneider hatte sich eine Wandlung der Herzen nach dem Krieg erwartet – vergebens. Zur Zeit der Not bis zur Währungsreform wurde er noch gehört, aber sobald der Wohlstand die Erinnerung an das Vergangene vergessen ließ, begannen ihn die Menschen als unbequem und pessimistisch zu empfinden. Diese Einstellung war wohl die größte Enttäuschung seines Lebens.
Reinhold Schneider war bereit, für den Frieden zu streiten und zu leiden. Aus den Erfahrungen des Krieges mit seinen Folgen und aus christlicher Überzeugung lehnte er eine Bewaffnung allgemein und die der Bundesrepublik im besonderen ab. Seine Mitarbeit bei der Ostberliner Kulturzeitschrift »Aufbau« wurde ihm verübelt. Menschen, von denen er es nie erwartet hätte, wandten sich von ihm ab und befeindeten ihn. Mißverständnisse und Verleumdungen, die über ihn hereinbrachen, quälten den von zunehmender Krankheit und ständigen Schmerzen Heimgesuchten. Aus Briefen an seine Freunde geht hervor, wie tief vereinsamt er sich fühlte. Offizielle Stellen zogen sich von ihm zurück. Er war in seiner Existenz als Schriftsteller bedroht. Seine dramatischen Werke, die in diesen Jahren entstehen, spiegeln sein inneres Ringen wider mit den Problemen der Erhaltung des Friedens, der Bewaffnung und der damit verbundenen Bedrohung durch die Atombombe. Zwar wurde er durch seine Wahl zum Ritter des Ordens »Pour le mérite« für Wissenschaft und Künste vor der Öffentlichkeit rehabilitiert. Doch seine Sorge um den Frieden der Welt verließ ihn bis zuletzt nicht mehr. Als ihm 1956 der Friedenspreis des Deutschen Buchhandels als dem »Künder und Mahner«, der aus seiner christlichen Haltung das Gewissen anruft, verliehen wurde, fordert er in seiner bewegenden Dankrede noch einmal zu einer Umkehr des Denkens im Sinne Kants und Schopenhauers auf. »Ohne Opfer ist kein Friede.« Die ganze Natur »steht auf dem Spiel, mit allem, was lebt und webt, mit der schuldlosen Kreatur«. Man kann sich unschwer vorstellen, was Reinhold Schneider zur Gefährdung der Welt durch die Atombombe heute zu sagen hätte.
Drei autobiographische Werke charakterisieren den späten Reinhold Schneider: *Verhüllter Tag* (1954), *Der Balkon* (1957) und *Winter in Wien* (1958 nach seinem Tod erschienen). Im *Verhüllten Tag* gibt Reinhold Schneider Rechenschaft über sein Leben vor dem Hintergrund seiner Zeit. Edzard Schaper faßte sein Urteil in einem bekannt gewordenen Wort zusammen: »Deutschland hat ein Gewissen, solange Reinhold Schneider lebt.« In *Der Balkon*, von ihm selbst »Aufzeichnungen eines Müßiggängers in Baden-Baden« genannt, nimmt er in seiner Geburtsstadt schwermütig-gelassen Abschied vom Elternhaus, das zum Abbruch bestimmt ist. *Winter in Wien*, wenige Tage vor seinem Tod vollendet, eröffnete eine Diskussion um Reinhold Schneider, die bis heute nicht

verstummt ist. Es gab Stimmen, die meinten, Reinhold Schneider habe mit seinem Wiener Tagebuch seine früheren Veröffentlichungen aufgehoben. Andere nannten es sein »schönstes, wenn auch todtraurigstes Buch«. 1981 ist im Rahmen der »Schriften der Reinhold-Schneider-Stiftung, Hamburg« ein Sammelwerk *Widerruf oder Vollendung* über dieses letzte Buch erschienen. Stellvertretend für manche sehr differenzierende Beiträge des Buches möchten wir den von Bischof Klaus Hemmerle mit der Überschrift *Die Frömmigkeit des Winter in Wien* hervorheben. Hemmerle, mit Reinhold Schneider noch aus seiner Schülerzeit bekannt, stellt schon in der ersten Zeile die Frage: *Winter in Wien*, ein frommes Buch?, um sie gleich darauf selbst zu beantworten: »Vielleicht das frömmste.« Niemand wird von einem Kirchenmann eine Verharmlosung des Schriftstellers erwarten, der den Mut hatte, »zu sehen, was da an Fragen aufgebrochen und nicht beantwortet ist«. Er stellt klar, daß Reinhold Schneider ein Mann der Ehrfurcht, der Treue und der Dankbarkeit gewesen ist, aber auch der Wahrheit, der Reinheit und Radikalität. Hemmerle begleitet Reinhold Schneider mit der Liebe des Seelsorgers durch seine düstersten Wiener Stunden, er sieht, was sich in dem schwer leidenden Mann vollzieht, welche neuen bisher unbekannten, nur von ihm erfahrenen Fragen ihn quälen. Er verweist auf die Großherzigkeit und Kühnheit seiner Gedanken, auf sein ihm eigenes Bedürfnis zu verehren, eben auf seine Frömmigkeit. Er spricht aber auch vom »Stehenlassen der Erfahrung Reinhold Schneiders, als Grenzerfahrung«. Die Ehrfurcht, die Reinhold Schneider auch in seinem letzten Buch vor dem Numinosen, dem Geheimnis, erfüllt, erweist nun sein Interpret Hemmerle ihm selbst, wenn er vom Ersterben des Vaternamens bei Reinhold Schneider, den geschlossenen Lippen vor der Eucharistie spricht. Er verweist auf den bedeutsamen Gang Schneiders durch den unterirdischen Kalvarienberg in Eisenstadt, der schließlich doch nicht ohne Hoffnung endet, wenn Schneider notiert: »Der Glaube, der zu Grabe fährt, mit Christus ins Grab, wird vielleicht auferstehen.« – Werner Bergengruen, der das in den letzten Tagen nach Schneiders Rückkehr abgeschlossene Manuskript von *Winter in Wien* nicht kannte, zitierte am Sarg des Schriftstellers sein »Grablied« von 1944:

»Wer heimlich Christi Leiden
An seinem Leib gespürt,
Wird im Hinüberscheiden
Vom ersten Glanz berührt;
Wer Christi Tod erlitten,
Wird mit ihm auferstehn;
Wo er hindurchgeschritten,
Da wage ich's zu gehn.«

Man mag bedauern, daß ein Schriftsteller, der in seinen Werken von einer mystischen Liebe zu Christus ergriffen war und immer wieder mit Hingabe an ihn sprach, nicht auch ein Buch über Christus geschrieben hat.
Wer war Reinhold Schneider? Ein Historiker, Theologe, ein Schriftsteller, der über Literatur und Kunst, ein Reisender, der Städte- und Landschaftslieder, ein Dichter, der Sonette schrieb? Die Antwort soll ihm selbst gehören: Am 4. Dezember 1951, in der Zeit größter Einsamkeit und Verfolgung, schreibt er in einem Brief an Werner Bergengruen: »Ich genieße wenigstens den Vorzug des Krankseins und bewege mich nicht von der Stelle, während ich einmal als Jude, dann als Kommunist, neuerdings als geistig umnachtet gelte, wieder totgesagt werde oder auf dem Weg bin, Protestant zu werden und in Wahrheit nichts weiter sein möchte als ein lebendiger Christ . . .«
Im *Winter in Wien* spricht er von »Menschen, die chemisch seine Elemente sind«, als von seiner großen Hoffnung für die Zukunft. In seinem Freund Albert Schweitzer, von dessen Besuch in seiner Freiburger Wohnung er auf den letzten Seiten des *Verhüllten Tags* erzählt, verehrte er eine solche Gestalt. Dessen Biographie, die ihn zu Tränen rührte, war eine seiner letzten Lektüren. Und er selbst? Zählt er nicht auch zu diesen Menschen?

Musik als Medium des Glaubens

Ob man von seinem Glauben redet, ihn geflissentlich unter die Leute bringt oder ihn als sein innerstes Eigentum verwahrt, aus dem man dennoch lebt und wirkt, das macht für die Außenwelt einen bedeutenden Unterschied. Denn wer seinen Glauben verkündet, kann dies zwar in der gleichen Lauterkeit tun wie andere, die ihn nur indirekt durch das Medium ihrer Kunst oder ihres Lebens bezeugen. Doch wird er immer Gefahr laufen, zuviel zu sagen oder zu laut zu sprechen, auch mit Leuten verglichen zu werden, hinter deren dröhnenden Bekenntnissen kein Herz glüht. Es hat immer talentierte Prediger gegeben, die in Wahrheit Freidenker waren; umgekehrt ist die Zahl etwa jener Komponisten groß, in deren Messen, Tedeums und Ave Marias man vergebens nach jener religiösen Ergriffenheit sucht, mit der der Freimaurer Wolfgang Amadeus Mozart unser Gemüt erhebt. Es gibt große, besonders weibliche Heilige, die mit ihrem Glaubensbekenntnis überhaupt kein Aufhebens machten. Pascal nähte sogar das Schlüsselerlebnis seines Glaubens – als »Memorial« auf einen Zettel geschrieben – in sein Gewand ein, so daß man es erst nach seinem Tod vorfand. Die hl. Elisabeth und die hl. Ottilie stammen aus hochadeligen Familien, die aber auch vor Verbrechen nicht zurückschreckten. Dennoch erhoben die beiden ihr Leben in einen von ihnen neugegründeten Adel, der nur ein einziges Motiv kannte: barmherzig sein, helfen, Gutes tun, das Licht eines höheren Menschentums anzeigen. Dazu bedurfte es keiner zusätzlichen Worte.

Es gibt nichts Törichteres, als den Glauben, die Glaubenskraft, nur an dem zu messen, was einer gesagt hat. Bildende Künstler, die des Wortes nicht mächtig oder von redescheuer Natur sind, können sich gar nicht anders bekennen als durch ihr Werk. Wenn auch Briefe, aufgezeichnete Gespräche oder schlicht die Zugehörigkeit zu einer Kirche und der Besuch ihrer Gottesdienste zusätzlichen Aufschluß liefern, so gibt doch ein Maler die Antwort auf die Gretchenfrage mit seinen Bildern, ein plastisch gestaltender Künstler mit seinen Figuren, ein Komponist mit seiner Musik. Und nur dort, wo sie sich selbst verwirklichen, soll man sie auch befragen. Wir haben hier drei musikalische Genies von höchstem Rang zusammengefaßt: den evangelischen Johann Sebastian Bach, den katholischen Anton Bruckner und außerdem Wolfgang Amadeus Mozart, der sich als kirchlich emanzipiert betrachtete, aber seinen katholischen Glauben nie in Zweifel zog. Alle drei schufteten schwer im Gehorsam zu dem ihnen auferlegten Mandat. Die Hingabe, die Mühsal, die ihnen ihr Genius abverlangte, die »ununterbrochene Konzentration«, von der Goethe in bezug auf Mozart sprach, zeigen jedem, wie schwer sie sich's machten, um die ihnen anvertraute Begabung zu offenbaren. Natürlich liefern Bachs Passionen und Choräle, Mozarts Messen, Bruckners geistliche Chorwerke hinreißende Beweise ihrer jeweiligen Gläubigkeit. Aber als Treuhänder des Ewigen sind sie nicht auf religiöse Motive angewiesen; es hängt vielmehr von unserer Fassungskraft ab, ob wir den Blick in die Hintergründe des Daseins auch aus ihren sogenannten weltlichen oder gar heiteren Schöpfungen gewinnen, oder ob wir dazu den feierlichen, liturgischen Tonfall benötigen. Das »Klavierkonzert in C-Dur« von Mozart (KV 467), die »Suite Nr. 3 in D-Dur« von Bach sind beispielsweise Werke von so abgründiger, auch religiöser Tiefe, daß dagegen viele konventionelle Vertonungen kirchenbeflissener Komponisten wie ein einschläfernd-frommes Dideldum anmuten. Überzeugende Glaubenskraft entwickelt sich in gefährlicheren Tiefen. Schließlich sei noch das altmodische Wort von der Musik als »Trösterin« angefügt, von dem viele moderne Komponisten sowenig halten. Den Unterschied zwischen Geist und Intellekt heben wir an anderer Stelle dieses Buches hervor. Hier sei vorweggenommen, daß es nur einen Geist gibt; es ist derselbe, der uns nach einer alten Sequenz Mut und Kraft schenkt, also tröstet. Wenn uns Musik, die aus der Tiefe des Geistes geholt wird, tröstet, dann ist das kein wohliges Streicheln, sondern das Mitgenommenwerden in jene schöpferischen Tiefen, die uns immer von neuem zum Menschsein ermutigen.

Kurt Pahlen

Johann Sebastian Bach

Der Musiker im Dienste Gottes

Einmal, nach dem Sinn seines Lebens und Schaffens befragt, antwortete Johann Sebastian Bach, Kantor der Thomaskirche in Leipzig, er komponiere, »um Gott zu ehren und den Nächsten zu lehren . . .« Das war, auf seinen Stand angewendet, die lutherische Lebensauffassung: das getreuliche Wahrnehmen der irdischen Aufgaben – welche immer es sein mochten – zu Ehren Gottes. Die tiefste Erfüllung des menschlichen Daseinszwecks lag nicht in einer Abwendung vom Irdischen, sondern gerade in dessen bewußter Bewältigung. Bach bewältigte das Irdische, strebte danach, in seinem Beruf ein Meister zu werden; nicht, um Ruhm zu ernten und Reichtum zu erwerben, sondern um die ihm von Gott gesetzte Aufgabe zu erfüllen. Er glaubte daran, daß eine solche Aufgabe jedem Menschen von Gott gegeben war. An seiner Berufung zum Musiker zu zweifeln, hatte er niemals Grund. Gott hatte das sehr klar gezeigt und ihm alles das in die Wiege gelegt, was er in unermüdlicher Entwicklung zur Vollendung zu bringen hatte.

Die Bachs waren seit Menschengedenken Musiker gewesen: Generationen waren dem Johann Sebastian vorangegangen, durchwegs Musiker im mitteldeutschen Raum, Organisten und Kantoren, Kirchenmusiker und Musiklehrer. Sie besaßen ein solides Handwerk, im doppelten Sinne: sie waren notwendig und geachtet innerhalb ihrer kleinen Gemeinschaften, deren Mittelpunkt Kirche und Schule – zumeist unter einem Dach vereint – bildeten; und sie beherrschten das »Handwerk« der Musik, das erlernbar war wie jedes andere, in dem aber – ebenfalls wie in jedem anderen – der Begabte und Fleißige es weiter brachte als der Träge und Ungeschickte. Die Bachs gehörten in ihrer Mehrheit zu den Fleißigen, Ernsten, Strebsamen und überdurchschnittlich Begabten. Es gibt (trotz der Bedeutung anderer Musikerfamilien, wie etwa der Couperins im damaligen Frankreich) kein auf musikalischem Gebiet so üppig blühendes Geschlecht wie sie. So sprichwörtlich war im weiten Umkreis des Thüringer Waldes und der angrenzenden Gaue das Musikertum der Bachs, daß beide Wörter – Musiker und Bach – synonym wurden: »Da kommen die Bachs«, sagte man etwa, wenn die Kapelle der kleinen Städtchen die Straße heraufgezogen kam . . .

Glied in einer langen Kette von Generationen: das war das natürliche Gefühl, das jedem Bach in die Wiege gelegt wurde und das ihn sein Lebtag nicht mehr verließ. Ein frohes, ein glückliches Gefühl, das die Wohltat des Eingebettetseins in Heimat, Umkreis, nachbarliche Geborgenheit, Vergangenheit und Zukunft umspannt. Äußerliche Ereignisse bekräftigten das: Familientage etwa, bei denen sich alljährlich die Bachs von fern und nah trafen. Und es verstand sich von selbst, daß solche Zusammenkünfte musikalischen Charakter trugen. Daß ein gemeinsames Gebet Anfang und Schluß bildete, stand von vornherein fest, wurde als selbstverständlich nicht einmal erwähnt. Man dankte Gott und hatte, selbst in schweren Zeiten, immer genug Grund, Ihm zu danken. Dann ging es ans Musizieren, wenn einmal die Tafel abgeräumt war; wer gerade wollte, schlug singend ein Kanon-, ein Fugenthema vor, in das alle, jeder mit seiner besonderen Aufgabe, einstimmte (sie zu verteilen, war gar nicht notwendig, da sie sich bei erfahrenen Musikern von selbst ergab). Oft genug war es ein heiteres, ein humoristisches Thema, das da in bester Stimmung – das Wort ist doppelsinnig, und beide Bedeutungen sollen gelten – durchgeführt wurde. Auch Instrumente kamen zu Wort: jeder der Bachs spielte, neben der Orgel, noch mehrere andere. Bekannte Weisen erklangen oder man improvisierte: die Stunden verrannen voll Frohsinn und Befriedigung. Man hatte doch einen schönen Beruf gewählt! Und so klang das letzte Lied des Abends, das letzte Gebet dankbar, von tiefer Zufriedenheit erfüllt. Man wußte ohne einen Schatten von Zweifel, daß alles von Gott kam.

Daß der, dessen Jugend so verlief, ein gottgläubiger Musiker werden würde, war klar. Ein »Bach« seiner Umwelt, ein Kantor, ein Musiklehrer, ein Organist. Ein Musiker im Umfeld der Kirche; und selbst dann, wenn ihn sein Weg auf weltliche Bahnen führen würde, ein Musikant Gottes. Denn das konnte man sein, auch wenn man Tanzsuiten schrieb oder Kantaten über profane Texte: man war es oder war es nicht.

Bach war es. Nicht die äußerlichen Merkmale seiner Werke erweisen es – das J. J. (Jesus juva = Hilf, Jesus!) zu Beginn mancher Partitur, das S.D.G. (Soli Deo Gloria: Nur Gott sei Ruhm!) am Ende und anderes, was durchaus zum Handwerk jener Zeit gehört und oft genug zur reinen Formel erstarrte –, sondern deren innere Haltung, aus der, wo immer es möglich ist, tiefe Gläubigkeit spricht. Das trifft vor allem auf seine »großen« Kompositionen zu, auf die »Passionen« und die *h-Moll-Messe*, auf das *Weihnachtsoratorium* und die zahllosen »Kantaten«. Hier wird seine Frömmigkeit so deutlich, daß niemand sie in Zweifel ziehen kann. Er besitzt einen unerschütterlichen Glauben, der ihn durch das Leben und in den Tod geleitet. In den Tod, den der Christ nicht fürchtet, den er als Bruder begrüßt, der ihn bei den Händen nehmen und sanft in das Jenseits, in die Ewigkeit, geleiten wird, nachdem er, blind schon, seinem Schüler Altnikol den letzten Orgelchoral diktiert hatte.

Man muß sich Bachs Leben als frommes, nicht als frömmelndes vorstellen. Der Glaube ist die Grundlage, an der ein Rütteln undenkbar bleibt; aber man führt ihn nicht ununterbrochen im Munde, man zitiert ihn nicht ständig, um Handlungen, Gedanken oder Werke zu rechtfertigen. Auf Grund dieses Glaubens besitzt Bachs Musik ein Ethos, eine Geisteshaltung, eine sittliche Gesinnung, die ihren Kern ausmachen. Wenn er seine Schüler in der musikalischen Technik seiner Zeit unterweist, im sogenannten »Generalbaß«, der Ausführung der Harmonien auf Grund »bezifferter Bässe«, so vergißt er niemals hinzuzufügen, daß der Endzweck jeglicher Musik nur »Gottes Ehre und Recreation des Gemütes« sein dürfe, also Gottes Glorie besingen und der menschlichen Seele Frieden und Erbauung geben solle. »Wo dies nicht in acht genommen wird«, fährt er regelmäßig fort (und läßt seine Schüler diesen Satz wörtlich niederlegen, auf daß sie ihn immer gegenwärtig hätten), »da ist's keine eigentliche Musik, sondern ein teufliches Geplärr und Geleier.«

Einer der Biographen Bachs (Antoine-E. Cherbuliez) meint, es sei leichter, ein »frommes« Leben bei Schütz, Palestrina oder Bruckner nachzuweisen als bei Bach. Er erkennt sehr richtig: »Bachs Religiosität muß man da suchen, wo sie lebendig und zeitlos immer wieder frisch strömt: in seiner Musik. Bach hat durch seine Werke bewiesen, daß er nicht nur mit allen intellektuellen Fähigkeiten Sinn und Geist seines religiösen Bekenntnisses erfaßt hatte, sondern auch mit allen seelischen Fasern, mit allem Feuer seiner im Grunde leidenschaftlichen Natur das religiöse Erlebnis als die wahre, die tiefste Quelle der musikalischen Inspiration empfand . . .«

Als nach Bachs Tod seine Witwe über Einzelheiten seines Daseins befragt wurde, antwortete die einfache Frau mit einem der schönsten Sätze, die jemals über einen schöpferischen Menschen gesagt wurde: »Solche Musik war nicht in der Welt, bevor er sie schuf . . .« Da hat ein naives Gemüt das Wesen des Genies ausgedrückt: etwas geschaffen zu haben, das es vorher in der Welt nicht gab. In diesem Gefühl, das den schöpferischen Menschen selbst beseelt – zu etwas »berufen« zu sein –, liegt seine Gläubigkeit begründet. Woher denn sonst, wenn nicht aus überirdischen Sphären, von einer göttlichen Kraft her, wäre ihm diese Fähigkeit zuteil geworden? So glaubt wahrscheinlich jeder schöpferische Mensch an Gott oder an eine übermenschliche Macht, welchen Namen er ihr immer geben mag; sie hebt ihn, aus unerfindlichen Gründen, über seine Mitmenschen hinaus – nicht im äußeren Dasein, nicht in Ruhm, Erfolg, Stellung oder Geltung –, verleiht ihm das Begnadetsein, die Welt zu bereichern mit einem Wert, den es (um mit Anna Magdalena Bach zu sprechen) vorher in ihr nicht gab. Bach müßte, wenn auch eher ahnungsvoll, gewußt haben, daß er solches schuf; aber ganz deutlich muß er gefühlt haben, daß es von Gott kam, daß er nur Werkzeug einer Offenbarung war, deren Wichtigkeit er nicht abschätzen konnte oder wollte. Manuel de Falla, auch er ein tief religiöser Musiker – zweihundert Jahre nach Bach –, prägte das schöne Wort vom »Geschenk« der Inspiration, das dem Schöpferischen zuteil werde. Ein »Geschenk Gottes« nennen auch wir manchmal etwas nicht Vorauszusehendes, etwas im Grunde auch nicht zu »Verdienendes«. Wohl aber etwas, dessen man sich – im

Nachhinein – würdig erweisen könne, ja vielleicht müsse. Bach dürfte dies gewußt haben. Sein Leben und Schaffen ist wie ein dauerndes Dankabstatten für das göttliche Geschenk des Genies.
Wer Bach aber deswegen nur als »religiösen«, als »geistlichen« Komponisten hinstellen wollte, irrte sehr. Er war ein religiöser, ein gläubiger Mensch, der komponierte. Doch was er komponierte, gehört ungefähr zu gleichen Teilen der geistlichen wie der nichtgeistlichen Musik an. Ja, die Kirchenmusik im eigentlichen Sinne nimmt in seinem Schaffen einen eher geringen Raum ein. Und zu den Stationen seines Lebens gehören fast ebensooft Paläste wie Gotteshäuser.
Der früheste Posten des am 21. März 1685 in Eisenach Geborenen ist das Organistenamt an der kleinen Orgel von Arnstadt. Damals ist er neunzehn Jahre alt. Vorausgegangen war allerdings eine kurze Episode, die man als Lehrzeit einstufen könnte: Er geigte im Orchester des Hofes zu Weimar. Auch Arnstadt war für ihn wohl noch eine Stätte des Lernens. Darum auch erbat er von seiner Kirchenbehörde einen Urlaub, um zwecks Weiterbildung eine Studienfahrt unternehmen zu können. Da waltete im fernen Lübeck ein berühmter Organist und Komponist, der Däne Dietrich Buxtehude, einer der hervorragendsten Meister unter den vielen ausgezeichneten Kirchenmusikern in Deutschland.
Zwei Ereignisse hatten das Interesse, ja den Hunger nach Musik und die Entfaltung der tönenden Kunst hier gewaltig gesteigert. Der Dreißigjährige Krieg hatte an seinem Ende – 1648 – weite Landstriche verwüstet zurückgelassen, eine dezimierte, hungernde, verelendete, angsterfüllte Bevölkerung, die glaubte, durch alle Schrecken der Hölle gegangen zu sein. Wie immer in solchen Zeiten brach angesichts der materiellen Not die Sehnsucht nach Seelennahrung, nach Trost und Hoffnung, nach Vergessen und Entrücken überstark hervor, wie vor allem die Musik sie dem empfänglichen Menschen zu bieten vermag. Zudem hatte in weiten Teilen Mitteleuropas die Reformation gesiegt, Luthers Gedanken von einer »Volkskirche«, in der die Musik einen überaus wichtigen Platz einnahm, in der der Gläubige nicht mehr Zuhörer von großteils sehr schwierigen, »gregorianischen« Gesängen sein, sondern aktiv mit frommen Liedern die Gefühle seines Herzens ausdrücken sollte. Luther selbst hatte, mit einigen recht bedeutenden Helfern, der Musik in den Kirchen seines Glaubens den Weg geebnet, ja selbst Worte und Weisen zahlreicher Lieder geschaffen, die in den Volksmund übergingen. Aber nicht nur die lutherischen Kirchen in Nord- und Mitteldeutschland hallten nun Sonntag für Sonntag und feiertags von Orgelmusik und Gemeindegesang wider, auch der katholische Süden hatte von dieser Neuerung gelernt und suchte der Musik in seinen Gottesdiensten breiteren Raum zuzugestehen.
Das große musikalische Erblühen, das ganz Europa um 1600 erlebt, beruht nicht zuletzt auf dem viele Jahrhunderte lang stabilsten Pfeiler der abendländischen Tonkunst: der Kirche.

Längst war zu dieser grundlegenden Säule eine zweite getreten: der Hof, der Palast, die Schlösser der Mächtigen. Hier war der Minnesang entstanden, die aus aristokratischen Tänzen zusammengesetzte Suite, die Kammermusik jeglicher Art, das Virtuosentum. Auch eine dritte Säule hatte zu Bachs Zeiten schon zu wachsen begonnen: die »öffentliche«, die städtische Musikpflege, die bald Konzertsaal und Opernhaus umspannen wird. Es ist ein reichhaltiges Musikleben, in das Bach hineingeboren wird. Eine Fülle guter Musiker ist in Kirche und Palast, in Oper und Konzert unermüdlich tätig.

Der Weg von Arnstadt nach Lübeck ist weit, und wir wissen leider nichts Näheres darüber, wie Bach ihn zurücklegte. Aber wir wissen, daß er hernach Tag für Tag – wohl im wahrsten Sinne des Wortes – zu Füßen des Meisters Buxtehude saß, ihm das Spielen von Chorälen ablauschte und die ungeahnten Möglichkeiten einer großen Orgel gespannt und erregt erahnte. Er überschritt seinen Urlaub: aus den zugestandenen vier Wochen machte er, ohne Nachrichten zu geben, vier Monate. Sie müssen ihm wie im Flug vergangen sein, so daß er in seiner Begeisterung gar nicht bemerkte, wie sehr er im Verzug war; sechzig Jahre später wird Mozart sich (des öfteren) ähnlicher Vergehen schuldig machen – und bei der Rückkehr genau solche Vorwürfe einstecken müssen. Doch die Beschuldigungen gegen Bach gehen noch weiter: eine ist privater Natur und interessiert uns nur am Rande – er habe eine »junge Frauensperson« des öfteren auf die Orgelempore mitgenommen (er heiratet sie übrigens bald danach) –, die andere aber ist musikalisch von Bedeutung. Er habe, heißt es, die Gemeinde durch komplizierte Vor- und Zwischenspiele der Lieder »verwirrt«. Da war wohl der Zwanzigjährige schon auf dem Weg zu seinem eigenen Stil, der für Arnstadt sicherlich zu schwierig war.

Am 15. Juni 1707 wird Bach als Organist an die St.-Blasius-Kirche im thüringischen Mühlhausen berufen, aber unerfreuliche Zustände innerhalb der Kirchengemeinde verleiden ihm die Tätigkeit. So geht er ein Jahr später als Kammermusiker und Organist zu den Herzögen von Weimar, wo er neun Jahre bleiben wird.

Dem jungen Ehepaar Johann Sebastian und Maria Barbara Bach, die am 17. Oktober 1707 in Dornheim geheiratet haben, wird nun Kind auf Kind geboren. Wären alle – aus beiden Ehen – am Leben geblieben (womit in damaliger Zeit auch das gesündeste Elternpaar nicht rechnen durfte), Bach hätte mit 22 Mitgliedern ein stattliches eigenes Orchester aufstellen können, da sicherlich alle Musikanten geworden wären, wie Vater und Großvater und alle Onkel . . . Vier von den überlebenden Söhnen wurden große Musiker, deren Werke heute noch gerne und viel gespielt werden und die zu Lebzeiten so berühmt oder berühmter waren als ihr Vater.

Daß man Johann Sebastian Bach beim 1716 erfolgten Tode des Weimarer Hofkapellmeisters in der Neubesetzung dieses Postens den illustren Telemann vorzog, konnte der Einunddreißigjährige kaum verübeln. Aber daß man, als Telemann nicht akzeptiert, den völlig unbedeutenden Sohn des Verstorbenen mit dem Amt betraute, kränkte ihn, denn er war, trotz seiner Gläubigkeit und seines unwandelbaren Vertrauens in die »Wege Gottes«, von gesundem Ehrgeiz erfüllt und sich seines Könnens voll bewußt. Und so kündigte er seinen Posten, was der recht absolut und willkürlich regierende Herzog so übelnahm, daß er Bach einen Monat lang gefangensetzte. Doch auch diese Maßnahme konnte den Sinn des Musikers nicht brechen; nun war Weimar erst recht für ihn erledigt. Zumal eine andere Hofkapellmeisterstelle winkte – welches Glück, daß es im damaligen Deutschland so viele Höfe mit Kapellmeisterposten gab! – und Bach nun für sechs Jahre aufnahm: die kleine Residenz Anhalt-Köthen.

Ende 1717 tritt Bach seinen neuen Dienst an. Seine weltliche Musikertätigkeit erreicht hier ihren Höhepunkt. Es entstehen »Inventionen«, »Sinfonien«, die »englischen«, »französischen« und andere »Suiten«, der erste Teil des *Wohltemperierten Klaviers* (als Unterrichtswerk gedacht, aber weit darüber hinaus von größter Bedeutung geworden), zahlreiche Werke für Violine, für Violoncello, für Flöte, für Cembalo, darunter Solokonzerte, die *6 Brandenburgischen Konzerte*, Ouvertüren für Orchester und noch vieles mehr. Also eine Zeit reichen Schaffens, am Hofe eines »Music sowohl liebenden wie kennenden Fürsten«, wie Bach es ausgedrückt hat.

Trotzdem bleibt eine heimliche Sehnsucht Bachs unerfüllt, müssen wir annehmen. Es zieht ihn zur Orgel zurück, weg vom weltlichen Getriebe – in dem er sich übrigens durchaus zu bewegen weiß –, in die Stille der hohen Kirchenräume, wo er in der Gewalt wie der Innigkeit der Töne Zwiesprache mit seinem Gott halten kann. Daß er das Orgelspiel weder in Weimar noch in Köthen vernachlässigt hat, davon zeugen die Urteile, die viele namhafte Zeitgenossen über den Organisten Bach abgeben; sie stellen ihn durchwegs in die vorderste Reihe, vergleichen ihn mit den Berühmtesten aller Länder. Sie vereinbaren auch einmal ein »Wettspiel«, wie man es damals liebte: der Franzose Louis Marchand, einer der großen Virtuosen seines Fachs, soll sich mit Bach in Dresden messen; aber es kommt nicht zu der von ihm ersehnten Begegnung, denn Marchand reist am Abend zuvor heimlich ab.

Bach muß verschiedene Versuche unternehmen, um einen ihm genehmen, seinem Rang angemessenen Organistenposten zu finden. Er erlebt Enttäuschungen, Ungerechtigkeiten, Zurücksetzungen, die einen weniger gläubigen Künstler wahrscheinlich um die Seelenruhe – und damit auch um die höchste Schaffenskonzentration – gebracht hätten. Endlich, Anfang 1723, ist es soweit. In Leipzig ist das hochangesehene Amt eines Kantors an der Thomaskirche frei geworden. Bachs Probekantate (»Jesus nahm zu sich die Zwölfe«) wird ebenso beifällig aufgenommen wie die am 26. März erfolgte Uraufführung seiner *Johannespassion.* Am 5. Mai wird der Anstellungsvertrag unterzeichnet, am 22. Mai übersiedelt Bach in die große Stadt, am 30. Mai leitet er zum ersten Mal eine Kantatenaufführung in der ebenfalls zu seinem Amt gehörigen Nikolaikirche, am 1. Juni wird er feierlich in sein Amt eingeführt.

Leipzig, die Thomanerkirche und die ihr unterstellte Schule werden nun für den Rest seines Lebens Bachs Heimat. Siebenundzwanzig Jahre Wirken und Schaffen verwurzeln ihn dort wie an keinem der vorangegangenen Orte. Wenn überhaupt bestimmte Daten aus dieser Tätigkeit hervorzuheben wären, die ein ununterbrochenes, gewaltiges Strömen seiner Schöpferkraft bedeutet, dann müßte wohl der 15. April 1729 genannt werden. Man nimmt an, daß an diesem Tag – einem Karfreitag – Bach die soeben vollendete *Matthäuspassion* in St. Thomas aufführen ließ, eines jener seltenen Werke, für die das Wort »übermenschlich« gerechtfertigt scheint. Aber wieder, wie schon vor langen Jahren in Arnstadt, war Bach zu groß für seine Umgebung. Zwar gibt es bei einer liturgischen Aufführung kaum einen Gradmesser für »Erfolg«, der Eindruck, den das Werk auf seine Gemeinde macht, ist nicht meßbar, kaum fühlbar. Dem Komponisten, der seine kleinen Chöre, sein bescheidenes Instrumentalensemble, seine Knabensängerschar, viele Solisten aufgeboten hatte, schien es, als verließen die Hörer den Kirchenraum ohne tiefere Anteilnahme. Sie schienen ermüdet, sie waren den ganzen Tag im Gotteshaus gewesen, die Passion, die ihnen zu Gehör gebracht wurde, dehnte sich über annähernd sieben Stunden. Er nahm am Ende dieses Tages ruhig die Partitur an sich und wußte, daß, wenn es ihm schon nicht gelungen war, seine »Nächsten zu lehren«, er doch Gott geehrt oder es wenigstens gewollt und versucht hatte. Er schloß die Partitur der *Matthäuspassion* still in seinem Haus ein. Während der einundzwanzig Jahre, die Gott ihn noch auf dieser Erde ließ, hat er sie nie wieder hervorgenommen. Nach seinem Tode blieb sie fast achtzig weitere Jahre verschollen und unbekannt. Dem jungen Genie einer späteren Generation, Felix Mendelssohn, war es bestimmt, das wunderbare Werk der Menschheit neu zu schenken: genau hundert Jahre nach der Uraufführung, 1829 . . .

Hätte seine Kenntnis das »Urteil« beeinflußt, das 1740 in einem Leipziger Blatt zu lesen stand? Da erdreistet sich jemand, eine Liste der »zehn größten zeitgenössischen Komponisten Deutschlands« aufzustellen. Da steht Telemann an erster Stelle, und man darf wohl annehmen, daß mit dieser Bewertung das gesamte damalige Musikleben Mitteleuropas einverstanden gewesen wäre. Der unermüdliche Meister, der eine wahrhaft unüberblickbare Fülle von Kompositionen geschaffen hatte, erfreute sich allseits höchster Achtung und Bewunderung. Auch mit dem zweiten Rang hätten sich Musiker und Publikum einverstanden erklären können, sofern nicht vielleicht einige gerade diesen Meister lieber auf dem ersten Platz gesehen hätten: es war Georg Friedrich Händel. Man hatte bei der

Aufstellung der Liste nicht bedacht, daß der Meister damals schon über zwanzig Jahre lang »George Frederic Handel« hieß, Engländer war und in seinem Adoptivvaterland als »nationaler« Komponist galt wie kaum ein zweiter.

An siebenter Stelle finden wir Johann Sebastian Bach. Und doch hatte er sein Werk schon nahezu vollendet, während Händel etwa den *Messias* noch nicht komponiert hatte. So wenig diese Aufstellung bedeutet – geistige und künstlerische Leistungen sind unmeßbar –, so sehr beweist sie doch, daß Bachs wahre Bedeutung erst seinen späten Nachkommen aufging. Zweihundert Jahre nach jenem Leipziger Blatt, also 1940, findet eine nordamerikanische Publikation es für angebracht, nach den »größten« Komponisten zu forschen; doch tut sie es universeller, als es in Leipzig geschah: Man sucht die »Größten« aus allen Zeiten und allen Ländern. Und man befragt – voneinander getrennt – Musikliebhaber und Sachverständige. Für die ersteren ist Beethoven der Größte, Bach steht an zweiter Stelle. Für die Musiker hingegen lautet der absolute Sieger: Johann Sebastian Bach. 190 Jahre nach seinem Tod – ein sehr seltenes Phänomen.

Bis zu seinem 62. Lebensjahr reist Bach noch nach Dresden, nach Halle, nach Berlin, wo seine Söhne in angesehenen Ämtern und Würden tätig sind. Preußens König Friedrich II. wünscht den großen Thomaskantor zu sehen und zu hören; er schlägt ihm sogar ein musikalisches Thema vor, das Bach hernach bearbeitet *(Das musikalische Opfer)*. Ende Mai 1749 ereilt ihn ein Schlaganfall, der seine Sehkraft stark vermindert. Er kann kaum noch Noten schreiben, aber er diktiert sie, am liebsten seinem Schüler und Schwiegersohn Johann Christoph Altnikol. So wächst langsam ein Werk heran, das ganz zu vollenden ihm nicht mehr vergönnt ist und das den Musikern gewaltige Rätsel aufgibt: die *Kunst der Fuge*. Im März und April 1750 läßt Bach sich von dem in Leipzig weilenden berühmten englischen Augenarzt John Tayler zweimal operieren, aber die Erblindung ist nicht aufzuhalten. Trotzdem fließt seine Eingebung immer noch. Er diktiert Altnikol einen Choral, zu dem er statt des ursprünglich vorgesehenen Textes »Wenn wir in höchsten Nöten sein . . .« die ruhig zuversichtlichen Worte wählte: »Vor Deinen Thron tret' ich hiermit . . .«

Merkwürdig: Kaum steht diese letzte Eingebung auf dem Papier, kehrt Bach das Augenlicht zurück, umfängt er noch einmal liebevoll die blühende Sommerwelt um ihn, die treusorgende Gattin, die letzten noch im Haus befindlichen Kinder. Johann Christian ist noch daheim, fünfzehn Jahre alt, doch eine weit über das übliche Maß hinausgehende Begabung läßt den Vater auch für diesen Sohn eine glänzende Musikerkarriere voraussehen. Er braucht aber dessen »Fahnenflucht«, dessen »Hochverrat« nicht mehr mit anzusehen: die Hinwendung zum Katholizismus, das Orgelspiel im Mailänder Dom, die Komposition von Opern, das recht

äußerliche Virtuosentum; aber auch das umwerfende Talent erlebt er nicht mehr, das diesen Johann Christian zum größten, zum liebsten Vorbild Mozarts machen wird.
Das Augenlicht ist nur noch ein kurzes, letztes Geschenk Gottes an seinen treuen Diener Johann Sebastian Bach. Ein neuer Schlaganfall wirft ihn endgültig nieder. Ruhig und gefaßt, im unerschütterlichen Vertrauen auf Jesus und Gottvater, geht er am 28. Juli 1750 hinüber in das ewige Reich, zu dessen Ruhm und Ehre er so oft musiziert hat.

Alfons Rosenberg

Wolfgang Amadeus Mozart

Künstler auf der Schwelle zweier Zeitalter

Als Wolfgang Amadeus Mozart am 5. Dezember 1791 nachts um ein Uhr starb, schien er ein Besiegter zu sein. Krankheit, wahrscheinlich ein Nierenversagen, Urämie, hatte ihn entkräftet und zu Tode gebracht. Armut war zudem bei ihm eingekehrt, nachdem er infolge der revolutionären Tendenzen im Textbuch seiner genialen Oper *Figaros Hochzeit* von der Adelsgesellschaft boykottiert worden war. Deren Mitglieder weigerten sich, seine Konzerte, die sie sonst begeistert subskribiert hatten, weiterhin zu besuchen und zu bezahlen. Mozart aber hatte in den zehn Jahren seiner Wiener Zeit, in der seine großen Opern entstanden, von den Einnahmen dieser Konzerte gelebt. Nun aber schien er in Wien vergessen zu sein. Bei seinem Tod waren nur wenige Freunde gegenwärtig. Und schließlich wurde er ohne Zeugen (entsprechend der rationalistischen josephinischen Sterbegesetzgebung) in einem Massengrab im St.-Marx-Friedhof beigesetzt.
Dennoch – dieser todkranke, arme, boykottierte, fast vergessene Mozart, der mit knapp 36 Jahren sterben mußte, starb als Sieger; noch während seiner Sterbezeit begann der Siegeszug seiner Oper *Zauberflöte*, der sich allmählich über die ganze Erde ausbreiten sollte. Nicht zufällig hat sich Mozart noch einen Tag vor seinem Tod intensiv mit seiner *Zauberflöte* beschäftigt, indem er geistig eine Aufführung miterlebte. Denn die *Zauberflöte*, sein Ende September im Freihaustheater uraufgeführtes, das letzte vollendete seiner großen Werke, trat damals seinen unaufhaltsamen Triumphzug über die ganze Erde an. Von etwa hundert Aufführungen berichtete der Theaterdirektor und Mitverfasser des Textbuches, Schikaneder, in einem Jahr. Von den Erträgen dieser Aufführungen vermochte er ein neues großes Opernhaus, das heute noch im Betrieb befindliche Theater an der Wien, zu finanzieren. Wie ein Adler in der Morgensonne

erhob sich seitdem der Genius Mozarts über den Horizont seiner Welt. Scheinbar bereits am Zenit angelangt, sind sein Ruhm und seine Wirkung noch immer im Wachsen begriffen.
Am 27. Januar 1756 in Salzburg geboren, war Mozart durch seine Herkunft ein Erbe des schwäbisch-bayrischen Volkstums. Sein Vater, ein Buchbindersohn aus Augsburg, war ein tüchtiger, aber keineswegs genialer Musiker. Seine beste Begabung entfaltete er wohl als Musikpädagoge. Seine größte Bedeutung für die Nachwelt bestand jedoch darin, daß er seinen Sohn in die musikalische Welt und Techniken einführte und in ganz Europa als Wunderkind präsentierte. Ohne diese durch den Vater vermittelte gediegene musikalische Bildung hätte sich der Genius Wolfgang Mozarts nicht derart adlergleich über seine Zeitgenossen erheben können. Allerdings haben die großen Reisen mit seinem Vater und seiner Schwester den jungen Mozart körperlich ungemein mitgenommen. Die nie ganz ausgeheilten Krankheiten, die Mozart als Knabe und Jüngling auf diesen Fahrten durchstehen mußte, hatte er als Mann noch zu verspüren – sie sind die Mitursache seines Todesleidens geworden.
Mozart hat die Belehrung und Führung durch seinen Vater dankbar angenommen und genützt. Aber sobald er vom Jüngling zum Mann heranreifte, regte sich in ihm die Freiheitsliebe. Die hausbacken-praktischen Ratschläge seines Vaters standen der Entfaltung seiner Begabung im Weg; denn der mahnte ihn immer wieder, den Bereich des »Popularen« nicht zu überschreiten. Wäre Wolfgang diesem Ratschlag gefolgt, wäre er wohl nie über eine angenehme Unterhaltungsmusik hinausgekommen. Ihn aber verlangte nach höchster Eleganz und Geschmeidigkeit, nach größter Erfindungsgabe, wie sie kein Musiker seiner Zeit besaß, nach dem Ausdruck des Tänzerischen als Niederschlag kosmischer Rhythmen. Um solche Werke hervorzubringen, mußte er sich von seinem Vater und dessen Einfluß trennen. Dies geschah zum ersten Mal durch seine Reise nach Paris; zwei Jahre später folgte die endgültige Trennung, veranlaßt durch seine erste große und unvergängliche Oper *Idomeneo* für die Fastnachtszeit in München. Von dort aus kehrte er nicht mehr nach Salzburg zurück. Seine Lebensfahrt führte ihn nach Wien und endete auch dort nach zehn Jahren reichster Fruchtbarkeit. Jene Wiener Zeit seines Adlerfluges, sein Absturz in den »armen Tod«, begann mit dem unvergleichlichen Singspiel *Entführung aus dem Serail* – einem Werk, das die Vorherrschaft der italienischen Oper nicht nur überwand, sondern auch in einem ersten Anlauf bereits zu ihrem Höhepunkt führte. Diese Meisterzeit endete mit dem unvollendeten Requiem, das er zwar als Auftrag schuf, von dem er aber überzeugt war, wie er äußerte, daß es sein eigener »Totengesang« werden würde, eine Ahnung, die sich erfüllen sollte.
Wolfgang Amadeus Mozart war gewiß ein Genie, was besagt, daß es ihm gewährt war, die tiefsten Tendenzen seines Zeitalters anzusprechen und

der Mitwelt zu Gehör zu bringen, und zwar in einer bisher noch nie gestalteten Weise. So war er zwar ein Mitschöpfer der Musik des Rokoko, aber zugleich deren Überwinder, nämlich dadurch, daß er als Erstklang eines neuen Zeitalters wirkte. Er blickte nicht nur zurück auf den ausgeblühten Barock, sondern sah zugleich voraus auf das Kommende. Janusgesichtig wirkte er auf der Wasserscheide zweier Zeitalter. In ihm begann eine Zukunft, in die hinein wir bisher erst einige Schritte getan haben zur Umgestaltung jeglicher bisherigen Kultur.
Es wäre aber verfehlt, Mozart, der die musikalischen Mittel der Bachzeit bis in seine Gegenwart beherrschte, einen Klassiker zu nennen, wie dies in unüberlegter Weise gerne getan wird. Denn für einen Klassiker ist in seinem vielschichtigen Werk (das alle Ausdrucksweisen der Musik umfaßt), trotz gegenteiligen Anscheins zuviel an Gärendem, Drängendem, über die Gegenwart auch heute noch Hinausweisendem enthalten, zudem ein Übermaß von schier unerschöpflicher Erfindungskraft, wie sie kein Musiker der Erde bisher aufzuweisen hatte.
Dies haben seine Zeitgenossen eher erfühlt als die Nachwelt. Den Mitlebenden erschien seine Musik zumeist schwer verständlich, eigenwillig und kompliziert. Dieser Eindruck war mit schuld daran, daß sie sich von ihm abwandten, ihm ihre Gunst entzogen und ihn dem Elend auslieferten. »Zu viele Noten«, kritisierte sogar Kaiser Joseph II., der Mozart wohlgesinnt war. Was er damit meinte, war: zuviel Unruhe, zuviel Erfindung, zuviel Anspruch. Der heitere, lichte, von aller Erdenschwere ferne, der ausgewogene Klassiker Mozart ist darum erst eine Erfindung der Bürger und Musiker des 19. Jahrhunderts, welche das Ringende, Problematische, die hohe Leidenschaftlichkeit, das Lachen unter Tränen – wesentliche Seiten des Genius Mozart – nicht wahrnehmen wollten.
Um aber Mozart in seinem Eigensten, sowohl die ihm innewohnenden Spannungen wie seine auf die Zukunft gerichtete Mentalität, die Höhe seiner Empfindung und seine Sehnsucht nach universaler Brüderlichkeit zu verstehen, ist zu bedenken, daß er im Vorfeld der Französischen Revolution lebte und daß er der Zeitgenosse dieser gewaltigen, grauenhaften, aber weithin wirkenden Erhebung gewesen ist. Zwei Jahre nach ihrem Ausbruch vollendete Mozart seine irdische Lebensreise. Die Französische Revolution war nicht nur ein auf ein bestimmtes Jahr beschränktes Ereignis, sondern war durch die Entwicklung der ihr vorhergehenden Jahrhunderte und insbesondere durch den großen geistigen Umschmelzungsprozeß in der zweiten Hälfte des 18. Jahrhunderts, in welcher Mozart gelebt hat, vorbereitet worden. Die gesamte Welt, in der Mozart lebte und von der er, wie jeder Zeitgenosse, beeinflußt war, war mit revolutionären Ideen durchtränkt.
Selbst Kaiser Joseph II., der Protektor Mozarts, dieser nüchterne Rationalist, war ein Revolutionär wider Willen. Indem er Staat, Kirche und Wissenschaften zu rationalisieren versuchte (wobei er nicht nur tote,

sondern auch lebendige Teile des Überkommenen abbaute), schuf er jedoch ein Vakuum, in welches die Kräfte und Ideen der Französischen Revolution stürmisch einströmten. Wie sollte der alle Vorgänge seiner Zeit aufmerksam beobachtende Mozart diesen Doppelprozeß nicht bemerkt, ja selbst erlitten haben im vergeblichen Bestreben, sich zwischen den Mächten des Alten und des Neuen einen Ort zu sichern!

Mozart war an der Tagespolitik nicht interessiert. Da er aber nicht nur ein zeitüberdauernder Meister, sondern auch ein Kind seiner Zeit war, hat man in seinem Werk immer wieder nach Auswirkungen des dämonisch-großen Ereignisses der Französischen Revolution gesucht. Als eine solche »Spur« hat man die Aufsässigkeit Figaros gegen seinen Dienstherrn, den Grafen Almaviva, betrachtet, der in *Figaros Hochzeit* die gleichen Persönlichkeitsrechte für sich fordert, wie sie der Graf besaß. Zweifellos meldet sich im Anspruch Figaros eine Grundtendenz der Französischen Revolution zu Wort: das Recht auf Wahrung des persönlichen Lebens, der Schutz der Menschenrechte durch die Gleichheit vor dem Gesetz. Es ist darum durchaus begreiflich, daß Joseph II. das Schauspiel *Ein toller Tag* von Beaumarchais wegen seiner Sozialkritik zuerst verbieten ließ, obwohl aus dem Libretto von *Figaros Hochzeit*, das Da Ponte nach dem Schauspiel schuf, diese Schärfe weitgehend getilgt ist. Doch der Adel wandte sich seit der Aufführung der Oper offensichtlich von ihm ab – er ließ ihn fallen. Diese Abkehr des Adels ist in den wenigen Jahren, die Mozart noch verblieben, zur Ursache seines materiellen und physischen Untergangs geworden. Denn Da Ponte/Mozart haben mit ihrem Werk den empfindlichsten Punkt der Adelswelt, ihr hybrides Selbstbewußtsein, berührt.

Spuren der Ideologie der Französischen Revolution finden sich auch im Text der *Zauberflöte*, dessen Miturheber Mozart war. In diesem höchst theaterwirksamen Zauber- und Mysterienspiel sowie Menschheitsdrama fällt im Gespräch zwischen der Priestergemeinschaft und Sarastro das bedeutungsvolle Wort: »Er ist ein Prinz! – Noch mehr, er ist Mensch!« Mit diesem kurzen Satz ist im Grunde die ganze damalige Ständeordnung in Frage gestellt und überwunden. Nicht nur diese Worte, sondern die ganze Grundgesinnung der *Zauberflöte* bezeugt ein neues, freieres und umfänglicheres Menschenbild – ähnlich wie es durch die Ideen, wenn auch nicht durch die Praxis der Französischen Revolution verkündet wurde und wie es uns heute selbstverständlich geworden ist.

Der freiheitsdurstige junge Musiker Mozart war jedoch tief enttäuscht von der damaligen Gesellschaft, die ihn – wie zum Beispiel sein Dienstherr, der Fürsterzbischof von Salzburg, Colloredo – als »Kunstdienstboten« behandelte. Zweifellos hat diese Enttäuschung mit dazu beigetragen, daß sich Mozart dem Bund der Freimaurer anschloß und daß er in dessen von allen bisherigen Einschränkungen befreitem Menschenbild sein eigenes wiederfand.

Doch trotz seines Protestes, der zum Zerwürfnis mit seinem Dienstherrn, dem Salzburger Bischof Colloredo, geführt hat, und seinem gescheiterten Versuch, sich in Wien als freier Künstler durchzusetzen, war Mozart am politischen Umsturz nicht interessiert. Er bemerkte zwar die Übel seiner Umwelt und seiner Zeit. Aber er sah zu weit darüber hinweg ins Künftige, um sich mit dem bloßen Flickwerk politischer Aktionen zu begnügen. Er war auch darum kein politischer Revolutionär, weil er der Repräsentant einer universalen Revolution war, von der die Französische Revolution nur ein bescheidenes Teilstück bildete. Mozart war und ist das tönende Instrument einer Weltrevolution, durch welche ein neuer, das volle Menschsein erschließender Zustand auf Erden herbeigeführt werden soll. Der Weltgeist erzeugte auf diesem »Instrument« Klänge von solcher Reinheit, daß erst ferne Geschlechter diese Botschaft voll »erhören« und entziffern werden können. Insofern ist Mozart der einzige Zukunftsmusiker – denn in ihm und in seiner Musik »bricht die Gegenwart aus der Zukunft« herein. In seiner Kunst wird bereits hörbar, was einst sein wird – insofern hat seine Musik prophetischen Charakter. Mozarts Lebens- und Schaffenszeit fiel einerseits zusammen mit dem Ende einer Großperiode der menschlichen Kultur und anderseits mit dem Beginn eines neuen, sich auf Jahrtausende erstreckenden Äons – der nächsten Stufe der Menschheitsentwicklung. Denn im 18. Jahrhundert begann die Menschheit unter der Führung Europas eine Kulturschwelle allergrößten Ausmaßes zu überschreiten, ein Vorgang, der fortschreitend zur Wandlung aller Lebensverhältnisse auf der ganzen Erde geführt hat und weiterhin führen wird. Dieser »Überschritt« ist nur noch mit jenem vor etwa 7000 Jahren zu vergleichen, bei dem der Mensch seine Lebensform vom nomadisierenden Jägertum zum seßhaften Bauerntum wandelte.
Diese Überschreitung einer neuen großen Kulturschwelle, wodurch bisher im Unbewußten gebundene Kräfte des Menschen freigesetzt und geschichtlich wirksam wurden, löst nun seit etwa 200 Jahren eine Kettenreaktion von Revolutionen rings um den Erdball aus. Damit hat, noch jünglingshaft, begonnen, was erst in der Zukunft »männlich« Gestalt annehmen wird. Um so erstaunlicher ist es, festzustellen, daß in Mozarts Werk bereits der Vollendungszustand dieses vielfach noch wirren und grausamen Aufbruchs zu einer neuen Menschheitsstufe hervortritt. Hellseherisch nahm Mozart die Höhe dessen voraus, was in seiner Umwelt erst keimhaft begonnen hat.
In immer neuen Renaissancen kehrt das Erbe der großen alten Kulturen seit dem 9. Jahrhundert in Europa wieder; zuerst wurde das Erbe der Araber und des Griechentums, dann wurden durch Missionare die Geistformen Indiens und Chinas »einverleibt«. Das Rokoko ist durch Seide, Porzellan, Zopf und Chinoiserien wesentlich von China mit geprägt; seine Philosophie und Ethik sind auf eine erstaunliche Weise eher konfu-

zianisch als christlich. Zudem wurden – zu Lebzeiten Mozarts – die spätantiken Mysterien wiederentdeckt, ihre Weisheit und ihre Riten, wodurch allerdings nicht das alte, sondern das späte Ägypten in das Blickfeld Europas geriet. Die bedeutendste Frucht der dadurch eingeführten Ägyptenmode ist bis heute die *Zauberflöte* geblieben. Aber noch immer ist der Prozeß der Einschmelzung des gesamten Welterbes in Europa nicht abgeschlossen. Renaissance aber bedeutet die Wiedergeburt des als »Vergangenheit« dem allgemeinen Bewußtsein Versunkenen unter geänderten Vorzeichen. Indem Europa längst und immer noch die »ganze Welt« in sich aufnimmt, sich nicht ihr, sondern sie sich assimiliert, versammelt sich im Geist der Europäer die Welt und ihr Reichtum. Europa hat die Gabe, Fremdes zu *höherer* Gestalt umzubilden und ungeahnte Zusammenhänge zwischen entlegenen Kulturen und Erkenntnissen herzustellen. Darum sind *nur die europäischen Völker* fähig, eine komplexe Erdkultur hervorzubringen und die Vorarbeit zu leisten für eine bruderschaftliche Menschheit, deren Aufgang Mozart ankündete.
Eine solche Renaissance als substantielle Erneuerung vollzog sich zu Lebzeiten Mozarts als Summe aller Renaissancen seit etwa einem Jahrtausend. Die Zeitwende, die sich durch diesen Prozeß anbahnte, zog aber nicht nur ihre Spuren auf Erden, sondern bildete sich auch zeichenhaft »am Himmel« ab. Denn nach der Weltdeutung der Alten stehen die irdischen Vorgänge in Analogie (was nicht heißen will in Abhängigkeit) zu kosmischen Ereignissen. Nachdem dies in den letzten Jahrhunderten der Aufklärung als Aberglaube abgetan worden war, kehren die typisch »modernen« Wissenschaften, Tiefenpsychologie und Atomphysik, wieder zu ähnlichen, allerdings neu begründeten Anschauungen zurück. Das Phänomen der »Gleichzeitigkeit«, des Synchronismus oder der Koinzidenz, ist erneut in das Blickfeld der Forscher und Wissenschaftler geraten, auch wenn die kosmisch-irdischen Koinzidenzen nicht mehr wie einst kausal determiniert, sondern analogiehaft verstanden werden.
Dadurch ist allerdings – gelegen oder ungelegen – die bis dahin bestehende hohe Ordnung des die Gottesmacht stellvertretenden Königtums auf Erden zu Ende gegangen. Ein »Zeitalter des Menschen« mit noch unabsehbar vielfältigen Gestaltformen, Hoffnungen und Gewalttaten hat begonnen. Der Ideengehalt der *Zauberflöte* weist bereits auf diese nicht mehr zu widerrufende Wendung der Menschheitsgeschichte hin. Wird doch in der Handlung der *Zauberflöte* nicht mehr der König, sondern der geläuterte, freigewordene Mensch als Höchstes gefeiert. Darauf weist hin, daß hier der Sonnenkönig nicht mehr selber erscheint, sondern durch seinen »Sohn«, den »priesterlich-königlichen Menschen« Sarastro, vertreten wird.
Diese »Entdeckungen« charakterisieren als Beispiele den Beginn des neuen Weltalters, das sich geistig nicht nur in einem vertieften Selbstverständnis des Menschen, sondern auch in einem umfassenderen »Verste-

hen« Gottes auswirkt. Nun dringt die Einsicht durch, daß Gott größer ist als bisher gesichtet. Und wie Gott sich niemals widerruft, aber sich ständig überbietet, ist der Mensch genötigt, sein bisheriges Gottesverständnis nicht zu vernichten, sondern es zu überbieten und zu erweitern. Weder in bezug auf Gott noch in bezug auf die Formen der Kultur geht das bisher Erkannte und Geformte verloren – aber es wird als Teil in jenen größeren Lebenskreis eingebracht, der sich ausbildet, wenn sich der bisherige als zu »klein« erweist. Darum bewirkt die im 18. Jahrhundert beginnende Weltrevolution die Integration des ungefähr seit einer Million Jahren herangewachsenen Menschheitserbes in ein neues, umfassenderes Mensch- und Bewußtsein.

Mozart war einer der ersten des neuen Menschentyps. Die vogelliedartige Helligkeit seiner Musiktöne, die unerschöpfliche Fülle seiner Melodien, die tänzerische Leichtigkeit, untergründig Trauer und Todeswissen zugleich mit hohem, handwerklichem Können kennzeichnen Mozarts Schöpfertum. So trifft schon zu Beginn des durch uranische Kräfte konstellierten neuen Zeitalters sein höchster Menschentyp in Mozart hervor. Dies ist jedoch durchaus gesetzmäßig; denn im Gegensatz zur materialistischen Evolutionstheorie steht im geistig Lebendigen das Vollkommene (so auch im Schöpfungsbericht der Genesis) am Anfang und nicht erst am Ende der Entfaltung. In Mozart hat darum der kommende Mensch, überglänzt durch das Abendrot einer untergehenden, überreifen Kultur, erste Gestalt angenommen.

Jedenfalls hat Mozart in den zehn Jahren zwischen der Entdeckung des achten Planeten Uranus 1781 und seinem Tod 1791 jenen Kosmos von Werken hervorgebracht, den wir sein Testament an das kommende Jahrtausend nennen dürfen. In diesen zehn gesegneten und leidvollen Jahren entstand, in Stichworten umschrieben – mit dem *Idomeneo* beginnend und bis zur *Zauberflöte* aufsteigend – die Perlenkette seiner Opern, die *c-Moll-Messe*, die herrlichsten der Klavierkonzerte, die drei Wiener Symphonien, die Maurermusiken und das *Requiem*. Da das Köchelverzeichnis den *Idomeneo* unter der Nummer 366 führt, hat Mozart demnach in diesen zehn Jahren 260 Werke geschaffen, und zwar die bedeutendsten seines kurzen Lebens. Erst in diesen Jahren der Reife gelang es ihm völlig, das Irdische, das er so innig bejahte und umfaßte, auf das Ewige hin transparent zu machen. Erst jetzt wurden jene hohen Schwingungen uneingeschränkt vernehmbar, die eine völlig neue Klangfarbe erzeugen, jene fernsten Klänge, die es vermögen, die Seele, sie verwandelnd, in ihrem Kern zu treffen. Von da an könnte man Mozarts Werk unter das Siegel »geflügelte Erde« stellen.

Kurt Pahlen

Anton Bruckner

der sein Werk »dem lieben Gott« widmete

»Wo die Wissenschaft haltmachen muß, wo ihr unübersteigliche Schranken gesetzt sind, dort beginnt das Reich der Kunst, welches das auszudrücken vermag, was allem Wissen verschlossen bleibt. Ich, der Rector Magnificus der Wiener Universität, beuge mich vor dem ehemaligen Unterlehrer von Windhaag!« Der talargeschmückte weltmännische Prof. Dr. Adolf Exner verneigt sich vor einem kleinen, unscheinbaren Mann, den seine mühsam auf Würde zugerichtete Kleidung entsetzlich zu drükken scheint, der sich fast unaufhörlich mit einem riesigen Taschentuch den Schweiß von der Stirne wischt und der, wie stets bei Anlässen, die das Auge der Öffentlichkeit auf ihm ruhen lassen, ein unsicheres, fast bejammernswertes Bild bietet: der Komponist Anton Bruckner, dem im Jahre 1891, seinem 67., die Ehrendoktorwürde der Wiener Universität verliehen wird.

Fünf Jahre zuvor darf er Kaiser Franz Joseph I., in dessen Namen ihm ein Orden verliehen wurde, persönlich danken. Es heißt, er hätte den Monarchen, angeregt durch dessen Leutseligkeit, ja Herzlichkeit gebeten, er möge doch »dem bösen Dr. Hanslick verbieten, so schlechte Sachen über ihn zu schreiben«. Vielleicht lächelte der Kaiser bei den Worten, mit denen er seinem Gast sagen mußte, daß die Erfüllung dieses Wunsches außerhalb seiner Machtgrenzen lag. Vielleicht aber auch empfand er es als schmerzlich, seinem Untertan, der da vor ihm stand, linkisch, des höfischen Parketts sichtbar ungewohnt, diesen einzigen Wunsch, den er vorbrachte, abschlagen zu müssen. Er fühlte sicherlich, wie tief dieser Mann an ihn glaubte, auf ihn vertraute, sich seiner moralischen Autorität anvertraute, die ein riesiges Reich, einen mächtigen Vielvölkerstaat, mit längst legendär gewordener Hand zusammenhielt. Er spürte wohl auch, welch kindlich reines Gemüt in diesem seltsamen Besucher lebte, der so ganz anders geartet war wie viele, wie wohl die Mehrzahl der Männer, die er in diesen hohen Räumen empfing oder empfangen mußte.

Die meisten waren Bittsteller oder Dankende für die Gewährung einer Bitte, die weit über jene von Bruckner geäußerte hinausging, und in ihnen spiegelte sich sein Reich, zu dessen »Spitzen« jene zu gehören pflegten. Es waren die Begüterten, die Einflußreichen, die vor allem im Leben seiner Haupt- und Residenzstadt Wien den Ton angaben. Er mußte, laut einer Liste, die seine vertrauten Beamten ihm fein säuberlich fertig zur Unterschrift vorgelegt hatten, einen schnell wohlhabend gewordenen Mann dafür auszeichnen, daß er für einen Spitalbau gespendet hatte; er mußte einen rührigen Ellbogenmenschen dafür adeln, daß er

eine Fabrik errichtete. Er fühlte, wie die alte Gesellschaft, die einst um den Thron seiner Ahnen stand, zerbröckelte, wie ein neuer, »moderner« Zug in alle Bereiche eindrang. Der Handel erblühte, an die Stelle ethischer Grundzüge trat das angeblich eherne Gesetz von »Angebot und Nachfrage«, dem er zutiefst mißtraute. Er mußte zusehen, wie Treue und Redlichkeit immer ausgelassener untergraben wurden.
Und da stand nun dieser Mann Anton Bruckner vor ihm und stach so sehr von dem Bild ab, das ihn manchmal mit düsteren Ahnungen vom herannahenden Ende seines Reiches erfüllte. Und gerade diesem einzigen, dem ihm irgendwie brüderlich Verwandten, mußte er die einzige Bitte abschlagen, die er ausgesprochen. Vielleicht dachte der Kaiser einen Augenblick lang daran, Bruckner und dessen Kritiker zusammenzurufen, um, wie es seine so erfolgreiche Art war, auszugleichen, zu vermitteln, Standpunkte einander anzunähern. Aber er fühlte wohl, daß hier ein unüberwindbarer Abgrund klaffte.
Darum stand ihm wohl dieser seltsame Anton Bruckner näher als die meisten seiner Besucher, obwohl sie kaum viel miteinander zu reden hatten. Er wollte sich einmal von seiner Kanzlei die Artikel jenes Dr. Hanslick gegen Bruckner geben lassen; verstehen würde er sie wohl nicht, aber er ahnte, daß da Hilfe unmöglich war. Bruckner fühlte, Hanslick verstand; des Kaisers Herz war bei Bruckner, amusisch und unmusikalisch, wie die Welt ihn verstand, wenn man auch wußte, daß er Freude an den stolzen Märschen und rauschenden Walzern hatte, mit denen sein einstiger Hofball-Musikdirektor Johann Strauß der Jüngere die Festesnächte seines Stadtschlosses und seiner Schönbrunner Sommerresidenz zu erfüllen wußte.
Einen Augenblick lang waren sie einander unerklärlich nahe gewesen, der Musiker und der »unmusikalische« Kaiser. Franz Joseph spürte, daß Bruckners Welt auch seine eigene war. Er konnte nicht ahnen, wie ähnlich in manchem ihrer beider Leben verlief: das schmale, eiserne, harte, nur von einem Kruzifix beschirmte Bett, in dem sowohl der Kaiser wie der Musiker schlief, die einsamen Morgen- und Abendgebete, die sie – wohl sogar zu ähnlichen Zeiten – an Gott richteten, dem alles untertan war, der Künstler wie auch der Kaiser. Freudig untertan, denn nur auf Ihn war Verlaß inmitten der Wirren von Gesellschaft und moderner Welt, inmitten von Anfechtungen und Versuchungen, von Zweifeln und Verzweiflungen.
Franz Joseph, brüderlich berührt von dem ungelenken, linkischen Mann, der da vor ihm stand, muß ihm nachgeblickt haben, als der Musiker – schon rückwärts gehend wie das Zeremoniell es vorschrieb – unbeholfen zur Türe schritt. Vielleicht beschloß er, sich bei nächster Gelegenheit eine der umstrittenen Sinfonien dieses Mannes einmal anzuhören, bei denen die einen in Ekstase gerieten und die anderen höhnisch lächelten, wie er erfahren hatte.

Wie hatte Hanslick darüber geurteilt? »Ein unvermitteltes Nebeneinander von kontrapunktischer Schulweisheit und maßloser Exaltation« hatte er Bruckners Musik genannt. Böse war eigentlich nur das Wort »Schule«: das drückte aus, daß jeder das erlernen könne. Oder auch das Wort »maßlos«? Kann Exaltation maßvoll sein? Und: stammten nicht größte, stärkste, herrlichste Werke aus der Exaltation? Strömten aus dieser Quelle nicht die jubelnden Engel von St. Florian, wo Bruckner sich seelisch und geistig geformt hatte? Kündeten von ihr nicht die alle irdischen Ketten und Maße sprengenden Schönheiten barocker wie gotischer Tempel? Seltsam, hätte Hanslicks Satz lediglich gelautet: »Ein unvermitteltes Nebeneinander von kontrapunktischer Weisheit und Exaltation«, Bruckner selbst und keiner seiner glühenden Anhänger hätte etwas daran auszusetzen gefunden. Denn in Bruckners Werk prallen die Gegensätze aufeinander, Ekstasen sind plötzlich da und reißen unwiderstehlich mit. Tschaikowskys, des Zeitgenossen, Ekstasen sind technisch vorbereiteter, aufgebauter. Und die Ekstasen Brahms'? Mit ihm, Zeitgenosse auf engstem Wiener Raum, wurde Bruckner immer wieder konfrontiert, sie prallten aufeinander, ohne es eigentlich zu wollen. Es gibt kaum einen größeren Gegensatz als den mystischen, exaltierten Österreicher und den gebändigteren, scheueren Norddeutschen.
Von St. Florians jubelnden Engeln kam Bruckner. Und dorthin eilte er immer wieder aus dem Gedränge, der Not des Lebens, um von der Orgel aus Zwiesprache zu halten mit Gott. Vielleicht war diesem Dr. Hanslick, mächtigem Kritiker der mächtigen »Neuen Freien Presse« jede Form von Mystik fremd und daher suspekt. Darum wendete er sich, nach anfänglichem Verständnis, von Wagner ab, dessen gewaltige Persönlichkeit im künstlerischen und geistigen Mittelpunkt der Epoche stand, gehaßt und vergöttert wie kaum jemand zuvor in den Gefilden der Musik und des Theaters. Bruckner war ein bedingungsloser »Wagnerianer«. So wirft Dr. Hanslick dem Komponisten Bruckner die Merkmale Wagners vor: den zu häufigen Gebrauch des verminderten Septakkords, das starke, erregende Streichertremolo, die schmetternden Blechbläserakkorde und Fanfaren: drei »zu billige Mittel« in anspruchsvoller Musik. Wäre er nach St. Florian gegangen, er hätte sie verstanden; denn sie entsprechen diesen Räumen, Ornamenten, Farben, Figuren, Altären. Doch bei Wagner? Der hatte kein St. Florian in der Welt. Aber er träumte, vielleicht sein Leben lang, vom Gralstempel ...
Man hat Bruckner einen »Musikanten Gottes« genannt. Ein schönes Wort, wahrer als solche Vereinfachungen zu sein pflegen. Ein Musikant war er, und das ist etwas anderes als ein Musiker. Ein Musiker ist – mit aller Hochachtung sei es festgestellt – ein Handwerker im alten Sinn, mit dem Gefühl für Schönheit, Ebenmaß, Vollendung begabt. Einem Musikanten aber quillt der Klang aus übervollem Herzen, ohne daß er ihn mit Hilfe des Verstandes zu bändigen, in geordnete oder gar vorausbe-

stimmte Kanäle zu leiten wüßte; er überschwemmt ihn, reißt ihn mit, führt ihn aus der Welt hinaus, heißt ihn alles Irdische weit hinter sich lassen.

Ein Musikant ist immer ein naiver, naturnaher Künstler, »ursprünglich«, »echt«, »erstmalig«, auch »einmalig«. Keineswegs gilt die fälschlich unterstellte Nebendeutung von »derb«, »ungebildet«, »mitteilungsunfähig«. Von diesen Beiworten trifft auf Bruckner keines wirklich zu. Seine Empfindsamkeit war tief, und in seiner Musik teilte er sich mit, wie es mit Wort und Feder nur wenigen Menschen gegeben war.

Aber er war lebensfremd, gesellschaftsungewohnt, unpraktisch in alltäglichen Fragen, unintellektuell, spitzfindigen Argumenten und Debatten schutzlos ausgeliefert. Das Schicksal konnte kaum einen grausameren Kontrast erfinden als diesen: Bruckner und die Weltstadt. Doch gerade dorthin stellte es ihn. Aber kommt nicht alles von Gott? Und so war Er es wohl, der Bruckner diesen Weg wies, und ihm damit die harte Konfrontation mit einem fremden, für ihn unassimilierbaren Milieu zumutete, damit er seine wahre Aufgabe erfüllen konnte. Bruckner litt, aber er fand in der Bibel genug Beispiele, die ihm das Schicksal Auserwählter ähnlich schilderten, wie er das seine erlebte. Er trug es, begehrte nicht auf, erfüllte es nach bestem Vermögen. Selbst die Einsamkeit ertrug er heroisch. Immer wieder fragte er bei Gott an, ob denn diese Einsamkeit zu seinen Prüfungen gehörte? Und immer wieder versuchte er sie zu durchbrechen. Nicht weniger als vierzig Jahre lang dachte Bruckner daran, eine Ehefrau ins Haus zu nehmen, und immer wieder mißlang es. War es die Antwort Gottes?

Er nimmt sie wohl als solche. Ein unvoreingenommener Beobachter würde andere, leichter erklärliche Gründe ausfindig machen. Denn es sind stets – von 1852 bis 1892! – sechzehn- bis achtzehnjährige Mädchen, die er um ihre Hand bittet. Die meisten entstammen nicht nur unteren, sondern ungebildeten Volksschichten, in denen er kein Verständnis für seine Kunst erwarten durfte. Wie hätten diese Mädchen Neigung zu ihm fassen können, da sie seinen inneren Wert nicht erkennen mochten? Weder seine Erscheinung noch seine Stellung boten ihnen den mindesten Reiz. Bruckners tiefe Religiosität ließ »Liebeleien« – es war ein Dramentitel des damaligen Sittenschilderers Arthur Schnitzler – nicht zu. Aber warum durfte auch das Wort »Liebe« nicht über seine Lippen, aus seiner Feder kommen? Einer seiner Bewerbungsbriefe – von einem Liebesbrief kann wahrlich nicht die Rede sein – ist so gewunden, so hilflos, so umständlich, vermeidet jeden Ausdruck tieferen Gefühls, daß über die Antwort von vorneherein kaum ein Zweifel bestehen konnte. Es ist fast, als habe er nur schüchtern an eine eiserne Türe geklopft, die er längst für sich hoffnungslos verschlossen wähnte. So bekam sein Leben auch äußerlich etwas Mönchisches. Wie ein geweihter Diener Gottes absolvierte er lebenslang seine Exerzitien, weihte sein Dasein wie sein Werk nur Gott.

Nicht daß ihn irdische Geselligkeit gleichgültig gelassen hätte; im Gegenteil, im Kreise von Freunden, von Schülern fühlte er sich durchaus wohl, konnte auch froh, ja fröhlich sein. Aber keinen Augenblick lang vergaß er die beiden hohen verschlungenen Dienste, die zu erfüllen ihm Lebensaufgabe war: sich Gott und der Musik zu widmen.

Bruckners wahrster Gottesdienst hieß Musik. Gott hatte ihn zum Musikanten gemacht. Und Bruckner diente Ihm mit jeder Note, die er schrieb, mit jedem Ton, den er der Orgel entlockte. Sein Leben ist im äußerlichen Ablauf leicht nachzuzeichnen. Die bäuerliche Abstammung, die Geburt am 4. September 1824 im oberösterreichischen Ansfelden, der Aufenthalt des Elfjährigen beim Vetter in Hörsching, wo er den ersten Unterricht in Theorie und Orgelspiel erhält. Die erste Stellung als »Schulgehilfe« (»Unterlehrer« wird es bei der Promotion zum Ehrendoktor einst heißen) im winzigen Windhaag, die gleiche Tätigkeit zwei Jahre später im kaum größeren Kronstorff bei Steyr. Mit 21 Jahren wird Bruckner Lehrer in St. Florian, dessen prachtvolles Barockstift er seit seiner Kindheit kennt und liebt und das ihm längst zur Heimat seiner Seele geworden ist. Im Jahre 1848 ernennt man ihn dort zum provisorischen Stiftsorganisten. Draußen erlebt halb Europa eine aufwühlende Revolution; Bruckner sitzt an der Orgel und hält Zwiesprache mit Gott. Zum »Präparandenkurs« geht er 1850 für zwei Jahre nach Linz, der oberösterreichischen Hauptstadt. Er legt 1854 die Orgelprüfung in Wien, 1855 die Lehramtsprüfung für Hauptschulen in Linz ab. Musikalisch fühlt er sich noch lange nicht genügend vorbereitet; so wird er 1855 Musiktheorieschüler des bedeutenden Simon Sechter in Wien, bei dem ein Vierteljahrhundert früher Schubert, kurz vor seinem Tod, noch »komponieren lernen« wollte. Am 26. Januar 1856 (es ist fast auf den Tag genau die hundertste Wiederkehr von Mozarts Geburtstag) besteht er glanzvoll die Prüfung, die für den Organistenposten am Linzer Dom vorgeschrieben ist. Doch es dauert noch ein Jahr, bis er dazu ernannt wird. Während der dann zehn Jahre währenden Tätigkeit – in die auch seine ersten größeren Werke fallen – verstärken sich seine Beziehungen zu Wien. Auch kleine Berufsfahrten, so zu einem Musikfest in München, fallen in die eher ruhige Zeit seines Linzer Amtes.

Da tritt im Juni 1865 das ihn tief erschütternde, ja entscheidende Ereignis in sein Leben: er hört *Tristan und Isolde* in München. Es mag heute schwerfallen, sich von der ungeheuren Wirkung dieses Werkes auf die jüngeren Musiker der Epoche, ja auf alle Hörer ein auch nur annähernd getreues Bild zu machen. Hier hatte die Romantik nicht nur ihren Gipfel erklommen, hier war ihr der Durchbruch in ungeahntes Neuland gelungen. Hier war eine Seelenmusik entstanden, die geheimste Fieber und Ahnungen des menschlichen Herzens freilegte, die den, der sie zu erleben wußte, in abgrundtiefe Erregung, schutzlose Verwirrung, ja in Wahnsinn und Selbstmord inmitten seliger Berauschung treiben konnte.

Bruckner erlebte, ahnte Ungeheuerliches, obwohl sein Panzer aus Glauben und unerschütterlichem Vertrauen in eine höhere Macht ihn vor einem Absturz ins Chaos bewahrte. Der Musiker in ihm verneigte sich vor dem »größten Meister«, vor Richard Wagner, der so genial wie kühn alles Bestehende in Frage gestellt, der tönenden Kunst völlig neue Wege gewiesen hatte. Mochte er das Problem, das Wagner hier anschnitt – die tiefste Vereinigung zweier Menschen in einer Liebe, die ins überirdische Nichts führen mußte –, auch nicht verstehen, der Kraft dieser Musik, ihrer geradezu mystischen Entrückung erlag er widerstandslos. Und so wurde, ohne daß er dies bewußt so wollte, diese Tonsprache zu seiner eigenen. Er deutete nur um, ohne es wohl zu merken, machte aus Wagners »unendlicher Melodie« der unstillbaren Liebessehnsucht eine unendliche Melodie Gottes, aus den heldischen Klängen irdischer Siege oder weltlicher Schlösser die Fanfaren himmlischer Heerscharen, die den Himmel aufrissen.
Mit 41 Jahren, später als die meisten anderen Komponisten, wagt sich Bruckner an seine *Erste Sinfonie*; sie erklingt am 9. Mai 1868 in Linz. Wenige Wochen später wird ihr Komponist nach Wien berufen und zum Professor für Harmonielehre, Kontrapunkt und Orgelspiel am Konservatorium ernannt. Ein Jahr später wird er als Organist der Hofkapelle verpflichtet. Achtundzwanzig Jahre lang wirkt Bruckner nun in Wien; der »Bauer in der Großstadt«, wie man ihn oft genannt hat. Doch nicht der unleugbare Gegensatz des Landkindes zur überfeinerten Weltstadtzivilisation bleibt das Entscheidende. Bruckner wäre sicher auch auf dem Lande ein Einsamer geblieben, ein völlig in seine Musikwelt, in seine Gläubigkeit Eingesponnener. Kann man jedoch einen Menschen wirklich einsam nennen, der Gott und ein tönendes Weltall immer um sich weiß? Der Tag war erfüllt mit den Aufgaben, die das Leben ihm stellte. Die freien Stunden gehörten der Musik, seiner eigenen Musik. Da entstanden die unumstrittenen geistlichen, in schwerem Ringen die umstrittenen weltlichen Werke, die Sinfonien. Gott schenkte ihm nichts. Mit dem Engel mußte er ringen, bis er ihn segnete.
Wien hatte sich in seinen »offiziellen« musikalischen Kreisen für die deutsche Romantik Schuberts, Mendelssohns, Schumanns ausgesprochen und erhob deren letzten Vertreter, den großen Johannes Brahms, auf den Schild. So fand die andere Linie, die Musik der »Neudeutschen«, kaum Gehör, wurde oft heftig abgelehnt, erhielt hämische, wenn nicht haßerfüllte Besprechungen in der Presse. Zu ihr gehörten als Anführer Liszt und Wagner, als deren ergebene und begeisterte Anhänger Hugo Wolf und Anton Bruckner. Man machte ihnen das Leben schwer in einer Stadt, in der es als leicht galt zu leben und leben zu lassen . . .
An Bruckners Triumphen auf der Orgel aber konnten auch die Gegner nicht vorbei. Im Jahre 1869 konzertierte er – übrigens auf Empfehlung Hanslicks – in Nancy und Paris; im Wettstreit mit den berühmtesten

Organisten Europas errang Bruckner eindrucksvolle Erfolge. In Paris zählten César Franck – selbst einer der größten Orgelspieler der damaligen Welt –, Camille Saint Saëns, der uralte Auber und der zu jenem Zeitpunkt gefeiertste französische Komponist Charles Gounod zu seinen tief beeindruckten Hörern.
Kurz nach seiner Rückkehr wird auf dem Domplatz von Linz seine *e-Moll-Messe* uraufgeführt. Er tritt nun in die fruchtbarste Zeit seines Schaffens ein. Rund um neuerliche Organistenfahrten, diesmal bis England, entsteht die *Zweite*, 1873 die *Dritte*, Richard Wagner gewidmete *Sinfonie*. 1874 arbeitet er an der *Vierten*, der *Romantischen Sinfonie*. Das Jahr 1875 bringt ihm die Stellung eines Lektors für Harmonielehre und Kontrapunkt an der Universität sowie die Vollendung der *Fünften Sinfonie*. Von 1879 bis 1881 schreibt Bruckner, unterbrochen von einer Schweizer Reise, deren herrliche Landschaften ihn tief beglückten, an der *Sechsten Sinfonie*. Unmittelbar nach deren Abschluß beginnt er die *Siebente*; sein Schmerz über den Tod Wagners (in Venedig am 13. Februar 1883) fließt in die ergreifenden Töne dieses Werkes ein.
Die Aufführungen seiner Kompositionen mehren sich, bedeutende Künstler treten nun immer häufiger für ihn ein: Hans Richter, Wilhelm Jahn, Arthur Nikisch (der in Leipzig am 30. Dezember 1884 die *Siebente Sinfonie* aus der Taufe hebt). Am 10. März 1885 wird Bruckner bei einer Aufführung des gleichen Werkes unter der Leitung Hermann Levis (des ersten *Parsifal*-Dirigenten) stürmisch umjubelt. Und bevor das Jahr zu Ende geht, dirigiert er selbst sein *Tedeum* im Wagner-Verein und erfährt, daß Anton Seidl, einer der (europäischen) Vorkämpfer des nordamerikanischen Musiklebens, die *Dritte Sinfonie* mit den (1842 gegründeten) New Yorker Philharmonikern zum erfolgreichen Erklingen gebracht hat. Von 1884 bis 1887 arbeitet Bruckner an der *Achten Sinfonie*. Zugleich verstärkt sich die Verbreitung der früheren. Aber rund um sein orchestrales Werk entbrennen nun immer heftigere Diskussionen; nicht mehr so sehr mit den Gegnern, sondern unter den treuesten Anhängern selbst, von denen mehrere und namhafte meinen, eine Änderung der Instrumentation und gelegentliche Straffungen der Form müßten den Werken zu größerer Verständlichkeit und Wirkung verhelfen. Es entstehen »Fassungen«, »Bearbeitungen«, durchwegs von bester Absicht diktiert, aber kaum haltbar im Lichte späterer Erkenntnisse. Die zunehmende Bruckner-Renaissance des 20. Jahrhunderts wird lange Debatten um die Wiederherstellung der »Urfassungen« führen.
Die Zeit der Ehrungen ist angebrochen. Am 9. Juli 1886 erfolgt die Verleihung des Franz-Joseph-Ordens, für die Bruckner dem Kaiser persönlich danken darf; am 7. November 1891 die Ernennung zum Ehrendoktor und der Festkommers der Deutschen Studentenschaft zu seinen Ehren; am 30. Oktober 1890 hat der oberösterreichische Landtag ein »Ehrengehalt« bewilligt; am 11. Juli 1894 überreicht ihm die Stadt Linz

die Ehrenbürgerurkunde. 1892 reist er zum letzten Mal nach Bayreuth, um zwei ihm teure Gräber zu besuchen: das Wagners und das Liszts.
Seinen 70. Geburtstag feiert er still im Freundeskreis der alten Stadt Steyr im heimatlichen Oberösterreich. Am 12. November 1894 hält er seine Abschiedsvorlesung an der Universität. Gegenwärtige und einstige Schüler umgeben ihn voll Verehrung. Der schon zu hohen Stellungen aufgestiegene Gustav Mahler gratuliert herzlich. Er wird sich als Dirigent der Werke des verehrten Lehrers besonders liebevoll annehmen, als Komponist aber bald seine eigenen Wege gehen. Er muß um das ringen, was Bruckner als Geschenk in die Wiege gelegt worden war: um den Glauben, die Sicherheit seines Gottes. Mahler wurde ein Gottsucher, Bruckner war ein Gottfinder.
Bruckners Fahrten nach St. Florian wurden nun seltener. Doch stets kehrte er gestärkt von dort zurück. Wenn er die große Orgel erbrausen ließ, dann war Gott bei ihm, näher als je, untrennbarer als je. Hier in St. Florian war seine Heimat, im Leben wie im Tode. Als er am 11. Oktober 1896 in Wien die Augen schloß, da wußte er, daß man, was sterblich war an ihm, nach St. Florian überführen und unter »seiner« Orgel beerdigen werde. Inmitten weiter fruchtbarer Felder, fern der Welt und nahe bei Gott.
Der Tod nahm ihm die Feder aus der Hand, bevor er seine *Neunte Sinfonie* ganz hatte vollenden dürfen. Immer wieder sagte er, er wolle sie »dem lieben Gott« widmen, und setzte demütig hinzu: ». . . wenn Er's annimmt . . . « Gott hat wohl nicht nur diese Widmung angenommen, sondern die des Gesamtwerks Bruckners, das Ihm auch unausgesprochen so innig geweiht war.
Sein verehrungsvoller Biograph Ernst Decsey hat dies aus seiner Musik herausgelesen: »Sie ist das Lied vom hohen Berge, in ihm spiegelt sich die Sonnenaufgangspracht, der Schauer der Weiten und Tiefen und die abendliche Verklärung, über die der ausgestirnte Nachthimmel wächst . . .«

Botschaft der bildenden Kunst

Die bildende Kunst ist keine abbildende Kunst. Sie gibt nicht noch einmal wieder, was schon da ist – das kann die Fotografie besser –, sondern füllt auf, beseelt, vergeistigt. Was sie darstellt, enthält also mehr als die greifbare Wirklichkeit. Gerade an diesem Überschuß entzündeten sich die Bilderstürme der Vergangenheit, seinetwegen schränkt der Koran die bildende Kunst auf Ornamentik und Dekoration ein. Umgekehrt wird in der byzantinischen Kunst die Beseelung des Bildes als sein eigentlicher Gehalt erachtet, der die göttliche Anwesenheit des Dargestellten herbeizwingt. Maler und Bildhauer wissen das. Wenn Tilman Riemenschneider eine Madonna, einen Apostelkopf schnitzte, so standen ihm zwar seine Zeitgenossen Modell. In der Maria, im leidgeprüften Jünger des Herrn, die dann seine Werkstatt verlassen, ist aber die ganze Fülle des Menschentums versammelt, so daß jeder sagen kann: Das bist du. Kein anderer deutscher Künstler fand mit den Reproduktionen seiner Werke ein so vielfältiges Echo wie er. In der gleichen Allgemeingültigkeit der Gestalten liegt auch der Grund, warum einem jüdischen Maler wie Marc Chagall der Auftrag für Kirchenfenster in christlichen Kathedralen erteilt wurde, wenn er sich dabei auch an Figuren und Szenen aus dem Alten Testament hielt. In seinen Bildern hebt Chagall, auch wenn er gegenständlich bleibt, die Naturgesetze der Schwerkraft oder Ortsgebundenheit willkürlich auf, um eine neue Anschauungsweise zu gewinnen, die den Betrachter zur meditativen Versenkung zwingt. Wenn seine Kompositionen auch Nicht-Zusammengehöriges vereinigen, bilden sie doch immer ein symbolisch geschlossenes Ganzes mit vielerlei, immer neu zu entdeckenden Bezügen. Gerade das steigert die Anziehungskraft, ja Faszination der Bilder Chagalls, daß ihre Thematik, ihre seelische Wirklichkeit immer erst gefunden werden muß, selbst wenn er sie mit einem Bildtitel anzeigt. Alfons Rosenberg, erwiesener Kenner seines Werkes und mit Chagall seit langem befreundet, hat uns einen bedeutenden Essay beigesteuert.

Bruno Moser

Tilman Riemenschneider

Künstler und Opfer der Zeit

Bedeutende Menschen beurteilt man – wie es auch Schelling verlangt – am zuverlässigsten von ihrem Ende her. Doch liefe, wer auch bei Tilman Riemenschneider so verfahren würde, leicht in die Irre, es sei denn der Schluß seines Lebens würde als nie angestrebt, ja als ganz und gar untypische Wendung für ihn herausgestellt. Das Ende Tilman Riemenschneiders war in der Tat untypisch; denn dabei ließ sich der Künstler in die Wirrungen der Zeit verstricken und wurde ihr Opfer, weil er auf die Verliererseite gesetzt hatte. Was ihm zuletzt passierte – Aburteilung durch ein politisches Schnellgericht, Folterung und das jähe, gewaltsame Ende seiner schöpferischen Arbeit –, das paßte in keiner Weise zu den vorangegangenen Jahrzehnten, die er, auf Reputation bedacht, seiner Bildhauerei und den öffentlichen Angelegenheiten zugewandt, auch in der Verwaltung eines großen Vermögens zugebracht hatte. Wäre Tilman Riemenschneider bei Ausbruch des Bauernkrieges nicht zufällig Ratsherr der Stadt Würzburg gewesen, also mitverantwortlich für Entscheidungen, in denen es für oder wider den Landesherrn ging, man hätte seinen Namen wohl nie im Zusammenhang mit den Aufständen der Bürger und Bauern gehört. Politische Schläue war ohnedies nie seine Stärke gewesen. Aber auch das gilt: Er kniff nicht, als er das Schicksal der Stadt mit seinem eigenen verbinden mußte.
Dennoch zeigte sein künstlerisches Lebenswerk zu keiner Zeit ein kämpferisches Engagement für die Armen und Entrechteten. Für ihn blieb alles darstellenswert und erhöhungswürdig, was Menschenantlitz trug; er verinnerlichte den Kopf eines Kaisers oder eines Bischofs mit der gleichen Kraft wie den einer Magd, eines Knechtes. Weder wurden die Privilegierten als Unrechtsfiguren entstellt noch die Rechtlosen idealisiert.
Dies hinderte nicht, daß der angesehene Bürger und berühmte Meister biblischer Gestalten seine Vorbehalte gegen die turbulente Zeit wachhielt, und als sich eine Wende zu sozialer Gerechtigkeit und christlichem Brudersinn anzubahnen schien, für die politischen Pläne der Umstürzler votierte. In den Figuren seiner Altäre versuchte er den »ewigen Menschen« sichtbar zu machen, der schon schmerzlich genug den Lebensmächten preisgegeben, keinen willkürlichen Erniedrigungen ausgesetzt sein sollte. So trägt keine seiner Gestalten, auch nicht der vielgenannte Judas des Rothenburger Heiligblutaltars, häßliche Züge; auch er gehört zum Heilsgeschehen und bleibt der menschlichen Würde teilhaftig. Weil Riemenschneiders künstlerisches Werk eine kosmische, eine unantastbare Ordnung repräsentierte, weil der angesehene, bald zu bürgerlichem

Wohlstand gelangte Meister keinen Anhauch eines Bohemiens oder wurzellosen Weltverbesserers zeigte, wurde er bald zum Ratsherrn der Stadt, für eine Amtsperiode sogar zu deren Bürgermeister gewählt.
In diesen Ämtern begann er auch den geheimen Wunsch der Würzburger zu teilen, wenn die Stunde dafür schlagen würde, eine freie Reichsstadt zu werden, damit sie wie die Nürnberger und Augsburger, die Nördlinger und Ulmer über ihre eigenen Angelegenheiten selbst entscheiden könnten, ohne als geistliches Fürstentum immer die Zustimmung oder die Einwände des Domkapitels abwarten zu müssen. Als sich mit den Umwälzungen des Bauernkrieges 1525 eine solche Wende anzubahnen schien und die Bürger seiner Stadt voll verwegener Hoffnungen zusammen mit den aufständischen Bauern revoltierten, schlug sich auch ihr Ratsherr Riemenschneider zu den Rebellen. Die Rache des schließlich doch wieder siegreichen bischöflichen Landesherrn fiel mitleidlos aus. Daß der Bildhauer nicht gehenkt wurde, galt als großzügiger Gnadenerweis.
Tilman Riemenschneider war ein »Zugereister«, der wohl auch nie das Timbre des fränkischen Tonfalls erworben hat, obwohl er die Stadt nach seiner Einheirat als Fünfundzwanzigjähriger nie mehr verließ. 1460 (Jahreszahl unsicher) in Osterode im Harz (unbelegt) als Sohn eines Kupferschmieds und Münzmeisters geboren, gehörte er jenem Jahrhundert an, das zwischen 1450 und 1550 mehr bedeutende Männer hervorbrachte als sie sonst in langer Generationsfolge anzutreffen sind. Nennen wir unter den vielen nur wenige zeitgenössische Namen, die seine Denkwelt mitbestimmten: um 1464 wurde Erasmus von Rotterdam geboren, 1483 Martin Luther, fünf Jahre später Ulrich von Hutten. Matthias Grünewald war auf das Jahr mit ihm gleichaltrig, Hans Holbein d. Ä. war fünf, Albrecht Dürer elf, Lucas Cranach d. Ä. zwölf Jahre jünger als er; Albrecht Altdorfer wurde 1480 in Regensburg, Paracelsus 1493 in der Schweiz geboren. Jenseits der Alpen lebten Leonardo da Vinci (acht Jahre jünger); Tizian wurde 13, Michelangelo 15, Raffael 23 Jahre nach Riemenschneider geboren. Renaissance und Humanismus, Reformation und politische Unruhen, auf allen Ebenen der Kultur und Kunst, der Religion und Politik bahnte sich ein neues Zeitalter an. Die Künstler wurden vielfach zu technischen oder administrativen Aufgaben herangezogen. Dürer, Leonardo da Vinci, Michelangelo waren zeitweilig Festungsbaumeister, Altdorfer, Cranach wie auch Riemenschneider Ratsherren und Bürgermeister ihrer Städte.
Die handwerkliche Kunst hatte der junge »Dil« noch bei seinem Vater in Osterode gelernt. Es folgten einige Wanderjahre, die ihn nach Süddeutschland brachten, wo er sicher bei Jörg Syrlin in Ulm, vielleicht auch in Straßburg arbeitete. Dreiundzwanzigjährig legte er als »Malerknecht« bei der Lucasgilde in Würzburg seine Lehrbriefe vor und wurde als Geselle aufgenommen. Seine Wahl war deshalb auf Würzburg gefallen,

ANTON BRUCKNER Der tiefgläubige österreichische Komponist großer Werke der sakralen Tonkunst widmete seine letzte Symphonie »dem lieben Gott . . . wenn Er's annimmt«. 1886 mit dem Franz-Joseph-Orden ausgezeichnet, wofür Bruckner dem Kaiser persönlich danken darf. Er war auch als Lehrer und Organist ein Meister seiner Zeit. Verbindet die alte Kirchenmusik mit dem modernen Orchester.

TILMAN RIEMENSCHNEIDER Der Bildhauer in Würzburg schuf berühmte Altäre und Sarkophage, geriet jedoch in den Bauernkriegen unter die politisch Verfolgten.

DER CREGLINGER ALTAR Dieses Kunstwerk Tilman Riemenschneiders zählt zu den größten Schöpfungen spätgotischer Schnitzkunst.

DIE IN DE

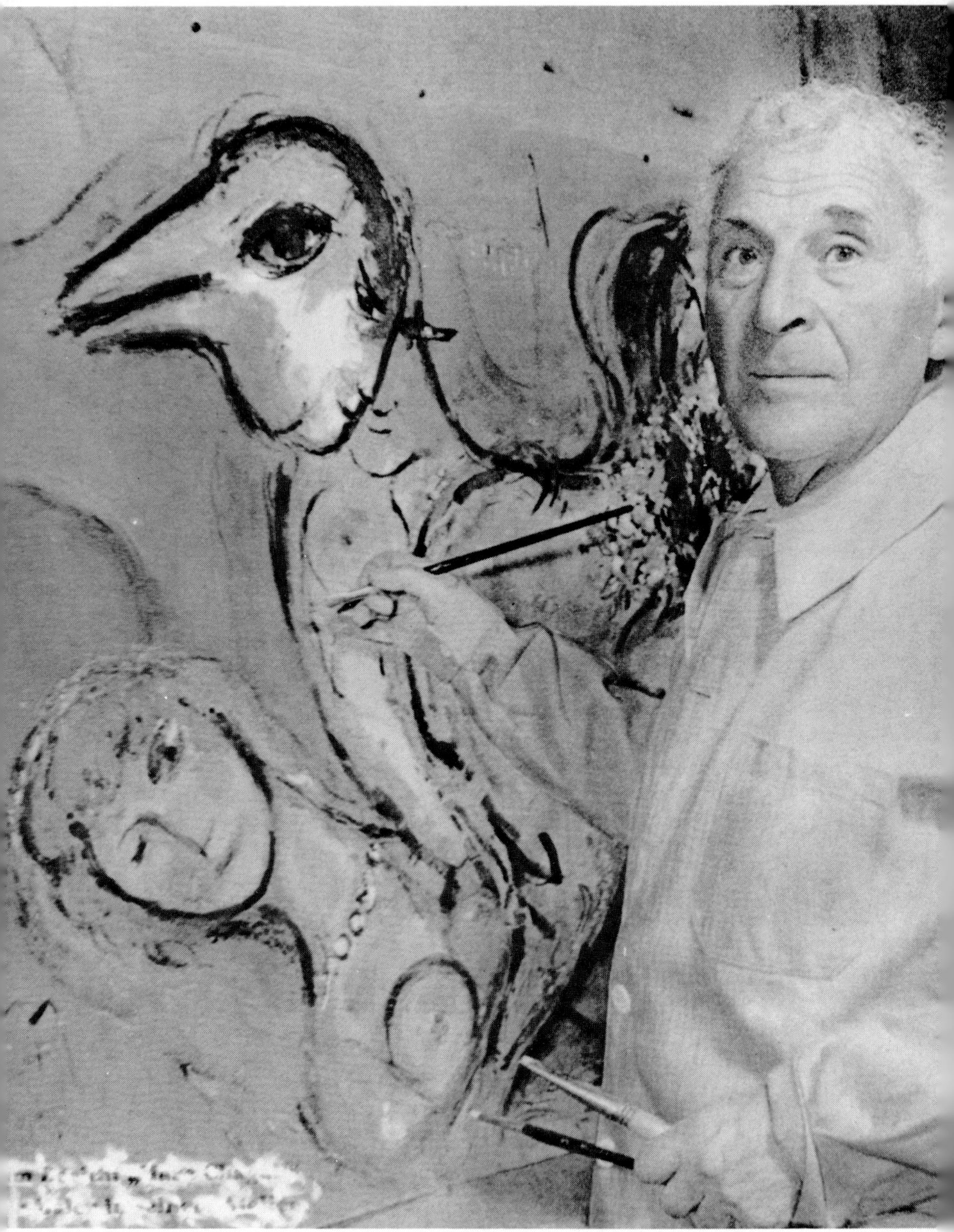

Marc Chagall Russisch-jüdischer Maler von mystischer Symbolkraft. Kam mit Kirchenfenstern auch in christlichen Domen zu hohen Ehren (Zürich, Mainz).

weil dort ein (inzwischen verstorbener) Bruder seines Vaters Domherr gewesen war und für den vielversprechenden Neffen früher sogar einmal eine Pfründe erwirkt, ihm wahrscheinlich auch ein Erbe hinterlassen hatte. Hier besaß also sein Familienname von Anfang an einen guten Klang. Um allerdings wirtschaftlich voranzukommen und selbst Gesellen einstellen zu können, brauchte Riemenschneider den Meistertitel und einen eigenen Hausstand, da die Gesellen ja nach der Sitte der Zeit auch bei ihm wohnten. Also heiratete er mit 25 Jahren die Witwe eines Goldschmieds, die, erheblich älter als er, drei heranwachsende Söhne mit in die Ehe brachte, dazu ein geräumiges Haus, in dem Riemenschneider auch bis zu seinem Tod wohnte.

Seine Arbeiten fanden rasch Bewunderung, die Aufträge häuften sich, Adelige bestellten Grabsteine, die Stadt selbst ließ eine Reihe lebensgroßer Figuren in seiner Werkstatt fertigen. Nach wenigen Jahren war er ein so vielgefragter Künstler, daß er sich der Aufträge kaum mehr erwehren konnte. Immer mehr Gesellen mußten für die gröberen Vorarbeiten an seinen Figuren angestellt werden. Mit diesen Gesellen, den Kindern und dem Gesinde stieg die Zahl der Häupter, die in seinem Haus wohnten und verpflegt wurden, zuweilen auf 24. Riemenschneiders erste Ehe, aus der auch eine Tochter hervorging, dauerte nur zehn Jahre. Da sich mit Dienstboten allein auf die Dauer nicht wirtschaften ließ, heiratete der vielbeschäftigte Meister mit 37 Jahren zum zweiten Mal. Die zweite Gattin schenkte ihm drei Söhne und eine Tochter, starb aber ebenfalls bereits nach etwa zehn Jahren wieder. Der Meister, der »bei eigenem Rauch und Herd« leben mußte und für den immer zahlreicher gewordenen Personenstand des Hauses wiederum einer Herrin bedurfte, heiratete ein drittes Mal, ja er mußte sogar noch ein viertes Mal »Mut und Willen aufbringen, sich wieder zu verehelichen«. Mit jeder neuen Ehefrau waren immerhin auch sein Grundbesitz sowie die Zahl seiner Häuser und Weinberge gestiegen. Er selbst verdiente bald auch immer mehr. Auf Grabsteine folgten aufwendige Grabmäler, das Domkapitel verlangte repräsentative Epitaphe für die verstorbenen Bischöfe. Der Dom von Bamberg wurde mit jenem herrlichen Kaisersarkophag ausgestattet, dessen Voll- und Reliefplastiken damals so lebhaft bestaunt wurden wie heute. Schon 1490 wurde der erste Schnitzaltar in Auftrag gegeben: Das Rhönstädtchen Münnerstadt verlangte einen Altaraufbau für die dortige Magdalenenkirche. Zwei Jahre arbeitete er an den Figuren für diesen »Münnerstädter Altar«, der heute neben dem von Creglingen und dem Heiligblutaltar von Rothenburg zu den begehrtesten Zielen der Kunstfreunde zählt. Wenn sich die Auftraggeber jedoch eine zerknirschte, von Fellen umhüllte Büßerin in der Wüste nach Art der Darstellungen der heiligen Antonius und Johannes des Täufers vorgestellt hatten, wurden sie von Riemenschneider enttäuscht. Er wählte eine Heilige, die ihre Buß- und Reuezeit schon hinter sich hatte. Das Altarbild zeigt mit ihr die beseligte

Erhöhung der Menschennatur, eine liebliche, nur noch symbolisch von einem Haarpelz bedeckte, hinreißend schöne Frau, die – von Engeln begleitet – emporschwebt. All die herrlichen Madonnenköpfe seiner späteren Zeit waren hier in Münnerstadt schon intoniert. Riemenschneider bestand auch darauf, daß das Werk nicht bemalt, also in herkömmlicher Weise farbig gefaßt wurde, wie er auch später die Ergänzung seiner Schnitzwerke durch sogenannte Faßmaler ablehnte. Das Holz selbst sollte sprechen, mit ihm die reine Form, deren Licht- und Schattenspiel ihm deutlich genug waren und obendrein sorgfältigere Betrachtungen verlangten.

Der Name des Mädchens, das ihm für diese Magdalena und für die späteren Mariendarstellungen Modell stand, ist nie bekannt geworden. Weil er aber ihren Kopf wie auch den seiner anderen Modelle nicht in hergebrachter gotischer Manier emporstilisierte, sondern vielmehr getreu der Natur folgte, erfreuten sich Tilmans Altäre von Anfang an der Liebe des Volkes. Die da über dem Altar zu religiösen Szenen gruppiert wurden, waren die gleichen Menschen wie diejenigen, die andächtig davorstanden, nur eben befreit von Niedrigkeit, von der Tyrannei des Ordinären, von der Entartung durch die alltägliche Begegnung mit dem Bösen. Ein solch edler Kern steckt in dir und wartet auf seine Entfaltung – dieser Vertrauensvorschuß an den Betrachter gründet eine sofortige Nähe zwischen Riemenschneiders Kunst und dem Volk, aber auch dem anspruchsvolleren Kenner. Noch heute erliegen wir dem Zauber der edlen, durch keinerlei Stilmittel verfremdeten Menschlichkeit seiner Figuren. Ungefähr zur selben Zeit entstanden der Krakauer Marienaltar des Veit Stoß, der Schnitzaltar eines unbekannten Meisters im oberösterreichischen Kefermarkt, die wundervolle Marienkrönung von Breisach am Oberrhein, etwas später auch der »Englische Gruß« des Veit Stoß in Nürnberg. Bleiben Tilman Riemenschneiders Altäre auch im Ausmaß bescheidener, so ist ihr künstlerischer Rang jedoch mit jedem anderen zu messen.

Man hat ihn den Vollender der Gotik, auch ihren letzten Vertreter genannt, andere Kunsthistoriker bezeichnen ihn als deren Überwinder; doch solch hohe Würdigungen besagen nicht viel angesichts der Tatsache, daß er (wie die anderen auch) trotz tüchtiger Gesellen, die mitunter so Vorzügliches leisteten, daß nur der geschulte Kenner ihre Arbeit von der des Meisters zu unterscheiden vermag, und obwohl begabte Söhne sein Werk hätten fortführen können, keine Schule, keine neue Disziplin der Bildhauerkunst gründen konnte. Das wurde aus zwei Gründen verhindert: zuerst durch sein persönliches Schicksal und dann durch die bilderfeindliche Reformation, die sich besonders eifrig von der »Abgöttin der Katholiken« abwandte. Creglingen zum Beispiel wurde als Wallfahrtskirche alsbald geschlossen und diente fortan als Friedhofskapelle. Die Altarflügel wurden zugeklappt, der ganze Schrein mit Brettern ringsum vernagelt, an deren Vorderseite bei Beerdigungen die Kränze zur Schau hingen. Erst 1832, also drei Jahrhunderte später, holte man diesen Verschlag wieder herunter, um das Kunstwerk zum zweiten Mal der Bewunderung freizugeben. Rührselige Kunstfreunde begannen sofort, das ergreifende Martyrium des Tilman Riemenschneider auszumalen: Dem grausamen Bischof, der ihn foltern ließ, sei es vor allem darum gegangen, die Hände, die so viele unsterbliche Werke schufen, arbeitsunfähig zu machen. Auf den Bischof kommen wir noch zu sprechen; was die malträtierten Hände betrifft, so wurde Riemenschneider in der Tat nach erniedrigender Haft in einem dunklen, feuchten und überfüllten Verlies »peinlich befragt« (es ging um ein Gerücht, das er erfunden haben soll, in Wirklichkeit aber nur guten Glaubens weitergab; der wahre Erfinder wurde später enthauptet). Peinlich befragt heißt aber gefoltert, wobei auch die Arme und Beine gestreckt, also auseinandergezerrt wurden. An Einzelheiten dieser Marter ist nichts überliefert, doch wissen wir, daß er später wieder Reparaturarbeiten verrichten konnte. In Wahrheit hat man den Mann seelisch zerbrochen. Dort wurden die schöpferischen Arbeiten erstickt, nicht in den Händen. Der geniale brasilianische Bildhauer Aleijadinho schuf seine bedeutendsten Werke im Stadium fortgeschrittener Lepra, die seine Hände bereits so verstümmelt hatte, daß er Hammer und Meißel an die Stümpfe anschnüren mußte, um weiterarbeiten zu können. Da Lepra nicht weh tut, den Mann also nicht peinigte, brauchte er nicht aufzuhören, seine künstlerische Kraft auch mit untauglichen Werkzeugen in Meisterwerke umzusetzen. Riemenschneider dagegen ging aus Gericht und Haft als ein auch geistig ruinierter Mensch hervor. Wohl hätte er verschmerzt, daß man einen Großteil seines materiellen Besitzes beschlagnahmte, auch daß von kirchlicher Seite keine Aufträge mehr zu erwarten waren, daß aber der Schöpfer so bedeutender Werke wie ein Revoluzzer unter vielen abgefertigt, daß ihm unterstellt wurde, den Aufstand in der Stadt allein entfacht zu haben, das ließ ihn für immer verstummen. Die Seelenqual der mehrfach anberaumten Hinrichtung dazugerechnet. –

In seiner nach dokumentarischer Fundierung und Erschließung des geistigen Umfeldes wohl informativsten Biographie Tilman Riemenschneiders, die 1981 zu seinem 450. Todestag herauskam, gibt Hans Christian Kirsch ein genau aufgeschlüsseltes Schreckensbild von der »Henkersreise«, die der zurückgekehrte Bischof und Landesherr Konrad in seinem Herrschaftsgebiet unternahm. Die Hinrichtungen, denen er persönlich beiwohnte, gehen in die Hunderte. Zitiert sei hier nur der Anfang einer Quittung des Henkers von Kitzingen, die noch erhalten ist: »80 enthauptet, 69, denen die Augen ausgestochen und die Finger abgeschlagen wurden 114 fl« . . . Wir fügen dieser grauenvollen Statistik den Hinweis an, daß es für die Kirche ein wahrer Segen war, als sie nach den Napoleonischen Kriegen ihre geistlichen Fürstentümer verlor; denn diese Herrschaften ohne Erbrecht pflegte der Adel jeweils immer neu unter seinen Mitgliedern zu verteilen, wobei eine geistliche Berufung noch nicht einmal dem Wort nach erwogen wurde und auch von pastoraler Betreuung der Untertanen keine Rede sein konnte. Jagden, Bankette und fürstlicher Mätressenkult füllten die eine Hälfte ihrer Interessen, Einkünfte, Machterweiterung und politische Intrigen die andere. Es widerspräche also der Geschichte, einen geistlichen Landesherrn der damaligen Zeit mit einem Oberhirten von heute zu vergleichen. Sie haben in der Tat nur das Wort »Bischof« gemeinsam.

Die Zeit Riemenschneiders schrie nach einer Neuordnung, nach einem gerechteren, wahrhaftigeren Leben. Was Geist und Namen oder künstlerischen Ruf besaß – Dürer wie Grünewald, Erasmus wie der Straßburger Gailer von Kaysersberg, der selbst im Würzburger Dom die Verdorbenheit der Kirche anprangerte –, alle bekannten sich zur dringend nötigen Wende. Daß der Bauernkrieg mit seinen ausufernden Grausamkeiten und seiner rasch aufkommenden geistigen und geistlichen Verwirrung in eine solche Metzelei ausartete – allein im Jahr 1525 wurden in Deutschland nach zuverlässiger Schätzung mehr als 100 000 »Rädelsführer« hingerichtet –, lag weder in seiner Intention noch läßt sich die Wiederherstellung der Ordnung als Glücksfall in der deutschen Geschichte bezeichnen. Thomas Mann sagt in seiner Rede »Deutschland und die Deutschen«, der Bauernaufstand, »evangelisch inspiriert, wie er war, hätte, wenn er gesiegt hätte, der ganzen deutschen Geschichte eine glücklichere Wendung, die Wendung zur Freiheit geben können«.

Tilman Riemenschneider, der dieser verwilderten Zeit zum Opfer gefallen war, wurde rasch vergessen. Auch an sein Grab erinnerte sich bald niemand mehr. Bei Bauarbeiten im Jahre 1822 grub man am Platz des ehemaligen Domfriedhofs eine Grabplatte aus, die in gotischer Fraktur die Inschrift trug: »Anno Domini 1531 am abent kiliani (7. 7.) starb der ersam und kunstreich tilman Riemenschneider bildhauer burger zu würzburg, dem got gnedig sey – Amen.« Die Romantiker leiteten seine Renaissance im deutschen Volk ein. Schon zehn Jahre später wurde, wie wir hörten, der Creglinger Altar wieder von den Brettern befreit. Seitdem haben weder sein künstlerischer Ruhm noch das Verständnis für sein grausames Schicksal nachgelassen. Während der zwanziger Jahre unseres Jahrhunderts galt in den Reihen der katholischen Jugendbewegung der Besuch seiner Altäre und Grabdenkmäler als unerläßlich. Die Fotos seiner Marien- und Apostelköpfe gingen, wie die Bilder Grünewalds, von Hand zu Hand. Sie fehlen auch heute noch in keiner Kunsthandlung.

Abseits der Würdigungen immer zahlreicherer Biographen und Kunsthistoriker hat auch Thomas Mann in seiner schon angeführten Rede dem christlichen Künstler aus Würzburg ein Denkmal gesetzt, das hier zum Schluß wiedergegeben sei: »Damals lebte in Deutschland ein Mann, dem meine ganze Sympathie gehört, Tilman Riemenschneider, ein frommer

Kunstmeister, ein Bildhauer und Holzschnitzer, hochberühmt für die treue und ausdrucksvolle Gediegenheit seiner Werke, dieser figurenreichen Altarbilder und keuschen Plastiken, die, vielbegehrt, über ganz Deutschland hin die Andachtsstätten schmückten. Ein hohes menschliches und bürgerliches Ansehen hatte der Meister sich in seinem engeren Lebenskreise, der Stadt Würzburg, auch erworben und gehörte ihrem Rate an. Nie hatte er gedacht, sich in die hohe Politik, die Welthändel zu mischen – es lag das seiner natürlichen Bescheidenheit, seiner Liebe zum freien und friedfertigen Schaffen ursprünglich ganz fern. Er hatte nichts vom Demagogen. Aber sein Herz, das für die Armen und Unterdrückten schlug, zwang ihn, für die Sache der Bauern, die er für die gerechte und gottgefällige erkannte, Partei zu nehmen und gegen die Herren, die Bischöfe und Fürsten, deren humanistisches Wohlwollen er sich leicht hätte bewahren können; es zwang ihn, ergriffen von den großen und grundsätzlichen Gegensätzen der Zeit, herauszutreten aus seiner Sphäre rein geistiger und ästhetischer Kunstbürgerlichkeit und zum Kämpfer zu werden für Freiheit und Recht. Seine eigene Freiheit, die würdige Ruhe seiner Existenz, gab er daran für diese Sache, die ihm über Kunst und Seelenfrieden ging. Sein Einfluß war es hauptsächlich, der die Stadt Würzburg bestimmte, der »Burg«, dem Fürstbischof, die Heeresfolge gegen die Bauern zu verweigern und überhaupt eine revolutionäre Haltung gegen ihn einzunehmen. Er hatte furchtbar dafür zu büßen. Denn nach der Niederwerfung des Bauernaufstandes nahmen die siegreichen historischen Mächte, gegen die er sich gestellt, grausamste Rache an ihm; Gefängnis und Folter taten sie ihm an, und als gebrochener Mann, unfähig hinfort, aus Holz und Stein das Schöne zu erwecken, ging er daraus hervor«.

Alfons Rosenberg

Marc Chagall

Der Seher-Maler

Das Werk Marc Chagalls muß als Glücksfall in der Kunst des 20. Jahrhunderts bezeichnet werden; denn in diesem weitgespannten Bilderwerk vereinen sich die großen Gegensätze wie Mentalität und Formen des Ostens mit denen des Westens, das Uralte mit dem Gegenwärtigen, die Trauer und die Hingerissenheit der Liebe, die Mythen der menschlichen Vergangenheit mit persönlicher Erfahrung. Aus all diesen Elementen, aus Heidnischem, Jüdischem und – wenn auch in beschränkter Weise – Christlichem, »webt« Chagall in den einander abwechselnden Phasen

seines Werkes das Geheimnis seiner Bilder – und dies bis ins hohe Alter. Russische Folklore und die fromme Kunst der Ikonen vermählen sich auf kaum denkbare Weise mit den Formen und Ergebnissen der großen Kunstrevolution des 20. Jahrhunderts, vor allem mit dem Kubismus und Orphismus.
Marc Chagall wurde am 17. Juli 1887 in Witebsk in Weißrußland geboren, inmitten des jüdischen Gettos, das er in der Frühzeit seiner Kunst so oft und eindringlich geschildert hat. In seinem Elternhaus herrschte Armut, sein Vater war ein Heringsalzer und -einleger – durch seinen Beruf immer stinkend, seine Kleider mit Salz überkrustet. »Seine Hände waren von Schwielen bedeckt. Er arbeitete. Er betete. Er schwieg. Wie er war auch ich schweigsam. Was sollte aus mir werden? Sollte ich so mein ganzes Leben lang bleiben, vor einer Wand sitzend, oder sollte ich ebenfalls Tonnen schleppen?«
Nach einigem Widerstreben erlaubten ihm seine Eltern, die Malschule in Witebsk zu besuchen. Und von da aus gelang es ihm, nach dem für ihn als Juden »verbotenen«, das heißt nur beschränkt bewohnbaren St. Petersburg zu kommen, wo er Schüler des eigenartigen Bühnenmalers Léon Bakst wurde, der ihn mit den Vätern der modernen Kunst vertraut machte. Von St. Petersburg aus gelangte er durch ein geringes Stipendium nach Paris, der Hauptstadt der modernen Malerei, wo er von 1910 bis 1914 seine ihm eigentümliche Kunst entwickelte. »In Paris ging ich«, schreibt er rückblickend, »weder zur Akademie noch zu Professoren. Die Stadt selber war auf Schritt und Tritt meine Lehrmeisterin in allem.« In Paris lernte er unter anderem Herwalth Walden, den Vorkämpfer der expressionistischen Kunstrevolution, kennen, der den jungen Chagall zu einer ersten Gesamtausstellung seiner Bilder nach Berlin einlud. Noch im selben Jahr 1914 kehrte Chagall, wie er dachte, nur vorübergehend, nach Rußland zurück, wo er seine Jugendgeliebte Bella, ein schönes, kluges Mädchen heiratete, als er durch den Krieg in Rußland festgehalten war. Jahrzehntelang pries er durch seine Kunst die Liebe zu Bella – sie war es dann auch, die ihn vor den Dämonen seiner künstlerischen und menschlichen Leidenschaften bewahrte. Im Gefolge der russischen Revolution wurde er 1917 zum Direktor der Akademie der schönen Künste für das Gouvernement Witebsk ernannt. Doch nach dem Krieg, um 1922, drängte es ihn zur Rückkehr nach Paris, der Stadt, der er soviel verdankte, wobei er zu seinem Leidwesen feststellen mußte, daß seine zurückgelassenen Werke in Paris und Berlin (dort von der Ausstellung des »Sturm« durch Herwalth Walden) verschwunden oder als Besitz eines »feindlichen Ausländers« beschlagnahmt worden waren.
Aber nun begann eine neue ertragreiche Schaffensperiode. Er überwand den orphischen Kubismus, wenn er auch dessen Auffassung von Zeit und Raum beibehielt. Der Raum sollte nach dieser Kunsttheorie nicht mehr durch Perspektive und Tiefenstaffelung, sondern durch farbige Flächen

komponiert werden. Die Zeit sollte nicht mehr durch ein bloßes Nebeneinander der einzelnen Teile des Bildes zum Ausdruck gelangen, sondern durch eine Art Simultaneität, durch den alogischen Bezug auch einander entfernter Bildteile, durch die Gleichzeitigkeit des einander Widersprechenden. In derart strukturierten Bildern ist außer für Perspektive auch für Schatten kein Platz mehr. Chagalls Bilder bestehen aus Licht und Farbe. Allerdings ist festzustellen, daß es sich hier um eine sehr eigentümliche Farbigkeit handelt, nämlich nicht um Sonnenfarben, sondern um Farben, wie sie das Mondlicht auf allen Erscheinungen hervorbringt. Es sind »Mondfarben« (ähnlich wie bei Greco) – eine milde, reflektierte, aus der Innenschau gewonnene Farbigkeit –, Farben, die man eher wahrnimmt, wenn man die Augen schließt, weil dann der Blumengarten der eingeborenen Farbigkeit aufblüht. Man könnte darum feststellen, daß Chagalls Farben Traumfarben sind – er träumt die Wirklichkeit, und er träumt sogar Gott, über den er nicht reflektiert. Der junge Chagall war ein Zeitgenosse von Sigmund Freud, der erneut – und damit in gewisser Hinsicht die Aufklärung überwindend – den Traum als eine ins Symbolische übersetzte Wirklichkeit enthüllt hat. Jedoch lehnt Chagall jeden absichtlichen Symbolismus in seinen Bildern ab, obwohl sie von einer Fülle von oft recht eigenartigen Symbolen bevölkert sind.

So schreibt er einmal: »Ich suche einen psychischen Formalismus. So habe ich, wenn ich in einem Bild den Kopf einer Kuh abgeschnitten und verkehrt aufgesetzt habe oder manchmal das ganze Bild verkehrt herum male, dieses nicht getan, um Literatur zu machen. Ich will in mein Bild einen psychischen Schock hineinbringen, der immer motiviert ist aus bildhaften Gründen, eine vierte Dimension, mit anderen Worten. Wenn man schließlich in meinem Bild ein Symbol entdeckt, so habe ich dies nicht gewollt. Es ist ein Ergebnis, das ich nicht gesucht habe . . . Die Romantiker und Symbolisten gehen vom Symbol aus. Ich nicht . . . Ich bin vielmehr ein Maler, der bewußt unbewußt ist.«

Chagall legte den größten Wert darauf, daß seine Inspirationen durch das Malen, aus dem Pinsel, kommen. Aber das ist nur die halbe Wahrheit. Denn ohne die Kenntnis der geistigen und völkischen Herkunft des Malers ist sein Werk, ist der Inhalt seiner Bilder nicht zu verstehen. Man muß darum wissen, daß die Familie Chagalls aus der religiösen Sphäre des Chassidismus stammt. Das Judentum hat viele Wandlungen durchgemacht. Eine der tiefgreifendsten wird mit dem Begriff Kabbala bezeichnet – es ist dies das Stichwort für eine religiöse Bewegung, die es, von Spanien ausgehend, auf seherische wie auf rationale Weise unternahm, die Tiefenschichten der überlieferten Offenbarung dichterisch und spekulativ aufzudecken.

Der ostjüdische Chassidismus (das Wort wird von Chassidim – der Fromme – hergeleitet) war eine tiefgreifende religiöse Erweckungsbewegung in den vorderen Teilen Rußlands, ins Leben gerufen von einem

Laien, Rabbi ben Elieser, dem Baalschem – »Mann des guten Namens«. Im Gegensatz zum asketisch ausgerichteten talmudischen Judentum verkündete der Chassidismus eine Haltung der Freude. »Die Trauer führt den Menschen ins Exil, aber die Freude erlöst ihn.« Der Chassidismus will Gott in der unteren Welt offenbaren und verkündet, daß in jedem Glied und in jeder Bewegung des Menschen die Kraft Gottes verborgen sei. Und auf eine Frage, was wohl das erste im Dienste sei, antwortete der Baalschem: »Für den geistigen Menschen ist das erste: Liebe ohne Kasteiung. Für die anderen ist das erste: sehen lernen, daß in aller Leiblichkeit ein heiliges Leben ist und daß man alle zu dieser ihrer Wurzel zurückführen und heiligen kann« – so nach Martin Buber, dem bedeutenden Neuformer der chassidischen Botschaft. Aber der Chassidismus verkündete nicht nur eine Religion der Freude, sondern auch der Allverbundenheit des Menschen mit allen Lebewesen – aus einer Wurzel stammen alle: Nach dem »Zerspringen des Urlichtes« sind seine Funken in alle Lebewesen gefallen – es ist darum die Aufgabe des Menschen, diese zu sammeln. Ist dies vollbracht, dann kann die Erlösung anbrechen. Und das bedeutet: sich um Gottes willen, nicht aus bloßer Ethik, des Menschen anzunehmen. Dazu aber kann der Jude, nur durch den charismatischen, von keiner Behörde ernannten »Zaddik« (der Gerechte, der Heilige), geführt werden. Denn ihm steht der Himmel offen, und er kennt nicht nur die Überlieferung, sondern auch die gegenwärtigen Geheimnisse Gottes. Der Zaddik ist weder Priester noch Mönch, sondern in ihm verkörpert sich das Urbild des Menschen. Er ist »kein Knecht der Zeit, sondern über ihr« – er trägt die Leiden der unteren Welt empor und bringt den Segen der oberen herab. Infolge der Allbeseelung aller Wesen aber verfügt ein jedes über eine Stimme, jedes nach seiner Art. Diese Stimme zu erhorchen, ist die Aufgabe des horchenden, frommen Menschen. Aus dieser Anschauung und Anleitung sind die musizierenden Tiere in Chagalls Bildern zu verstehen: die geigespielenden Kühe, Esel und Pferde. Das Tier singt, spielt, jubelt und klagt wie der Mensch – auch ihm ist eine Sprache gegeben im Chor der Lebewesen, es ist dem Menschen Bruder und Schwester. Und diese »Sprache« der Tiere hat Chagall erhorcht. Seine Tiere – darf man sie Symbole nennen? – sprechen, singen, beten, ja, klagen auch mit dem Menschen. Kein Maler unseres Jahrhunderts hat diese Gemeinschaft aller Lebewesen so eindringlich dargestellt, und zwar auf eine unsentimentale, existentielle Weise, wie der Maler aus dem chassidisch geprägten russischen Getto.

Er hat diese Sprache nie verlernt, denn, wie er es einmal im Gespräch ausdrückte: »Ich bleibe immer in meiner Heimat verwurzelt, ich blieb in Frankreich, in Amerika immer im Getto von Witebsk.« Des zum Zeichen malte er auf zahllosen seiner Bilder in den Wolken wie ein Signet des himmlischen Jerusalem und wie eine seligmachende Formel das abgekürzte Bild seines geliebten Witebsk. So ist Chagall »immer zu Hause«.

Das religiöse Element ist in Chagalls Kunst auf das engste verschwistert mit dem erotischen. Das Judentum, vor allem das biblische, hat ja eine enge und geradezu leidenschaftliche Beziehung zu jeder Art Leiblichkeit. Gott ist kein »Seelenbräutigam«, sondern ein Partner des ganzen leibseelischen Menschen, eine Anschauung, die im Chassidismus überhöht zum Ausdruck kommt. Danach ist Gott sogar eine Braut zugesellt, die Schechina, seine Doxa oder auch die Sophia. Gott liebt sich selber in dieser weiblichen Emanation. Und diese göttliche Brautschaft ist für Chagall zugleich das Vorbild für alle Brautschaft auf Erden. Dies bezeugt der Maler durch seine zahlreichen Brautbilder, auf denen die Braut allein oder das Paar unter dem traditionellen Trauhimmel begleitet wird von Blumensträußen und vor allem vom Hahn, dem drastischen Symbol der sexuellen Freude. Aber nicht nur das Brautpaar ist für ihn Ausdruck der Freude, sondern mehr noch die vielen Liebespaare in zärtlicher Umarmung im Schimmer der milden Mondfarben, vor allem in der Sphäre des von Chagall so geliebten und virtuos gehandhabten Blau. Aber auch die oft mächtigen, lieblich blühenden Blumensträuße sind Liebessymbole.
Die Liebe ist für Chagall die Atmosphäre, in welcher der Mensch zur Freiheit gelangt. Sinnbild dafür sind die fliegenden, schwebenden Liebespaare, die Chagall nicht müde wurde, in immer neuen Variationen zu malen. Denn in der Liebe sind die Bedingungen der Kausalität aufgehoben: Der Mensch vermag in inniger Liebesgemeinschaft sich selbst zu übersteigen. Im Glück der Liebe wird für Chagall etwas von der ewigen Seligkeit vorweggenommen oder, wie ein Wort der jüdischen Überlieferung lautet: »Wer nie die leidenschaftliche Liebe erfahren, wird nicht zur Gottesliebe gelangen.« Aus zwei wird wieder eines bei aller Zweiheit, und das quälende Gespaltensein der Geschlechter wird überwunden. Dies gelangt auch durch die Kompositionsweise Chagalls zum Ausdruck. Denn im Gegensatz zu vielen anderen modernen (und alten) Meistern sind die Bildränder seiner Tafeln offen. Das Bild zeigt zwar eine strenge Komposition, aber durch die Offenheit der Ränder kann unvorhersehbar Mögliches in das Bild »einfallen«. Auf diese Weise kommunizieren seine Bilder mit der äußeren wie der inneren Wirklichkeit. Seine Bilder sind darum als Zeugnisse beständiger Wandlung nicht statisch, sondern vibrieren. Der Begriff der Wandlung ist darum kennzeichnend für Chagalls Kunst. Die Welt ist in ständigem Wandel begriffen, und dies vermag sich nur dadurch zu ereignen, weil in allen ihren Erscheinungen das Göttliche gegenwärtig ist – nicht im Sinn des Pantheismus, sondern des Panentheismus, das will sagen: alles in Gott.
Jedoch, aus christlichem Geist sind Chagalls Bilder nicht konzipiert. Schon seine Nacht- und Mondfarben weisen darauf hin, daß er vom Licht ohne Abend, von Christus, nicht beschienen ist. Darum bleibt er in den Vorhöfen der großen Offenbarung – aber darin ist er ein Liebender, ein Sehnsüchtiger und ein Getreuer.

Marc Chagall ist zweifellos der bedeutendste Engelmaler des 20. Jahrhunderts. Auch in dieser Hinsicht sind seine Auswirkungen unabsehbar. Er ist wesentlich mitbeteiligt am Prozeß der »Wiederbringung der Engel«, nachdem die Engel durch die Verkürzung der theologischen Verkündigung gleichsam »abgeschafft« worden waren. Für Chagall ist jedoch der Engel nicht nur eine dekorative oder literarische Floskel. Vielmehr ist der Engel für ihn ganz wesentlich aus seinem Weltbild, seinem Lebensgefühl entsprungen, ja, sein Werk würde einer entscheidenden Aussage oder Verkündigung ohne die Gestalten oder Erscheinungen der Engel entbehren. Dabei ist zu bedenken, daß die Engel in seinem Werk mehrmals ihre Bedeutung gewechselt haben, denn Chagall ist erst allmählich der Wirklichkeit der Engel innegeworden.
Es gab in dieser Hinsicht für ihn eine Stunde der Erleuchtung, der Einweihung, in der ihm das Dasein der Engel erschlossen wurde. Darüber berichtet er in der Selbstbiographie seiner Frühzeit *Mein Leben* von einem Traum in seiner St. Petersburger Zeit um 1910, als er in Elend und Armut lebte. Er schaute damals »ein viereckiges Zimmer, das leer war. In einer Ecke ein Bett und ich darin. Es ist dunkel. Plötzlich öffnet sich die Zimmerdecke, und ein geflügeltes Wesen schwebt hernieder mit Glanz und Getöse und erfüllt das Zimmer mit wogendem Dunst. Ein Rauschen von schwingenden Flügeln. Ein Engel – denke ich. Ich kann die Augen nicht öffnen, es ist zu hell, zu leuchtend. Nachdem er das ganze Zimmer durchschweift hat, erhebt sich das Wesen und verschwindet durch die Spalte in der Decke und nimmt alles Licht und Himmelblau mit sich. Es wird wieder dunkel. Ich erwache. Mein Bild ›Die Erscheinung‹ beschwört diesen Traum herauf.« Auch wenn dies Bild von ihm erst 1917/18 gemalt wurde, ist offensichtlich, daß dieser Traum oder diese Vision die Initialzündung für die Engelgnosis seiner Bilder war.
Seitdem tauchen die Engel auf seinen Bildern auf. Allerdings sind es zuerst keineswegs die biblischen Engel, sondern »Naturengel« – Engel der Lebensfreude oder Helfer und Begleiter der Liebenden, Zeichen der Entgrenzung, der Übermächtigkeit der Lebens- und Liebeslust. Auf einem Bild mit Liebespaar und Eiffelturm bringt ein kleiner, »saftiger« Engel dem Paar einen Blumenstrauß. Erst als er um 1930 von dem Pariser Kunsthändler und Verleger Vollard den Auftrag für die später mit Recht berühmt gewordenen 100 Radierungen zur Bibel – genauer zum Alten Testament – erhielt und er, um die Atmosphäre der biblischen Landschaft zu erfahren, nach Ägypten und Palästina reiste, ging Chagall Sinn und Wesen der Engelberichte der Bibel auf. Diese Radierungen, an denen Chagall während einiger Jahrzehnte arbeitete, wobei er sich durch die »samtene« Hell-dunkel-Technik Rembrandts »belehren« ließ, gehören seitdem zum Schatz der Graphik des 20. Jahrhunderts. Über das Künstlerische hinaus aber hat Chagall durch diese kostbaren Blätter den Engeln in unserer Zeit zu neuer glaubwürdiger Anschauung verholfen.

Und schließlich hat sich Chagall selber als den »Engelmaler« mit der Palette verstanden, wie er sich auf einem Bild dargestellt hat: Der Engelmaler ist durch die Kunde, die er zu überbringen hat, selber zum Engel geworden. Sein Dasein und sein Werk sind, das will das Bild besagen, zum existentiellen Zeugnis für die Wirklichkeit der Engel als der Himmel und Erde, Göttliches und Menschliches verbindenden Weltkräfte geworden. Oder vielmehr: Im Engel ist Gott in der Welt gegenwärtig und mit hinein verflochten in Lieb und Leid, in Traum und Werk des Menschen. Denn der Engel kommt nicht von außen – indem er aus der Transzendenz in den Menschen eintritt, »verengelt« er ihn gleichsam. Die Engel, Ausstrahlungen des Göttlichen bis in das Innerste des Menschen, sind darum mitbeteiligt an der Menschwerdung des Menschen.

Es gibt keinen modernen jüdischen Maler, der sich so lange, intensiv und eigenartig mit dem Kreuz beschäftigt und den Gekreuzigten in immer neuen Variationen dargestellt hat. An die fünfzig solcher Darstellungen Chagalls sind bekannt geworden. Jedoch hat der Maler nie den lebend lehrenden Jesus, sondern immer nur den Gekreuzigten in seinen Bildern aufscheinen lassen. Das erste Kreuzigungsbild entstand schon im Jahre 1909, kubistisch, gleichsam irreal und in Farben, die denjenigen der Ikonen ähnlich sind. Daß aber mit dieser Darstellung nicht die evangelische Überlieferung, sondern ein immanenter Mythos gemeint war, erweist, daß sich zu Füßen Vater und Mutter, am Kreuze ein Kind befinden. In seinen Erinnerungen *Mein Leben* berichtet Chagall, daß er als Jüngling in Witebsk einmal zum dortigen Rabbiner ging, um ihn zu fragen, ob das jüdische Volk wirklich das von Gott erwählte sei. »Und ich wollte wissen, was er über Christus dachte, dessen helle Gestalt mich schon lange beunruhigte.« Aber schließlich blieb nach langer Unruhe und Bedenken für Chagall Jesus immer ein Jude, den er in christlicher Sicht nie verstehen konnte. »Ich kann mir Christus nicht denken aus der Sicht einer Konfession, eines Dogmas. Dogma meint Absonderung, und Absonderung heißt Kampf, Streit, Haß, Krieg. Mein Christus aber soll Mensch sein, voller Liebe und Trauer.« Eine solche Gesinnung entspricht allerdings einem liberalen Christusverständnis. Dennoch übersteigt das Verständnis Chagalls für die Gestalt Jesu die bürgerliche Anschauung, wenn er schreibt: »Christus ist ein Dichter, einer der größten, gerade durch das unglaubliche, unvernünftige Aufsichnehmen des Leidens. Er ist der Mensch mit dem tiefsten Lebensverständnis, eine Zentralfigur des Geheimnisses ›Leben‹.«

Aber der Gekreuzigte war für Chagall nie im eigentlichen Sinn der geschichtliche Jesus, sondern schon früh, jedenfalls seit den nationalsozialistischen Verfolgungen, ein Symbol für das Leiden, das Martyrium des jüdischen Volkes. Den leidenden Christus am Kreuz als Inbegriff des jüdischen Volkes zeigte Chagall erstmals in seiner »Weißen Kreuzigung«. Es ist das jüdische Volk, das hier am Schandpfahl zu Tode gebracht wird.

Darum trägt der Gekreuzigte als Lendentuch einen jüdischen Gebetsschal. Um sein Haupt schweben die Geister der Ermordeten, zu seinen Füßen steht ein brennender Sabbatleuchter, Symbol des Gotteslichtes. Im Hintergrund geht eine Synagoge in Flammen auf, aber im Vordergrund schlagen Flammen aus einer Thorarolle. Durch das Feuer hindurch flieht ein Mann mit Sack und Pack, im Hintergrund rückt mit roten Fahnen ein wilder Trupp heran. Die Häuser des Dorfes sind umgeworfen – ein Bild der Trauer und des Entsetzens: Der gekreuzigte Christus leidet mit dem jüdischen Volk für die ganze Welt.

In seinen Kreuzigungen offenbart Chagall den tragischen Aspekt des Lebens, der sonst in seinem der Verherrlichung des Lebens und der Liebe gewidmeten Werk meist zurücktritt. Aber dennoch weiß Chagall als ein aus dem Getto stammender Jude um das allem Leben beigemischte Leiden. Doch gerade vor diesem Hintergrund bricht sein Jubel über die Schönheit der Erde und die Ewigkeit der Liebe so tief und befreiend auf. Seine Kreuzigungen, die seit der Zeit des Nationalsozialismus sich immer häufiger in seinem Werk finden, sind zwar aus dem Herzensgrund kommende Klagegesänge über das Leid, das Menschen ihren Mitmenschen antun. Dennoch hält ihn ein Glaube aufrecht – er verkündet ihn unablässig durch seine Malereien: Der Maler-Seher ist trotz aller Leiden und Tode zutiefst durchdrungen, daß »alles sich verändern mag in unserer demoralisierten Welt, nur nicht das Herz, die Liebe des Menschen und sein Streben zur Erkenntnis des Göttlichen«. Darum sind seine Kreuzigungen, auch wenn sie keineswegs das Opfer des Gottmenschen zur Erlösung der ganzen Menschenwelt verkünden und preisen, Aufrufe zur Überwindung des Hasses und zur Freisetzung der Liebe als Sinnerfüllung des Leidens.

Das Vermächtnis der Dichter

Während religiöse Autoren ihren Part in der Literatur mit zielgerichteten Aussagen und einer Lebensdarstellung erfüllen dürfen, in der die Abgründe und schuldhaften Verstrickungen ausgespart bleiben, führt der Dichter ungekürzt die vielfältig gefährdete, an Himmel und Hölle anteilige Existenz des Menschen vor. Er vermeidet nicht nur, sich selbst mit Bekenntnissen und Appellen ins Spiel zu bringen, noch gerät er in pädagogischen Tonfall, vielmehr zeigt er mit seinen Gestalten die Berufung des Menschen zum Guten, seine »Unruhe zu Gott«. Ist er ein meditatives, ein lyrisches Talent, wie es Angelus Silesius oder Matthias Claudius waren, so wird er mit unvergänglichen Versen den Weg weisen, wo tieferes Menschentum zu finden ist. Antworten, die wie geistige Handelsware weitergereicht werden können, liefert der Dichter freilich nicht. Er intoniert nur (»und unsern kranken Nachbarn auch«), singen müssen wir selbst, weshalb der triviale Zeitgenosse den Dichter meidet, da er sich an handfesten Tatsachen leichter orientiert. In die Zweizeiler des »Cherubinischen Wandersmannes« sind Fragen an Gott und den Menschen eingesenkt, die zwar jede Generation unbeantwortet weitergeben muß, doch verfehlt sie sich selbst, wenn sie ihnen ausweicht. Gewiß hat Gertrud von Le Fort mit ihren »Hymnen an die Kirche« beifällige Bewunderung erregt, wie auch die »Ewige Frau« eine Fundgrube tiefer Gedanken bleibt. Wer sie aber in Wahrheit ist, erfahren wir in ihren Romanen. Dort glüht die immer neu versuchte Selbstverwirklichung. In den Gestalten offenbart sich das Vermächtnis der Dichterin. An ihnen entzündet sich die Auseinandersetzung mit der Zeit. Deshalb bleibt es auch geradezu belanglos, wenn sich ein so wahrhaftiger Schilderer der menschlichen Seelenlandschaft wie Anton Tschechow als Atheisten bezeichnet, nachdem er in der Kindheit mit religiösen Motiven tyrannisch überfüttert worden war. In seinem ebenso tiefgründigen wie originell angelegten Essay nimmt Heinz Flügel dem schon mit 44 Jahren verstorbenen Dichter den Schutzschild eines vermeintlichen Glaubenslosen ab, um damit den wahren Tschechow, den Menschen voller Güte und Glaubenskraft, freizulegen. Wer erinnert sich bei diesem meisterhaften Lehrstück nicht jener umgekehrten Enthüllung, die dem heiligen Ambrosius widerfuhr, als die christlichen Mailänder ihn, den heidnischen Statthalter, zum Bischof wählten und mit dem rasch getauften und zum Priester geweihten Mann eine leuchtende Gestalt des Glaubenslebens gewannen? Wir wissen nicht, ob Ambrosius schon als Heide gedichtet und eines Aktes der Bekehrung bedurft hat. Sicher aber erkannten ihn seine späteren Diözesanen, noch bevor er mit der Taufe das Glaubensbekenntnis ablegte, als einen jener begnadeten Naturchristen, über die sein genialer Schüler Augustinus später so eindrucksvoll schrieb.

Gerhard Wehr

Angelus Silesius

Dichter und Mystiker aus Schlesien

»Es ist ein ungewöhnlicher Lauf, zu dem der Schlesier ansetzte, außerordentlich bewegt und um scharfe Kurven biegend. Des Dichters Lebenslandschaft ohne innere Anteilnahme zu betrachten ist unmöglich.« – Dieses Votum über den Angelus Silesius Johann Scheffler – es stammt aus der Feder des Schweizer Kirchenhistorikers Walter Nigg – ist wahr. Beginnen wir daher, indem wir uns einige wichtige Stationen seines Lebens in Erinnerung rufen:

Johann Scheffler wird am 25. Dezember 1624, also während des Dreißigjährigen Kriegs, in Breslau geboren. Sein Vater, ein begüterter polnischer Landedelmann, legt Wert darauf, daß der Sohn eine strenge lutherische Erziehung erhält. Achtzehnjährig bezieht dieser die Universität Straßburg, um dort Medizin zu studieren. Ein Jahr später finden wir ihn im holländischen Leiden. Aber es ist nicht allein die Arzneikunst, die sein Interesse erweckt. Der junge Studiosus gerät in mystische Kreise. Mystisch-religiöse Literatur kommt ihm zu Gesicht. Seine späteren »rechtgläubigen« Gegner – engstirnige Lutheraner – halten ihm dies immer wieder vor. Im Zeitalter orthodoxer Rechthaberei steht religiöse Erfahrung dieser Art nicht hoch im Kurs, ja sie erweckt immer wieder bösen Verdacht. Und so geschieht es, daß der spätere Dichter des *Cherubinischen Wandersmanns* in Holland mit den Büchern seines schlesischen Landsmanns Jakob Böhme bekannt wird.

Der schlichte Görlitzer Schuster, der geistvolle Philosophus teutonicus, hat es dem angehenden Mediziner angetan. Scheffler ist überrascht, als er feststellt, daß er nur wenige Tage nach Böhmes Tod geboren ist. Mehr noch: Ihn fasziniert die Tiefe der verborgenen Gottesweisheit, die aus den Schriften Böhmes spricht. Nach seiner Promotion als Doktor der Medizin und der Philosophie an der Universität Padua kehrt Scheffler nach Schlesien zurück. Hier gewinnt er abermals Freunde, die für sein mystisches Streben Verständnis aufbringen. Zu diesem Freundeskreis gehört Daniel Czepko von Reigersfeld, ein Dichter, der selbst aus der Spiritualität Meister Eckarts, aber auch Valentin Weigels und Jakob Böhmes geschöpft hat. Unter den Geistesverwandten, die sich des jungen Mediziners annehmen, ist vor allem Abraham von Franckenberg zu nennen, der persönliche Schüler und erste Biograph Böhmes.

Im November 1649 wird der knapp Fünfundzwanzigjährige zum fürstlichen Hof- und Leibmedicus ernannt. Er untersteht dem in Öls bei Breslau residierenden Herzog Sylvius Nimrod von Württemberg, einem strengen Lutheraner, dessen nicht minder kompromißloser Hofprediger

Christoph Freitag über die Einhaltung der orthodoxen Kirchenlehre wacht.
Inzwischen hat Scheffler eine folgenschwere Entscheidung getroffen: Er läßt sich von Abraham von Franckenberg tiefer in das Werk Böhmes einführen. Der väterliche Freund und Förderer des jungen Dichter-Arztes erlebt noch, wie es diesem gelingt, die Fülle seines spirituellen Erkennens in jene poetische Form zu gießen, die wir als den *Cherubinischen Wandersmann* kennen. Diese *Geistreichen Sinn- und Schlußreime*, wie sie der Dichter zunächst nennt, suchen ihn geradezu heim. Vier Tage dauert zunächst der Zustrom dichterischer Inspiration. In dieser Zeit vermag er das ganze erste große Kapitel des fünfteiligen Buches niederzuschreiben. Die Verse sind ihm – seinem eigenen Zeugnis zufolge – »meistenteils ohne Vorbedacht und mühsames Nachsinnen in kurzer Zeit von dem Ursprung alles Guten eingegeben worden«.
Aber wer ist der, der da schreibt. Seine Antwort lautet:

»Ich weiß nicht, was ich bin;
Ich bin nicht, was ich weiß;
Ein Ding und nicht ein Ding,
Ein Stüpfchen und ein Kreis.«

Bald folgen Reimsprüche von unerhörter Kühnheit, etwa diese:

»Ich auch bin Gottes Sohn, ich sitz an Seiner Hand:
Sein Geist, Sein Fleisch und Blut ist Ihm an mir bekannt.
Gott ist in mir das Feu'r und ich in Ihm der Schein;
Sind wir einander nicht ganz inniglich gemein?«

Und auf die Frage, ob er nicht den Boden unter den Füßen verliere, da antwortet er mit der Ortsbestimmung:

»Wo ist mein Aufenthalt? Wo ich und du nicht stehen.
Wo ist mein letztes End, in welches ich soll gehen?
Da, wo man keines find't. Wo soll ich denn nun hin?
Ich muß noch über Gott in eine Wüste ziehn.«

Es ist keine Frage, ein Platzregen mystischer Inspiration hat den *Cherubinischen Wandersmann* eingeholt. Und so läßt er sich in seinen Versen von Superlativen, aber auch von Paradoxien mannigfacher Art überschütten. In den Augen und Ohren vieler seiner kirchenfrommen Zeitgenossen, nicht zuletzt der theologischen Beckmesser aus dem Lager der lutherischen Orthodoxie, muß dergleichen den Eindruck einer hemmungslosen Ketzerei erwecken. Was aber die sprachliche wie die spirituelle Dichte betrifft, durch die sich die Zwei- und Vierzeiler auszeichnen, so ist Walter Niggs Urteil zuzustimmen: »Wer nach dem *Cherubinischen Wandersmann* greift, der hat ein inspiriertes Werk in den Händen.«
An dieser Tatsache ändert auch der Hinweis nichts, wonach Scheffler auf

Vorlagen und Vorbilder zurückgreifen konnte. Die Dichtungen Daniel Czepkos wären hier an erster Stelle zu nennen. Doch Komposition und Geistesgestalt eines Sprachwerks sprechen für sich, ganz gleich, woher die Materialien dazu stammen. Des Geistes voll, beschließt der Dichter nun auch eine Blütenlese mystischer Texte und einige »hochinbrünstige, das Gemüt zu Gott erhebende Gebete« zusammenzustellen, um sie suchenden Menschen darzureichen. Eben da kommt es zur verhängnisvollen Konfrontation. Christoph Freitag, der Hofprediger, waltet seines Amtes als Zensor. Und was ein Menschenalter zuvor dem Jakob Böhme durch den lutherischen Oberpfarrer von Görlitz widerfahren ist, das passiert in abgewandelter Form dem Dichter des *Cherubinischen Wandersmanns.* Scheffler muß Streichungen hinnehmen, schließlich versagt der Hofprediger die Druckerlaubnis ganz.

Scheffler ist empört. Sein aufbrausendes Naturell vermag er selbst nicht zu zügeln. Abraham von Franckenberg, der ihm zweifellos zur Mäßigung und zu einer Art innerer Emigration geraten hätte, lebt nicht mehr. So kommt es, daß Scheffler seinen Unwillen über den engstirnigen Pastor alsbald auf das gesamte Luthertum überträgt; nicht gerade eine vorbildliche Haltung eines Mystikers! Er zögert nicht, auch äußere Konsequenzen zu ziehen. Er quittiert seinen Dienst und konvertiert zur katholischen Kirche. Damit auch nach außen sichtbar wird, daß für ihn ein neues Leben beginnt, nennt er sich Angelus, Engel, Bote, als er am 12. Juni 1653 in der Breslauer Sankt-Matthias-Kirche das Sakrament der Firmung empfängt. Um jede Verwechslung auszuschließen, heißt er fortan: Angelus Silesius, schlesischer Engel.

Eben das will er sein, der Bote einer anderen Welt, nämlich jener, der er sich seit langem innig verbunden fühlt. Das hindert ihn nicht, seine mystische Innenerfahrung ausschließlich auf die katholische Kirche zu projizieren, als sei ernste Christusnachfolge nur in ihr möglich. Doch religiöse Dichtung überschreitet die Konfessionsgrenzen. Jedenfalls ließen sich die Herausgeber protestantischer Gesangbücher nicht abhalten, auch solche Lieder des Konvertiten aufzunehmen, die im Blick auf die neue geistliche Heimat niedergeschrieben worden sind. Das im Jahre 1657 verfaßte Lied »Ich will dich lieben, meine Stärke« gehört zu den Perlen barocker geistlicher Dichtung. In ihr spielt der Dichter auf den späten Konfessionswechsel an, wenn er dort ein Bekenntnis ablegt, das letztlich Christus selbst zugesprochen sein kann. In der dritten Strophe heißt es:

»Ach, daß ich Dich so spät erkennet
Du hochgelobte Schönheit du,
Und Dich nicht eher mein genennet,
Du höchstes Gut und wahre Ruh!
Es ist mir leid und bin betrübt,
Daß ich so spät geliebt.«

Der Sänger gesteht voll Reue:

»Ich lief verirrt und war verblendet,
Ich suchte Dich und fand Dich nicht;
Ich hatte mich von Dir gewendet
Und liebte das geschaffne Licht.«

Deshalb seine inständige Bitte:

»Erhalte mich auf Deinen Stegen
Und laß mich nicht mehr irregehn!«

Auch das Gelöbnis unabwendbarer Treue fehlt nicht:

»Ich will Dich lieben, meine Krone,
Ich will Dich lieben, meinen Gott;
Ich will Dich lieben ohne Lohne
Auch in der allergrößten Not;
Ich will Dich lieben, schönstes Licht,
Bis mir das Herze bricht!«

Nun sind Mystiker oder vom Geistfeuer der Mystik Berührte keine unangefochtenen Leute. Das gilt auch für Johann Scheffler. Noch im Jahr seines Konfessionswechsels sieht er sich veranlaßt, in einer in Olmütz veröffentlichten Schrift die Ursachen und Motive aufzuführen, warum er vom Luthertum »abgetreten« ist und sich zur katholischen Kirche bekannt hat. Der ausgesprochen polemische Charakter dieser Publikation ist kaum zu übersehen. Tatsächlich leitet sie eine ganze Kette von Streit- und Schmähschriften ein, die von Schefflers lutherischen Gegnern in höchst blamabler Weise erwidert werden. Wäre Scheffler nur der Autor dieser theologischen oder theologisch verbrämten Pamphlete, man dürfte seinen Namen getrost vergessen. Menschlich-Allzumenschliches artikuliert sich im Stil einer streitsüchtigen Zeit.

Was aber den überzeitlichen Ruhm des Angelus Silesius begründet, das sind zweifellos die *Geistreichen Sinn- und Schlußreime*, die er im Jahre 1657 erstmals in Wien drucken läßt. Und wie schon erwähnt, wurde der Grundbestand des *Cherubinischen Wandersmanns* vor der Konversion niedergeschrieben. Obwohl die fünf Bücher der Erstausgabe nicht in allen Stücken die gleiche poetische Dichte aufweisen, so stellen diese Zwei- und Vierzeiler als Glaubenszeugnis doch eine Einheit dar. Ihr gegenüber fällt das in der späteren Ausgabe von 1675 hinzugefügte sechste Buch deutlich ab, wenngleich sich noch etliche Perlen darin finden.

Zur Biographie des leidenschaftlichen Gottesmannes bleibt nur noch weniges nachzutragen: Der ehemalige Leibarzt vertieft sich noch um die Lebensmitte in die Theologie und empfängt im Jahre 1661 als Sechsunddreißigjähriger die Priesterweihe. Sieben Jahre lang hat er das Amt eines

Hofmarschalls beim Fürstbischof Sebastian von Rostock inne. Als der bischöfliche Förderer stirbt, zieht sich Johann Scheffler aus dem öffentlichen Leben zurück. Im Kreuzherrnstift von Sankt Matthias in Breslau findet der rastlos streitbare Geist ein letztes Zuhause. Am 9. Juli 1677 stirbt Scheffler, noch nicht einmal dreiundfünfzig Jahre alt. Eine Inschrift in der Breslauer Stiftskirche, der späteren Gymnasialkirche des Sankt-Matthias-Gymnasiums, in der er seine letzte Ruhe gefunden hat, lautet:

»Deutschlands großer christlicher Dichter,
Mahner zu gottinniger Frömmigkeit.«

Wichtiger als der Bote ist seine Botschaft. Sein Buch, der *Cherubinische Wandersmann*, darf als ein Vademecum verstanden werden für Gefährten auf dem inneren Weg. Und so, wie sich der Engel dem Tobias auf seiner Wanderung in die Fremde zugesellt, so will auch der engelhafte Wandersmann aus Schlesien all denen Führung und Geleit anbieten, die den Weg spiritueller Erfahrung betreten haben. Er wendet sich an die, die den allzu eng umgrenzten Bezirk der festgelegten Standpunkte verlassen wollen. Sie ermutigt er:

»Christ, laufe, was du kannst, willst du in Himmel ein!
Es heißt nicht stille stehn, du mußt der erste sein.«

Wie gefährdet jeder »Lebenslauf«, somit auch dieses Laufen ist, dessen wurde sich der Dichter aus eignem leidvollen Erleben heraus bewußt. Indem er darauf aufmerksam macht, weist er gleichzeitig auf den Zielpunkt seines Unterwegsseins hin:

»Halt an, wo läufst du hin, der Himmel ist in dir;
Suchst du Gott anderswo, du fehlst Ihn für und für!«

Dem Beispiel der großen Mystiker folgend, betritt der Dichter einen inneren Weg. Um ihn zu beschreiben, ist eine verwegene, eine paradoxale, keinen Widerspruch scheuende Redeweise erforderlich. Was nicht durch Paradoxien erfaßt oder wenigstens angedeutet werden kann, das muß durch eine Übersteigerung anderer Art zum Ausdruck gebracht werden. Demnach müsse der Mensch »mehr als göttlich sein«, denn – so heißt es gleich im vierten Doppelreim des ersten Buches:

»Herr, es genügt mir nicht, daß ich Dir englisch diene
Und in Vollkommenheit der Götter vor Dir grüne.
Es ist mir viel zu schlecht und meinem Geist zu klein;
Wer Dir recht dienen will, muß mehr als göttlich sein.«

Ein Himmelsstürmer, so scheint es, der »ein Gott im Gotte« zu sein begehrt! Und, wie wir gesehen haben, ist ihm auch das noch zuwenig:

»Ich muß noch über Gott in eine Wüste ziehn.«

Diese »Wüste« ist ein Bildwort für das pure Nichts, jenseits der geläufigen oder ausdenkbaren Gottesbilder, die sich Menschen errichten und ersinnen können. Auch sie müssen noch »genichtet«, »gelassen«, sie müssen transzendiert werden, um des lebendigen Gottes willen, den letztlich kein Bild vollkommen auszudrücken vermag. Damit ist der Ort und der Nicht-Ort des Mystikers markiert. In dieselbe Richtung weist das Wort von der »Über-Gottheit«, in der sich der Angelus Silesius zu bergen sucht und die er seinen Weggenossen anempfiehlt:

»Was man von Gott gesagt, das gnüget mir noch nicht,
Die Über-Gottheit ist mein Leben und mein Licht.«

Die Existenz Gottes sieht der Dichter aufs engste mit dem existierenden Menschen verwoben. Auch die folgenden atemberaubenden Zeilen finden sich schon am Eingang des ersten Buches:

»Ich weiß, daß ohne mich Gott nicht ein Nu kann leben;
Werd ich zunicht, Er muß von Not den Geist aufgeben.«

Damit ist ein Selbstbewußtsein besonderer Art begründet. Der Dichter beharrt auf der Gottessohnschaft des Menschen. Die Gottesliebe des Menschen und die Menschenliebe des sich herabneigenden Gottes klingen harmonisch zusammen. Geradezu versöhnlich stimmt, wenn die Kette der mystisch-religiösen Provokationen durch den Hinweis darauf unterbrochen ist, daß der menschensuchende Gott dem Gottsucher Mensch stets voraus ist. Daran mag gedacht sein, wenn es im 18. Reim des ersten Buches heißt:

»Gott liebt mich über sich, lieb ich Ihn über mich,
So geb' ich Ihm so viel, als Er mir gibt aus sich.«

Das will doch besagen, daß eine spirituell vertiefte Selbsterkenntnis Voraussetzung echter Gotteserkenntnis ist und daß umgekehrt nur der legitimerweise von Gotteserfahrung sprechen kann, der zu voller Selbsterfahrung gelangt ist. Im übrigen legt der Angelus Silesius stillschweigend eine Menschenkunde zugrunde, die den »Madensack« des vergänglichen physischen Leibes samt dem daran gebundenen alltäglichen Ich-Bewußtsein von einem umfassenden Selbst-Bewußtsein klar unterscheidet. Zweimal ist von einem Ich die Rede: das eine Mal ist die »Ichheit« gemeint, nämlich jenes kleine Alltags-Ich, das durch die irdische Existenz des sterblichen Menschen bedingt ist. Dieses Ich gilt es zu zügeln, in die Schranken der Demut zu rufen und von der Wurzel her umzugestalten. Es muß »sterben«, damit die Frucht dieses mystischen Todes, nämlich Verwandlung und Auferstehung, geerntet werden kann. Mehrere Strophen beschäftigen sich mit diesem Zentralthema der Mystik und spiritueller Reifung. Da heißt es beispielsweise:

»Tod ist ein selig Ding; je kräftiger er ist,
Je herrlicher daraus das Leben wird erkiest.«

Das Leben, und zwar das wahre Leben »erkiesen«, heißt: das Eigentliche wählen und die Entscheidung treffen, die ein ganz neues Leben eröffnet, das kein Tod zu töten vermag. Johann Scheffler spricht geradezu davon, daß es einen Tod gibt, aus dem ein neues Leben blüht. Und erst von diesem mystischen Tod oder von dem Prozeß einer totalen Verwandlung des »alten Menschen« her wird das neuerliche Paradoxon verständlich, das der Angelus Silesius mit den Worten formuliert:

»Ich glaube keinen Tod; sterb' ich gleich alle Stunden,
So hab' ich jedesmal ein besser Leben funden.«

Unnötig zu sagen, daß der Dichter nicht etwa einer Verharmlosung von Tod und Sterben das Wort redet. Er meint stets eine Transformation. Deshalb faßt er das Ziel des mystischen Todes ins Auge, das zumindest partiell der mystischen Erfahrung zugänglich ist, denn:

»Wenn du gestorben bist und Gott dein Leben worden,
So trittst du erst recht in der hohen Götter Orden.
Ich sag', es stirbet nichts; nur daß ein ander Leben,
Auch selbst das peinlichste, wird durch den Tod gegeben.«

So stolz und so selbstbewußt die vielen Strophen klingen, in denen der Angelus Silesius seiner innigen Gottesverbundenheit Ausdruck verliehen hat, sie müssen letztlich doch nur als Ausblicke auf ein noch nicht erreichtes Fernziel erachtet werden, an dem sich der Pilgrim orientiert. Von erreichter Vollendung kann nicht im entferntesten die Rede sein. Deshalb das jähe Erschrecken über die eigene Unzulänglichkeit:

»Mein Gott, wie kalt bin ich!«

Hatte der PHILOSOPHUS TEUTONICUS Jakob Böhme einst die weithin leuchtende Parole vom Anbruch der »Morgenröte« ausgegeben: Scheffler nimmt dieses wichtige Bildwort des Görlitzer Meisters auf, indem er auf das Hervorbrechen der »gnädigen Morgenröte« wartet. Nicht allein eine individuelle Morgenröte einer neuen Bewußtseinsart oder Spiritualität ist gemeint, sondern eine neue Weltzeit will anbrechen, darum:

»Blüh auf, gefrorner Christ, der Mai ist vor der Tür!«

Auf subtile Wachstumsprozesse gilt es zu achten, ist doch selbst die Schöpfung der äußeren Natur in den Augen des Mystikers noch nicht am Ende. Die Schöpfung dauert fort – jedenfalls für den, der offenen Auges um sich blickt und der die Signaturen zu lesen vermag, die sich in Kosmos und Geschichte zu erkennen geben. Und wenn einst der Seelenführer in den alten Mysterien rief: »Wache auf, der du schläfst!« – so ist der auf dem Weg Befindliche dazu bestimmt, sein eigener Erwecker zu werden:

»Mein Christ, du mußt dich selbst durch Gott vom Schlaf erwecken,
Ermunterst du dich nicht, du bleibst im Traume stecken.«

Aber eben davor will der Angelus Silesius seine Weggefährten bewahren. Vermeintliche, ja sogar tatsächliche innere Fortschritte können zu einem Hindernis werden, meint man dabei, es gäbe nun nichts mehr zu tun; alles sei schon erreicht. Das prozessuale, am inneren Fortschreiten und Reifen ausgerichtete Denken des schlesischen Boten duldet jedoch keinen Stillstand. Darin stimmt er mit den Seelenführern aller Wege überein, die ihre Schüler weder an ihre eigene Person binden wollen noch universal wirksame Patentrezepte propagieren. Wichtig ist, daß der Wandersmann auf dem Weg des Heils in Bewegung auf das Ziel bleibt. Daher:

»Freund, so du etwas bist, so bleib nur ja nicht stehn!
Man muß aus einem Licht fort in das andre gehn.«

Trotz allem ist auch dieses köstliche Vademecum, das Schefflers *Cherubinischer Wandersmann* darstellt, nur ein Buch und nicht schon die Sache selbst, das Wesen. Was somit die literarische Gestalt dieses Buches betrifft, so ist es, wie alle Bücher dieser Welt, dem Gesetz des Buchstabens unterworfen, also vorläufig. Das schwarz auf weiß Gedruckte kann man keineswegs »getrost nach Hause tragen«. Darum der Beschluß:

»Freund, es ist auch genug. Im Fall du mehr willst lesen,
So geh und werde selbst die Schrift und selbst das Wesen!«

Aus: Angelus Silesius – Der Cherubinische Wandersmann

Mensch, werde wesentlich! Denn wann die Welt vergeht
So fällt der Zufall weg; das Wesen, das besteht.

Die Sonn' erreget all's, macht alle Sterne tanzen;
Wirst du nicht auch bewegt, so g'hörst du nicht zum Ganzen.

Mensch, nichts ist vollkomm'n; der Kies gleicht dem Rubin,
Der Frosch ist ja so schön als Engel Seraphim.

Der Mensch hat eher nicht vollkomm'ne Seligkeit,
Bis daß die Einheit hat verschluckt die Anderheit.

Mensch, wo du Tugend wirkst mit Arbeit und mit Müh,
So hast du sie noch nicht, du kriegest noch um sie.

Wird Christus tausendmal zu Bethlehem geboren
Und nicht in dir, du bleibst noch ewiglich verloren.

Das Gräslein ist ein Buch, suchst du es aufzuschließen,
Du kannst die Schöpfung draus und alle Wahrheit wissen.

Du mußt zuvor Nichts sein, wann du willst etwas werden.
Doch auch, der etwas ist, der bleibt in Tod's Beschwerden.

Volkmar Zühlsdorff

Matthias Claudius

Genius inniger Einfachheit

In den bewegten Strömungen seiner Zeit, der Aufklärung, der Französischen Revolution, in Sturm und Drang und Klassizismus steht der Dichter, Publizist und Menschenführer Matthias Claudius fast fremd wie ein erratischer Block. Ein bedeutender Geist, der mit den großen Zeitgenossen, an denen ihm lag, Verkehr pflog, und der doch in dem kleinen Ort Wandsbeck in Holstein im Kreis von Familie und Freunden am glücklichsten war; ein lyrischer Dichter, dem die deutsche Sprache einige der schönsten Verse verdankt, die Allgemeingut wurden, während manches von seinen Gedichten – mit literarischer Elle gemessen – Mittelmaß ist. Acht Bände umfaßt sein Werk, Essays, Kritik, Dialoge, Epigramme, Lyrik, meist kurze Stücke – nur einige davon sind mehr als zehn und ein einziges über sechzig Seiten lang –, vom Autor selbst seine »Büchel« und in gelegentlicher Selbstironie »Schnurrpfeifereien« genannt, aber darunter vieles geistig Bedeutende in glänzender Prosa.

Fremdling in seiner Zeit – das heißt keineswegs, daß er dem, was diese Zeit bewegte, fern stand. Er nahm leidenschaftlich Anteil, kritisierte, lobte, verwarf, stellte dem, was er für Irrtum hielt, in vielfältiger literarischer Form die eigene Überzeugung gegenüber. Nur – einordnen ließ er sich nicht. Er hatte begeisterte Freunde und erbitterte Feinde, wurde von vielen verspottet und verhöhnt, nicht wenige seiner Gefährten wandten sich später von ihm ab, als er nicht zu ihrer Philosophie hielt.

»Das größte Genie, das ich gefunden«, nannte Herder ihn einmal, »einen Freund von sonderbarem Geist und von einem Herzen, das wie Steinkohle glüht«, später aber ist er: »ein kleiner guter, äußerst natürlicher Jüngling«. Und für Goethe war er, als ihm 1784 sein Besuch in Weimar angekündigt wurde – »le fameux Wandsbecker Bote«, »ce personnage singulier« – ein andermal ein »Narr, der voller einfältiger Prätensionen steckt«.

Wenn Claudius Erwartungen enttäuschte, so weder aus Wankelmut noch mangelnder Treue, wie manche meinten, die sich einer durch den Zeitgeist mächtig gewordenen Philosophie verschrieben. An eine Philosophie hat Claudius sich nie gebunden, dafür hatte er vom Menschen einen zu hohen Begriff. »Der Mensch«, schrieb er, »seiner eigentlichen Natur nach, kann sich mit Ehren um nichts als um höhere unsichtbare Kräfte drehen, und alles Übrige muß sich um ihn drehen, das ist mit anderen Worten: muß von ihm abhängig sein. Sonst ist er unter sich selbst und ist krank.«

Die Heutigen, Literarhistoriker vor allem, bringt Claudius nicht minder in Verlegenheit. Sollen sie ihn als Lyriker, Essayist, Kritiker, Journalist einordnen? Und welchen Rang mißt man ihm zu? In den *Asmus omnia sua Secum portans oder Sämmtliche Werke des Wandsbecker Bothen*, wie der Titel seiner Werke lautet, folgen alle diese literarischen Kategorien und noch andere aufeinander, kunterbunt, wie es scheint. Das war nicht Sorglosigkeit, Claudius wollte es so. Was dem Systematiker als bunte Folge erscheinen mag, hatte einen lebendigen Zusammenhang – den Zusammenhang des Lebens, aus dem all diese Stücke entstanden, kaum eines zufällig, jedes aus einem Anlaß, der eine bestimmte Antwort in bestimmter Form gebot.

Claudius mißtraute aller Systematik, weil sie ihm lebenstötend schien, selbst die des Philosophen. »Wo das Leben anfängt«, schrieb er von diesem, »da hat seine Kunst ein Ende, denn seine ganze Kunst besteht im Zergliedern und wieder Zusammensetzen, und das Leben läßt sich nicht zergliedern und zusammensetzen.« Das galt ihm auch von seinem eigenen Werk.

Aber lassen wir seine Lyrik für sich selbst sprechen. Die Versuche, die er im Stil des von ihm als Student in Jena umschwärmten Bardendichters Heinrich Wilhelm von Gerstenberg 1763 als *Tändeleien und Erzählungen*, rokokohaft und empfindsam, veröffentlichte, kann man getrost übergehen. Beginnen wir drei Jahre später, mit dem Gedicht zum Tod seiner erst zweiundzwanzig Jahre alten Schwester Dorothea Christine, Pfarrersfrau, Mutter von vier Kindern:

Der Säemann säet den Samen,
Die Erd empfängt ihn, und über ein kleines
Keimet die Blume herauf –

Du liebtest sie. Was auch das Leben
Sonst für Gewinn hat, war klein Dir geachtet,
Und sie entschlummerte Dir!

Was weinest Du neben dem Grabe
Und hebst die Hände zur Wolke des Todes
Und der Verwesung empor?

Wie Gras auf dem Felde sind Menschen
Dahin, wie Blätter! Nur wenige Tage
Gehn wir verkleidet einher!

Der Adler besuchet die Erde,
Doch säumet er nicht, schüttelt vom Flügel den Staub, und
Kehret zur Sonne zurück!

Denken wir dann – man kann hier nur einige nennen – an sein *Abendlied* aus dem Vossischen Almanach, das jedermann kennt, »Der Mond ist aufgegangen«; oder das *Kriegslied*, das beginnt:

's ist Krieg! 's ist Krieg! o Gottes Engel wehre
Und rede Du darein!
's ist leider Krieg – und ich begehre
Nicht schuld daran zu sein!

Oder das jubelnde Osterlied:

Das Grab ist leer, das Grab ist leer!
Erstanden ist der Held!
Das Leben ist des Todes Herr,
Gerettet ist die Welt!
Gerettet ist die Welt!

Und immer wieder der Tod, »Freund Hein«, wie er ihn nennt, am Grab des Vaters, beim Tod des Söhnleins Matthias, dann der Tochter Christiane, der Nachruf auf Kaiserin Maria Theresia, oder das wunderbare Gedicht *Der Tod und das Mädchen*, das Schubert vertonte:

Das Mädchen: Vorüber, ach! vorüber
Geh, wilder Knochenmann!
Ich bin noch jung; geh, Lieber!
Und rühre mich nicht an.

Der Tod: Gib Deine Hand, Du schön und zart Gebild!
Bin Freund und komme nicht zu strafen.
Sei guten Muts, ich bin nicht wild,
Sollst sanft in meinen Armen schlafen!

Im ganzen sind es in den Sämtlichen Werken nur etwa 180 Gedichte, doch sind genug darunter, um Claudius einen ehrenvollen Platz unter den deutschen Dichtern zu sichern. Dennoch würde man ihm nicht gerecht – als Lyriker nicht und in keiner der anderen Kategorien seines Werkes –, wollte man ihn nur jeweils in einer von diesen beurteilen, statt die Gesamterscheinung zu betrachten.

Der eigentliche Grund, warum man damit in die Irre ginge, ist jedoch, daß Claudius weder den Schriftsteller noch den Essayisten noch den Philosophen oder Kritiker in sich als das Wesentliche ansah. All dies war in ihm, aber genau besehen nutzte er nur deren Möglichkeiten für das, was ihm wirklich am Herzen lag – Menschenführung im Sinne evangelischer Gläubigkeit und Liebe.

Dieser Nachkomme von Generationen von Pfarrern, zurück bis zu jenem lutherischen Theologen Klaus Paulsen in Emerlen im Stift Ripen, der durch Latinisierung in Claudius Pauli dem Geschlecht den neuen Namen gab, wurde zwar nicht – wie noch sein geliebter Vater – selber Pastor, aber im weiteren Sinne war sein ganzes Leben »Seelsorge« – nicht von der Kanzel, aber mit der Feder, für ganz Deutschland, wo immer man ihn hören wollte.

Der äußere Verlauf des Lebens von Matthias Claudius war schlicht, ohne Drama. Strenge protestantische Frömmigkeit in dem Pfarrhaus von Reinfeld in Holstein, wo er am 15. August 1740 zur Welt kam, war selbstverständlich; daß er Theologie studierte, vorgezeichnet. Dabei aber blieb er nicht. Theologie als Wissenschaft, ein »Zergliedern und Zusammensetzen« Gottes gewissermaßen, befriedigte ihn nicht. Er wechselte zum Staats- und Völkerrecht, hörte Geschichte, Philosophie, Kameralwissenschaften, einen Querschnitt durch das Wissen der Zeit. Von der »zänkischen und stänkischen Clique« der Professoren hielt er nicht viel, noch weniger vom studentischen Bierbetrieb.

Was für Claudius in Jena wichtig wurde, war die Bekanntschaft durch die »Teutsche Gesellschaft« mit der neuen Literatur, Klopstock, Lessing, auch dem in Deutschland neu entdeckten Shakespeare. Hier trifft er Gerstenberg, ist hingerissen, versucht sich selbst im Schreiben. Zwar werden seine *Tändeleien* von den Literaturpäpsten der Zeit – Christoph Friedrich Nicolai in Berlin vor allem – vernichtend rezensiert, aber das half ihm, zu sich selber zu finden.

Ohne Abschluß kehrt er nach drei Jahren, 1762, aus Jena ins Elternhaus zurück. Ein solider »bürgerlicher« Beruf, der seinen Mann ernährte, war ihm nie gegeben, einige Anläufe mißglückten: als Sekretär beim Grafen Holstein 1774/75 in Kopenhagen, als »Oberlandcommissarius«, dann Chefredakteur der Hessisch-Darmstädtischen Privilegierten Landzeitung 1776/77 in Darmstadt, durch Vermittlung Herders. Ein gesichertes, wenn auch nie ganz sorgenfreies Leben führte er erst, seit ihm 1785 der dänische Kronprinz, der spätere Friedrich VI., einen Jahressold aussetzte und 1788 die Sinekure eines Revisors der Altonaer Species-Bank vermittelte. Das Jahr in der dänischen Hauptstadt, wo Klopstock damals auf der Höhe seines Ruhms in einem ganzen Kreis deutscher Dichter, Musiker, Theologen wirkte, die König Friedrich V. an seinen Hof zog, führte Claudius mitten in ein Zentrum deutschen Geisteslebens.

Darmstadt brachte ihm die Begegnungen mit Johann Heinrich Merck, dem Freund Goethes, mit dem Minister Freiherrn Friedrich Karl von Moser, Sohn des berühmten Staatsrechtslehrers und Autor des Fürstenspiegels *Der Herr und der Diener*, und anderen, aber er war doch glücklich, als er wieder in der Ruhe seines ländlichen Zuhauses eintraf.

»Zuhause« – das war dieses Mal nicht mehr das Elternhaus, sondern Wandsbeck, eine Stunde Weges von Hamburg, heute (als »Wandsbek«)

längst Teil der Stadt. Dorthin war er 1770 gekommen, nach zwei Hungerjahren in Hamburg als Redakteur des kleinen kommerziellen Mitteilungsblattes »Hamburger Adress-Comptoir-Nachrichten«. Wandsbeck, damals ein Dorf von hundert Häusern mit Kirche, Schloß und Park, war die Herrschaft des Grafen Heinrich Karl von Schimmelmann, eines aufgeklärten Mannes, der den Bewohnern nebst anderem Förderlichen eine gute Zeitung schenken wollte. Die eben sollte Claudius herausgeben.
Für diesen war Wandsbeck Liebe auf den ersten Blick. Von hier ist er – vom kurzen Darmstädter Zwischenspiel abgesehen – nie wieder fortgezogen. Sein Verhältnis zu Schimmelmann war harmonisch, den Verleger und Freund Johann Joachim Christoph Bode brachte er aus Hamburg mit, die Aufgabe, eine eigene, viermal wöchentlich erscheinende Zeitung ganz nach eigenem Gutdünken gestalten zu können, war gerade das, was er sich sehnlich wünschte.
Auch seine Frau fand er in Wandsbeck, Anna Rebecca Behn, Tochter eines Zimmermanns und Gastwirts, »ein einfältiges, ungekünsteltes Bauernmädchen«, wie er an den Freund Herder schreibt. Sie war erst sechzehn Jahre alt, als er sie am 15. März 1772 heiratete, eine natürliche Schönheit und – wie sie in den langen Jahren einer ungetrübten Ehe bewies – eine ideale Geliebte und Hausfrau. Diese Ehe und das überaus glückliche Familienleben – Rebecca gebar ihm zwölf Kinder – werden für Claudius in den Jahren äußerer Dürftigkeit und Not zum zweiten Pfeiler, neben dem Glauben, seiner Lebenskraft.
Aus dieser Dorfzeitung nun, »Der Wandsbecker Bothe« getauft, machte Matthias Claudius in den wenigen Jahren ihres Erscheinens (1771 bis 1775) eine Publikation von Rang und Namen, mit bescheidener Auflage, aber gelesen von Gebildeten in ganz Deutschland. Führende Männer würdigten das Blatt ihrer Beiträge wegen, darunter Goethe, Lessing, Klopstock, Herder, auch Johann Heinrich Voss, Johann Wilhelm Ludwig Gleim und viele andere. »Der Wandsbecker Bothe« begründete Claudius' Ruhm – so dauerhaft und sicher, daß am Ende aus dem Namen der Publikation eine Bezeichnung für den Menschen, daß Claudius als Person zum »Wandsbecker Boten« wurde.
Es ist bezeichnend für seinen hohen Rang als Schriftsteller und Journalist wie für seine geistige Dimension, daß Claudius in dem, was er schrieb, in schlichter Form, verständlich, mit Humor, Scherz, Ironie, manchmal im Dialekt, die einfachen Menschen in Wandsbeck ansprach und zugleich, durch die Kraft der Gedanken, die Gebildeten und bedeutenden Geister der Zeit Gefallen daran fanden. Es sind nicht viele, denen beides zugleich gelingt. Als bleibende Frucht dieser Jahre erschienen noch 1775, kompiliert aus seinen Beiträgen für die Zeitung, die ersten zwei Bände der *Sämtlichen Werke des Wandsbecker Boten.*
Matthias Claudius war, bei aller Gläubigkeit, kein Dogmatiker. Fanatismus, gar Gewalt sind ihm zuwider, er stellt sie, selbst wo sie vorgeben,

dem Glauben zu dienen, dem Unglauben gleich. »Der Geist der Religion wohnt nicht in den Schalen der Dogmatik«, schrieb er bei jenem berühmten Hamburger Pastorenstreit um 1770, den Lessings *Anti-Goeze* der Nachwelt überlieferte, »hat sein Wesen nicht in den Kindern des Unglaubens, noch in den ungeratenen Söhnen und übertünchten Gräbern des Glaubens«. In seinem Brief *An meinen Sohn Johannes* 1799 drückt er es noch schärfer aus, als er ihm rät: »Hasse die theologischen Kannengießer!«

Wie sehr es ihm immer um das Wesentliche ging, nicht um Ideologie oder Konfession, sondern um den Menschen aus Fleisch und Blut, das zeigte sich, als die Konversion seines Freundes Graf Friedrich Leopold zu Stolberg zum Katholizismus 1800 das freigeistige Deutschland in Aufruhr setzte. Friedrich Heinrich Jacobi, Goethes Jugendfreund, verbot Stolberg abrupt das Haus, Voss ließ eine lästerliche Schmähschrift gegen ihn erscheinen, *Warnung an Stolberg*. Claudius dagegen nahm ihn, wie Stolberg selbst berichtet, »in aller Ehre« und »mit viel Liebe« auf und sprach am Ende das wunderbare Wort: »Nun, wir haben *einen* Herrn Christus und wollen gegenseitig uns auffordern, wer ihn von uns beiden am meisten lieben wird.«

Jeder Religion, auch den sogenannten heidnischen, erwies Claudius seine ehrende Toleranz. »Verachte keine Religion«, ermahnte er den Sohn Johannes, »denn sie ist dem Geist gemeint, und Du weißt nicht, was unter unansehnlichen Bildern verborgen sein könne.« Verschrien die »Rechtgläubigen« es als unchristlichen Aberglauben, wenn Japaner meinten, jeder, der »auf dem Fusi« klingle und seine Stirn auf die Erde lege, den höre Gott, so erklärt Claudius: »Das tut Gott auch, glaub' ich, denn ist Er nicht auch der Japaneser Gott? Freilich ist Er auch der Japaneser Gott.«

Mit seinen Schriften griff Claudius in viele literarische und philosophische Fehden ein, selbst gegen Kants monumentale *Kritik der reinen Vernunft* hat er versucht, die lebendige Einheit von Wissen und Glauben zu verteidigen. Auch politisch nahm er Stellung. Da wurzelte er fest in seinem lutherischen Glauben, es sei »keine Obrigkeit ohne von Gott«. Inmitten der schwärmerischen Begeisterung vieler für die Französische Revolution trat er unerschütterlich für die Ordnung, die hierarchische Ordnung der Gesellschaft ein. Ohne sie sah er auch die Freiheit in Gefahr, und er meinte damit nicht die des Sturms auf die Bastille und der Guillotine, sondern – wie stets – die »Freiheit eines Christenmenschen«. Er glaubte an die innere Wandlung des Menschen und die Besserung der Institutionen hierdurch, nicht umgekehrt. Die blutigen Greuel nicht nur des Pöbels, sondern der Führer der Revolution – derentwegen sich viele, auch Klopstock, am Ende von ihr abwandten – bestärkten ihn darin. Heute, da wir das Grauen weiterer Revolutionen, die Millionen Opfer der nationalsozialistischen, die Dekaden von Millionen der sowjetischen

gesehen haben, scheint eine so konservative Haltung wiederum sehr viel verständlicher.
Vom Herrscher fordert Claudius, er müsse »den Untertan lieben, ihm Recht und Gleich tun unverrückt und ihm kein Haar krümmen«. Obrigkeit sein ist kein Freibrief. Wie aber, so fragt er selbst, wenn ein Fürst sich daran nicht kehrt, sein Amt tyrannisch mißbraucht? Sollen denn »Liebe, Glauben und Vertrauen ewig lieben, glauben und vertrauen, damit sie ewig betrogen und gemißbraucht werden können? Und sollen denn viele sich ihrer Rechte begeben, damit einer oder wenige ungestraft Gewalt und Unrecht üben können?« Die Antwort: »Das sei ferne! – Betrogene Liebe ist wie Menschenblut; sie schreit aufwärts um Rache. Nein! Recht muß Recht bleiben. Ich streite nicht wider, sondern für das Volk.«
Matthias Claudius liebte Johannes den Täufer, und indem er über ihn spricht, ist es, als offenbare er seine eigene Natur, so als habe man ihm wie jenem die Frage gestellt, was er von sich selber sage, daß er sei. Daß Johannes den Mut gehabt, König Herodes vor allem Volk zurechtzuweisen, war bewundernswert, schreibt er in einem seiner *Briefe an Andres*; mehr noch aber, daß Johannes ihn »nicht von dem nahen Heil ausschließen und verkommen lassen wollte, und lieber seinen Hals daran wagte«; und am allermeisten, daß er im Alltäglichen so treu war, der Wahrheit treu, demütig im härenen Gewand: »Kurz, daß er so klein war und daß die menschliche Natur in ihm sich gar nicht rührte – das ist schwer! Andres, das ist groß!«
Daß Matthias Claudius in einer Zeit, die die irdische Vernunft auf die Altäre erhob, während ein gläubiger Christ zu sein vielen als Aberglaube, die Bibel beim Wort zu nehmen als Unbildung galt, die Kraft und den Mut bewahrte, seinen Glauben vor aller Welt zu bekennen – nicht eifernd, aber unbeirrt, unerschüttert vom Spott der Aufgeklärten –, das bezeichnet den hohen Rang dieses Mannes, der am 21. Januar 1815 in Hamburg verstarb. Für ihn gilt ein Wort, das er einmal selber sprach: »Es ist etwas im Menschen, das sich vor keiner Gewalt beugt und fürchtet und durch keine Gewalt überwältigt werden kann. Es bleibt unbeschädigt und frei, wie auch die Sachen gehen, und spricht der Gewalt hohn; und ist doch zugleich mild und rät zum Guten und Frieden.«

Heinz Flügel

Anton Tschechow

Brief ins Jenseits

Verehrter Anton Pawlowitsch Tschechow,

als ich im Herbst vorigen Jahres auf einer Schiffsreise nach Jalta gelangte, hätte ich gerne das Haus besucht, in dem Sie so viele Jahre, nachdem Sie Ihre Praxis in Melichowo hatten aufgeben müssen, als Schriftsteller gelebt und gearbeitet haben. Es kam leider nicht zu dem Besuch: im offiziellen Reiseprogramm war aus Zeitmangel oder wegen anderer organisatorischer Schwierigkeiten die Besichtigung des bescheidenen Dichterhauses nicht eingeplant; dafür durften wir den Schauplatz jener spektakulären Konferenz betreten, wo die Politiker dieses Säkulums Weltgeschichte gemacht haben. So konnte ich denn nur vom Deck des Schiffes aus mit dem Fernglas nach der kleinen italienischen Villa zwischen den Gärten des alten Badeortes an der aufsteigenden Krimküste Ausschau halten. Ich stellte mir vor, wie Sie dort ebenfalls mit einem Fernglas aus Ihrem Fenster die Schiffe an der Mole oder die Strandpromenade beobachteten, wo »die Dame mit dem Hündchen« herumzuspazieren pflegte. Sie waren ja recht einsam in Jalta – Sie schreiben: einsam »wie ein Mönch« –, getrennt von Ihrer geliebten »Schauspielerin«, fern von Moskaus Künstlertheater und Geselligkeiten, in einer von den Ärzten verordneten Verbannung, unter langweiligen Menschen selbst gelangweilt. Als unser Schiff wieder ausfuhr, standen Sie wahrscheinlich noch immer mit dem Fernglas am Fenster . . .

Daß man Ihnen – später – auch in Badenweiler hätte begegnen können, das vermag ich mir gar nicht vorzustellen. Mir kommt dann immer nur jener Güterwagen mit der grotesken Aufschrift »Waggon für Austern« in den Sinn, der den Sarg mit Ihrer irdischen Hülle aus dem Schwarzwald nach Moskau transportierte – ein skurriler Witz des Schicksals! – als hätte man sich hämischerweise jener Kurzgeschichte aus Ihren frühesten Anfängen erinnert, die ausgerechnet *Austern* überschrieben ist. Ob Sie selbst sich noch der Skizze erinnern? Sie handelt vom Hunger, vom Hunger eines Kindes, das an der Hand des verzweifelten Vaters vor der Tür eines Schlemmerrestaurants bettelt und von den frivolen Feinschmeckern zu deren Vergnügen mit Austern gefüttert wird, bis es krank wird. Schon hier, am Anfang Ihrer literarischen Laufbahn, welche schreckliche Ironie, welch grausamer Realismus!

Doch wozu diese Abschweifung? Ich wollte ja nur erklären, warum ich überhaupt an Sie, an einen längst Verstorbenen, schreibe. Wenn ich ein Tschechow-Spezialist wäre, dann würde ich wohl über Sie und nicht an

Sie schreiben. Da ich jedoch kein Spezialist bin, nicht jede Zeile von Ihnen und über Sie studiert habe, sondern einfach ein Liebhaber Ihrer Erzählungen und Dramen bin, glaube ich mich in dieser unmittelbaren und gewissermaßen naiven Form an Sie wenden zu dürfen. Man hat mich nämlich um einen Beitrag für ein Buch gebeten, in dem hervorragende »Gestalten des Glaubens« präsentiert werden sollen. Ich habe – erlauben Sie bitte! – sogleich an Sie und nicht etwa an Tolstoj oder Dostojewski gedacht, obwohl Sie doch, wie Ihren unmißverständlichen Worten zu entnehmen ist, kein Mann des kirchlichen Glaubens, vielmehr von Jugend an ein Atheist gewesen sind. Dennoch – ich bin überzeugt von Ihrer tief verborgenen Frömmigkeit und möchte, indem ich an Sie schreibe, mir von Ihnen bestätigen lassen . . . Aber ich sehe, wie Sie, peinlich berührt, die Hände abwehrend heben.
Ich kenne, ich respektiere Ihre Bescheidenheit, verehrter Anton Pawlowitsch. Tolstoj hat mit großer Wärme von Ihrer Bescheidenheit gesprochen, und andere haben es nachgesprochen: »So bescheiden und still . . . ein sehr, sehr guter Mensch . . . « Aber das klingt mir zu harmlos. Gewiß, Sie selbst bezeichnen sich irgendwann als einen »bescheidenen« Schriftsteller. Doch warum? Sie waren darum bemüht, daß man primär den Arzt und nicht den Schriftsteller in Ihnen sieht. Ich vermag bei Ihnen nicht das eine von dem anderen zu trennen. Es ist ja bekannt, daß Sie Ihre literarische Karriere mit den Kurzgeschichten begannen, die Sie schrieben, um Ihr Studium und die Existenz Ihrer Eltern und Geschwister zu finanzieren. Es ist aber auch bekannt, daß Sie später als Arzt die Leute vielfach, ja zumeist ohne Honorar behandelten. Und nicht zu vergessen die Krankenhäuser, die Sie im Bezirk Ihrer Praxis Melichowo eingerichtet, die Volksschulen, die Sie gebaut haben!
Über die Rolle der Schriftsteller und Künstler in der Gesellschaft Ihrer Zeit haben Sie sich gelegentlich sehr skeptisch, sehr bitter, ja sehr böse geäußert: Der Künstler, heißt es im *Haus mit dem Giebelzimmer*, arbeite nur für das Vergnügen eines raubgierigen und unsauberen Tieres und stütze die bestehende Ordnung. Von Ihren literarischen Arbeiten wird das keiner behaupten können, im Gegenteil: Ich finde in Ihren kurzen oder längeren Erzählungen mit den Jahren immer schärfer den Protest gegen die Unwahrhaftigkeit, gegen die Indifferenz der damaligen, gelangweilten und »nach Parfüm riechenden« Gesellschaft artikuliert.
Nein, gleichgültig oder unbeteiligten Herzens sind Sie wahrhaftig nicht gewesen. Merkwürdig, daß man Sie so verkennen und zumal aus Ihren Theaterstücken den Eindruck müder Schicksalsergebenheit gewinnen konnte. Wahrscheinlich lag es daran, daß der – große – Stanislawski bei der Inszenierung Ihrer Stücke zu sehr die depressiven Stimmungen, die spezifisch russische Melancholie betonte. Sie selbst wollten es nicht so: keine Rührseligkeit, vielmehr eine harte Diktion, keine Stimmungsmache, sondern exakte Zeichen, surrealistische Signale. Ihre Stücke sind als

Komödien, als »Farcen« gedacht. Maxim Gorki, ein authentischer Zeuge, ein Freund, spricht in bezug auf Ihren *Onkel Wanja* sogar von »satanischer« Kälte und Teilnahmslosigkeit, mit der Sie die Personen Ihres Stückes behandeln: »Sie sind teilnahmslos wie der Schnee oder wie ein Seesturm.« So rätselhaft wirkten Sie also auch auf Ihre Freunde.

Allerdings, Gorki hat es anders gemeint als der Vorwurf einiger damaliger Kritiker, die das soziale, das politische Engagement bei Ihnen vermißten, die Sie, verglichen mit dem moralisierenden Tolstoj, als einen Autor ohne Prinzipien bezeichneten. Ihre leidenschaftliche Antwort hat sich mir tief eingeprägt: »Ich war niemals ein prinzipienloser Schriftsteller oder – was dasselbe ist – ein Halunke.«

Solche Leute verwechseln Prinzipienlosigkeit mit Parteilosigkeit. Einer bestimmten politischen Partei haben Sie meines Wissens nie angehört, aber Sie haben zeit Ihres Lebens Partei genommen für die elenden, für die erniedrigten, für die sprachlosen Menschen; Sie haben vernehmlich gemacht, was man im allgemeinen nicht zu hören bekommt: die unterdrückten Seufzer derer, die sich nicht auszudrücken, nicht verständlich zu machen vermögen, das Schweigen der Verzweifelten, die keinen Menschen haben, dem sie sich anvertrauen könnten, keinen, der ihnen zuzuhören bereit ist, die stumme Qual gehetzter Menschen, deren ganzes Elend darin besteht, daß sie »keine Zeit haben, an ihre Seele zu denken«. So las ich bei Ihnen die schreckliche Geschichte von der jungen Dienstmagd, die, von ihrer kleinbürgerlichen Herrschaft tagsüber erbarmungslos ausgebeutet, auch des Nachts keine Ruhe findet, weil sie den immerfort schreienden Säugling hüten muß. Das arme Ding hat nur den einen einzigen Wunsch, schlafen, endlich schlafen zu dürfen, und in seinem grenzenlosen dumpfen Verlangen nach Ruhe erwürgt es schließlich den schreienden Säugling. Kein Wort des unglücklichen Wesens ist zu vernehmen. Zu seiner Verteidigung hätte es wohl auch nichts anderes vorzubringen, als daß es den Wunsch gehabt habe zu schlafen; und die Gesellschaft, die zu Gericht sitzt, würde sicherlich für ihre Empörung über die sittliche Verkommenheit des Proletariats in dieser Elenden ein neues, ebenso abstoßendes wie willkommenes Beispiel gefunden haben. Davon sagen Sie freilich kein Wort. In der Tat, Sie bleiben ganz kühl, objektiv. Sie nehmen mit Recht für sich in Anspruch, ein Chemiker zu sein und kein – Konditor. Doch wer spürte nicht den Aufruhr Ihrer Seele! In einem Brief bekennen Sie es: »Meine Seele ist in Aufruhr.« Mich erstaunt die Gelassenheit, wie Sie an sich halten, wie Sie sich hüten, selbst zu predigen. Sie vermeiden den direkten Protest; um so überzeugender wirken in Ihren Erzählungen und Dramen die Protestierenden, die sich auflehnen gegen eine Gesellschaft privilegierter Müßiggänger, deren Ehrbegriff nicht über die »Uniformehre« hinausgeht, gegen eine korrupte Bourgeoisie, die aus lauter »Futteralmenschen« besteht, Leuten, die in ihren Vorurteilen, ihren Grundsätzen und Ängsten stecken wie in einem

Futteral. Aber Sie lassen es auch da, wo man Ihr Mitgefühl, Ihre Sympathie verspürt, nicht an Objektivität fehlen: Ja, Sie sind von einer mitunter grausamen Gerechtigkeit, die sich jeder idealisierenden Parteinahme enthält. Wie großartig hören sich zunächst die verzweifelt aufrichtigen Worte jenes Arztes an, der mit der jungen Fürstin, die sich in der Attitüde der Frömmigkeit gefällt, schonungslos abrechnet, indem er ihr vorhält, wie sie »ihr ganzes zweibeiniges lebendes Inventar« zur Kriecherei erzogen habe; auch ihre Wohltätigkeit sei nur ein Mittel der Unterdrükkung, ihre Frömmigkeit sei Heuchelei usw. Doch dann kippt er selbst kläglich wieder um: Am nächsten Morgen, angesichts des gesamten zur Kriecherei erzogenen Personals, entschuldigt er sich, demütigt er sich. »Sie streckte seinen Lippen ihre Hand entgegen« und fährt selbstzufrieden und glücklich wieder von dannen.

Ich möchte nicht behaupten, daß Sie die Fürstin aus Bosheit so geschildert haben. Sie ist nicht einmal unsympathisch; sie könnte einem sogar ein wenig leid tun, wie sie sich von dem erbitterten Manne sagen läßt, daß ihre ganze Existenz verlogen sei. Ich wiederhole: Sie sind auf eine erschreckende Weise gerecht – erschreckend; denn es ändert sich nichts: Die Fürstin hat, nur vorübergehend irritiert, ihren parfümierten Seelenfrieden wieder gefunden. Und der Arzt? Vielleicht schämt er sich wirklich seiner Unbeherrschtheit. Was geht in all den Gedemütigten, den Unterdrückten, den beschämten Subalternen vor, denen wir in Ihrer Welt, Anton Pawlowitsch, begegnen? Sie gehen in die Knie vor dem ehemaligen Mitschüler, der inzwischen arriviert und dick geworden ist; sie sterben vor Angst, wie der verdrückte kleine Beamte, der im Theater einem Würdenträger in der Reihe vor ihm, als er unversehens niesen mußte, die privilegierte Glatze ein wenig bespritzt hat.

Wie gesagt, es ist bewundernswert, wie Sie dergleichen mit objektiver, ein wenig trauriger Gelassenheit, aber ohne jede subjektive Emotion erzählen, obwohl Sie doch selbst als Sohn eines ehemaligen Leibeigenen, als ein Proletarier aufgewachsen sind, der vom religiös fanatischen Vater in die Kirche geprügelt wurde, der Popenhände küssen und sich für jedes winzige Stück Brot bedanken mußte, immerfort zur Heuchelei gezwungen, bis er – so beschreiben Sie es selbst – »eines schönen Morgens aufwacht und fühlt, daß in seinen Adern nicht mehr Sklavenblut, sondern echtes Menschenblut fließt«.

Bei einem französischen Autor las ich die Bemerkung: Das Leiden geht vorüber, nicht das Gelittenhaben. Daher wohl jene Trauer in der Gelassenheit, mit der Sie erzählen. Man könnte auch von einer resignativen Gelassenheit sprechen; denn kaum irgendwo in Ihren Erzählungen und Dramen vollzieht sich das, was man einen »positiven« Schluß zu nennen pflegt. Mir jedenfalls hat sich – mit zwei, drei Ausnahmen – keine Wendung dieser Art eingeprägt. Nebenbei: Was heißt überhaupt »positiv«? Sie haben denjenigen, die das Fehlen eines »positiven« Resultates mit

ANGELUS SILESIUS Eigentlich Johannes Scheffler. Schlesischer Mystiker und Dichter, ursprünglich Arzt, nach Konversion katholischer Priester. Berühmt durch »Cherubinischer Wandersmann«, ein Lyrikbändchen von Versen abgründiger Tiefe.

Matthias Claudius Herausgeber des »Wandsbecker Boten«, einer Publikation zur christlich-sittlichen Bildung, deren Name schon bald auf die Person überging. Dem volkstümlichen Lyriker verdankt die deutsche Sprache einige der schönsten Verse, zum Beispiel das allen bekannte Abendlied »Der Mond ist aufgegangen«.

ANTON PAWLOWITSCH TSCHECHOW Russischer Arzt und Schriftsteller. Meisterhafte Erfassung der menschlichen Natur und Existenz, die er in brüderlicher Nähe darstellt. Besuchte im Schlitten die sibirischen Gefangenenlager. Seine Novellen und Dramen besitzen unvergängliche Aktualität.

Gertrud von Le Fort Deutsche Dichterin aus hugenottisch-französischer Familie, die 1926 in Rom zum Katholizismus konvertierte. Schuf Romane und Dichtungen von großer Glaubenstiefe. »Hymnen an die Kirche«, »Die ewige Frau«, auch Werke verklärender Kirchengeschichte.

»positiven Helden« bemängeln, mit aggressiver Schärfe geantwortet: »Die Bourgeoisie liebt die positiven Typen, weil sie ihnen einreden, daß man Kapital zusammenraffen und doch unschuldig, ein Raubtier und doch glücklich sein könne.«

Es ist wahr, die meisten Ihrer Erzählungen bringen den empfindsamen Leser um seinen Schlaf – anders, als dies bei Dostojewski geschieht, wo sich die Menschen in einer Art Raserei befinden; sie scheinen insgesamt zu halluzinieren. In Ihren Erzählungen dagegen – auch in Ihren Dramen – geht es immer sehr leise zu, eindringlich leise, schrecklich leise, aber unaufhaltsam, unabänderlich. Mir selbst ist von allen Ihren Erzählungen *Das Krankenzimmer Nr. 6* als die bei weitem düsterste, am meisten deprimierende in Erinnerung. Die Beschreibung der verwahrlosten Klinik, dieser, wie es heißt, »gottgefälligen Anstalt«, in der öden Provinzstadt – allein dies geht an die Nerven. Doch geradezu quälend schildern Sie die Frustration des Krankenhausarztes, eines redlichen und vernünftigen, aber allzu schwachen Mannes, dem es nicht gelingt, eine Sanierung der skandalösen Verhältnisse durchzusetzen; er erlahmt, resigniert, vergrübelt sich; und da er in der ganzen jämmerlichen Kleinstadt mit ihrer dürftigen Spießergesellschaft keinen Gesprächspartner mehr findet außer einem Geisteskranken in jenem makabren Krankenzimmer Nr. 6, gerät er zwangsläufig nach und nach in einen »Zauberkreis, aus dem es keinen Ausweg gibt«. Schließlich sperrt man den skrupulösen Melancholiker als einen gefährlichen Psychopathen selbst bei den Verrückten ein. Ich kann mich nicht entsinnen, etwas Trostloseres gelesen zu haben als das Ende dieser Erzählung, wie der endgültig Internierte ans vergitterte Fenster der Krankenstube Nr. 6 tritt und aufs Feld hinausschaut: »Es begann schon dunkel zu werden, und rechts am Horizont ging kalt und blutrot der Mond auf. Unweit des Krankenhauses . . . stand ein hohes weißes Haus . . . von einer Steinmauer umgeben. Es war das Gefängnis . . . Das ist die Wirklichkeit, dachte er, und ihm wurde angst und bange . . . Hinter sich hörte er einen Seufzer.«

Ein Sonderfall, es läßt sich nicht leugnen, ein extremer Sonderfall! Wer die »positiven Typen« bevorzugt, um sich nicht seine Ruhe rauben zu lassen, wird den depressiven Insassen Ihrer Krankenstube Nr. 6 möglichst rasch zu vergessen suchen. Den jungen Lenin immerhin hat Ihre Geschichte umgetrieben; er kam sich selbst wie ein Eingesperrter vor. Einen anderen ärztlichen Kollegen, der uns in Ihrem *Fall aus der Praxis* begegnet, wird man indessen nicht als einen depressiven Psychopathen abtun können. Es handelt sich in der Geschichte um einen ziemlich normalen Fall: Der Arzt wird zu der kränkelnden Tochter eines Fabrikbesitzers gerufen. Sonst scheint hier im Haus alles in Ordnung. Der geübte Beobachterblick des Arztes bemerkt zwar in den Gesichtern und Gebärden der Arbeiter, die ihm auf dem Fabrikgelände begegnen, Nervosität, Elend, Trunksucht und Unsauberkeit; doch eine Angestellte des

Hauses versichert ihm: »Die Arbeiter sind mit uns sehr zufrieden . . . Sie sind ungebildet, haben aber auch Gefühle.« Um die Tochter des Fabrikherrn dagegen ist man besorgt, ohne den Grund ihrer krankhaften Unruhe, ihrer Schlaflosigkeit, ihrer geheimen Ängste zu kennen. Der erfahrene Diagnostiker hat es bald durchschaut: Das empfindsame Mädchen leidet insgeheim an der Fragwürdigkeit des gesellschaftlichen Milieus, in dem sie lebt; sie empfindet, ohne sich dessen bewußt zu sein, das Unrecht ihrer privilegierten Existenz. Daher die Schlaflosigkeit! Aber, so lautet die prägnante Diagnose des Arztes: »Sie leiden an einer ehrbaren Schlaflosigkeit.« Ein großartiges Wort, verehrter Anton Pawlowitsch!

Ich täte Ihnen jedoch Unrecht, wenn ich solche – allerdings meisterhaften – Erzählungen gewissermaßen als Quintessenz Ihres dichterischen Werkes den Lesern empfehlen würde und nun gar denjenigen, die einer markanten »Gestalt des Glaubens« begegnen möchten. Wahrhaftig, mit der Erzählung vom *Krankenzimmer Nr. 6* durchschreiten Sie einen Abgrund der Hoffnungslosigkeit, der Sinnlosigkeit, der Verzweiflung. Aber Sie haben den Abgrund nicht nur in der Literatur, Sie haben ihn in der Praxis durchschritten. Sie wissen, worauf ich anspiele. Ich denke an Ihre Studienreise 1890 nach der Sträflingsinsel Sachalin. Das Unternehmen gereicht Ihnen als Arzt und als Schriftsteller zur Ehre. Primär war es der Arzt, der sich dazu entschloß, nicht etwa der Schriftsteller auf der Suche nach einem sensationellen Gegenstand, nach einem ungewöhnlichen Stoff.

Heutige Leser wird man wohl darauf aufmerksam machen müssen, mit welchen Strapazen zu Ihrer Zeit allein die dreimonatige Anreise durch Rußland und Sibirien verbunden war – zumal für einen Lungenkranken. Nun, als Arzt wußten Sie Bescheid, wieviel Sie sich zumuten durften. Es war offensichtlich ein Ruf, der an Sie erging. Nein, nichts Mystisches! Vieles wirkte, wenn ich recht sehe, zusammen. Sie befanden sich in einer Krisis. In Ihnen war, so schreiben Sie, »irgendeine Stockung« eingetreten, obwohl Sie doch literarisch bereits überaus erfolgreich waren. Doch das befriedigte Sie nicht. Sie meinten, der Medizin etwas schuldig geblieben zu sein. Während die Literatur in Ihrem Leben die Rolle einer Geliebten spielte, war die Medizin für Sie Ihre legitime Frau, und ihr gegenüber, so drückten Sie es in einem Briefe wohl reichlich übertrieben aus, waren Sie »ein Schwein«.

Entscheidend waren gewiß die ersten Informationen, die Sie von Ihrem Bruder, einem Jurastudenten, über die Zustände auf der Insel der Zuchthäusler und Deportierten und sodann durch die Lektüre der einschlägigen Literatur erhalten hatten. Es genügte Ihnen nicht, sich über offenkundige Mißstände, über die unmenschlichen Daseinsbedingungen der Sträflinge und über den unsäglich grausamen Strafvollzug zu entrüsten; darüber hinaus quälte Sie der Gedanke, »daß wir alle«, wie Sie schreiben,

»Millionen von Menschen in den Gefängnissen unnötig verfaulen ließen«, sinnlos barbarisch, daß wir alle wegen unserer Unwissenheit und Gleichgültigkeit schuldig sind. Sie also nahmen die eigene Verantwortung wahr und faßten den Entschluß, sich selbst zu überzeugen, obwohl man Ihnen abriet, vor allem Ihr Verleger, der sich wahrscheinlich von Ihrer Reportage keinen Gewinn für die Unterhaltungsliteratur versprach. Allerdings, um Belletristik ging es Ihnen nicht, sondern um eine exakte wissenschaftliche Untersuchung, wobei Sie alle subjektiven Emotionen und literarischen Ambitionen unterdrückten. So entstand ein Werk, um ein vielfaches umfangreicher als irgendeine Ihrer Erzählungen, voller präziser Angaben, ergänzt durch eine aus zehntausend Blättern bestehende Kartei, reich an erschütternden Details aus dem qualvollen Dasein der angeketteten, der geprügelten, der zum Tode verurteilten Sträflinge. Sie nennen Sachalin eine »Hölleninsel«. Sie haben sie, ohne sich selbst zu schonen, monatelang erforscht. Zuletzt, so bekennen Sie in einem Brief, machten Ihre Nerven nicht mehr mit.

Dostojewskis *Aufzeichnungen aus einem Totenhause*, Solschenizyns *Archipel Gulag* und Ihre *Insel Sachalin* bilden zusammen eine Trilogie unerträglichen Leidens und unbegreiflicher Grausamkeit. Da Dostojewski und Solschenizyn selbst Opfer des bösartigen politischen Strafvollzugs waren, während Sie nur als Berichterstatter, als Arzt, die Hölle besuchten, unterscheidet sich Ihr Beitrag deutlich von der subjektiven, pathetischen Leidenschronik der beiden anderen Autoren. Als Zeugnis des Mitleids mit den Schuldigen und der Solidarisierung mit den Unglücklichen, als Ausdruck des Protestes gegen die Gleichgültigkeit und Heuchelei, als Dokument unbedingter Wahrhaftigkeit ist Ihr Buch – so erlaube ich mir zu sagen – ein gottgefälliges Manifest der Humanität.

Wieder sehe ich, wie Sie Ihre Arme abwehrend heben, weil ich Ihr Buch als »gottgefällig« bezeichnet habe. Mein verehrtester Anton Pawlowitsch, nehmen Sie den Ausdruck bitte einfach als eine Metapher. Ich werde mich hüten, Ihnen einen Gottesglauben zu unterstellen, der Ihnen schon in Ihrer Kindheit abhanden gekommen ist. Ich respektiere Ihre Wahrhaftigkeit. Noch in Ihren späten Jahren haben Sie sich als einen Atheisten bezeichnet. Wie kommt es jedoch, daß Sie, ohne im christlichen Sinne ein Glaubender zu sein, in einigen Geschichten den gläubigen Menschen mit soviel Einfühlung, mit soviel Sympathie dargestellt haben? Eine überaus seltsame Geschichte ist doch jene, einem »Obergärtner« in den Mund gelegte Legende, die dieser anläßlich einer Diskussion über die von vielen, auch zu Ihrer Zeit, als allzu milde gerügte Praxis der Gerichte erzählt. Dies die Legende: Ein allgemein geliebter, von den Bürgern als Wohltäter hochgeachteter, sogar von den Asozialen scheu verehrter Arzt einer kleinen Stadt ist auf gräßliche Weise ermordet worden. Aufgrund von Indizien wird ein Landstreicher des Verbrechens für schuldig befunden; der Richter jedoch weigert sich, den Verdächtigen zu verurteilen

und zu bestrafen; denn schlechthin unerlaubt erscheine ihm der Verdacht, es könne einer so durch und durch böse sein, daß er den Menschenfreund, den Arzt, ermordete. Lieber mache er sich eines Fehlurteils schuldig, als einen so ungeheuerlichen Verdacht zuzulassen. Die Bürger der Stadt pflichten dem wohlmeinenden Richter bei und billigen die nicht so sehr juristische wie theologische Begründung seines Freispruchs.
Sie, Anton Pawlowitsch, der Sie auf der »Hölleninsel« Sachalin recherchiert haben, dürften den schwärmerischen Menschenglauben jenes Richters oder des Obergärtners doch wohl nicht geteilt haben. Wenn man sich noch einmal die vielen Geschichten vergegenwärtigt, wie Sie das moralische Elend des ländlichen und städtischen Proletariats, die Verkommenheit der sogenannten Gesellschaft schildern, der Gutsbesitzer und der Fabrikanten, der Bourgeoisie und der Intellektuellen, wer könnte da noch an den Menschen glauben? Überall macht man sich das Leben gegenseitig sinnlos zur Qual. Wird man nicht Ihrem Freund Maxim Gorki glauben müssen, was er in seinen Erinnerungen über Ihr Verhältnis zu den Menschen schreibt? Bisweilen kam es Gorki vor, als wenn darin »eine gewisse, an kalte, stille Verzweiflung grenzende Hoffnungslosigkeit zutage trat«. Das gesamte russische Leben, so bestätigen Sie in immer neuen Varianten, erschien Ihnen wie das Leben eines Schwerkranken. Eines »Schwerkranken«! Könnte dies die Antwort auf meine Frage sein? In Ihren Augen sind die Menschen mehr unglücklich als böse. Sie sind verkommen und gleichgültig, gewalttätig und verlogen; aber im allertiefsten Innern – so glauben Sie, nicht wahr? – verlangt es die Menschen nach Gerechtigkeit; sie leiden, ohne es ausdrücken zu können, an der Sinnlosigkeit ihres Lebens. Und um deswillen – ist es nicht so? – um deswillen glauben Sie, Anton Pawlowitsch, wenn auch verhaltener als jener enthusiastische Obergärtner, glauben Sie der Verzweiflung, die Sie zu überwältigen droht, zum Trotz, glauben Sie an den Menschen. Ich versichere Ihnen, als Weltbürger eines Zeitalters apokalyptischer Weltvernichtungswaffen bin ich wie Sie hin- und hergerissen zwischen Hoffnungslosigkeit und einem utopischen, mag sein, einem verrückten Glauben an die unaustilgbare Gottebenbildlichkeit des Menschen.
Vielleicht empfanden Sie selbst eine leise Freude, einen stillen Trost, als Sie die Geschichte des »Obergärtners« weitererzählten, die dieser wiederum von seiner Großmutter als eine Legende vernommen zu haben behauptete. Das Weitergeben von etwas Erzähltem, sei es auch einer fiktiven Geschichte, hat eine andere Qualität als das poetische Fabulieren aus dem Handgelenk. Die von Ihnen selbst, Anton Pawlowitsch, besonders geschätzte kleine Geschichte *Der Student* aus Ihren späteren Lebensjahren erscheint mir in dieser Hinsicht besonders aufschlußreich und bedeutsam. Düster und trübsinnig beginnt die Geschichte: Es ist Karfreitag, aber keine Karfreitagstraurigkeit, was der junge Theologe bei der abendlichen Heimkehr in sein Dorf empfindet, sondern einfach eine

tiefe Depression angesichts der Armseligkeit, der hoffnungslosen Daseinsmisere. Das Holzfeuer, an dem sich zwei Frauen – eine Witwe und ihre Tochter – eben ihr dürftiges Essen zubereitet haben, erinnert ihn, während er, um sich die Hände zu wärmen, an das Feuer herantritt, an den Apostel Petrus in ebensolcher kalten, trostlosen Nacht. Unwillkürlich beginnt er den beiden Frauen die traurige Geschichte zu erzählen, wie der Apostel, an einem Feuer stehend, Jesus verleugnete. Die mit bewegten Worten wiedergegebene biblische Nachtgeschichte geht den beiden Frauen ans Herz: Der Alten kommen die Tränen, die Tochter starrt ihn verlegen an und wird rot. Der Student aber sagt sich: Was vor neunzehnhundert Jahren geschehen ist, hat offenbar eine tief innerliche Beziehung zur Gegenwart. Wie könnte es die beiden Frauen sonst so ergreifen? Und dieses Bewußtsein des Zusammenhangs zwischen Vergangenheit und Gegenwart, zwischen dem tragischen Schauplatz der Passionsgeschichte und seinem jämmerlichen russischen Dorf, erfüllt den von der Daseinsmisere frustrierten Studenten mit neuem Glücksgefühl.
Ich meine, es handelt sich hierbei um ein Erlebnis von religiöser Relevanz – nicht nur, weil der Student ein Theologe und die von ihm erzählte Geschichte eine biblische Geschichte ist; es könnte auch eine andere Geschichte gleichen existentiellen Ernstes sein, so wie sie von Ihnen erzählt wird. Was ist es denn, was Sie als Erzähler so vieler scheinbar unbedeutender Geschichten aus dem banalen Alltag armseliger, ausgebeuteter, verquerer, gelangweilter, im leiblichen und seelischen Sinn hungernder Menschen bewirken? Sie schaffen Kommunikation, indem Sie den Leser, den isolierten einzelnen, teilnehmen lassen – zum Beispiel an der Trauer eines armen alten Droschkenkutschers, der niemanden außer seinem ebenso elenden Pferdchen hat, dem er es klagen kann: Mir ist heute mein Sohn gestorben. Trägt es nicht ein wenig zu unserer Sensibilisierung bei? Ich nannte es ein Erlebnis von religiöser Relevanz, das Sie vermitteln, weil wir dadurch in unserem engen irdischen Bereich etwas uns Transzendierendes erfahren wie die beiden Frauen durch die Erzählung des Studenten am Karfreitagabend. So erzählen Sie uns eine Geschichte, sei es aus einer russischen Kleinstadt, sei es aus Jerusalem oder Sachalin – und da erweist es sich, daß wir durch die Zeit von dem, was gewesen ist, nicht getrennt, sondern mit ihm verbunden sind. Die Zeit, die wir erleben, ist sowohl etwas Vergehendes, als auch etwas Vermittelndes, sie ist nicht ein Abgrund, sondern eine Brücke über dem Abgrund. Meinen Sie nicht auch, verehrter Anton Pawlowitsch Tschechow, daß solche Erfahrung des metaphysischen Wesens der Zeit in die Kategorie des religiösen Glaubens gehört?

Der russische Arzt und Schriftsteller Anton Pawlowitsch Tschechow wurde am 29. Januar 1860 in Taganrog geboren und verstarb am 15. Juli 1904 in Badenweiler.

Margarete von Schwarzkopf

Gertrud von Le Fort

Dichterin aus erhelltem Glauben

In ihren gesammelten Gedanken und Essays *Woran ich glaube* (Zürich 1968) schreibt Gertrud von Le Fort: »Man spricht sehr viel von der Persönlichkeit des Dichters und legt ihr für seine Dichtung Wichtigkeit bei. Ich glaube, das ist ein Irrtum. Die Persönlichkeit und das persönliche Leben des Dichters sind nicht Erklärung des dichterischen Schaffens, sondern eher seine Grenzen. Der Dichter bringt von sich selbst aus – denn das Talent ist ja Geschenk – eigentlich nur das Wissen mit, sich selbst möglichst zu vergessen, um in Liebe geöffnet zu sein . . . für alle Wesen und Gedanken, die er darstellen möchte. Dichtung ist also nicht Ausdruck der Persönlichkeit, sondern Hingabe der Persönlichkeit.« Darin stimmt sie mit dem englischen Schriftsteller C. S. Lewis überein, der die These vertrat, daß der Dichter niemals seine eigene Persönlichkeit in seinen Werken ausdrücke. Seine eigene Persönlichkeit sei sein Ausgangspunkt und seine Begrenzung.
Inwieweit aber ist das umfangreiche Werk der Dichterin von Le Fort, die im Jahre 1971 im Alter von 95 Jahren starb, nicht doch Spiegelbild ihrer eigenen Entwicklung, ein Abbild des selbst Erlebten? Daß viele Ereignisse ihres langen Lebens Niederschlag in ihren Werken gefunden haben, läßt sich nicht leugnen. Ihre Jugendjahre in Mecklenburg etwa hat die Dichterin in ihrer Erzählung *Das fremde Kind* (1961) wiederaufleben lassen, ihre Begegnung mit Papst Pius X., den sie 1908 in Rom in einer Audienz sah, wirkt noch in einer ihrer letzten Novellen nach, in *Das Schweigen*, 1967 erschienen. Und jenes erste, schicksalhafte Treffen mit der Philosophin Edith Stein in München im Jahre 1932 fand einen Nachhall in der *Ewigen Frau* (1934). Dennoch hat Gertrud von Le Fort sich stets dagegen verwahrt, daß einige Literaturkritiker vor allem in ihren in der Ichform verfaßten Werken Teile einer über Jahre verteilten Gesamtautobiographie sehen wollten. In *Gertrud von Le Fort – Werk und Bedeutung* (Ehrenwirth, 1950) nimmt sie dazu Stellung: »Die Ichform bietet sich in bestimmten Fällen als besonders suggestiv an, nämlich dort, wo es dem Autor weithin um die Innerlichkeit einer Hauptgestalt geht . . . Dichtung aber hat niemals mit Kopien aus der Wirklichkeit zu tun, sondern höchstens mit Verwandlung der bloßen Wirklichkeit. Mit anderen Worten, es handelt sich bei den Gestalten meiner Dichtung nicht um Porträts, sondern um Typen.« Dennoch ist die Dichtung der Autorin nicht von ihrem Leben zu trennen. Insbesondere in jenen Werken, die nach dem Übertritt der Dichterin zum katholischen Glauben im Jahre 1926 entstanden, spiegelt sich ihr geistiger Reifeprozeß wider und finden

all jene Empfindungen einen Ausdruck, die die Dichterin zeit ihres Lebens begleitet haben: Das Interesse an der Historie, »nicht als Flucht aus der eigenen Zeit, sondern als den Abstand, von dem aus man die eigene Zeit schärfer erkennt« *(Woran ich glaube)*; die Liebe zur Natur als Abbild der Göttlichkeit und der absolute Gottesglaube, den die junge Gertrud von Le Fort noch unbewußt in der Natur erahnt hatte, der aber im Laufe ihres Erwachsenwerdens immer stärker wurde und ein Eigenleben annahm.

Vieles, was im späteren Leben der Dichterin Ausdruck in ihren Werken fand und was ihre Gedanken und ihre Existenz dauerhaft prägten, war in ihrer Kindheit von den Eltern bereits vorgeformt worden. Gertrud Auguste Lina Elsbeth Freiin von Le Fort wurde am 11. Oktober 1876 im westfälischen Minden geboren. Dorthin war ihr Vater, Lothar von Le Fort, als preußischer Offizier versetzt worden. In ihren *Aufzeichnungen und Erinnerungen* (Benziger, 1958) schildert Gertrud von Le Fort ihren Vater als einen jener geistvollen und hochgebildeten Offiziere der alten Armee, der vom Studium der Kriegsgeschichte zum Studium der Geschichte überhaupt gekommen sei. »Mein Interesse flog ihm hier früh und leidenschaftlich entgegen – er fühlte es und pflegte es bewußt.« Vom Vater also hatte sie das brennende Interesse an allen historischen Ereignissen, von der Mutter die Gläubigkeit. Ihre Mutter war eine geborene von Wedel-Parlow. Gertrud von Le Fort schreibt über sie: »Sie besaß viel Humor . . . Ihre Frömmigkeit ruhte durch und durch auf Erfahrung, sie war sehr unmittelbar, zart und verschwiegen. Salbungsvolle Reden liebte meine Mutter nicht, sie mokierte sich darüber . . . Die Offenbarung der in Ewigkeit währenden Gottesliebe war ihr Christus. Im Glauben an ihn, dessen Namen ihr Mund mich zuerst sprechen lehrte, liegt die einheitliche Linie meines eigenen religiösen Lebens.«

Die Religiosität der Mutter war vor allem auch von Toleranz geprägt. Gertrud von Le Fort reiste mit ihr 1908 nach Rom und hatte mit ihr gemeinsam jene Begegnung mit Papst Pius X., die auf die junge Dichterin einen unauslöschlichen Eindruck machte. Sie schreibt darüber in ihrer 1965 erschienenen Autobiographie *Hälfte des Lebens*: »Ich sah ein Antlitz, das man niemals vergessen konnte, von Güte, Milde und einer transzendenten Unweltlichkeit erfüllt, wie ich noch nie ein Menschenantlitz sah . . . Auch meine sehr protestantisch bestimmte Mutter hatte den gleichen Eindruck, und wie sie sich nie scheute, sich offen zu bekennen, auch wo sie nicht beheimatet war, kaufte sie damals in Rom ein Bildnis des Papstes, das bis zu ihrem Ende ihr Zimmer schmückte.« Ihre Eltern waren es auch, die den starken dichterischen Drang der jungen Gertrud unterstützten. In *Hälfte des Lebens* erinnert sich die Autorin an die Ermahnung ihrer Eltern: »Kind, dichte, aber belästige niemanden damit.« Bereits mit neun Jahren versuchte sie sich an einem ersten Drama. Damals lebte die Familie – außer Gertrud gab es noch einen Sohn, Lo-

thar, und eine jüngere Schwester, Elsbeth – in Koblenz, der letzten Station in der unruhigen Offizierslaufbahn des Vaters. Im Jahre 1888 nahm er seinen Abschied von der Armee und zog mit den Seinen nach Hildesheim. In ihrer Autobiographie berichtet Gertrud von Le Fort: »Hier kam ich mit vierzehn Jahren endlich in eine richtige Schule . . . Ich war bisher zu ungezwungen, um nicht zu sagen, eigenwillig aufgewachsen, um mich in einen geordneten Stundenplan ohne weiteres zu fügen . . . Meine Lorbeeren erntete ich im Institut vor allem im deutschen Aufsatz.«
Das Abitur legte sie jedoch nicht ab. Zu groß waren die schulischen Lücken, verursacht durch das unstete Leben der Familie. Deshalb auch konnte sich die fast 32jährige Gertrud von Le Fort im Jahre 1908 nicht offiziell an der Universität von Heidelberg immatrikulieren, auch wenn sie zahlreiche Vorlesungen und Seminare in den Fächern Theologie, Philosophie und Geschichte belegte. Nahezu zehn Jahre besuchte sie die Universitäten von Heidelberg, Marburg und Berlin und studierte bei so berühmten Professoren wie Troeltsch, v. Schubert und dem Neukantianer Cohen. Damals hatte sie schon eine Reihe von Veröffentlichungen hinter sich und sich ihre ersten Lorbeeren erschrieben. 1893, in dem Jahr, da Gertrud von Le Fort in der Hildesheimer St.-Lamberti-Kirche konfirmiert wurde, erschienen sechs Gedichte von ihr in der Zeitschrift »Jung Deutschland und Jung Elsaß«. 1897 veröffentlichte sie ihre erste Erzählung mit dem Titel *Die roten Schuhe – Eine Geschichte aus alter Zeit.*
Über jene ersten literarischen Versuche sagte die Dichterin später einmal: »Sie waren jugendlich unreif, aber nicht kitschig. Sie fanden zu meinem Entzücken bei guten Zeitschriften Aufnahme und Ermutigung. Dennoch hörten diese Veröffentlichungen mit meiner zunehmenden Reife fast ganz auf. Ich fühlte – im Gegensatz zu den meisten jungen Dichtern – eine Scheu vor der Öffentlichkeit, mein Maßstab war größer geworden und meine Meinung von mir geringer« *(Woran ich glaube).*
Sie selbst nannte sich einmal eine »spät Vollendete«. Sie war fast 48 Jahre alt, als ihre *Hymnen an die Kirche* erschienen, die sie auch im Ausland berühmt werden ließen. Damit hatte sie ein Alter erreicht, in dem viele ihrer Literaturkollegen den Gipfel des Ruhms schon überschritten hatten. Einige, wie Synge, der irische Dramatiker, der sogar fünf Jahre jünger war als Gertrud von Le Fort, oder Franz Kafka, sieben Jahre jünger als die Dichterin, lebten bereits nicht mehr. Doch alles, was Gertrud von Le Fort in der zweiten Hälfte ihres Lebens, das ja insgesamt 95 Jahre währte und am 1. November 1971 endete, an unvergänglichen Werken schuf, entsprang den Erfahrungen jener ersten Jahrzehnte ihres Lebens, waren geprägt durch ihre römischen Aufenthalte (*Das Schweißtuch der Veronika*, 1928, *Der Kranz der Engel*, 1946, in dem sich auch ihre Studienjahre in Heidelberg und die Schrecken des Ersten Weltkrieges widerspiegeln), durch ihre Begegnungen mit Papst Pius X., mit Edith Stein, die sie 1932 in München durch Vermittlung eines gemeinsamen

Freundes, des Jesuitenpaters Erich Przywara, erstmals und zwei Jahre später noch einmal im Kölner Karmel traf (*Die ewige Frau*, 1934).
Religiöses Erleben, Natur und Geschichte bestimmten in zunehmendem Maße das Werk der Dichterin. Diese drei Elemente lassen sich bei ihr nicht voneinander trennen. Beispielhaft dafür ist einer ihrer bedeutendsten Romane, *Der Kranz der Engel*, jene wundersame Geschichte vom Triumph der wahren, der christlichen Liebe über die Mächte der Finsternis. Umrankt wird diese Geschichte von den bildhaften, lebendigen Schilderungen Roms, Heidelbergs und der Landschaft zwischen der Neckarstadt und der alten Kaiserstadt Speyer. Im *Kranz der Engel* findet sich auch jene prophetische Stelle wieder, in der »Spiegelchen«, die Heldin des Romans, von einem Deutschland der verbrannten Städte und zerstörten Brücken träumt. Für Gertrud von Le Fort, die zwischen 1940 und 1944 an diesem Werk schrieb, waren die Auswirkungen des Nationalsozialismus, die Judenverfolgungen, die Unterdrückung des freien Geistes Symbole für die Existenz des Satans und die personifizierte Macht des Bösen, die nichts als Unheil über die Menschheit bringen kann, am Ende aber vom Licht bezwungen wird. So endet auch *Der Kranz der Engel*, dessen erste Niederschrift 1944 im Bombenhagel auf München verlorenging und 1946 dann doch noch erschien, mit dem Sieg der lichterfüllten Liebe über die Nacht des Unglaubens. Es war gerade dieser Roman, der der Dichterin manchen Streit mit der katholischen Kirche einbrachte, da sie sich hier nicht vor herber Kritik an der geistlichen Institution scheute. Ihre Heldin nämlich will den geliebten Enzio trotz Warnung von seiten der Kirche heiraten, denn sie glaubt, daß ihre Liebe ihn vom Atheismus erlösen wird.
In der Unmittelbarkeit von Veronika zu ihrem Gott, dem Gefühl der direkten Verantwortlichkeit für die eigene Seele dem Schöpfergott gegenüber verdrängt die alte protestantische Gottessicht des »Gottausgeliefertseins« den katholischen Glauben der Dichterin. Sie war zwar im Jahre 1926 im Alter von nahezu 50 Jahren zum Katholizismus übergetreten – einen Schritt, den sie lange und sehr sorgsam vorbereitet hatte –, doch vermochte sie fast fünf Jahrzehnte religiösen Bewußtseins nicht einfach abzustreifen. Vor allem in ihren späteren Werken, als deren Höhepunkt *Der Kranz der Engel* zu erachten ist, tritt ihr Urprotestantismus häufig hervor. Gertrud von Le Fort war eine große Nonkonformistin – das zeigte sich in ihrem Glauben ebenso deutlich wie in allen übrigen Dingen ihres Lebens, ihrem Protest gegen den Nationalsozialismus, dem Engagement für die Rechte der Frau, in ihrer Selbstkritik und in ihren Versuchen, unser Jahrhundert mit seinen grauenvollen Kriegen in das Gesamtgefüge der Welthistorie einzubauen. Ihre Religiosität, die genau wie die ihrer Mutter großen Worten abhold war, hatte im eigentlichen Sinne nichts Konfessionelles an sich, ein Tatbestand, den weder ihre katholischen noch ihre protestantischen Freunde je richtig akzeptieren wollten.

In ihrer Autobiographie *Hälfte des Lebens* versucht sie, ihre Konversion zu erklären. Sie schreibt: »Es ging mir bei diesem Schritt weniger um eine Konversion als Ablehnung des evangelischen Glaubens, sondern um eine Vereinigung der getrennten Bekenntnisse.« In einem Brief an H. v. Schubert aus dem Jahre 1926 bemüht sie sich, dies auch ihren evangelischen Freunden begreiflich zu machen. Sie erklärt darin: »Ich habe die katholische Kirche zwar nicht als Gegensätzliches zur evangelischen Kirche erlebt, wohl aber als deren Heimat. Ich erkenne die Reformation als zu ihrer Zeit sicherlich von Gott gewollte Bewegung an . . . Aber ich kann sie nicht in ihrer Notwendigkeit als dauernden Zustand der Trennung erkennen, eben weil ich die Trennung nicht durch unüberwindliche religiöse Gegensätze gerechtfertigt sehe. Es gibt nur eine allgemeine christliche Kirche, die wir im Apostolikum bekennen. Wo dieses Bekenntnis am stärksten lebt, da muß auch der Herzschlag der Kirche sein.« Für sie, die Dichterin Gertrud von Le Fort, lebte das Bekenntnis am stärksten in der katholischen Kirche, und da sie keine Halbheiten duldete, entschied sie sich für diese Kirche. Was aber nicht bedeutete, daß sie alles, was ihre Konversion umfaßte, kritiklos duldete. Weil sie sich freiwillig für die katholische Kirche entschieden hatte, durfte sie auch Kritik anbringen, wie zum Beispiel im *Kranz der Engel*, in der die Allmacht der Liebe und des Glaubens über die festen Dogmen der Moraltheologie erhoben werden. Das erinnert an *Tannhäuser* und an jene Szene, da der Papst glaubt, dem reuigen Sünder nicht vergeben zu können. Glaube und Liebe als über jedes starre Dogma erhabene »Himmelsmächte« – das war eines der Grundelemente im religiösen Empfinden der Dichterin Gertrud von Le Fort.

Sie hat es sich mit diesem Glauben nicht leichtgemacht. Sie hat an ihm gearbeitet, ihn immer wieder in Frage gestellt und ihn dann immer wieder freudigen Herzens für sich angenommen. Doch was sie für sich selbst als die einzige Wahrheit anerkannt hatte, wollte sie nicht anderen aufdrängen. Ein wichtiger Teil ihrer Religiosität war die Toleranz, geboren nicht aus dem Desinteresse an dem, was ihre Mitmenschen taten, sondern im Gegenteil aus ihrer Mitmenschlichkeit. Sie mahnte ihre Mitmenschen immer wieder, menschlich zueinander zu sein, die Abgründe zwischen den Nationen, Rassen und Konfessionen zu überbrücken. In *Die Tochter Jephtas*, 1964 erschienen, sagt sie eindringlich: »Auch Feinde sind Menschen und unsere Brüder.«

In ihrer Dichtung sah Gertrud von Le Fort eine dieser Möglichkeiten, Brücken zu bauen. Denn Dichtung, so betonte sie immer wieder, so auch in ihrem Werk *Gelöschte Kerzen* (1967), sei dazu da, für all jene Partei zu ergreifen, die geächtet und verfemt seien, die zu Außenseitern der Gesellschaft geworden seien. In dieser Meinung war die ansonsten so zarte, sanfte Frau von einer unerbittlichen Härte, gegen sich selbst und gegen andere.

In seiner Laudatio zum 90. Geburtstag der Dichterin am 11. Oktober 1966 faßte Carl Zuckmayer das Leben und den Charakter dieser ungewöhnlichen Frau zusammen: »Ich liebe diese neunzigjährige Frau, wie ich sie wohl auch als Neunzehnjährige geliebt hätte. Diese Frau, die sich niemals vermählte und von der eine mütterliche Kraft ausgeht, als habe sie Geschlechter zur Welt gebracht und genährt. Von deren Erscheinung sich wiederholen läßt, was die kleine Veronika in dem herrlichen Kindheitskapitel aus dem ›Römischen Brunnen‹ von ihrer Großmutter sagt: ›Man stelle sie sich nicht als gebeugtes Mütterchen vor, sondern als eine hohe aufrechte Frau, voll von jener Anmut des Alters, welche man Würde nennt, und voll von jenem alle Formen verfeinernden und steigernden geistigen Leben, welchem die Jahre weniger Last als Reichtum und Fülle bedeuten.‹ Denn sie, Gertrud von Le Fort, ist . . . eine hohe, aufrechte Frau – ein Mensch, in dessen Gegenwart man nichts Überflüssiges sagen, nicht einmal denken wird . . . «

Wächter in der Fron des Alltags

Aus dem Stand der archaischen Priesterärzte, die nicht nur die Kunde von den Göttern, sondern auch die Kenntnisse der Gestirne, der Natur und des Menschen als Geheimwissen verwalteten und einander weitergaben, haben sich zahlreiche Berufe abgezweigt und selbständig gemacht. Dabei wurde nicht nur ihr Fachwissen erweitert, so daß es nun weit über die summarischen Kenntnisse der Priester hinausging; sie gründeten auch ein eigenes Berufsethos, das zu den Priestern oft im Gegensatz stand. Zuerst sonderten sich die Ärzte ab, ihnen folgten die Philosophen, die Astronomen und Naturwissenschaftler, und alle rekrutierten ihre Lehrer wieder aus dem eigenen Stand. Auch die Geisteswissenschaften wurden mit ihren Schulen autonom, und zuletzt traten mit dem Entstehen der Zeitungen und Zeitschriften die Journalisten auf den Plan. Weil sie wie kein anderer Stand die öffentliche Meinung mitbestimmten, was immer eine zentrale Domäne der Priester geblieben war, gerieten sie sofort zu ihnen in ein konkurrierendes Verhältnis. Neben Predigt und Schule trat die Presse, die nun auf neue Art die tägliche Erhellung des Wissens besorgte. Lange hatte sie sich von der Bevormundung durch die Mächtigen freizukämpfen, ihr Wohlwollen gewann sie nie. Dieses demokratische Instrument erwarb seinen gefürchteten Rang freilich nicht mit der täglichen Ordination von Neuigkeiten oder interessanten Unterhaltungsartikeln. Vielmehr verfügte es von Anfang an über die besten Köpfe der Zeit, die mit dem vertikalen Wissen ihres Fachstudiums, dem horizontalen ihrer umfassenden Belesenheit und politischen Leidenschaft die Menschen wach hielten. Was immer in der Welt geschah, was sich an Sinneswandlungen vorbereitete, wo sich im Streit der Meinungen die Wahrheit verbarg, das kundzutun, war nun ihres Amtes. Viele Ereignisse, manche neuauftretende politische Figur wurden durch diese »Interpreten der Zeit« erst in ihrer Bedeutung oder Gefährlichkeit erkannt. Es galt in der Öffentlichkeit, was bedeutende Publizisten dazu sagten; erst ihr Kommentar machte das Geschehene gesprächsfähig. Ohne dieses Echo wurde es übersehen. Die vielfältig ausgerichtete Presse spiegelte als Kampfplatz die Pluralität der Meinungen und damit die demokratische Freiheit wider. Deshalb wurde der Hofjournalist, der als »Stimme seines Herrn« nur von dessen Ruhmestaten berichtete, ebensowenig respektiert wie später die gleichgeschaltete Presse totalitärer Systeme.

Hier gibt es jedoch Vorstufen, die noch keinen Vergleich dieser Art zulassen. Denn wo immer sich alte Ordnungsmächte gegen demokratisches Vielerlei wehren, ihm offen oder heimlich eine disziplinierte Denk- und Glaubenswelt vorziehen, muß der Redakteur in ihren Reihen um das öffentliche Ansehen seines Blattes bangen. Das trifft auch für die konfessionell orientierten Zeitungen zu, die nacheinander in Existenznöte gerie-

ten. Doch untersteht auch der »Meinungsmacher« im kirchlichen Vorfeld seiner Berufspflicht, den Leser mit den Strömungen der Zeit, dem ständigen Wandel ihrer Wertordnung, den Fortschritten der Wissenschaft und den Einbrüchen in das althergebrachte Weltbild bekanntzumachen. Er wird dies mit großer Behutsamkeit tun, um dessen Glauben nicht zu irritieren. Doch kann er nicht predigen, sonst laufen ihm die Abonnenten davon. Da er zwar ein gläubiger Christ, oft genug auch ein versierter Theologe, aber kein ordinierter Priester ist, vertritt er seine Kirche eher als Heilsanstalt, die er dem Leser über den Zeitenwandel hinweg als wohnliche Heimat erhalten will. Daß jedoch die Kirche als geistliche Ordnungsmacht, die sich nicht zur Diskussion stellen lassen kann, fortbesteht, darüber wachen, wie er wohl weiß, die kirchlichen Behörden. Weltoffenheit (Prüfet alles, das Gute behaltet, 1 Thess 5,21), Aufholpflichten nach Perioden der Abkapselung (was Johannes XXIII. mit dem aggiornamento meinte), Toleranz gegenüber Andersdenkenden können gerade dem katholischen Journalisten, der immer um seinen Freiheitsraum kämpft, leicht als Mangel an Zuverlässigkeit, als Mitläufertum im laizistischen Zeitgeist ausgelegt werden. Schon Carl Muth, der wagemutige Chefredakteur des »Hochland«, hatte hier dornige Erfahrungen hinter sich zu bringen. Dem immer wieder umstrittenen, erst zum Ende seines tapfer durchkämpften Lebens hochgeehrten Freiburger Journalisten Karl Färber, der hier, stellvertretend für viele andere, vorgestellt sei, geriet sein Berufsleben nicht viel anders. Manfred Plate, sein langjähriger Mitarbeiter, schildert uns diesen dramatischen Lebensweg. Wir fügen seinem Bericht ein von Friedrich Heer verfaßtes Porträt des Freiherrn Friedrich von Hügel an, der als freier Schriftsteller und unermüdlich ermunternder Briefschreiber zeitlebens mit Exkommunikation bedroht war, jedoch heute, nachdem die Kämpfe seiner Zeit ausgefochten, ja durch das Zweite Vatikanische Konzil nachträglich zu seinen Gunsten bewertet sind, als »treuer Sohn der Kirche von heiligmäßigem Wandel« (Herderlexikon) gilt.

Manfred Plate

Karl Färber

Publizist in der Wahrhaftigkeit des Glaubens

Karl Färber, am 18. April 1888 geboren, am 5. April 1979 nach einem reichen, erfüllten Leben als Neunzigjähriger gestorben, gehört ohne Zweifel zu den bedeutendsten katholischen Publizisten des 20. Jahrhunderts. Sein Lebenswerk kann aus der Kirchengeschichte der neuesten Zeit nicht weggedacht werden. Wie nur wenige hat er zur Erneuerung des in unserer Zeit hart angefochtenen Glaubens beigetragen, durch sein Schreiben und Redigieren, durch seine unnachahmliche Ansprache von Einfachen und Gebildeten, durch die Offenheit seines Geistes wie auch durch die religiöse Unruhe, die in ihm und durch ihn ihren Ausdruck suchte. Besonders jenen, die »extra muros«, die außerhalb der traditionellen Kirchenmauern stehen, galt seine Sorge. Den Kirchenchristen wiederum riß er den Horizont der Welt von heute nicht gewaltsam auf; dennoch und mit fast zärtlicher Besorgtheit hob er die Notwendigkeiten der Zeit in ihren Blick, ernst, gläubig, gelassen und manchmal mit dem Humor und auch der Melancholie desjenigen, der die Vergänglichkeit all unserer Werke begriffen hat. Martin Heidegger schrieb einmal – es war während der Zeit des Zweiten Vatikanischen Konzils – auf einer kleinen Postkarte an Färber: »Heute wird in Rom deutlich sichtbar, welche Vorarbeit Sie Jahre hindurch geleistet haben.«

Der Schwabe Karl Färber – sein Elternhaus in Röhlingen bei Ellwangen stand mitten auf dem früheren Limes – war eine schwerblütige und dennoch fröhliche Persönlichkeit, sein Charakter grüblerisch bis hin zur Skrupulosität, zugleich war er geistreich-ironisch und manchmal auch voller beißendem Spott. Bischöfe und große Theologen, Künstler wie Karl Caspar und Philosophen wie Bernhard Welte gehörten zu seinen Freunden – aber auch Politiker wie Hans Filbinger, Schriftsteller wie Reinhold Schneider, ein kritischer Historiker wie Philipp Funk oder Publizisten wie Walter Dirks und Mario von Galli. Die politischen und geistigen Ansichten all dieser Freunde unterschieden sich enorm, von Mitte links bis weit rechts – was sie bei Färber fanden, war nicht eine gleiche »Weltanschauung« oder dieselbe politische Haltung, sondern es war ein hörender, mitfühlender Mensch, dessen Augen manchmal erschreckt aufgingen vor den Abgründen der Seele, der aber auch verzeihend lächeln und listig blinzeln konnte. Er selber hielt sich für ausgesprochen schwach, denn er war gewiß kein Kämpfer und in manchen Situationen wohl auch feige gewesen. Er konnte unnachahmlich hilflos mit den Achseln zucken, wenn von ihm das Flammenschwert des apokalyptischen Zeitenrichters verlangt wurde. Gewiß also kein Prophet, sondern eher ein Hiob, aber innerhalb eines sehr weiten Horizonts angesiedelt. Ausfluß der Persönlichkeit ist – das Werk. Karl Färber war Publizist, Journalist, und zwar – nach einem Studium der Theologie – im Dienst der Kirche. Diese war ihm seit seinem frommen Elternhaus wie ein selbstverständlicher Lebensraum. Er erzählte gern, wie er als kleiner Bauernbub an der Hand seiner Mutter mit dem Rosenkranz zur barocken Wallfahrtskirche auf dem Schönenberg bei Ellwangen gepilgert war, wie auf dem Kreuzweg, der nach oben führt, zuerst die Spitzen der Türme auftauchten, dann deren schlanker, voller Körper, schließlich die gesamte herrlich-weiße Fassade. Erste Kunsterlebnisse verbanden sich mit dem Religiös-Kirchlichen, das im Haus Färber tief in der Tradition verwurzelt war und dennoch aus dem Ursprünglichen lebte. Besonders seine Mutter, deren Bild zeitlebens in der Tischschublade Karl Färbers lag, hatte eine für diese Zeit sehr selbständige Glaubenskraft. Verwandte waren »ins Kloster« gegangen. Im nahen Ellwangen besuchte der junge Färber als Stipendiat das Gymnasium mit dem Ziel, Theologe zu werden. Er konnte sich noch genau daran erinnern, wie in ihm als Neunjährigem dieser Wunsch aufgebrochen war. Seitdem hat ihn die Theologie nicht mehr losgelassen, die Gottes-Wissenschaft, das Ringen zwischen Wissen und Glauben, das Verstehen-Wollen in der gläubigen Annahme des Geheimnisses. 1906 machte er das Abitur, dann ging er, wie alle Priesterkandidaten des Bistums Rottenburg, nach Tübingen, um dort Theologie zu studieren und im Wilhelmsstift zu wohnen.

Es war die böse Zeit der Modernistenkämpfe in der katholischen Kirche. Diese sind heute Geschichte geworden. Die Päpstliche Bibelkommission hatte in jenen Jahren um 1900 Entscheidungen gefällt, die jeder normalwissenschaftlichen (durchaus nicht radikalen) Erkenntnis der Exegese grob ins Gesicht schlugen und in Tübingen bei Studenten und Professoren helle Empörung auslösten. Als dann Papst Pius X. 1908 allen Theologen den Antimodernisteneid als Pflicht auflud, geriet Karl Färber in bittere Schwierigkeiten.

Der theologische Lehrer, der an der Tübinger Fakultät auf den jungen Studenten den stärksten Einfluß ausübte, war Wilhelm Koch, Professor der Dogmatik zwischen 1905 und 1916. Im Jubiläumsheft der Tübinger »Theologischen Quartalschrift« (1970) hat Färber seine Erinnerungen an diesen hochbegabten kritischen Lehrer veröffentlicht. Max Seckler hat anschließend den zu Unrecht Vergessenen in einer Monographie gewürdigt, *Theologie vor Gericht* (bei C. B. Mohr, 1972). Färber nannte Professor Koch einen »unvergleichlichen Menschen«. Er sei ein tieffrommer, von der religiösen Sendung der Kirche erfüllter Seelsorger gewesen – und gerade deshalb habe er sich aufgerufen gefühlt, Theologie kritisch, das heißt wissenschaftlich-glaubwürdig zu vermitteln. »Koch, im lebendigen Besitz der Werte der wissenschaftlichen, geistig-kulturellen Welt seiner Zeit, suchte mit einem leidenschaftlichen Willen zur Wahrhaftigkeit die in früheren Perioden des Geisteslebens entstandene und formulierte Theologensprache in ihrer ganzen Ausdehnung kritisch ab, ohne daran zu denken, das Glaubensfundament selbst aufzugeben.« Die amtliche Kirche duldete das Experiment nicht. Bischof Keppler strengte eine kirchliche Untersuchung gegen den Professor an mit dem Ergebnis, daß dieser 1916 seine Professur aufgab und in die Seelsorge ging, auf eine »verdemütigend kleine Stelle«, wie Färber berichtete. Erst im Januar 1955 ist Wilhelm Koch, inzwischen Dekan geworden, gestorben.

Das Schicksal dieses tiefgläubigen Mannes hat Karl Färber tief berührt, noch mehr: es hat sein eigenes Leben entscheidend mitbestimmt. In den erwähnten Erinnerungen an ihn schrieb Färber: »Was er als Passion mit sich trug, blieb für immer sein Geheimnis.« Die Spannung zwischen der innersten Gotteserfahrung, die wir wie ein unauslöschliches Siegel in uns tragen, zu der »objektiven« Überlieferung der Dogmengeschichte und zu den jeweilig herrschenden kirchlich-amtlichen Zeitansichten können ein Leben anspornen oder vernichten. Karl Färber wurde angespornt.

Zuerst jedoch gab es einen harten Bruch: Aufgrund der theologischen Einsichten, die ihm zur Lebensnatur geworden waren, konnte er den 1912 vor der Priesterweihe nun geforderten Antimodernisteneid nicht schwören. Wie kann man den Namen Gottes anrufen zu theologischen Meinungen, die schon damals fragwürdig waren (und die heute völlig aufgegeben sind)? Voller Depressionen verließ der schon geweihte Diakon das Priesterseminar. Seine Mutter, sein Dorf und viele seiner Freunde verstanden ihn nicht. »Karl, warum kannst *du* denn nicht schwören? Die anderen können es doch . . . «

Dieses Erlebnis mußte so ausführlich geschildert werden, weil es ein Schlüsselerlebnis im Werdegang Karl Färbers war. Es ging bis in die Nähe eines Nervenzusammenbruchs, denn der fromme junge Mann stand plötzlich vor einem Nichts, sein ganzer Lebensplan war ruiniert. Für ihn war der Antimodernisteneid keine formale Äußerlichkeit, die man vielleicht durch eine »gute Pastoral« kompensieren könnte, wie andere meinten, die sich leichter taten. Es handelte sich vielmehr um das Schicksal des Glaubens selbst in einer sich säkularisierenden Welt! Was man später Wahrhaftigkeit oder Glaubwürdigkeit nannte, stand auf dem Spiel.

Seit diesem Entschluß, um der Wahrhaftigkeit des Denkens willen eine kirchliche Anordnung nicht befolgen zu dürfen, hat Färber sein Leben in den Dienst der Glaubwürdigkeit des Glaubens und der Kirche gestellt. Rückblickend muß man in dieser Verweigerung des Antimodernisteneides als damaliger Conditio sine qua non zum Priestertum eine Fügung sehen. Ohne dieses Ereignis wäre Karl Färber nicht Publizist geworden.

Nachdem er nun als 24jähriger das Priesterseminar verlassen hatte, gewährte der Weltkrieg, der kurz danach ausbrach und der dem württembergischen Artilleristen eine lebensgefährliche Typhuserkrankung

brachte, eine beruhigende Pause. Aus dem Kriegsdienst entlassen, versuchte er es zuerst als Lehrer an einem kirchlichen Konvikt (in Rottweil). Das Lehren habe ihm Freude gemacht, erzählte er, aber ohne pädagogisches Examen war das ein unsicheres Brot. Freunde legten ihm nahe, für Zeitungen zu arbeiten. Er siedelte sich 1919 in Stuttgart an und schrieb örtliche Berichte für die katholische »Augsburger Postzeitung«, einem Blatt der Zentrumspartei. Schon im Herbst 1920 konnte er in die Stammredaktion in Augsburg übersiedeln, seine Arbeiten gewannen schnell Anerkennung. Drei Jahre später, am 1. Januar 1923, wurde er Chefredakteur des angesehenen Blattes. Er wurde Freund des Verlegers Dr. Benno Filser, der aus der »Postzeitung« ein Organ der sich immer stärker regenden katholischen Erneuerung machen wollte. Heraus aus dem Getto! war die Devise, die um die gleiche Zeit über die Zeitschrift »Hochland« und durch die katholische Jugendbewegung in die Breite drang. Färber wurde bekannt und vertraut mit vielen bedeutenden Persönlichkeiten dieser Bewegung, auch mit dem Maler Karl Caspar, der eine Schwester Filsers geheiratet hatte (die Malerin Maria Caspar-Filser).
Prälat Grosche hat einmal geschildert, wie er von dem Chefredakteur Färber (und seiner jungen Frau Ellen-Ruth von Mitterwallner, die eben aus Salzburg gekommen war) als neuer Mitarbeiter »geprüft« worden sei. Grosche sollte zusammen mit Pfarrer Josef Weiger, dem Freund Romano Guardinis, jedes Wochenende eine Sonntagsbetrachtung liefern. »Mutig und klug hielt Färber das Steuer in der Hand . . . In der Folge zeigte es sich, wie schön es war, in diesen Jahren des Aufbruchs nach dem Ersten Weltkrieg eine Zeitung leiten zu dürfen, in der ein so frischer Wind wehte.«
In der engen Welt des katholischen Augsburg mußte dieses Experiment jedoch scheitern. Schon nach zwei Jahren wurde Färber durch unglaubliche Machenschaften gezwungen, seinen Posten aufzugeben. Ein Blatt, das dem linken Flügel des Zentrums und der katholischen Erneuerungsbewegung zuneigte, hatte hier keinen Platz.
Anders war es in Baden, wo die katholische Zentrumspartei mit den Sozialdemokraten koalierte. Nach einigem Suchen hatte sich Färber der Posten des Chefredakteurs der »Freiburger Tagespost« angeboten. 1925 zog die Familie, noch ohne Kinder, in die Schwarzwaldhauptstadt und fand hier über vierzig Jahre Heimat und Heimstatt. Man bezog im Stadtteil Wiehre, in der Scheffelstraße, eine kleine Wohnung, die bald mit herrlichen Kunstwerken neueren und älteren Datums, mit Büchern, Manuskripten und geistigen Kostbarkeiten vollgestopft war. In diesen Räumen trafen sich bald bedeutende Männer und Frauen, wurde gefeiert und getrauert, wurden Artikel und Bücher geschrieben, sie waren ein Zentrum des Geistes.
Ein bekannter Lokaljournalist Freiburgs, Franz Schneller, schrieb später einmal über den neuen Chefredakteur der »Freiburger Tagespost«: »Der

Presseverein hatte lange nach einem Chef gesucht und tat mit Karl Färber einen guten Griff. Der Pressekampf zwischen der roten ›Volkswacht‹ und der schwarzen ›Tagespost‹ wurde nicht mit Florett gefochten, da gab es nur die Axt auf grobem Klotz. Färber lernte Freiburg schnell kennen und setzte alles daran, den Stil seines Blattes zu bestimmen, in allen Ressorts. Er wußte sich Mitarbeiter zu sichern, entdeckte Talente. Es war eine gute Zeitung, die er machte, ein Blatt, das in allen Sparten die gewohnten Wege mied, Eigenes bot, das im Kulturellen seinen Lesern Neuland zu erschließen wagte. Politisch schwenkte Färber auf eine große Linie ein, stach alten Abonnenten den Star, gewann Beachtung über Freiburg und Baden hinaus . . . « Er war auch kommunalpolitisch tätig, wurde 1930 Stadtrat und erhielt das Ressort »Kultur«. Die ersten großen Freundschaften dieses Lebens wurden geschlossen, mit dem jungen Max Müller, mit Oskar Köhler, mit dem Prälaten Jauch, mit dem Kunstwissenschaftler Joseph Sauer. Zwei Söhne vollendeten sein Lebensglück.

Nur wenige Jahre dauerte diese schöne Zeit. 1933 ergriffen die Nationalsozialisten auch in Freiburg die Macht und setzten natürlich der Zentrumspresse scharf zu. Im Schutz des Reichskonkordats konnte man aber als Blatt für die katholischen Volkskreise weiter existieren. Färber war kein Kämpfer des Alles oder Nichts, aber natürlich blieb seine Gegnerschaft zum Nationalsozialismus ohne Kompromisse. Bis in den Sommer 1936 konnte er sich halten, dann forderte die Reichspressekammer wegen des Fehlens »positiv nationalsozialistischen Gedankengutes« seine Absetzung. Der »Hauptschriftleiter Färber« genieße nicht das »besondere Vertrauen« der Partei- und Staatsführung. Alle Bemühungen des Verlages und kirchlicher Kreise, Färber zu halten, waren umsonst. Er stand mit Frau und zwei kleinen Söhnen als 48jähriger wieder vor einem Nichts.

Ein anderes Unterkommen in der gleichgeschalteten Tagespresse war unter diesen Umständen nicht möglich, und notgedrungen mußte sich Karl Färber woanders umsehen. Kirchenleute halfen ihm. Er wurde Redakteur beim »St. Konradsblatt«, der Bistumszeitung von Freiburg, zugleich redigierte er eine Monatszeitschrift für den Klerus, das »Oberrheinische Pastoralblatt«. Es waren Jahre der Unsicherheit und Existenzgefährdung, die bis zu einer Haft nach dem 20. Juli 1944 führten. Die Redaktionsarbeit mußte eine Zeitlang anonym geführt werden, Färbers Name erschien nicht im Impressum. Trotzdem war diese Tätigkeit kein absoluter Neuanfang, weil ja das, was im kulturellen Teil der »Tagespost« schon vernehmbar geworden war, unter nur gering veränderten Vorzeichen weitergeführt werden konnte. Mit einem heutigen Modewort könnten wir sagen, Färber suchte das kirchliche »Milieu«, an dem er litt, auf dem Weg der Vertiefung vorhandener Ansätze – also nicht revolutionär – zu verändern. Bezeichnend für dieses Vorgehen war eine Polemik gegen einen apologetischen Artikel in der damaligen »Ketteler-Wacht«, wo die These vom »Tod des Christentums« mit schein-gläubigem Pathos zurückgewiesen worden war: »Von dieser Sicherheit weg, die wir nicht uns verdanken, müssen wir die Blicke auf unser Christentum lenken. Es ist erschütternd zu sehen, wie die Christusbotschaft tatsächlich beim größten Teil der Christenheit nichts anderes ist als Dekoration beziehungsweise oberflächliches Beruhigungskissen. Was wundern wir uns dann, wenn so viele Volksgenossen voller Abneigung und Ablehnung gegen das sind, was wir Christentum nennen? Paulus hat schon zu seiner Zeit die Gefahren dieses unechten und verzerrten Christentums erkannt, darum mahnt er seine Mitarbeiter vor diesem mit folgenden Worten: ›Die da haben den Schein eines gläubigen Wesens, aber seine Kraft verleugnen, solche meide!‹ Wenn es das schon am Anfang gab, so müssen wir wirklich immer wieder unruhig werden: ob wir nicht nur den Schein haben . . . «

Solche Sätze dürften im Jahr 1938 in Bistumszeitungen selten gewesen sein! Färber berichtete in der gleichen Nummer von der Weltkirchenkonferenz in Edinburgh, er brachte einen kleinen Beitrag zur Weltgebetswoche für die Einheit, kommentierte ein Wort von Kierkegaard . . . Seine Zurückhaltung gegenüber dem Dritten Reich wurde von den Herrschenden natürlich registriert, Mahn- und Drohbriefe gingen bei Verlag und Kirchenbehörde ein. 1940 ergab sich für Färber die Möglichkeit, wieder zur Tagespresse überzuwechseln, er arbeitete als Südwest-Korrespondent der einigermaßen nonkonformistischen »Frankfurter Zeitung«, nach deren Verbot 1944 bei der »Kölnischen Zeitung«.

An dieser Stelle muß der sogenannte »Freiburger Kreis« wenigstens erwähnt werden, der sich in jenen Jahren in der Wohnung Färbers regelmäßig traf, um ein geistiges Refugium in der Wirrnis der Zeit zu bilden, aber auch, um in dieser inneren Emigration geistige Kräfte für den Widerstand zu sammeln. Junge Akademiker fanden sich zusammen, um mit dem Älteren, dem »Onkel«, vor allem zeitgenössische Philosophie – Heidegger und Jaspers – zu lesen und zu diskutieren. Neben Färber wurde bald Reinhold Schneider Haupt- und Mittelpunkt. Der eben gläubig gewordene Widerstandsdichter las in diesem Kreis zum ersten Mal seine Sonette, bevor sie hinüber ins Elsaß zu Joseph Rossé im Alsatia-Verlag in Kolmar wanderten, um dort als Feldpostheftchen gedruckt zu werden. Reinhold Schneider und Färber wurden enge Freunde. »Von Dir habe ich wieder das Lachen gelernt«, hat »der Reinhold« einmal zum »Onkel« gesagt. Diese Freundschaft hielt auch dann, als in der Adenauer-Zeit die Wege sich politisch entschieden trennten.

Karl Färber hatte gerade seinen 57. Geburtstag gefeiert, als mit dem Kriegsende die dritte – glücklichste, erfolgreichste, bedeutendste – Periode seines Lebens begann. Er schwankte, ob es nicht angebracht sei, in der Tagespresse weiterzuarbeiten. Aber durch die letzten Jahre war er der kirchlichen Pressearbeit so verbunden, daß man es mehr als einen Zufall nennen muß, wenn er nun endgültig Kirchenblatt-Redakteur wurde. Sein

Freund, der in Freiburg wohnende Verleger Dr. Josef Knecht, bewog ihn, das im Verlag Herder neu gegründete »Freiburger Katholische Kirchenblatt«, dessen erste Nummer schon im Juni 1945 erschien, zu übernehmen. Es war für den Anteil des Erzbistums Freiburg gedacht, der in der französischen Besatzungszone lag, eine »Geste der Franzosen für Erzbischof Gröber«.

Während Färbers Eintreten für eine grundlegende Erneuerung der Kirche in den dreißiger Jahren einigermaßen akzeptiert worden war, hagelte es jetzt bald Proteste von Laien- und von klerikaler Seite gegen den neuen Kirchenblattstil. Das war nicht »erbaulich« genug und gab dem »Schein« des Christentums zuwenig Glanz . . . Die Proteste bewirkten jedoch das Gute, daß der Verlag Herder sich 1947 entschloß, ein von der amtlichen Kirche unabhängigeres Kirchenblatt ins Auge zu fassen, das zuerst unter dem gleichen Titel als »Zonenausgabe« (für die ganze französische Besatzungszone, also auch für jene Gebiete, die nicht zum Erzbistum Freiburg gehörten) erschien, ab 1. Januar 1949 dann den eigenen Namen »Der christliche Sonntag« erhielt. Das »Freiburger Katholische Kirchenblatt« bestand daneben unter der Redaktion Färbers weiter, bis es 1961 unter dem Druck der damaligen Kirchenbehörde sein Erscheinen einstellen mußte.

Die dreißig Jahre, die Färber bis zu seinem Tod im hohen Alter von neunzig Jahren dem »Christlichen Sonntag« widmete, hat er später sein »Lebenswerk« genannt. Es hat ihn auch überdauert, und sein Stil, seine Art und Weise, ein Kirchenblatt zu redigieren, hat in der gesamten katholischen Publizistik Nachahmung gefunden. Enorme öffentliche und kirchliche Ehrungen machten in dieser späten Lebensphase gut, was in der ersten und zweiten sehr kärglich geflossen war: Anerkennung, Erfolg, Bestätigung. Färber wurde Ehrenbürger seiner Heimatgemeinde, erhielt das Große Bundesverdienstkreuz, den theologischen Ehrendoktor der Universität Freiburg, das Land Baden-Württemberg gab ihm seine Verdienstmedaille, das Erzbistum Freiburg ließ ihm den Silvester- und Gregoriusorden verleihen, das Bistum Straßburg die »Médaille d'or« . . . Er wurde eine geachtete Persönlichkeit bis weit über seine engere Heimat hinaus, einer der führenden katholischen Publizisten Deutschlands.

Persönlich blieb er der bescheidene Mann, der er immer gewesen war. Seine kleine, enge Mietwohnung behielt er bis ans Lebensende, in Kleidung und Lebensführung war er geradezu spartanisch. Sein einziger Luxus war der Sommeraufenthalt in der Heimat seiner Frau, in Salzburg und Bad Gastein, oder die Kuren im heimatlichen Jordanbad in Oberschwaben und einige Kunstfahrten nach Frankreich und Italien. Überall aber hatte der unermüdlich Fleißige seine Schreibmaschine bei sich, die Zeitungen mußten ihm nachgeschickt werden, ständig bastelte er an seinen Artikeln, die mit vielen Schachtelsätzen konstruiert, dennoch aber volkstümlich-verständlich für fast jedermann waren. Aus einer Artikelserie über die Heiligen wurde ein erfolgreiches Buch, *Heilige sind anders* (1958), von ihm ausgesuchte religiöse Texte erschienen als *Brevier zum inneren Leben* (drei Bände), Aufsätze verschiedener Autoren aus seiner Zeitschrift wurden als Bücher herausgegeben, die kritische Aufmerksamkeit erregten: *Krise der Kirche – Chance des Glaubens*, dann *Kraft und Ohnmacht. Kirche und Glauben in der Erfahrung unserer Zeit*, schließlich *In Deiner Gegenwart. Impulse und Orientierungen für Leben aus dem Glauben*. Gipfelpunkt dieser Aktivität war Färbers Ernennung zum Professor im Jahr 1978.

In den ersten Jahren dieser lebhaften und intensiven publizistischen Arbeit stand die Weckung religiösen Lebens aus dem Geist der damaligen biblischen, liturgischen und ökumenischen Erneuerungsbewegungen im Mittelpunkt. Hervorragende Mitarbeiter aus vielen kirchlichen Lagern, aber auch von »draußen«, unterstützten ihn. Dann kam das Zweite Vatikanische Konzil, das auf Karl Färber wie die Erfüllung seiner frühesten Lebensträume wirkte: Öffnung, Weite, frischer Wind, Anerkennung der modernen Welt wie auch eine Haltung des aufrichtigen Dialogs. Mit brennendem Herzen verfolgte er die Berichte aus Rom, kommentierte sie Woche um Woche, Monat um Monat. Färber wußte aber auch aus seiner langen Lebenserfahrung, wie schwer es sein würde, den »Geist des Konzils« in der Realität der Kirche durchzusetzen. Er machte sich keine Illusionen und meinte, eine Generation werde es wohl dauern. In dieser Phase warnte er oft vor übereilten Schritten und mahnte zur Mäßigung.

Zwei Jahre nach dem Ende des Konzils, 1967, wurde der Titel des »Christlichen Sonntag« umbenannt in »Christ in der Gegenwart«. Der Chefredakteur schrieb damals dazu: »Nun hat das Konzil einen neuen, umfassenden Lebenswillen in die Kirche hineingetragen. Das ist unsere Gegenwart . . . Es liegt ein Anruf in dem neuen Titel. Müßte es nicht fast heißen: Christ in der Zukunft? Dort ist doch unsere Hoffnung. Aber wir wollen bescheiden bleiben. In der Gegenwart arbeiten wir für die Zukunft . . . « Färber war, als er diese Zeilen schrieb, 79 Jahre alt!

Er blieb bis zu seinem Tod geistig wach und voller leidenschaftlicher Anteilnahme an den Ereignissen der Zeit, nicht nur den »kirchlichen«. Einmal schrieb er in jenen Jahren einen Artikel über die Anti-Konfuzius-Kampagne im maoistischen China, ein anderes Mal über den oberschwäbischen Barock. Moderne Kunst interessierte ihn, Literatur und Theater weniger, und natürlich die Politik, deren wechselvolles Machtspiel er teils melancholisch-resigniert, teils heftig parteinehmend begleitete. Am tiefsten galt wohl seine Neigung der Geschichte und der Philosophie, den Geheimnissen der Herkunft und den Gedanken des Seins. Den nachkonziliaren theologischen Auseinandersetzungen galt natürlich sein besonderes Interesse; die Aufhebung des Antimodernisteneides im Jahr 1967 empfand er als eine persönliche Befreiung. In der Redaktion konnte er bis in die letzten Lebensjahre aktiv sein, erst zum 85. Geburtstag legte er

formell den Posten des Chefredakteurs nieder, bis zum Lebensende blieb er Herausgeber des »Christ in der Gegenwart«.
Am 5. April 1979, im 91. Lebensjahr, ist Prof. Dr. theol. h. c. Karl Färber nach wenigen Tagen Krankheit in voller geistiger Wachheit in Freiburg i. Br. gestorben. Sein Tod hatte etwas Vollendetes an sich, wie die Augenzeugen berichten. Am Morgen hatte er die heilige Kommunion empfangen, dann frühstückte er ein wenig und ließ sich einen Schluck Wein, den er so liebte, ans Bett stellen, vorsichtig sog er mit einem Strohhalm diese Gabe der Schöpfung ein, naturrein und durchgegoren, versteht sich. Er lobte noch die feine Säure und den festen Körper – und dann ging er heim zu seinem Schöpfer. Zeit seines Lebens hatte der zum Skrupulösen neigende Mann Angst vor seinem Tod gehabt – die letzten Stunden waren wie ein Fest der Überwindung auch dieser Unvollkommenheit.

Friedrich Heer

Friedrich von Hügel

Kirchentreue im schöpferischen Widerspruch

Man spricht, man schreibt gelegentlich vom »christlichen Gentleman«. Und denkt da an den heiligen Thomas Morus. Kaum je an Menschen unserer Zeit. Ein christlicher Gentleman, der sich in härtester Zeit als ein redlicher Makler, ein Vermittler, ein Versöhner, ein Helfer, Freund von Verfolgten, von Betrübten erwiesen hat, lebt heute nicht im Bewußtsein, im Wissen unserer christlichen und nichtchristlichen Zeitgenossen: Friedrich von Hügel. An ihn zu erinnern, ehrt uns selbst: diesen außerordentlichen Mann, der als »Verbindungsoffizier« wirkte zwischen den verfolgten Priestern, Theologen und Wissenschaftlern, die der Hexenjagd gegen den sogenannten »Modernismus« im späten 19. und frühen 20. Jahrhundert zum Opfer fielen, in Italien, Frankreich, England, Deutschland. Er selbst starb, trotz vieler Anfechtungen und Anfeindungen im Schoß seiner Kirche. Seine Grundüberzeugung hielt er bis zu seinem Tod am 27. Januar 1925 in London fest: Der wahre Katholizismus ist Anerkennung und Aneignung aller religiösen und außerreligiösen Wahrheiten und Werte.
Der gealterte Edelmann Friedrich von Hügel erinnert sich in einem Brief an seine Nichte vom 9. Dezember 1921 an die Bemühung seines Lebens, nämlich »die alte Kirche intellektuell so wohnlich zu machen, wie ich es vermag«. »Mein zweiter Eifer schließt den glühendsten Wunsch und die glühendste Hoffnung ein, gekränkten und verdrossenen, abgefallenen

und abfallenden Katholiken zu dienen – ihre Wunden zu heilen und sie zurückzubringen. Ein abgefallener Katholik bereitet mir mehr Schmerz, als hundert Zugänge zur Kirche mir Freude bereiten. Denn es ist das *Durchhalten* (er unterstreicht dies), auf das es in diesen Dingen ankommt und das wirklich schwer ist . . .« Dieses Durchhalten hat Hügel in heroischer Form geleistet, christlich verstanden: als ein Mann der Schmerzen.

Dieser gute Europäer hat nie eine Schule oder Universität besucht: Seine Lehrer waren, unter anderen, eine anglikanische Freundin des Hauses, ein rheinischer lutherischer Pastor, ein katholischer Historiker, ein englischer Quäker. Hebräisch lernte er bei einem hessischen katholischen Priester.

Der am 5. Mai 1852 in Florenz geborene Sohn eines altösterreichischen Diplomaten, der in dieser Stadt am Hof Dienst tat, macht nach dem frühen Tod des Vaters in Wien eine schwere religiöse Krise durch. Sein Vater hatte Wien als seine wahre Heimat angesehen. Friedrich von Hügel geht nach England. 1914 nimmt er die britische Staatsbürgerschaft an: Seine Abneigung gegen das Wilhelminische Deutschland ist der Hauptgrund. Gern bekennt er gleichzeitig: »Sieben Zehntel meiner Lektüre sind deutsch.«

Friedrich von Hügel ist seit 1873 mit Lady Mary Herbert, der Tochter des Lord Herbert of Lea, des Freundes Gladstones, verheiratet. Im Gladstone-Kreis lebt auch Lord Acton, ein britischer katholischer Gentleman, Historiker, politischer Denker, tief verbunden mit Ignaz von Döllinger in München: Döllinger, der heute eine Würdigung verdient, die ihn als einen großen Vorläufer einer offenen Katholizität versteht.

Hügel und Lord Acton sind der Überzeugung: Ein freier Katholizismus kann nur in einer freien Gesellschaft gedeihen. Eine solche aber hat ihrer Erfahrung nach der europäische Katholizismus bis auf seine Tage nicht aus eigenen Kräften zu schaffen vermocht. Besonders freundschaftlich schließt sich Hügel nach dem Tod einiger englischer Freunde (Tyrrell und W. Ward) an Ernst Troeltsch an. – In seinem langen schmerzensreichen Leben entwickelt er die Fähigkeit, die Einzigartigkeit der religiösen Erfahrung in so verschiedenen Persönlichkeiten wahrzunehmen wie in General Gordon und Feldmarschall Moltke, Charles Darwin, Jakob Grimm und Wilhelm von Humboldt, Fichte und Hegel, Pascal und Spinoza, Augustin und Plotin. *Die Apokalypse der deutschen Seele* (Hans Urs von Balthasar) ist ihm wohl vertraut. Wer kennt sie heute, wirklich, in deutschen Landen?

Hügel: Gegen die schöpferische Individualität steht die Autorität der Kirche: Sie stützt sich auf die Masse und auf das Mittelmaß und fordert passiven Gehorsam in genauer Erfüllung ihrer Befehle, »so mechanisch als nur möglich«. Jedes edle Leben ist ein Wagnis, ist schöpferische Aktivität. Die Autorität aber will Sicherheit, produziert daher »Sterilität und

Stagnation«. Die Autorität, die *immer* (Hügel unterstreicht) das Edelste, Persönlichste bedroht, ist aber nötig, um die Verbindung zwischen den Massen und den einzelnen zu erhalten. Denn ohne Autorität löst sich das Ordnungsgefüge auf. Die Kirche kann nicht auf sie verzichten.
Hügel: Die Kirche lebt im Ein- und Ausatmen; sie ist fortschrittlich und konservativ. »Kirchenbeamte sind nicht mehr die ganze Kirche, als Scotland Yard oder das Kriegsministerium oder das Oberhaus ganz England sind, obwohl sie eingestandenermaßen notwendige Teile des nationalen Lebens bilden, oder auch nur durchschnittliche Vorbilder des Lebens und Reichtums der englischen Nation« (1904).
Hügel: Religion, Kirche bestehen aus Institution und Geschichte! Wir alle müssen die schwer belastete Vergangenheit kennen, um uns und unsere Gegenwart zu verstehen. Die Vergangenheit arbeitet in der Seele jedes Menschen. Aus diesem Fundamentalsatz, der, wenn heute ernstgenommen, eine Kopernikanische Wende in der akademischen Geschichtsforschung und -schreibung ermöglichen würde, zieht Friedrich von Hügel ernste Forderungen: Die Wahrnehmung dieser Aktivität der Vergangenheit in der eigenen Brust soll den Christen öffnen zur Anerkennung anderer Religionen. Das tut der Unterscheidung keinen Abbruch, jedoch öffnet es weit die Augen für andere, ihm bisher fremde Seelenwerte.
Am 11. Dezember 1918 weist Hügel seine geliebte anglikanische Nichte (nie macht er einen Versuch, sie zu »bekehren«) darauf hin, daß in allen anderen Religionen »noch immer« geschichtliche Vorbereitungen durch Gott selbst auf Seine vollste Selbstoffenbarung hin geschehen. Gott »arbeitet« in allen Religionen. »Die Synagoge hier in Bayswater ist noch immer, heute, am 11. Dezember 1918, eine fragmentarische, aber wirkliche Offenbarung Gottes, und, wenn auch unbewußt, eine wirkliche Erzieherin auf Christus hin. Die kleine Moschee in Woling ist noch immer für einige Seelen eine noch fragmentarische, aber trotzdem wirkliche Offenbarung Gottes und Lehrerin von Wahrheiten, die vom Christentum vollkommen gelehrt werden.«
Welche ist die Ursünde der Christen? Nicht die sexuelle Begierde (Friedrich von Hügel lebt in einem England, in dem viktorianische Prüderie, alter Puritanismus und ein ängstlicher, römischer Katholizismus sich in Angst und Abscheu vor dem »Geschlecht« gegenseitig zu übertreffen suchen). Nicht die sexuelle Begierde ist es – so wiederholt Hügel –, sondern: Stolz und Beschränkung auf sich selbst.
1921 legt dieser österreichische Engländer Friedrich von Hügel im Rückblick auf den Weltkrieg, auf die Exzesse des Nationalismus, auf drei Jahrzehnte Verfolgung von Nonkonformisten in der Kirche dieses Bekenntnis ab: »Ich danke Gott dafür, daß ich allen den großen Rassen und Nationen so viel schulde, daß ich niemals eine von ihnen in der Wurzel oder einem Zweig verachten könnte. Was, nach allem, würde

meine Religion sein ohne ihren jüdischen Ursprung? Was würde meine Theologie sein ohne die Griechen? Was würde die Ordnung meiner Kirche sein ohne die Italiener? Wie viel ärmer wäre mein Frömmigkeitsleben ohne die deutsche Nachfolge Christi, ohne den Franzosen Fénelon! Ohne die spanische heilige Teresa? Ohne die englische Mystikerin Mutter Juliane! Ich brauche sie alle, und ich erfreue mich in allen!«

Das ist europäische Katholizität schon 1921, in einem zerrissenen Europa, in dem, wie die Polemiken Theodor Haeckers in München und französischer Theologen, um nur zwei Modelle zu nennen, bezeugen, daß der mörderische Haß der »christlichen« Kriegsgötter noch nicht erloschen war. Hellsichtig verweist dieser große Konservative auf das mächtige millenarische Erbe, den Traum und die Sehnsucht nach dem Tausendjährigen Reich: Altes und Neues Testament sind voll von ihm. Lenin und Trotzki sind erfüllt von seinen Impulsen. Der politisch rechtsstehende Friedrich von Hügel, der zeitweise für eine militärische Intervention zur Niederwerfung des Bolschewismus eintritt, erkennt früh – 1921 – die religiösen Grundkräfte des russischen Kommunismus (des öfteren nimmt er hier Berdjajew voraus).

Hügel: Dieses millenarische Erbe wirkt mächtig im Kommunismus und im Nationalismus. Die Kirche hat dieses immer wieder verkannt. Die erste große Aufgabe für die Christenheit ist angesichts dieser Tatsachen gegeben: »Die tiefe, zentrale Wahrheit« tief unter der Peripherie dieser Bewegungen muß wahrgenommen und anerkannt werden. Als zweites fordert er, »daß die Seligkeit im Jenseits so gelehrt wird, daß sie die tiefsten menschlichen Glückseligkeiten einschließen kann.« Friedrich von Hügel weiß: Unglückliche, frustrierte Menschen sind unfähig, sich selbst, Gott oder den Nächsten zu lieben. Eine Gesellschaft, die nicht um ein gutes Glück weiß, pervertiert sich, schafft Mörder und Selbstmörder. Also geht es in diesem Sinne um eine Erhöhung, Verklärung und Verwandlung aller mitmenschlichen Beziehungen von Mann und Frau, Kindern und Eltern, Brüdern und Schwestern, Nationen und Klassen. Wer einen Blick in die großen englischen Romane seiner Zeit und des folgenden 20. britischen Jahrhunderts wirft, erlebt, wie tief hier der Bürgerkrieg im Menschen, in diesen unglücklichen Frauen, ichverlorenen Männern, früh scheiternden »Kindern« tobt. Wieviel zerstörtes Menschentum, sinnlos ruiniertes Lebensglück sich auftürmt!

»Ob Du wohl einer großen, tiefen Tatsache gewahr bist? Daß alle menschlichen Seelen tief miteinander verbunden sind? Ich meine, daß wir nicht nur füreinander beten, sondern auch füreinander leiden können!« Die Kirche ist für Hügel »gerade diese gegenseitige Abhängigkeit aller Gebrochenen und Kleinen« . . . »Die Kirche, besonders die römisch-katholische Kirche, hat in ihren schlimmsten Zeiten vielerlei Schaden angerichtet, Verwicklungen und Unterdrückungen mit sich gebracht, die ohne sie nicht in der Welt wären. Ich weiß das weit eingehender, als Du es jemals erfahren wirst.« – » . . . vielerlei Schaden . . . Verwicklungen und Unterdrückungen . . . «: Friedrich von Hügel erlebt sie in den Verfolgungen der sogenannten »Modernisten«, von Reformkatholiken, die verketzert, exkommuniziert, diffamiert wurden und bis heute noch werden, Menschen, ohne die der schwierige »Anfang eines Anfanges« (Karl Rahner), das II. Vatikanische Konzil, die Reformen in der römischen Kirche, die »progressiven« Enzykliken der letzten Päpste, der Beginn eines Aufbruchs undenkbar gewesen wären. Konkret: Diese Männer – und einige Frauen – haben vorgedacht und vorerlitten, was heute weltweit zur Debatte steht: Rückbesinnung auf die Ursprünge (in der Bibel, im Menschen Jesus, in der frühen Christenheit vor der konstantinischen Umklammerung der Kirche, die zur Staatskirche, Militärkirche, Kirche der römischen Inquisition wird), Besinnung auf die riesenhaften Aufgaben, die von Menschen zu verantworten sind, die einen größeren Gott, einen größeren Menschen erfahren haben.

Am 20. April 1946 stirbt in Rom ein armer Teufel, Ernesto Buonaiuti. Exkommuniziert von der Kirche, aufgrund des Konkordats zwischen Mussolini und Pius XI. von jedem staatlichen (Lehr-)Amt ausgeschlossen, nicht einmal als Straßenbahnschaffner durften Exkommunizierte staatlich angestellt werden. Buonaiuti, hoch angesehen als Theologe, als Kirchenhistoriker, nicht zuletzt auch in der deutschen evangelischen Universitätswelt, ist untergründig noch in die Geschichte der römischen Kirche eingegangen, durch einen im selben Jahr 1881 geborenen Jugend- und Studienfreund, Giuseppe Roncalli. Papst Johannes XXIII. erzählt eines Tages einer Gruppe junger Priester, er sei in früheren Jahren einmal vom Heiligen Offizium des häretischen Modernismus verdächtigt worden. Als Sekretär des Bischofs von Bergamo schrieb er nämlich an den exkommunizierten Buonaiuti eine Karte, die nicht bei dem Adressaten, sondern im Heiligen Offizium landete. Dieses benachrichtigte sofort Bischof Radini von Bergamo und forderte ihn auf, seinen Sekretär Roncalli sorgfältig zu überwachen, da er wegen seiner Freundschaft mit Buonaiuti der Häresie verdächtig sei. Warum erzählt das Papst Johannes XXIII.?– Warum erzählt er das jungen Priestern? Weil er sehr gut wußte, daß Klima und Praxis der Inquisition in Rom nicht erloschen waren, vielmehr auf eine Stunde der Belebung warteten.

Friedrich von Hügel steht persönlich, als Mitglied einer der alten Familien Europas, in hohem Ansehen. Immer wieder interveniert er, so vor allem bei Kardinal Rampolla, ringt um dessen Verständnis für diese vielverfolgten Menschen. Den Freunden Tyrrell, dem großen englischen Ex-Jesuiten, der eine offene, geistoffene Kirche anstrebte, Loisy, dem bedeutendsten historischen Kopf dieser Reformkatholiken – der als Greis von seinen deutschen evangelischen Kollegen hoch geehrt wird, sodann Loyson und Romolo Murri, dem Vordenker einer christlichen Demokratie in der Kirche, den jungen Reformpriestern in Mailand: allen steht er

helfend, unterstützend zur Seite. Als die Wogen der Verfolgungswellen über den italienischen »Modernisten« zusammenschlagen, lädt sie Friedrich von Hügel im September 1907 zu einer dreitägigen Aussprache in Südtirol, in Molveno, ein.
Es darf in diesem Zusammenhang daran erinnert werden, daß im 17. und 18. Jahrhundert habsburgische Großherzöge in Florenz die Reformbewegungen des italienischen Klerus, gipfelnd in der Synode von Pistoia, beschirmt hatten. Und daß diese von den beiden Päpsten Johannes XXIII. wie Johannes Paul I. (der unter anderem einen Essay über Maria Theresia verfaßt hatte), diesen Söhnen dieses oberitalischen Reformkatholizismus, nicht vergessen worden war.
Friedrich von Hügel, dieser englische Gentleman, war ein Genie der Freundschaft. Auch Thomas Morus war das. Es ist des Nachdenkens wert, daß bedeutende Christen, auch kanonisierte Heilige und vor allem die Elite der Theologen, nur ausnahmsweise als Genies der Freundschaft bekannt geworden sind. So viel Monomanes, Ichverklemmtes haftete ihnen an.
Auf der Tagung in Molveno standen Fragen zur Debatte, die heute noch für das römisch-kirchliche Selbstverständnis heiße Eisen sind, jedoch in der evangelischen Universitätswissenschaft seit langem behandelt werden: der historische Christus und die Probleme der neutestamentlichen Kritik. Was ist der von Christus dem kirchlichen Lehramt anvertraute Glaubensschatz, das sogenannte DEPOSITUM FIDEI? Welche Bedeutung hatten in der Urkirche der Ritus der Taufe und die eucharistische Feier? Welche geschichtliche Logik liegt der Dogmenentwicklung zugrunde? Wie läßt sich die christliche Botschaft vereinen mit den sozialen und kulturellen Lebensfragen der heutigen Gesellschaft?
Schockierend wirkte auf die Zuhörer hier das Referat Buonaiutis über den Sinn der eucharistischen Feier. Buonaiuti: Die kirchliche Lehre der Transsubstantiation ist gebunden an eine bestimmte aristotelisch-scholastische Auffassung vom Wesen der physikalen Elemente, die sich heute wissenschaftlich nicht mehr halten läßt. Der sechsundzwanzigjährige Feuerkopf erklärte so: Diese Eucharistie läßt sich nur von der Sendung Jesu aus verstehen und vom eschatologischen Hintergrund dieser Sendung. Jesus lebt in der Erwartung des kommenden Reiches: Sein letztes Mahl mit den Jüngern ist die Vorwegnahme des messianischen Mahles im Reiche Gottes. Kurz darauf kommt die Enzyklika PASCENDI von Pius X. heraus; dieser Bannstrahl lähmt, weit über Italien hinaus, das geistige Leben des Klerus.
In der innerkatholischen Auseinandersetzung über Friedrich von Hügel, die nach dem Zweiten Weltkrieg einsetzt und auf evangelischer Seite ein Pendant besitzt (Wilhelm Dantine), wird immer wieder die Frage behandelt: Ist er ein Mystiker? Dieser Frage kommt heute konkrete Bedeutung zu. Mystik als Lebenshaltung in dieser Welt, als große »Gelassenheit«

(Meister Eckart), als Zentriertheit, Sammlung aller Lebenskräfte und ihre Bergung in Gott hinein, das ist – wie ich glaube – eine unersetzliche Voraussetzung für den Christenmenschen von heute. Ein rationales, nüchternes Sichkonfrontieren mit den Abscheulichkeiten, die täglich uns zukommen – in Kirche und Welt – so, daß Widerstand und Ergebung – Widerstand gegen das Widermenschliche in allen seinen Erscheinungsformen – und Ergebung – in Gott hinein – den Personkern bilden. Friedrich von Hügel ist eine Inkarnation dieses Menschen.

VOM GEHEIMNIS DES OPFERS

Unter der Last der Unmenschlichkeit

Unter den vielen, die ihren Protest gegen Gewaltregime mit der Zerrüttung ihrer Gesundheit oder mit frühem Tod bezahlen mußten, hatten manche Gelegenheit, in längeren oder kürzeren Gefängniszeiten dieses Aufbegehren zu widerrufen, um sich mit Huldigungserklärungen zu retten. Daß sie dies selbst im Angesicht des Todes verweigerten, gibt Aufschluß darüber, wie tief sie in das Geheimnis des Opfers eingedrungen waren. Für sie stand ein solches Opfer höher als ihr Leben, zumindest höher als ihre Gesundheit. Sie wollten mitten in einer epidemischen Verwüstung der Seelen ein Zeichen der Heilung setzen, an dem sich nachfolgende Generationen wieder neu aufrichten könnten. Wer freiwillig opfert, ob er das im geheimen tun kann oder damit ans Licht der Öffentlichkeit gezerrt wird, geht – schon bevor es geschieht – irgendwo hoch oben, wo die Maßstäbe des üblichen Lebens mit seiner natürlichen Erhaltungskraft und Vernunft nicht mehr gelten. Er schädigt sich auf einen inneren Befehl hin, der zugleich höchste Freiheit anzeigt, sei es, daß er Geld und Gut, Zeit und Kraft souverän an einen Ort weggibt, wo sie nach seinem Urteil größeren Nutzen stiften, auch einen höheren Sinn finden.

Die drei Männer dieses Abschnitts hatten nicht nur einen gewaltsamen Tod einkalkuliert, ohne zu wanken. Sie gingen auch, was jedenfalls für die beiden Verstorbenen gilt, in der Selbstaufopferung bis an die Grenze des Zusammenbruchs. Für P. Rupert Mayer, den lang verfolgten, auch mehrfach internierten Jesuitenpater aus München, legt die Verehrung, die seinem Grab in der Bürgersaalkirche zuteil wird, Zeugnis dafür ab, daß sein Opfer verstanden wurde und in die Zukunft hineinwirkt. Abbé Franz Stock, von dem Papst Johannes XXIII. sagte, er sei nicht nur ein Name, sondern ein Programm, hatte während der nationalsozialistischen Besatzungsjahre in Frankreich mehr als zehntausend französische Widerstandskämpfer auf den Tod vorzubereiten und zur Erschießung zu begleiten. Diese zermürbende, einen feinsinnigen Menschen seelisch ruinierende Pastoralarbeit ließ ihm gerade noch so viel Kraft übrig, ein deutsch-französisches Versöhnungswerk zu stiften; dann starb er, um einen alten Ausdruck zu benutzen, an »gebrochenem Herzen«. Wilfried von Rüden, der den auch in Frankreich verehrten deutschen Geistlichen noch gekannt und seiner Exhumierung beigewohnt hat, beschrieb uns dieses heroische Priesterleben. Zu P. Rupert Mayer stand Otto Gritschneder in persönlicher Verbindung. Ihm verdanken wir das Porträt des großen, kämpferischen Mannes. Als letztes Opfer eines Gewaltregimes wird der polnische Arbeiterführer Lech Walesa dargestellt, das prominenteste Opfer der brutalen Militärs. Sein ferneres Schicksal ist noch offen, wenngleich keiner daran zweifelt, daß es hart weiterläuft.

Otto Gritschneder

Pater Rupert Mayer SJ

Unbeugsam auf der Kanzel wie im Gefängnis

»Unser Pater Mayer ist nie umgefallen, nicht einmal im Sterben.« – Dieser Satz war alsbald in aller Mund, als am Morgen des Allerheiligentages 1945 in der Kreuzkapelle der Michaelskirche zu München der während der Predigt ohnmächtig gewordene Pater überraschenderweise nicht zusammensank, sondern (gehalten durch seine Oberschenkelprothese) noch eine Weile – zum Volk gewandt – vor dem Altar stehen blieb, bis ihn zwei Mitbrüder wegtrugen und ins »Josephinum« brachten, wo der vom Hirnschlag Getroffene dann verstarb.

Das »Nie umfallen« ist in der Tat das weithin leuchtende Charakteristikum Pater Rupert Mayers. Gerade in den Jahrzehnten, die er zu durchleben hatte, war diese heroische Tugend besonderen Prüfungen ausgesetzt. Das politische, gesellschaftliche, geistige und religiöse Ordnungsgefüge wankte und schwankte damals bedrohlicher als kaum je zuvor. Und da nicht abzusehen ist, wann und wo diese Erschütterungen unserer pluralen, indifferenten, »nach allen Seiten offenen«, freizügigen, ordnungs- und autoritätsallergischen Gesellschaft einmal enden könnten, ist Pater Rupert Mayer auch und gerade heute noch ein tröstliches und verpflichtendes Vorbild.

Rupert Mayer wurde als Sohn einer Stuttgarter Kaufmannsfamilie am 23. Januar 1876, einem Sonntag, geboren. Die arbeitsamen, frommen Eltern und seine fünf Geschwister waren der gesunde Nährboden für den vielseitig interessierten, musik- und sportliebenden Knaben. Er gehörte zu den fünf besten Abiturienten des Ravensburger Gymnasial-Absolviajahrganges 1894. Seine Studien führten den jungen Mann nach Freiburg in der Schweiz, nach München und nach Tübingen. In jedem dieser Studienorte schloß er sich der dortigen farbentragenden katholischen Studentenverbindung an; so trat er 1895 auch der ältesten CV-Verbindung, »Aenania« in München, bei (auf deren Konvent er 1934, knapp 40 Jahre später, zu einer geharnischten Philippika gegen die von den Nazis oktroyierte Aufgabe des Katholizitätsprinzips das Wort ergriff).

Die Priesterweihe empfing der 23jährige am 2. Mai 1899 von Bischof Paul Wilhelm Keppler. Seine erste Seelsorgstelle war Spaichingen, eine kleine Oberamtsstadt unterhalb des Heubergplateaus, nahe der badenwürttembergischen Grenze. Die allseits hochgeachtete »Rupert-Mayer-Schule«, eine der nach 1945 gegründeten fünf freien katholischen Schulen Baden-Württembergs, zeigt dem Besucher als kostbarste Erinnerung an den Pater heute noch den Primizkelch des damaligen Vikars Rupert Mayer.

Karl Färber Der katholische Theologe gehört zu den bedeutendsten Publizisten des 20. Jahrhunderts. Er war viele Jahre Chefredakteur christlicher Organe. Der kämpferische Denker für ein gegenwartsnahes Christentum hat wie kaum ein anderer zur Erneuerung des hart angefochtenen Glaubens in unserer Zeit beigetragen.

PATER RUPERT MAYER Jesuit, Männerapostel in München. Für mannhaftes, unbeugsames Auftreten gegen den Nationalsozialismus mehrfach eingekerkert. Sein Grab in der Bürgersaalkirche, München, ist ein Ort vielfacher Verehrung. Pater Rupert Mayer wurde am 3. Mai 1987 durch Papst Johannes Paul II. in München seliggesprochen.

Abbé Franz Stock Deutscher Priester in Paris, um Völkerverbindung und Gefangenenseelsorge hochverdient. Stand mehr als 10000 zur Erschießung aus Wehrmachtsgefängnissen geführten Opfern des Nationalsozialismus im Tode bei. In Frankreich so hoch verehrt wie in der Heimat.

Lech Walesa Polnischer Arbeiterführer von großer Überzeugungskraft und Volkstümlichkeit. Erreichte mit der inzwischen wieder verbotenen Gewerkschaft »Solidarität« gegenüber kommunistischer Regierung viele Freiheiten. Vom Papst ausgezeichnet.

Nach einem Jahr verließ der Neupriester Spaichingen, um in den Jesuitenorden einzutreten. Da die verblendeten Gesetzgeber des neuen, schwarzweißroten Kaiserreiches 1872 den Jesuitenorden verboten hatten, absolvierte Mayer die strenge Ausbildung und den bewährten Studiengang eines Jesuiten in Tisis in Vorarlberg und in Valkenburg in Holland.
Der Orden erkannte Begabung und Charisma Rupert Mayers und bestimmte ihn 1906 zum Volksmissionar für Österreich, Holland und die Schweiz. 1912 rief ihn der Obere nach München. Dort sollte eine neue Form der Seelsorge beginnen, die »Rückeroberung der Arbeiter« (Faulhaber) und die Betreuung der Frauen und Männer, die vom Land in die Großstadt kamen, um dort Arbeit und eine neue Bleibe zu finden. Das waren damals Jahr für Jahr an die 10 000 Menschen. Pater Mayer war rastlos unterwegs: Hausbesuche, unmittelbare Hilfe für die Armen, endlose Beicht- und Seelsorgsgespräche. Dabei lernte er in den Familien und den häufig besuchten Versammlungen die sozialistische und kommunistische Gefahr kennen. 1913 wurde er Mitbegründer und Spiritual der heute noch so segensreich wirkenden »Schwestern der Heiligen Familie«.
Als Arroganz und politische Kurzsichtigkeit Deutschland in den Ersten Weltkrieg stolpern ließen, drängte es ihn, in einer uns Heutigen nicht mehr recht verständlichen »nationalen Begeisterung«, an vorderster Front den Soldaten geistlichen Beistand zu leisten. Er bekam als erster deutscher Priester das Eiserne Kreuz I. Klasse. Die Annalen des Königlich Bayerischen Reserve-Infanterie-Regiments 19 halten unter dem 17. August 1915 dazu fest: » . . . starker französischer Angriff . . . oberhalb Mättle wird hauptsächlich durch die Tatkraft und das vorbildliche Beispiel des Divisions-Geistlichen Pater Rupert Mayer . . . zum Scheitern gebracht.« Am 30. Dezember 1916 ging er im rumänischen Sulta-Tal mit einer Vorausabteilung auf den Berg Catumba zu, der gestürmt werden sollte. Er wollte mit den Ärzten die Lage des Hauptverbandplatzes beraten und den Mannschaften die Weihnachtspakete bringen. (Papst Johannes Paul II. nannte das in seiner Predigt auf der Münchener Theresienwiese am 19. November 1980, in der er Pater Mayer namentlich hervorhob, einen »Versehgang«.) Pater Rupert Mayer geriet dabei, als er im Laufschritt eine unter Beschuß stehende Holzbrücke überqueren wollte, in das Abwehrfeuer der Verteidiger des Tales und wurde am linken Bein schwer verwundet. Nach mehreren Operationen mußte ihm das Bein bis zum Oberschenkel amputiert werden.
Wieder in der Heimat, galt seine Sorge den inzwischen noch ärmer gewordenen Ärmsten der Armen. Sein Beichtstuhl in St. Michael und sein Sprechzimmer im Wohntrakt daneben waren belagert wie eine Festung. Der Pater opferte bis zur Erschöpfung Zeit und Geduld für alle, die bei ihm Rat und Trost suchten. Er besuchte wieder fleißig Versammlungen, besonders die der Kommunisten. 1919 trat im Anschluß an einen Diskussionsbeitrag Mayers zufällig einmal ein gewisser Adolf Hitler auf,

den Pater Mayer damals schon als »Hysteriker reinsten Wassers« qualifizierte. Als eine Naziversammlung im Juni 1923 öffentlich und offiziell gegen das Christentum Front machte, protestierte Mayer und konnte gerade noch unverletzt aus dem Saal gebracht werden. Eine Neuerung im katholischen Leben Münchens brachten die von Pater Rupert Mayer eingeführten Bahnhofs-Gottesdienste, bei denen er – bis 1937 die Nazis auch diese verboten – regelmäßig der erste »Frühmesser« war.

Die schon bei jener Versammlung im Juni 1923 sichtbar gewordene christentumfeindliche Grundeinstellung des Nationalsozialismus wurde dem Pater in den nächsten Jahren zum schmerzlichen Schicksal. Dramatischer Höhepunkt dieser Auseinandersetzung mit dem Antichristen war der Prozeß vor dem Sondergericht München am 22. und 23. Juli 1937. Die braunen Tyrannen hatten ja vor nichts mehr Angst als vor dem Volk selbst. Die vielen und wirksamen Predigten, die Pater Mayer – bis zu siebzigmal im Monat – landauf, landab hielt, wollten sie nicht hinnehmen. Da der Pater die Predigtverbote der Gestapo als konkordatswidrig und illegal nicht beachtete, konstruierte man aus seinen Predigten »staatsfeindliche und heimtückische Angriffe auf Partei und Staat«. Die Richter Robert Wölzl, Michael Schwingenschlögl und Ludwig Wachter verurteilten ihn, der sich – verteidigt durch den wackeren Justizrat Joseph Warmuth – mit umfangreichen dokumentarischen Hinweisen und Zeugenangeboten auf religiöse Notwehr berufen hatte. Sechs Monate Gefängnis mußte der unschuldig Verurteilte, bis auf einen kleinen, durch eine allgemeine Amnestie erlassenen Rest, in Landsberg absitzen. Bis heute hat, obwohl nach 1945 eigene gesetzliche Bestimmungen dafür geschaffen wurden, niemand daran gedacht, dieses beschämende Unrechtsurteil annullieren zu lassen. Auch die bayerische Justiz hat, obwohl sie nach Anstand und Ehre dazu verpflichtet und nach dem Gesetz dazu ermächtigt war, nicht das geringste in dieser Richtung unternommen. Sie hat Pater Rupert Mayer einfach vergessen. Nicht vergessen hat sie ihre Pilatusse mit dem Hakenkreuz an der Robe. So wurde der Leiter der Anklagebehörde, der die Anklageschrift unterzeichnet hatte, Alfred Resch, 1954 Präsident des Oberlandesgerichts München; Ernst Großer, dessen widerliche öffentliche Anklagerede ich heute noch im Ohr habe, wurde 1956 Präsident des Amtsgerichts München und erhielt 1959 als Vorsitzender des Deutschen Richterbundes an seinem Grab durch den Hannoverschen Amtsgerichtspräsidenten Prof. Friedrich Heim einen völlig unangebrachten ehrenden Nachruf.

Da Pater Rupert Mayer trotz Verurteilung und Gefängnis sich das Predigen nicht verbieten ließ, ließ Himmler den hochdekorierten Weltkriegsinvaliden ins KZ Sachsenhausen stecken, wo man ihn sieben Monate durch strengste Isolierungshaft folterte. Als »Aufhänger« für diese »Maßnahme« diente die Weigerung des Seelsorgers, über Namen und Anliegen seiner Besucher Auskunft zu geben.

Als Pater Rupert Mayer nur noch 50 kg wog und die SS-Schergen fürchten mußten, dem kriegsgeplagten Volk den KZ-Tod des Priesters mitteilen zu müssen, arrangierte sich die Gestapo mit Ordinariat und Provinzial in München. Der (wohl lebensrettende) Kompromiß lautete: Konfination des Paters im Kloster Ettal gegen die Zusage, daß Bischof und Provinzial dem Pater Predigtverbot auferlegen. Das traf den zum äußersten Opfer entschlossenen Pater außerordentlich schwer. Er schreibt in sein Tagebuch:

»Auf Grund meiner grundsätzlichen Einstellung gegen die kirchlichen Behörden blieb mir nichts anderes übrig, als mich zu fügen. Als Herr Prälat meinte, das sei nach Ansicht des Ordinariats nur so für den Anfang gedacht, es würden die Auflagen im Laufe der Zeit erleichtert – hatte ich dafür nur ein ungläubiges Kopfschütteln. Tatsächlich habe ich recht behalten. Seitdem bin ich lebend ein Toter, ja dieser Tod ist für mich, der ich noch so voll Leben bin, viel schlimmer als der wirkliche Tod, auf den ich schon so oft gefaßt war.«

Fast fünf Jahre mußte Pater Mayer in dieser Abgeschiedenheit ausharren, bis am 6. Mai 1945 die Amerikaner auch in Ettal der Hitlertyrannei ein Ende machten. Aber seine Gesundheit war gebrochen. Noch mühte er sich in München und überall in Bayern für die Ausgebombten, Flüchtlinge, Kriegerwitwen und Obdachlosen. Am 27. Mai 1945 erlebte er noch in St. Ludwig in Anwesenheit von Kardinal Faulhaber den Triumph des Hauptfestes der Marianischen Männerkongregation, die er jahrzehntelang als Präses geführt hatte. Noch einmal predigte er Frieden, Verzeihung und Dank an Gott. Vier Tage später ging er noch mit »seinen Männern« bei der ersten Nachkriegs-Fronleichnamsprozession durch die ruinengesäumten Straßen Münchens. Am 1. November 1945 holte ihn der Herr vom Altar weg heim.

Pater Rupert Mayers sterbliche Überreste ruhen in der Gruft der Bürgersaalkirche in der Neuhauser Straße. Der Strom der an seinem Grab Betenden reißt den ganzen Tag über nicht ab. Über 40 000 Gebetserhörungen in bisher 184 Heften mit insgesamt über 3000 Seiten wurden bisher schriftlich festgehalten. In die Liste neben der Grabplatte tragen sich täglich etwa dreihundert Bittsteller ein, die die Heiligsprechung dieses fünfzehnten Nothelfers und unermüdlichen Künders des alten Glaubens in einer modernen Welt erhoffen.

Den Schluß dieser kurzen Biographie soll das imponierendste Schriftstück bilden, das ich bei meiner Pater-Rupert-Mayer-Forschung entdeckt habe. Als der Gestapo-Oberregierungsrat Walther Stepp, nachdem er den Pater ohne jeden Gerichtsbeschluß hatte gefangennehmen lassen, anbot, er könne sofort freikommen, wenn er nicht mehr, oder wenigstens nicht mehr außerhalb Münchens, predige, gab Pater Rupert Mayer auf einem Bogen mit dem Briefkopf »Geheime Staatspolizei – Staatspolizeileitstelle München« am 9. Juni 1937 als Gefangener folgendes zu Protokoll:

»Ich erkläre, daß ich im Falle meiner Freilassung trotz des gegen mich verhängten Redeverbotes nach wie vor, sowohl in den Kirchen Münchens als auch im übrigen Bayern, aus grundsätzlichen Erwägungen heraus, predigen werde. Ich erkläre insbesondere, daß ich auch in Zukunft von der Kanzel herab in der bisherigen Form die Kirche gegen etwaige Angriffe mit aller Entschiedenheit und Offenheit und Schärfe, aber ohne persönlichen Angriff, verteidigen werde. Ich werde auch weiterhin in der von mir bisher geübten Art und Weise predigen, selbst dann, wenn die staatlichen Behörden, die Polizei und die Gerichte meine Kanzelreden als strafbare Handlungen und als Kanzelmißbrauch bewerten sollten. Vorgelesen, genehmigt und unterschrieben: Rupert Mayer SJ.«

Man wird lange suchen müssen, bis man anderswo ein vergleichbares Dokument findet.
Pater Rupert Mayer wurde am 3. Mai 1987 von Papst Johannes Paul II. anläßlich seiner Deutschlandreise in München seliggesprochen.

Wilfried von Rüden

Abbé Franz Stock

Priester zwischen den Fronten

16. Juni 1963. Ein strahlend blauer Himmel wölbt sich über der alten französischen Stadt Chartres mit ihrer weltberühmten Kathedrale. Auf einer Freifläche im Vorort Rechêvres stehen vor der modernen Kirche St. Jean Baptiste dichtgedrängt Franzosen und Deutsche aller Bevölkerungsschichten: die Arbeiterfrau aus Chartres neben der Bäuerin von der Haar in Westfalen, der ehemalige Minister Frankreichs, Edmont Michelet, neben dem deutschen Botschafter Blankenhorn, der Prälat Schwingenheuer aus Paderborn neben dem Bischof von Chartres. Schweigend und bewegt lauschen sie den Klängen des Deutschlandliedes und der Marseillaise – gespielt von einer stattlichen Blaskapelle – und gehen dann hinüber zu dem achteckigen Gotteshaus, dessen sakraler Raum durch herrliche Buntfenster seine Wirkung erhält. Vor dem Altar sind unter einer violetten Samtdecke die sterblichen Überreste des deutschen Priesters Franz Stock aufgebahrt, der diese Brücke von Herz zu Herz, von Mensch zu Mensch, von Nation zu Nation schlug.
Inniger als an diesem Tag und am Abend zuvor, als die auf dem Friedhof Thiais bei Paris exhumierten Gebeine von Franz Stock nach Chartres überführt worden waren, ist selten um den Frieden in der Welt gebeten worden. Es geschah am Grab eines schlichten und zeit seines Lebens

ganz im Dienst am Menschen stehenden Deutschen. In jedem, dem er begegnete, sah er zuerst den Menschen. Und das ist das Wunderbare an Franz Stock. Wer war dieser Priester Franz Stock, den heute unzählige Menschen in Frankreich und Deutschland verehren und um dessen baldige Seligsprechung sie beten?
1904 als ältester Sohn einer mit neun Kindern gesegneten Arbeiterfamilie in Neheim-Hüsten im Sauerland geboren, erfuhr er die Grundlegung seiner Bildung durch das Neheimer Gymnasium und durch die katholische Jugendbewegung. Als Quickborner durchwanderte der drei Semester in Paris studierende Theologiestudent und der bald nach seiner Priesterweihe im Jahr 1932 zum Rektor der deutschen Gemeinde in Paris berufene Seelsorger Franz Stock mit jungen Franzosen als begeisterter Maler mit Pinsel und Palette die Bretagne und die Provence, wobei er seine Liebe zur französischen Landschaft entdeckte. In jener Zeit, in der die politischen Spannungen in der Welt wuchsen, reifte in Franz Stock der Wille, für die Aussöhnung der beiden Nachbarvölker Frankreich und Deutschland zu wirken. Der Ausbruch des Zweiten Weltkrieges bestärkte ihn in diesem Vorhaben nur noch mehr.
Die deutsche Gemeinde in Paris, deren Rektor Franz Stock seit 1934 war, bildete eine bunt zusammengewürfelte Gemeinschaft: Studenten, Beamte und Angestellte der deutschen Botschaft, Kindergärtnerinnen, Säuglingsschwestern, Hausgehilfinnen und viele andere, die in die Weltstadt an der Seine gekommen waren, um sich hier ihr Brot zu verdienen und Frankreich und die Franzosen kennenzulernen. Dazu kamen rassisch und politisch Verfolgte, die Franz Stock aber gegenüber der deutschen Botschaft nicht kennen durfte. Der neue Rektor wußte den Franzosen Deutschland und den Deutschen Frankreich aufzuschließen. Seine freie Zeit verwandte er darauf, Paris und Frankreich in Sprache, Geschichte und Gegenwartsfragen immer mehr zu studieren und geistig zu verstehen. Franz Stock betrieb mit Elan und trotz wachsender Schwierigkeiten infolge der Machtergreifung Hitlers den lebendigen Aufbau der deutschen Bonifatiusgemeinde in Paris und die Vertiefung des Vertrauensverhältnisses zu vielen französischen Freunden. Von den deutschen Parteistellen und der Gestapo in Paris mit Neid und Argwohn betrachtet, hatte Franz Stock keinen leichten Stand. Sein Amt in einer politisch so gespannten Zeit brachte viel Sorge und mancherlei Belastungen mit sich. Durch die Annahme dieser Berufung wurden die Weichen für sein weiteres Leben gestellt: Gegen die Zäune des Hasses setzte er Verständnisbereitschaft, Menschlichkeit, Brüderlichkeit aus dem Glauben. Zug um Zug wurde er so von diesem Dienst an der Versöhnung gefordert.
Als Hitler Polen überfiel und Frankreich in den Krieg eintrat, wurde Franz Stock zum Verlassen seines Arbeitsfeldes gezwungen. Er war dann auf mehreren Seelsorgestationen in Sachsen und Westfalen tätig. Doch schon im Oktober 1940 kehrte er nach Paris zurück. Während die

Marschtritte deutscher Soldaten auf dem Pflaster der französischen Metropole widerhallten, teilte Franz Stock die Zerrissenheit der Franzosen, litt mit ihnen und war doch immer für seine deutschen Landsleute da. Paris sollte dem Sohn des Sauerlandes Schauplatz seiner verborgenen, aber heldenmütigen Tätigkeit im Dienst der Liebe Jesu Christi und im Dienst der Versöhnung zwischen dem deutschen und französischen Volk werden. Das Paris, das Franz Stock bei seiner Rückkehr vorgefunden hatte, war nicht mehr das, das er ein Jahr zuvor verlassen hatte. Auf dem Arc de Triomphe wehte das Hakenkreuzbanner, der Waffenstillstand war unterschrieben, und zwei Millionen Franzosen hatten den Weg hinter Stacheldraht antreten müssen. Wie Franz Stock waren auch die meisten Deutschen bei Kriegsausbruch gezwungen worden, Paris zu verlassen. Die deutsche Gemeinde setzte sich daher nach seiner Rückkehr vorwiegend aus Soldaten, Heeresbeamten, Nachrichtenhelferinnen und auch aus hohen Offizieren zusammen.

Schon bald sprach man in Paris vom »Erzengel in der Hölle«, wenn von Franz Stock die Rede war. Er bot seine Hilfe zuerst jenen Männern und Frauen an, die in den Pariser Gefängnissen schmachteten. Und die Zellen hinter den dicken Kerkermauern füllten sich überall in Frankreich. In dem gefesselten und gedemütigt am Boden liegenden Volk erhob sich der Widerstand, schlossen sich Gruppen von Widerstandskämpfern unter dem Oberbefehl von General de Gaulle, dem späteren Staatspräsidenten, zusammen. Wo immer man der Besatzungsmacht schaden konnte, tat man es: durch Überfälle, Sabotageakte, Attentate, Brückensprengungen, Verbreiten von Falschmeldungen. Mit Vorliebe wurden von der Gestapo Juden als Geiseln für diese Anschläge ausgesucht, gefangengesetzt und in Gruppen zu fünfzig bis achtzig erschossen. Zu dieser Zeit wurde Franz Stock, Pfarrer der deutschen Gemeinde in Paris, von der Militärbehörde zum Standortpfarrer im Nebenamt ernannt.

Welche Aufgaben jetzt zusätzlich auf ihn zukamen, geht aus seiner Bestallungsurkunde hervor. Standortpfarrer Stock, so heißt es darin, betreut die katholischen Zivilhäftlinge beiderlei Geschlechts in den Wehrmachtsgefängnissen Fresnes, Cherche Midi, La Santé und auf der Hinrichtungsstätte des Mont Valerien. Außer der kirchlichen Betreuung der Häftlinge durch Gottesdienst, Beichte und Kommunion obliegt ihm auch die Vorbereitung der zum Tod Verurteilten. Doch Franz Stock tat weit mehr, als diese ihm fest umrissenen Aufgabenbereiche es vorschrieben. Er fragte nicht, welcher Religion oder Partei die zum Tod Verurteilten angehörten. Er schuf die einzige und risikoreiche Verbindung der Gefangenen zu ihren Angehörigen.

Die Haftanstalten La Santé, Fresnes und Cherche Midi waren deutsche Lager für die Franzosen. Hier regierten Terror und Schrecken über die Inhaftierten, die Widerstandskämpfer, die Geiseln und die oftmals unschuldigen anderen Opfer. Der größte Teil von ihnen wurde liquidiert, zu Tode gequält, ausgehungert. Nur Franz Stock – die Franzosen nannten ihn Abbé Stock – war für sie da. Er scheute die Gefahr nicht, in die ihn seine zahllosen Liebesdienste brachten, er nahm auch keine Rücksicht auf seine Gesundheit. Sooft es ihm möglich war, fuhr er mit dem Fahrrad von Paris aus in die Schreckensgefängnisse, am meisten durch das schwerbewachte Tor des berüchtigten Gefängnisses Fresnes. »Route des Fusilés de la Resistance« – Straße der Hingerichteten des Widerstandes 1940–1945 – ist nach dem Krieg eine Straße benannt worden, die vom Gefängnis Fresnes steil bergan zum Mont Valerien oberhalb von Paris führt. Wohl an die 2000 zum Tod Verurteilte hat Franz Stock auf diesem Weg – ihrem letzten irdischen – zur Richtstätte begleitet. Oftmals nahm er bei den gefesselten Gefangenen im Lastkraftwagen Platz. Nicht selten nahm er hier noch die Beichte ab und spendete die heilige Kommunion. Immer trug er das Allerheiligste bei sich, weil es vorkam, daß ein Todgeweihter erst auf seinem letzten Weg bereit war, seine Rechnung mit Gott zu machen. Als Franz Stock später nach der Zahl der Hingerichteten gefragt wurde, hat er mehrmals versichert: »Es ist eine vierstellige Zahl – und nicht die kleinste!« Ein anderes Mal sagte er: »Ich bin wohl der einzige Priester in Europa, der so viele Hinrichtungen hat miterleben müssen.«

Gab es in der ersten Hälfte des Jahres 1941 nur Einzelerschießungen, so begann die Aktion in der zweiten Hälfte sehr schnell größere Ausmaße anzunehmen. Der Widerstand der Franzosen wuchs, es stieg aber auch die Arbeit der Polizei und der Gerichte. Am 16. September erklärte Hitler alle von den deutschen Militärbehörden festgenommenen Franzosen als Geiseln, die damit jederzeit ohne Urteil erschossen werden konnten. Die Hinrichtungen steigerten sich: Am 7. September drei Hinrichtungen (Geiseln), am 16. September 10 Hinrichtungen (Geiseln), am 20. September 12 Hinrichtungen (Geiseln), am 13. Oktober eine Hinrichtung, am 17. Oktober eine Hinrichtung (Vater von fünf Kindern), am 21. Oktober 50 Hinrichtungen (Geiseln), am 14. Dezember 82 Hinrichtungen (Geiseln). Im Winter 1941/42 etwa 500 Hinrichtungen.

Drei Jahre später – 1944 – war die Arbeit an den Todgeweihten so umfangreich geworden, daß sich Franz Stock in vielen Fällen lediglich mit deren Vorbereitung auf die Hinrichtung begnügen mußte, ohne alle zur Richtstätte begleiten zu können. Der bekannte Domprediger von Notre-Dame, Jesuitenpater Riquet, sagt von dieser Zeit: »Wenn Franz Stock in unsere Zellen kam, dann kam er nicht als Deutscher oder Franzose, sondern als Priester. Sein Widerstand war nicht militärischer Natur, er widerstand einem System, das die Würde des Menschen zerstörte. Franz Stock war von der tiefsten Überzeugung durchdrungen, daß alle Menschen als Kinder des gleichen Gottes Brüder sind.« Und Abbé Pihan, ehemaliger Häftling von Fresnes, kleidete seine Erinnerungen in die Worte: »Stock war zuerst Bürger des universellen Reiches der

Seelen. Er hat bewiesen, daß es keinen Abgrund gibt, den nicht christliche Liebe ausfüllen könnte.« Einen echten Deutschen im guten Sinn des Wortes nennt Edmont Michelet, ehemaliger französischer Armee- und Justizminister, der ebenfalls in Haft war, Franz Stock: »Er verstand es, seine priesterlichen Aufgaben und die menschlichen Aufgaben miteinander zu verbinden.« Niedergeschlagen, zutiefst aufgewühlt und erschüttert ging Franz Stock immer wieder den Weg zur Hinrichtungsstätte auf dem Mont Valerien. Auf diesem Berg, einem der ehemaligen am Stadtrand von Paris liegenden Forts, sind bis 1944 wenigstens so viele Hinrichtungen vollstreckt worden wie an allen anderen Hinrichtungsstätten in der Umgebung von Paris zusammen. Der Mont Valerien, eine 163 Meter hohe Erhebung an der Seineschleife, war in früheren Zeiten auch einmal Wallfahrtsort.

Fast drei Viertel des von Franz Stock geführten Tagebuches beziehen sich auf Erschießungen, denen er beiwohnte: »Als ich ihm den letzten Segen gab, sagte er nur, nachdem er mich umarmt hatte: ›Stellen Sie sich hinter die Soldaten, damit ich Sie sehe.‹ – Umarmte mich und starb betend im Gedenken an seine Frau und die Kinder – Hatte Totenzettel von seinem verstorbenen Sohn (20 Jahre) bei sich . . . All meine Versuche, ihn zu den Sakramenten zu bewegen, schlugen fehl . . . Glaubte an keinen Gott . . . Bat mich aber doch, ihn zu begleiten. Ich betete öfter zu seinem toten Sohn, daß er uns helfe. Auf dem Wege zum Pfahl bat ich ihn noch einmal, an seine Seele zu denken, vergebens. Angebunden, Augen nicht verbunden, rief er nach mir, fragte: ›Haben Sie ein Kruzifix?‹ Ich sagte, wollen wir beten, betete ein Reuegebet, das er reumütig mitbetete, die Hände gefaltet, gab ihm die Generalabsolution. Dann bat er noch einmal um das Bild seines Sohnes, das er küßte . . . «

In einer kleinen Kapelle, hundert Meter von der Hinrichtungsstätte entfernt, warteten die Todeskandidaten, bis sie an die Reihe kamen. Franz Stock spendete auch hier die Sakramente, nahm Fotos und Ringe entgegen. Grüße an die Bräute, Frauen, Eltern, Kinder. Während die Schüsse aus der tiefer gelegenen Kasematte herüberhallten, ritzten die Todgeweihten mit gefesselten Händen ihre Namen und letzte Grüße in den Kalk der Wände: Ich umarme euch alle! – Es lebe Frankreich! – Grüßt die Kinder! Dann gingen sie der feuerspeienden Wand entgegen.

Als einziges Überbleibsel aus früheren Zeiten stand in der Kapelle eine kleine Madonnenstatue. Vor diesem schlichten Bild haben die meisten Todeskandidaten gebetet, bevor sie ihre Schritte zur Hinrichtungsstätte lenkten. Die Mehrzahl der Verurteilten kam aus dem Gefängnis Fresnes, dem »Vorzimmer des Todes«, wie es von den Häftlingen genannt wurde. Tiefe Erschütterung zeichnet die Gesichter der Besucher des Mont Valerien, auf dem mehr als 4000 Widerstandskämpfer ihr Leben lassen mußten. Ein Fleckchen Erde, von einer mächtigen Steinplatte bedeckt, ist vom Blut der Erschossenen durchtränkt. Wo Vögel in den Büschen singen, hallten damals jeden Tag die Schüsse der Hinrichtungskommandos. In dieser Zeit schrieb Franz Stock an einen Freund: »Ich meine oft, ich könnte nicht mehr. Was ich hier erlebe, ist so furchtbar, daß ich nächtelang schlaflos liege.« Für den Dienst an den Todeskandidaten opferte Franz Stock Tage und Nächte und schließlich auch seine Gesundheit. »Auf dem Mont Valerien gab es mehr als einen Schächer zur Rechten des Herrn am Kreuz, der im letzten Augenblick seines Lebens zu Gott zurückfand«, schrieb Franz Stocks Jugendfreund Pater Anton Albert. Aber Franz Stock trug die letzten Augenblicke der Todgeweihten für sich. Er litt sehr darunter und wurde von Jahr zu Jahr einsamer. Nach dem priesterlichen Dienst an den Lebenden wie Sterbenden kam für ihn noch der Dienst an den Toten.

In Paris suchte Franz Stock nach Kräften allen, die ihn aufsuchten, Trost und materielle Hilfe zu geben. Auch bei diesem Dienst machte er keinen Unterschied zwischen Nationen und Konfessionen. So kaufte er einmal für eine jüdische Familie auf dem Pariser Flohmarkt Schuhe und Kleidungsstücke. Sein Haus in der Rue Lhomond 21 war inmitten einer Welt voller Haß und Feindschaft eine Insel des Friedens.

Bei der Besetzung von Paris durch die Alliierten wurde Franz Stock selbst Gefangener. Im März 1945 trug man ihm auf, Regens eines Seminars für kriegsgefangene deutsche Theologen zu werden, das zunächst in Orléans eingerichtet und dann zum Depot 501 in Le Coudray bei Chartres verlegt wurde. Freudig nahm Franz Stock an. Er dozierte Liturgie, Kirchengeschichte und gab französische Sprachkurse. Dieses einzigartige Seminar hinter Stacheldraht sollte er nun aufbauen und leiten. Schwierigkeiten gab es mehr als genug: Brotnot, Raumnot, Kohlennot, Büchernot. Doch auf Hilfe mußte er nicht lange warten. Aus der Heimat wie aus Frankreich, wo die Bevölkerung selbst Not litt, trafen Pakete mit Lebensmitteln und Büchern im Lager ein. Die durchschnittliche Anzahl der Lagerbewohner bewegte sich zwischen 400 und 500. Zeitweise waren Theologen fast aller deutschen Diözesen und 25 verschiedene Ordensfamilien vertreten. Der Tagesablauf in diesem Barackenseminar war dem eines jeden anderen Seminars nachgeformt. Sie hatten das Glück, in dem französischen Lagerkommandanten Oberst Gourut einen Menschen zu haben, der sich für andere, auch für die ehemaligen Feinde, selbstlos einsetzte. Unter den Besuchern waren die französischen Bischöfe von Straßburg und Chartres sowie Kardinal Suhard aus Paris. Aus der Heimat kamen Bischof Kaller von Ermland und Bischof Stohr aus Mainz.

Oft war auch Nuntius Roncalli, der spätere Papst Johannes XXIII., zu Gast. Er umarmte Franz Stock, den nun selbst Gefangenen, denn er wußte, daß dieser Priester in den Gefängnissen Übermenschliches ertragen hatte. Von den 900 Studenten, die durch das Seminar gingen, weihte Nuntius Roncalli zwei zu Priestern, einen dritten weihte der Kardinal von Paris. Der Nuntius aß mit den beiden Theologen, die er geweiht hatte, an einem Tisch. Als Tafelgeschirr dienten Teller und Tassen aus Aluminium, was für die Armut im Lager bezeichnend war. Schon bei einem früheren Besuch hatte der hohe Gast geäußert: »Das Seminar von Chartres gereicht sowohl Deutschland wie Frankreich zur Ehre. Es ist sehr wohl geeignet, zum Zeichen der Verständigung und Versöhnung zu werden.«

Im Lager hatte Franz Stock seine eigene Baracke. Von hier leitete er das Seminar mit seinen vielfältigen Bedürfnissen und Nöten leiblicher und seelischer Art. Hier fand er oft zu seiner Lieblingsbeschäftigung, dem Malen. Eines seiner letzten Bilder stellt das dornengekrönte Haupt Christi dar. Das Antlitz spiegelt das Leid und die Zerrissenheit seiner Seele erschütternd wider. Religiöses Zentrum des Lagers war die geräumige Kapelle. Franz Stock malte die Altarwand mit Fresken aus: unter dem Kreuz die Gottesmutter und den heiligen Johannes, flankiert vom heiligen Michael und dem heiligen Bonifatius.

Als das Priesterseminar Ende 1947 aufgelöst und die jungen Theologen entlassen waren, widmete sich Franz Stock der Seelsorge an deutschen Zivilarbeitern in Frankreich. Ausgeschöpft von dem Erlebten war er vom Tod gezeichnet. Im Februar 1948 starb er, der so manchem Menschen im letzten Kampf als Zeuge der Hoffnung und brüderlicher Helfer zur Seite stand, allein und ohne den Beistand eines glaubenden Freundes in einem Pariser Hospital an einem Lungenödem. Er starb als Gefangener und wurde als Gefangener in einem Massengrab beigesetzt. Obwohl Tod und Zeitpunkt des Begräbnisses nicht offiziell bekanntgegeben werden durften, vollzog Nuntius Roncalli selbst die Einsegnung des Toten. Nur etwa ein Dutzend Menschen gaben ihm das letzte Geleit. Erst zwei Jahre später konnte das schlichte Holzkreuz, das bis dahin die Ruhestätte Franz Stocks anzeigte, durch einen Grabstein ersetzt werden. Er wurde von ehemaligen Widerstandskämpfern und von Angehörigen jener Toten gestiftet, denen Franz Stock seine Hilfe geliehen hatte. Gleichzeitig bettete man die sterblichen Überreste in ein Einzelgrab um. Bei der Einweihung der neuen Grabstätte nannte der Erzbischof von Paris, Msgr. Feltin, Franz Stock einen »Sämann des Friedens«.

Die Freunde des »Priesters zwischen den Fronten« vergaßen ihn nicht. 1961 wurde in Rechêvres, einem neuen Stadtteil von Chartres, die Kirche St. Jean Baptiste geweiht. Sie hat den gleichen Patron wie die Heimatkirche von Franz Stock in Neheim-Hüsten. An der Weihe nahmen auch 65 ehemalige Seminaristen des Seminars hinter Stacheldraht teil. Ihnen schlugen die französischen Freunde vor, Franz Stock in diese neue Kirche umzubetten.

Die Rückkehr Franz Stocks nach Chartres wurde zu einem ergreifenden Beten um den Frieden am Sarg des Priesters, der so hart um den Frieden und die Versöhnung gearbeitet, dafür gelitten und schließlich sein Leben verzehrt hatte. Unter denen, die die ganze Nacht hindurch am Sarg von

Franz Stock verbrachten, war die Witwe eines von der deutschen Militärbehörde erschossenen Franzosen. »Abbé Stock ist damals vor der Hinrichtung meines Mannes die letzte Nacht mit ihm in der Gefängniszelle verblieben. Diese Nachtwache in Rechêvres, die ich auf mich nehme, soll nun mein Dank dafür sein«, hatte sie dem Pfarrer von St. Jean Baptiste geschrieben.
Seit der Umbettung heißt der Platz vor der Kirche »Place Abbé Stock«. An diesem schönen Sommertag, an dem sich Franzosen und Deutsche vor dem mit einer Stola bedeckten Sarg zu einer unvergeßlichen Friedensmesse versammelten, wurde deutlich, wie recht Nuntius Roncalli – er starb 2 Tage vor der Umbettung von Franz Stock – gehabt hatte, als er von ihm sagte: »Franz Stock, das ist nicht nur ein Name, das ist ein Programm!«
In der Marienkapelle am Eingang zum Gotteshaus fand Franz Stock seine endgültige Ruhestätte. Seit der denkwürdigen Feierstunde in Chartres sind ständiger Blumenschmuck und nicht abreißende Besucherströme sichtbare Zeichen der Verehrung und Liebe für jenen Priester, von dem die französische Zeitung »Echo« prophezeite: Es wird der Tag kommen, wo man zu ihm wie zu einem Vorbild und zu einem Heiligen beten wird.

Seit über zwanzig Jahren ist René Perruchon bei der französischen Polizei in Chartres. In seiner Brieftasche trägt er stets ein Foto von Abbé Franz Stock. Auf der Rückseite des Fotos liest man in der Sprache von René Perruchon und in der Sprache von Franz Stock: Zur Erinnerung an Franz Stock, Priester Christi, Gefährte des heiligen Franz, geboren in Deutschland, lebte und starb in Frankreich, wo er Deutschen und Franzosen, Christen, Juden und Ungläubigen beistand, ein Engel des Friedens, ein Zeuge göttlicher Liebe in einer Welt voll Haß.
In einem Vortrag auf dem Berliner Katholikentag 1980 zeichnete Bischof Dr. Paul Josef Cordes (früher Paderborn, jetzt Rom) ein Lebensbild von Franz Stock, in dem es heißt: »Er durchbrach die Gefängnismauer, hinter die Krieg und Inhaftierung ihre Opfer gezwungen hatten. Er vertrieb durch das Geschenk seiner brüderlichen Nähe die Todesangst aus dem Leben von vielen. Er beglich mit seinem Einsatz einen Teil der Schuld, in der wir Deutsche vor unseren französischen Nachbarn stehen; denn er sah im ›Erbfeind‹ den Bruder.«
In der Diskussion um Holocaust, Widerstand und Versagen der Christen im Dritten Reich, gewinnen Gestalt und Wirken von Abbé Franz Stock einen ganz neuen Aspekt. So schreibt der Franzose Joseph Folliet: »Allein durch sein Dasein hat Franz Stock die Größe der menschlichen Existenz in einem Augenblick bestätigt, wo Millionen von Menschen durch ihre Dummheit, Brutalität und Grausamkeit sich unter das Tier herab erniedrigten . . . Franz Stock ist ein Zeuge der Liebe gewesen, sagen wir es noch deutlicher und besser: ein Märtyrer der Liebe in dem

strengen Sinn dieses Wortes, das ›Zeuge‹ bedeutet und die Annahme des Todes mit einschließt . . . Für mich ist Franz Stock nicht nur ein Vorbild der Menschlichkeit, sondern ein Typ der Heiligkeit, jener neuen Heiligkeit, welche die Welt heute braucht auf dem Weg zu ihrer Einheit mitten durch Katastrophen, Blut und Tränen.«

Wolfgang Strauss

Lech Walesa

Polens christlicher Arbeiterführer

Wenige Stunden vor seiner Verhaftung am 13. Dezember 1981 – Polens »schwarzem Sonntag« – gab Lech Walesa finnischen Zeitungsreportern ein Interview. Seine Worte hatten prophetische Bedeutung: »Wir haben noch nicht gewonnen.« In einem bewaffneten Aufstand würden Menschen sterben, denn »auch eine gewaltlose Revolution kostet ihren Preis«.

In den Tagen danach bewahrheitete sich die Prophetie jenes Mannes, der, als Namenloser aus dem Magma einer gewaltlosen Revolution emporgehoben, in seinem Leben niemals Rache gefordert und niemals Blutvergießen befürwortet hatte. Für den Versuch einer Selbstbefreiung zahlten Walesas Landsleute einen hohen Preis an Leid und Enttäuschung. In den Stunden eigener Verbitterung (»fast unsere gesamte Führung ist verhaftet, ich sehe nur Bäume und Panzer«, hieß es in einem aus der Zelle geschmuggelten Brief) predigte der Verhaftete immer noch seine »gewaltlose Revolution«: Frieden statt Bürgerkrieg, Reformen statt Diktat, Dialog statt Barrikaden, Vernunft statt Galgen, Brüderlichkeit statt Bruderhaß. Polen töten nicht Polen, egal, ob sie die Uniform der Soldaten oder den Overall der Werftarbeiter tragen.

Als Walesa – von Selbstvorwürfen gequält – vom Blutbad in der Kattowitzer Kohlenzeche »Wujek« erfuhr, erlitt er einen Herzanfall. Polen hatten Polen umgebracht. Bergleute und Arbeiterfrauen, in den Händen Kruzifixe und Ketten, waren im Feuer ihrer bewaffneten Landsleute gefallen. Mit den Toten von »Wujek« schien sein Versöhnungstraum gestorben zu sein. Aber sind Leiden und Rebellieren, Rebellieren und Leiden nicht ein Merkmal polnischer Art, Mensch zu sein? »Es bestimmt beinahe die Rangordnung, wie tief Menschen leiden können«, sagt Nietzsche. Dennoch kapitulierte der Kranke, Gebrochene nicht. Sein christlicher und patriotischer Glaube verlieh ihm die Kraft, allen Erpressungen, Versuchungen, Verlockungen zu widerstehen. Priester, die ihn besuchen durften, nahmen eine Bitte mit, in der er die polnische Kirche um Hilfe für seine Arbeiterbrüder anflehte.

Der Gefangene Walesa weigerte sich konsequent, den Forderungen nach einer Ergebenheitserklärung nachzukommen. Es gab vom Verschwundenen, von dem es abwechselnd hieß, er lebe als Internierter in einer Kaserne, er stehe in einer Luxusvilla unter Hausarrest, er erhalte Besuch von Frau und Kindern – es gab seit dem »schwarzen Sonntag« keinen Kapitulationsbrief. Isolation und Gehirnwäsche hatten bei diesem Arbeiter, der nach 1980 einen größeren Popularitätsgrad besaß als irgendein anderer Pole – mit Ausnahme von Johannes Paul II. –, nichts genutzt. Ein Mann aus Eisen? Ein Mann mit ethisch motiviertem Verhalten.

Walesa sei »ein sehr stolzer Mann«, erklärte der Primas von Polen dem amerikanischen Senator Pressler. Erbost über die unnachgiebige Haltung des Arbeiterführers, den der Kirchenführer drängte, irgendeine Form von Kompromiß zwischen Gewerkschaft und Militärregierung zu schließen, berichtete Erzbischof Glemp, Walesa wolle die Militärs erst »auf den Knien sehen«, bevor er etwas unternehme.

Während andere Verhaftete – dem Sadismus der Kapos ausgeliefert – hungerten und froren, blieb der verwegene Arbeiterführer von physischen Torturen verschont. Die Militärs wagten nicht, direkt Hand an ihn zu legen. Weltberühmtheit bildete den dünnen Schutzpanzer für einen Einsamen, dessen Größe und Tragik in der Isolation noch deutlicher offenbar wurden. Den Gefangenen Nummer eins, der die Hochachtung der ganzen nichtkommunistischen Welt wie auch die persönliche Freundschaft des Papstes genoß, wagten die Schergen Moskaus nicht zu beseitigen. Aber sie demütigten ihn, verletzten seine Integrität, indem sie Flugblätter mit seiner Unterschrift herausgaben, Aufrufe zum Streik; Walesas Unterschrift war gefälscht.

Am 16. Februar durfte den Isolierten ein Freund und Berater vom August 1980 besuchen, Pfarrer Henryk Jankowski, derselbe, der auf der Leninwerft in Danzig bei den Streikenden ausgeharrt hatte, das Meßopfer feiernd, Beichtvater, Mitstreiter und Bruder in einem. »Er ist voll von Enthusiasmus und Kraft und immer noch der alte Walesa, den wir am Werktor sahen«, erzählte der Geistliche nach dem Treffen.

»Wenn ich heute verliere, weil man mich aufhängt, heißt das noch lange nicht, daß ich tatsächlich verloren habe. Ich habe als physischer Mensch verloren. Aber unsere Ideen werden die Zeit überdauern und siegen«, hatte Walesa einige Tage vor seiner Festsetzung gegenüber amerikanischen Journalisten gesagt. Gleich nach dem Danziger Wunder wurde der Arbeiterführer gefragt, warum er Erfolg habe. Er hatte damals geantwortet: »Ganz einfach: weil ich die Wahrheit sage. Ich habe keine Stärke als die des Herzens und meines Glaubens.« Er fühlte, handelte und argumentierte weder als Marxist noch als Anhänger einer westlichen Ideologie. Kein Wunder, daß sich dieser Pole auf den Russen Solschenizyn berief, auf einen Propheten personaler und nationaler Renaissance auf dem Fundament der Bergpredigt. Lech Walesa, der seit dem August 1980 mehr getan hat, um ein totalitäres System zu erschüttern, als alle Politiker und Philosophen der westlichen Welt zusammen, bezeugt dasselbe wie Alexander Solschenizyn: daß ein einziger Mensch ein ganzes System verunsichern kann. Allerdings muß er dazu Eigenschaften vorzeigen, die in früheren Epochen meist voneinander getrennt waren: hohe ethische Qualität, lautere Gesinnung, Überzeugungskraft, aber auch die Qualität zum Volkstribun.

Seine Landsleute bezeugen es. »Walesa hat Charisma, er ist unsere Fahne, unser Symbol der Demokratie«, urteilte im Sommer 1981 der Soziologe Stepan Trzcinski, Teilnehmer am Warschauer Aufstand 1944 und nach dem Danziger August Mitarbeiter in der Informationsabteilung von »Solidarność«. »Wenn er redet, dann kommen nicht nur die Werktätigen, dann kommen auch die Hausfrauen und Rentner. Ihm allein gelingt es, die konträren Schichten der Gesellschaft anzusprechen. Wir dürfen und wir können auf ihn nicht verzichten.«

Lech Walesa wurde zuerst als Streikführer bekannt, doch in die Geschichte ging er als christlicher und patriotischer Arbeiterführer ein, als der erste katholische Arbeitertribun im Osten nach Lenins Oktoberputsch 1917. Der Pole Lech Walesa, Sohn eines erniedrigten Volkes, geboren am 29. September 1943 als drittes Kind einer armen Bauernfamilie im Dorf Popowo in der Bromberger Region, Vater von sieben Kindern, Verteidiger einer betrogenen Arbeiterschaft – so sieht ihn die Welt, die ihn bewundert.

Bei den Streiks im Jahr 1976 wurde er als »Unruhestifter« gebrandmarkt, selektiert und gefeuert. Arbeiter erzwangen seine Wiedereinstellung. Kurz vor Ausbruch des Danziger Streiks 1980 saß er wieder im Gefängnis – bis zum 14. August. Kaum in Freiheit, organisierte er den gewaltlosen Aufstand, der mit seinem Namen für immer verbunden bleibt. Zum ersten Mal tauchte der Name Lech Walesa in den Schlagzeilen der internationalen Presse auf. In der Zwischenzeit lebte seine Familie von der Hilfe der Kollegen: Überleben auf polnisch.

1978 stand sein Name im Gründungsmanifest eines »Freien Gewerkschaftskomitees«. Illegal. Der Nichtintellektuelle nahm Verbindung zur KOR auf, dankbar für Rat, den ihm die Intellektuellen der »Selbstverteidigungskomitees« gaben. Doch ein Befehlsempfänger der Akademiker-Dissidenten war Lech Walesa nie. Wenn er in entsagungsreicher Zeit zu den Arbeitern sprach, beschützten ihn Tausende; die Polizei kam nicht durch, und die Miliz wagte nicht zu schießen. In diesen Jahren der Entbehrung, Illegalität, Selbstschulung in der Gierek-Ära legte Lech Walesa das Fundament für eine nationale und christliche Arbeiterbewegung in Polen.

Durch das Leben selbst sei er in praktischer Massenpsychologie ausgebildet worden, bekannte er im April 1981. »Ich habe 21 Jahre ›unten‹ gearbeitet. Das Leben hat mich geschult und die Not. Mir helfen mein

Glaube und mein fixes Ziel. Manchmal muß man, um den Kampf zu gewinnen, einen Schritt zurückgehen, sich noch einmal einbunkern und die Kräfte zusammenziehen. Wir brauchen Mut, gepaart mit Vernunft. Mut allein kann die Vernunft nicht ersetzen.«

Glaube, Mut und Vernunft – die Reihenfolge ist wichtig. Das ist väterliches Erbe. Der arme Bauer von Popowo, der nebenbei noch Tischler, Mechaniker, Schmied, Maurer war, zog 1939 den Rock der Pilsudski-Armee an. Nach der militärischen Niederlage setzte Vater Walesa den Kampf gegen die Okkupanten auf eigene Faust fort, stieß zur bewaffneten Massenorganisation des nationalpolnischen Widerstandes, wurde Soldat der Heimatarmee, der »Armija Krajowa«. Kurz nach der Geburt des dritten Sohnes Leszek, genannt Lech, fiel Vater Walesa in die Hände der SS. Man schleppte ihn in ein Konzentrationslager, wo er physisch und psychisch zerbrochen wurde. Lech war gerade zwei Jahre alt geworden, als der Heimgekehrte an den Folgen der KZ-Haft starb.

Dem kleinen Leszek Walesa aus Danzig habe Gott die Chance gegeben, »ein wenig zum Wohl seiner Landsleute beizutragen«, sagte er im Februar 1981. Gegenüber der deutschen Schriftstellerin Jule Gatter-Klenk bekannte der Bescheidene, daß er seine Person für die polnische Erneuerungsbewegung keineswegs so hoch einschätze wie dies andere tun würden. »Ich habe oft gesagt – und das ist ein Wort aus der Bibel: Lech Walesa ist nur ein elender Wurm dieser Erde, bedeutungslos, wenn es um das Schicksal unserer polnischen Nation geht.«

Danuta Walesa, eine Frau aus dem Volk, hat es noch schlichter zum Ausdruck gebracht. Das Geheimnis des Aufstiegs ihres Mannes? Der ganz persönliche Grund für das »Wunder von Danzig«? Die Ehefrau und Mutter von sechs Kindern antwortete darauf im Oktober 1981, nachdem Lech mit nur 55 Prozent der Delegiertenstimmen beim Danziger Gewerkschaftskongreß als Führer der freien Arbeiterbewegung bestätigt worden war. Es gebe nur zwei Gründe, zwei Kraftquellen: Familie und Religion. »Er lebt aus der Kraft seiner Familie, obwohl er sich mir und den Kindern nur selten widmen kann.«

Lech Walesa hatte mehr als einmal westlichen wie östlichen Fragestellern erklärt: »Der Kommunismus interessiert mich nicht.« Mit Recht warf die Moskauer »Prawda« der »Solidarność« vor, in ihrem Danziger Programm vom Oktober 1981 kämen die geheiligten Begriffe »Kommunismus«, »Sowjetsystem«, »Marxismus-Leninismus« nicht ein einziges Mal vor. Das war kein Flüchtigkeitsfehler, aber auch keine Provokation. Das war Überzeugung.

Dennoch ist Walesa kein Antikommunist im herkömmlichen Sinn. Eher bringt er dem Marxismus Gleichgültigkeit entgegen, er hält ihn für ein Stück Vergangenheit, eine Wahrheit von vorgestern, geistig erloschen, moralisch versteinert, ohne Macht über die Seelen der Menschen. Das Menschenbild Lech Walesas ist ein polnisches und christliches. »Wir denken an unser Vaterland«, rief er den siegreichen Arbeitern am 1. September 1980 zu. »Wir lösen die Probleme unserer Nation, sie hat Vorrang vor allen Klasseninteressen.« So spricht kein Marxist. »Wir kämpfen für unser Land, die ›Solidarität‹ arbeitet für das Wohl Polens. Zuerst sind wir immer Patrioten, dann Gewerkschafter.« So spricht kein Internationalist. »Es geht uns nicht ums Geld, es geht ums Herz«, predigte er. »Wichtiger als Besitz ist das brüderliche Teilen mit anderen. Wir wollen die Probleme Polens nicht gegeneinander, sondern miteinander lösen, wie sich das unter Landsleuten gehört.«

Der Polnische August war zugleich eine »Bewußtseinsrevolution«. Die Doppelherrschaft, vor der die Orthodoxen des kommunistischen Establishment unentwegt warnten, offenbarte sich zuallererst als Doppelherrschaft im geistigen Sinn. Aus den Trümmern einer materialistisch-atheistischen Ideologie erhob sich die Idee des »ewigen« Polentums, personifiziert in Lech Walesa: Nation, Vaterland, Religion. Daraus strömt ein fast wahnwitziges Vertrauen in die eigene Kraft.

Walesas Charakter wird von seinen seelischen und intellektuellen Gaben bestimmt. Ein Frommer, aber kein Frömmler; ein Wissender, aber kein Intellektueller; ein Gläubiger, aber kein Dogmatiker; ein Kämpfer, aber kein Fanatiker. Ein Patriot, erfüllt von der Vorstellung aller polnischen Patrioten, daß die eigene Nation anders sei als die ganze übrige Menschheit. Das Bewußtsein, eigenständig zu sein, in kultureller und religiöser Hinsicht, umgeben von »fremden« Orthodoxen (Russen) und »fremden« Protestanten (Preußen), wollten die polnischen Patrioten niemals verlieren. Und der Nicht-, ja Antiintellektuelle Walesa stand intuitiv im Bunde mit dem historisch gewachsenen Weltbild des Polentums. Die Lauterkeit seines Charakters und sein ungebrochenes Gottvertrauen verhinderten das Umschlagen des Nationalstolzes in puren Chauvinismus, gar in Größenwahn oder Messianismus. Von Lech Walesa ist kein einziges verletzendes Wort gegen Deutsche und Russen bekannt.

Ein Element in der Tragik dieses polnischen Patrioten offenbart sich in den überzogenen Hoffnungen auf den Westen und die römisch-katholische Kirche. Amerikas Präsident Reagan erklärte als erster, daß der Westen nicht zu Hilfe kommen würde, falls die freiheitshungrigen Polen auf die Barrikaden gingen. Keiner will die Aufteilungsordnung von Jalta verletzen oder auch nur revidieren, jene »Ordnung«, die das polnische Volk zu einer Protektoratsbevölkerung des imperialistischen Rußland erniedrigte. Zwar betonte der Vatikan nach dem 13. Dezember, daß an einem friedlichen Dialog auch die Gewerkschaft und ihr »Präsident« Lech Walesa beteiligt werden sollten, doch Jaruzelski, der brutale Tyrann, wurde weder exkommuniziert noch von demokratischen Regierungen geächtet. Der eingesperrte »Solidarność«-Führer fand nur Sympathie, keine praktische Solidarität.

Ein anderes Element seiner Tragik bestand in den zermürbenden Auseinandersetzungen mit den Ungeduldigen in der Freiheitsbewegung. Die immer knapper werdenden Mehrheiten bei der Wiederwahl zum Gewerkschaftsvorsitzenden – im September/Oktober 1981 auf dem Danziger Kongreß – signalisierten den Vormarsch der Heißsporne. Walesa erkannte frühzeitig die Gefahr aus den eigenen Reihen, er befürchtete eine Explosion jener Basis von Barrikadenagitatoren, die keinen anderen Ausweg mehr sahen als den Kampf oder den Tod. Alles oder Nichts, lautete die Losung jener, die das große Aufräumen wollten, die Machtübernahme im Staat.

Walesa entwickelte als Alternative die Strategie des schrittweisen Vormarsches durch Reformen. Der skeptische Realist setzte auf Evolution statt Revolution, um bis zuletzt, im Banne seiner Vision, die große Wandlung ohne gegenseitige Gewalt durchstehen zu können. So gelang es ihm mehrmals, die Ausrufung eines Generalstreiks zu verhindern und ein »Alle Räder stehen still« in »Warnstreiks« umzuwandeln.

Nicht, daß er sich vor der alles entscheidenden, unausweichlichen, historisch unabwendbaren Kraftprobe mit der abgelebten, aber immer noch waffenstarrenden Staatsmacht gefürchtet hätte. Den Zeitpunkt dafür wollte er jedoch setzen; den Zusammenprall selbst bestimmen, nicht aufzwingen lassen, darin bestand die Kunst seiner Führung in den heißen Debatten der Gewerkschaftsleitung, wo man ihm »Kompromißlertum« vorwarf. Walesa arbeitete auf Zeit, die ihm, wie der 13. Dezember demonstrierte, nicht gegeben war. Am Radikalismus, am aggressiven Denken der Basis und an der Angst der noch Herrschenden scheiterte Walesas evolutionärer Kurs.

Bei der Einweihung des Danziger Arbeiterdenkmals am 16. Dezember 1980 hatte er die Konfliktlösung ohne Polizeiknüppel und Maschinengewehre beschworen: »Dieses Mahnmal soll uns immer daran erinnern, wie Polen nicht mit Polen umgehen dürfen . . . Das Denkmal soll uns alle an die Würde des Menschen erinnern, an unser Recht auf Ordnung und Gerechtigkeit . . . Darum fordere ich euch hier an diesem Ort im Namen von Vaterlandsliebe, Gerechtigkeit und Frieden auf: Ihr Polen, alle, die ihr hier anwesend seid, und alle, die guten Willens sind: denkt an eure Verantwortung für das Schicksal unseres Vaterlandes! . . . Vergeßt nicht, daß dies unser Haus ist, und daß dieses Haus Polen heißt, in dem immer mehr Menschen in Gerechtigkeit, Freiheit, Frieden, Liebe und Solidarität wohnen sollen!«

Der Hintergrund dieses Dramas reicht weit in die Geschichte polnisch-russischer Beziehungen zurück. Verfolgung der Völker, Verfolgung der Religionen, unter diesem Gesetz des Moskauer Absolutismus stand seit Ende des 18. Jahrhunderts das Leben der Polen. Toleranz ist der russischen Staatsdoktrin vom Ursprung an fremd. Das trifft auf das zaristische Selbstherrschertum ebenso zu wie auf den technokratischen Totalitarismus der Bolschewiki. Ächtung, Verbrennung der Raskolniki und Starowerzij (Altgläubige) in der Ära Peters des Großen, Unterdrückung des litauischen Katholikentums, Säkularisierung des armenischen Kirchenvermögens und Deportierung der lutherischen Pastoren im Baltikum beweisen, daß eine echte Religionsfreiheit auch im vorbolschewistischen Rußland nicht existiert hat.

Nach 1944, im Stalinismus, gerieten Laien und Priester der griechisch-katholischen Kirche der Westukraine in die Todesmühlen staatlicher Verfolgung. Als östlicher Vorposten des Abendlandes verstehen sich seit jeher die katholischen Volkskirchen der Litauer, Polen, Galizier. Das Dritte Rom, in Gegnerschaft zur römischen Kirche, beanspruchte für sich die Führungsrolle der europäischen Christenheit; Reinheit der Christenlehre konnte nur die Moskauer Orthodoxie verheißen. Als Pfahl im Fleisch slawischer Rechtgläubigkeit wurden die katholischen Gläubigen Kroatiens und der Slowakei empfunden. Dem polnischen Katholizismus wurde das tragischste Schicksal zuteil, nicht zuletzt deshalb, weil hier Glaube und Nationalbewußtsein so eng verschmolzen waren. Auf russische Verfolgung haben die Polen mit dem Zorn der Gequälten reagiert. »Mit den Deutschen laufen wir Gefahr, unsere Freiheit zu verlieren, mit den Russen verlieren wir unsere Seele«, klagte Marschall Rydz-Smygly am Vorabend des Zweiten Weltkrieges.

Als Polen geteilt wurde, fügten Rußlands Herrscher zum Schaden noch den Hohn hinzu. »Schon 1772 hätte man dieser Nation ein volles Ende bereiten sollen, denn sie wird niemals etwas Rechtes sein«, sagte Fürst Potjomkin 1779 zum preußischen Gesandten in St. Petersburg, Graf Goertz. Nach dem Volksaufstand unter Thaddäus Kosciuszko 1794 revanchierten sich die Russen mit dem Massaker von Warschau. »Die Polen betrachten sich als die Parias im Russischen Imperium«, berichteten 1849 russische Senatoren. Alle Tapferkeit beim Volksaufstand von 1830/31 war vergeblich, eine russische Besatzungsarmee von 100 000 Mann walzte Polen nieder. Trotzdem standen die Niedergetretenen 1863 wieder auf. Sie unterlagen abermals der russischen Übermacht, und dann regierte in Polen der nackte Terror. Generalgouverneur Graf Michail Murawjow erhielt von den Polen den Beinamen »der Henker«. Adelssitze und Bauerndörfer wurden eingeäschert, Massenhinrichtungen vollzogen. Polnischer Grundbesitz wurde an russische Offiziere und Beamte verteilt, an den Schulen durfte nur noch in russischer Sprache unterrichtet werden. Im Zuge der Entnationalisierung wurde 1869 die Warschauer Universität total russifiziert.

Damals entstand das Trutzlied »Gott mit Polen«. Am 18. August 1980 wurde es von Lech Walesa auf der Leninwerft wachgerufen, nachdem er die Streikenden, Schwankenden, Verzagten mit einer improvisierten Ansprache ermutigt hatte, die seine Menschenkenntnis, seine Genialität als Volksredner und seinen Durchhaltewillen bezeugt: »Es gibt nur eine Hilfe, die ihr leisten könnt: aushalten! Noch ein paar Stunden aushalten.

Und noch etwas: Wir dürfen uns jetzt nicht zersplittern. Wir müssen einig sein. Wir wollen einig sein, einander vergeben, wirklich auf Knien, aber vorwärts. Nur gemeinsam können wir unser Ziel durchsetzen. Es ist uns nur wenig Zeit geblieben . . . Wenn wir anfangen zu streiten, werden wir verlieren. Soviel Mühe, so viele Entsagungen dürfen nicht umsonst gewesen sein. Und noch etwas: Es gibt keine Starken und keine Schwachen. Was ist schon ein Knüppel, die Miliz oder ein Gefängnis? Das alles sagt uns nichts! Also wer ist dann gegen uns? Wir siegen, hört ihr – wir siegen! Wir singen jetzt eine Strophe von ›Gott mit Polen‹. Da wir mit Gott angefangen haben, werden wir weiterhin mit Gott gehen.« – Von Murawjow zu Jaruzelski . . . Polizeiaktionen und Aburteilungskampagne erinnerten geschichtskundige Polen an die antipolnischen Pogrome des zaristischen Rußland 1863, an die Polenverfolgung unter der nationalsozialistischen Okkupation.

Danuta Walesa erwartete in jenen Wochen ihr siebentes Kind. Die Zweiunddreißigjährige mußte von einer Hungerdiät leben, bei Temperaturen unter Null. Als das Kind zur Welt kam, durfte der Vater seine Tochter nicht sehen. Dieses Kind sollte ein Symbol der Freiheit sein; der Wunsch des Vaters war es, das Mädchen auf den Namen Maria oder Viktoria oder Brigida zu taufen. Brigida ist der Name der Heiligen der polnischen Werftarbeiter. Nach dem 13. Dezember verteilten polnische Nonnen an Lastwagenfahrer ausländischer Lebensmittelkonvois Medaillen mit dem Bild der Jungfrau Maria, auf denen »Solidarität« zu lesen war. Und die Nonnen flehten: »Betet für unseren Leszek.«

Der Arbeiter Lech Walesa, der Sohn seines gedemütigten Volkes – gedemütigt diesmal durch Polen selbst! –, er lebte immer aus tausendjähriger Geschichtsmächtigkeit und dem »polnischen Glauben« an Gottes Vorsehung, und er schöpfte daraus seine Hoffnung wider alle Erwartung. »Nicht teilen, sondern vereinigen«, ermahnte er die Frauen und Männer der Leninwerft am 18. August 1980. »Gemeinsam vorwärts, sonst verlieren wir. Zusammen, gemeinsam . . . Wir siegen! Und damit wir ganz sicher siegen, singt jetzt mit mir die Nationalhymne, für unser Vaterland: ›Noch ist Polen nicht verloren, solange wir leben. Was uns die fremde Macht genommen, holen wir mit dem Schwert zurück . . . ‹«

Daß es auch ein Schwert der Moral gibt, der Gesinnung, des Vorbilds, hat Walesa seinem Volk vorgelitten. Jeszcze Polska nie zginela. Nein, noch ist das Polen Lech Walesas nicht verloren. »Der polnische Marsch auf dem dornigen, grausam einsamen Weg kann noch lange dauern, aber es ist nur eine Schlacht verloren«, schrieb im Januar 1982 der Dichter Tadeusz Nowakowski. »Der Kampf geht weiter. Der Ausgang dieser Auseinandersetzung in einem Land, wo Millionen Walesas leben, ist jedoch schon heute vorauszusehen.«

Das politische Konzept einer Militärregierung gewährt freilich nur engsten Freiheitsraum.

Die mit dem Leben bezahlten

Unter dem Titel »Im Angesicht des Todes« wurden posthum die letzten Aufzeichnungen des hingerichteten Jesuitenpaters Alfred Delp herausgegeben. Obwohl diese Überschrift die Grenzsituation des Opfers in ihrer Befreiung von konventionellen Rücksichten und dem Verzicht auf Beifall anzeigt, ja sogar auf eine Unmittelbarkeit zu Gott als der nächsten Begegnung hinweist, greift sie zu kurz; denn im Angesicht des Todes standen und stehen Tausende von Zeitgenossen: nicht nur alle Hingerichteten und vor dem Feind Gefallenen, die Verunglückten und Kranken ohne Überlebenschance, auch die Entführten, ja sogar die Selbstmörder, von denen die Literatur zahlreiche letzte Aufzeichnungen kennt. Die meisten hinterließen als letzte Botschaft Worte der Liebe an ihre nächsten Angehörigen, auch denkerische Testamente oder eine Beschwörung jener Freiheit, für die sie ihr Leben riskiert hatten. Was den vom Terror des Nationalsozialismus getroffenen P. Delp und alle vier in diesem Kapitel dargestellten Opfer betrifft, so waren ihre letzten Tage noch mit einem andern Zusammenbruch belastet, der nicht allein mit der Todesnähe anzusprechen ist. Wenn der Staat verbrecherisch, die Obrigkeit zum Schergen wird, wenn Marionetten in der Robe des Richters stecken oder die Umwelt des KZ sich als eisige Hölle erweist, wenn der Einsatz der Angeklagten für Glauben und Menschenwürde als Verbrechen am Volk ausgegeben und dessen Sühnung prahlerisch auf den Markt der Öffentlichkeit gebracht wird, dann bleibt als letzter echter Kontakt nur noch das Gespräch mit dem wahren Herrn über Leben und Tod. Denn die hier dargestellten geistlichen Menschen gingen ja nicht als metaphysisch blinde Abenteurer in den Kampf, die »das Pech« des Untergangs nun einmal einkalkulieren mußten, sondern folgten mit der Stimme des Gewissens einem unausweichlichen Auftrag. Es war schließlich derselbe Gott, der sie berufen und geopfert hatte. Daß sie nicht in Verbitterung, sondern in völligem Einklang mit Seinem Willen starben, zeigt zusätzlich eine Glaubenskraft und seelische Unerschütterlichkeit an, die ihrem Sterben noch einen Sinn abgewinnen konnte, der über ihr persönliches Schicksal hinauswies. Für sie waren nicht nur die sich brüstenden Henker als Werkzeuge Gottes zugelassen, auch ihr eigener Tod mußte im dunklen Plan der Vorsehung als ein Zeichen gemeint sein, das sie – wenn auch in schwerster Selbstverleugnung – verstehen lernen mußten. Immerhin war, was sie wollten und unter Lebensgefahr verfochten, nun mit ihrem heroischen Tod geadelt.

Wir haben unter diese kämpferischen Opfer auch Edith Stein aufgenommen, die zwar nicht öffentlich als Anklägerin des Systems aufgetreten war und angeblich nur umgebracht wurde, weil sie aus jüdischer Familie stammte. Aber daß sie mit der zum Christentum konvertierten Karmelitin einen potentiellen, auch der Feder mächtigen Gegner ihrer Unrechts-

herrschaft gefaßt hatten, wußten ihre Mörder genau. Auch P. Maximilian Kolbe, der möglicherweise das KZ überlebt hätte, bildet mit seinem stellvertretenden freiwilligen Tod im Hungerbunker eine Ausnahme. Das heldenhafte Lebensopfer dieses polnischen Franziskaners ist wie einst das Blut der Märtyrer als Samen aufgegangen. Sein Volk und alle Welt verehren ihn so offenkundig, daß ihn der Papst auch ohne den Erweis wunderbarer Heilungen am 10. Oktober 1982 in Rom feierlich heiligsprechen konnte. Dietrich Bonhoeffer, neben dem in Plötzensee enthaupteten Max Josef Metzger der kämpferischste, in alle Aktionen seinen Tod einbeziehende Widersacher des Terrors, hat mit seinem Gedankengut ein Vermächtnis hinterlassen, dessen verwegene Kraft noch heute die Wege in die Zukunft weist.

Reinhold Lehmann

Pater Maximilian Kolbe

Heldenhafter Tod im Hungerbunker

Es ist eine seltsame Mischung von Jahrmarkt, Wachsfigurenkabinett und Geisterbahn: Der heilige Joseph sägt unentwegt Holz auf einer Waldwiese. Davor steht in sanftem Licht die Muttergottes. Vögel erscheinen am Himmel. Nachtigallen rufen. Aus dem Tunnel des »Panoramas« schaukeln die historischen Gestalten Polens: Könige, Helden, Heilige . . . Auch Maximilian Kolbe, im Häftlingsanzug, mit Stacheldraht. Vorher sind Flugzeuge erschienen, Bomben explodiert, und alles endet im Glanz der Muttergottes von Tschenstochau, mit Vogelgezwitscher, Tanzgruppen, Kindern.

Wer heute das Kloster Niepokalanow bei Warschau besucht, dem bietet sich dieses »Panorama« polnischer Geschichte, die zugleich Heilsgeschichte ist, unterhalb der dortigen Kirche dar. Für unvorbereitete westliche Besucher eine Flut von Kitsch. Für denjenigen, der Polen zu verstehen sucht, eine kleine Offenbarung im Stile eines rollenden Wachsfigurenkabinetts.

Polen hat im Laufe seiner über tausendjährigen Geschichte schwerste Zeiten durchgestanden. Viermal wurde das Land geteilt. Sechs Millionen Menschen gingen im Zweiten Weltkrieg allein durch die deutsche Okkupation zugrunde, die Opfer der sowjetischen Okkupation und der nachfolgenden Stalinzeit nicht gezählt. Millionen wurden von Stalin und Hitler verschleppt. Nach dem Willen der beiden Diktatoren sollte das Land endgültig ausgelöscht werden. Hitlers Blitzkrieg gegenüber Polen war nicht nur auf Kriegsgewinn ausgerichtet. Das Polentum sollte als Volk und als Nation niemals mehr dem »Drang nach Osten« im Wege stehen.

Wenn im Kloster Niepokalanow vor Tausenden von Besuchern täglich die ersten Sterne am Himmel des »Panoramas« aufgehen, sich später blutrot die Sonne zeigt, die am Ende die Jungfrau von Tschenstochau überstrahlt, dann weiß der einfache Besucher, daß die Madonna wieder gesiegt hat. Wer leidet, der geht zur Muttergottes. Wer gerettet wird, kennt genau den Grund; denn Maria ist die Königin Polens, versinnbildlicht in der Schwarzen Muttergottes vom Hellen Berg zu Tschenstochau. Generalgouverneur Frank (Krakau) notierte schon während seiner Krakauer Zeit während des Zweiten Weltkrieges: »Als in Polen alle Lichter ausgingen, blieben immer noch die Heilige aus Tschenstochau und die Kirche.« Zwei Farben herrschen in dem »Panorama« vor. Sie sind in Polen wohlbekannt: es sind die Nationalfarben Rot und Weiß. Rot ist das Blut, bedeutet in der Kirche Martyrium; Weiß ist die Farbe der Unschuld oder der Reinheit. Die Legende sagt, Maximilian Kolbe sei ein

Engel erschienen, der ihm zwei Kronen in den Farben Rot und Weiß angeboten habe. Kolbe habe sich für beide entschieden . . .
Wer war dieser am 7. Januar 1894 in Zduńska Wola geborene Maximilian Kolbe, der während der Schreckensherrschaft des Dritten Reiches freiwillig für einen anderen Polen in den Hungerbunker des Konzentrationslagers Auschwitz und damit in den sicheren Tod ging, der 1971 von Papst Paul VI. auf gemeinsame Bitten der polnischen und der deutschen Bischöfe seliggesprochen und elf Jahre später, am 10. Oktober 1982, von Papst Johannes Paul II. heiliggesprochen wurde?
Zunächst ein Opfer deutscher Gewaltherrschaft in Polen. Einer von vier Millionen, die in der Tötungsfabrik Auschwitz-Birkenau umkamen, einer von rund sechs Millionen polnischen Staatsbürgern. Einer, dessen Namen wir kennen, obwohl die Asche in alle Winde zerstreut ist, dessen letzte Zelle, die Todeszelle, zu einer Wallfahrtsstätte geworden ist. Ein Mann, nach dem in aller Welt Brücken und Schulen und Kirchen benannt werden, in dessen Namen in der Bundesrepublik Deutschland (Maximilian-Kolbe-Werk) sich eine Einrichtung bemüht, den überlebenden KZ-Opfern und ihren Angehörigen zu helfen.
Kolbe hat einmal gesagt, er wolle zu Staub zerrieben werden, damit nichts mehr von ihm übrigbleibe, zu Ehren der Jungfrau Maria, der Muttergottes, der reinen und unbefleckten. Kolbe starb mit den Worten »Maria« auf den Lippen, und seine beste Biographin, die polnische Ursuline Kinga Strzelecka, versucht zu erklären, warum für ihn Maria immer im Mittelpunkt stand. Sie schreibt in einer im Herbst 1981 im Verlag Herder in Freiburg erschienenen Biographie: »Seine Mutter hatte ihn früh gelehrt, daß Maria immer hilft, ihn nie verläßt. Die Liebe zu Maria wurde zur Triebfeder für seine gesamte Tätigkeit.«
Maximilian Kolbe ging freiwillig für einen Familienvater, der heute noch in Polen lebt, in den Hungerbunker von Auschwitz, in seine Todeszelle. Der Hergang ist weitgehend bekannt: Bei einem Zählappell im Lager Auschwitz fehlte ein Sträfling aus dem Block A 14. Als Konsequenz einer geglückten Flucht wurden zehn Häftlinge aus dem gleichen Block, wie es üblich war, zum Tod verurteilt. Als einer der ausgewählten Häftlinge, Frantisek Gajownczek, laut schrie – denn alle wußten, daß sie der sichere Tod erwartete –, trat Maximilian Kolbe vor Lagerführer Fritsch hin und meldete sich. Das Angebot, stellvertretend für jenen, den das Grauen vor dem nahen Tod gepackt hatte, zu sterben, wurde wohl aufgrund des Überraschungsmomentes in dieser Hölle der Unmenschlichkeit angenommen. Kolbe kannte als »Stellvertreter« den Häftling nicht, den er rettete. Er trat nicht für einen Freund, eher für einen Landsmann, für einen Familienvater, natürlich auch für einen Polen ein. Damit könnte man eine Betrachtung über Kolbe schon schließen, denn sein Opfergang war wohl der eigentliche Grund, warum er in der ganzen Welt bekannt wurde.

Aber so einfach ist das nicht. Es gibt ein Dutzend Bücher über Maximilian Kolbe. Aber fast jeder Autor hat vom anderen etwas abgeschrieben, nur die Form der Veröffentlichung geändert. Geforscht, vor Ort recherchiert, sich mit den Akten des Prozesses und mit Zeugen beschäftigt, hat bisher fast nur die polnische Ursuline Kinga Strzelecka. Ihr Buch ist faszinierend, weil es offen geschrieben ist. Natürlich kein Enthüllungsroman, eher eine leicht zu lesende wissenschaftliche, doch ernsthafte Arbeit. Was in diesem Buch neben den Einblicken in Kindheit und Jugend, in Seminarerziehung, Romaufenthalt u. a. fasziniert, ist ein erstmaliger Aufschluß darüber, ob Kolbe im Grunde seines Herzens ein Antisemit war. Polen war in der Vorkriegszeit nicht frei von Antisemitismus. Mit Recht ist im jüdischen Erinnerungs- und Dokumentationszentrum »Yad Washem« in Jerusalem auch ein Exemplar des *Maly Dziennik* (Kleine Tageszeitung) ausgestellt, die Kolbe in seinem von ihm gegründeten Pressezentrum in Niepokalanow bei Warschau herausgegeben hat. Diese Zeitung war stellenweise antisemitisch, was vielen Bischöfen und einfachen Katholiken und Ordensangehörigen damals nicht besonders auffiel. Ein Brief, den Kolbe aus Japan an die Redaktion schrieb, macht seine Einstellung deutlich: »Wenn man über die Juden spricht, werde ich sehr darauf achten, den Haß in den Lesern nicht zu wecken oder zu vertiefen, die ohnehin manchmal schon feindselig gegen sie eingestimmt sind. Im allgemeinen werde ich mich mehr um die Ausweitung des polnischen Handels und der Industrie kümmern als um die Brandmarkung der Juden . . . «

Man erkennt aus diesen Worten, daß es damals vor allem ein ökonomisches Problem war, aus dem sich der Antisemitismus nährte. Es kam in dieser Frage oft zu schweren Auseinandersetzungen, auch innerhalb der Redaktion, aber es änderte sich nichts. Kolbe gab die Losung aus, man müsse sich vor der jüdischen »Überfremdung« schützen, aber bereits dieses wurde von der Redaktion in Antisemitismus verwandelt. Die Autorin des Buches, das in Polen bisher nicht erscheinen konnte, schreibt: »Die jüdische Frage war der neuralgische Punkt der polnischen Gesellschaft, die sich bemühte, ihre Rechte zu verteidigen.«

Kolbe sah seine Zeitungen meist nur, wenn sie aus den Druckmaschinen liefen. Er las die Texte, die mit seinem Namen unterzeichnet waren, wenn es nichts mehr zu ändern gab. So schreibt die polnische Autorin mit Recht, ob nicht Kolbe am Ende doch ein Stück moralischer Mitverantwortung für den Antisemitismus trug, den seine Blätter verbreiteten.

Kolbe war neben seiner Verlagstätigkeit, die immer größere Ausmaße annahm, jedoch auch ein Mann, der sich mit seinen Oberen anlegte, der stritt, der laut protestierte, wenn er Unrecht vermutete. Er war auch ein Seelsorger, der nirgendwo eine Gelegenheit ausließ, um Atheisten zu bekehren, Glaubensgespräche zu führen. Dabei half ihm auch seine Zeitung, von der er immer einige Exemplare mit sich führte.

Als Kolbe am 14. August 1941 im Hungerbunker von Auschwitz als Häftling mit der Nummer 16670 im Alter von 47 Jahren starb, war er in Polen bereits ein Begriff. Er hatte einen Namen als Seelsorger (er gehörte dem Orden der Minoriten an) und als Manager. Der Ort Niepokalanow, eine Art Klosterstadt, wurde von ihm im Jahre 1927 40 Kilometer südwestlich von Warschau erbaut. Kolbe baute, investierte, bevor er auch nur einen Złoty in Händen hatte: Straßen, Kirchen, Sportplätze, Gartenanlagen, Unterkünfte, Energieversorgungsanlagen usw. Er begann, wie immer, mit der Jungfrau Maria. Im Jahre 1921 zählte sein Frömmigkeitsverein 25 Mitglieder, im Jahre 1939 waren es rund 700 000. Jeden Tag sollten diese Mitglieder für die Sünder und für die Freimaurer beten. Für sie erschien die Zeitung *Der Ritter*, vor allem in den schweren zwanziger Jahren, wo auch in Polen die Inflation wütete. Zunächst ließ man auf einer handbetriebenen Maschine drucken. 5000 Stück in der ersten Auflage. Der polnische Schriftsteller Jan Dobraczynski schrieb, daß sich dafür das Rad 60 000mal drehen mußte. Zehn Tage dauerte der Druck einer solchen Nummer. Die Auflage aber stieg schneller, als sich das Rad drehen konnte. Ein Antriebsmotor mußte her, denn im Jahre 1925 mußten bereits 25 000 Stück ausgeliefert werden.
Nach verschiedenen Druckorten ergab sich im Jahre 1927 die Chance, von einem Adeligen in der Nähe Warschaus kostenlos ein Grundstück zu erwerben. Damit war der Grundstein für Niepokalanow gelegt. Die Bauten, in denen die Brüder unterkamen, blieben primitiv, getreu der Ordensregel des heiligen Franz von Assisi, der selbst die absolute Armut vorgelebt hatte. Modern waren aber die Maschinen und die Transportmittel. *Der Ritter* erreichte im Jahr 1939, dem Jahr des Kriegsausbruchs, eine Million Exemplare.
Aber Kolbe hielt es nicht in Polen. Er fühlte sich als Missionar, als Sendbote Gottes. Er versuchte es zuerst in China, wo einige seiner Mitarbeiter zurückblieben. Aber in Japan erschienen dann mit seiner Hilfe die ersten Nummern des *Ritters* mit zehntausend Exemplaren in der Sprache des Landes. Es ging ab- und aufwärts. In der Nähe von Nagasaki entstand dann ein japanisches Niepokalanow. Im Jahre 1936, nach unsäglichen Mühen und Beschwerden, waren eine primitive Behausung und eine Druckerei entstanden; die Auflage des *Ritters* war auch hier auf 65 000 gestiegen. Kolbe mußte aber nach Polen zurückkehren. Das Generalkapitel hatte ihn zum Leiter des Klosters Niepokalanow bestimmt. »Die großen Veränderungen, die dort geschahen und die er aus der Ferne beobachtet hatte, verlangten seine Anwesenheit« (Jan Dobraczynski).
Bereits in Japan hatte er an die Herausgabe einer polnischen Tageszeitung gedacht. Sie sollte klein, billig und volkstümlich sein. Eine Probenummer des *Maly Dziennik* (Kleine Tageszeitung) war bereits im November 1934 fertiggestellt. Andere Zeitungen kamen später dazu, für Kinder, für Priester. 600 Brüder lebten inzwischen in Niepokalanow. Kolbe träumte von

einer Filmproduktion, er wollte einen Flugplatz anlegen, um seine Zeitungen rascher befördern zu können. Er war konservativ in der theologischen Gesinnung, aber fasziniert von der Technik. Ein Manager, der immer investieren, immer vorankommen wollte, dabei ständig an Krankheiten, darunter Tuberkulose, litt. Aber er nahm keine Rücksicht auf seine geschwächten Kräfte.

Ein Mann lebt weiter, der für einen anderen stellvertretend in den Tod ging, für einen, der bei der Seligsprechung und bei anderen Gelegenheiten als eine Art Kuriosität herumgereicht wird. Dieser, der in Reih und Glied zurücktreten durfte und Auschwitz überlebte, erhält manchmal Schreiben von polnischen Katholiken, er solle sich schämen, daß er einen so wertvollen Menschen wie Kolbe auf dem Gewissen habe. Das ist nur ein Beweis dafür, daß weder die SS-Leute noch andere, die heute leben, das verstehen können, was der polnische Priester wollte. Was Gewicht hat, ist, daß Kolbe weiterlebt, nicht nur in Polen, auch in Deutschland und in anderen Ländern. Er lebt weiter als ein »Seliger«, der die Grenze überschritten hat, die Grenze vom Leben zum Tod, in der Hingabe seines eigenen Lebens. Nicht nur, um einen zu retten, sondern um mit den anderen zusammen in den Tod zu gehen, sie auf dem letzten Gang zu begleiten. Also eine priesterliche Aufgabe.

Für Polen ist Kolbe ein Beweis seiner moralischen Kraft und Stärke. Der verstorbene polnische Primas, Kardinal Stefan Wyszyński, verkündete stolz bei der Seligsprechung am 18. Oktober 1971 im Petersdom in Anwesenheit Papst Pauls VI.: »Der entsetzliche Plan des Hasses wurde vom Vater der Völker und der Nationen vereitelt. Vor dem Hintergrund von Millionen ausgerotteter, Hunderttausender in den Öfen der Krematorien verbrannter Menschen, angesichts der bombardierten Städte und Dörfer haben wir nicht den Glauben an die Liebe Gottes, an seine Vorsehung und Stärke verloren, die imstande war, alles zu überwinden.«

Papst Paul VI. nannte Kolbe einen »Helden Polens«. Ein Held, der nicht zu den Waffen griff, der den Weg der Gewaltlosigkeit ging. Wenn man Kolbe heute fragen könnte, warum er den Weg in den Hungerbunker angetreten hat, vielleicht würde er so einfach antworten wie die polnische Bäuerin, die nach dem Krieg gefragt wurde, warum sie Juden jahrelang unter Gefahr für ihr Leben und das ihrer Familienangehörigen in einer Rübenmiete versteckt hatte: »Ich bin eben so, so einen Charakter habe ich halt.« In diesem einfachen Handeln wird Heiligkeit deutlich, was schon durch die Tat da ist, muß eigentlich nicht mehr durch Prozesse in Rom bestätigt werden. Heilige »sind eben so«. Sie leben nach den Worten des Evangeliums, was Karol Wojtyla, der spätere Papst Johannes Paul II., am 5. Oktober 1971 anläßlich der Seligsprechung Kolbes im Radio Vatikan aussprach: »Eine größere Liebe hat niemand, als der, der sein Leben hingibt für seine Freunde.« Oder an anderer Stelle: »In einer Welt des Hasses hat dieser Mensch mit der Nummer 16670 den schwierigsten und größten aller Siege errungen, den Sieg der Liebe, die verzeiht.« Oder ein Wort von Kolbe, das über seine Tat hinausweist, seine Liebe zu den Menschen zeigt: »Unsere Schmerzen sind notwendig, damit die nach uns Lebenden glücklich werden.« – Das sind auch Antworten, die Christen und Juden bei der Beantwortung der Frage helfen können, ob man nach Auschwitz noch an Gott (und an den Menschen) glauben kann.

Günter Beaugrand

Dietrich Bonhoeffer

Glaubenszeuge und Wegweiser der Zukunft

»In solchen Zeiten erweist es sich eigentlich erst, was es bedeutet, eine Vergangenheit und ein inneres Erbe zu besitzen, das von dem Wandel der Zeiten und von Zufällen unabhängig ist. Das Bewußtsein, von einer geistigen Überlieferung, die durch die Jahrhunderte reicht, getragen zu sein, gibt einem allen vorübergehenden Bedrängnissen gegenüber das sichere Gefühl der Geborgenheit . . . Überwältigen werden sie denjenigen nicht, der an den Werten festhält, die ihm kein Mensch nehmen kann.«

Dieser Brief Dietrich Bonhoeffers aus dem Gefängnis Berlin-Tegel kurz vor Weihnachten 1943 an seine Eltern bezeugt, wie sehr ihn die Kraft der aus der Kirche und der Familie geschöpften, in seinem Aufgabenkreis als Pfarrer der Bekennenden Kirche weitergegebenen christlichen Werte in der Zeit der Verfolgung und äußersten Prüfung seelisch gestützt hat. Aus dem Gefühl einer tiefverwurzelten Geborgenheit und Gläubigkeit wurde Bonhoeffer dazu befähigt, die für ihn endlosen Tage und Monate der Einzelhaft in einer geistigen und religiösen Haltung zu bestehen, die ihn über sein eigentliches theologisches Lebenswerk hinaus zu einer der prägenden Persönlichkeiten auch unserer Zeit gemacht hat.

Und doch wäre es unrichtig, Dietrich Bonhoeffer vereinfacht als eine seiner selbst und seines Auftrags stets sichere Widerstands- und Märtyrergestalt einzustufen und dabei zu übersehen, daß er viele Ölbergstunden des Zögerns und des Zweifels, der Verlassenheit und des Ausgestoßenseins – auch innerhalb seiner Kirche – erlitten hat, bevor er die innere Kraft zum Widerstand gegen das Unrechtssystem Hitlers fand und diesen Widerstand durch die Ergebung in Gottes Willen ablösen konnte. Die beiden Begriffe Widerstand und Ergebung, die sein Freund und Biograph Eberhard Bethge als Titel für die von ihm herausgegebenen Briefe und Aufzeichnungen Bonhoeffers aus der Haft zusammengefaßt hat, markieren nur die Endpunkte eines schweren inneren Reifungsprozesses. Sie

kennzeichnen den überaus dramatischen Lebensweg eines Christen, der sich immer wieder vor seinem Gewissen prüfte, wie er dem Anspruch des Evangeliums in den Wirren einer aus den Fugen geratenen, alle Werte relativierenden Zeit gerecht werden konnte. Ursprünglich pazifistischen Tendenzen zuneigend, rang Bonhoeffer sich sogar zu dem Entschluß durch, an der politischen Konspiration gegen Hitler und an der Vorbereitung des Attentats vom 20. Juli 1944 mitzuwirken, obwohl er sich von Anfang an über die Konsequenzen dieser Entscheidung klar war.
Dietrich Bonhoeffers Briefe aus der Haft lassen erkennen, wie heftig er mit sich und seinem Schicksal gerungen hat, und wie sehr ihn die harte, grausame Wirklichkeit bis zur existentiellen Selbstaufgabe bedrängt hat, ehe er den Weg zur Ergebung fand. Neben erstaunlich optimistischen Briefen an die Eltern, die um ihren Sohn bangten und die er so zu beruhigen suchte, finden sich in den aus der Zelle an seinen Freund Bethge geschmuggelten Zeilen geradezu verzweifelte Äußerungen, so etwa in einem Brief vom 15. Dezember 1943: »Schließlich würde ich anfangen, Dir zu erzählen, daß es trotz allem, was ich so geschrieben habe, hier scheußlich ist, daß mich die grauenhaften Eindrücke oft bis in die Nacht verfolgen und daß ich sie nur durch Aufsagen unzähliger Liederverse verwinden kann und daß dann das Aufwachen manchmal mit einem Seufzer statt mit einem Lob Gottes beginnt. An die physischen Entbehrungen gewöhnt man sich, ja, man lebt monatelang sozusagen leiblos – fast zu sehr –, an die psychischen Belastungen gewöhnt man sich nicht, im Gegenteil; ich habe das Gefühl, ich werde durch das, was ich sehe und höre, um Jahre älter, und die Welt wird mir oft zum Ekel und zur Last.«
Noch eindringlicher hat Dietrich Bonhoeffer im Sommer 1944 in einem Gedicht aus der Haft die eigene seelische Situation und die Diskrepanz zwischen seinem äußeren Verhalten und seiner inneren Zerrissenheit beschrieben: Es ist das Bild eines zwischen Hoffnung und Angst schwankenden Menschen, der trotz aller Belastung zwar äußerlich »gleichgültig, lächelnd, stolz« erscheint, doch innerlich von der Qual der Ungewißheit und Verlassenheit zermürbt wird:
»Wer bin ich? Sie sagen mir oft, ich träte aus meiner Zelle gelassen, heiter und fest wie ein Gutsherr aus seinem Schloß. – Wer bin ich? Sie sagen mir oft, ich spräche mit meinen Bewachern frei und freundlich und klar, als hätte ich zu gebieten. – Wer bin ich? Sie sagen mir auch, ich trüge die Tage des Unglücks gleichmütig, lächelnd und stolz, wie einer, der Siegen gewohnt ist. – Bin ich das wirklich, was andere von mir sagen? Oder bin ich nur das, was ich selbst von mir weiß? Unruhig, sehnsüchtig, krank, wie ein Vogel im Käfig, ringend nach Lebensatem, als würgte mir einer die Kehle, hungernd nach Farben, nach Blumen, nach Vogelstimmen, dürstend nach guten Worten, nach menschlicher Nähe, zitternd vor Zorn über Willkür und kleinlichste Kränkung, umgetrieben vom Warten auf

große Dinge, ohnmächtig bangend um Freunde in endloser Ferne, müde und leer zum Beten, zum Denken, zum Schaffen, matt und bereit, von allem Abschied zu nehmen? – Wer bin ich? Der oder jener? Bin ich denn heute dieser und morgen ein anderer? Bin ich beides zugleich? Vor Menschen ein Heuchler und vor mir selbst ein verächtlich wehleidiger Schwächling? Oder gleicht, was in mir ist, dem geschlagenen Heer, das in Unordnung weicht vor dem schon gewonnenen Sieg? – Wer bin ich? Einsames Fragen treibt mit mir Spott. Wer ich auch bin, Du kennst mich, Dein bin ich, o Gott!«

»Dein bin ich, o Gott!« Dieses Bekenntnis Bonhoeffers zur Hingabe an Gottes Willen wird im Laufe der Leidenszeit immer deutlicher erkennbar und gleichsam zum Leitmotiv seiner geistigen Einstellung gegenüber dem äußeren Druck. Blieb für ihn bis zum 20. Juli 1944 noch ein Funke Hoffnung für sein persönliches Schicksal, so war ihm nach dem Scheitern des Attentats bewußt, daß er den Tod zu erwarten hatte. So ging die Haltung des Widerstandes mehr und mehr über in die Haltung der Ergebung, der inneren Befreiung durch Annahme des Leids im Angesicht der Ewigkeit.

Er sah im Tod die Krönung der menschlichen Freiheit und Verantwortung: »Ob die menschliche Tat«, so schreibt er am 28. Juli 1944, »eine Sache des Glaubens ist oder nicht, entscheidet sich daran, ob der Mensch sein Leiden als Fortsetzung seiner Tat, als eine Vollendung der Freiheit versteht oder nicht. Das finde ich sehr wichtig und sehr tröstlich.«

Mit der Verhaftung am 5. April 1943 wurde die »Tat«, die äußerst vielseitige kirchliche, politische und schriftstellerische Aktivität Dietrich Bonhoeffers, durch die Passivität des Leids abgelöst, die ihn in die »Vollendung der Freiheit« führte. Bonhoeffer galt nicht nur als einer der profiliertesten Persönlichkeiten in der Bekennenden Kirche und der Ökumene, sondern war zugleich eine Schlüsselfigur des Widerstandes im Oppositionskreis der »Spionageabwehr« um Admiral Canaris, Generalmajor Oster und Hans von Dohnanyi.

Bonhoeffers Lebensdaten umfassen eine schon in jungen Jahren zu erstaunlicher Wachheit und Reflexion fähige Persönlichkeit, die Religion und Theologie in einen der Welt zugewandten Rahmen einordnete, Puritanismus ablehnte und sich auch in der religiösen Praxis eher liberal verhielt. Als sechstes von acht Kindern des Professors für Psychiatrie und Neurologie Karl Bonhoeffer und seiner Frau Paula, geb. von Hase, am 4. Februar 1906 in Breslau geboren, studierte Dietrich Bonhoeffer Theologie in Tübingen und Berlin, arbeitete nach seinem Examen und der Promotion (mit 21 Jahren) 1928 und 1929 als Vikar an der evangelischen Gemeinde in Barcelona und habilitierte sich anschließend an der Berliner Universität, wo er seit 1931 als Privatdozent an der theologischen Fakultät lehrte und zugleich als Studentenpfarrer an der Technischen Hochschule wirkte.

Dem Nationalsozialismus erklärte er von Anfang an seine Gegnerschaft und übernahm bereits im Oktober 1933 aus innerem Protest gegen die »Machtergreifung« zwei Auslandsgemeinden in London. Nach Deutschland zurückgekehrt, wurde er 1935 Direktor des illegalen Predigerseminars der Bekennenden Kirche in Finkenwalde. Schon bald verlor er jedoch durch den Druck des NS-Regimes seine Lehrbefugnis »wegen volkszersetzender Tätigkeit«. Im Jahre 1940 erhielt er »Reichsredeverbot«, 1941 Druck- und Veröffentlichungsverbot sowie Aufenthaltsverbot für Berlin. Trotzdem setzte er seine Arbeit in der Bekennenden Kirche intensiv fort, engagierte er sich für die ökumenische Aufgabe und schaltete sich mehr und mehr in die Widerstandsbewegung ein, für die er Kontaktaufträge im Ausland übernahm.
Unter dem Schutz der »Abwehr« versuchte Bonhoeffer, als Vertreter der Opposition in Deutschland durch Mittelsmänner Kontakt zur englischen Regierung aufzunehmen und die Frage zu klären, ob nach einem Sturz Hitlers ein für Deutschland günstiger Friede zu erreichen sei. Obwohl das alliierte Kriegsziel, die »bedingungslose Kapitulation«, bereits proklamiert worden war, wurden die Bemühungen um Friedensgespräche von Bonhoeffer und seinen Freunden im Auftrag der Opposition fortgesetzt.
So kam es im Juni 1942 zu einem Gespräch mit dem Lordbischof von Chichester, Dr. Bell, das Dietrich Bonhoeffer und Pastor Schoenfelder in Stockholm führten und über das der Bischof damals in einem Memorandum an die britische Regierung berichtete: »Ihre (Bonhoeffers und Schoenfelders) Absicht war . . . zu fragen, ob die Alliierten unter der Voraussetzung, daß das ganze Hitlerregime vernichtet worden ist, bereit sein würden, mit einer solchen neuen deutschen Regierung über eine Friedensregelung zu verhandeln, die folgendes vorsehen würde: 1. die Errichtung eines Systems von Gesetz und sozialer Gerechtigkeit in Deutschland, verbunden mit einer weitgehenden Aufgabenverteilung an die einzelnen Länder. 2. Die Schaffung gegenseitiger wirtschaftlicher Abhängigkeit zwischen den verschiedenen Nationen Europas, was sowohl in sich selbst gerechtfertigt wie gleichzeitig die wirksamste Garantie gegen Militarismus wäre. 3. Die Errichtung einer repräsentativen Föderation freier Nationen oder Staaten, die eine freie polnische und eine freie tschechische Nation einschlössen. 4. Die Errichtung einer europäischen Armee zur Kontrolle Europas, unter zentraler Leitung, an der die deutsche Armee teilnehmen könnte.«
Hier waren schon Ziele vorgegeben, die zum Teil später, nach dem Zusammenbruch des Dritten Reiches, in ähnlicher Form realisiert wurden: Föderative Struktur der Bundesrepublik, europäische Wirtschaftsunion und Einigungsbewegung sowie eine gemeinsame Europa-Armee unter Einbeziehung der Bundesrepublik, wie sie später innerhalb der NATO verwirklicht wurde. Wenn auch die Versuche Bonhoeffers um

einen gerechten Frieden für Deutschland an der mangelnden Einsicht der Alliierten über die Bedeutung und die Ziele der Opposition in Deutschland scheiterten, so sind sie doch ein überzeugender Beweis für die Existenz eines »anderen Deutschlands«, für das Dietrich Bonhoeffer und viele andere ihr Leben opferten.
Die Verhaftung Bonhoeffers im April 1943, ausgelöst durch das Aufgreifen eines Agenten der »Abwehr« mit belastendem Material über Canaris und seine Oppositionsgruppe, leitete eine Leidenszeit ein, die ihn, wie seine Briefe und Aufzeichnungen belegen, zu einer absoluten Hingabe an den Willen Gottes führten. Noch kurz vor der Befreiung durch amerikanische Truppen wurde er am 9. April 1945 im KZ Flossenbürg erhängt. Aus der Familie Bonhoeffer kamen 1945 außer Dietrich auch sein Bruder Klaus und sein Schwager Rüdiger Schleicher durch SS-Mörder ums Leben. Hans von Dohnanyi, der mit Christel, der Schwester von Dietrich und Klaus, verheiratet war, wurde in Sachsenhausen hingerichtet. Zehn Enkelkinder der Eltern Bonhoeffers hatten keinen Vater mehr . . .
Durch Herkunft und Lebenseinstellung war für Bonhoeffers Eltern die Ablehnung der NS-Ideologie selbstverständlich. Ebenso selbstverständlich wurde ihr Berliner Haus zum Mittelpunkt vieler Begegnungen ihrer Kinder und deren Freunden in der Zeit des Widerstandes. Vom Vater Karl Bonhoeffer sagt Dietrichs Zwillingsschwester Sabine, daß er von seinen acht Kindern stets als letzte Autorität anerkannt wurde und daß sein Wort und Vorbild ihr Leben entscheidend prägten: »Er ließ uns seinen Respekt für warmherziges, selbstloses, selbstbeherrschtes Handeln spüren und vertraute darauf, daß man dem Schwächeren zur Seite stand. Er hoffte vor allem, daß wir einmal das Wesentliche vom Unwesentlichen zu unterscheiden lernen und unsere Grenzen erkennen würden. Seine große Toleranz verstellte der Borniertheit den Weg und weitete unser Haus. Er setzte das Gute voraus und erwartete viel, aber seiner Güte und seines gerechten Urteils waren wir immer gewiß . . . Seine Ablehnung der Phrase hat manchen von uns zu Zeiten einsilbig und unsicher gemacht, aber erreicht, daß wir als Heranwachsende an Schlagwörtern, Geschwätz, Gemeinplätzen und Wortschwall keinen Geschmack fanden.« Bei der Mutter hebt Sabine ihren Lebensmut, ihre Natürlichkeit und Herzenswärme hervor. Sie habe ihre Kinder nie schulmeisterlich, wohl aber konsequent erzogen. Ohne Frömmelei habe sie Wert auf eine christlich-humanitäre Erziehung gelegt, bei der das Bewußtsein der Mitverantwortung für den andern im Vordergrund gestanden habe.
Über die Erziehungsatmosphäre schreibt Dietrich Bonhoeffer aus der Haft: »Manche verderben sich selbst dadurch, daß sie sich mit Mittlerem abfinden und so vielleicht schneller zu Leistungen kommen; sie haben eben weniger Hemmungen zu überwinden. Ich habe es als einen der stärksten Erziehungsfaktoren empfunden, daß man uns so viele Hem-

mungen zu überwinden gegeben hat (in bezug auf Sachlichkeit, Klarheit, Natürlichkeit, Takt, Einfachheit usw.), bevor wir zu eigenen Aussagen gelangen konnten. Und manchmal dauert es lange, ehe man eine solche Hürde genommen hat, und man denkt wohl auch gelegentlich, man hätte auf sehr viel billigere, leichtere Weise zu Erfolgen kommen können, wenn man diese Hindernisse einfach umgangen hätte.«

Dietrich Bonhoeffer stand schon seit 1933 immer wieder vor der schweren Entscheidung, ob er im Strom der Anpassung, den auch die evangelische Kirche weithin erfaßt hatte, mitschwimmen oder – oft isoliert und verlassen von seinen Mitbrüdern – seinem Gewissen und seiner Überzeugung von der Unrechtmäßigkeit des Naziregimes folgen sollte. Nach der »Machtergreifung« sympathisierten viele Pfarrer mit Hitler und seinen Ideen oder sie konnten sich durch ihre Auffassung von der Staatsgewalt nicht zu einem Widerspruch entschließen. Später gehörten der 1934 gegründeten Bekennenden Kirche nur ein Drittel aller Pfarrer an, von denen sich viele nur »neutral« verhielten und nur wenige entschlossen Widerstand leisteten. Offiziell reagierte die Bekennende Kirche oft genug zögernd oder gar nicht auf schwere Rechtsverletzungen des NS-Regimes und trieb so die aktiven Gegner unter den Pfarrern in die Isolation. »Als die Synagogen brannten«, so heißt es zu diesem Thema in einem Kommentar zu der Ausstellung »Evangelische Kirche zwischen Kreuz und Hakenkreuz«, die im Herbst 1981 im Berliner Reichstagsgebäude gezeigt wurde, »hätten alle Christen sehen können, wohin die Rassenideologie führen würde. Obwohl viele Menschen in Deutschland das an den Juden begangene Unrecht deutlich empfanden, hatten nur wenige den Mut, öffentlich zu protestieren. Die Bekennende Kirche schwieg«.

Dietrich Bonhoeffer gehörte zu denen, die den unheilvollen Weg des Naziregimes schon wesentlich früher erkannten als die offizielle Kirche und daraus ihre Entscheidungen ableiteten. Obwohl er selbst der christlichen Friedensbewegung positiv gegenüberstand und in seiner ökumenischen Arbeit geradezu beschwörend zum Frieden und zur Versöhnung aufgerufen hatte, begann er, wie Eberhard Bethge hervorhebt, »an der traditionellen Trennung der Reiche des Glaubens und des Politischen zu rütteln. Das wurde für ihn ein theologischer und existentieller Kampf, der ihn über viele Stufen führte und mit der Beteiligung an der Konspiration gegen Hitler endete«.

Schon am 1. Februar 1933, zwei Tage nach der »Machtergreifung«, hatte Bonhoeffer sich in einem Rundfunkvortrag zum Thema *Der Führer und der einzelne in der jungen Generation* gegen den Führerkult gewandt, und zwar so eindeutig, daß der Vortrag während der Sendung unterbrochen wurde: »Der Mensch und insbesondere der Jugendliche wird so lange das Bedürfnis haben, einem Führer Autorität über sich zu geben, als er sich selbst noch nicht reif, stark, verantwortlich fühlt, den in diese Autorität verlegten Anspruch zu verwirklichen. Der Führer wird sich

Pater Maximilian Kolbe Polnischer Franziskaner, der im Konzentrationslager Auschwitz-Birkenau im Austausch gegen einen bereits ausgewählten Familienvater freiwillig in den Hungerbunker ging und darin verstarb.

DIETRICH BONHOEFFER Evangelischer Theologe von weitschauender Geistigkeit. Kompromißloser Widerstandskämpfer gegen den Nationalsozialismus. Vom Volksgerichtshof zum Tode verurteilt und umgebracht. Er hinterließ Schriften und Tagebücher von zukunftsweisender Glaubenskraft.

MAX JOSEF METZGER Katholischer Priester, von den Nationalsozialisten als Pazifist und Widerstandskämpfer hingerichtet. Rastloser Vorkämpfer für eine neue christliche Friedensordnung. Seine großen Ziele waren unter anderem: Friede unter den Völkern, Ächtung des Krieges, Einigung der gespaltenen Christenheit.

EDITH STEIN Deutsche theologische und pädagogische Gelehrte aus jüdischer Familie. Nach Konversion zum katholischen Glauben Eintritt in den Karmeliterorden. Von Nationalsozialisten aus Holland in ein Konzentrationslager deportiert und dort umgebracht. Wesenhafte christliche Denkerin. Seligsprechung durch Papst Johannes Paul II. anläßlich seiner Deutschlandreise 1987.

dieser klaren Begrenzung seiner Autorität verantwortlich bewußt sein müssen. Versteht er seine Funktion anders, als sie in der Sache begründet ist, . . . dann gleitet das Bild des Führers über in das des Verführers. Führer und Amt, die sich selbst vergotten, spotten Gottes.«
In einem Artikel *Die Kirche vor der Judenfrage* schrieb er wenig später aus Anlaß des Nichtariergesetzes vom 7. April 1933, daß es die Aufgabe der christlichen Verkündigung sei, deutlich auszusprechen, »hier, wo Jude und Deutscher zusammen unter dem Wort Gottes stehen, ist Kirche, hier bewährt es sich, ob Kirche noch Kirche ist oder nicht«. Er wandte sich in dieser Zeit ebenfalls scharf gegen eine Flucht der Kirche in die Liturgie, als er schrieb: »Nur wer für die Juden schreit, darf auch gregorianisch singen.«
So war es abzusehen, daß Dietrich Bonhoeffer über kurz oder lang ausgeschaltet, inhaftiert und verurteilt wurde, und er rechnete schon vor dem Kriegsausbruch damit, für sein Engagement in der Bekennenden Kirche und seine freie Meinungsäußerung im In- und Ausland mit seinem eigenen Leben eintreten zu müssen. Trotzdem lehnte er im Juli 1939 das lockende Angebot Prof. Niebuhrs ab, eine ökumenische Aufgabe in den USA zu übernehmen und sich so vor der Verfolgung in Sicherheit zu bringen. Er kehrte mit einem der letzten Schiffe aus Amerika in den Hexenkessel Deutschland zurück und traf so eine Entscheidung, deren Folgen ihm voll bewußt waren: »Ich würde kein Recht haben«, so schrieb er an Niebuhr, »am Wiederaufbau des christlichen Lebens in Deutschland nach dem Krieg teilzunehmen, wenn ich nicht die Prüfungen dieser Zeit mit meinem Volk teilte. Die Christen in Deutschland werden sich der furchtbaren Entscheidung gegenübersehen, entweder die Niederlage ihrer Nation zu wünschen, damit die christliche Kultur überlebe, oder den Sieg ihrer Nation zu wünschen und damit unsere Zivilisation zu zerstören. Ich weiß, welche der Alternativen ich zu wählen habe, aber ich kann die Wahl nicht treffen, während ich mich in Sicherheit befinde.«
Nach Deutschland zurückgekehrt, realisierte er die von ihm getroffene Wahl durch sein Engagement in der Widerstandsbewegung, die den Sturz Hitlers vorbereitete und durch ein Attentat eine Neuordnung Deutschlands herbeiführen wollte. Eine Enthaltsamkeit von politischer Aktivierung, selbst unter Einschluß von Gewaltanwendung, erschien ihm angesichts des immer mehr zunehmenden Unrechts, des Massenmordes an Millionen Unschuldigen und der Unterdrückung der Menschenwürde als Christ und Theologe nicht mehr verantwortbar zu sein, wenn er durch Untätigkeit nicht zum Mitschuldigen werden wollte.
Noch in der Haft bekannte sich Bonhoeffer zu der Entscheidung, nach Deutschland zurückzukehren: »Du mußt übrigens wissen«, so schrieb er am 22. Dezember 1943 an Eberhard Bethge, »daß ich noch keinen Augenblick meine Rückkehr 1939 bereut habe, noch irgend etwas von

dem, was dann folgte. Das geschah in voller Klarheit und mit bestem Gewissen. Ich will nichts von dem, was sich seit damals ereignet hat, aus meinem Leben streichen ... Und daß ich jetzt sitze, rechne ich auch zu dem Teilnehmen am Schicksal Deutschlands, zu dem ich entschlossen war. Ohne jeden Vorwurf denke ich an das Vergangene, und ohne Vorwurf nehme ich das Gegenwärtige hin.«

Bereits 1940 rechnete Bonhoeffer der evangelischen Kirche in einem Kapitel seines Werkes *Ethik* ihre Schuld vor, weil sie zu lange geschwiegen und damit das Unrecht geduldet habe: »Die Kirche war stumm, wo sie hätte schreien müssen, weil das Blut der Unschuldigen zum Himmel schrie ... Sie hat mit angesehen, daß unter dem Deckmantel des Namens Christi Gewalt und Unrecht geschah. Die Kirche bekennt, die Anwendung brutaler Gewalt, das leibliche und seelische Leiden unzähliger Unschuldiger, Unterdrückung, Haß, Mord gesehen zu haben, ohne Wege gefunden zu haben, ihnen zu Hilfe zu eilen. Sie ist schuldig geworden am Leben der schwächsten und wehrlosesten Brüder Christi (der Juden). Die Kirche bekennt, Beraubung und Ausbeutung der Armen, Bereicherung und Korruption der Starken stumm mit angesehen zu haben. Die Kirche bekennt, schuldig geworden zu sein an den Unzähligen, deren Leben durch Verleumdung, Denunziation, Ehrabschneidung vernichtet worden ist. Sie hat den Verleumder nicht seines Unrechtes überführt und so den Verleumdeten seinem Geschick überlassen.« Mit dieser Anklage aus dem Jahre 1940, also noch *vor* den schlimmsten Verbrechen des Holocaust, nahm Bonhoeffer das Schuldbekenntnis der Bekennenden Kirche nach Kriegsende in Stuttgart vorweg.

Dietrich Bonhoeffer hat in der Bewährung der jahrelangen Haft und Ungewißheit über sein Schicksal nach schweren inneren Kämpfen das Vertrauen in Gottes Fügung trotz aller Zweifel und Anfechtungen nicht verloren, sondern eine angesichts der ausweglosen Bedrängnis auch für unsere Zeit beispielhafte Haltung bewahrt. In seinen Haftaufzeichnungen und Briefen hat er ein geistiges Vermächtnis hinterlassen, das zeitlos gültig geblieben ist.

Dietrich Bonhoeffer litt, wie aus seinen zwischen Dachziegeln und Sparren seiner Wohnung versteckten und später wiedergefundenen Aufzeichnungen *Nach zehn Jahren* im Winter 42/43 besonders deutlich hervorgeht, vor allem unter der »Maskerade des Bösen«, die zu jener Zeit alle ethischen Begriffe durcheinanderwirbelte und alle diejenigen zu Schuldigen stempelte, die sich für Recht und Gerechtigkeit, für die Freiheit und für ihren Glauben einsetzten. »Daß das Böse in der Gestalt des Lichtes, der Wohltat des geschichtlich Notwendigen, des sozial Gerechten erscheint, ist für den aus unserer tradierten ethischen Begriffswelt Kommenden schlechthin verwirrend; für den Christen, der aus der Bibel lebt, ist es gerade die Bestätigung der abgrundtiefen Bosheit des Bösen.«

Dietrich Bonhoeffer spricht in seinen Aufzeichnungen vom Scheitern der

»Vernünftigen«, die »in bester Absicht und naiver Verkennung der Wirklichkeit das aus den Fugen gegangene Gebälk mit etwas Vernunft wieder zusammenbiegen wollen« und dann enttäuscht resignieren oder haltlos dem Starken verfallen. Der seinem Gewissen verpflichtete Mensch werde durch die Übermacht der Entscheidung fordernden Zwangslagen gleichsam zerrissen, denn die unzähligen »ehrbaren und verführerischen Verkleidungen des Bösen« machten sein Gewissen ängstlich und unsicher, bis er sich statt mit einem guten mit einem »salvierten« Gewissen begnüge. »Wer hält stand?« fragt Bonhoeffer, und er gibt aus den Erfahrungen seines eigenen Lebens die Antwort: »Allein der, dem nicht seine Vernunft, sein Prinzip, seine Freiheit, seine Tugend der letzte Maßstab sind, sondern der dies alles zu opfern bereit ist, wenn er im Glauben und in alleiniger Bindung an Gott zu gehorsamer und verantwortlicher Tat gerufen ist, der Verantwortliche, dessen Leben nichts sein will als eine Antwort auf Gottes Frage und Ruf.«
Immer deutlicher kommt später in den Briefen aus der Haft die Überzeugung zum Ausdruck, daß nur im unbeirrbaren Glauben an Gott, in der Hingabe an Seinen Willen trotz aller Widerstände die Bewährung des Christen in dieser Welt zu sehen ist. Der Widerstand gegen die Macht des Bösen wird nach Bonhoeffers Einsicht erst durch Ergebung in Gottes Willen vollendet.
Diese Aufgabe des Christen hat Bonhoeffer an der Jahreswende 1944/45, mitten in der apokalyptischen Untergangsszene des nationalsozialistischen Ungeistes, in seinem unvergänglichen Gedicht *Von guten Mächten* klar umrissen und uns als Auftrag hinterlassen:

Von guten Mächten treu und still umgeben,
behütet und getröstet wunderbar,
so will ich diese Tage mit euch leben
und mit euch gehen in ein neues Jahr.

Noch will das alte unsre Herzen quälen,
noch drückt uns böser Tage schwere Last,
ach, Herr, gib unsern aufgescheuchten Seelen
das Heil, für das Du uns bereitet hast.

Und reichst Du uns den schweren Kelch, den bittern
des Leids, gefüllt bis an den höchsten Rand,
so nehmen wir ihn dankbar ohne Zittern
aus Deiner guten und geliebten Hand.

Doch willst Du uns noch einmal Freude schenken
an dieser Welt und ihrer Sonne Glanz,
dann wolln wir des Vergangenen gedenken,
und dann gehört Dir unser Leben ganz.

Laß warm und still die Kerzen heute flammen,
die Du in unsre Dunkelheit gebracht,
führ, wenn es sein kann, wieder uns zusammen.
Wir wissen es, Dein Licht scheint in der Nacht.

Wenn sich die Stille nun tief um uns breitet,
so laß uns hören jenen vollen Klang,
der Welt, die unsichtbar sich um uns weitet,
all Deiner Kinder hohen Lobgesang.

Von guten Mächten wunderbar geborgen,
erwarten wir getrost, was kommen mag.
Gott ist mit uns am Abend und am Morgen
und ganz gewiß an jedem neuen Tag.

Heinz Schütte

Max Josef Metzger

Opfer seines Glaubens – Gründer der »Una Sancta«

Friede unter den Völkern und Ächtung des Krieges – Einigung der gespaltenen Christenheit – grundlegende Erneuerung des Lebens und Ablehnung dessen, was es zerstört: Das waren die großen Ziele, für die sich Dr. Max Josef Metzger einsetzte.

Am 3. Februar 1887 wurde er in Schopfheim im Schwarzwald geboren – als ältester von vier Geschwistern. Die Mutter war eine gute und fromme Frau. Der Vater war streng. Als Lehrer betonte er stark das Nationale, das »Deutschtum«, verbot seinem Sohn den Umgang mit jüdischen Kindern. Als katholischer Christ war der Vater geprägt von einer Abwehrhaltung gegenüber den Protestanten, was auch mit dem damaligen Kulturkampf zusammenhing. So untersagte er seinem Sohn, das Haus eines evangelischen Freundes zu betreten. Max Josef Metzger berichtet, daß ein einflußreicher katholischer Pfarrer – den er sehr schätzte – »katholisch« und »antiprotestantisch« gleichsetzte.

Nach Gymnasialjahren in Donaueschingen, Lörrach und Konstanz studierte Max Josef Metzger von 1905 bis 1911 in Freiburg im Breisgau und in Fribourg katholische Theologie. Die Studienzeit wurde für ihn auch eine solche persönlicher Wandlung und Reifung, war er doch – wie er selbst zugab – ehrgeizig, selbstbewußt und ichbezogen. In der Altstadt von Fribourg traf er auf menschliches Elend, suchte ihm helfend zu begegnen. Er gründete einen Freundesbund »zu pastoreller, sozialer und wissenschaftlicher Zusammenarbeit und asketischer Anregung«. Von der

Enthaltsamkeit erwartete er eine geistig-religiöse Erneuerung. Seit 1908 sympathisierte er mit der Deutschen Friedensgesellschaft, die sich 1892 gebildet hatte und den stärker werdenden Kriegsgefahren entgegentrat.
1910 promovierte Max Josef Metzger in katholischer Theologie. Am 4. Juli 1911 wurde er zum Priester ordiniert. Von 1911 bis 1914 war er als Kaplan in Karlsruhe, in Mannheim und als Pfarrvikar in Oberhausen (Baden) tätig. Mit ganzer Liebe stand er, wie er bekennt, zu Glaube und Kirche, empfand aber schmerzlich »eine weitgehende Veräußerlichung, eine Überbetonung von Form und Organisation, von Buchstabe und Tradition, auf Kosten von Geist und Seele weithin im kirchlichen Leben, in Liturgie und Disziplin, in der ganzen realen Ausprägung der Kirche«. Sein Ideal war eine urchristliche Erneuerung. Und er setzte sich für Abstinenz von Alkohol und Nikotin ein.
Als 1914 der Erste Weltkrieg ausbrach, stellte sich Dr. Metzger in patriotischer Gesinnung als Militärgeistlicher zur Verfügung. An der Westfront erlebte er das Grauen des Krieges; er erfüllte mit ganzer Kraft seine Aufgaben und erhielt dafür bald eine Reihe von Auszeichnungen. 1915 wurde ihm aus Graz ein Angebot unterbreitet, in der österreichischen Abstinenzbewegung zu arbeiten. Gern hätte er darin eingewilligt, erachtete es aber für seine Pflicht, bei den Soldaten zu bleiben. Eine schwere Erkrankung (Lungen- und Rippenfellentzündung) im gleichen Jahr hatte zur Folge, daß er seinen Dienst an der Front nicht mehr versehen konnte.
Ende Oktober 1915 wurde er von seinem Bischof zur Mitarbeit in der Abstinenzbewegung in Österreich freigestellt und Generalsekretär des »Katholischen Kreuzbündnisses gegen Alkoholismus«. In zahlreichen Vorträgen und Veröffentlichungen trat Dr. Metzger für das Ziel des Kreuzbündnisses ein. Er radikalisierte es allerdings noch – was arge Schwierigkeiten mit dem österreichischen Episkopat nach sich zog.
Immer stärker wurde sich Dr. Metzger des Krieges bewußt. Ihn bewegte, daß darin Christen gegen Christen kämpften. In Vorträgen und mit Broschüren setzte er sich für eine Versöhnung der Völker ein, forderte das Ende des furchtbaren Blutvergießens und wurde zum Kriegsgegner. 1917 gründete er den »Weltfriedensbund«, legte im selben Jahr ein Friedensprogramm vor, das er erarbeitet hatte:

»1. Wir fordern das Ende des nutzlosen Blutvergießens auf den Schlachtfeldern, zugleich aber damit das Ende einer Politik, die mit Machtmitteln die sittlichen Probleme des Zusammenlebens der Völker zu überwinden sucht und dabei immer aufs neue Kriege heraufbeschwört.

2. Wir fordern den dauerhaften Weltfrieden, an den wir glauben, im Namen der Zivilisation, der Kultur, der Sittlichkeit und Religion.

3. Wir fordern als Anfang des Friedens die Ablenkung des Interesses aller Völker von dem vermeintlichen äußeren Feind und die Konzentration aller Kräfte gegenüber dem tatsächlichen inneren Feind . . .

4. Wir fordern das Aufgeben des sinnlosen Wettrüstens der Völker ... und die Konzentrierung ihrer Mittel auf die positiven Kulturaufgaben.

5. Wir fordern ..., daß Kredite für Rüstungen nur in dem Maß bewilligt werden, als diese zur Sicherung der Ordnung im eigenen Land erforderlich sind ...

6. Wir fordern ein Handinhandgehen aller Regierungen und Parlamente zur ehrlichen friedlichen Verständigung ...

7. Wir fordern von unseren Regierungen ... die Schaffung eines dauerhaften Weltfriedens, eines Weltkulturbundes ...

8. Wir fordern ... die Anerkennung des Rechtes für jedes Volk, seine eigene Sprache und Kultur innerhalb des Staatsganzen zu besitzen und zu entfalten.

9. Wir fordern die Überwindung ... der nackten Machtpolitik ... durch den Geist des sozialen Ausgleichs, des Willens zur sozialen Gerechtigkeit und der versöhnenden christlichen Nächstenliebe.

10. Wir fordern die Neuorientierung der Erziehung der heranwachsenden Jugend unter Vermeidung allen ... kriegerischen Geistes, unter Weckung des sozialen Pflichtgefühls, der ... Hilfsbereitschaft, sozialen Verantwortlichkeit.

11. Wir fordern ... die Grundsätze des Christentums auch im öffentlichen Leben als die einzige Grundlage für ... friedliches Nebeneinander der Völker.

12. Wir fordern die Rückkehr aller Völker und Staaten ... zu einem praktischen Christentum.«

Papst Benedikt XV. anerkannte in einem Schreiben an den Weltfriedensbund dessen »glühendes Verlangen nach Wiederherstellung des Friedens zwischen den Völkern«. Das Programm Max Josef Metzgers muß auf dem Hintergrund seiner Zeit gesehen und gewertet werden: Er stellte es »in den Wochen auf, in denen sich Friedensverhandlungen anzubahnen schienen« (M. Möhring), die dann aber leider nicht zum Zuge kamen.

Zusammen mit Gleichgesinnten gründete Max Josef Metzger 1919 den »Friedensbund Deutscher Katholiken«, dessen Satzungen sich an päpstlichen Verlautbarungen orientierten und der Teilorganisation des »Weltfriedensbunds« wurde. 1920 gehörte Metzger zu den Gründern der »Katholischen Internationale«, die eine internationale Zusammenarbeit aller Katholiken anstrebte und sich auch als Friedensorganisation verstand. 1923 verschmolz der »Weltfriedensbund« mit der Katholischen Internationale.

In Graz kam es seit 1920 in zunehmendem Maß zu Spannungen und

Differenzen; Person und Tätigkeit Max Josef Metzgers wurden diffamiert. Mitte 1927 wurde er durch den Freiburger Bischof aus Graz abberufen – auf Wunsch des Ordinariats Graz. Letzteres urteilte über Metzger, er sei »als Priester ein tieffrommer Mann, als Theologe gewiß von ganz hervorragenden Kenntnissen und Erfahrungen auf dem Gebiet der Missionierung in Industrieorten und Großstädten im Deutschen Reich, jedoch ein Mann, der sich allzusehr von seinem Idealismus und österreichischen Verhältnissen nicht entsprechenden Programmen leiten läßt und auf praktische Ratschläge von seiten des Klerus oder irgendeiner anderen Stelle nicht hören will«.

Seine Friedensbemühungen setzte Metzger fort. 1929 warnte er vor einem neuen Weltkrieg, sagte auf einer Tagung der Internationalen Friedensliga: »Noch stehen am abendlichen Himmel der Weltgeschichte Schwaden von Blutdampf des vergangenen Weltkrieges, des furchtbarsten, grausamsten der Weltgeschichte. Und schon scheint sich der morgendliche Himmel wieder aufs neue blutrot zu färben. Die Menschheit hat nichts gelernt. In träger Lethargie scheint sie gelassen den neuen, den letzten Krieg zu erwarten, der die Zerstörung Europas bringt. So grauenhaft, schier unfaßbar für ein menschliches Hirn und Herz der Wahnsinn des vergangenen Weltkrieges war – der kommende Krieg wird alles überbieten, was sich mit menschlicher Phantasie nur träumen läßt. U-Boote und Flugzeuge im Dienst von Giftgas und Explosionsstoff und andere Todeswunder der Technik werden dem kommenden Krieg die Signatur geben . . . Es ist kein Zweifel: Wenn Europa noch einmal der Kriegsfurie ausgeliefert wird, so heißt das nicht mehr und nicht weniger als den Selbstmord Europas, die Vernichtung des ganzen Kontinents mit seiner gesamten Zivilisation und Kultur.« Metzger sagte, was erforderlich sei, solche Schrecken zu verhindern. – Der von ihm geahnte Krieg kam – für einen neuen würde seine Warnung in noch furchtbarerem Ausmaß gelten.

Es versteht sich, daß Josef Metzger in Konflikt mit den Nationalsozialisten geriet, die schon 1930 die Todesstrafe für solche verlangten, die sich für Abrüstung einsetzten. Vor 1933 wandte er sich mehrfach offen gegen die Nationalsozialisten – in deren Versammlungen und in Schriften. Nach 1933 blieb er überzeugter Gegner, faßte seinen Standpunkt in Publikationen so zusammen: »Die Kirche muß sich zur Wehr setzen, wo man die Macht zum Götzen erhebt, wo man den Frieden zwischen den Völkern durch rohe Gewaltpolitik gefährdet, wo man den Staat zur Quelle allen Rechtes macht und fremde Rechte nur insoweit gelten läßt, als sie dem eigenen Volke keine Opfer zumuten.« Nach Überzeugung von Max Josef Metzger kann es »Fälle geben, wo alle taktischen und praktischen Überlegungen hinfällig sind, weil der Einsatz des Lebensopfers um Gottes Willen unmittelbar durch die geistige Situation gefordert wird. Es kann wohl nicht behauptet werden, daß dieser Fall heute schon sicher gegeben sei. Erst nach vergeblicher Ausschöpfung aller anderen Möglichkeiten könne dies wohl behauptet werden«.

Am 23. Januar 1934 wurde er zum ersten Mal verhaftet, erhielt am 15. Februar einen Strafbefehl. In der Folgezeit blieb er mehr im verborgenen, knüpfte jedoch mancherlei Verbindungen innerhalb und außerhalb Deutschlands an. Angebote, zu seiner Sicherheit zu emigrieren, lehnte er ab.

Ein Anliegen bewegte ihn in zunehmendem Maß: die Einigung der gespaltenen Christenheit. Bereits während seines Studiums hatte er sich mit damit zusammenhängenden Fragen befaßt. Seit 1924 kamen diese Gedanken wieder zum Durchbruch. Sie wurden bestärkt, als er 1927 als Gast an der Tagung der Kommission für Glauben und Kirchenverfassung in Lausanne teilnahm.

In einer Schrift behandelte er zu dieser Zeit folgende Themen: »Unsere getrennten Brüder und wir«; »Einigung durch Erneuerung«; »Was heißt ökumenisch?« »Das Prinzip der Einigung«. In aller Klarheit betont er: Versöhnung ist nicht möglich »auf Kosten der vollen, ganzen Wahrheit; sie ist im Gegenteil eine schöpferische Einigung, ein Werk des Heiligen Geistes, das wir wegen seiner Schwierigkeit und wunderbaren Größe erst in der Zukunft erwarten«. Metzger nimmt sich vor, besonders die Katholiken recht zu informieren und ihnen das Betrübliche der Spaltung deutlich zu machen.

Die mehrfache Bitte Jesu im Hohepriesterlichen Gebet, »daß alle eins seien, damit die Welt glaube«, bewog ihn Ende 1938 dazu, die »Bruderschaft Una Sancta« zu gründen. Wie er unterstreicht, gibt es bereits die »eine heilige Kirche«, sind wir doch durch den einen Geist alle in den einen Leib Christi hineingetauft (1 Kor 12, 26). Doch die sichtbare Einheit »ist durch die Zerspaltung . . . verdunkelt, ja unterbrochen worden«; Christen in den voneinander geschiedenen Kirchen »haben das Bewußtsein der inneren Einheit in Christo . . . weithin verloren«. Die Bruderschaft aller Christen soll durch Gebet, Begegnung und Zusammenarbeit wieder erkennbar werden. Diese von Metzger gegründete Bruderschaft hat nach seinen Worten »keinen ›Vorstand‹ als nur den gemeinsamen Herrn, keine ›Satzung‹ als nur das gemeinsame Evangelium Christi, keine ›Mitgliedsverpflichtungen‹, es sei denn Gerechtigkeit und rückhaltlose Wahrhaftigkeit, die ihnen Gott als Frucht des Geistes (Eph 5,9) schenkt«.

Am 9. November 1939 wurde Max Josef Metzger zum zweiten Mal verhaftet und kam in ein Gefängnis zu Augsburg; man vermutete, daß er in Verbindung zu einem Attentat auf Hitler stehe. In dieser Zeit schrieb er einen denkwürdigen Brief an Papst Pius XII.:

»Diesen Brief schreibe ich in der Gefängniszelle. Seit mehreren Wochen bin ich hier, ohne freilich zu wissen, was man mir zur Last legt (1 Petr 2,19; 2 Tim 3,12). Aber ich weiß: Der Herr, der in Seine weisen Pläne

alles einbezieht, hat nicht ohne Grund mir diese Zeit der Stille und des Betens geschenkt . . . Vielleicht hat Gott mir diese Tage auch zugedacht, daß ich diesen Brief schreiben muß, zu dem ich mich vom Geist gedrängt fühle.
Ich bin zwar abgeschnitten von der Außenwelt, vielleicht für lange Zeit. Aber als katholischer Mensch fühle ich mich deshalb nicht weniger verbunden mit allem Geschehen dieser Zeit . . .
Ich leide darunter, daß seit Monaten wieder die Völker an den Fronten widereinander stehen und gegenseitig auf ihr Verderben sinnen. Völker, die durchwegs die Botschaft Jesu Christi gepredigt erhielten und sich fast alle zu seinem Namen bekennen . . . Ist ihnen das Christentum nur eine leere Phrase? Vielleicht nur eine Schaustellung am Sonntag? Oder sind sie rettungslos verkauft an die Mächte der Finsternis, die ihnen das Urteil und die Freiheit des Handelns nehmen? Hat die Kirche keinen Einfluß auf das Weltgeschehen und muß dieses dem Spiel des Bösen überlassen? . . .
Vielleicht liegt eine zwingende Logik im Geschehen dieser Tage. Wo das Gesetz der göttlichen Ordnung, die auf Wahrheit, Gerechtigkeit und Liebe das Zusammenleben der Menschen gründet, verlassen wird, gibt es nur Krieg und Untergang. Dann ist, was wir erleben, die Generalprobe des Weltgerichts. Vielleicht liegt auch eine Logik in den äußeren Geschehnissen. Ich habe dem hochseligen Vorgänger Eurer Heiligkeit aus der inneren Erregung über das klar vorausgesehene kommende Schicksal Europas vor sieben Jahren (1932) davon geschrieben, daß es die letzte Stunde sei, die Völker Europas vor dem aufs neue beginnenden Wettrüsten und zu friedlicher Verständigung zurückzurufen, wenn nicht binnen kurzem die Katastrophe eines neuen Weltkrieges unabwendbar werden solle . . . Ob ein Aufstehen der ganzen bewußten Christenheit in jenen Tagen nicht noch das Unglück hätte verhüten können?
Aber wo ist diese Christenheit? Sie kann nie ihre Stimme wirksam erheben, sie kann keinen bestimmenden Einfluß auf das Weltgeschehen ausüben zur Durchsetzung der ewigen Grundsätze unseres Herrn, weil – sie nicht eins ist.
Christus kam, um Frieden zu stiften . . . Sein Testament war (Joh 17), daß ›alle eins‹ sein sollten, zunächst die Träger seines Namens und Lebens, dann durch die ganze Welt. Und heute, nach 19 Jahrhunderten, ist, wie die protestantische Missionskonferenz von Tambaram in Indien ergreifend klagte, die Christenheit den Heiden vielfach zum Gespött geworden, weil Hunderte von christlichen ›Kirchen‹ widereinander streiten im Namen desselben ›einen Herrn‹ (Eph 4,5), auf dessen Namen sie alle in ›einer Taufe‹ geheiligt sind.
Ist das nicht Tragik und Schuld zugleich? Schuld aller, die die unseligen Spaltungen hervorgerufen haben – was zumeist nicht die Schuld einer Seite allein war . . .

Heiliger Vater!

Die Not der Zeit – und durch sie spricht Gott zu uns – verlangt gebieterisch die letzten Anstrengungen, um die Zerrissenheit der christlichen Kirche zu überwinden . . . Die Not der Zeit ist wohl gerade darum über uns gekommen, . . . daß wir allesamt endlich zu einer . . . Umkehr von den Wegen der Selbstgerechtigkeit . . . gelangen.«

Max Josef Metzger legt dann in dem Brief die Hindernisse zu einer Einigung dar: Mißverständnisse, unterschiedliche geistige Haltungen, Lehrmeinungen und kirchliche Disziplin – weniger Fragen des Offenbarungsglaubens, wie er meint. Zur Überwindung der Schwierigkeiten sind Demut und Liebe erforderlich. Metzger schlägt die Bildung einer Kommission aus zwölf katholischen Vertretern und ebensovielen aus den getrennten Kirchen und Gemeinschaften vor; diese soll die Fragen und Möglichkeiten erörtern, die zur Einheit führen können. Auf einem allgemeinen Konzil, einem wirklichen Unionskonzil, solle dann nach gründlicher Vorbereitung das Mühen um Einheit in der von Gott gewollten Zeit zum Ziel gelangen.
Nach seiner Entlassung aus der Haft stellte sich Max Josef Metzger wieder in Wort und Tat in den Dienst des Anliegens der Einheit. Bereits vor dem Brief an den Papst hatte er ein Schreiben an zahlreiche evangelische Pfarrer gerichtet und sie zum Gebet und zum Teilnehmen an der Una-Sancta-Bewegung eingeladen. Anfang 1940 rief er zusammen mit evangelischen und katholischen Freunden zur Gebetswoche für die Einheit im Glauben auf. Zu Weihnachten 1940 unterbreitete er dem Erzbischof von Freiburg den Vorschlag, ein Gremium aus Theologen zu berufen, das die Una-Sancta-Arbeit verantwortlich tragen und mit einem entsprechenden Gremium auf evangelischer Seite in einen Gedankenaustausch darüber treten könne. Zugleich lud er selbst zu ökumenischen Begegnungen und Gesprächen ein. 1939 hatten bereits in Meitingen mehrere Tage lang evangelische und katholische Theologen und Laien zu dem Thema miteinander gesprochen: »Die Einheit der Jünger Christi als Tatsache und Aufgabe.« Ein weiteres Gespräch in Meitingen erfolgte 1940 über das Thema »Kirche«. In Berlin wurde im selben Jahr unter dem gleichen Gedanken eine Begegnung gehalten.
Max Josef Metzger machte bis zu seiner erneuten Verhaftung 1943 in vielen Städten und Orten die Dringlichkeit der christlichen Einheit deutlich. Dabei regte er zur Bildung von Una-Sancta-Gruppen an. – Nicht selten kam es zu Konflikten mit kirchlichen Stellen, die seine kirchliche Treue in Frage stellten. Wie verfehlt dies war, zeigt sein Testament, das er am 22. Februar 1942 verfaßte:
»Vor dem allwissenden Gott bekenne ich zunächst, daß ich im heiligen katholischen Glauben als treuer Sohn der einen Kirche Christi sterben

will, deren Einheit ich nach Christi Willen im Heiligen Vater in Rom dargestellt und gesichert sehe. Dieses mein Bekenntnis wird nach meiner festen Überzeugung nicht beeinträchtigt durch die Tatsache, daß ich mich den gutgläubigen und gewissenstreuen evangelischen Brüdern in Christo Jesu von der Taufe und vom gemeinsamen Bekenntnis des gleichen Herrn her ebenso verbunden weiß wie den Brüdern, mit denen ich die Gemeinschaft des heiligen Sakramentes der Einheit und des Friedens pflegen darf. . .«

Am 29. Juni 1943 wurde Max Josef Metzger erneut verhaftet. Er hatte ein Memorandum verfaßt mit Grundsätzen für eine Regierung in Deutschland nach einem erhofften Zusammenbruch der nationalsozialistischen Herrschaft. Dieses Memorandum wollte er durch eine Schwedin, Dagmar Imgart, dem Bischof von Uppsala überbringen lassen. Diese Frau hatte sich aus angeblichem Interesse der Una-Sancta-Bewegung angeschlossen, war aber eine Agentin der Gestapo. Zur gleichen Stunde, als Metzger der Frau das Memorandum übergab, erschienen Gestapoleute und »entdeckten« das Schriftstück. Während der Haft machte Max Josef Metzger aus seiner Auffassung kein Hehl, schrieb etwa im Juli 1943 an einen Minister der Regierung, es sei Pflicht, den sinnlosen Krieg und das furchtbare Morden zu beenden.

Am 14. Oktober 1943 fand die Hauptverhandlung vor dem sogenannten Volksgerichtshof statt; den Vorsitz hatte der berüchtigte Roland Freisler. Die Anklage lautete: »Vorbereitung zum Hochverrat.« – »Den katholischen Geistlichen Dr. Max Josef Metzger . . . klage ich an, . . . durch eine schriftliche Erklärung, in der er für den Fall der von ihm erwarteten Niederlage Deutschlands die Bildung eines unter dem Einfluß der Feindmächte stehenden demokratischen deutschen Staatenbundes vorschlug, zur Vorbereitung eines hochverräterischen Unternehmens zu feindlichen Regierungsstellen in Beziehung getreten zu sein und dadurch zugleich den Feind des Reiches begünstigt zu haben.« Das Urteil stand schon vorher fest: »Als für alle Zeit ehrloser Volksverräter wird er mit dem Tode bestraft.«

Der Freiburger Erzbischof Dr. Conrad Gröber hatte sich in einem Brief an den Verteidiger für Dr. Metzger eingesetzt und betont, daß er ein Idealist, kein Verbrecher sei. Als aber das Todesurteil gefällt war, distanzierte sich der Erzbischof von seinem Schreiben und bedauerte »aufs allertiefste das Verbrechen«, dessen sich Metzger »schuldig gemacht« habe. Die Briefe, die aus Max Josef Metzgers Gefangenschaft erhalten geblieben sind, sind Zeugnisse seiner Ergebenheit in Gottes Willen, bekunden sein tiefes Gottvertrauen – wenn ihm auch schwere Stunden nicht erspart blieben.

»Es fehlt mir an nichts als – die mir so besonders teure Freiheit . . . Indes denke ich: Es ist wahrhaftig würdig und recht, Dir, o Gott, immer und überall zu danken! So bete ich täglich und feiere in Gedanken Eucharistie mit Euch allen«, schrieb er am 21. August 1943. Vor der Hauptverhandlung heißt es in einem Brief: »Was mich in diesen Tagen trotz aller fühlbaren Anfechung des Herzens innerlich froh macht, das ist in dem einen Wort gesagt: ›Abba‹ – guter Vater! Das Wort hat es mir schon immer angetan. Es ist ein wunderbares Wort. Es besteht nur aus den zwei ersten Buchstaben des Alphabetes, wie um auszudrücken, daß es hier um die elementarsten Dinge geht; es sind ja auch die Laute, die ein Kind natürlicherweise zuerst stammelt, wenn es den Mund auftun kann . . . Und vor allem: der *Herr* hat es gebraucht, wenn Er in geheimnisvoller Weise mit dem ewigen Vater sprach, unter dem nächtlichen Sternenhimmel . . .«

In der letzten langen Haft schrieb Max Josef Metzger mit gefesselten Händen eine theologische Abhandlung über die Kirche und über die Christ-Königs-Bruderschaft; er vollendete dieses Werk drei Wochen vor seinem Tod, konnte es noch dem Gefängnisseelsorger Peter Buchholz bei dessen letztem Besuch übergeben. Gnadengesuche kirchlicher Stellen, auch des Papstes, blieben ohne Erfolg. Am 17. April 1944 wurde Dr. Max Josef Metzger in Plötzensee hingerichtet. In dem Protokoll steht: »Der Verurteilte, der ruhig und gefaßt war, ließ sich ohne Widerstreben auf das Fallbeilgerät legen, worauf der Scharfrichter die Enthauptung mit dem Fallbeil ausführte . . . «

Ein Nichtchrist, der am gleichen Tag wie Max Josef Metzger vom sogenannten Volksgerichtshof zum Tod verurteilt wurde, berichtet von der Begegnung mit ihm: »Ein katholischer Geistlicher, 56 Jahre alt, namens Dr. Metzger von St. Josef am Gesundbrunnen, hatte einer schwedischen Frau einen Brief mitgegeben, die schwedische Regierung möge doch einschreiten, falls nach der deutschen Niederlage ein Blutbad unter den Nazis angerichtet wird. Allein der Gedanke, die Nazis verlieren den Krieg, brachte ihm das Todesurteil ein . . . Ein Mann, zart wie eine Frau, der typische Gelehrte. Auf der Fahrt mit dem Polizeiauto von Moabit nach Plötzensee stieg er zu mit noch vier anderen Todeskandidaten. . . . Es war schönstes Herbstsonnenwetter, und wir rollten zum Schafott. Ergreifend war – das wird mir unvergeßlich bleiben –, wie der katholische Geistliche mit uns das Vaterunser betete. Ich hielt es nie für möglich, daß ich als Dissident jemals ein Gebet sprechen würde. Aber in dieser Not und Stunde mußten alle Unterschiede zurückstehen (Georg Jurkowski).«

Friedel Wurm

Edith Stein

Christliche Gelehrte, Klosterfrau und Opfer des Rassenwahns

Der Schweizer Theologe Walter Nigg zählt sie mit Bernadette Soubirous, Theresia von Lisieux und Elisabeth von Dijon zu den »Urbildern von wegweisender Bedeutung«. Wie diese habe die Karmelitin Edith Stein sich nicht mit intellektuellem Gerede begnügt, sondern eine »Verleiblichung des Evangeliums in Leiden und Sühne« dargestellt.
Im September 1941, elf Monate bevor sie in der Hölle von Auschwitz umkommt, notiert die von Köln nach Holland geflohene Ordensfrau Teresia Benedicta a Cruce in ihrer kahlen Klosterzelle: »Zustand meiner Seele vor der Konversion: Sünde des radikalen Unglaubens. Rettung rein durch Gottes Barmherzigkeit, ohne eigenes Verdienst. Dies oft erwägen, um demütig zu werden.« Demütig zu werden, letztes Ziel einer Frau, die als Kind von einer »glänzenden Zukunft«, von »Glück und Ruhm« träumte und überzeugt war, »zu etwas Großem bestimmt zu sein«, einer Frau, der dann die Wissenschaft zum Lebensinhalt wurde und die sich im leidenschaftlichen Forschen nach der Wahrheit fast verzehrte.
Denn im Gegensatz zu ihrer zarten Konstitution und auffallend kleinen Gestalt war Edith Stein – geboren am 12. Oktober 1891 als jüngstes Kind einer jüdischen Kaufmannsfamilie in Breslau – von der Natur vieles im Übermaß zuteil geworden, was ihr eine hervorragende Rolle in der Welt zuzuweisen schien: ein männlich scharfer Verstand – gemildert durch Einfühlungsvermögen und Warmherzigkeit –, Wissensdurst, ein außergewöhnlich gutes Gedächtnis, Eigenwilligkeit, Selbstbewußtsein, eiserne Willenskraft und bis zum Übereifer gesteigerter Ehrgeiz. Obwohl begabt zur Freundschaft und mit starkem sozialen Verantwortungsgefühl, zeigt bereits das junge Mädchen einen Hang zur Einsamkeit. Aus Edith Steins Breslauer Erinnerungen gewinnt man dennoch den Eindruck einer ziemlich unbeschwerten bürgerlichen Kindheit und Jugend. In pubertärem Ablösungsdrang verlangt die Dreizehnjährige, sich der Leitung durch Mutter und Geschwister zu entziehen. Sie verliert ihren Kinderglauben und nennt sich bis zum 21. Lebensjahr Atheistin.
Dominierende Persönlichkeit der Familie ist die Mutter Auguste Stein, geb. Courant. Sie hat ihren Mann verloren, als Edith noch nicht ganz zwei Jahre alt ist. Entschlossen übernimmt sie das verschuldete Holzgeschäft, und es gelingt ihr, allmählich zu Wohlstand zu kommen. Die sittenstrenge orthodoxe Jüdin, geprägt von den rigorosen Fasten- und Gebetstraditionen ihrer Religion, im Grunde aber gütig und trotz sparsamster Lebensführung von freigebiger Nächstenliebe, wirkt auf ihre sieben Kinder weniger als Erzieherin – dazu hat sie kaum Zeit – denn

durch ihr Beispiel. Das höchste jüdische Fest, den Versöhnungstag, verbringt die Mutter von früh bis spät in der Synagoge, ohne das Geringste zu sich zu nehmen. »Niemand dispensierte sich vom Fasten«, berichtet die Tochter später, »auch als wir alle den Glauben unserer Mutter nicht mehr teilten und uns außerhalb des Hauses nicht mehr an die rituellen Vorschriften hielten.«

Als Edith Stein 1911 nach glänzend bestandenem Abitur für vier Semester die Breslauer Universität bezieht, ist es erst drei Jahre her, daß Frauen allgemein zum Hochschulstudium zugelassen wurden. Sie belegt Germanistik, Geschichte und – als einziger weiblicher Hörer – Experimentalpsychologie, die ihr allerdings den erhofften Aufschluß über die letzten Dinge schuldig bleibt. Die junge Studentin absolviert ein immenses Arbeitsprogramm, daneben diskutiert sie engagiert soziale und politische Fragen. Als »radikale Frauenrechtlerin« tritt sie mit ihren Freundinnen dem Preußischen Verein für Frauenstimmrecht bei. Nach dem Ersten Weltkrieg wird sie aktiv in der Deutschen Demokratischen Partei tätig sein.

1913 wechselt Edith Stein an die Universität Göttingen, angezogen von dem Phänomenologen Edmund Husserl, dessen *Logische Untersuchungen* sie gelesen hat. Erfüllt von einer starken »Sehnsucht zurück zum Objektiven, zur Heiligkeit des Seins, der Reinheit und Keuschheit der Dinge, der Sachen selbst«, verschreibt sie sich mit Begeisterung der wissenschaftlichen Methode Husserls. Der evangelisch getaufte Gelehrte jüdischer Geburt hat unabsichtlich mit seiner Methode, allen »Phänomenen« vorurteilslos auf den Grund zu gehen, manchem seiner Schüler den Weg zum Christentum geebnet. Zu ihnen gehört der Privatdozent Adolf Reinach, an dessen Philosophenkreis Edith Stein rasch Anschluß findet, und dessen überzeugend gelebtes Christentum sie tief beeindruckt.

Sie begegnet auch dem Münchener Phänomenologen Max Scheler, der in Göttingen Vorträge über religiöse Fragen hält und damals – so erlebt ihn die junge Jüdin – »ganz erfüllt war von katholischen Ideen und mit allem Glanz seines Geistes und seiner Sprachgewalt für sie zu werben verstand. Das war meine erste Berührung mit dieser mir bis dahin völlig unbekannten Welt. Sie führte mich noch nicht zum Glauben. Aber sie erschloß mir einen Bereich von ›Phänomenen‹, an denen ich nicht mehr blind vorbeigehen konnte.« Vorläufig beschäftigt sie sich aber damit nicht weiter.

Bei dem Ranke-Schüler Max Lehmann hört Edith Stein Geschichte. Sie freut sich »an seiner Art, europäisch zu denken«. Seine stark antipreußische Einstellung, besonders gegenüber Bismarck, empfindet sie in ihrem Gerechtigkeitssinn jedoch als einseitig und fühlt sich dadurch in ihrem Preußentum nur bestärkt.

Etwas Rastloses kennzeichnet die letzten, durch den Ausbruch des Krieges unterbrochenen Studienjahre Edith Steins. Nur ganz selten noch kommt es zu einem der früher häufigen fröhlichen Wanderausflüge mit

Freundinnen und Freunden. Sie fühlt sich getrieben, möglichst bald Staatsexamen und Promotion hinter sich zu bringen, wohl auch, um der Familie finanziell weniger zur Last zu fallen. Überarbeitung, große Gewichtsabnahme, Schlafentzug, der zu längeren Perioden völliger Schlaflosigkeit führt, sind die Folgen. Hinzu kommen philosophische Schwierigkeiten mit ihrer Doktorarbeit über »Das Problem der Einfühlung«. Trotzdem wird sie 1916 von Husserl »summa sum laude« promoviert.

Die anschließende eineinhalbjährige Tätigkeit Edith Steins als Privatassistentin des »Meisters« in Freiburg endet für sie menschlich und beruflich enttäuschend. Eine von ihr angestrebte wissenschaftliche Zusammenarbeit mit Husserl kommt nicht zustande, für selbständiges Arbeiten bleibt ihr keine Zeit. Aus diesen Jahren stammt ihre Bekanntschaft mit den Husserl-Assistenten Martin Heidegger und Alexandre Koyré, einem Russen. Bezeichnenderweise schilt sie Heideggers Seinslehre eine »Philosophie des schlechten Gewissens«. Nach Kriegsende scheitern ihre Habilitationsbemühungen in Göttingen. Als Frau und Jüdin hat sie keine Chance. Symptomatisch für die damalige Einstellung zum Frauenstudium scheint es, wenn junge ehrgeizige Studenten scheelen Blickes über die »phänomenologischen Frauenzimmer« lästern, die sich an die »Rockschöße des Meisters hängen . . .«

Seelische Erschütterungen während des Krieges als freiwillige Rot-Kreuz-Helferin in einem Seuchenlazarett, die berufliche Unsicherheit und vielleicht auch privater Kummer – Andeutungen über eine schwere Krise im Jahr 1920 lassen auf eine unerwiderte Liebe schließen – mögen dazu beigetragen haben, die Empfänglichkeit der sensiblen jungen Frau für religiöse Erfahrung freizulegen. 1917 fällt der schwärmerisch verehrte Adolf Reinach in Flandern. Für die Jüdin Edith Stein, in deren Gedächtnis der Tod etwas ist, dem man nur mit lautem Wehklagen antwortet, bleibt es ein unauslöschliches Erlebnis, wie die glaubensstarke Christin Anna Reinach in ihrem Schmerz noch Trost für die trauernden Freunde findet.

Edith Steins Konversion ist ein jahrelanges Ringen vorausgegangen, in dem sich ihr Verstand gegen die Annahme des Glaubens wehrt; sie ist unschlüssig, ob sie katholisch oder – wie ihre enge Freundin, die Philosophin Hedwig Conrad-Martius – evangelisch werden soll. Aus psychologischem Interesse zunächst befaßt sie sich mit den Exerzitien des heiligen Ignatius von Loyola. Sie liest das Neue Testament; die Psalmen und das Alte Testament sind ihr ohnehin aus der Kindheit vertraut. Sie studiert Kierkegaard, will aber seinem Pessimismus nicht folgen.

Als ihr 1921 bei einem Aufenthalt auf dem Conrad-Martius'schen Obstgut in Bergzabern die Autobiographie der spanischen Mystikerin Teresia von Ávila in die Hände fällt, ist Edith Stein nach eigenem Bekunden von der Lektüre so gefesselt, daß sie das Buch in einem Zug durchliest und sich sagt: »Das ist die Wahrheit.« Schon am nächsten Tag soll sie sich einen Katechismus und ein katholisches Meßbuch gekauft haben. Nach dem gründlichen Studium der Texte besucht sie ihren ersten katholischen Gottesdienst und bittet den Pfarrer kurzerhand um die Taufe. Diese wird ihr freilich erst nach längerer Vorbereitung, am 1. Januar 1922, gewährt. Es ist ein kleines »ökumenisches« Ereignis in der Bergzaberner Pfarrkirche. Als Patin fungiert, mit bischöflicher Erlaubnis, die evangelische Freundin. Rückblickend festigt sich in Edith Stein die Überzeugung, daß sich ihr »ganzes Leben, bis in alle Einzelheiten im Plan der göttlichen Vorsehung vorgezeichnet« und in vollendetem Sinnzusammenhang vollzog.

Den Gedanken an eine Ehe schiebt Edith Stein – sie ist nun 30 Jahre alt – nach der Konversion endgültig beiseite. Täglich geht sie zur heiligen Kommunion und liest das Brevier wie ein Mönch. Unter den Dominikanerinnen von Speyer, wo sie von 1922 bis 1932 an Lyzeum und Lehrerinnenseminar Deutsch und Geschichte unterrichtet, lebt sie asketischer als eine Nonne. Alles, was von dem bescheidenen Gehalt erübrigt werden kann, verwendet sie für Bedürftige.

Edmund Husserl wird in bezug auf die Karmelitin Edith Stein das Wort zugeschrieben, im Juden liege der Radikalismus und die Liebe zum Martyrium. Vielleicht findet sich hier ein Schlüssel für die kompromißlose Hingabe an ein religiöses Leben, zu der sich der »hochgespannte ethische Idealismus« der Studentin von einst gewandelt hat. Interpretiert man einige Stellen in Edith Steins phänomenologischen Arbeiten richtig, so muß ihr mystische Erfahrung zuteil geworden sein; nicht als ekstatische Vision, sondern als ein, völliger geistiger Erschöpfung folgendes, entspanntes »Ruhen in Gott«, das ihr schließlich neue seelische Kräfte gibt. Es bleibt ihr Geheimnis, ob sie diesen »belebenden Zustrom« manchmal verspürt, wenn sie, wann immer sie Zeit hat, Stunde um Stunde, ja öfter die Nacht hindurch, im Gebet versunken, in straffer Haltung vor dem Tabernakel kniet.

Ihrer kontemplativen Neigung kommt sie seit 1928 regelmäßig in der Osterzeit in Beuron nach, seinerzeit monastisches Zentrum der aufbrechenden Liturgischen Bewegung. Erzabt Raphael Walzer OSB wird nach dem Tod des Speyerer Generalvikars Prälat Joseph Schwind Edith Steins geistlicher Berater. Er lobt die »problemlose aufrichtige Frömmigkeit« der großen Beterin, die in so seltsamem, nicht aufzulösendem Widerspruch zu ihrem kritischen Intellekt steht, dem die Schwächen der Kirche keineswegs entgehen. Edith Stein hatte ihre Taufe als unmittelbare Vorstufe zum Ordensberuf angesehen. Mit Rücksicht auf ihre alte Mutter, für die der töchterliche Übertritt zu einer in ihren Augen »abergläubischen Sekte« einen nie verwundenen Schlag bedeutet, und in Anbetracht ihrer neben dem Lehrberuf sich immer mehr ausweitenden Vortragstätigkeit im In- und Ausland verzichtet Edith Stein vorläufig schweren Herzens auf ihre Karmelpläne. Schwind wie auch Walzer fördern bewußt das öffentliche apostolische Wirken der Konvertitin. In Vorträgen über die Stellung der Frau im modernen Leben und in der Kirche setzt sie sich trotz einer heute in vielem verstaubt wirkenden Denkweise für Reformen ein, die bisher noch nicht oder nur zögernd verwirklicht worden sind, etwa eine »wahrhaft katholische großzügige Sexual- und Ehetheorie und daraus abgeleitete Erziehungsgrundsätze« sowie eine kirchenrechtliche Gleichstellung von Mann und Frau. Großes Aufsehen erregt sie 1930 in Salzburg vor dem Katholischen Deutschen Akademikerverband mit dem Beitrag »Das Ethos der Frauenberufe«. Beachtung finden ihre philosophischen Arbeiten über den Staat, das Verhältnis von Individuum und Gemeinschaft und über »Psychische Kausalität«.

Auf Anregung des Religionsphilosophen Erich Przywara SJ übersetzt Edith Stein Briefe und Tagebücher des englischen Theologen und nachmaligen Kardinals Newman. Sie liefert die erste deutsche Übertragung der *Quaestiones disputatae de veritate* des Thomas von Aquin. Dabei versucht sie mit Hilfe der phänomenologischen Methode die schwerfällige scholastische Form durchsichtiger zu machen. 1931 unternommene, erneute Habilitationsversuche in Freiburg und Breslau mißlingen.

Als Dozentin am (katholischen) Deutschen Institut für wissenschaftliche Pädagogik in Münster 1932/33 steht Edith Stein im Ruf, von allen Lehrern den katholischen Standpunkt am kompromißlosesten zu vertreten. Im Frühjahr 1933 bedeutet man ihr, daß sie als Jüdin nicht weiter lehren kann. Zuvor schon hatte sie mit Entsetzen Ausfälle deutscher Studenten gegen die Juden beobachtet. In naiver Unkenntnis diplomatischer Gepflogenheiten des Vatikans, der überdies kurz vor dem Abschluß des Konkordats mit Hitler steht, erbittet Edith Stein eine Privataudienz bei Pius XI.; sie will den Papst zu einer Enzyklika über die Judenfrage bewegen. Da ihr lediglich eine Audienz im kleinen Kreis in Aussicht gestellt wird, übergibt Erzabt Walzer den versiegelten Brief in Rom. Nach einiger Zeit erhält Edith Stein den Segen des Papstes für sich und ihre Familie, etwas anderes erfolgt nicht. Später denkt sie oft darüber nach, ob Pius XI. »nicht dieser Brief noch manchmal in den Sinn kommen mochte. Es hat sich nämlich in den folgenden Jahren Schritt für Schritt erfüllt, was ich damals für die Zukunft der Katholiken in Deutschland voraussagte.«

Die ihr von den Nationalsozialisten bescherte freie Zeit nützt Edith Stein auch dazu, den größten Teil ihrer Aufzeichnungen *Aus dem Leben einer jüdischen Familie* auszuarbeiten, um das verbreitete Zerrbild vom Judentum zu korrigieren. Das Angebot, an eine Schule in Südamerika zu gehen, schlägt Edith Stein auch im Gedanken an ihre Mutter aus. Erzabt Walzer kann nun ihrem seit zwölf Jahren immer wieder geäußerten Wunsch nach dem Klostereintritt nichts mehr entgegensetzen.

Am 15. Oktober 1933 wird die 42jährige, die in der Welt viel Anerkennung und Bewunderung erfahren hat, als bescheidene Postulantin in den Karmel Köln-Lindenthal aufgenommen; sechs riesige Kisten mit Büchern sind ihre einzige Mitgift. Von jetzt an wird von ihr kindlicher Gehorsam, reibungsloses Sicheinfügen in die klösterliche Gemeinschaft und totale Selbstentäußerung erwartet. Hinter Edith Stein liegt das letzte herzzerreißende Beisammensein mit Geschwistern und der 84jährigen Mutter, die sich gegen den Entschluß ihres geliebten Kindes vergeblich aufgebäumt hat, vor ihr liegt der Weg in das »Alles und Nichts« des Karmels.

Dank des regelmäßigen, auf ein vertretbares Maß an Askese abgestellten karmelitischen Lebens wirkt Schwester Teresia Benedicta a Cruce – diesen Ordensnamen wählt sie sich – auf Freunde »froher und heiterer« als zuvor. Denn trotz strenger Klausur behält sie die Freiheit, Beziehungen zur Außenwelt zu pflegen, Besucher am Sprechgitter zu empfangen. Die Schriftstellerin Gertrud von Le Fort kommt auf einer Vortragsreise vorbei; ihre Arbeit *Die ewige Frau* ist von Edith Stein teilweise inspiriert worden. »Nonni«, der berühmte isländische Schriftsteller und Jesuit, stattet ihr einen Besuch ab, und häufig erscheint aus Münster der Philosoph Peter Wust. Verbindung besteht auch mit dem bedeutenden französischen Thomisten Jacques Maritain, der 1945 erster Nachkriegsbotschafter seines Landes beim Vatikan wurde. Neben ihrem wöchentlichen Brief an ihre Familie, den sie wie alle anderen Postausgänge der Oberin offen vorzulegen hat, führt Edith Stein intensiv auch als Klosterfrau ihre umfangreiche Korrespondenz mit Menschen, denen sie zur Konversion verhalf, mit Ratsuchenden und ehemaligen Schülerinnen weiter, sofern es die knappe Freizeit der Karmel-Ordnung zuläßt. Der Ordenseintritt der bekannten Philosophin hat ungeheures Aufsehen bewirkt. Einem Jugendfreund teilt sie nach der Einkleidung mit: »Ich schreibe seit vier Wochen Dankbriefe und bin noch nicht am Ende.«

Edith Stein scheint im Karmel das ihr adäquate Leben gefunden zu haben. So schreibt sie zu Beginn ihres zweiten Ordensjahres an eine Ursulinin: »Wenn Sie sich mich im Chor an meinem Platz vorstellen, dann bitte ohne weißen Mantel – der gehört nur zur heiligen Messe und zum feierlichen Offizium I. Klasse – im alten braunen Habit ganz klein am Boden. So sind auch meine Betrachtungen keine hohen Geistesflüge, sondern meist sehr bescheiden und einfach. Das beste daran ist die Dankbarkeit dafür, daß mir dieser Platz als irdische Heimat und Stufe zur ewigen Heimat geschenkt ist.«

Im Auftrag der Ordensleitung nimmt Edith Stein schließlich auch ihre wissenschaftliche Arbeit wieder auf. 1935/36 gestaltet sie ihre ursprünglich als Habilitationsarbeit angelegte Schrift *Akt und Potenz* völlig um. Ihrer schwerverständlichen Auseinandersetzung mit der Seinslehre Thomas von Aquins gibt die Phänomenologin den Namen »Endliches und Ewiges Sein«. Die Publikation dieses ihres »philosophischen Testa-

ments« erlebt sie nicht mehr; kein Verleger wagte es damals, einen jüdischen Autor herauszubringen.
Unter zehntägigem Schweigen bereitet sich Edith Stein über Ostern 1938 auf ihre ewigen Gelübde vor, die sie am 21. April ablegt. Wenige Tage später empfängt sie den Schwarzen Schleier der Karmelitinnen.
Eine Reihe von Klöstern und Ordensschulen sind bereits von den Nationalsozialisten geschlossen worden. Besorgt, ihre Anwesenheit könnte die Schwesterngemeinschaft im Karmel gefährden, hat Edith Stein mehrfach vergeblich vorgeschlagen, sie ins Ausland zu versetzen, zumal sie sich der Hitlerwahl am 10. April entzogen hatte und so den Behörden als »nichtarisch« bekannt geworden war. Die Übersiedlung der jüdischen Benediktinerin Eva Laubhardt von Freiburg nach Belgien – sie besucht den Kölner Karmel auf der Durchreise – verstärkt ihre Bedenken. Doch erst der Schrecken über die Judenpogrome in der »Reichskristallnacht« vom 9. November veranlaßt die Kölner Priorin, unverzüglich zu handeln.
Edith Stein, die ihr Judentum nie verleugnet und ihr Karmelleben stets auch als Sühneopfer für Israel betrachtet hat, ist, so berichtet eine Mitschwester, wie erstarrt vor Schmerz über den »Schatten des Kreuzes«, der auf ihr Volk gefallen war. Als ob sie das Grauen des Krieges vorausgeahnt hätte, sagt sie: »Wehe, wenn die Rache Gottes für das, was heute an den Juden geschieht, über diese Stadt und dieses Land kommt.«
Da Palästina, wohin sie am liebsten gegangen wäre, bereits seine Grenzen für deutsche Zuwanderer geschlossen hat, siedelt Edith Stein am 31. Dezember 1938 in den holländischen Karmel von Echt über. Hinter der äußeren Gelassenheit ihrer Briefe aus dieser Zeit spürt man die vibrierende Unruhe über das Schicksal ihrer »in der Auflösung und im Aufbruch« begriffenen Familie; mehrere Geschwister stehen vor der Auswanderung.
Die Flucht nach Holland bedeutet für Edith Stein wieder einen Neubeginn. Zu den sechs Sprachen, die sie beherrscht, lernt sie noch Holländisch hinzu. Bedrückt von dem drohenden Unheil, bietet sie am Passionssonntag 1939 ihr Leben Gott in besonderer Weise »als Sühneopfer für den wahren Frieden« an, in der Hoffnung, »daß die Herrschaft des Antichrist wenn möglich ohne neuen Weltkrieg zusammenbricht . . .«
Am 9. Juni verfaßt sie ihr Testament. 1940 besetzen die Deutschen Holland. Edith Steins Schwester Rosa, nach dem Tod ihrer Mutter katholisch getauft, rettet sich nach abenteuerlicher Flucht ebenfalls nach Echt.
Auch in diesem Karmel kann Edith Stein in ihrer Freizeit literarisch tätig sein. Sie vertieft sich in die dunkle Mystik des heiligen Johannes vom Kreuz, dessen 400. Geburtstag 1942 begangen werden soll. Ohne ausreichenden wissenschaftlichen Apparat muß sie an ihre »Kreuzeswissenschaft« herangehen – das Werk ist theologisch verschiedentlich angefochten worden. Die umfangreiche Arbeit bleibt unvollendet, noch am Tag ihrer Verhaftung schreibt sie daran.

Doch im Herbst 1941 hofft Edith Stein noch zuversichtlich, in Echt bleiben zu können. Im Oktober beantragt sie zwar in Maastricht die Emigration; dies ist Pflicht, nachdem alle nichtarischen Deutschen in den Niederlanden für staatenlos erklärt worden sind. Danach reicht sie aber ein Gesuch auf weiteren Verbleib in Holland ein.
Ihr trockener Humor verläßt sie selbst in dieser angespannten Situation nicht. Zur Feier ihres 50. Geburtstags am 12. Oktober haben die Ordensschwestern eine Szene aus dem Alten Testament einstudiert. Edith Stein hält die Komik des Aufzugs fest: ». . . ich habe nicht nur Abraham gesehen, sondern auch Henoch und Noe, Isaak und Jakob, Moses und Aaron, David, Elias und Elisäus. Sie traten alle auf, wie sie im Buch *Ecclesiasticus* geschildert werden. Abraham war eine sehr ehrwürdige Gestalt (M. Subpriorin). An Moses war nur die Nase imposant, sonst war er klein und possierlich; auf der Rückseite seiner Gesetzestafel stand der Küchenzettel der letzten Woche.«
Bei rechtzeitigem Eingreifen hätte die Kirche Edith Stein wahrscheinlich vor der Gaskammer retten können. Als die Karmelitin für alle Fälle Ende 1941 selbst Verbindung mit der ihr von Beuron bekannten Schweizer Juristin Dr. Hilde Vérène Borsinger aufnimmt, um eine Ausreise in die Schweiz zu erreichen, ist es bereits zu spät. Eine holländische Dokumentation von 1967 gibt die verzweifelten Anstrengungen Hilde Borsingers wieder, für die in »tödlicher Gefahr« schwebenden Schwestern Stein eine Ausnahmegenehmigung zur Einreise zu erhalten. Denn ohne ihre Schwester Rosa will Edith Stein keinesfalls Echt verlassen.
Der Schweizer Karmel Le Paquier ist bereit, Edith Stein aufzunehmen, nicht aber ihre Schwester. Als für diese im Kloster Seedorf eine Unterkunft gefunden ist, gibt es neue Verzögerungen seitens der beiden Klöster und der Fremdenpolizei. Am 9. April 1942 teilt Edith Stein nach Bern mit, man habe ihr in Holland versichert, vor Kriegsende sei nicht an eine Auswanderung zu denken. Inzwischen liege ihr auch ein Angebot aus Spanien vor.
Am 22. Juni abgefaßt ist ein Brief Edith Steins an Hilde Borsinger, in dem es heißt, die Religiosen-Kongregation in Rom verlange aufgrund des kanonischen Rechts die Beibringung von Kapitelbeschlüssen der beiden Klöster zur Aufnahme der Schwestern Stein, ferner eine offizielle Bestätigung des zuständigen Diözesanbischofs sowie eine ASSERTION von Rom. Der Bischof und die Schweizer Klöster reagieren umgehend (Le Paquier am 5. Juli). Die ASSERTION aus Rom verzögert sich. Schließlich will die Eidgenössische Fremdenpolizei nur Edith Stein die Einreise gestatten, nicht aber ihrer Schwester. Ein erneuter Vorstoß Hilde Borsingers ist umsonst. Vom 2. August, dem Tag der Verhaftung von Edith und Rosa Stein in Holland, datiert die Mitteilung der Eidgenössischen Fremdenpolizei an Hilde Borsinger, die Einreise der beiden Schwestern Stein sei abgelehnt.

Was war inzwischen in Holland geschehen? Dort hatten am 26. Juli die Bischöfe einen Hirtenbrief verlesen lassen. Darin veröffentlichten sie gegen den Willen des Reichskommissars Dr. Arthur Seyß-Inquart ein an ihn gerichtetes Telegramm, in dem sie ihrer Empörung über die Judenverfolgung Ausdruck gegeben hatten. Am 2. August werden als Reaktion auf den Hirtenbrief in allen holländischen Ordenshäusern die nichtarischen Klosterinsassen von der Gestapo verhaftet und abgeführt.
»Komm, wir gehen für unser Volk«, soll Edith Stein zu ihrer wie versteinert stehenden Schwester Rosa beim Verlassen des Karmels gesagt haben. Erst wenige Tage zuvor hatte sie die niederschmetternde Nachricht von der Deportation zweier Geschwister aus Breslau nach Theresienstadt erreicht. Bis zuletzt muß Edith Stein, die auf eine Art Arbeitslager gefaßt war, die Hoffnung auf Rettung nicht aufgegeben haben. In einem Briefchen aus dem Lager Drente-Westerbork, das am 7. August in Echt eintraf, bat Edith Stein um warme Sachen und »den nächsten Brevierband (konnte bisher herrlich beten)«. Beigelegt war ein von ihrer Hand mit Bleistift geschriebener Zettel: »Schweizer Konsulat Amsterdam C, Heerengracht 545, möge sorgen, daß wir möglichst bald über die Grenzen kommen. Für Reisekosten wird unser Kloster sorgen.«
Doch bereits am 7. August werden Edith und Rosa Stein zusammen mit etwa 1000 jüdischen Leidensgenossen in Viehwaggons Richtung Osten abtransportiert. Nach der amtlichen Mitteilung des Niederländischen Roten Kreuzes sind beide am 9. August 1942, wahrscheinlich in Auschwitz-Birkenau, vergast worden, nur eine Autostunde entfernt vom polnischen Lublinitz, wo ihre Familie vor der Übersiedlung nach Breslau ansässig gewesen war.
Wie Edith Stein gestorben ist, ob sie durch die Nacht der Gottverlassenheit hindurch mußte, ob sie, wie von anderen jüdischen Opfern berichtet wird, die Psalmen ihrer Väter singend in den Tod ging – wir wissen es nicht. Für die Nachwelt bleibt ihre Person bedeutender als ihr wenig schöpferisches philosophisches Werk. Im Einstehen für die Draußenstehenden sah die Karmelitin Teresia Benedicta a Cruce ihre wesentliche Aufgabe. Walter Nigg nennt sie beispielhaft in ihrer Wahrheitssuche und ihrer Einsicht, »daß es letztlich doch mehr auf Intuition, auf die Einleuchtung von oben, auf die Fühlkraft des Herzens als auf unseren armen Verstand ankommt«. Edith Stein ist als Zeugin Israels und als Zeugin Christi gestorben. 1962 hat der Kölner Kardinal Josef Frings für sie den Seligsprechungsprozeß eröffnet. Zehn Jahre vorher äußerte ihr Seelenführer Abt Walzer, er würde sich nicht wundern, wenn Edith Stein nicht als Heilige, sondern nur als ideale Persönlichkeit in die Geschichte einginge. Inzwischen ist beides geschehen. Edith Stein wurde am 1. Mai 1987 anläßlich seiner Deutschlandreise durch Papst Johannes Paul II. seliggesprochen.

Personen- und Sachregister

Stichwörter in *Kursiv* verweisen auf Publikationen, Seitenzahlen in *Kursiv* auf Abbildungen. **Halbfett** gesetzte Seitenangaben beziehen sich auf den Beitrag über der genannte Persönlichkeit.

Bildnachweis

Archiv für Kunst und Geschichte, Berlin: zwischen S. 128 u. 129 (li.), neben S. 160, neben S. 192, zwischen S. 416 u. 417 (re.);
Gisela Bär, Pforzheim: neben S. 224;
Bavaria-Verlag, Gauting: zwischen S. 32 u. 33 (re.), neben S. 96, neben S. 128, zwischen S. 256 u. 257 (li.), zwischen S. 256 u. 257 (re.), neben S. 321, neben S. 448;
Günter Beaugrand, Hamm: zwischen S. 352 u. 353 (li.);
Deutscher Caritasverband, Freiburg/Br.: neben S. 225;
Interfoto Friedrich Rauch, München: zwischen S. 64 u. 65 (li.), zwischen S. 64 u. 65 (re.), zwischen S. 224 u. 225 (re.), zwischen S. 448 u. 449 (li.);
Katholische Nachrichten-Agentur (KNA), Frankfurt/M.: neben S. 32, zwischen S. 32 u. 33 (li.), neben S. 64, zwischen S. 96 u. 97 (re.), neben S. 129, zwischen S. 160 u. 161 (li.), neben S. 256, zwischen S. 320 u. 321 (re.), neben S. 352, zwischen S. 352 u. 353 (re.), neben S. 384, zwischen S. 384 u. 385 (li.), zwischen S. 416 u. 417 (li.), neben S. 481, neben S. 512, zwischen S. 512 u. 513 (li.), zwischen S. 512 u. 513 (re.), neben S. 544, zwischen S. 544 u. 545 (re.);
Verlag Joseph Knecht, Frankfurt/M.: neben S. 193;
Ioann Rumpel, Wien: zwischen S. 320 und 321 (li.);
Toni Schneiders, Lindau: zwischen S. 448 u. 449 (re.);
Süddeutscher Verlag, Bilderdienst, München: neben S. 33, zwischen S. 128 u. 129 (re.), neben S. 161, zwischen S. 192 u. 193 (re.), neben S. 257, zwischen S. 384 u. 385 (re.), neben S. 449, neben S. 480, zwischen S. 480 u. 481 (re.), zwischen S. 544 u. 545 (li.);
Ullstein Bilderdienst, Berlin: neben S. 65, neben S. 97, zwischen S. 160 u. 161 (re.), zwischen S. 192 u. 193 (li.), zwischen S. 224 u. 225 (li.), neben S. 320, neben S. 353, neben S. 385, neben S. 416, zwischen S. 480 u. 481 (li.), neben S. 513, neben S. 545;
Anca Wittig, Meschede: zwischen S. 96 u. 97 (li.);
Verlagsarchiv: neben S. 417.